積石塚大全

土生田純之 編

雄山閣

相島積石塚古墳群 120 号墳

遺跡の南側全景と 120 号墳。その奥に福岡県指定名勝の「鼻面（はなづら）半島と鼻栗瀬（はなぐりせ）（通称めがね岩）」を臨む。（西田大輔）

（データ提供：フジデンシ・ドットコム）
（新宮町歴史資料館所蔵）

大室積石塚古墳群 168 号墳

大室谷支群の 168 号墳。積石墳丘内に合掌形石室が構築された古墳時代中期大室古墳群の典型的な古墳。
上は 168 号墳の全景、下は 168 号墳の合掌形石室。（長野市教育委員会提供）

（風間栄一）

見島ジーコンボ古墳群

見島総合学術調査時の
見島ジーコンボ古墳群
(昭和 35 年 8 月 宮本常一氏撮影)。
(周防大島文化交流センター所蔵)

現在の第 137 号墳。
奥の牧場に見島牛が見える。
(横山成己)

茶臼塚古墳

茶臼塚古墳の墳丘石積み。手前の石積みは松岳山古墳の前方部前端。(柏原市立歴史資料館所蔵)　(安村俊史)

二本ヶ谷積石塚群東谷２号墳　川原石で積み上げた方墳の中央に、木棺もしくは木槨が据えられている。（浜松市地域遺産センター提供）　（鈴木一有）

横根・桜井積石塚古墳群横根支群 29 号墳

径 8m、全長 4.15m の無袖式石室をもつ円墳。墳丘、石室とも、周辺に露出する輝石安山岩を用いて構築されている。（甲府市教育委員会提供）　（宮澤公雄）

積石塚大全　目次

はじめに

土生田純之

1　朝鮮半島の古墳と積石塚

筆者はかつて1997年4月から1年間の長期在外研究員として、大韓民國（以下韓国）大邱市啓明大學校に在籍した。その折には視野を広げることを第一の目的としたこともあって、週末を中心に韓国各地の古墳を中心とした遺跡見学にあてた。その際、最も注目したことは列島の古墳と比較すると墳丘の規模に対する高さ、つまり腰高の墳丘にあった。特に段築を有さない墳丘構造でありながら[1]腰高の墳丘を維持するためには、様々な工法上の工夫が凝らされているものと思われた。

残念ながら筆者はこの問題に関する具体的な考察を未だになしえていないが、最近青木敬による彼我の墳丘構築法を比較検討した優れた考察が発表されており、参照されたい（青木2016）。

朝鮮半島の積石塚といえば、誰しも高句麗古墳や前期百済（いわゆる漢城時代）の古墳を思い浮かべるだろう。これらは基本的に王陵を含む方墳であり[2]、出自や王族という身分の表示としての機能を備えたものである。これに対して慶尚北道の大邱から安東にかけての洛東江中流域を中心に石材を積み上げて古墳を構築する、いわゆる積石塚が存在する。これら伽耶（当該地は比較的早く新羅領になっており、積石塚が構築された時期は正確には親新羅の伽耶、あるいはある程度自治権を有する新羅領となっていた可能性も考えられる）の積石塚は、日本列島における5世紀代の積石塚の源流である可能性があり、大いに注目されるところであるが、これまで日本や韓国の研究者は、積極的に考察・分析を加えることがなかった。日本におけるこれまでの積石塚古墳研究は、高句麗や百済に系譜の淵源を求めることが多かったのである。もちろん、上記両国の積石塚が列島社会に影響を与えた可能性を否定するものではないが、多様な可能性を考察の当初から除外することはやはり妥当性を欠く姿勢といわざるを得ない。この点、大邱市北方の漆谷郡地域の場合は岩盤が露出する地域が多く、意図的ではなく結果として積石塚が形成された可能性も考えられる。大里里 2 号墳の場合をみれば、こうしたケースの実在が了解されることと思われる[3)]。

このように筆者は積石塚に対する関心を高めていったが、それには他にも大きな理由がある。実は筆者が韓国に赴く直前、1996 年の夏に群馬県高崎市剣崎長瀞西遺跡で積石塚の発掘調査を実施したからであった。詳細は本論に譲るが、ここでは積石塚＝渡来人墓、封土墳＝在来倭人墓という対比が見事なまでに貫徹されていたのである。

2　本書刊行に至る経緯

2013 年 10 月 19・20 の両日において実施された日本考古学協会長野大会古墳分科会は、「5 世紀の古墳から文化交流を考える」というテーマで、主として東日本を中心とした当該期の文化交流について諸氏が各々の研究成果を発表した。この中で、筆者は「半島の積石塚と列島の古墳」という演題で発表した。主催者からは講演内容の要請や、諸氏の講演をふまえたシンポジウム等について特段の指示はなかったものの、期せずして発表内容にいくつかの共通する側面が認められた。その一に馬匹生産やそれに伴う馬具の普及、その二に馬匹生産及び馬具を中心とする鉄器生産の担い手である渡来人の評価、そして彼ら渡来人の墳墓として注目される積石塚をめぐる問題などがあげられる。

しかし、北陸地方のように出土遺物等から朝鮮半島との関係が否定できないにもかかわらず、積石塚の不在をはじめとして渡来人が蟠踞したという積極的な評価が難しい地方の存在も確認された。また、一口に馬具といっても様々な形態があるように、積石塚にも多様な存在形態や構造が認められた。

さて、分科会終了後長野駅前で行われた「反省会」の席上、今回の検討は 5 世紀の文化交流についての現状における到達点を示したものではなく、いわば出発点に過ぎないこと、このため、今後の研究の「指針」ともなるべき書籍の刊行を目指すべきではないかとの意見が多く出された。これらの意見に対し、筆者は以下のように考えた。諸氏の意見やその目指す方向性の意義そのものは認めるものの、多様な切り口のままに書籍を刊行してもまとまりのないいわば単なる「資料集」となるのではないか。そうであれば、今回日本考古学協会から出版された資料集となんら異なるものではなく、さらに1冊を刊行するほどの意義はない。むしろ共通する特定の問題に絞って諸氏が各々の地域・観点から独自に分析し、その結果みられる共通性や相違点を提示する。そしてそうした結果、共通性と相違点が何故もたらされたのかを考える契機となる。また、今後どのような研究方向が必要であるのかについて考えるきっかけにもなる。おおむねこのような見解を諸氏に諮ったところ、幸いにして賛同を得た。そこでどのような問題に取り組むべきか諸氏とともに考えたが、その中で今日まで各地でその存在が確認されながらまとまった書籍（資料集としても論文集としても）が未だ刊行されていない積石塚を扱うべきであるとの意見が諸氏から出された。もちろん、筆者もこうした見解に異論はなく積石塚についての書籍刊行を目指すこととなった。

3　本書の構成と狙い

さて、編集は年長者である土生田が行うことになったが、①今回日本考古学協会長野大会で発表したメンバーのみで一冊の書籍にまとめることは総合的に積石塚を考えるためには難しいこと。②また、これまで積石塚に関する基礎的な書籍が刊行されていないことに鑑み、今回発行する書籍は積石塚に関する基礎的データをできる限り網羅することを目指す。③その一方で単なる資料集ではなく、そこから派生する諸問題に関する今後の研究の指針ともなりうる書籍刊行を目指すべきこと。以上を諸氏に諮ったところ、一同の快諾を得たうえ、追加執筆者の選定および細部にわたる構成等書籍制作の大要については土生田に一任された。

そこで、以下のような構成案を作成した。まず、今回日本考古学協会長野大会の発表が契機となって積石塚に関する書籍刊行が企画されたことは、決して偶然のことではなくむしろ必然性が感じられる。列島における積石塚の本格的研究は梅原末治による香川県高松市石清尾山古墳群の研究（梅原 1933）が嚆矢であるが、直接的に渡来人と結び付けて考察し、以後の研究に大きな影響を与えた人物は栗岩英治（栗岩 1948 など）である。彼がフィールドとした北信濃には日本最大の積石塚集中地、大室古墳群があり、第二次大戦後主として明治大学による継続的調査が実施されてきた。こうした努力の甲斐により、今日では国指定史跡となり長野市教育委員会によって調査・史跡整備等関連事業が実施されている。また須坂市の八丁鎧塚1・2号墳など研究史的にも著名な積石塚が多く、北信はまさに列島における積石塚研究の宝庫ともいえる土地柄である。

以上のような事情に鑑みて、本書の冒頭に序章として大室古墳群をはじめとする北信地域の研究史や積石塚の実態を概観することにした。北信という一地域ながら、当該地を概観することによって列島における積石塚研究の方向性が見えることであろう。

次の第1章及び第2章では、日本列島東西の積石塚についてその実態を知るために各地方の実態を概観することにした。積石塚は封土墳に比して数は少ないながら、南は鹿児島県から北は岩手県に至る各地に点在する。既述した香川県石清尾山古墳群のように広く知られた積石塚もあるが、その一方では地元研究者以外にはあまり知られていない積石塚もある。既述のように、これまで網羅的に全国の積石塚を紹介した書籍がなかったため、様々な要因のもとに築造され多様な歴史的背景を有する積石塚の実体は広く知られることがなかった。本書は多様な史的背景を持つ積石塚の実態を知ることが今後の積石塚研究にとって何よりも重要であるとの立場から、全国の積石塚の多くを扱っている。残念ながらすべての積石塚を網羅することはかなわなかったが、これによって列島における積石塚の大要は把握できるものとなった。

次の第3章は、日本列島における積石塚と密接な関係にある朝鮮半島の積石塚について、高句麗・百済、伽耶、鬱陵島（新羅）の3項にわたって概観した。既述のように列島における積石塚研究はかつて高句麗・百済との関係を重視してきた。しかし、近年は伽耶における類似例との関係をも疑う筆者のような立場も散見される。少なくとも高句麗・百済一辺倒ではなく、多様な史的背景を考慮する必要性がある。また鬱陵島の場合、全島が岩盤によって形成された鬱陵島の地勢と密接な関連がある。出自の表示等意図的な積石塚の採用というよりも石材を用いざるを得ない非意図的積石塚と評価できる（もちろん、そのような積石塚を構築しなければならない土地に奥津城を築造するという強い意志が前提となるが）。日本列島においても海岸に築造された積石塚など非意図的積石塚は存在しており、系譜関係の追究という視点ではなく、一定の条件下における対応の比較という観点からの研究に欠かすことのできない良好な資料である。

さて続く第４章では以上の諸章とは一転して、積石塚の存在が認められない地域を取り上げた。いずれも古墳時代において朝鮮半島との強い関係がある地域である。特に吉備や近江の場合、大壁住居を含む特殊な住居遺構をはじめとして須恵器窯、製鉄遺跡（小鍛冶）など多様な種類の渡来人に関係する遺構が検出されており、古墳の構造や副葬品からも朝鮮半島との強い交流が存したことは明らかである。また、南信（伊那谷）においても、既に５世紀中葉～後半期における馬犠牲坑が多数発見されており、渡来人の存在は否定できない。それにもかかわらず現在までのところ積石塚は確認されていない。もちろん、渡来人のすべてが積石塚に埋葬されたと考えるものではないが、これらの諸地域における渡来系文物と積石塚が構築された地における渡来系文物との間に差異があるのか、あるいはそれぞれの地域における社会構造が異なっているのかなど興味は尽きない。こうした視点の研究を今後行うためにも現状において確認できる整理を執筆者各氏に依頼した。

以上の諸章に対して、第５章では遺物や習俗の点において積石塚の存否が関連するものか否かについての考察を依頼した。もし、これらのうち特定の遺物や習俗が積石塚の存否と密接な関連を有するのであれば、それらの地域における積石塚の故地が特定できることになる。逆に積石塚の存否と何の関係もないのであれば、積石塚を特定の地域出身者の墓制に比定することはできない。もちろん、先に触れたように意図せざる積石塚も存在しており、すべての積石塚が渡来人に由来するものではない。また逆に積石塚の築造を強制された場合も想定される。

終章では、以上の諸章を踏まえて現在考えられる積石塚の諸相を、筆者なりに概観した。既述のように、積石塚の歴史的背景は一様なものでなく、多様な要因によって築造された。特に、意図的に積石塚を構築した（させられた）場合と非意図的な場合とでは対象の積石塚に対する解釈が相当に異なってくる。ここでは現段階における筆者の考察をまとめた。ただし、ひとえに筆者の技量の問題から、第４章で論じられた諸地域についてはほとんど触れることができなかった。さらに、第５章で論じられた諸問題については、全く触れることができていない。この点については両章の各著者や読者に詫びるほかないが、筆者に課せられた喫緊の課題であると認識しており、本書の出版によって収束することなく、今後も積石塚の諸問題についての考究を継続的に続けることを誓いたい。

とはいえ、本書の出版が多様な積石塚の史的背景が一つ一つ解明されていく契機となり、積石塚をめぐる議論が活発化することを期待したい。

なお用語の問題についても一言しておきたい。まず朝鮮半島南部の百済・新羅両国に属さない地域については、執筆者によって「伽耶」「加耶」の両者が使用されていた。これはどちらも歴史的に存在しておりいずれを使用しても問題ないが、一書としての体裁上より多数の執筆者が用いていた「伽耶」に統一した。また「韓半島」と「朝鮮半島」については歴史観と相関する部分もあるが、同様の理由からなるべく「朝鮮半島」に統一した。ただし、「大和政権」「大和王権」「ヤマト王権」等については、歴史学上の解釈と直結する用語であるため、統一せずに各自の用語のまま用いていることを了とされたい。

註

1） 高句麗や百済前期の王陵＝積石塚を除いて、基本的には段築古墳がない。ただし、全羅道には一部段築の認められる古墳もあるが、いわゆる前方後円墳をはじめとする倭系の古墳である。

2） 高句麗の北方地方や、百済前期における漢江上流域などでは段築を持たず外形の隅角がいびつで正確な方形にならない「地方型」の積石塚も存在する。

3） 義城大里里2号墳は古墳構築に際しあらかじめ封土墳あるいは積石塚を意図したのではなく、構築時簡単に使用できる素材を用いたにすぎないようである。そのことは、放射状に石列を配して区画盛土を行う区分盛土技法に必須の石列を除いても、円墳の各箇所によって土砂、石材など様々な素材が用いられていることから明らかである（クォンヘインほか2012）。

参考文献

青木　敬　2016「土木技術（古墳構築・築堤・道路）」『季刊考古学　古墳時代・渡来人の考古学』第137号、雄山閣

梅原末治　1933『讃岐高松石清尾山石塚の研究』京都帝国大学文学部考古学研究室調査報告書12

クォンヘイン、ユジェグク、クウンジン、チャンヒョンオク、イムミンジョン　2012『義城大里里2號墳Ⅰ』慶尚北道文化財研究院

栗岩英治　1948「大化前後の信濃と高句麗遺跡」『信濃』第17巻第5・6号

序章　信濃の積石塚

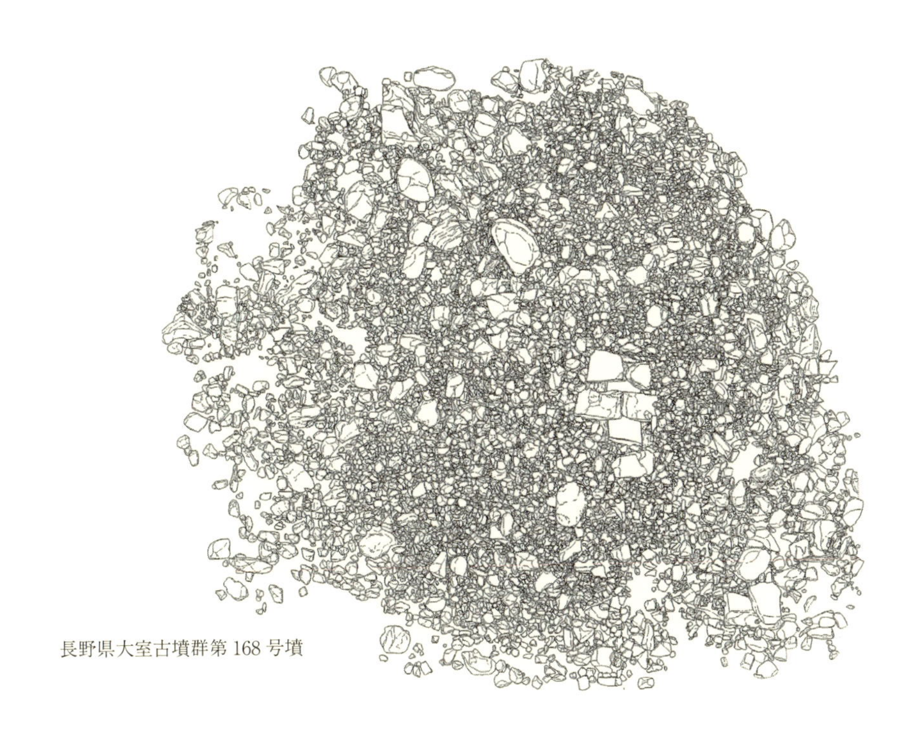

長野県大室古墳群第 168 号墳

1　大室古墳群研究史

西山克己

1　はじめに

長野市松代町所在の大室古墳群の本格的な学術調査は、中学校教諭栗林紀道による1949年(昭和24)の分布調査(栗林1952)からはじまる。

しかし大室古墳群の記載については遅くとも1706年(宝永3)に松代藩士落合保考が編纂した『つちくれかゝみ』(信濃史料刊行会1971)にみられる。

大室古墳群を構成する古墳の特徴は、合掌形石室を内部主体とし石のみで築造された積石塚古墳が群構成の初源期にみられることであり、この後横穴式石室を内部主体とする土石混合古墳などが築造され、5世紀中頃から7世紀代にかけて500基以上の古墳による古墳群が形成されたことである。

2　研究史

ここで記載する研究史については、すでに大室古墳群の研究史をまとめた、『長野・大室古墳群』(仲野1981、倉田ほか1981a)、『国史跡 大室古墳群 史跡整備事業にともなう遺構確認調査概要報告書―エントランスゾーンB～D遺構編―』(長野市・長野市教育委員会2007)、『長野市歴史風致維持向上計画』(長野市2015)や、積石塚古墳、合掌形石室の研究史をまとめた『シナノにおける古墳時代社会の発展から律令期への展望』(西山2013)等の文献によるところが多い。

(1)古記録に残された大室古墳群

図1　松榮風土記
(真田宝物館所蔵／長野市教育委員会提供)

1706年(宝永3)に松代藩士落合保考が編纂した『つちくれかゝみ』にある「大室村　一社　かくれ星の宮といふ、此所に石塚多有り、大きなるハ内の広さ二間八間計、小きハ二間四五間、九尺　弐間、六尺九尺計もあり、四五十も有ると見ゆる」との記載が、現在のところ初見と考えられる(信濃史料刊行会1971)。

慶応年間に寸龍により著された『松榮風土記』(図1)に、「大室に百有餘の塚穴ありて中には曲りたるもあり」との記載が見られる(寸龍 慶応年間、長野県埴科郡松代町 1929)。

1878 年（明治 11）から 1882 年・1883 年頃に書き上げられた「大室村」には、石室が大室村東南の字瀧邊山の麓に近世まで 200 ほどあったが、現在は潰滅し 70 ほどとなっている。そのうち大きいものは間口二間、奥行四間、小さいものは間口五尺、奥行二間と記載されている（長野縣 1936)。

1889 年に岡澤米吉郎によって「信濃國ノ古墳遺跡」として報告された中には、「高井郡大室村ニ古墳穴二十五六個アリ」と 25 個か 26 個ほどの古墳の存在が紹介されている(岡澤 1889)。

同年に一色藤之助は「信州上高井郡大室村の穴居遺跡」のなかで、土饅頭の形をした古代の住居跡が、現在（1889 年当時）は僅か 25 個ほどしかないが、30 年前や 40 年前には 70 個あまり、また 100 年前には 130 個も 140 個もあったと報告している(一色 1889)。

同年刊行の『東京人類学会雑誌』4 巻 37 号には、上記の一色の記述に対して「塚穴ノ性質ニ屬スルモノ」とし、「塚穴ト改メ置キテ不可ナカルベシ」とされている(東京人類学会 1889)。

1890 年刊行の『東京人類学会雑誌』5 巻 54 号には、「雑報 信濃ノ古墳」が掲載され、寺尾村大室（上高井郡大室村）の小字中谷の東南隅と小字入谷の東北隅の 2 ヵ所に塚穴が多くあり、これらは土口村の塚穴よりも小さく、その内の 16 個を実見したが、いずれも入口の高さおよそ 5 尺 4 から 5 寸、入口通路長さ 6 尺・高さ 5 尺 5 から 6 寸、奥室高さ 6 尺から 7 尺・奥行 2 間から 3 間半・幅およそ 6 尺から 7 尺とし、形状は方形としている(東京人類学会 1890)。

1894 年、野々山巳年衛は埴科郡大室村に 20 から 30 個の塚穴があり、半球形の築山のような形状で一群を形成しているとしている。石室入口は南面中腹にあり、形状は長方形で 4 畳敷程度から 10 畳敷程度、床には丸石が敷かれ、四壁は大小の石を積み上げ、天井は 2、3 の大石が用いられ、まれに一大盤石を使用しているものもある。天井までの高さは 6 尺から 8 尺ほどと報告している（野々山 1894)。

(2) ガウランドによる大室古墳群調査の可能性

明治時代になると、明治政府は様々な研究や技術の近代化を図るため、多くの外国人研究者や技師を招聘することとなる。大森貝塚を発見したオーストリアの外交官であり考古学者であるハインリッヒ・フォン・シーボルトや「日本考古学の父」とよばれたアメリカ人動物学者エドワード・S・モース、また大阪造幣寮に招聘された化学兼冶金技師であり、「日本アルプス」の命名者でもあるイギリス人ウィリアム・ガウランド（ゴーランドとも表記される）はその最たる例である。

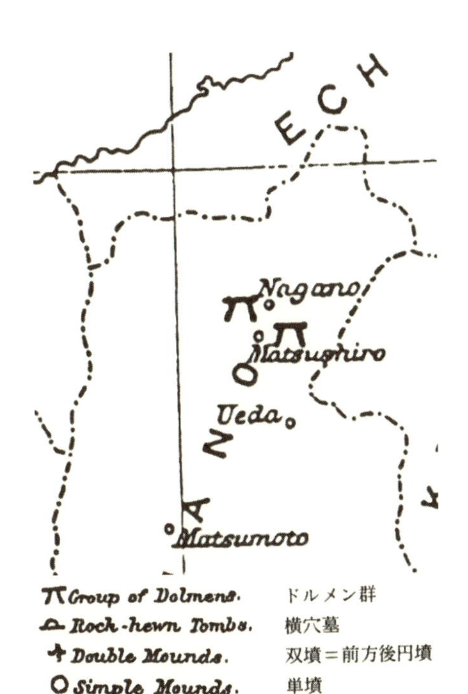

図 2 ガウランドが示した松代付近の古墳を示した地図
（ハリス・後藤 2003 より転載）

ウィリアム・ガウランドは 1872 年（明治 5）から 1888 年の間日本に滞在し、古墳の実地踏査は計 16 年

表1　ガウランドが示した松代付近の古墳（ゴーランド 1981b より転載一部修正）

番号	地域	室 長さ		室 幅		室 高さ		羨道 長さ		羨道 幅		羨道 高さ		全長		入口の方向	墳丘	参考	注（白石太一郎作成）
		フィート	インチ	フィート	インチ	フィート	インチ	フィート	インチ	フィート	インチ	フィート	インチ	フィート	インチ				
102	信濃松代付近	14	6	7〜9	0〜3	8	0	15	0	5	0	7	0	29	6	南30度西	単円墳	室天井石四個。	
103	〃	18	0	5〜4	6〜2	7	5	6	0	3	2	6	1	24	0	南35度西	〃	羨道は東壁と一線。石室天井石四個。	
104	〃	14	0	6〜4	9〜9	6〜8	9〜3	不完全		4	0	6	0	—		南15度東	〃	室天井石四個。	
105	丹波亀岡近くの鹿谷	14	4	6	9	9	0	9	0	3	6	4	0	23	4	南29度西	二段丘付円墳	幅5フィート3インチ，厚さ13インチの自然石の棚が奥壁より突出，室天井石二個。	鹿谷古墳群 京都府亀岡市稗田野町
106	〃	11	6	6〜8	6〜0	8	0	18	4	4	9	4	4	29	10	南	単円墳破壊	幅3フィート7インチ，厚さ14インチの自然石の棚が奥壁より突出，室天井石二個。	〃
107	〃	12	0	7	2	7	6	22	0	4	0	—		—		西5度北	〃	幅3フィート10インチ，厚さ15インチの自然石の棚が奥壁より突出，室天井石二個。	〃
108	〃	11	9	6	5	8	6	4	0	3	0	—		—		南5度西	〃	室天井石三個。	〃

間にもおよんだ。その地域は近畿地方にとどまらず、西は宮崎県から東は福島県にまでおよび、当時の多くの古墳の図面・写真や記録が残されている。1897年には「日本のドルメンと埋葬墳」が『ARCHAEOLOGIA』に掲載され、「私が調査したのは全部その地の土で造られていた。松代（信濃）のものは例外で、ここでは土を使わず角石だけでできた大きなケルン（高さ23フィート、直径105フィート）があって、中にドルメンがあるといわれている。」との記載（ゴーランド1981a）があり、また付表（表1、ゴーランド1981b）には大室付近とする3基の「単円墳」の記載がある。またドルメンの分布について、小規模なものは近江、美濃、信濃のような内陸地にあるとしている（ゴーランド1981c）。

これまで上記のガウランドが残した記載から、松代で記載した古墳（図2）は大室古墳群ではないかとの考えも示されてきた（ゴーランド1981abc）。

しかし2015年（平成27）、忽那敬三・佐々木憲一による大英博物館所蔵のウィリアム・ガウランド関連資料の調査から、「信濃　松代」あるいは「信濃　松代周辺」の古墳とする記載古墳は、現時点では大室古墳群内の古墳ではないことが判明した（忽那・佐々木2015）。ただし大英博物館所蔵のウィリアム・ガウランド関連資料すべてが公になっていないこともあり、今後関連資料が発見される可能性も考えられる。

(3)大室古墳群への保護意識の芽生え

1916年（大正5）、皆神山山麓参考館にて大室古墳群出土品（図3）が陳列された（長谷川1925）。

1921年、長野県保存史蹟指定に向けた調査が、寺尾村保存会（大室史蹟保存会）によって行われた。この調査では総数265基、積石塚古墳93基、その他172基（内前方後円墳2基）としている（栗岩1934a）。またこの調査成果をもとに、「寺尾村大室古墳聚落分布略図」（図4）が作成されたと考えられる[1]。

1923年12月、埴科教育会歴史地理研究会による寺尾村大室無名円墳1基の発掘調査が行われた（長野県埴科郡松代町1929）。

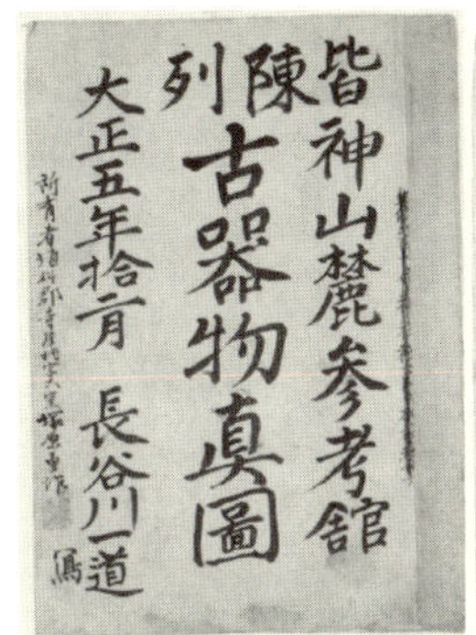

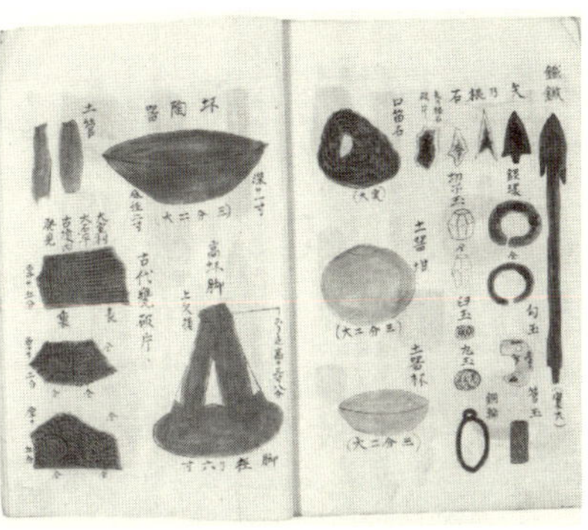

図3　大室古墳群出土品展冊子（長谷川 1925）
（個人蔵／長野市教育委員会提供）

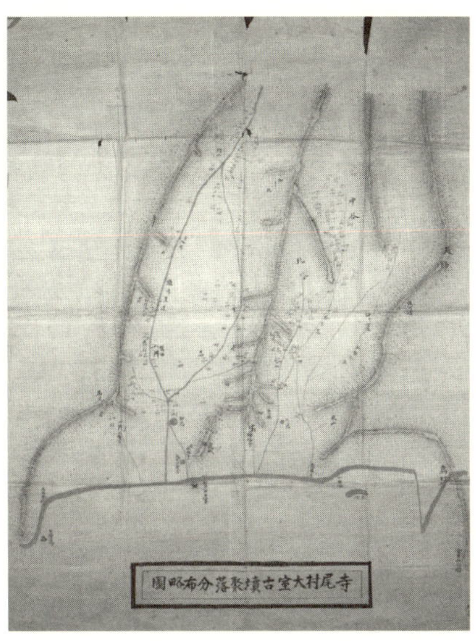

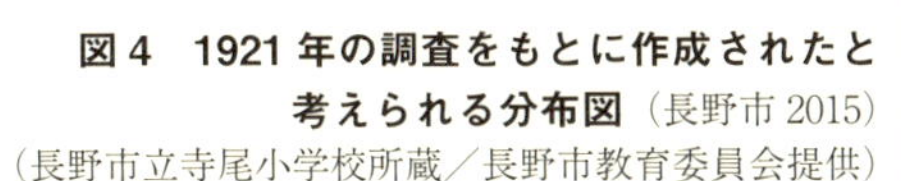

図4　1921年の調査をもとに作成されたと考えられる分布図（長野市 2015）
（長野市立寺尾小学校所蔵／長野市教育委員会提供）

同年、唐沢貞治郎は埴科郡東寺尾村北方に徳川時代には200個の古墳があったが、1878・1879年（明治11・12）の頃には73個、1904年頃には14個、1923年には完全な古墳は2個であったとしている（唐沢 1923）。

1924年11月、埴科教育会歴史地理研究会による第2回大室古墳発掘調査が行われ、字鳶岩地籍伊藤之雄所有の古墳と、清水喜助所有の古墳（寺尾村大室大石平丸塚）2基が発掘調査の対象となった（長野県埴科郡松代町 1929）。

同年、矢沢頼道は現在の長野市松代町に所在する笹塚古墳や空塚古墳の石室例をあげ、長野県の積石塚古墳の中に屋根形天井（合掌形石室）を埋葬施設として用いていることを初めて紹介した。また松代町大室の古墳群中にも同様の石室が存在することも、松代町の研究家大平喜間多の談として紹介したが、その実態については不明とした（矢沢 1924）。

同年9月17日、大室古墳群は積石塚古墳による群集墳で、屋根形天井（合掌形石室）という特殊な内部構造をもつことから、長野県史跡に指定された（長野市・長野市教育委員会 2007、神村 1970）。

1926年、岩崎長思は土石混合墳の金鎧山古墳や積石塚古墳と考えられるニカコ（ニカゴ）塚古墳の石室が屋根型石槨（合掌形石室）であることを紹介した。また大室の谷間の無名の古墳にも同様の石室があることを紹介した（岩崎 1926）。

同年、森本六爾は『金鎧山古墳の研究』の中で、「粗製組合式家型石棺こそ本古墳の示現する文化の地方相の好例」とし、合掌形石室を屋根形天井をなす石棺との関係でとらえようとした。またこの中で、ニカゴ塚古墳について「箱式槨の如き観あるを否定しがたし」と箱式の合掌形石室と紹介した。また矢沢が大平喜間多の談として紹介した尾根形天井（合掌形石室）を有する無名の古墳二つの内の一つについて、発見者の名を採って「大平塚」（現168号墳）と仮称し、その石室写真と実測図（図5・6）を掲載した（森本 1926）。

同年、松代町出身で1875年（明治8）に上京し、浮世絵の富岡半六、洋画の川上冬崖に師事し、1902年には逓信省構内に郵便博物館を創設した人物として知られる樋畑雪湖は、大室古墳群に

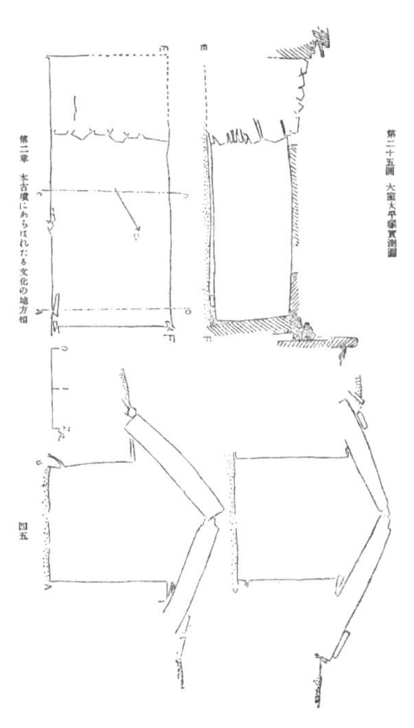

図5（左）**森本六爾が掲載した大平塚古墳の実測図**
図6（上）**同写真**
（ともに森本 1926 より転載）

図7　樋畑雪湖が描いた合掌形石室
（樋畑 1926 より転載）

ついてふれる中で、（合掌形）石室については「拝み式」と表現した。また「破壊されつゝある大室古墳の一部」として、雪湖寫生の名で合掌形石室の絵（図7）を掲載した（樋畑 1926）。

このように大正期に入ると長野県内における積石塚古墳や、さらには合掌形石室の研究が活発化してくる。

昭和に入るとさらに国内外の資料が蓄積され、積石塚古墳の起源や系譜をさぐる調査や論考が行われることとなる。

1929 年（昭和 4）、『松代町史』には埴科郡内において最も多く古墳が群集しているのは寺尾村であり、「字大室區のみにて現に二百六十五箇（大室保存會調査）在し居り」と記載されている。また「横壙式石槨を有する所謂塚穴は寺尾村字大室に最も多く群集してゐることは既に前述の通りである。大室の地名も石室の多いところより名付けられたものであらう」と記載され、大塚と呼ばれている円墳は玄室奥行き 21 尺・幅 7 尺・高さ 1 丈で平面形が羽子板形をしていること、玄室奥行き 15 尺・幅 9 尺・高さ 9 尺で平面形が三味線の胴形をした無名古墳があること、玄室奥行き 21 尺・幅 5 尺の円墳からは葺石・埴輪・人骨・土器がしていること、玄室奥行き 24 尺の古墳には玄室中央部天井石に戸溝を穿ったと思われる跡があり、玄室にしきりを立て 2 室に使用したであろうことを紹介している。

また積石塚古墳について、信州の北部埴科郡および上下高井郡地方に多く、寺尾村大室の古墳群中に見られるほか、皆神山を中心とした東條村、豊栄村に数十箇所の積石塚古墳があり、中には土石混合の墳丘のものもあるが、石塊の分量が土よりも多いので積石塚古墳と認めて差し支えないとした。

合掌形石室について、東條村笹塚古墳・豊栄村空塚古墳・大室にある無名2古墳の石槨は、天井石が家型石棺および陶器棺のようであり切妻屋根型を呈し、ほかにあまり類例が無いものとした(長野県埴科郡松代町 1929)。

1938年、栗岩英治は『日本後紀』の記載から、信濃への高麗系渡来人と積石塚古墳の関連を想定し、その根拠として積石塚古墳が多く存在する埴科郡から上高井郡の地形が渡来人たちの祖国の地形に類似しているとした。また大室古墳群について、長野県史跡に指定するに際し、1921年に寺尾村保存会によって調査された資料も示している。(栗岩 1934a)。

(4)大室古墳群への学術的調査のはじまり

1949年(昭和24)以降、長野県教育委員会の依頼によって地元寺尾中学校教諭栗林紀道による本格的な分布調査が開始された。同年8月3日から9日まで行われた第1回目の調査には、寺尾中学校生徒110人が参加した。この分布調査は1952年まで続くこととなる。この結果501基の古墳が確認されることなった(栗林 1952、長野市 2015)。

栗林は古墳群の把握に努力し、古墳墳丘の状況や石室構造を区分し、古墳台帳・見取図・全体の分布図を作成した。こうした栗林の努力の中から、「大室古墳保存会」が生まれた。

1951年7月15日から8月31日にかけて、明治大学教授後藤守一により第107号墳・第358号墳の2基が発掘調査され、15基について石室実測が行われた。これまで古墳のほとんどが盗掘され、学術調査が行われていなかった大室古墳群に学術的な光が当たることとなった(大塚 1969)。しかしながらこれ以降の組織的な調査は1969年の長野県農事試験場等用地内所在の大室

図8 大室古墳群遠景写真 大室古墳群を構成する5支群(北西方向から)(長野市・長野市教育委員会 2008a より)
(長野市教育委員会提供)

古墳群北谷支群の緊急調査を待たねばならない。

1952年には栗林によって、大室古墳群における第4回基礎調査の結果として『大室古墳群畧図』が作成された。

大室古墳群を丹念に踏査した結果、それまで250基ほどといわれていた古墳群数を501基とし、さらに501基すべてについて学術的な基本データとなる「古墳調査表」が作成された。また現在使用されている古墳番号は、このときの調査成果をもとにしている。

積石塚古墳については、「石塊のみで築かれた、いわゆる積石塚」、「内部は土で、上部を石塊で覆ったもの」、「内部は石で、表面を土で覆ったもの」、「石塊に土を混ぜたもの」と4分類した。この分類は大室古墳群のみならず、これ以降の長野県内積石塚古墳研究の一指針となるが、積石塚古墳の認識を広範囲なものとしてしまう結果となり、善光寺平の古墳について極端なイメージを作りあげてしまうこととなった(栗林1952)。

1955年、大塚初重は「大室古墳群の最大の特殊性は積石塚と所謂合掌形石室の存在であるが、この両者が大陸墓制の再現であるか、自然発生であるかの問題は、この大室古墳群の性格の一端をさし示すであろう。各地発見の積石塚すべてが大陸のそれとの連繋を示すものとは思わないが、後裔のそれは、構造上、地域的特殊性の上からも大陸墓制との結びつきを肯定せしめるようである」とした(大塚1955)。

1956年、『信濃考古綜覧』上巻・下巻が刊行され、長野県内における古墳の集成も行われた。積石塚古墳の分類については、1952年の栗林の分類を踏襲している。この中で、大室古墳群については横穴式石室122基・竪穴式石室67基・合掌形石室22基・組合式石棺5基が明らかにされ、普通の古墳と同様に横穴式石室が最も普遍的な存在であるとした。また合掌形石室は、積石塚古墳と表裏する石室形で、信濃では善光寺平以外には無く、朝鮮の家形石室の概念的継承で、積石塚古墳とは不離の関係とした。さらに大室古墳群第239号墳・第220号墳・安坂将軍塚古墳群・麻績塚古墳について方形積石塚古墳とした。あわせて積石塚古墳の分布図が示された（栗林1956)。

1960年12月26日、新たに「長野県文化財保護条例」が公布され、1965年に施行されることにより、1952年までの文化財保護条例の効力が失われることとなり、それまでの条例によって指定されていた文化財は指定解除となった。この結果、大室古墳群も県史跡から解除されることとなった(長野市・長野市教育委員会2007、長野県1960)。

1962年、大塚は大室古墳群4支群中の尾根上2支群（現在の北山支群、金井山支群）は盛土古墳が主体となり、この両尾根の中間に位置する谷頭面に深く入り込んだ2支群（現在の大室谷支群・霞城支群、北谷支群）に積石塚古墳が集中することは、4支群が形成された歴史的過程にきわめて注意すべき問題が含まれていることを指摘し、また大室古墳群に認められる考古学上の問題点として、①積石塚古墳の分布と生因と合掌形石室の考古学的究明、②大室古墳群形成の歴史的背景、③方法論に立脚した古墳群の分析、④監牧との関連を考古学的に推論、⑤古墳群の実態を十分に把握の5項目をあげた(大塚1962)。

1969年、大塚は1951年に後藤が中心となって明治大学考古学研究室が行った大室古墳群の調査成果(墳丘・石室の実測調査17基、内発掘調査2基)を発表した。この中で大室古墳群の古墳個々の立地や特徴から、古墳群を北から北山支群・大室谷支群・霞城支群・北谷支群・金井山支群の

5支群（図8）に分け、大塚の覚書をもとに成果をまとめ、古墳群の年代論や性格にもふれた。大室古墳群研究における記念すべき学術調査報告書である。この中で、大塚は大室古墳群の研究を通して、大室古墳群を構成する各単位支群にはそれぞれ2基から数基の合掌形石室があることをその特色として指摘した(大塚1969)。

1969年から1970年にかけて、大室古墳群北谷支群地域が長野県農事試験場の建設候補地となったことを受けて、長野県と大室古墳群調査会により、長野県農事試験場等用地内所在の大室古墳群北谷支群の緊急発掘調査が行われた。第1次調査は1969年12月8日から12月26日、第2次調査は1970年2月21日から3月3日の日程で行われた。

この調査成果は、長野県文化財専門委員の米山一政や駒澤大学教授の倉田芳郎らによって、県農業試験場等建設に伴う大室古墳群北谷支群の調査報告書として刊行された。この調査では用地内32基の内21基が現状保存され、11基が記録保存される結果となった(米山・倉田ほか1970)。

1970年から1972年の3年間、大室古墳群の組織的な分布調査が長野県と長野市の共同で実施され、倉田を中心に駒澤大学により行われた。

戦後まもなく栗林が作成した大室古墳群分布地図や遺跡地名表をもとに、測量による分布図の作成、未確認古墳の発見、台帳記載事項の点検の3項目を目的とした。

この後、1978年と1980年には補足調査も行われた(倉田ほか1981b)。

1981年、倉田・中野宥・仲野泰裕らによって1970年から1972年の3年間の分布調査と、1978年と1980年にかけて行われた補足調査の成果をまとめた『大室古墳群分布調査報告書』が刊行された。この中で、中野は「大室古墳群の分布状況について」をまとめ、さらに仲野は「積石塚研究の歴史」をまとめている。分布状況のまとめによると、総数505基のうち、不明なものを除き、454基（北山支群21基（うち前方後円墳1基）・大室谷支群224基・霞城支群13基・北谷支群179基・金井山支群17基)が確認されている(中野1981、仲野1981)。

また、中野は合掌形石室構造には横穴式石室形態のものと竪穴式石室形態のものがあることを指摘し、形態分類上別に扱う必要があるとした。また大室古墳群中では、横穴式石室形態の合掌形石室は確認されていないとした(中野1981)。

(5)大室古墳群の歴史的性格を解明するための大学と行政による学術調査の開始

1984年（昭和59）から開始した大室古墳群の調査は、明治時代以来の日本における積石塚研究の成果にてらし、積石塚の歴史的な性格を究明し、古墳群構成を的確に把握することと、東アジアにおける日本の積石塚の歴史的意義を追究することを目標に進められた。

第1次調査は8月2日から8月31日に行われ、大室谷支群村東単位支群第23号・第26号・第239号・第240号・第243号・第244号(将軍塚)墳の墳丘や石室内の清掃を行った後、墳丘測量図と石室実測図の作成を行った。

また同年10月26日から11月8日には第2次調査が行われ、村東単位支群第248号墳の墳丘測量図と石室実測図の作成、大室谷支群大石単位支群第220号墳の墳丘測量図作成と石室内の発掘調査、村東単位支群第244号墳羨道部の発掘調査を行った。また大室谷支群大石・鳶岩単位支群の古墳の内容確認調査を行った(大塚ほか編1993)。

1985年8月22日から9月5日には第3次調査が行われ、大石単位支群第222号墳など4基の

表2　明治大学による第1次から第14次調査
（大塚・小林編 2006 より転載）

調査	年度	単位支群	古墳名	調査内容
第1次	1984年	村東	23	墳丘測量・積石実測・石室実測
			26	墳丘測量・積石実測・石室実測
			239	墳丘測量・石室実測
			240	墳丘測量・石室実測
			243	墳丘測量・石室実測
			244	墳丘測量・積石実測・石室実測
			ニ	墳丘測量・石室実測
第2次	1984年	村東	244	発掘
		村東	248	墳丘測量・石室実測
		大石	220	墳丘測量・積石実測・石室実測
第3次	1985年	大石	222	墳丘測量・積石実測・石室実測
			224	墳丘測量・積石実測・発掘
			225	墳丘測量・積石実測・発掘
			227	墳丘測量・積石実測
第4次	1986年	大石	221	墳丘測量・積石実測・石室実測
			226	墳丘測量・積石実測・発掘
			227	墳丘測量・積石実測・石室実測・発掘
第5次	1987年	大石	222	発掘
			223	墳丘測量・積石実測・石室実測・発掘
			224	石室実測・発掘
			230	墳丘測量・積石実測・石室実測・発掘
第6次	1988年	ムジナゴーロ	196	積石実測・石室実測・発掘
			197	墳丘測量・積石実測
			198	石室実測
第7次	1989年	ムジナゴーロ	186	積石実測・発掘
			189	積石実測・石室実測・発掘
			195	積石実測・石室実測・発掘
			195A	積石実測・石室実測・発掘
			195B	積石実測・石室実測・発掘
第8次	1990年	ムジナゴーロ	185	積石実測・発掘
			186	石室実測
第9次	1991年	ムジナゴーロ	200	積石実測・石室実測
			201	積石実測・石室実測・発掘
第10次	1992年	ムジナゴーロ	200	積石実測・石室実測・発掘
			201	石室実測・発掘
第11次	1993年	ムジナゴーロ	168	墳丘測量
第12次	1994年	ムジナゴーロ	168	積石実測・石室実測・発掘
第13次	1995年	ムジナゴーロ	155	墳丘測量・積石実測・石室実測
			156	グリット設定
			165	墳丘測量・積石実測・石室実測・発掘
			168	測量・積石実測・発掘
第14次	1996年	ムジナゴーロ	155	石室実測・発掘
			156	積石実測・石室実測・発掘
			165	石室実測・発掘

古墳について、墳丘測量及び積石実測図や石室実測図の作成などが行われた。

1984年の第1次・2次調査、1985年の第3次調査以降、1996年（平成8）の第14次調査まで、大室古墳群の基礎資料の蓄積を目的とする調査が行われることとなる（第2表、大塚ほか編 1993）。

1989年度と1990年度にわたって、上信越自動車道建設に伴い破壊されることとなった大室谷支群村東単位支群第21号・第22号・第23号・第24号・第25号・第ニ号墳の発掘調査が実施された。道路建設に伴う発掘調査であることから、本来長野県埋蔵文化財センターが調査すべきところであったが、これまでの大室古墳群の調査実績から古墳に関わる部分については調査団を構成し、明治大学考古学研究室が中心となって発掘調査に当たった。成果については各古墳の調査成果と、出土人骨や出土ガラス玉の分析が掲載された（大塚ほか 1992）。なお調査後、保存状態が良好であった第23号墳については、長野市教育委員会により移築復元された（山口編 1990）。

1992年、大塚初重は大室古墳群に関わる調査・研究を通して、大室古墳群中の「金井山丘陵をはじめ、霞城や北山丘陵の尾根上に分布する古墳のほとんどは、墳丘が積土か一部土石混合の例である。大石・ムジナゴーロ単位支群で、最初に出現した古墳のほとんどは土を混えない積石塚であり、しかも内部主体は合掌形石室であった。その築造年代は5世紀後半にまで遡ることが確実である」とし、大室古墳群形成のあり方やその出現時期について論じている。

また「しかし山丘の傾斜面に土壌が全くないわけではなく、墳丘の築造に事欠くほどのことはなかったであろう。それにも拘わらず5世紀中葉以降の段階を迎えた時に墳丘を石積みとして、ほとんど土壌を混えずに合掌形石室を遺骸埋葬施設として採用した事実は、その大きな急激な墓制の変化に注意しないわけにはいかない」とし、長年にわたる調査結果を前提とした論を示した（大塚ほか 1992）。

同年、鈴木直人は土石混合墳について、石を多く含む土を用いて造られた古墳の状態を指しているものであり、築造時の意識は土に重点を置いたものであることから積石塚古墳から除外した（鈴木 1992）。

同年、さらに大塚はここ数年調査を続けている大室古墳群の調査結果を紹介し、大室古墳群の積石塚古墳は、各単位支群において合掌形石室をもつものとし、その築造開始年代を5世紀後半から６世紀初頭と位置づけた(大塚1992)。

(6)継続調査の成果から明らかになり始めた大室古墳群像

1993年（平成5)、大塚初重・小林三郎・石川日出志編『信濃大室　積石塚古墳群の研究Ⅰ―大室谷支群・村東単位支群の調査―』が刊行された。1984年（昭和59）以来調査を行ってきた大室谷支群・村東単位支群の調査成果をまとめたもので、すでに報告された1989年、1990年の２ヶ年にわたる上信越自動車道に伴う緊急調査の成果(出土人骨とガラス玉分析結果)も再録されている。

調査成果が掲載された古墳は、第21号墳以下15基で、考察として「墳丘構造と石室の構築について」、「土器出土状況の特色」、「大室古墳群における埋葬形態について」、「古墳群の年代と成果」を掲載した。

「墳丘構造と石室の構築について」では、栗林紀道が土石混合墳も積石塚古墳と分類して以来、積石塚古墳として数えられてきたが、石のみで築造された積石塚古墳が存在し、石を意識して使用していることを考えれば、土石混合墳は石を多く含む土を用いて築造されたもので、意識としては土に重点が置かれたもので土盛古墳と同じ範疇のものとした。

「土器出土状況の特色」では、３つの祭祀形態を抽出し、Ａ＝土師器を中心とした築造に関する祭祀形態、Ｂ＝須恵器を中心とした墳丘外における祭祀形態、Ｃ＝羨門石という特定のエリアにおける埋葬に関する祭祀形態があるとし、それぞれが複合的に存在するとした。

「古墳群の年代と成果」では、盛土墳墓制に積石塚が加わり、また合掌形石室が百済墓制と歴史的関係が認められるのであれば、大室古墳群における５世紀後半代の合掌形石室の登場は、東国における朝鮮半島からの渡来集団の移住や技術の受容を考える必要があり、大室古墳群村東単位支群・大石単位支群・ムジナゴーロ単位支群での合掌形石室を内部主体とする石のみで築造された積石塚古墳による古墳群形成の開始の事実は、日本国内で見られる古墳群形成とは異なり、「渡来系集団と在地社会集団との関係が発現したものと考えている」とした(大塚ほか編1993)。

1996年、土生田純之は1988年に青木和明が地附山古墳群第１号墳１号石室（箱式石棺形式の壁体に屋根形天井の合掌形石室）・２号石室（箱式石棺）・３号石室（箱式石棺)、第４号墳石室（大形転石箱式石棺）について、石室の高さや小口部分の構造、石室閉塞工程の検討を行い、１号墳１号石室の合掌形石室は横口構造であるとした新たな視点を示したこと（青木ほか1988)、同年土屋積が大星山古墳群の第２号墳の合掌形石室について、横口構造であることを示唆したこと（土屋ほか1996）をふまえ、地附山古墳群の報告書をさらに検討し、地附山古墳群の合掌形石室は「竪穴系横口式石室」構造であるとした。

竪穴系横口式石室とした理由として、①１号石室の場合、西側の小口部に閉塞石が残存しており、横口構造であることは確実である。しかも西側閉塞部で南北長側壁の延長線上には小石材による石組みが続いており、構築当初の段階から当初が閉塞部として計画されていたことが明らかである。②この西小口部の墓坑壁が比較的鋭角に立ち上がっているのに対して、反対側の小口部では２段の掘り方になっており緩やかな立ち上がりである。③次に西小口の場合、基底石と墓坑壁の間には数10㎝の間隔が空いているが、先に見た閉塞部を構成する東西の小石材による石組みが当部の上方にのっている。④横口式石室の設定には直結しないが、両長側壁では基底石が２～３枚の石材の組み合わせによるのに対し、上段（屋根状天井部）は１枚の大型の石材を置いている。以上4点をあげている(土生田1996)。

長野市地附山古墳群第1号墳1号石室・2号石室・3号石室、第4号墳石室の構造分析から竪穴系横口式石室の合掌形石室と位置づけたことは、大室古墳群第168号墳ほか大室古墳群で主体となる合掌形石室も竪穴系横口式石室構造であると推測させる結果となった。

1997年、土生田はさらに地附山古墳群で確認された横口構造が大室古墳群でも認められるとし、石棺系の合掌形石室の構造の基本は広い意味での「竪穴系横口式石室」であることを提起した(土生田1997)。

(7)史跡指定による整備と活用に関わる調査の開始

1997年(平成9)7月28日には、これまでの調査成果や研究成果により、大室古墳群の一部である大室谷支群の主要部分約16.3ha(古墳数166基)が国史跡に指定された(長野市・長野市教育委員会2007、文化庁1995、文部省1997)。

1998年度から2006年度にかけて、長野市教育委員会は史跡指定範囲(図9)の史跡入口部分にあたるエントランスゾーンに所在する24基(第26号～第29号・第31号～第33号・第235号・第237号～第247号・第A号～第D号・第ハ号墳)の墳丘範囲の確認と、改変状況の把握など整備に関わる諸情報を得る目的で調査を実施するとともに、整備基本計画に基づき、「古墳群を詳細な調査研究に基づいて保存整備するとともに、一帯を歴史的背景を体感できる史跡公園として整備し、憩いの場・学習の場・歴史体験の場として公開・活用することを目指し」大室古墳群の史跡整備事業が進められることとなる(長野市・長野市教育委員会2007・2008b)。

2000年、土生田はこれまでの日本や韓国の調査・研究を整理し、大室古墳群他の積石塚古墳についての考えをまとめた。

現状ではシナノの積石塚古墳の源流を百済や高句麗に求めることは困難であることを指摘しながらも、シナノの積石塚古墳の年代よりも後出である韓国慶尚北道大邱市地域の積石塚の事例をあげ、岩盤の多い地形に構築された円形の積石塚も見られるとした。

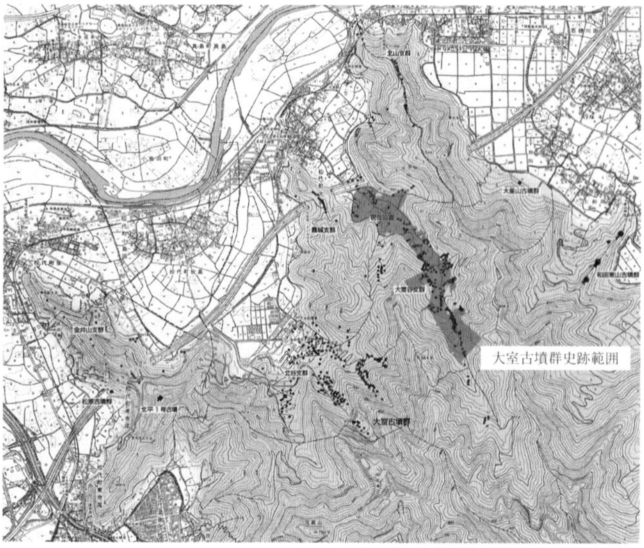

また群馬県高崎市長瀞西古墳群と浜松市内野古墳群について、いずれも5世紀後半ごろの古墳群で、内部主体がともに竪穴系の石槨であることから、長野市大室古墳群とともに史的意義を共有する可能性がきわめて高いことを指摘した。そして香川県石清尾山古墳群にもふれ、積石塚古墳が前期に限られ、後期には封土古墳が築造されることから、積石塚古墳造営の原因は地形によるものであり、現在までの情報では東国の積石塚と

図9　大室古墳群全域と史跡指定された大室谷支群
(長野市・長野市教育委員会2008aより転載)

の関連性を示すものではないとした（土生田2000）。

(8)大室谷支群を中心とした大室古墳群の歴史的性格の解明

2006年（平成18）、大塚初重・小林三郎編『信濃大室　積石塚古墳群の研究Ⅱ―大室谷支群・大石単位支群の調査―』が刊行された。

1984年（昭和59）から1987年におよぶ4年間の大石単位支群所在の、第220号墳以下9基の調査成果が掲載され、大石単位支群における造墓活動として「横穴式石室からみた展開過程」、「墳丘構築過程の再検討」、「大石単位支群における造墓活動」、「大室古墳群・大室谷支群・大石単位支群の調査成果と課題」を掲載した。

「横穴式石室からみた展開過程」では、群内の横穴式石室の年代観を示し、また善光寺平における研究史をふまえ、北信地域における玄門立柱石の導入時期がTK43型式期（6世紀後半）以前に遡る可能性を示した。さらに大石単位支群では、両袖式横穴式石室と無袖式横穴石室が相互に影響しあいながら造墓活動をしていたことを想定した。

また大石単位支群での造墓活動は、5世紀後半（TK208型式）に合掌形石室を伴う積石塚古墳により開始されるが、一旦造墓活動が休止し、6世紀後半に再び横穴式石室を伴う古墳により築造が再開され、7世紀末葉もしくは8世紀初頭に造墓活動は終了するとした。

「大室古墳群・大室谷支群・大石単位支群の調査成果と課題」では、1984年以来の大室古墳群・大室支群の継続調査から、積石塚古墳とは、①「墳丘封土に相当する部分全体を角礫・円礫などを用いて築きあげたもの。土を全く用いない」②「墳丘封土、即ち積石による封土は低く、低墳丘を特徴とする」③「地山に壙を穿って埋設し、その上部をも角礫あるいは円礫にて覆う」ことを共通点とした。また、「積石塚古墳」と「土石混合墳」の間には、「横穴式石室」の導入という葬送観念、儀礼など古墳時代社会全体の規範のようなものが働いていたとした。

横穴式石室導入後の墳丘構築について、①円墳以外の墳丘は存在しない。②墳丘の規模に一定の規制が作用し、円墳の直径が10mを超えるものがほとんどない。③墳丘規模には規制がみられるが、石室規模についての規制はみられない。④大きい石室を少ない墳丘封土で覆うため、墳裾への石列・石室壁体裏込めの完備が重要であり、墳裾と石室裏込めの空隙を土・砂利・小角礫などによって充填する方法をとったことがあたかも積石のようにみえる結果となり、本来の石塊による積石とは明確に異なるとした。

これまでの調査成果から、A「積石塚＋合掌形石室」を典型的な大室型積石塚古墳とすると、B「積石塚＋竪穴式石室」、C「積石塚＋箱形石棺」、D「積石塚＋横穴式石室」が存在するとし、Aの年代が比較的早いと考えられ、AからB、Cまでの経過が辿れる可能性があり、A、B、C

表3　大室古墳群の構成（倉田ほか1981aを参考に作成されたもの、長野市・長野市教育委員会2007より転載）

支　群	古墳の数		古墳の立地		特　徴	
	栗林調査	確認数	谷部・扇状地	山腹・尾根	積石塚	合掌形石室
北山支群	22基	21基	2基	19基	3基	0基
大室谷支群	241基	224基	192基	32基	176基	27基
霞城支群	16基	13基	0基	13基	5基	0基
北谷支群	208基	179基	162基	17基	138基	12基
金井山支群	18基	17基	0基	17基	2基	0基
合　計	505基	454基	356基	98基	324基	39基

からＤを導き出すには年代的な齟齬が生じるとした。また、各単位支群の後半期には「土石混合墳＋横穴式石室」が築造されるとした(表3)。

また大室谷支群内の6単位支群の設定はこれまでの調査成果から妥当と考えられ、大室谷支群では第244号墳(俗称 将軍塚古墳)が最終段階の最大規模の古墳として築造され、新たな古墳築造は無かったとする所見や、各単位支群に関わる所見が示された(大塚・小林編2006)。

2007年、1998年度から2006年度の学術調査の成果をもとに実施された史跡大室古墳群保存整備事業に伴い、将来への古墳群の保存や、広く公開・活用するための情報提供施設や便益施設と合わせて歴史的背景を体感できる史跡公園として整備するために行なわれたエントランスゾーン内に所在するＢ区の第245号・第246号墳、C1区の第26号・第Ａ号～第Ｄ号・第ハ号墳、C2区の第27号～第29号・第241号・第242号墳、C3区の第237号～第240号墳・Ｄ区の第235号墳の計19基の古墳範囲確認調査の概要報告書が刊行された（長野市・長野市教育委員会2007)。

2008年には、1998年度から2006年度の学術調査の成果をもとに、Ａ区の第243号・第244号墳、Ｅ区の第31号～第33号墳の計5基の報告書が刊行された（長野市・長野市教育委員会2008b)。

同年、小林三郎・大塚初重・石川日出志・佐々木憲一・草野潤平編『信濃大室 積石塚古墳群の研究Ⅲ―大室谷支群・ムジナゴーロ単位支群第168号墳の調査』が刊行された。第168号墳は大正期より「大平塚」としても知られ、明治大学の一連の調査の中でもとくに詳細な調査が行われた古墳である。合掌形石室を内部主体とする石のみで築造された積石塚古墳で（図10)、土師器・須恵器・埴輪(壺形・円筒・朝顔形)とともに馬形土製品（図11）が出土したことでも注目された。

報告書には、第168号墳の調査成果をもとに「大室第168号墳出土須恵器の基礎的研究」、「大室第168号墳出土土師器の位置付けについて」、「信濃の中期古墳における土器配置の一様相」、「大室古墳群における合掌形石

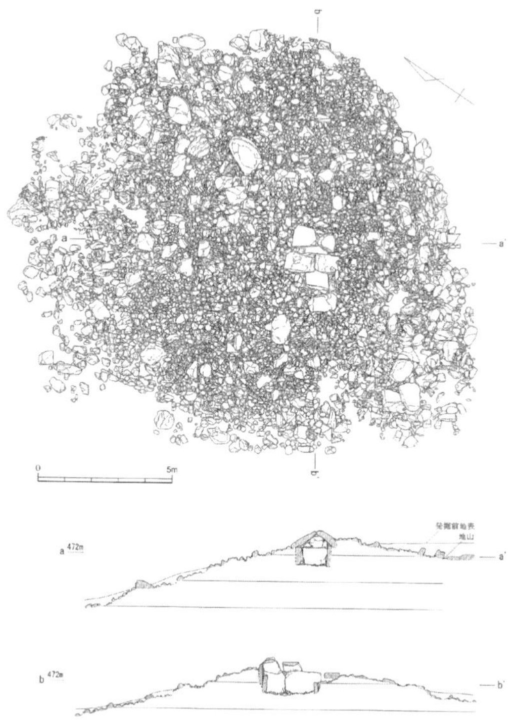

図10　大室古墳群第168号墳　墳丘実測図
（小林ほか編2008より転載）

図11　第168号墳出土　馬形土製品
全長19.1cm　高さ10.3cm（小林ほか編2008より転載）

室の変遷について」の考察をもとに総括が行われている。これまで不明な部分が多かった大室古墳群の実態を明らかにしたものである(小林ほか編 2008)。

考察では、第168号墳は土師器、須恵器、埴輪が墳丘から同一に出土したことから、草野潤平と小坂延仁により、須恵器や土師器の研究をふまえ、第168号墳におおむねTK23型式期の年代を与えた(草野 2008a、小坂 2008)。

また古屋紀之は、第168号墳墳丘で発見された土師器、須恵器、埴輪、馬形土製品の配置を分析し、シナノにおける古墳時代中期後半代(TK208～TK47型式期)に特徴的な、小規模古墳の墳裾に土師器高杯を中心に豊富な土器セットを具備した供献儀礼的な土器配置を行ったものの一類型とした(古屋 2008)。

さらに草野は合掌形石室について、5世紀前半に築造された可能性が示唆される第156号墳の合掌形石室が、大室古墳群において合掌形天井が定型化される以前の未整備な石室として評価できることから、合掌形天井が定型的なものとなる以前にすでに横口構造が採用されていることとなり、大星山2号墳の石室を通じて把握された状況が大室古墳群においても確認できたことになるとした。そして第168号墳の合掌形石室は、石材の厚さや大きさ、天井石の傾きや設置位置などがより整備されたものとなっており、第156号墳に後続することは明らかであるが、奥小口壁の外側に配して妻部分の隙間を塞いでいる充填石材などから、両者の共通性の高さが注目されるとした。

また、第225号墳から第221号墳の合掌形石室の変化の方向性は、奥小口の発達および小型・粗型化という点で共通し、とくに奥小口の発達という点は、本古墳群全体の方向性として指摘でき、横穴式石室形態への変化こそ示さないものの、本古墳群の合掌形石室について土生田が指摘した(土生田 1996)竪穴系横口式石室の一種として成立したものであるとした(草野 2008b)。

この考察は、これまでの大室古墳群の調査成果をふまえ、合掌形石室の出現や変化の見通しをまとめあげた画期的な論考と言える。

総括では佐々木憲一が、馬形土製品や積石墳丘、合掌形石室について学史を踏まえた論考を示し、最後に在地集団が積極的に新来の墓制を取り入れた可能性が大きく、朝鮮半島経由で馬匹生産を積極的に受容した善光寺平と同様の伊那谷では積石塚古墳や合掌形石室が未確認であることから、馬を受容する側の主体性を示すものとした。また「数次に亘り日本に渡来した、故地の異なる様々な技術の保有者たちが、おそらく畿内中枢において集合・組織され、幾度かに亘り善光寺平にやって来た」とする飯島哲也の論考から、善光寺平と伊那谷に渡来した技術者集団は異なった可能性もあるとした(佐々木 2008)。

2010年、史跡大室古墳群エントランスゾーン整備の一環で、長野市教育委員会により合掌形石室を内部主体とする積石塚古墳である第241号墳の調査が行われた。その結果土師器、須恵器、円筒埴輪、形象埴輪や剣菱形杏葉・環状雲珠・辻金具などの飾り馬具、また反刃鏃などが出土したことから6世紀初頭の築造と位置づけ、大室古墳群第241号墳の竪穴系横口式合掌形石室を大室古墳群(大室谷支群)内での最終段階に構築されたものとした。この調査成果により、大室古墳群(大室谷支群)では竪穴系横口式合掌形石室の構築を終えた後(長野市教育委員会ほか 2010、信濃毎日新聞 2010)、MT15型式期からTK85型式期の馬具が出土している横穴式石室構造の合掌形石室を内部主体とする竹原笹塚古墳をはじめ、菅間王塚古墳・桑根井空塚古墳・西前山古墳などの積石塚古墳が築造された皆神山周辺地域へと、その築造が移っていく一連の歴史的背景が理解できることとなった。竹原笹塚古墳出土馬具の再評価を考慮すると、合掌形という形を意識した横穴式石室構造の合掌形石室の構築という評価にとどまらず、善光寺平のみならずシナノでの初期横穴式石室の一類型に合掌形構造を採用していた結果ともなった（西山2015）。

また、調査を担当した風間栄一によると、当時代の列島内の反刃鏃の出土状況と、当墳からの反刃鏃等の出土状況から、「大室古墳群の指導者の中に、王権の中枢部と密接に関わっていた人物がいた可能性を推測させる」とした（信濃毎日新聞2010）。詳細な報告を待ちたい。

2015年、大塚初重・小林三郎監修 佐々木憲一・河野正訓・高橋透・新井悟編『信濃大室　積石塚古墳群の研究Ⅳ ―大室谷支群ムジナゴーロ単位支群の調査―』が刊行された。

この調査報告書は、明治大学文学部考古学研究室による大室古墳群の調査研究の最終報告であり、この中には、報告篇と考察篇が収録されている。

報告篇として大室古墳群第200号・第201号墳など15基の調査成果が掲載され、佐々木が総括として第1節 善光寺平の群集墳としての大室古墳群、第2節 大室古墳群の群構造、第3節 積石塚をともなう古墳群、第4節「古式」または「初期」群集墳としての5世紀代の大室古墳群―積石塚の時代―、第5節 5世紀代の大室古墳群の意義、第6節 渡来人と馬匹生産、第7節 6世紀中葉以降の大室古墳群―横穴式石室の時代―について論考している（大塚・小林監修2015）。

第6節の渡来人と馬匹生産では、土生田（2006）や亀田修一（2011）の研究成果をもとに、大室古墳群を形成した善光寺平の在地豪族は、善光寺平における弥生時代にみられる渡来系遺物の出土などから、5世紀以前から朝鮮半島とのつながりがあったことによるとした。そして、大室古墳群での5世紀代の合掌形石室を伴う積石塚古墳にも円筒埴輪やすでに日本化した須恵器が伴っていることから、すべてではないにしろ、これらの積石塚古墳に埋葬された人々は、朝鮮半島から早くに善光寺平に移住した人々の2世や3世のような、すでに日本で生活していた人々が多く含まれているとした。また、善光寺平における5世紀以降の渡来人の役割は、馬の飼育（馬匹生産）であるとした（佐々木2015）。

明治大学文学部考古学研究室による大室古墳群の長期継続的な発掘調査の成果について、報告書では以下のようにポイントをまとめている。

①500基以上の大古墳群であるが、支群、単位支群に分けることが可能で、それは違った系譜の人々の可能性、古墳群内での階層性をみいだすことができる。

②積石塚古墳が渡来系の人々が関わった墓制であったとしても、列島内の個々の地元で計画・築造された墓であることが確認できた。

③弥生時代後期以来初期積石塚古墳が築造された頃の渡来文化については、北部九州や近畿地方中央部を介さずに直接日本海を渡って北陸を経由して善光寺平に到達した。

④古墳時代中期以降の善光寺平の渡来系文化の最も重要なものは馬匹生産であるが、その受容のされ方が飯田盆地と異なることなどから、中央の王権は外交権を独占しておらず、在地（善光寺平）の豪族が独自に朝鮮半島南部と交流・交渉できたことの意味は大きいとし、古墳時代史全体を考える上で重要であるとした。

⑤大室古墳群の造墓活動は6世紀初頭以前（古式群集墳の段階）と6世紀中葉以降（新式群集墳の段階）とし、すでに古墳群内には古式群集墳の段階で若干の階層差が存在していたこと

をふまえると首長墳が存在しており、シナノ地域の首長権が善光寺平から5世紀中葉に飯田盆地には移動せず、善光寺平に首長系譜が古墳時代を通して継続していたことを意味するとした。

⑥大室古墳群は、古式群集墳段階では独自性を発揮し自立していたが、新式群集墳以降の横穴式石室と副葬品のセットからみた大室古墳群内の階層構造は、近畿地方中央部の階層構造と共通するとした。このことから新式群集墳以降の大室古墳群の被葬者たちは、ヤマト王権と密接な関係となり、善光寺平はヤマト王権からの周縁地域ではあったが6世紀中葉以降はその自立性を失った。それは、磐井の乱を平定した後のヤマト王権の権力の伸張の結果とした（佐々木 2015）。

また考察篇では、13年間14次にわたる大室古墳群の発掘調査で得られた古墳や出土遺物から多岐にわたる17編もの論考が掲載されている（大塚・小林監修 2015）。

すべてを紹介するにはかなりの紙面を要するため、これまで大室古墳群研究で長い間ふれられてきた牧や渡来人との関わりで重要な資料となる馬具についての論考と、大室古墳群の構造と変遷についての論考を紹介してみたい。

大室古墳群出土馬具から長野県内の馬具について論究した宮代栄一は、大室古墳群の馬具から考えられる古墳群像について、大室古墳群への馬具の導入はTK208型式期からTK23型式期とし、「出土した馬具は倭王権が配布した鉄製内湾楕円形鏡板付轡である。それ以降も、大室古墳群では10基前後の古墳に馬具が副葬されるが、いずれも、全国の出土例と何ら変わりのない「通有の馬具類」であり、しばしば言われるような、渡来人との関連性は馬具からは認めることはできない」とした。またあわせて伊那谷の様相について「飯田市を中心として、馬の殉葬と、全国的にもごく早いTK73～TK216型式期からのフルセットの馬具の副葬を認めることができ、韓半島との密接な関連性がうかがえる。おそらく当時の先端産業である馬飼いを、半島系の人々が担っていたことと関係があるのだろう」とした（宮代 2015）。

大室古墳群大室谷支群の各単位支群の構造や変遷について、河野正訓がその研究成果をまとめている。

大室谷支群では、これまでも確認されてきたように、大室古墳群での群構成の開始はまず竪穴系横口式の合掌形石室を内部主体とする積石塚古墳が築造され、ムジナゴーロ単位支群の第156号墳はTK208型式期の築造の可能性が考えられ、その後合掌形石室を内部主体とする積石塚古墳がTK23型式期からTK47型式期まで継続的に築造されるとした。また大石単位支群では、合掌形石室を内部主体とする積石塚古墳がTK23型式期からTK47型式期に築造が開始され、村東単位支群では、合掌形石室を内部主体とする積石塚古墳の最終段階として第241号墳がMT15型式期に築造されたことが確認されているとした。この後ムジナゴーロ単位支群、大石単位支群、村東単位支群では、横穴式石室を内部主体とする土石混合古墳がTK43型式期から再び群構成を開始するとし、村東単位支群では、大室谷支群最大の墳丘と横穴式石室をもつ第244号墳が築造されるとした（図12）（河野 2015）。

大室古墳群全体を見通さないと確実なことは言えないが、大室谷支群の群構成の経過とMT15型式期からTK10型式期を中心に限られた時期に竹原笹塚古墳ほか横穴式石室系の合掌形石室を内部主体とする積石塚古墳が皆神山周辺に築造されることと、何らかの因果関係があるのであろ

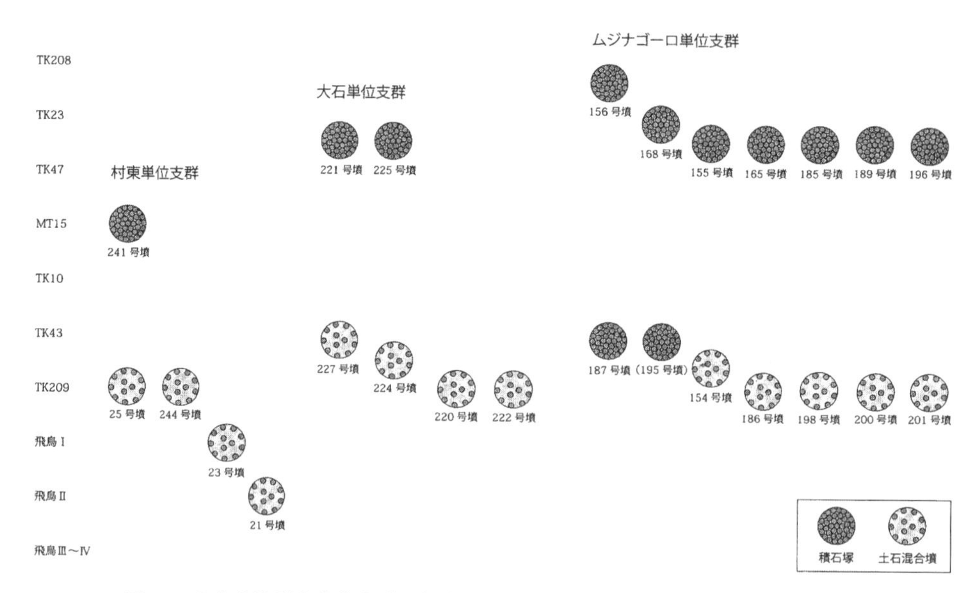

図 12　大室古墳群大室谷支群の各単位支群の群構成と変遷（河野 2015 より転載）

うかとしている。

2013 年、風間は長野県内外の合掌形石室は大室古墳群以外で土石混合墳丘や盛土墳丘への埋葬施設となる場合があるが、「大室古墳群では純粋な積石墳丘と合掌形石室が密接に結びつき、他にはみられない特異な存在として異彩を放っている」とし、その特異性を示した。また大室古墳群内の出現期の合掌形石室をもった第 196 号墳から出土した鋲留短甲や、最新段階の合掌形石室をもった第 241 号墳出土の馬具、反刃鏃、中空ガラス玉の出土から、大室古墳群での純粋な積石墳丘＋合掌形石室古墳を築造した集団と倭王権との関連を指摘した。さらに積石墳丘＋合掌形石室は大室古墳群内で結びついた可能性を指摘し、渡来系集団と在地集団との関係を考える上で重要なものとした（風間 2013）。

以上、大室古墳群に関わるに文献記録・分布調査・発掘調査に加え、大室古墳群の積石塚古墳や合掌形石室に関わる研究を中心とした研究史をみてきた。

1949 年に始まった栗林による本格的な分布調査が開始されてから 70 年近くが経過しようとしている。2015 年現在における大室古墳群の歴史的評価については、これまで積み上げられてきた個々の研究成果が大室古墳群の歴史的実態を示しているものと考える。更なる新たな歴史事実については、今後の大室古墳群や周辺遺跡、さらには東アジアを視野に入れた調査・研究によって解き明かされるものと考える。

(9) 大室古墳群研究からはじまったシナノの積石塚古墳と合掌形石室の研究史

最後に大室古墳群を中心に、善光寺平の積石塚古墳や合掌形石室についての分類研究を紹介し終わりとしたい。

積石塚古墳の分類研究は、1952 年（昭和 27）に栗林紀道が石のみによる「積石塚」と土石が混じった「土石混合墳」とし、さらに「土石混合墳」を 3 つに細分した（栗林 1952）。1975 年には小林秀夫が3分類(小林1975)、1996年(平成8)には筆者が5型式分類(西山1996)、1999年には飯島哲也が3型6式4類に分類(飯島1999)、2003年には飯島は1999年に示した分類の修正案として、純粋に石塊のみを積み上げた積石塚古墳について3型4式の分類(飯島2003a)を示した。

合掌形石室については、その名称や構造・分類研究について示してみたい。

名称では、1924年(大正13)に矢沢頼道が「屋根形天井」(矢沢1924)、1926年には岩崎長思が「屋根型石槨」(岩崎1926)、同年森本六爾は「粗製組合式家形石棺」(森本1926)、同年樋畑雪湖は「拝み式」(樋畑1926)、1928年(昭和3)には岩崎が屋根型に合掌せしめたりとしながらも「三角形石槨」(岩崎1928)とし、1931年には仁科義男が「横口式」(仁科1931)、1934年には栗岩英治が「合掌石棺」(栗岩1934b)、1951年には大場磐雄が「合掌式石室」とし(大場1951)、1955年には大塚初重が「合掌形石室」(大塚1955)と呼称し、現在に至っている。

構造面では1988年に青木和明が地附山古墳群の調査成果から「横口構造」とし(青木ほか1988)、1996年(平成8)には土屋積も大星山古墳群の調査成果から「横口構造」とした(土屋ほか1996)。同年には土生田純之は地附山古墳群の調査成果を再検討し竪穴系横口式石室(土生田1996)とした。また2003年には、飯島は長野県内の合掌形石室70例、県外8例、朝鮮半島例5例を示し、過去の合掌形石室の構造研究や分類研究を踏まえ、詳細な再検証を行った(飯島2003b)。

分類研究では1967年(昭和42)に米山一政・下平秀夫が4分類し(米山・下平1967)、1978年には小林秀夫が5型式に分類(小林1978)、1996年(平成8)に筆者が2型状7分類(西山1996)し、さらに2013年には筆者が1996年に示した2型状7型式分類の修正案を示した(西山2013)。

以上も参考にしていただければ幸いである。

謝辞　当研究史を執筆するにあたり、青木和明氏、飯島哲也氏、風間栄一氏、塚原秀之氏、山口明氏、長野市教育委員会、長野市埋蔵文化センター、長野市立博物館、真田宝物館に多大なるご教示、ご協力をいただきました。心よりお礼申し上げます。

註

1)「寺尾村大室古墳聚落分布略図」が長野市立寺尾小学校に保管されている。作成年月日は記載されていないが、古墳265基が記載され大正末年の製作とのことから、1921年(大正10)の長野県保存史蹟指定に向けた寺尾村保存会(大室史蹟保存会)調査に関連し作成されたものと考えられる。

引用・参考文献

青木和明ほか　1988『地附山古墳群―上池ノ平1~5号古墳緊急発掘調査報告書―』長野市教育委員会
飯島哲也　1999「科野の積石塚古墳」『東国の積石塚古墳』山梨県考古学協会
飯島哲也　2003a「科野における石積み墳丘の古墳―いわゆる積石塚古墳の墳丘構造分類」『関西大学考古学研究室開設五拾周年記念　考古学論叢』関西大学
飯島哲也　2003b「合掌形天井の埋葬施設について―いわゆる合掌形石室についての再整理―」『帝京大学山梨文化財研究所研究報告』第11集、帝京大学山梨文化財研究所
一色藤之助　1889「娥眉山下畚　信州上高井郡大室村ノ穴居遺跡」『東京人類学会雑誌』4巻36号、東京人類学会
岩崎長思　1926「金鎧山古墳」『史蹟名勝天然紀念物調査報告』第5輯、長野縣

岩崎長思　1928「和栗古墳」『史蹟名勝天然紀念物調査報告』第９輯、長野縣
大塚初重　1955「長野県埴科郡大室古墳群の性格」『日本考古学協会15回総会研究発表要旨』日本考古学協会
大塚初重　1962「信濃 大室古墳群」『古代学研究』30、古代学研究会
大塚初重　1969「長野県大室古墳群」『考古学集刊』第４巻第３号、東京考古学会
大塚初重　1992「東国の積石塚古墳とその被葬者」『国立歴史民俗博物館研究報告』第44集、国立歴史民俗博物館
大塚初重ほか　1992『大室古墳群』㈶長野県埋蔵文化財センターほか
大塚初重・小林三郎・石川日出志 編　1993『信濃大室　積石塚古墳群の研究Ⅰ―大室谷支群・村東単位支群の調査―』東京堂出版
大塚初重・小林三郎 編　2006『信濃大室　積石塚古墳群の研究Ⅱ―大室谷支群・大石単位支群の調査―』東京堂出版
大塚初重・小林三郎 監修 佐々木憲一・河野正訓・高橋　透・新井　悟 編　2015『信濃大室　積石塚古墳群の研究Ⅳ―大室谷支群ムジナゴーロ単位支群の調査―　報告篇・考察篇』明治大学考古学研究室
大場磐雄　1951「信濃国の古墳群とその性格」『上代文化』第21輯、上代文化研究会
岡澤米吉郎　1889「信濃國ノ古墳遺跡」『東京人類学会雑誌』4巻36号、東京人類学会
風間栄一　2013「長野県北部の様相」『一般社団法人日本考古学協会2013年度長野大会　研究発表資料集　文化の十字路　信州』日本考古学協会2013年度長野大会実行委員会
神村　透　1970「2.発掘調査の経過」『大室古墳群北谷支群緊急発掘調査報告書―長野県農事試験場等用地内古墳調査―』長野県・大室古墳群調査会
亀田修一　2011「考古学からみた日本列島と朝鮮半島との交流―古墳時代の西日本地域を中心に―」『東アジア世界史研究センター年報』第５号、専修大学社会知性開発研究センター
唐沢貞治郎　1923「古墳群」『史蹟名勝天然記念物調査報告』第壹輯、長野県
河野正訓　2015「大室古墳群の群構造とその変遷」『信濃大室　積石塚古墳群の研究Ⅳ―大室谷支群ムジナゴーロ単位支群の調査―　考察篇』明治大学考古学研究室
倉田芳郎ほか　1981a「主要文献」『長野・大室古墳群』長野市教育委員会
倉田芳郎ほか　1981b『長野・大室古墳群』長野市教育委員会
栗岩英治（酔古生）　1934a「大化前後の信濃と高句麗遺跡（1）（2）」『信濃』第１次第７巻第５・６号、信濃史学会
栗岩英治（酔古）　1934b「一墳双在の合掌石棺」『信濃』第１次第３巻第12号、信濃史学会
栗林紀道　1952『大室古墳群畧図―第四回基礎調査』
栗林紀道　1956『信濃考古綜覧』上巻・下巻、信濃史料刊行会（＝『信濃史料』第１巻上・下）
草野潤平　2008a「1.大室第168号墳出土須恵器の基礎的検討」『信濃大室　積石塚古墳群の研究Ⅲ―大室谷支群・ムジナゴーロ単位支群168号墳の調査―』六一書房
草野潤平　2008b「4.大室古墳群における合掌形石室の変遷について」『信濃大室　積石塚古墳群の研究Ⅲ　―大室谷支群・ムジナゴーロ単位支群168号墳の調査―』六一書房
ゴーランド，ウィリアム 著・上田宏範 校注　1981a「日本のドルメンと埋葬墳　第１部ドルメンや埋葬墳の構造と分布　ドルメンの構造」『日本古墳文化論 ゴーランド考古論集』創元社
ゴーランド，ウィリアム 著・上田宏範 校注　1981b「付表」『日本古墳文化論 ゴーランド考古論集』創元社
ゴーランド，ウィリアム 著・上田宏範 校注　1981c「日本のドルメンと埋葬墳　第１部ドルメンや埋葬墳の構造と分布　分布」『日本古墳文化論 ゴーランド考古論集』創元社

小坂延仁　2008「2. 大室第 168 号墳出土土師器の位置付けについて」『信濃大室　積石塚古墳群の研究Ⅲ―大室谷支群・ムジナゴーロ単位支群 168 号墳の調査―』六一書房
忽那敬三・佐々木憲一　2015「ガウランドが調査した「松代付近」の古墳」『信濃大室 積石塚古墳群の研究Ⅳ―大室谷支群ムジナゴーロ単位支群の調査』考察篇、明治大学考古学研究室
小林三郎・大塚初重・石川日出志・佐々木憲一・草野潤平 編　2008『信濃大室　積石塚古墳群の研究Ⅲ―大室谷支群・ムジナゴーロ単位支群 168 号墳の調査―』六一書房
小林秀夫　1975「善光寺平における積石塚古墳の諸問題―特に墳丘築造について―」『長野県考古学会誌』第 21 号、長野県考古学会
小林秀夫　1978「合掌形石室の諸問題」『中部高地の考古学』長野県考古学会
佐々木憲一　2008「第 4 章総括」『信濃大室　積石塚古墳群の研究Ⅲ―大室谷支群・ムジナゴーロ単位支群 168 号墳の調査―』六一書房
佐々木憲一　2015「第 5 章総括」『信濃大室　積石塚古墳群の研究Ⅳ―大室谷支群ムジナゴーロ単位支群の調査―　報告篇』明治大学考古学研究室
信濃史料刊行会　1971「つちくれかゝみ　つちくれかゝみ四の巻」『新編 信濃史料叢書 第四巻』
信濃毎日新聞　2010「大室古墳群で「反刃鎌」出土」(2010 年 12 月 3 日金曜日記事)
鈴木直人　1992「墳丘構造と石室の構築について」『大室古墳群』㈶長野県埋蔵文化財センターほか
寸龍 慶応年間『松栄風土記』
土屋　積ほか　1996「大星山古墳群」『長野県埋蔵文化財センター発掘調査報告書』20、長野県埋蔵文化財センターほか
東京人類学会　1889「雑報　大室村ノ塚穴」『東京人類学会雑誌』4 巻 37 号
東京人類学会　1890「雑報 信濃ノ古墳」『東京人類学会雑誌』5 巻 54 号
長野縣　1936「大室村」『長野縣蔵版 長野縣町村誌 第 1 巻 北信篇』
長野県　1960「長野県条例第 43 号 文化財保護条例」『長野県報』第 3470 号
長野県埴科郡松代町　1929「第 2 編 第 2 章 3、積石塚」『松代町史』上巻
長野市・長野市教育委員会　2007『国史跡 大室古墳群　史跡整備事業にともなう遺構確認調査概要報告書―エントランスゾーン B～D 区遺構編―』
長野市・長野市教育委員会　2008a『史跡　大室古墳群　史跡整備事業 2008』(リーフレット)
長野市・長野市教育委員会　2008b『国史跡 大室古墳群 史跡整備事業にともなう遺構確認調査概要報告書(2)―エントランスゾーン A・E 区遺構編―』
長野市　2015「第 3 章 長野市の維持向上すべき歴史的風致」『長野市歴史風致維持向上計画 3 松代地区』
長野市教育委員会ほか　2010『史跡大室古墳群 平成 22 年度 発掘調査見学会 資料』
仲野泰裕　1981「積石塚研究の歴史」『長野・大室古墳群』長野市教育委員会
中野　宥　1981「大室古墳群の分布状況について」『長野・大室古墳群』長野市教育委員会
仁科義男　1931「大塚古墳」『史蹟名勝天然紀念物調査報告』第 5 輯、山梨縣
西山克己　1996「信濃の積石塚古墳と合掌形石室」『長野県埋蔵文化財センター研究論集　長野県の考古学』長野県埋蔵文化財センター
西山克己　2013「第 1 章 第 3 節 シナノの積石塚古墳と合掌形石室」『シナノにおける古墳時代社会の発展から律令期への展望』雄山閣
西山克己　2015「シナノのの初期「牧」を考える」『長野県考古学会誌』151 号、長野県考古学会
野々山巳年衛　1894「信州長野町近傍塚穴ノ記」『東京人類学会雑誌』第 101 号、東京人類学会
長谷川一道　1925『皆神山山麓参考館 陳列 古器物眞圖』皆神山山麓参考館
土生田純之　1996「長野市地附山古墳群（上池ノ平古墳）について」『専修考古学』第 6 号、専修大学考古学会

土生田純之　1997「信濃における横穴式石室の受容」『信濃』第49巻4・5号、信濃史学会
土生田純之　2000「積石塚古墳と合掌形石室の再検討―大室古墳群を中心として―」『福岡大学総合研究所報』第240号　総合科学編（第3号）、福岡大学総合研究所（2002『専修考古学』第9号に再録）
土生田純之　2006「日本出土馬形帯鉤の史的意義」藤尾慎一郎編『東アジア地域における青銅器文化の移入と変容および流通に関する多角的比較研究』国立歴史民俗博物館
ハリス，ヴィクター・後藤和雄 責任編集　2003『ガウランド 日本考古学の父』朝日新聞社、大英博物館
樋畑雪湖　1926「信濃国埴科郡大室古墳群に就ての一考察」『考古学雑誌』第16巻第11号、日本考古学会
古屋紀之　2008「3. 信濃の中期古墳における土器配置の一様相―大室第168号墳出土土器群の背景―」『信濃大室　積石塚古墳群の研究Ⅲ―大室谷支群・ムジナゴーロ単位支群168号墳の調査―』六一書房
文化庁　1995「新指定の文化財 大室古墳群」『月刊文化財』8月号（№383）
宮代栄一　2015「長野県出土の馬具の研究」『信濃大室　積石塚古墳群の研究Ⅳ―大室谷支群ムジナゴーロ単位支群の調査―　考察篇』明治大学考古学研究室
森本六爾　1926『金鎧山古墳の研究』雄山閣
文部省　1997「文部省告示第140号」『官報』第2188号（1997年7月28日）
矢沢頼道　1924「屋根型天井の石槨を有するケールン」『史蹟名勝天然紀念物調査報告』第貳輯、長野縣
山口　明 編　1990『長野市松代町大室古墳群　大室23号墳移築復元の記録』長野市教育委員会ほか
米山一政・下平秀夫　1967「長野県長野市若槻吉3号古墳調査概報―合掌形石室の諸問題―」『信濃』第Ⅲ次第19巻第4号、信濃史学会
米山一政・倉田芳郎ほか　1970『大室古墳群北谷支群緊急発掘調査報告書―長野県農事試験場等用地内古墳調査―』長野県・大室古墳群調査会

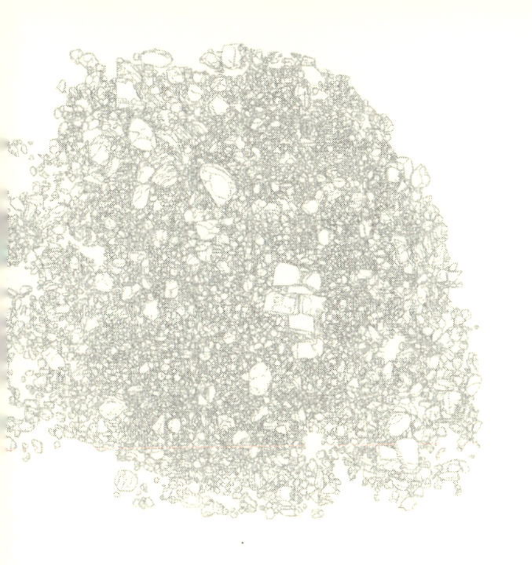

2　大室古墳群の実態

風間栄一

1　はじめに

大室古墳群は、長野市南東部の松代町大室ほかに所在する。北流する千曲川右岸に位置する標高1099mの奇妙山より千曲川に向かって派生する3つの尾根とその間の2つの谷に古墳が分布している（図1）。概ね2.5km四方の範囲に総数500余基が分布し、長野県下はもとより東日本でも最大級の大型群集墳である。さらに全古墳の80％にあたる400余基が積石墳丘を持つとされ、列島最大規模を誇る積石塚古墳群として古くからその名が知られている。また、近年では積石塚古墳や他地域ではみられない合掌形石室の集中から、新たに導入された馬匹生産に関わる渡来系集団の奥津城として列島史の中に位置付けられている（大塚1992、白石2004ほか）。

このように著名な古墳群であるが、群を構成する個別古墳が論議の的となることはこれまで少なく、「400基に及ぶ積石塚古墳の集中」という特徴をもって古墳群全体として性格付けがなされてきた感が強い。「大室古墳群の実態」という課題に少しでも迫っていくためには、古墳群を構成する個別古墳ごとの位置付けに基づいた群形成の展開へと論点を深めていくことが不可欠となろう。

そこで小稿では、これまでに実施された大室古墳群の調査内容を整理し、各古墳を共通した時期区分にできる限り位置付けた古墳群展開の変遷試案を提示することを目的とする。そのうえで古墳群の形成過程を区分した時期ごとに概観し、今後の検討課題を抽出することとしたい。

なお、古墳の名称については古墳番号のみではわかりづらいと思われることから、「支群名＋古墳番号」で統一し、「大室谷◯号墳」、「北谷△号墳」と呼称する。

2　大室古墳群に関する調査成果の整理

(1) 分布調査

大室古墳群における分布調査の実施は早く、すでに大正時代末には地元の大室史蹟保存会・大室青年団による分布調査が実施され、265基の古墳分布が確認される。その後、1949年（昭和24）～1952年にかけて栗林紀道や北村保による分布調査が実施され、501基から構成される大型群集墳であることが初めて明らかにされた。さらにこの調査では、501基すべての古墳について位置図が作成されるとともに、個々の古墳に関する墳丘や埋葬施設等を明記した古墳調査カードが作成された点で特筆される[1)]。

1970～1972年には長野市教育委員会からの委託として、駒澤大学考古学研究室による分布調

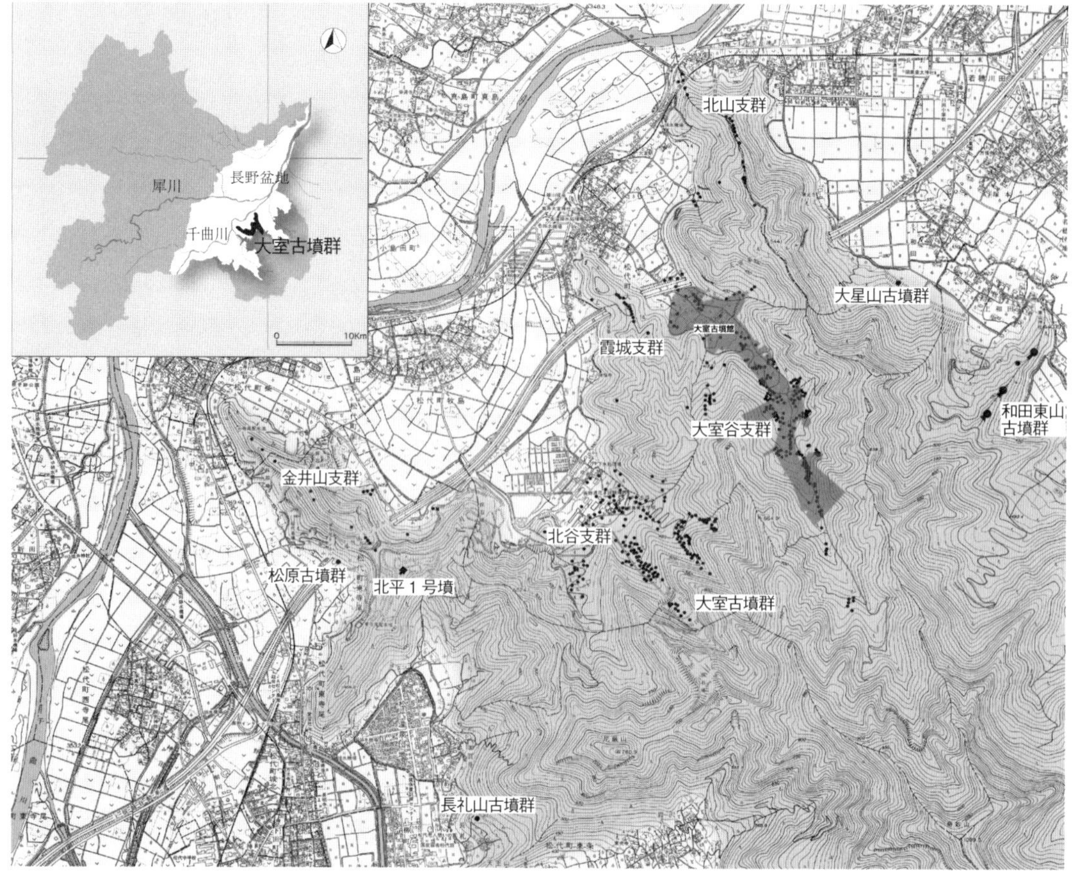

図１　大室古墳群位置図

査が実施される。この分布調査は先に実施された栗林調査の成果を基に実施され、栗林が確認した501基のうち、発掘調査により古墳ではないとされたもの、性格の再調査を必要とするもの、全壊に近く内容の不明のもの等を除いた434基を追認している。さらにK001～K004の4基を新たに加え、総数505基であることが明らかにされた(倉田編1981)。

支群把握については、栗林調査の分布図を元に、大塚初重が北山・大室谷・霞城・北谷・金井山の5支群に大別している(大塚1969)。

このように、大室古墳群の分布状況については、栗林調査を基準資料として、駒澤大学考古学研究室によって追認・整理された古墳番号及び大塚による支群把握が現在も基本となっている。

(2)発掘調査

大室古墳群における発掘調査は分布調査同様に古く、1923年（大正12）には埴科教育会による大室谷43号墳の発掘、翌1924年にも2基の古墳の発掘が実施されている。この後は明治大学文学部考古学研究室による学術調査が実施される一方で、開発事業に伴う緊急発掘調査が長野県や長野市により実施されている。また、史跡指定を受けた1997年以降は、史跡整備事業に伴う遺構確認調査が長野市により実施されている。これらの調査の実施年度および調査報告は以下のとおりとなる。

① 1923 年　埴科教育会による大石平丸塚(43 号墳)の古墳調査<町誌報告>
② 1924 年　埴科教育会による 2 基(鳶岩と大石平　古墳番号不明)の古墳発掘<町誌報告>
③ 1951 年　明治大学文学部考古学研究室による学術調査（北谷 358 号墳・大室谷 107 号墳の発掘調査ほか、17 基の埋葬施設実測調査)<大塚報告>
④ 1969～1970 年度　長野県農業試験場等建設に伴う緊急発掘調査(北谷支群)<県報告>
⑤ 1984～1996 年度　明治大学文学部考古学研究室による継続的な学術調査（大室谷支群）<明大報 1・2・3・4>
⑥ 1989～1990 年度　上信越自動車道建設に伴う緊急発掘調査(大室谷 21～25・ニ号墳)<県埋報 13・市記録>
⑦ 1989～1990 年度　上信越自動車道建設に伴う村東山手遺跡の緊急発掘調査（大室谷 SM04）<県埋報 44>
⑧ 1993 年度　林道鳥打峠線改良に伴う緊急発掘調査(金井山 466 号墳)<市所報 5>
⑨ 1998～2013 年度　史跡整備事業（第 1 期）に伴う学術発掘調査（大室谷支群）<市概報 1・2、市報告 1・2・3・4>
⑩ 2014 年度～　史跡整備事業(第 2 期)に伴う学術発掘調査(大室谷支群)<市所報 26・27>

①・②の埴科教育会による発掘調査の結果は、『松代町誌』に掲載されている。1923 年の調査対象は大石平の丸塚とされていて、現在は 43 号墳に比定されている。横穴式石室内より人骨とともに複数の小刀、須恵器が出土している。1924 年の調査対象は鳶岩と大石平の古墳とされていて、大室谷支群内であることは確実であるが、古墳番号は不明である。両者ともに横穴式石室のようで、鳶岩の古墳からは須恵器が、大石平の古墳からは須恵器と人骨が確認されている。

④・⑥・⑦・⑧は記録保存の発掘調査であり、調査対象となった古墳は調査終了後、消滅している。ただし、④では粘り強い事前協議により多くの古墳が現状保存となり、また⑤にて調査が実施された大室谷 23 号墳は遺存状況が良好であったため移築・復元され、現在は史跡指定地内(エントランスゾーン)で公開されている。

③・⑤は明治大学文学部考古学研究室による学術調査で、調査成果は『信濃大室積石塚古墳群の研究Ⅰ・Ⅱ・Ⅲ・Ⅳ』の大部な発掘調査報告書として公表されている。⑨の史跡整備事業（第 1 期)については、2 冊の概要報告書(清水ほか 2007・2008)により 2005 年度(平成 17)以前に実施された遺構に関する部分は報告されているが、出土遺物は未報告となっている。このため、2012 年より 2006 年度以降に実施された調査結果とともに出土遺物について順次報告を行っている[2)]。また、⑩の史跡整備事業（第 2 期）に関わる調査は現在継続実施中であるが、毎年刊行される『長野市埋蔵文化財センター所報』にて該当年度の調査結果について速報を行っている。

このほか、小林秀夫による合掌形石室(小林 1975)や時信武史による横穴式石室(時信 2015)の実測調査・研究報告がある。

さて、これまでに実施された調査について各古墳ごとにまとめたのが表 1 である。発掘調査を伴わない埋葬施設の実測調査のみの調査事例もあるが、調査対象となった古墳は 125 基となる。ただし、霞城支群は調査実施古墳がなく、北山支群は 18 号墳の墳丘測量のみ、金井山支群では 466 号墳の発掘調査のほか 2 基の横穴式石室の測量調査と 3 支群については分析を行うに充分といえる状況ではない。また、32 基の古墳調査が実施された北谷支群も谷入口部の古墳のみの調

表1　大室古墳群調査実施古墳一覧表①

古墳名	支群名	形　態	規 模（m）	外表施設	埋葬施設	副葬遺物	調査歴	築造時期	報告
18	北山	前方後円	55.5				墳丘測量	0期	分布報告
21	大室谷	不明	不明		横穴式石室（両袖）	刀剣（鍔・鞘尻金具）・刀子・鉸具	発掘調査	7期	県埋報13
22	大室谷	存在が確認されなかった							県埋報13
23	大室谷	円墳	18×13		横穴式石室（両袖）	鉄鏃・玉類（ガラス玉）	発掘調査	7期	県埋報13
24	大室谷	不明	不明		横穴式石室（両袖　胴張）	土師器・須恵器	発掘調査	7期	県埋報13
25	大室谷	円墳	径12.9	土師・須恵・壺	横穴式石室（無袖）	刀剣（剥片・鞘金具）・鉄鏃・刀子・馬具（鉄製素環鏡板付轡・留金具・鉈尾金具・鉸具）・鈴・玉類（管玉・棗玉・切子玉・ガラス玉・埋木製小玉・石製小玉・丸玉・練玉・臼玉）・耳環	発掘調査	5期	県埋報13
SM04	大室谷	不明	不明	埴輪	横穴式石室	なし	発掘調査	4期	県埋報44
二	大室谷	円墳	径13.5	土師・須恵	横穴式石室（両袖）	耳環	発掘調査	6期か	県埋報13
26	大室谷	円墳	径15.1	土師・須恵	横穴式石室（両袖　胴張）	不明（石室内未調査）	発掘調査	6期	明大報1 市概報1 市報告4
A	大室谷	円墳か	径8以上	土師・須恵	横穴式石室（胴張）	不明（石室内未調査）	発掘調査	6期以降	明大報1 市概報1
B	大室谷	円墳	径7.6	土師・須恵	横穴式石室（胴張か）	不明（石室内未調査）	発掘調査	6期以降	明大報1 市概報1
C	大室谷	円墳	径7.5	土師・須恵	横穴式石室（胴張か）	不明（石室内未調査）	発掘調査	6期以降	市概報1
D	大室谷	円墳	径13.3	土師・須恵	横穴式石室（腰石）	不明（石室内未調査）	発掘調査	6期以降	市概報1
E	大室谷	円墳	径約10	土師・須恵	横穴式石室（両袖）	鉄鏃・耳環	発掘調査	8期	市報告1
F	大室谷	不明	不明	土師・須恵	横穴式石室か	鉄鏃	発掘調査	5期	市報告1
ハ	大室谷	円墳	径7.8	土師・須恵	横穴式石室	不明（石室内未調査）	発掘調査	6期以降	市概報1
27	大室谷	円墳	径15.8	土師・須恵・壺	横穴式石室（無袖か）	不明（石室内未調査）	発掘調査	5期	市概報1 市報告4
28	大室谷	古墳ではないことが判明					発掘調査		市概報1
29	大室谷	円墳か	不明	埴輪	（合掌形石室か）	なし	発掘調査	3期か	市概報1
30	大室谷	（円墳）	（6.5 × 8.0）	不明	横穴式石室（両袖）		石室実測	7期か	時信報告
31	大室谷	円墳	径13.3		横穴式石室（両袖か）	不明（石室内未調査）	発掘調査	6期	市概報2 市報告3
32	大室谷	円墳	径10.5		横穴式石室（胴張）	不明（石室内未調査）	発掘調査	7期	市概報2 市報告3
33	大室谷	円墳	径10.3		横穴式石室（有袖）	不明（石室内未調査）	発掘調査	6～7期	市概報2 市報告3
35	大室谷	（円墳）	（6.5）		横穴式石室		石室実測	6期以降	時信報告
36	大室谷	（円墳）	（6.0）		横穴式石室		石室実測	6期以降	時信報告
235	大室谷	円墳	径約15	土師・須恵	横穴式石室（無袖）	不明（石室内未調査）	発掘調査	5期か	市概報1
237	大室谷	古墳ではないことが判明					発掘調査		市概報1
238	大室谷	円墳	径11	土師・須恵	横穴式石室（胴張）	鉄鏃	発掘調査	7期	市概報1 市報告2
239	大室谷	円墳	径14.7	土師・須恵・壺	横穴式石室（無袖）	鉄鏃	発掘調査	5期	明大報1 市概報1 市報告2
240	大室谷	円墳	径14.3	土師・須恵	横穴式石室（両袖　胴張）	鉄鏃	発掘調査	6期	明大報1 市概報1 市報告2

表１　大室古墳群調査実施古墳一覧表②

古墳名	支群名	形　態	規 模（m）	外表施設	埋葬施設	副葬遺物	調査歴	築造時期	報告
241	大室谷	円墳	径 14	埴輪・土師・須恵	合掌形石室	馬具（剣菱形杏葉・環状雲珠・辻金具・鉸具）・鉄鏃・玉類（ガラス玉）	発掘調査	4 期	市概報 1
242	大室谷	円墳	径 9.8	土師・須恵	横穴式石室（両袖　胴張）	不明（石室内未調査）	発掘調査	7 期	市概報 1 市報告 4
243	大室谷	円墳	約 18	土師・須恵・底部穿孔壺	横穴式石室（無袖）	不明（石室内未調査）	発掘調査	5 期	明大報 1 市概報 2
244	大室谷	円墳	21	周溝・段築 土師・須恵	横穴式石室（両袖）	金銅製鈴・土師器（脚付長頸壺・底部穿孔壺）	発掘調査	6 期	明大報 1 市概報 2
245	大室谷	円墳か	不明		横穴式石室か	不明	発掘調査		市概報 1
246	大室谷	円墳	約 13	土師・須恵・底部穿孔壺	横穴式石室（無袖）	不明（石室内未調査）	発掘調査	5 期	市概報 1
247	大室谷	古墳でないことが判明					発掘調査		市概報 1
248	大室谷	円墳	13	丘尾切断	箱形石棺		清掃調査	1 期か	明大報 1
249	大室谷	不明	不明		箱形石棺		実測調査	3~4 期	明大報 1
38	大室谷	（円墳）	（9.5）		横穴式石室（両袖）		石室実測	5 期か	時信報告
43	大室谷				横穴式石室	小刀	発掘		町誌報告
44	大室谷	（円墳）	（9.0）		横穴式石室（両袖　胴張）		石室実測	6~7 期	時信報告
45	大室谷	（円墳）	（8×8.5）		横穴式石室（両袖）		石室実測	6~7 期	時信報告
48	大室谷	（円墳）	（9.5×11）		横穴式石室（両袖）		石室実測	6~7 期	時信報告
51	大室谷	（円墳）	（7×8.5）		横穴式石室（両袖か）		石室実測	6~7 期	時信報告
62	大室谷	（円墳）	（12.5）		横穴式石室（両袖）		石室実測	6~7 期	時信報告
74	大室谷	（円墳）	（13.0）		横穴式石室（両袖　胴張）		石室実測	6 期か	時信報告
76	大室谷	（円墳）	（13.5×13）		横穴式石室（両袖　胴張）		石室実測	6~7 期	時信報告
112	大室谷	（円墳）	（8.0）		合掌形石室		石室実測	3 期か	小林報告
124	大室谷	（円墳）	（12.2×11.3）		合掌形石室（2 基）		石室実測	3 期か	小林報告
131	大室谷	（円墳）	（11.7×12）		横穴式石室（両袖　胴張）		石室実測	6~7 期	時信報告
137	大室谷	（円墳）	（8.5×12.6）	土師・須恵	横穴式石室（両袖）		石室実測	5 期か	時信報告
107	大室谷	円墳	10		箱形石棺	大刀・刀子・鉄鏃・玉類（管玉・棗玉・ガラス玉）	発掘調査	4 期	大塚報告
148	大室谷	（円墳）	（11.2×14）		合掌形石室		石室実測	3 期か	小林報告
154	大室谷	円墳	（18）	土師・須恵	横穴式石室（両袖）		発掘調査	5 期	明大報 4 市所報 26･27
155	大室谷	円墳	10	埴輪・土師・須恵	合掌形石室	鉄刀・鉄鏃	発掘調査	3 期	明大報 4
156	大室谷	円墳	8.4	土師（壺･高杯）	合掌形石室	（出土なし）	発掘調査	3 期	明大報 4
164	大室谷	（円墳）	（10）		横穴式石室（両袖）		石室実測	6 ～ 7 期	時信報告
165	大室谷	円墳	8	土師・須恵	合掌形石室（2 基）	刀子	発掘調査	3 期	明大報 4
167	大室谷	円墳	（16×14）		横穴式石室（両袖）		発掘調査		時信報告 市所報 26･27
168	大室谷	円墳	14	埴輪・ 土師・須恵・ 馬形土製品	合掌形石室	鉄剣・刀子	発掘調査	3 期	明大報 3
172	大室谷	円墳	（13.5）		横穴式石室（両袖）		発掘調査		時信報告 市所報 26
173	大室谷	円墳	（12.5）		横穴式石室（両袖　胴張）		発掘調査		時信報告 市所報 26
176	大室谷	円墳か	27×24	埴輪・土師	合掌形石室		発掘調査	2~3 期	市所報 26･27
184	大室谷	（円墳）	（10.8×8.0）		横穴式石室（両袖　胴張）		石室実測	6~7 期	時信報告
185	大室谷	円墳	約 9	埴輪・土師	箱形石棺（合掌形石室）	（出土なし）	発掘調査	3 期	明大報 4

表１　大室古墳群調査実施古墳一覧表③

古墳名	支群名	形　態	規 模(m)	外表施設	埋葬施設	副葬遺物	調査歴	築造時期	報告
186	大室谷	円墳	13.5 × 12.5	馬骨（前庭部）	横穴式石室（両袖　胴張）	鉄刀・鉄鏃・鉄革併用小札甲・馬具（鐙吊金具）・耳環・玉類（勾玉・切子玉・丸玉・ガラス玉）・土師・須恵	発掘調査	6 期	明大報 4
187	大室谷	円墳	12.4	（土師・）須恵	横穴式石室 （無袖　腰石立）	鉄刀・刀子・鉄鏃・馬具（素環鏡板付轡）・耳環	発掘調査	5 期	明大報 4
188	大室谷	該当古墳確認できず。195 号墳の石室 B が該当か							明大報 4
189	大室谷	円墳	16.7 × 14.2	埴輪・土師・須恵	箱形石棺	（出土なし）	発掘調査	3 期	明大報 4
190	大室谷	円墳	約 10		横穴式石室 （両袖　胴張　腰石）	（出土なし）	発掘調査	6 期か	明大報 4
191	大室谷	（円墳）	（9.0）		横穴式石室（両袖）		石室実測	6~7 期	時信報告
195	大室谷	円墳	約 12	土師・須恵	石室 A: 竪穴式石室	鉄刀・刀子・鉄鏃	発掘調査	4 期	明大報 4
					石室 B: 竪穴式石室	鉄刀・刀子・鉄鏃・馬具（無脚雲珠・鈴・飾金具）			
196	大室谷	円墳	約 19	土師・須恵	合掌形石室	鏡（珠文鏡）・鉄剣・鉄鉾・刀子・鉄鏃・横矧板鋲留短甲・馬具（内湾楕円形鏡板付轡）・玉類（勾玉・管玉・棗玉・臼玉・ガラス玉）・砥石	発掘調査	3 期	明大報 4 大塚 1992
197	大室谷	円墳	約 12	土師・須恵	横穴式石室（両袖　胴張）	直刀（鐔・鞘尻金具）・鉄鏃・馬具（鉸具）・耳環・玉類（切子玉・土玉・ガラス玉）	発掘調査	6 期か	明大報 4
198	大室谷	円墳	約 10	土師・須恵	横穴式石室（両袖　胴張）	直刀（責金具）・刀子・鉄鏃・両頭金具・馬具（鉸具造立聞環状鏡板付轡）	発掘調査	6~7 期	明大報 4
200	大室谷	円墳	11.8 × 10.4	土師・須恵	横穴式石室（両袖　胴張）	刀剣（鞘尻金具・責金具）・刀子・鉄鏃・銅釧・耳環・玉類（勾玉・管玉・丸玉）	発掘調査	6 期	明大報 4
201	大室谷	円墳	8.2 × 9.2	土師・須恵	横穴式石室（両袖）	鉄刀・刀子・鉄鏃　（土師器・須恵器）	発掘調査	6 期	明大報 4
204	大室谷	（円墳）	（13 × 15）		横穴式石室（無袖）		石室実測	5 期か	時信報告
211	大室谷	（円墳）	（13）		横穴式石室（無袖か）		石室実測	6~7 期	大塚報告 時信報告
214	大室谷	（円墳）	（14）		横穴式石室（両袖）		石室実測	6~7 期	時信報告
220	大室谷	円墳	9.5 × 7.5	土師・須恵	横穴式石室（両袖）	直刀・刀子・鉄鏃・馬具（留金具）・不明鉄製品・玉類（切子玉）	発掘調査	6 期	明大報 2
221	大室谷	円墳か	8.1 × 7.7	埴輪・土師	合掌形石室	鉄剣・刀子・鉄鏃・玉類（管玉・琥珀玉・ガラス玉）	発掘調査	3 期	明大報 2
222	大室谷	円墳	8.13 × 9.94	土師・須恵・壺	横穴式石室（無袖）	鉄鏃・砥石	発掘調査	5 期	明大報 2
223	大室谷	円墳	不明	土師・須恵	横穴式石室（両袖）	刀装具（目金具・責金具・足物金具・鞘尻金具）・刀子	発掘調査	7 期か	明大報 2
224	大室谷	円墳	7.73 × 9.6	土師・須恵 （・壺）	横穴式石室（無袖）	鉄刀（円頭柄頭・鞘金具・鞘尻金具）・刀子・鉄鏃・馬具（飾金具・鉸具）・耳環・玉類（勾玉・管玉・棗玉・切子玉・丸玉・ガラス玉）・砥石	発掘調査	5 期	明大報 2

表1　大室古墳群調査実施古墳一覧表④

古墳名	支群名	形　態	規 模(m)	外表施設	埋葬施設	副葬遺物	調査歴	築造時期	報告
225	大室谷	円墳か	13.5×13	埴輪・土師	合掌形石室	鉄鏃・鉄鎌	発掘調査	3期	明大報2
226	大室谷	円形	15×12	土師・底部穿孔壺	未検出（集石遺構か）		発掘調査	3期	明大報2
227	大室谷	円墳	8.4×9.45	土師・須恵・底部穿孔壺	横穴式石室（両袖）	刀子・鉄鏃・耳環	発掘調査	5期	明大報2
230	大室谷	不明	不明	土師・須恵	横穴式石室（無袖）	刀装具（責金具）・刀子	発掘調査	7期か	明大報2
279	北谷	古墳でないことが判明					確認調査		県報告
280	北谷	古墳でないことが判明					確認調査		県報告
309	北谷	(円墳)	(11)		横穴式石室（右片袖）		石室実測	6~7期	大塚報告
349	北谷	(円墳)	(14)		横穴式石室（両袖）		石室実測	6~7期	大塚報告
351	北谷	不明	7.5	埴輪・須恵	横穴式石室（不明）	(須恵器)	発掘調査	5期か	県報告
356	北谷	(円墳)	(10)		合掌形石室	直刀・鉄鏃・土師・須恵	石室実測	4期	大塚報告
357	北谷	(円墳)	(12)		合掌形石室		石室実測	3~4期	大塚報告
358	北谷	円墳	12		横穴式石室（両袖　胴張）	(出土なし)	発掘調査	6~7期	大塚報告
362	北谷	(円墳)	(13)		大石室：横穴式石室（無袖　腰石）		石室実測	5~6期	大塚報告
					小石室：竪穴式石室				
367	北谷	(円墳)	(12)		横穴式石室（両袖　胴張）		石室実測	6~7期	大塚報告
395	北谷	(円墳)	(8.7×9.0)		合掌形石室		石室実測	3~4期	小林報告
413	北谷	古墳でないことが判明					確認調査		県報告
414	北谷	古墳でないことが判明					確認調査		県報告
416	北谷	古墳でないことが判明					確認調査		県報告
417	北谷	古墳でないことが判明					確認調査		県報告
418	北谷	古墳でないことが判明					確認調査		県報告
419	北谷	円墳	13		不明		発掘調査		県報告
420	北谷	古墳ではないことが判明					発掘調査		県報告
421	北谷	古墳ではなく、竪穴住居跡					発掘調査		県報告
422	北谷	古墳ではないことが判明					発掘調査		県報告
423	北谷	古墳ではないことが判明					発掘調査		県報告
424	北谷	古墳ではないことが判明					発掘調査		県報告
425	北谷	円墳	13	土師・須恵	横穴式石室（両袖）	鉄鏃・刀子・耳環・玉類（切子玉・滑石製臼玉・土製臼玉・ガラス玉）、鉄釘・鎹	発掘調査	6期	県報告
426	北谷	古墳ではないことが判明					発掘調査		県報告
428	北谷	円形	6~7m	古墳の可能性は低く、特殊遺構か			発掘調査		県報告
429	北谷	円墳	17	斜面上方に溝埴輪・土師・須恵	横穴式石室（無袖　腰石立）	直刀・刀子・玉類（管玉・ガラス玉）	発掘調査	5~6期	県報告
430	北谷	円墳	17		横穴式石室（袖不明）		石室実測	6~7期	大塚報告
431	北谷	古墳でないことが判明					確認調査		県報告
432	北谷	古墳でないことが判明					確認調査		県報告
436	北谷	円墳	15.7	土師・須恵	横穴式石室（無袖　腰石立）	刀子・鉄鏃・馬具（雲珠・鉸具・辻金具）・耳環・玉類（切子玉・ガラス玉）	発掘調査	5期	県報告
438	北谷	円墳	14×16	須恵	横穴式石室（両袖）	刀子・鉄鏃・耳環・玉類（切子玉・ガラス玉）・土師	発掘調査	6期	県報告
E	北谷	古墳でないことが判明					確認調査		県報告
458	金井山	(円墳)	(15)		横穴式石室（右片袖）		石室実測	6~7期	大塚報告
459	金井山	(円墳)	(27)		横穴式石室（右片袖）		石室実測	6~7期	大塚報告
466	金井山	円墳	(10.3×8.0)		横穴式石室（無袖　腰石立）	鉄鏃・馬具（留金具）・玉類（勾玉）	発掘調査	6～7期	市所報5

査であり、中谷・北谷・臼窪・ちがや窪の4ヵ所の谷内部の古墳については1951年の明治大学による358号墳の発掘調査と合掌形石室と横穴式石室の実測調査が3基行われたに過ぎない。唯一大室谷支群のみが調査事例90基で、谷上部から谷入口部まで調査事例があるなど、充分な条件を備えている。ただし、総数505基のうち、125基について調査が実施されているということは、概ね1/4の古墳について調査が実施されたこととなる。支群に偏りがあるとはいえ、分析を行うには充分な資料数であり、さらに残りの3/4の古墳についても分布調査時の観察所見が取りまとめられているなど、他の古墳群にはみられない情報量を有している点は特筆される。

3　大室古墳群における古墳築造の展開

(1)時期区分について

これまでの大室古墳群における報告では、それぞれが個別に出土遺物などの編年を参考に、実年代による報告が行われてきた。しかし、実年代は研究の進展に伴い刷新されており、また、各研究者の見解には相違があるため、必ずしも一致したものとはなっていない。このため、共通の土台で議論を進めるために、時期区分(表2)を提示して論を進めたい。

時期区分の設定にあたっては、列島規模を対象とした広域な古墳編年（和田1987、広瀬1991）、埴輪編年(川西1978)、須恵器編年(田辺1981、中村1980)、都城土器編年(西1986)、鉄鏃編年(鈴木2003a・b、水野2003a・b）を軸に、地域の土器編年（広田1999、鳥羽2000)、鉄鏃編年（平林2013a・2014、中村2015）の併行関係を設定した上で、大室古墳群の築造が想定される時期について1期

表2　時期区分対象表

参考年代	時期区分			古墳編年(和田)	古墳編年(集成)	埴輪編年	土器編年 広域編年 須恵器(田辺)	須恵器(中村)	都城(西)	地域編年(榎田)	地域編年(屋代)	鉄鏃編年 広域編年(鈴木)	広域編年(水野)	地域編年(平林)	地域編年(中村)
375		前期		四期	4期	II期									
400	古墳時代中期	中期前葉	大室0期	五期・六期・七期	4期・5期・6期	III期	TG232・TK73	I-1		I期 古	3期・4期	I期・IIa期・IIb期	中期I段階・中期II段階	中期前葉	I期
	古墳時代中期	中期中葉	大室1期	八期	7期	III期／IV期	TK216・(ON46)	I-2		I期 新	4期	IIb期・III期	中期III段階	中期中葉古段階	II期
	古墳時代中期	中期中葉	大室2期	八期	7期	IV期	TK208	I-3		II期 古	古墳 5期	IV期	中期IV段階	中期中葉新段階	III期
500	古墳時代中期	中期後葉	大室3期	九期	8期	IV期／V期	TK23・TK47	I-4・I-5		II期 新・III期 古	6期	IV期	中期V段階	中期後葉	IV期
	古墳時代後期	後期前半	大室4期	十期	9期	V期	MT15・TK10・TK10新	II-1・II-2・II-3		III期 新・IV期 古	7期	後期前半	後期I段階		V期
	古墳時代後期	後期後半	大室5期	十一期	10期		TK43	II-4		IV期 古	8期	後期後半	後期II段階	I期	VI期
600	古墳時代後期	後期後半	大室6期	十一期	10期		TK209	II-5		IV期 新	8期	後期後半	後期III段階	I期	VII期
	古墳時代	終末期	大室7期				TK217	II-6・III-1	飛鳥I・飛鳥II	V期 古	0期・古代 1期前	終末期	(その後)	II期	VIII期・IX期
700	古墳時代	終末期	大室8期				TK46・TK48・MT21	III-2・III-3・IV-1	飛鳥III・飛鳥IV・飛鳥V	V期 新	古代 1期後・2期	終末期	(その後)	II期・III期	IX期・X期

から8期まで大別した[3]。1・2期が古墳時代中期中葉、3期が古墳時代中期後葉、4期が古墳時代後期前半、5・6期が古墳時代後期後半、7・8期が古墳時代終末期にそれぞれ該当する。また、1期以前は群集墳としての大室古墳群以前にあたることから0期とした。

(2) 大室古墳群における古墳築造の概観

前節において設定した時期区分に従い、大室古墳群における古墳築造の展開を概観する。

【大室0期】 全長55.5mを測る前方後円墳である北山18号墳が該当する。北山18号墳は5世紀前半代の築造と想定されているが、表採遺物や出土遺物等はない。立地上、近在する和田東山古墳群との関係性が重視されている。和田東山古墳群の3基の前方後円墳は墳丘形態より1号墳→3号墳→4号墳の順に、前期中頃から中期前半にかけて継続して築造されたと考えられている。また、和田東山古墳群と北山18号墳の間には、前期後半～中期中葉にかけて築造された大星山古墳群が位置している。特に大星山古墳群には積石墳丘(3号墳)、合掌形石室(2号墳)が大室古墳群に先行して導入されている。これらの古墳の築造状況からは和田東山4号墳に続く、中期前半代の築造と想定しておきたい[4]。

【大室1期】 現在のところ、当期に比定される古墳は認められない。ただし、大塚初重によって大室谷支群村東単位支群で最も遡る古墳の可能性が指摘された大室谷248号墳(大塚1991)が注意される。248号墳は尾根上に選地した単独立地の円墳で、丘尾切断かとみられる地山造成を行う盛土墳で、埋葬施設は箱形石棺と考えられている。墳丘測量を目的とした清掃調査のため、出土遺物などはなく時期比定の根拠は弱いが、森2号墳(千曲市)・飯綱社古墳(長野市)・武富佐古墳(長野市)・四ツ屋古墳(長野市)など当期併行期には各地で単独の小型古墳が出現している点を重視すると、様相を同じくする248号墳も当期に遡る可能性が高いと指摘できよう。

【大室2期】 大室谷226号は墳丘の石積みや埋葬施設などが検出されず、地山造成も認められないことから古墳ではないと判断された。しかし、近在する大室谷221号墳や225号墳と立地状況を同じくし、底部穿孔壺や土師器高杯が出土していることから祭祀行為に伴う集石遺構と評価されている。底部穿孔壺や高杯は3期古墳出土遺物と共通し、積石塚古墳の出現段階にあたるだけに226号の性格付けは重要となる。

また、史跡整備事業に伴い発掘調査を実施中の大室谷176号墳は合掌形石室を埋葬施設とする積石塚古墳で、これまでの調査で円筒埴輪や壺・高杯・小型丸底土器かとみられる土師器が出土している。出土量は少なくいずれも小片であるため、時期比定が難しいものの、土師器の器種構成や有段口縁壺の特徴から当期まで遡る可能性は高いと考えられる。大室古墳群中最大規模の積石塚古墳とみられるだけに調査の進展が期待される。

このように、大室2期は不明瞭な部分が多いが、大室古墳群における積石塚古墳の出現段階が当期に遡る可能性は高いと予測される。

【大室3期】 大室谷168号墳や大室谷196号墳をはじめ、発掘調査が実施された合掌形石室を埋葬施設とする積石塚古墳は、ほとんどが当期に位置付けられる。また、大室谷189号墳のように箱形石棺を埋葬施設とする積石塚古墳も築造されていて、古墳築造のひとつのピークを迎える。このほか、合掌形石室あるいは箱形石棺とされている積石塚古墳の大半が当期に位置付けられる可能性が高く、さらに築造古墳数が増加することは確実である。

当期の積石墳丘は埋葬施設の種別にかかわらず石のみによる構築となり、土石混合墳丘は確認されていない。また、すべての古墳ではないが、積石墳丘上には埴輪や底部穿孔壺が立て並べられていて、積石墳丘内に板石による石棺状施設を構築し、円筒埴輪や壺を墳丘上に巡らすというひとつの規範を形作っているとさえ捉えられる。また、分布は大室谷と北谷に限られ、谷部にのみ築造されるという特徴が最も顕在化している。

副葬品については、調査古墳のほとんどが盗掘を受けており断片的な資料しかないが、大室谷196号墳では珠文鏡・横矧板鋲留短甲・鉄鉾・鉄製内湾楕円形鏡板付轡と、種別・量ともに豊富な副葬品が確認された。該期の善光寺平全域を見渡しても、同等の副葬品を持つ古墳は見あたらない傑出した有力古墳であったことが知られる。さらに196号墳は出土した須恵器がTK23型式と3期でも古相の段階に比定でき、善光寺平に現在2領しか出土していない鋲留短甲や初期段階の馬具を有していることは、被葬者の性格を表しているとともに、大室古墳群形成の初期から倭王権による築造集団への強い関与が想定されよう。

【大室4期】　大室谷241号墳の調査（風間2013b）や北谷356号墳の出土遺物の確認（風間2017a）によって、合掌形石室を埋葬施設とする積石塚古墳が当期まで継続していることが判明した。共に石のみの積石墳丘内に合掌形石室が構築され、241号墳では埴輪が使用されるなど3期の特徴を引き継いでいる。また、241号墳では多鋲の剣菱形杏葉・環状雲珠ほかの馬具一式が副葬されたと想定され、長野県内では他例がない反刃鏃は古市古墳群峯ヶ塚古墳（大阪府）と同一形式（鈴木2003b）となる稀少遺物と、倭王権との直接的な繋がりは3期から継続していると捉えられる。北谷356号墳では直刀・鉄鏃を副葬するほか積石墳丘の古墳としては非常に残存状況が良い須恵器𤭯が出土していて、合掌形石室においても当期に石室内への土器副葬が行われた可能性が考えられる。

大室谷107号墳は箱形石棺を埋葬施設とするが、墳丘は「径10cm前後の礫が含まれていた。しかし大室古墳群の主流を占める積石塚の様相とは大きな差異を示し、むしろ積土塚という表現が適切」（大塚1969、80p）とされたように、土石混合墳丘と考えられる。また、大室谷195号墳では石のみによる積石墳丘内に横口構造が想定される竪穴式石室が出現している。

このように当期は3期の様相を継続する一方で、新たに土石混合墳丘や竪穴式石室が出現するなど、古墳築造の規範性が高い3期からの変容が顕著となり（風間2017b）、築造古墳数の激減からも中期大室古墳群の終焉期と評価される。

【大室5期】　大室谷支群・北谷支群に、無袖形横穴式石室（以下、無袖石室と略記）を埋葬施設とする古墳が同時多発的に出現する。出現状況は、3期における合掌形石室を埋葬施設とする積石塚古墳の出現と類似している。ただし、4期とは形態・構造ともに異なった古墳が出現し、築造される古墳数も激増することから、新たに後期群集墳として群形成が開始されたと捉えるべきであろう。

無袖石室には、大室谷187号墳のように腰石を立てるものとその他大多数の腰石を用いないものがみられる。腰石を立てる無袖石室が先行する可能性が指摘されてきた（飯島2010、時信2015）が、現在のところ両者ともに当期に位置付けられ、明らかな時間的前後関係は認められない。ただし、腰石を立てる無袖石室の墳丘は積石墳丘であるのに対し、腰石を用いない無袖石室は土石混合墳丘と様相が異なり、同じ無袖石室であっても系譜が異なる可能性が高い。さらに、大室谷

154号墳・大室谷227号墳と少数例であるが、両袖形横穴式石室(以下、両袖石室と略記)の導入も認められ、大室古墳群における横穴式石室の導入は多系統にわたっていて単純な様相ではない。

当期の特徴として、大室谷支群では土師器底部穿孔壺や土師器高杯を主体とした多量の土器使用が、北谷支群では人物等を含む埴輪の使用があげられる(風間2013a)。これらはそれぞれがそれぞれの支群内でのみ認められ、支群間に異なる特徴が現れていることが注意される。一方、古墳時代後期の特殊鉄鏃のひとつである段違い逆刺長頸鏃が大室谷187号墳と大室谷239号墳で出土(平林2014)していて、ムジナゴーロ単位支群と村東単位支群で共通した稀少品を副葬していることは単位支群間の相互関係を把握する上で重要な情報となろう。

【大室6期】 5期に継続して、大室谷・北谷支群で古墳築造が活発に行われる。埋葬施設は両袖石室が主体となり、奥壁が一枚石による鏡石構造となるのも当期と推定される。このほか片袖石室の導入もみられ、大室谷186号墳では胴張りの両袖石室も出現している。墳丘構造では墳丘内部に版築様の盛土を用い、墳丘表面にのみ礫を用いる新たな積石墳丘が出現する。こうした構造の積石塚古墳は等高線に直交する方向に石室が開口し、墳丘最下層より破砕した土器が出土するなど共通点が多い。後期型の積石墳丘の一類型とすることができよう(飯島2003)。

大室谷支群では村東単位支群の近くに、これまで古墳の築造がみられなかった鳶岩単位支群が新たに現れる。鳶岩単位支群は5期以前にまったく古墳の築造がみられない範囲に小規模なまとまりを持って群形成がなされるグループで、新たに古墳築造域を拡大して現れた単位支群と考えられる(風間2014)。北山・霞城・金井山の尾根上3支群も、当期には古墳の築造が開始された可能性が考えられる。

大室谷支群では244号墳のように、底部穿孔壺の使用が継続している。また、大室谷186号墳と大室谷244号墳では集落遺跡では認められない古墳専用品と考えられる土師器脚付長頸壺が出土している。244号墳は唯一周溝を備え、墳丘・石室ともに大室古墳群最大規模、186号墳は墳丘規模こそ際立っていないが、鉄革併用小札甲や馬具を副葬し、前庭部に馬頭部の埋納が認められる有力古墳で、5期の段違い逆刺長頸鏃同様に、ムジナゴーロ単位支群と村東単位支群の有力古墳間で共通する特殊遺物の使用が継続している点は注目される。

【大室7期】 5・6期の活発な古墳築造が継続する。6期の墳丘構造や石室形態が継続する一方で、小型胴張の横穴式石室が主体となり、墳丘規模の小型化も顕著となる。3・4期や5・6期に認められる墳丘や埋葬施設の規模あるいは副葬品に示される傑出した古墳は認められず、全体的に均一化する印象が強い。

出土遺物では、大室谷支群における底部穿孔壺の使用は現在のところ認められず、当期には終焉している可能性が高い。また、土師器の多量使用もみられなくなることに伴って土師器の出土量も減少し、使用土器における須恵器の割合が増大している。

このように当期は、墳丘・埋葬施設の規模や副葬品等において傑出した古墳が姿を消し、全体に均一化・等質化が進む段階と捉えられる。

【大室8期】 5期以降に築造された古墳で追葬が行われることに加え、大室谷E号墳の調査により当期にも古墳が築造されていることが明らかとなった。現在のところ、大室谷E号墳のみと新規築造古墳は希薄であるが、墳丘・埋葬施設ともに小型化が著しい一群の中には、当期まで下る古墳が含まれている可能性が想定され、今後確認される可能性は高いと考えられる。ただし、

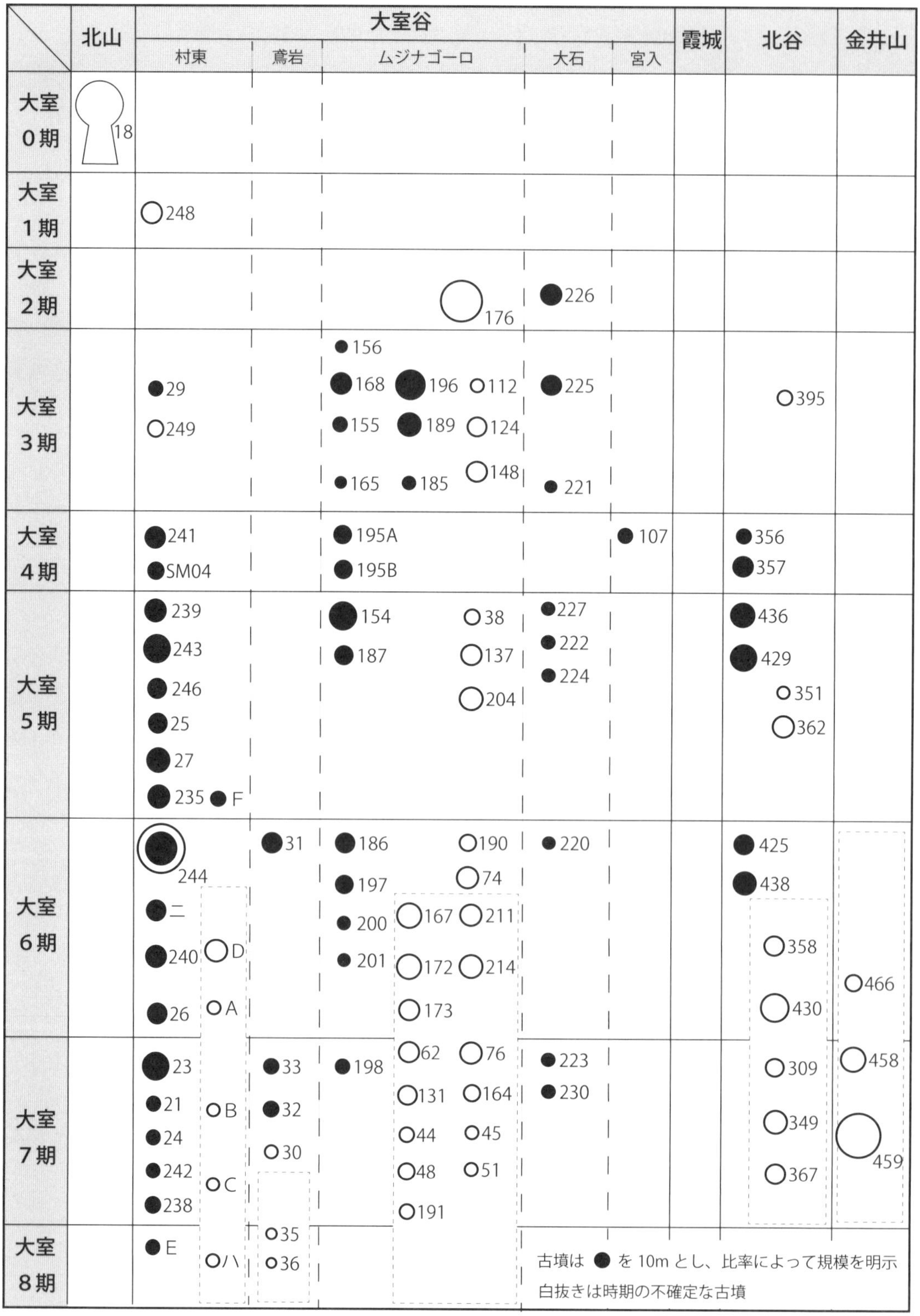

	北山	大室谷 村東	大室谷 鳶岩	大室谷 ムジナゴーロ	大室谷 大石	大室谷 宮入	霞城	北谷	金井山
大室0期	18								
大室1期		248							
大室2期				176	226				
大室3期		29, 249		156, 168, 196, 112, 155, 189, 124, 165, 185, 148	225, 221			395	
大室4期		241, SM04		195A, 195B		107		356, 357	
大室5期		239, 243, 246, 25, 27, 235, F		154, 38, 187, 137, 204	227, 222, 224			436, 429, 351, 362	
大室6期		244, ニ, 240, D, 26, A	31	186, 190, 197, 74, 200, 167, 211, 201, 172, 214, 173	220			425, 438, 358, 430	466
大室7期		23, 21, B, 24, 242, C, 238	33, 32, 30	198, 62, 76, 131, 164, 44, 45, 48, 51, 191	223, 230			309, 349, 367	458, 459
大室8期		E, ハ	35, 36						

古墳は ● を 10m とし、比率によって規模を明示
白抜きは時期の不確定な古墳

図2　大室古墳群変遷図

5～7期に比べて築造古墳数が減少していることは確かで、追葬が主となる大室古墳群の終焉期と捉えられる。

4　まとめ

積石墳丘・合掌形石室に特徴付けられ、馬匹生産に関わる渡来系集団との深い関連が指摘されてきた大室古墳群の実態に迫ることを目的に、調査が実施された古墳について時期区分に従って整理し、各期の様相について概観してきた。古墳群の展開に関わる大枠は示し得たと考えるが、細部においては未検討の課題が数多く残されている。このため、①大室古墳群の立地特性、②大室古墳群の出現、③中期後葉（3・4期）・後期後半（5・6期）・終末期（7・8期）の各時期ごとを中心に今後の検討課題を提起し、まとめとしたい。

①の大室古墳群の立地特性に関して、分布調査報告書（倉田編 1981）により各支群の古墳数をみると、北山支群 22基、大室谷支群 241基、霞城支群 16基、北谷支群 208基、金井山支群 18基となり、大室谷・北谷の2つの谷に位置する古墳が 449基と、およそ 90%が谷部に、残りの 50基ほどが尾根上に選地している。また、合掌形石室を埋葬施設とする積石塚古墳は大室谷と北谷の2つの谷部にのみ分布し、尾根上の支群では知られていなく、大室3～4期にかけての時期では谷部にのみ古墳が築造されていることとなる。6期以降、尾根部にも分布域が広がるが、古墳の築造数ではふたつの谷部が卓越する。このように、大室古墳群では出現から終焉まで一貫して谷部に古墳が築造されるという特性が指摘される。さらに、大室谷で顕著であるが、谷底を開析する河川（音無川）の両岸に古墳が築造され、谷部でもまったく視界が開けない谷底に大多数の古墳が分布するという立地特性が指摘できる。こうした立地特性は、周辺の他の古墳群では認められない大室古墳群固有の特性として、古墳群の性格分析の上で看過できない特性と評価できる。

②の大室古墳群出現については、北山 18号墳の位置付けが大きな問題となる。18号墳は弥生時代以来卓越した水田域を有する川田地域を背景に、和田東山古墳群や大星山古墳群との相互関係のうえに成立した大型古墳であることは間違いないが、川田側へ張り出した尾根上（和田東山古墳群）から千曲川側へ張り出す尾根上（18号墳）への築造位置の変化は、その後の大室古墳群の評価と深く関わっている。さらに大室谷 248号墳の位置付けが正しいならば、小古墳も尾根上に単独盛土墳としてが出現している可能性があり、出現当初は積石墳丘を採用しない、いわば他と変わることのない一般的な古墳が築造された可能性が想起される。大室古墳群の出現については情報が少なく不確定の要素が大きいが、積石墳丘・合掌形石室という特異な特徴を備える中期大室古墳群の成立を考える上で、調査の進展を注視し評価をしていく必要性がある。

③の大室3・4期の中期後葉から後期前半代の大室古墳群では、合掌形石室や箱形石棺を埋葬施設とする積石塚古墳が強い規範性のもと、大室谷・北谷に複数築造されている。この積石墳丘、合掌形石室はともに渡来系の要素とされており、これらの結合背景や大室古墳群への導入経過を分析することは、築造に深く関わる渡来系集団の実態に踏み込む上で不可欠の課題となろう。また、石のみの積石墳丘に合掌形石室が採用される古墳構造は大室古墳群以外ではほとんどみられない。一見、地域社会の中で孤立したように見える状況は先の立地特性と通じるものがあり、築造集団に迫るために重要な視点となろう。

また、4期には築造古墳数が激減し、土石混合墳丘や竪穴式石室の出現など規範性の高い3期

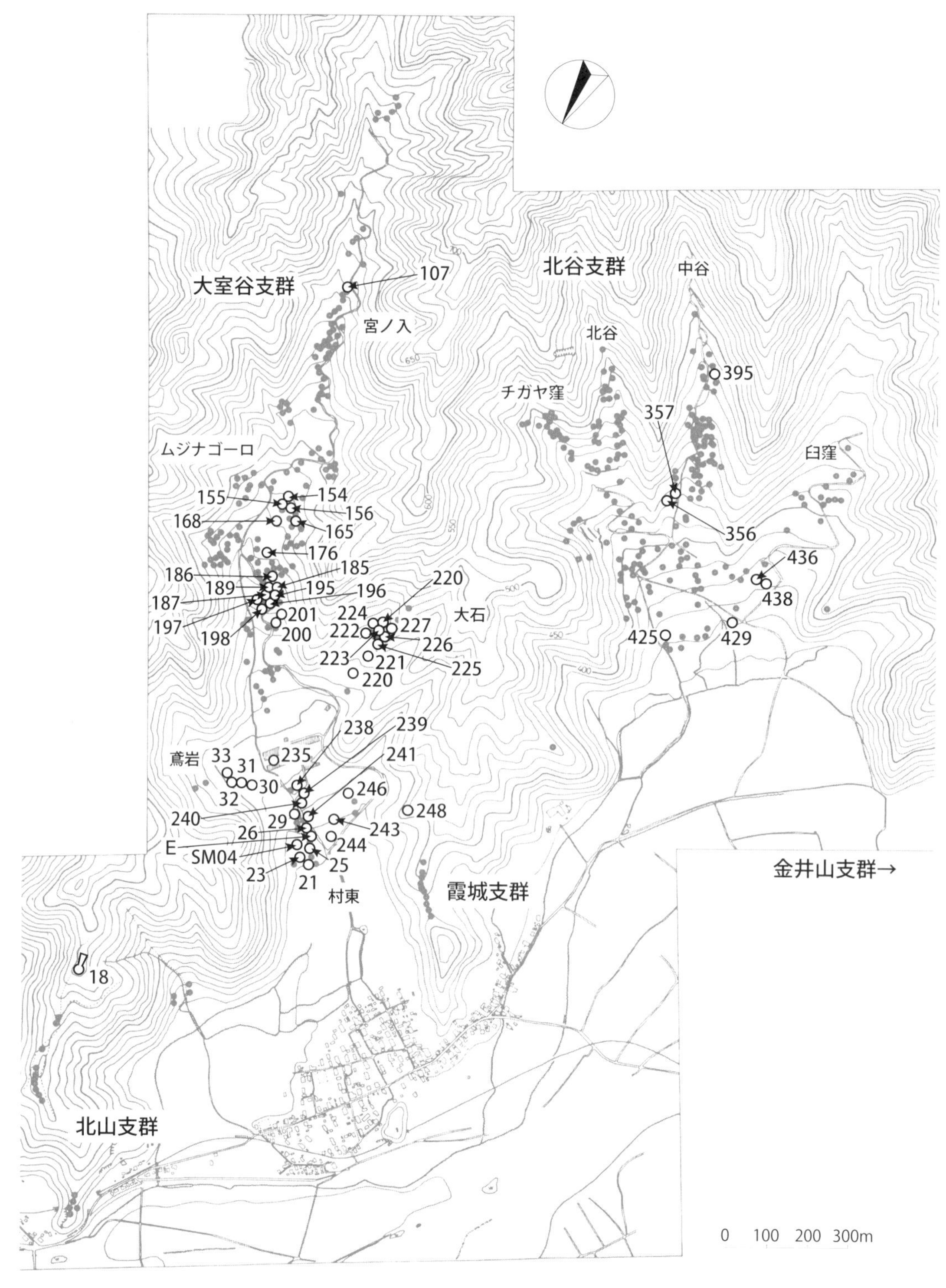

図3　大室古墳郡主要古墳分布図（倉田編 1981 より引用・改変）

からの変容が認められる。一方、隣接する松代町東条地域では、竹原笹塚古墳や桑根井空塚古墳など墳丘規模が20mを超える墳丘規模の大きな積石塚古墳や下部構造が横穴式石室となる合掌形石室が展開していて、大室古墳群の凋落状況とは対象的となっている。おそらく大室古墳群の凋落と周辺地域の勃興は連動した現象と捉えられ、4期の変容の背景には大室古墳群内の事情によるものだけではない、より広域の変化が反映していると考えられる。

大室5・6期の後期後半代では、無袖石室を埋葬施設とする積石塚古墳が大室谷・北谷に複数出現し、後期群集墳が形成される。この無袖石室は各地で積石墳丘と深い関係を有して出現していることが指摘されており（土生田編2010）、大室古墳群でも同様な状況が認められる[5)]。両袖石室も無袖石室とほぼ時期差がなく導入されており、後期群集墳の形成起点において石室の系譜や石室における階層差、さらには他地域で類似例を見出すことができない古墳時代後期の底部穿孔壺[6)]や石室内に副葬されることのない土器群の使用方法など、築造集団に迫るための課題は少なくない。

さらに積石墳丘に関して、土石混合墳丘の取り扱いが課題となっている。土石混合墳丘というカテゴリーは存在しないという指摘がなされている（鈴木1991、飯島2003）が、大室谷31号墳や大室谷23号墳、北谷425号墳ほかで確認された版築様の盛土には石が含まれない純粋土層が確認されていて、土石混合の「盛土石」とは明確に区分できる。土石混合の「盛土石」は明確な意思の下で選択されていると考えられ、この墳丘形態をどう位置付けるかは後期型積石墳丘の理解と絡んで重要な課題であろう。

大室7・8期の終末期に関して、7期は後期後半代より活発な築造が継続するが、8期には現在、大室谷E号墳1基のみと激減する。今後、築造された古墳数は若干の増加が見込まれるが、追葬が数多く行われている当期においては、新規古墳の築造を伴わない追葬が古墳群内における人的活動の主をなし、この追葬状況の整理・分析が大室古墳群の終末段階の様相を解き明かすことになろう。

註

1）　栗林による分布調査の成果は、栗林紀道1952『大室古墳群畧図』、北村保1952『信濃大室古墳群』として取りまとめられている。

2）　今後、大室谷241号墳に関する発掘調査報告及び大室谷29号墳・235号墳・243号墳・244号墳・245号墳・246号墳・A号墳・B号墳・C号墳・D号墳・ハ号墳の出土遺物報告を順次刊行する予定となっている。

3）　地域編年に関しては、以前指摘したとおり土器と鉄鏃を重視した（風間2003）。また、後期古墳の変遷では横穴式石室が重要となるが、大室古墳群の横穴式石室の変遷については、時信武史の分析がある（時信2015）。ただし、時信が分析を実施した段階では個別古墳の情報が現在ほど報告されていなく、石室の形態的特徴を軸に時期区分が設定されている。このため、特に横穴式石室の導入以後となるⅡ～Ⅴ期について、各期の重複期間が非常に大きいと考えられる。このため、今回の時期区分には反映させていないが、より多くの古墳の築造時期を明確にするためには横穴式石室の編年は不可欠であり、時信によって提起された詳細な構造項目に基づく変遷過程を再構築することが必要であると考えられる。

4）　北山18号墳の測量図からは前方後方墳を想定することもでき、この場合、和田東山1号墳に遡る古墳時代前期前半代に位置付くことが想定される。金井山支群のさらに南側には北平1号墳が分布していう（図1）が、墳丘規模は北平1号墳を上回り、弘法山古墳に迫る善光寺平最大規模の前方後方墳となる。

5）積石墳丘と深い関連性を持った無袖石室の出現は、大半の地域が6世紀前半（大室4期併行期）のうちに求められていて、大室古墳群では一段階遅れる状況となっている。現在のところ、4期に遡る無袖石室墳の候補は見出されていないが、4期に遡る可能性がどの程度見込まれるのかを見極める必要性があり、4期の実態解明は中期大室古墳群の実態だけでなく、後期大室古墳群の解明にも通じた重要な課題と考えられる。

6）底部穿孔壺は、大室谷支群の5期に位置付けられる大半の無袖石室で確認されている。このため、新たに登場する無袖石室との結び付きが強いと想定されるが、両袖石室の大室谷227号墳でも出土しており、無袖石室に限られたものではない。

また、大室古墳群以外では、横根・桜井古墳群横根支群39号墳（山梨県甲府市）で底部穿孔の有無は不明であるが、赤彩された土師器壺の出土が見られ（清水ほか1991）、積石墳丘・無袖石室と壺形土器が共伴する先行事例として注意される。

引用・参考文献

飯島哲也　2003「科野における石積み墳丘の古墳―いわゆる積石塚古墳の墳丘構造分類―」『関西大学考古学研究室開設五拾周年記念考古学論叢』関西大学

飯島哲也　2010「科野」土生田純之 編『東日本の無袖横穴式石室』雄山閣

大塚初重　1991「第5章　古墳群の年代と成果」『上信越自動車道埋蔵文化財発掘調査報告書3―長野市内　その1―大室古墳群』㈶長野県埋蔵文化財センター発掘調査報告書13、㈶長野県埋蔵文化財センターほか

大塚初重　1992「東国の積石塚古墳とその被葬者」『国立歴史民俗博物館研究報告』第44集　東国における古墳の終末、国立歴史民俗博物館

風間栄一　2003「長野市飯綱社古墳出土の鉄鏃―未報告資料の紹介―」『帝京大学山梨文化財研究所研究報告』第11集　特集 古墳時代中期の諸様相、帝京大学山梨文化財研究所

風間栄一　2013a「長野市大室古墳群大室谷支群大室F号墳について―遺構確認トレンチ出土の土器群からみた大室F号墳―」岡内三眞 編『技術と交流の考古学』同成社

風間栄一　2013b「長野県北部の様相」『文化の十字路　信州』一般社団法人日本考古学協会2013年度長野大会研究発表資料集、日本考古学協会2013年度長野大会実行委員会

風間栄一　2014「第Ⅲ章第1節　31・32・33号墳からみた鳶岩単位支群の様相」『史跡大室古墳群（3）―エントランスゾーン　大室31号墳・32号墳・33号墳の発掘調査―』長野市教育委員会

風間栄一　2017a「長野市大室古墳群北谷支群356号墳の出土遺物―長野市立寺尾小学校収蔵資料の調査―」『長野県考古学会誌』153号、長野県考古学会

風間栄一　2017b「六世紀前半代の大室古墳群―大室古墳群の変容―」『考古学・博物館学の風景　中村浩先生古希記念論文集』芙蓉書房出版

川西宏幸　1978「円筒埴輪総論」『考古学雑誌』第64巻第2号、日本考古学会

河野正訓　2015「大室古墳群の群構造とその変遷」『信濃大室積石塚古墳群の研究Ⅳ―大室谷支群ムジナゴーロ単位支群の調査―　考察篇』明治大学文学部考古学研究室

佐々木憲一　2015「第5章　総括」『信濃大室積石塚古墳群の研究Ⅳ―大室谷支群ムジナゴーロ単位支群の調査―　報告篇』明治大学文学部考古学研究室

白石太一郎　2004『考古学と古代史の間』（ちくまプリマーブックス154）筑摩書房

清水　博・信藤祐仁・保坂和博・宮澤公雄 編ほか　1991『横根・桜井積石塚古墳群調査報告書―分布調査報告、横根支群39号墳・桜井内山支群9号墳発掘調査報告―』甲府市文化財調査報告6、甲

府市教育委員会、横根・桜井積石塚古墳群整備活用計画策定委員会
鈴木一有　2003a「中期古墳における副葬鏃の特質」『帝京大学山梨文化財研究所研究報告』第11集　特集　古墳時代中期の諸様相、帝京大学山梨文化財研究所
鈴木一有　2003b「後期古墳に副葬される特殊鉄鏃の系譜」『研究紀要』第10号　特集：古墳時代後期の鉄鏃、㈶静岡県埋蔵文化財調査研究所
鈴木直人　1991「第4章考察　第1節　墳丘構造と石室の構築について」『上信越自動車道埋蔵文化財発掘調査報告書3―長野市内　その1―大室古墳群』㈶長野県埋蔵文化財センター発掘調査報告書13、㈶長野県埋蔵文化財センターほか
田辺昭三　1981『須恵器大成』角川書店
時信武史　2015「大室古墳群の横穴式石室」『信濃大室積石塚古墳群の研究Ⅳ―大室谷支群ムジナゴーロ単位支群の調査―　考察篇』明治大学文学部考古学研究室
鳥羽英継　2000「屋代遺跡群における土器編年」『更埴条里遺跡・屋代遺跡群（含む大道遺跡・窪河原遺跡）―総論編―』上信越自動車道埋蔵文化財発掘調査報告書28―更埴市内　その7―、長野県埋蔵文化財センターほか
中村新之介　2015「古墳時代北信における鉄鏃―大室古墳群を中心に―」『信濃大室積石塚古墳群の研究Ⅳ―大室谷支群ムジナゴーロ単位支群の調査―　考察篇』明治大学文学部考古学研究室
中村　浩　1980「第6章　和泉陶邑窯出土遺物の時期編年」『陶邑』Ⅲ、大阪府文化財調査報告書第30輯、財団法人大阪文化財センター
西　弘海　1986『土器様式の成立とその背景』真陽社
土生田純之 編　2010『東日本の無袖横穴式石室』雄山閣
広瀬和雄　1991「前方後円墳の畿内編年」『前方後円墳集成』中・四国編、山川出版社
広田和穂　1999「第Ⅴ章調査成果　第1節土器　3古墳時代中期～後期」『榎田遺跡』上信越自動車道埋蔵文化財発掘調査報告書12―長野市内　その10―、長野県埋蔵文化財センターほか
平林大樹　2013a「信濃における後期・終末期古墳副葬鏃の変遷」『物質文化』93、物質文化研究会
平林大樹　2013b「第Ⅳ章第2節　出土鉄鏃について」『史跡大室古墳群（2）―エントランスゾーン大室238号墳・239号墳・240号墳の発掘調査―』長野市教育委員会
平林大樹　2014「武富佐古墳出土遺物の再検討」『長野市立博物館紀要』第14号（人文系）長野市立博物館
水野敏典　2003a「鉄鏃にみる古墳時代後期の諸段階」『後期古墳の諸段階』（第8回東北・関東前方後円墳研究会大会　発表要旨資料）東北・関東前方後円墳研究会
水野敏典　2003b「古墳時代中期における鉄鏃の分類と編年」『橿原考古学研究所論集』第14
和田晴吾　1987「古墳時代の時期区分をめぐって」『考古学研究』第34巻第2号、考古学研究会

大室古墳群調査報告

分布報告：倉田芳郎 編ほか　1981『長野・大室古墳群―分布調査報告書―』長野市教育委員会・駒澤大学考古学研究室
町誌報告：大平喜間多　1929「第二編時代史　第二章原始時代」『松代町誌』（上巻）松代町役場
大塚報告：大塚初重　1969「長野県大室古墳群」『考古学集刊』第4巻第3号、東京考古学会
明大報1：大塚初重・小林三郎・石川日出志 編ほか　1993『信濃大室積石塚古墳群の研究Ⅰ―大室谷支群・村東単位支群の調査―』東京堂出版
明大報2：大塚初重・小林三郎 編ほか　2006『信濃大室積石塚古墳群の研究Ⅱ―大室谷支群・大石単位支群の調査―』東京堂出版
明大報3：大塚初重・小林三郎・石川日出志・佐々木憲一・草野潤平 編ほか　2008『信濃大室積石塚古墳群の研究Ⅲ―大室谷支群ムジナゴーロ単位支群第168号墳の調査―』六一書房

明大報4：大塚初重・小林三郎 監修 佐々木憲一・河野正訓・高橋　透・新井　悟 編ほか　2015『信濃大室積石塚古墳群の研究Ⅳ―大室谷支群ムジナゴーロ単位支群の調査―』明治大学文学部考古学研究室
小林報告：小林秀夫　1975「合掌形石室をめぐる諸問題」『中部高地の考古学』長野県考古学会
時信報告：時信武史　2015「附　大室古墳群大室谷支群他石室実測調査報告」『信濃大室積石塚古墳群の研究Ⅳ―大室谷支群ムジナゴーロ単位支群の調査―　考察篇』明治大学文学部考古学研究室
県報告：神村　透 編ほか　1970『大室古墳群北谷支群緊急発掘調査報告書―長野県農事試験場等用地内古墳調査―』長野県・大室古墳群調査会
県埋報13：大塚初重・小林三郎・平田禎文 編・安藤道由・鈴木直人　1991『上信越自動車道埋蔵文化財発掘調査報告書3―長野市内　その1―大室古墳群』㈶長野県埋蔵文化財センター発掘調査報告書13、㈶長野県埋蔵文化財センターほか
県埋報44：鶴田典昭 編・石原州一・阿部芳郎・河西　学・茂原信生・櫻井秀雄　1999『上信越自動車道埋蔵文化財発掘調査報告書8―長野市内　その6―村東山手遺跡』長野県埋蔵文化財センター発掘調査報告書44、長野県埋蔵文化財センターほか
市記録：山口　明 編・鈴木直人・和田　博　1990『長野市松代町大室古墳群　大室23号墳移築復原の記録』長野市教育委員会・日本道路公団名古屋建設局
市概報1：清水竜太 編・飯島哲也・時信武史　2007『国史跡大室古墳群　史跡整備事業にともなう遺構確認調査概要報告書―エントランスゾーンB～D区　遺構編―』長野市・長野市教育委員会
市概報2：清水竜太 編・飯島哲也　2008『国史跡大室古墳群　史跡整備事業にともなう遺構確認調査概要報告書(2)―エントランスゾーンA・E区　遺構編―』長野市・長野市教育委員会
市報告1：清水竜太 編・風間栄一・平林大樹・塚原秀之　2012『史跡大室古墳群（1）―エントランスゾーン　地形確認調査・遺構確認調査・大室E号墳の発掘調査―』長野市教育委員会
市報告2：風間栄一 編・清水竜太・平林大樹　2013『史跡大室古墳群（2）―エントランスゾーン　大室238号墳・239号墳・240号墳の発掘調査―』長野市教育委員会
市報告3：風間栄一 編・清水竜太　2014『史跡大室古墳群（3）―エントランスゾーン　大室31号墳・32号墳・33号墳の発掘調査―』長野市教育委員会
市報告4：風間栄一 編　2016『史跡大室古墳群（4）―エントランスゾーン　大室26号墳・27号墳・242号墳の発掘調査―　―遺構復元整備ゾーン　整備作業道予定地の試掘調査―』長野市教育委員会
市整備報：長野市　2015『史跡大室古墳群エントランスゾーン整備事業報告書』
市所報5：長野市埋蔵文化財センター　1994「大室古墳群466号墳」『所報』No.5
市所報26：長野市埋蔵文化財センター　2015「史跡整備事業」『所報』No.26
市所報27：長野市埋蔵文化財センター　2016「史跡整備事業」『所報』No.27

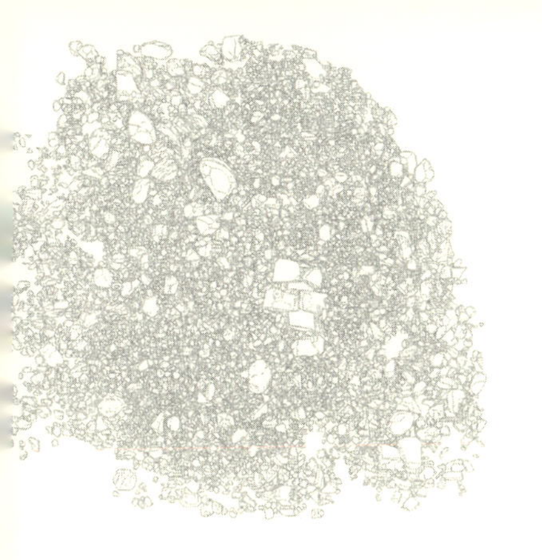

3　信濃の積石塚（大室以外）

飯島哲也

1　はじめに

筆者は2003年に、長野県における石積み墳丘を有する古墳について概観し、墳丘構造の分類を試みたことがある（拙稿2003a、以下旧論という）。以来10数年を経た今、当時必要なデータが未整備だったために保留したり、憶測を出発点にしなければならなかった箇所があったという言い訳を差し引いたとしても、杜撰な観察や浅薄な解釈が随所に見られ浅学非才を痛感している。僅かながらも新たな調査例や新進気鋭の研究報告が蓄積されつつある今日、根本的な考え方を修正する必要性を感じてはいるものの、残念ながら本稿においてその方向性は見出し切れていないのが現状である。

本書の企画意図は積石塚についての現状の把握と研究の展望であり、序章たる位置付けの本稿の目的は、長野県内に存在する積石塚（大室古墳群以外）の実態を網羅的に概観し、以降の研究俎上に載せることにある。調査例が今日においてなお決して多いとは言えない状況の中で、外観のみに頼らざるを得ないケースが多く、ある一定のフィルターを通すことも一つの手段として許容範囲内と考えている。したがって、現段階では拙稿旧論に基づいて長野県内の積石塚について概観し、新たな研究の方向性について模索するというスタンスをご海容いただきたい。

2　墳丘構造上の特徴と検討課題

長野県における積石塚の分布は、千曲川の右岸、とりわけ旧高井郡に約7割超という異常な集中を見せていることは先学により指摘されているとおりである（桐原1989）。長野県史の遺跡地名表では、およそ900基が石積み墳丘としてマークされているが、その多くは土石混合墳と呼ばれる古墳であり、横穴式石室を内蔵する後期古墳である（長野県史1981）。旧論では、土石混合墳と呼ばれる古墳の多くが、横穴式石室の裏込め控積みや内回り石垣列などが崩れた痕跡か、盛土に含まれる石を過大評価したものと考え、積石塚の一形態としての土石混合墳というものの存在を否定的に捉えていた[1)]。将来的にその立場を改める可能性は否定しないが、今日現時点において土石混合墳の構造的な観点による意義付けはなされていないことから、「墳丘外観が石材のみである」という点を重視するため、土石混合墳を抽出範囲から除外する。また、主に土石混合墳と組み合わされる横穴式石室を埋葬主体とする古墳も本稿では棚上げしておくこととする。

なお、旧論における分類の基本は以下のとおりであった。

Ⅰ型　墳丘基底から石塊のみを積み上げた古墳
　Ａ式　尾根に挟まれた谷間の緩斜面に立地するもの
　　（大室156・168号墳　等）
　Ｂ式　河岸段丘の縁や扇状地上の緩斜面に立地するもの
　　（八丁鎧塚1・2号墳　等）
Ⅱ型　基底となる整地造成部分以外は石塊のみを積み上げた古墳
　Ａ式　山腹テラスや尾根頂部の縁等の急斜面に立地するもの
　　（安坂将軍塚1・2号墳、大星山4号墳　等）
　Ｂ式　山地から山麓への斜度の大きい傾斜変換地に立地するもの
　　（菅間王塚古墳、西前山古墳　等）
Ⅲ型　古墳表面に石塊のみを厚く被覆した古墳
　　（長原12号墳、大室23・25号墳、桑根井鎧塚1号墳　等）

各型式で後述するが、旧論の墳丘構造による分類案については抜本的な再考が必要と考えており、本来ならば本稿で使用するべきではない。しかし幸いにして各式が地形条件に拠っていたため、分布及び変遷過程においてある程度の傾向を読み取ることができる。すなわちⅠ型Ａ式は山深くの尾根に挟まれた谷あい、Ⅰ型Ｂ式は扇状地や河岸段丘の緩斜面、Ⅱ型Ａ式が山腹のテラスや尾根上などの傾斜地、Ⅱ型Ｂ式が山地から山麓への斜度の大きい傾斜変換地である。よってこのまま旧論をベースに概観することとする。

(1) Ⅰ型Ａ式

Ⅰ型は、基本的に地形の切り盛りを伴うような大規模な造成作業を施さず、埋葬主体部構築に伴う整地程度の地業を想定した。Ａ式は、尾根に挟まれた谷あいの緩斜面に立地する古墳である。

いわゆる土石混合墳を含めると、総数約500基のうち約400基が積石塚古墳といわれている長野市の**大室古墳群**のうち、比較的低平な石積み墳丘と合掌形天井の竪穴系横口式石棺が組み合わせられた小型の積石塚をⅠ型Ａ式の標式とした。この組合せは大室古墳群の最大の特徴といえるが、その実数は現在においても明らかではない。分布調査報告によると、合掌形石室の数が可能性のあるものを含めて40基であったが（長野市教育委員会1981a）、筆者が以前抽出した数は48基であった（拙稿2003b）。根拠が曖昧な例や合掌形石室以外の存在も考慮して、概ね50～60基ではないかと憶測している。大室古墳群の詳細については本書風間の稿に委ねるが、ここでは拙稿旧論を修正すべき可能性がある点のみを指摘しておきたい。実はⅠ型Ａ式の墳丘基底部まで断ち割り調査を行った例を筆者は把握していなかったため、本当に基底部から純粋に石塊のみで構築されているか、墳丘構造の実態は不明確であった。しかし、大室168号墳の発掘調査において確認された墳丘内の複数の石列の存在は、古墳築造過程において重要な工程を示していると考えられ、墳丘構築に際し何らかの地業を施している可能性はゼロとはいえない状況である（小林ほか編2008）。つまり、整地や造成等の地業の有無でⅠ・Ⅱ型を分類することの本質的意義については、抜本的な再考が必要となったのである。また、谷あいの平地部に立地する大室156・168号墳等と、尾根上に立地する大室221・225号墳等とでは、地形条件に基づく制約に従って自ずと地業の方法は異なると予想される。さらに近年、大室176号墳の範囲確認調査が実施され、大型で見かけの墳丘が高いことが判明している。墳丘の断ち割りは今後の調査となるが、この古墳が複数古墳の集合体ではなく1基の古墳だとすれば、高く盛り上げるための造成行為を行っている可能性は低くないはずであり、その場合Ⅱ型、特にB式に近似する可能性をも考慮すべきかもしれない。一口に大室古墳群といっても、積石塚の形態としては単一型式とは限らず、複数型式の存在を想定すべきである。

旧論以降、大室古墳群以外からもⅠ型A式に該当する古墳群が確認された。千曲川の沖積地はおろか倉科の扇状地すら望観することができないほどの山深く奥まった、千曲市倉科の谷筋に立地する**杉山古墳群**である。発掘調査は2004年度からの3年間、範囲確認を主目的に実施され精緻な報告書も刊行されている（千曲市教育委員会2007）。分布調査によって10基の古墳が確認され、そのすべてが地元産の石英閃緑岩の板石を積み上げた積石塚である。そのうちの杉山E号墳の竪穴石室については、横口構造の可能性があるのではないかとの土生田の指摘がある（土生田2013）。同じく竪穴系横口式石室の可能性があると指摘される杉山D号墳は、板石のみを直接地表面から積み上げた積石塚で、鉄鏃や玉類などの出土遺物によって5世紀中頃の築造年代が推定されており、杉山古墳群における初現的な古墳となりそうである。

大室古墳群も杉山古墳群も、居住域あるいは生産域たる平地部が望観できないような山奥の谷筋に密集し、石が累々と転がっている傾斜地に、大規模な造成は施さずに石材のみを積み上げ、直径10m前後の小型墳が多く、竪穴系横口式石室が採用され、合掌形石室も存在する等[2)]、両者共通・近似する要素が存在する。築造が開始された時期は杉山古墳群が若干先行するようであるが、伝統的な埋葬形態の系譜上にない特徴の古墳が突如として出現する事実は看過できない。

(2) Ⅰ型B式

Ⅰ型のうち、河岸段丘の縁や扇状地上の緩斜面に立地するものをB式とした。須坂市の鮎川扇状地上に立地する**八丁鎧塚1・2号墳**は、長野県における積石塚の代表的な存在である。1957年に発掘調査が実施され、1994年にも史跡整備に伴う調査が実施されており、1・2号墳とも河原石のみを積み上げた直径25.5m、高さ3.5mの双子のような大型の円墳で、外観上極めて稀有な存在である（永峯ほか1959、須坂市教育委員会2000）。旧論でⅠ型B式の標式としたが、実は筆者は「基本的に断ち割り調査が実施されていない」と事実誤認していた。1957年の調査時に墳丘基底部まで断ち割り調査を実施しており、ほぼ純粋に河原石のみであることが判明していたのである。残念ながら墳丘内部の構造については「無造作に積み上げ」たことしか観察されていないが、2号墳にはテラス状遺構（敷石帯）と張出し部が付き、おそらくテラス面の上に墳丘が積み上げられているとの調査報告から判断すれば、扇状地上の段丘縁を利用した基底部における何らかの地業は施しているものと思われる。

鮎川古墳群の最下流部に位置する**米持天神1号墳**は、これまで葺石が施された上円下方墳という特異な位置付けがなされていた。その根拠は、1976年の確認調査による報告から、墳丘測量図における西側の直線的な墳丘ラインを評価して方墳とし、7ヵ所に設定したトレンチ断面から「古墳の中核を粘土で盛りかため、周囲を厚く積石で段状に築いた」と判断したことよる（須坂市教育委員会1977）。墳丘の上部が削平されて畑地となっていたことと、畑作に伴う墳裾の改変を考え合わせれば、盛土によって土台を造成し、その上に厚く石塊を被覆した、いわゆる芯土表

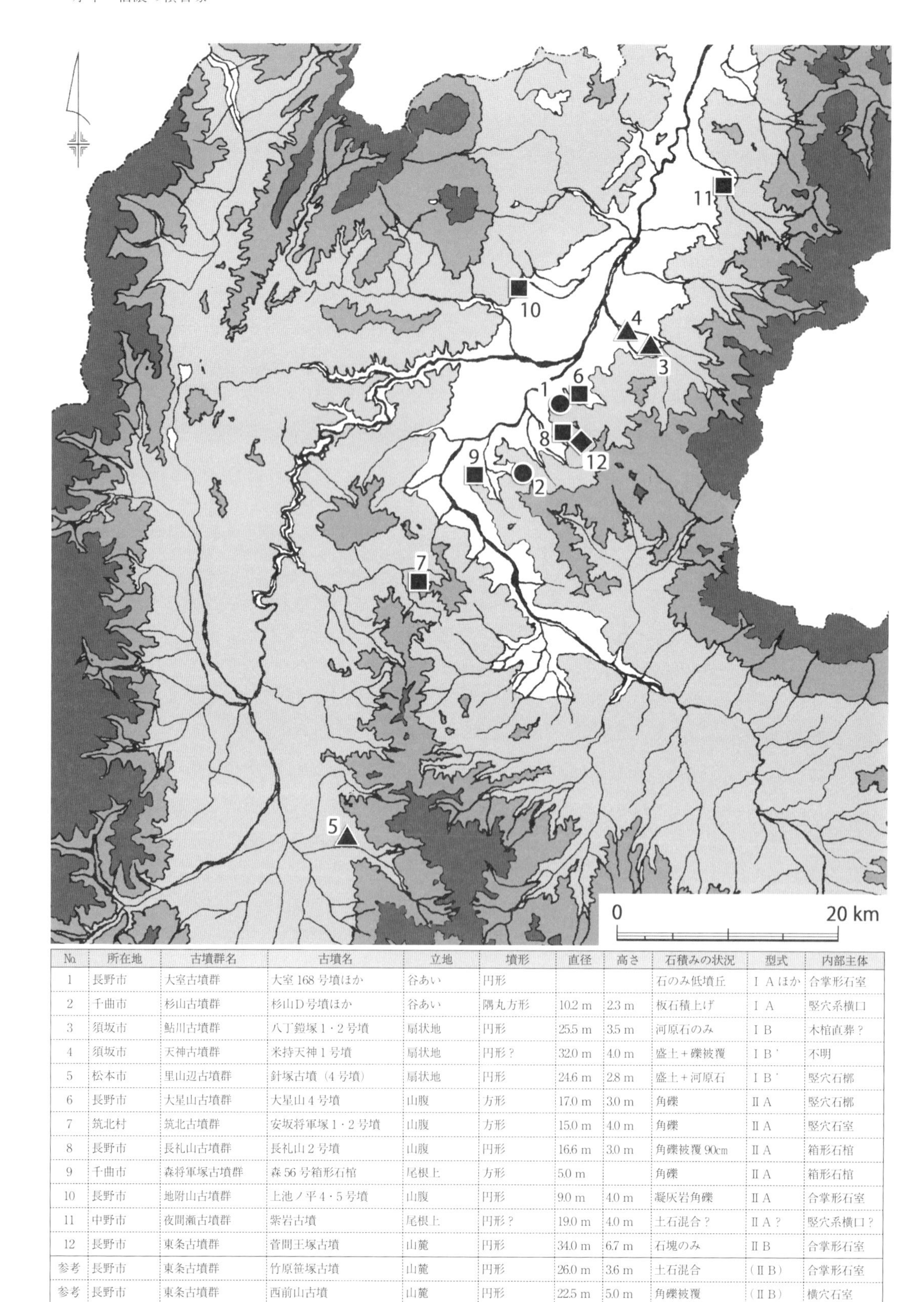

№.	所在地	古墳群名	古墳名	立地	墳形	直径	高さ	石積みの状況	型式	内部主体
1	長野市	大室古墳群	大室 168 号墳ほか	谷あい	円形			石のみ低墳丘	Ⅰ Aほか	合掌形石室
2	千曲市	杉山古墳群	杉山D号墳ほか	谷あい	隅丸方形	10.2 m	2.3 m	板石積上げ	Ⅰ A	竪穴系横口
3	須坂市	鮎川古墳群	八丁鎧塚 1・2 号墳	扇状地	円形	25.5 m	3.5 m	河原石のみ	Ⅰ B	木棺直葬？
4	須坂市	天神古墳群	米持天神 1 号墳	扇状地	円形？	32.0 m	4.0 m	盛土＋礫被覆	Ⅰ B’	不明
5	松本市	里山辺古墳群	針塚古墳（4 号墳）	扇状地	円形	24.6 m	2.8 m	盛土＋河原石	Ⅰ B’	竪穴石槨
6	長野市	大星山古墳群	大星山 4 号墳	山腹	方形	17.0 m	3.0 m	角礫	Ⅱ A	竪穴石槨
7	筑北村	筑北古墳群	安坂将軍塚 1・2 号墳	山腹	方形	15.0 m	4.0 m	角礫	Ⅱ A	竪穴石室
8	長野市	長礼山古墳群	長礼山 2 号墳	山腹	円形	16.6 m	3.0 m	角礫被覆 90cm	Ⅱ A	箱形石棺
9	千曲市	森将軍塚古墳群	森 56 号箱形石棺	尾根上	方形	5.0 m		角礫	Ⅱ A	箱形石棺
10	長野市	地附山古墳群	上池ノ平 4・5 号墳	山腹	円形	9.0 m	4.0 m	凝灰岩角礫	Ⅱ A	合掌形石室
11	中野市	夜間瀬古墳群	紫岩古墳	尾根上	円形？	19.0 m	4.0 m	土石混合？	Ⅱ A？	竪穴系横口？
12	長野市	東条古墳群	菅間王塚古墳	山麓	円形	34.0 m	6.7 m	石塊のみ	Ⅱ B	合掌形石室
参考	長野市	東条古墳群	竹原笹塚古墳	山麓	円形	26.0 m	3.6 m	土石混合	（Ⅱ B）	合掌形石室
参考	長野市	東条古墳群	西前山古墳	山麓	円形	22.5 m	5.0 m	角礫被覆	（Ⅱ B）	横穴石室

図１　信濃の積石塚分布図（横穴石室受容以前）

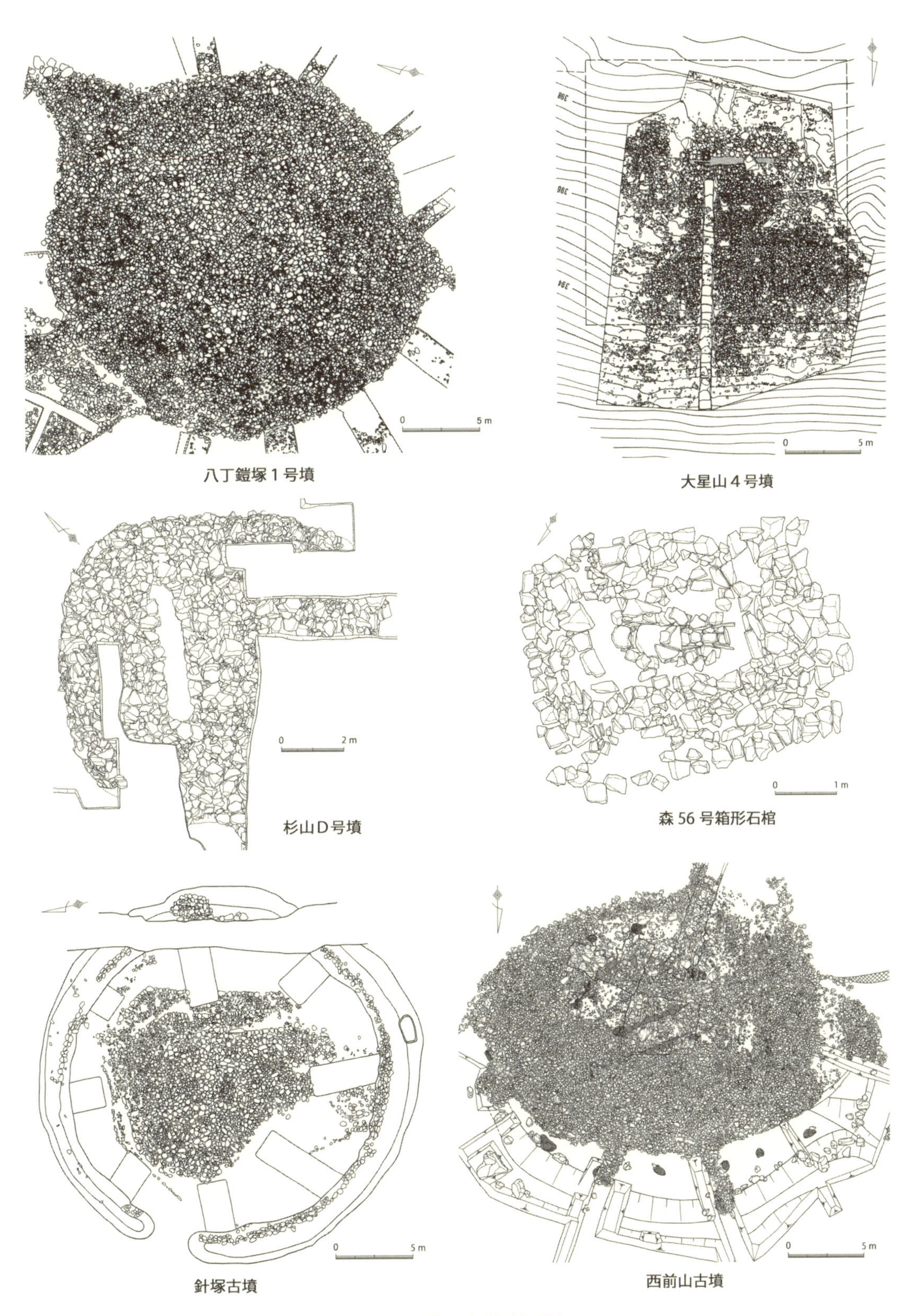

図２　信濃の積石塚墳丘図

石構造の25〜30m級の円墳とみることも可能ではないだろうか。あくまで仮定の範囲ではあるが、外観上は八丁鎧塚1・2号墳と近似する。

同様の積石塚古墳は松本平でも知られている。薄川扇状地のほぼ中央付近に位置する**針塚古墳**(里山辺4号墳)は、1989年及び1990年に発掘調査されているが、旧論執筆時は詳細が不明であったために保留扱いとしていた事例である。周溝を含めた全長は約24.6mで、溝の内側には貼石帯が施されている。貼石帯の内側は裏込土を用いながら石垣状に積み上げており、直径約21.4mの墳丘本体は、おそらく周溝掘削時の発生土を利用して盛土による土台を造成し、その後は幼児頭大から人頭大の河原石を厚く積み上げているものと推測される。盛土による土台の規模は不明であるが、墳頂部の埋葬施設直下に設定したトレンチでは、旧地表面から約60㎝の盛土が確認されており、墳丘中央付近では土をほとんど混じえない河原石だけの礫層が約70㎝残存していたらしい[3)]。

米持天神1号墳も針塚古墳も、扇状地上の比較的緩斜面に立地し、約25m以上の円墳で高さもあり、竪穴系の埋葬施設であること等、多くの点において八丁鎧塚1・2号墳と近似した状況を看取することができる。ただし、石塊のみで無造作に積み上げられた八丁鎧塚1・2号墳と、盛土による土台の上に礫石を厚く被覆した米持天神1号墳と針塚古墳とでは、墳丘構造は大きく異なるため、問題がいっそう複雑化、重層化してくることになる。また、石塊のみの被覆層という構造は旧論においてⅢ型に設定していた技術でもあり、ここでもやはり抜本的な再考を余儀なくされている。

(3) Ⅱ型A式

Ⅱ型はもともと、Ⅰ型よりも傾斜が大きい場所に立地し、基底部における造成作業を想定していた型式であり、山腹のテラス地形や派生尾根の頂部など平地部からの比高差を有する場所に立地する古墳をA式としている。

円墳1基、方墳3基の古墳群である大星山古墳群は、長野市若穂の保科川扇状地を見下ろす尾根上に立地し、石積み墳丘は**大星山4号墳**のみである(土屋ほか1996)。尾根上に並んだ他3基とは若干離れた劣位な山腹に立地し、墳丘の全面に人頭大以上の安山岩角礫が散布され、調査前から地表に露出していた。傾斜地のため斜面下方に流失しているようであり、明確な墳形を把握することが困難であったが、一辺約17mの方墳と推定されている。埋葬主体部である竪穴石槨は、地山掘り込みと盛土造成によって造り出された平坦面に構築され、斜面下方側には比較的大型の石材が一列に配されている。崩落が著しいものの、この石列が埋葬施設の構築及び墳丘の盛り上げに深く関わる基礎構造の痕跡とみられる。

善光寺平と松本平の中間に位置する麻績盆地の平地部から約150mの比高差のある山腹斜面に、**安坂将軍塚1・2号墳**が2基近接して立地している(大場ほか1964)。1962年の発掘調査では墳端の確認ができておらず墳丘構造も不明確であり、1号墳は約10〜11m×8〜9m、2号墳は約15m×7〜8mの方墳という推測が報告されているにすぎない。墳丘構築に関連する施設として、1号墳の石室のある平坦面の外側、斜面下方において数段の石組みが視認できる。おそらく埋葬施設構築に密接に関与する基礎構造と考えられ、さらに見かけの墳丘の高さにも一役買っているものと思われる。下方の石材散乱状況から、埋葬施設本体やこの石組み状施設を被覆する石積み墳丘を想定することができる。

長野市松代町東条の急峻な尼飾山の山腹で、水田域との比高差は約 40m の位置に**長礼山２号墳**は立地している。1974 年に採石業者からの通報により発見され、急遽発掘調査された（長野市教育委員会 1981b）。直径 16.6m の円墳で、「一見積石塚を思わせる」葺石と報告される人頭大から拳大の角礫で覆われており、厚いところで約 90㎝の厚さがある。墳丘トレンチによって角礫層の下には盛土層が確認されており、埋葬主体部の箱形石棺はこの盛土上に構築されている。斜面下方部のみ墳丘の流出を防ぐために大きめの石材を据えており、斜面下方からの見かけの墳丘は約 3m の高さになる。この石材が大星山 4 号墳の「一列に配された大型の石材」、安坂将軍塚 1 号墳の「数段の石組み」と同じ機能・目的を有する基礎構造である可能性は充分に考えられる。

旧論執筆時に見落としていた事例を挙げる。千曲市の森将軍塚古墳は、全長 97m を測る長野県最大の前方後円墳であり、盟主墳たるその周囲には多数の組合式箱形石棺・埴輪棺などの小型埋葬施設が構築されている（更埴市教育委員会 1992）。組合式箱形石棺は合計 64 基が検出されたが、盟主墳の西側くびれ部の緩斜面に位置する **56 号組合式箱形石棺**は、「積石塚状を呈する」と報告されている埋葬施設である。調査前の石材の散乱状況と断面観察によって、低いながらも礫による墳丘が存在したと想定されている。埋葬主体部はやや大きめな箱形石棺で、蓋石 2 枚の残存状況から合掌形天井となる可能性は低く、また横口構造の意識についても現況の図面からは判断が難しい。報告者の青木一男は長礼山 2 号墳との類似性を指摘している。

千曲川の右岸に対し左岸は積石塚の分布は極端に少ないが、**地附山古墳群上池ノ平４・５号墳**は、墳丘のほとんどが大小の凝灰岩礫で構成され、報告者をして「盛土が拳大の転石を主体とし、一見、積石塚的である」と言わしめている（長野市教育委員会 1988）。4 号墳の盛土の厚さは概して 20～30㎝であり、埋葬施設の斜面下側では最大 70㎝となる。尾根上に築かれた他の古墳と異なり、両墳とも劣位な中腹斜面に築造されており、特に 5 号墳では、高さ約 1m ほどの石垣状の施設が埋葬施設から約 2m 下方側で主軸に並行して約 5m ほど列をなしている。この石垣によって造り出された平坦面は、埋葬施設の壁体上部と同じレベルであることから、埋葬施設の構築に必要な造成と理解することができ、Ⅱ型 A 式の特徴として挙げられる基礎構造として、その後の墳丘構築にも深く関与しているものと推測される。古墳群中、上池ノ平 1 号墳の 1 号石室と 5 号墳が合掌形石室であり、3 号墳はその可能性が高い。また現存するすべての埋葬施設が竪穴系横口式石室及びそれに類する形態であるとの分析があり（土生田 1996）、墓壙の形状や短側壁の高低差、妻側立石 A など、横口の意識が看取できる好例である。

中野市の**紫岩古墳**も挙げておきたい。夜間瀬川に沿った細い岩山の上に立地する古墳で、直径 19m、高さ 4m の土石混合墳と推定されている（小野 1953）。1949 年の調査結果によると、天井石は既に失われ埋葬施設の輪郭のみがかろうじてわかる程度に破壊が進行していたという。石室は間口約 0.9m、奥行き約 2.5m の長方形で、平石で側壁や床石が構築されており、入口の存在が不明確であったが、「横穴式石室の系統に属する」との推定が報告されている。写真もなく、掲載されている図面のみからは判断することが難しいが、南東側の小口壁が低くなる可能性もあり、竪穴系横口石室の一種とみることも可能ではないだろうか。墳丘に関する情報も少なく構造の想定は困難であるが、周囲がほぼ石であるとの観察結果から石積み墳丘を想定する。逆に中野市の金鎧山古墳は積石塚に含まれる可能性は低いと判断した。尾根頂部に立地する直径 17m の円墳で、確かに墳丘には石材が混入しているものの、石塊のみで墳丘を構成するには絶対的に混入量が少なく、周囲に石材がほとんどないことが理由である。将来的に土石混合墳についての概念規定がなされた場合は検討しなければならない存在である。

(4) Ⅱ型Ｂ式

Ⅱ型のうち、山地から山麓への斜度の大きい傾斜変換地に立地するものをＢ式とした。県指定史跡の**菅間王塚古墳**は、径 34m、高さ 6.7m を測る長野県最大規模の積石塚古墳である。1970 年頃に盗掘を受けた際の緊急調査で、墳丘のほぼ中央付近の現地表下約 1.2m で合掌形天井をもつ施朱された埋葬施設が確認された（長野県教育委員会 1973）。墳丘上を歩けば石同士がゴツゴツと当たる音が響くほどに、墳丘は石塊のみと推定される。土台や石組状施設など造成の痕跡は現況からは見えにくいが、斜面下方からの見かけの墳丘が 6.7m と高いことを勘案すれば、何かしら構造上の造成は必要不可欠と思われる。

埋葬主体部が横穴式石室のために棚上げしたものの、**竹原笹塚古墳**と**西前山古墳**には触れておきたい。竹原笹塚古墳は、従来から「純粋な積石塚」とも「土石混合墳」とも言われてきたが、現状目視では判別できない。斜面下方側の墳丘には段が認められ、おそらく埋葬主体部である合掌形石室の床面レベルとほぼ同一となりそうである。類似した段構造は大室古墳群中最大規模の横穴式石室をもつ大室 244 号墳にも認められ、菅間王塚古墳にもその可能性は充分に考えられる。この段構造など急傾斜を利用した造成に要する技術は、Ⅱ型Ａ式に見られる石列や石垣状の施設などの基礎構造が技術的な祖形になりうると考えている。また西前山古墳は、急傾斜を利用した大規模な造成作業により埋葬施設構築のための平坦面を造り出し、斜面下方側の墳端には大型の石材を配置して掌大から人頭大の石塊のみを厚く積み上げたものと考えられる（長野市教育委員会 1998）。したがって、被覆礫層以外は盛土造成と推定されることからⅢ型としての分類も考えなければならない。

(5) Ⅲ　型

Ⅲ型は、Ⅰ・Ⅱ型とは区分の視点が異なっており、礫石のみの厚い被覆層の存在がその根拠である。もともと横穴式石室墳の多くを想定していたため、Ⅱ型Ｂ式とした西前山古墳などを含め本稿ではその多くが除外の対象となるが、Ⅰ型Ｂ式とした針塚古墳には厚い被覆層が認められ、米持天神 1 号墳にもその可能性があることから、横穴式石室以外のⅢ型を考慮しなければならず、分類案自体の抜本的な見直しが必要となった。

また、横穴式石室墳でありながら墳丘の構築に際し土砂をほぼ使用せず、石材のみを積み上げた古墳についても挙げておきたい。礫石のみによる厚い被覆層の有無は不明でも、直径 10〜12m ほどの規模で下部構造の基底部から石材のみで構築された古墳が存在する。長野市の**大室 187・195 号墳**や**長原古墳群**、千曲市の**杉山Ａ号墳**などが該当し、大町市の新郷 1 号墳や、小布施町雁田山麓の外不動古墳群と松本市の水汲古墳群中にも存在する可能性を考えてもよいかもしれない。発掘調査時に見られる外観の異様さに目を奪われてしまいがちであるが、その基本的な構造は日本各地に見られる普遍的な盛土墳とは大差ない 6 世紀後半以降の後期古墳であり、横穴式石室の伝播と受容の流れの中で理解するべき存在と考えている。右島和夫が指摘した群馬県内に見られる小型の積石塚状横穴式円墳の問題提起は、ここ長野県においてもあながち無関係とも思えず、同様の視点による見直しが必要と感じている（右島 2009）。

3 信濃における積石塚とは？

以上、長野県における横穴式石室受容以前の積石塚として 12 例約 73～83 基を挙げた。旧論においても予察したが、Ⅰ型とⅡ型という大きく 2 つの系統が認められ、その成立背景には違いが存在する。以下、系統別に変遷を概観し、まとめとしたい。

第一段階（中期前葉） 長野県における積石塚の初現としては、現在のところ前期に遡る積石塚は存在せず、千曲川右岸の鮎川扇状地に築造されたⅠ型Ｂ式の八丁鎧塚 1 号墳が最古例となる。この地域は、前代までに古墳が築造されなかった地域であり、伝統的な古墳造りとは可視的にも異なる技術である石積み墳丘を採用した単独の大型円墳として突如出現し、以後八丁鎧塚 2 号墳築造までの間継続しないようである[4)]。この事象の解釈については、方格規矩鏡や貝釧・石釧の出土にみられる威信財副葬や、壺形土器の出土による墳丘上での祭祀行為など、伝統的な日本の古墳造りの約束事が相反する要素として認められる点にも注意を払う必要がある。

そして相前後してというべきか、直後というべきか、千曲川右岸の保科川扇状地を望む山腹にⅡ型Ａ式の大星山 4 号墳が築造された。同じ保科川扇状地を望む尾根上には、3 基の前方後円墳が一列に並ぶ和田東山古墳群や大室 18 号墳[5)] が築造されており、前代から古墳造りが継続する地域である。しかも大星山 4 号墳自体も尾根上で連続する古墳群の一つであり、3 号墳に始まり、1 号墳→ 4 号墳→ 2 号墳の順に築造されたことが推定されている。石積み墳丘は 4 号墳のみで、尾根上から若干外れた山腹に位置しており、他と比して劣性は否めない。八丁鎧塚 1 号墳とは直線距離にして約 8㎞しか離れていないが、その成立背景には大きな差異が存在しており、積石塚出現の背景は重層的である。

第二段階（中期中葉） 長野盆地とは急峻な峠で隔てられた山間部の麻績盆地で、平地部からは比高差のある山腹にⅡ型Ａ式の安坂将軍塚 1・2 号墳が築造される。平地部より比高差のある高所への立地、急傾斜地、方墳という墳形、埋葬主体部外側の石組み状施設、竪穴式石槨の構造等の築造技術的な各要素において、大星山 4 号墳との類似性が認められる点は旧論でも述べた。その後、Ⅱ型Ａ式の長礼山 2 号墳や森 56 号箱形石棺が築造される。それぞれが属する伝統的な古墳造りの流れの中で石積み墳丘を採用しており、技術的な共通要素を認めることができる。根拠に乏しいが紫岩古墳もこの頃かもしれない。

その前後、千曲市倉科の山中にⅠ型Ａ式の杉山Ｄ号墳が突如として出現する。平地部からひっそりと隠れるような山奥の谷筋に立地し、独自性の強い平石積みの小型の方形墳で、竪穴系横口式石室を採用し、杉山Ｇ 1 号墳からは格子叩きが施された陶質土器が出土するなど、およそ伝統的な古墳造りの流れとは考えにくい状況である。なお、同じⅠ型Ａ式の大室古墳群のうち大室 156 号墳はこの頃から築造が開始された可能性はあるが、数的にも次段階が主となる。この段階の時間軸についてはもう少し詳細な分析が必要であり、前後関係は甚だ心許ない。

第三段階（中期後葉） 杉山古墳群ではＥ号墳、Ｆ号墳が築造され、同じ谷筋内で極めて小規模ながら古墳築造が継続する。大室古墳群では、前段階から出現している可能性があるが、大室 168 号墳など石積み墳丘と合掌形天井の竪穴系横口式石棺が組み合わされた積石塚が数的にも最盛期を迎える。直径約10m前後の小型墳が主体となるが、この段階の後半期には大型化する可能性を挙げておきたい。現段階では根拠に乏しいものの大室176号墳をこの頃とみており、墳丘構造的にはⅠ型よりはむしろⅡ型に近似しており、技術的な関係性を想定してみてもよいかもしれない。

八丁鎧塚1号墳以来古墳築造が見られなかった鮎川扇状地では、ようやく八丁鎧塚2号墳が築造される。墳丘規模や石塊の積み上げ方はほぼ同じであるが、1号墳との違いは張出し部を有する帆立貝形の円墳となる点である。また円筒埴輪の樹立や墳丘上での土器祭祀が想定されることと、そしてシンボリックな鍍銀銅製獅噛文銙板が出土することなど、相反する要素が混在する点は1号墳と同様で示唆的である。時期決定の根拠が少ないながら同じ鮎川扇状地の米持天神1号墳と、松本平の針塚古墳もこの頃に築造された。芯土表石ながら外観上は八丁鎧塚1·2号墳に近似し、相反する要素が混在する点も持ち合わせている。

ところで千曲川左岸では、Ⅱ型A式の地附山古墳群上池ノ平4・5号墳が築造され、おそらくこの型式としては最終段階となろう。石積み墳丘の位置付けが立地条件・規模共に劣性であり、その点大星山古墳群の在り方に近い。特に上池ノ平5号墳は石積み墳丘と合掌形石室が組み合わされたタイプの積石塚で、大室古墳群の特徴ともいえるこの組合せがここでも採用されている点は注意が必要である。

第四段階（後期前半）　近年、大室241号墳の調査成果により、石積み墳丘と合掌形天井を有する竪穴系横口式石棺が組み合わされた積石塚が6世紀前葉まで継続することが明らかとなった。しかし前段階と比して数的な減少は否めず、大室古墳群の特徴であるこの組合せは、この段階（前半？）まで残存し終焉するものとみる。

なお、長野盆地ではこの段階（しかも後半か？）に横穴式石室が採用されているようである。千曲川左岸の盛土墳である布施塚2号墳と、旧論にてⅡ型B式に分類した西前山古墳が出現期の横穴式石室墳として挙げられるが、第三段階の後半には北本城古墳や飯沼天神塚（雲彩寺）古墳などが出現している伊那谷に比して遅れる傾向にある。西前山古墳は横穴式石室を埋葬主体とする積石塚古墳である。墳丘構造的にはⅡ型A式からの技術的な系譜と、Ⅲ型としての石塊のみの厚い被覆層が組み合わされた形態と見ることができ、漸移的な形態かもしれない。合掌形天井の横穴式石室を内蔵する竹原笹塚古墳との前後関係は不明であるが、時期不明ながら長野県最大規模を誇る積石塚の菅間王塚古墳を含めて、この段階の東条古墳群が長野盆地で占める位置は優位である。これ以降、長野盆地の積石塚は、横穴式石室の伝播という外的要因により変質し、古墳としての枠組みの中でより日本化が進むこととなったのではと考えている。

第五段階（後期後半）以降　長野盆地においても横穴式石室墳が数多く築造される時期となり、大室古墳群ではいわゆる土石混合墳で横穴式石室を内蔵する古墳が出現する。以後、旧論にてⅢ型として設定した、普遍的な横穴式石室墳の外表に厚く礫石のみの被覆層が存在する古墳が築造されていくことになる。土石混合墳とⅢ型の石積み墳丘は、現況外観から区別することが難しくなっている例が多く、北信を主に中信にも分布する。厚い被覆層以外は普遍的な盛土の横穴式石室墳と同じ構造であり、積石塚古墳という位置付けについては検討の余地が大きい。

なお、大室187号墳など墳丘のすべてを石塊のみで積み上げた横穴式石室墳については、この段階にあって若干先行する可能性がある。しかし未だ調査例は少なく、明らかに後出とみられる杉山A号墳や長原古墳群との関係もあり、その評価は今後の検討を待ちたい。

以上、Ⅰ型とⅡ型の系統別にその変遷を概観した。Ⅰ型は、前代からの伝統的な墓域ではない地域に、突如として、各々独自性の強い特異な墳丘築造技術を採用し、A式は小型で隠れるように、B式は大型で目立つ場所に出現している。明らかに伝統的な埋葬形態の系譜上には在りえない事象ではあるが、日本の古墳造りの約束事が要素として混在している点は見逃してはならない。Ⅱ型A式は、北信地域の各地で、前代からの伝統的な古墳築造地域内で、同一系譜上と考えられる古墳群の中では劣位な位置付けとして、それぞれ傾斜地における墳丘構築上の技術的特徴を共有して出現している。そして、横穴式石室の伝播という外的要因により両型とも変質していくこととなる。

追記すべき特徴として、静岡県浜松市の内野古墳群や、群馬県高崎市の剣崎長瀞西遺跡で発見されたような例が長野県ではまだ見つかっていないことを指摘しておかねばならない。いずれにしても、古墳時代中期の長野県において積石塚が数多く築造された事実は、日本の他地域に比して特異であるという点において揺るがない。

最後に、旧論で述べた用語「積石塚古墳」の範囲について私見を修正しておく。長野県における石積み墳丘のⅠ型A・B式とⅡ型A式を「積石塚」とし、Ⅱ型B式及びⅢ型を「積石塚古墳」とする。

本稿を纏めるにあたり、下記の方々から有益なご教示を賜りました。浅学ゆえに咀嚼できていない歯痒さは痛恨ではありますが、明記して厚く御礼申し上げます。また、本書執筆の機会を下さった土生田純之氏に、そして薬石効なく来世に旅立ってしまわれた矢口忠良氏に、改めて深甚なる感謝の意を申し添えます。
青木和明、青木一男、風間栄一、桐原　健、小林秀夫、佐々木憲一、清水隆寿、清水竜太、土屋　積、直井雅尚、平林大樹、右島和夫、柳生俊樹（五十音順、敬称略）

註

1）あくまで積石塚の一形態としての「土石混合墳」という用語の位置付けを否定的に考えていたのであり、土石混合に見える古墳そのものの存在を否定していたわけではない。

2）報告書では杉山Ⅲ号墳の主体部が合掌形石室となる可能性があると指摘され、また現存していない旧18号墳が合掌形石室であるとの言い伝えがある。

3）松本市教育委員会直井雅尚氏の談による。

4）鮎川扇状地に築かれた多くの古墳は後期の横穴式石室墳と推定されるが、前述の古墳以外にも天塚古墳など中期に遡りうる古墳の存在が推定されており、積石塚が継続築造される可能性はゼロではない。

5）尾根上に立地する前方後（方）円墳である大室18号墳は、旧論註でも述べたとおり、大室古墳群の範疇として捉えていない。

引用・参考文献

拙　稿　2003a「科野における石積み墳丘の古墳―いわゆる積石塚古墳の墳丘構造分類―」『考古学論叢』関西大学考古学研究室開設五拾周年記念、関西大学文学部考古学研究室

拙　稿　2003b「合掌形天井の埋葬施設について―いわゆる合掌形石室についての再整理―」『帝京大学山梨文化財研究所研究報告』第11集、帝京大学山梨文化財研究所

大塚初重・小林三郎・石川日出志 編　1993『信濃大室積石塚古墳群の研究Ⅰ―大室谷支群・村東単位

支群の調査―』東京堂出版
大塚初重・小林三郎 編　2006『信濃大室積石塚古墳群の研究Ⅱ―大室谷支群・大石単位支群の調査―』東京堂出版
大場磐雄・原　嘉藤・寺村光晴・桐原　健　1964「長野県東筑摩郡坂井村安坂積石塚の調査(1)」『信濃』第16巻第4号、信濃史学会
小野勝年　1953「下高井地方の考古学調査」『下高井』長野県埋蔵文化財発掘調査報告（長野県文化財保護協会1976年復刻）
河野正訓　2015「大室古墳群の群構造とその変遷」『信濃大室積石塚古墳群の研究Ⅳ―大室谷支群ムジナゴーロ単位支群の調査―』明治大学文学部考古学研究室
桐原　健　1989『積石塚と渡来人』UP考古学選書[10]、東京大学出版会
更埴市教育委員会　1992『史跡　森将軍塚古墳』保存整備事業発掘調査報告書
小林三郎・大塚初重・石川日出志・佐々木憲一・草野潤平 編　2008『信濃大室積石塚古墳群の研究Ⅲ―大室谷支群・ムジナゴーロ単位支群第168号墳の調査―』明治大学文学部考古学研究室
小林秀夫　1975「善光寺平における積石塚古墳の諸問題　特に墳丘築造について」『長野県考古学会誌』第21号、長野県考古学会
小林秀夫　2000「信濃の古墳文化」『大塚初重先生頌寿記念考古学論集』頌寿記念会、東京堂出版
佐々木憲一・河野正訓・高橋　透・新井　悟 編　2015『信濃大室積石塚古墳群の研究Ⅳ―大室谷支群ムジナゴーロ単位支群の調査―』明治大学文学部考古学研究室
須坂市教育委員会　1977『長野県須坂市天神第1号墳確認調査報告書』
須坂市教育委員会　2000『長野県史跡　八丁鎧塚』史跡公園整備に先立つ範囲確認調査報告書
千曲市教育委員会　2007『千曲市内古墳範囲確認調査報告書―五量眼塚古墳・堂平大塚古墳・杉山古墳群―』
土屋　積ほか　1996『大星山古墳群・北平1号墳』上信越自動車道埋蔵文化財発掘調査報告書7、長野県埋蔵文化財センター
長野県教育委員会　1973「菅間王塚古墳」『長野県指定文化財調査報告』第四集
長野県史刊行会　1981『長野県史』考古資料編　全1巻(1)、遺跡地名表
長野市教育委員会　1981a『長野・大室古墳群―分布調査報告書―』
長野市教育委員会　1981b『湯谷古墳群・長礼山古墳群・駒沢新町遺跡』長野市の埋蔵文化財第10集
長野市教育委員会　1988『地附山古墳群』長野市の埋蔵文化財第30集
長野市教育委員会　1998『西前山古墳』長野市の埋蔵文化財第90集
長野市・長野市教育委員会　2008『国史跡　大室古墳群　史跡整備事業にともなう遺構確認調査概要報告書(2)―エントランスゾーンA・E区遺構編―』長野市教育委員会文化財課
永峯光一・亀井正道　1959「長野県須坂市鎧塚古墳の調査」『考古学雑誌』第45巻第1号、日本考古学会
土生田純之　1996「長野市地附山古墳群（上池ノ平古墳）について」『専修考古学』第6号、専修大学考古学会
土生田純之　2013「半島の積石塚と列島の古墳」『文化の十字路　信州』一般社団法人日本考古学協会2013年度長野大会研究発表資料集、日本考古学協会2013年度長野大会実行委員会
松尾昌彦　1987「善光寺平南部の飾り馬具」『比較考古学試論』雄山閣出版
松本市教育委員会　1991『針塚古墳の発掘』
右島和夫　2009「原古墳の墳丘構造をめぐって―群馬県におけるいわゆる積石塚の検討を中心にして―」『原古墳―神流川中流域における後期古墳の調査―』財団法人群馬県埋蔵文化財調査事業団調査報告書第476集、財団法人群馬県埋蔵文化財調査事業団
米山一政　1978「古墳時代―古墳」『更級埴科地方誌』第2巻原始古代中世編　更級埴科地方誌刊行会

第１章　西日本の積石塚

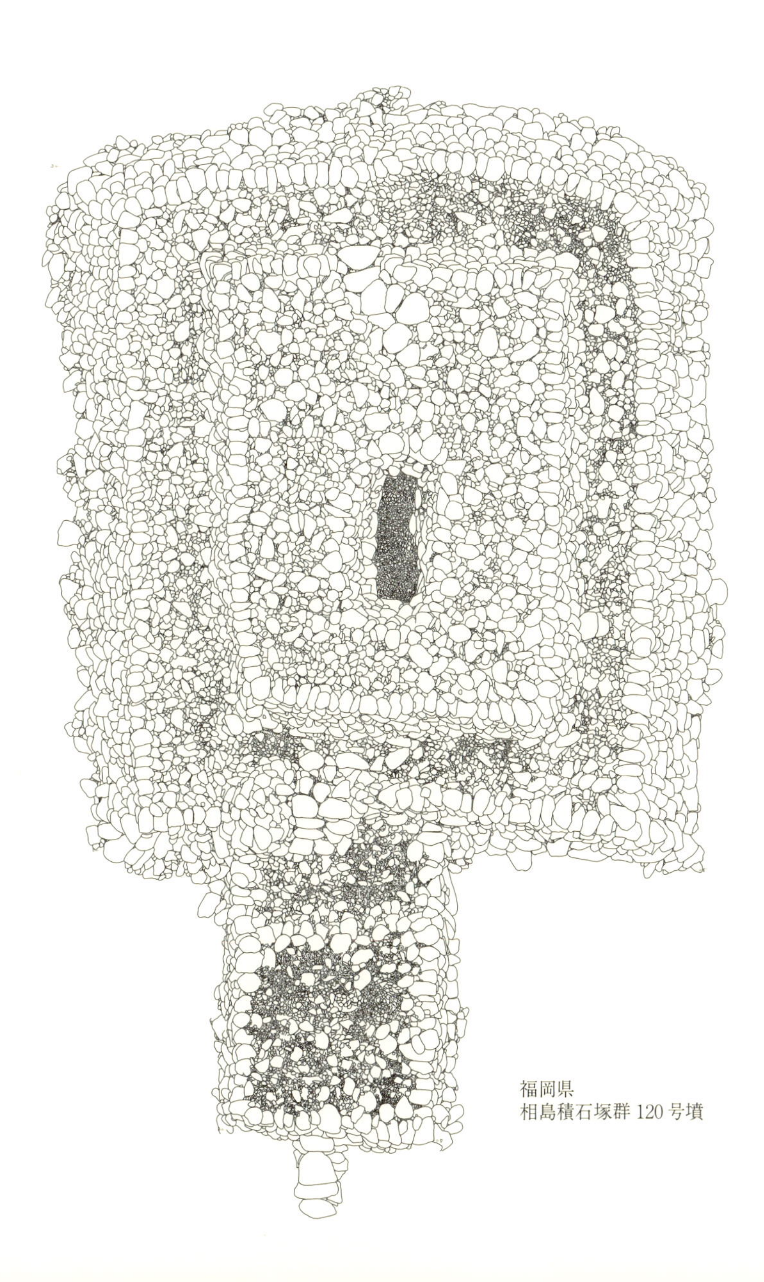

福岡県
相島積石塚群 120 号墳

1 対 馬

田中淳也

1 はじめに

対馬は南北約82km、東西約18kmの縦長の島で、東は日本海及び対馬海峡、西は朝鮮海峡に面し、中央に湾入した浅茅湾から万関瀬戸によって南北に分断されている。日本の島では佐渡島、奄美大島に次いで3番目に大きく、面積は708.47㎢を有する。韓国釜山までは最短距離で49.5kmの位置にあり、古来より大陸と日本列島を結ぶ海路の要衝であった。

これまで旧石器時代の遺跡は見つかっておらず、大半は弥生・古墳時代の遺跡で、対馬の西海岸から中部（浅茅湾）にかけて集中する。湾内には大小の入り江と島々が多く、対馬随一の景勝地である。

2 調査の歴史

対馬における最初の考古学的調査が確認できるのは、対馬藩の学者平山東山の著書『津島紀事』（平山1809）と『明治10年神社調』[1]に見える銅矛をはじめとする記事である。その後、明治40年代に佐護の白岳から青銅剣、青銅釧など青銅製品が出土した（水野ほか1953）。

戦前の対馬は、第二次世界大戦が終結するまで、島全体が要塞化され、写真や発掘調査、実測など制約を受け、十分な調査ができる環境では無かった。その一方で、大正から昭和初期にかけて、鳥居龍蔵（1916年）、後藤守一（1922年）、藤田亮策（1931年）、中山平次郎（1931年）ら日本考古学の先達が訪れている。

鳥居龍蔵は1916年（大正5）、朝鮮半島からの帰途対馬に立ち寄り、上県町佐護、志多留を訪れ、白岳遺跡[2]他を踏査し、志多留貝塚[3]を発見した。

後藤守一は1922年に、佐護の白岳・クビル遺跡[4]、根曽古墳群[5]、金田城跡[6]（当時は黒瀬城山）の

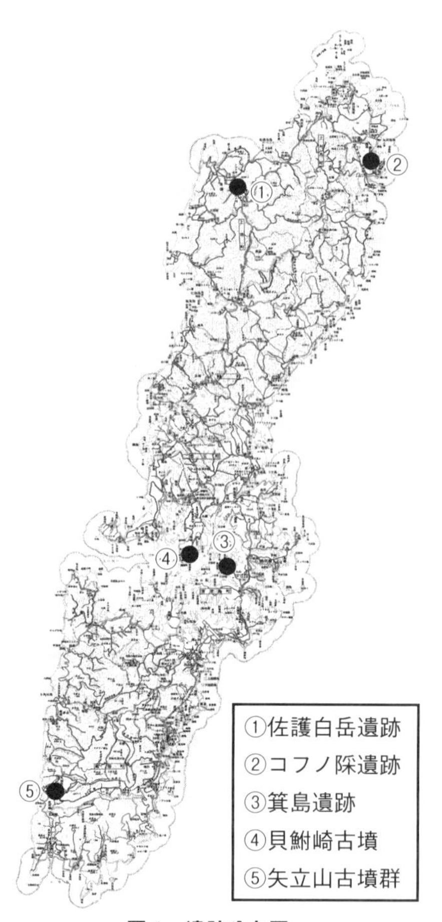

図1 遺跡分布図

調査記録と見聞録(後藤 1923)を発表した。対馬の考古学研究の初見となる貴重な資料である。

藤田亮策は1927年、中山平次郎と三根ガヤノキ遺跡の調査を行い、弥生文化と青銅器の関係と朝鮮半島の関わりについて問題提起した(中山 1950)。

中山平次郎は1950年に銅剣、石剣、鉄剣が共存した三根ガヤノキ遺跡[7]の箱式石棺の調査結果を発表した(中山 1950)。

①東亜考古学会の調査 1948年の夏、京都大学教授の梅原末治を隊長とし、同大教授水野清一らで東亜考古学会の調査団が構成され、8月1日から9月15日まで37日間にわたって全島を調査した。調査内容は『對馬』(水野ほか 1953)に詳しく収められている。

②九学会の調査 1950年から翌年にかけて、対馬に関する合同調査が行われた。東京大学の駒井和愛教授を中心とする八学会(翌年心理学会が加わり九学会となった)の調査団が結成され、志多留貝塚、大将軍山古墳[8]、出居塚古墳[9]ほかを発掘調査した。その成果は『対馬の自然と文化』(九学会連合対馬共同調査会 1954)に収められている。

③九州大学の調査 浅茅湾沿岸遺跡緊急調査として1968年と1970年の2ヵ年にわたり実施された。九州大学考古学研究室が調査主体となり、長崎県教育委員会、美津島町・豊玉村・峰村が協力し、対馬郷土研究会が調査に加わった。九州大学教授鏡山猛が調査団長となり、九州大学の関係者、長崎県と地元関係者により、浅茅湾沿岸を中心とした調査が実施された(長崎県教育委員会 1962)。

3 代表的な積石塚

対馬には多くの古墳が存在するが、多くは墳丘を持たない。対馬の地質は広く分布する対州層群と総称される古第三紀末から新第三紀初めの頁岩か頁岩と砂岩との互層からなる。頁岩は剥離しやすく、板石状のものを組み合わせた箱式石棺が主流で弥生時代から続く。主な古墳は表1のとおりである。今回はその中で5ヵ所の積石塚を紹介する(図1)。

(1) コフノ隈(さえ)遺跡(上対馬町唐舟志(とうじゅうし)字コフノ隈)

面積:約2000㎡　　時代:弥生時代～古墳時代　　資料所在地:対馬市教育委員会

種別:箱式石棺、積石塚

調査に至る経緯 本遺跡は対馬の北端、上対馬町北東の集落唐舟志に位置する。上対馬町文化財調査報告書第1集『コフノ隈遺跡』(上対馬町教育委会 1984)によると、1980年(昭和55)、唐舟志湾外沿いの遺跡の東に位置する富ヶ浦まで、海岸線道路建設計画が浮上した。元々、唐舟志までは車で通れる道はなく、北西1㎞の津和浜から歩いて通れる道しかなかった。事前の測量調査時に石棺や積石状の遺構や須恵器が出土した。その後の現地視察の結果、1983年度に国・県の補助金を充当し、補助事業として5月から発掘調査を開始した。

地理的環境 本遺跡は、唐舟志と富浦のほぼ中央に位置する津和浦に突き出た岬の突端付近に分布する。遺構は東西に分かれ東側をA地点、西側をB地点とした。東側は先端部まで土砂が堆積するのに対して西側は急傾斜しており、中程から先端部にかけて岩盤が露出する。A地点では、赤土が分布するため採土され旧状が失われていた。一帯はマツ・クヌギ・ツツジなどが密生する自生林であった。調査当時(1983年)、本遺跡を保存し史跡公園化の構想が立ち上がったた

表1　主な対馬の古墳編年表（新対馬島誌編集委員会 1964 を改編）

	遺跡名	編年	所在地	形式	遺物					状況
					鏡	玉	金属器	土器	その他	
1	大将軍山古墳	前期	上県町志多留	箱式石棺	夔鳳鏡（キホウキョウ）	管玉・小玉・切子玉	鉄鏃	金海式・土師器		
2	椎の浦遺跡	〃	峰町志多賀	〃	内行花文鏡		鉄製の矛・刀	土師器		
3	出居塚古墳	〃	美津島町鶏知	前方後方墳		管玉・小玉・切子玉	銅鏃・鉄剣			
4	皇后崎遺跡（第1～4）	〃	美津島町黒瀬	箱式石棺				金海式・土師器		
5	朝日山古墳	中期	上対馬町浜久須	〃	内行花文鏡	曲玉・小玉	鉄製の剣・刀・鏃・鎌・すき・斧	金海式・土師器・須恵器	紡錘車・釘	
6	佐護白岳遺跡	〃	上県町佐護	積石塚 箱式石棺			鉄矛・鉄斧	金海式・須恵器		
7	シオツボ遺跡	〃	峰町三根	箱式石棺群			鉄製の斧頭	金海式・須恵器		
8	クワバル古墳	〃	豊玉町曽	積石塚 箱式石棺		管玉・曲玉・小玉		金海式・土師器		
9	卯麦唐船遺跡	〃	豊玉町卯麦	箱式石棺群				金海式・須恵器		
10	赤崎遺跡	〃	豊玉町貝口	箱式石棺			鉄矛・鉄剣	金海式・須恵器・土師器	埴輪片	
11	古里遺跡	後期	上対馬町古里	箱式石棺		曲玉	鉄斧	須恵器・土師器	紡錘車・古銭	
12	剣島遺跡	〃	上対馬町芦見	箱式石棺群			鉄剣	須恵器	紡錘車	
13	万人塚古墳	〃	上県町志多留	積石円墳 箱式石棺			鉄剣	須恵器	紡錘車・金銀環	
24	千人塚古墳	〃	上県町志多留	積石塚						消滅
14	ガヤノキ遺跡	〃	峰町三根	箱式石棺				須恵器	紡錘車	
15	蒙古塚遺跡（トウトゴヤマ遺跡）	〃	峰町吉田	箱式石棺		小玉		須恵器		
16	オデンノクマ遺跡	〃	美津島町樽ヶ浜	箱式石棺群				須恵器・土師器		消滅
17	根曽古墳群	〃	美津島町子曽	積石塚・前方後円墳・円墳		管玉	鉄鏃・鉄刀			
18	高浜ヒナタ遺跡	〃	美津島町高浜				鉄剣・鉄刀	須恵器・土師器	金環	
19	中道遺跡	〃	美津島町洲藻	箱式石棺			鉄剣・鉄鏃			
20	サイノヤマ古墳	終末期	美津島町高浜	方墳・横穴式石室						
21	根曽西遺跡	〃	美津島町子曽							
22	矢立山古墳群	〃	厳原町下原	積石塚・方墳			金銅装太刀・刀装具	須恵器	鉄釘・古銭	
23	保床山古墳	〃	厳原町豆酘	封土は消滅 横穴式石室			金銅装太刀・銅椀・圏台	須恵器・土師器		

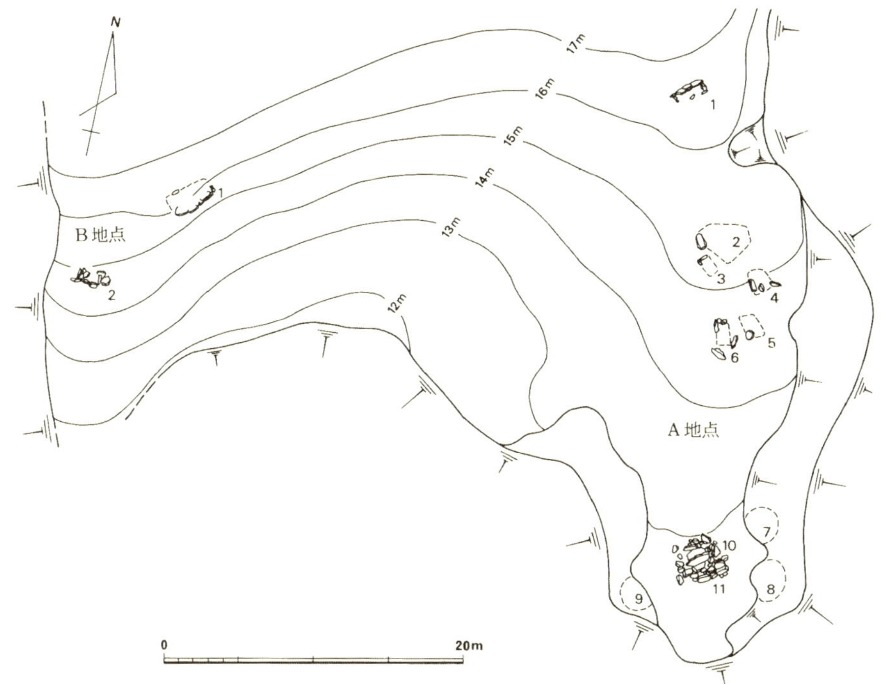

図2 コフノ隈遺跡 遺構分布図（上対馬町教育委員会1984から改変転載）

め、自然景観を残し、必要最小限の伐採に留めることに心がけた。各遺構は標高12〜17mに位置しており、調査は高い場所から開始した。

調査の概要 調査の結果、13基の遺構を確認した（図2）。A地点から11基、B地点から2基と対照的な結果となった。大半は原状を留めておらず、特に7･8･9号遺構は採土のため破壊されていた。調査は、遺構の性格・基数確認を主目的とし、今後の史跡整備に備え、調査範囲を最小限とした。結果、A地点の第1号遺構、第10号遺構、第11号遺構とB地点の第2号遺構の発掘調査を実施した。

ここでは、両地点の比較的状態の良い3遺構を紹介する。

遺 構 A地点第10号遺構(図3･4)は厚さ13cm前後、長さ140cm、幅70cm以上の板石が斜めになって地表に現れ、北側にも厚さ15cm、長さ75cmの板石が認められた。板石を主に使用した石棺で、北東－南西に軸を取る。内部から傾斜した長さ90cm、幅50cmの薄い板石が確認され、この板石の下から土器、鉄斧、ガラス製小玉などが出土した。床面に敷かれた板石の下から遺物が出土した理由は不明だが、石棺の長さは140cm以上、深さ35cm以上、幅80cm前後であったことが推測される。

A地点第11号遺構（図3・4）は第10号遺構の南側に隣接し共に北東－南西に向き、第10号遺構の南側板を利用している点に特徴がある。大きめの石列間に小ぶりの円礫の高さを揃えて敷いており、床面と判断された。側壁の状況から判断すると、床面の幅は95cm、側壁の長さは260cmを測る。第10号遺構に比べ、円礫・角礫を多く使用している。遺物は地表面付近から水晶玉が見つかり、第10号遺構と接する部分から耳付無蓋高坏が出土した。

第10・11号遺構は構造からみて、同時あるいは極めて近い時期に構築されたと推測される。出土遺物から時期は、5世紀末から6世紀初頭とみられる。

B地点第2遺構は、 長さ約160cm、幅約45cmの箱式石棺である。保存状態はあまり良くなく

第10号遺構（左）・11号遺構（右）

第10号遺構（奥）・11号遺構（手前）

図3　コフノ隈遺跡　第10号遺構（左）・11号遺構（上対馬町教育委員会1984から改変転載）

図4　コフノ隈遺跡　第10号・11号遺構実測図（上対馬町教育委員会1984から改変転載）

盗掘のため破損している。北側に大きく割れた長側板が2枚、南側にも2枚の長側板が遺るが、東側の小口板は抜き取られていた。石材は砂岩質。棺底には敷石が残り、大きな板石も含まれる。

遺　物　A地点の第10号・11号遺構から須恵器の耳付無蓋高坏、ガラス製小玉、銀環、鉄斧が出土し、付近から水晶製切子玉が採集された。

B地点の第2号遺構からガラス製小玉18点、雁木玉1点、碧玉製管玉1点、須恵器破片が数点出土しているほか、土師器や陶質土器、鉄器など各種の副葬品があった。土師器と須恵器から見ると、5世紀から8世紀のものが認められた。須恵器の種類は多様で、坏、坏蓋、有蓋高坏、無蓋高坏、甕、平瓶、横瓶、長頸壺、短頸壺などがある。

(2)佐護白岳遺跡(上県町佐護白岳字南里)

面積：約 2500 ㎡　　時代：弥生時代・古墳時代

資料所在地：東京大学、東京国立博物館　　種別：積石塚

調査の概要　1916 年(大正 5)、鳥居龍蔵博士は朝鮮半島から帰途の際、対馬に立ち寄り白岳遺跡、志多留貝塚などを調査(踏査)した。それ以前、1907 年(明治 40)、佐護小学校原友一郎らによって発掘され多くの青銅器が出土したが、遺構、出土状態は不明である。鳥居は細形銅剣、角形青銅器、貝釧形青銅器、むすび紐状青銅器等などの出土遺物を東京へ持ち帰っている。

遺　構　1948 年に東亜考古学会が白岳遺跡の石室を調査し、その記録が『對馬』に収められている。

本遺跡は佐護川が大きく湾曲する西側、現在の佐護小学校の北西の丘陵の鞍部地形に位置する。西には天狗山(241m)があり、遺跡の東には白岳と呼ばれる岩山があり、白い岩塊が特徴である。30㎝大の石塊が散らばり、所々に石室があった。図 6 を見ると、西斜面の箱式石棺を調査していること

図 5　「佐護白岳遺跡遠望(北より)」(上)**・「同上(南より)」**(下)
(水野ほか 1953 から改変転載)

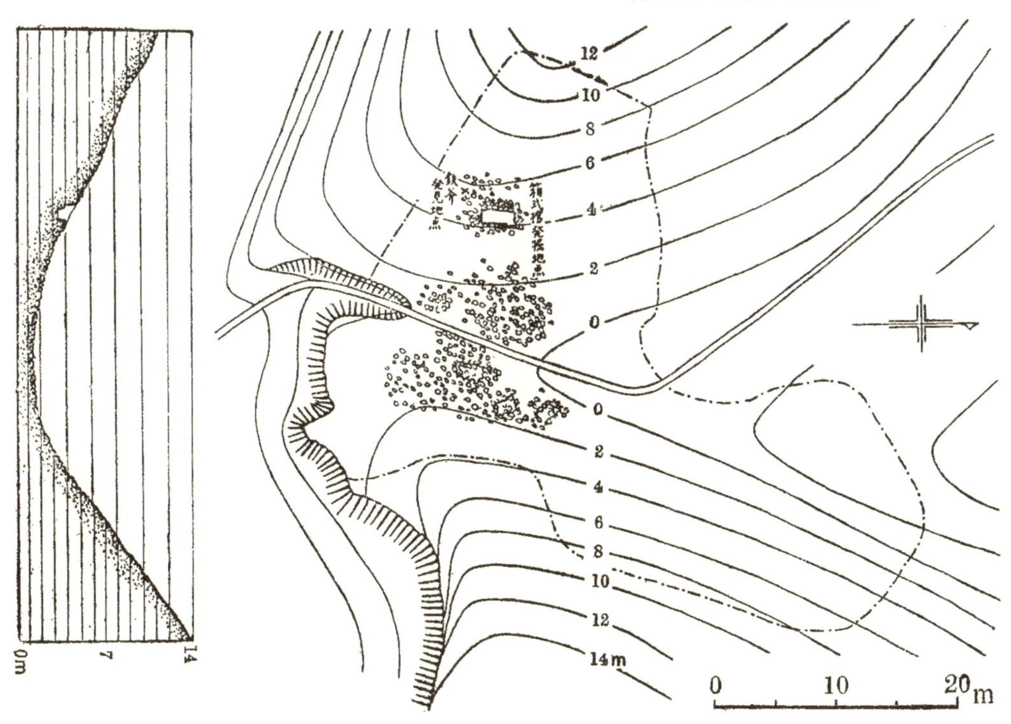

図 6　佐護白岳遺跡　地形図箱式石棺墓(水野ほか 1953 より改変転載)

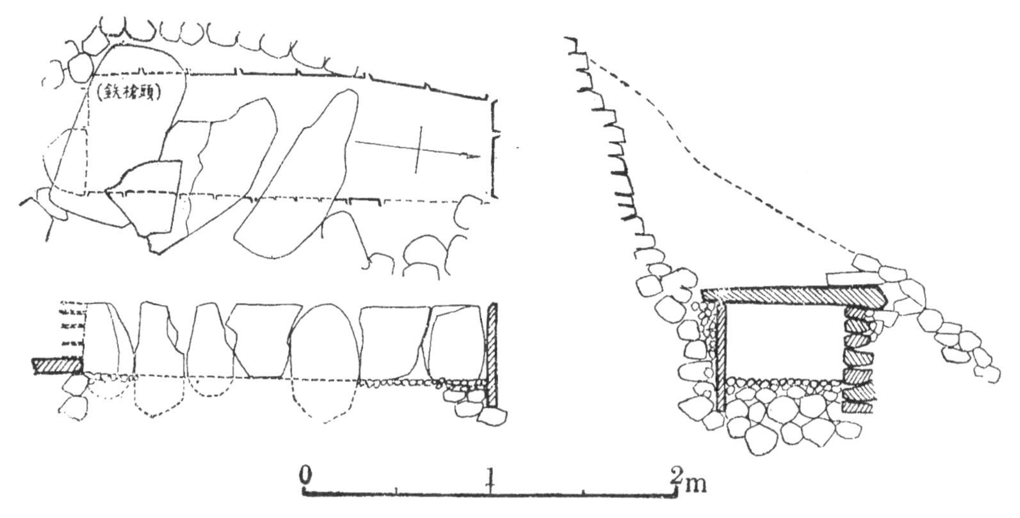

図7　佐護白岳遺跡　箱式石室墓（水野ほか1953から改変転載）

図8　佐護白岳遺跡　現況

がわかる。その10mほど東に積石塚があり、さらに10mほど東にも石棺が描かれている。調査された石棺は積石の中にあり、斜面に平行して南北に主軸を置く。西・北壁は小形板石を垂直に立てて並べ、東・南壁は割石を小口積みにしていた。石棺の大きさは長さ2.2m、幅0.65m、深さ0.4mで、床は栗石の上に小石を一面に敷き、天井は板石を数枚並べてあった（図7）。副葬品は石棺の西南隅より鉄矛1点のほか、祝部土器片数点が散在していた。石棺の西南約2mの斜面で、積石の中から祝部土器片と鉄斧頭1点を発見している。本遺跡の積石は白岳の岩塊を用いている。東亜考古学会の調査後、本格的な発掘調査はされていないため、不明な点が多い。『新対馬島誌』（新対馬島誌編集委員会1964）は積石塚について、「白岳のせまくくびれた鞍部に大小の石塊が山崩れのように堆積し、この石積の中にたくさんの箱式棺があった。数回にわたって掘り返され現状を残していないが、後藤先生(守一)が調査したときは13基ほど確認された。」と記録されている。

遺　物　細型銅剣、角形銅器、貝釧形銅器、結び紐状銅器、弥生土器、陶質土器などが出土している。弥生土器は肩部に「M」字突帯を有する丹塗の壺で、弥生中期の特徴をもっている。『對馬』にも「断面が中くぼみで梯形をなす突帯があり、弥生式土器(須玖式)の強い特徴をもつ。」とある。

調査結果　本遺跡の積石は白岳の岩塊を使用したもので、佐護川流域に広がる平坦地で生活をしていた人々の葬られた場所、墓地であったと考えられる。

(3) 箕島遺跡（美津島町大山字箕島）[10]

面積：約24000㎡　　時代：古墳時代～江戸時代

資料所在地：九州大学、対馬市教育委員会　　種別：箱式石棺、積石塚

地理的環境　本遺跡は浅茅湾の東、美津島町大山（おやま）北西1kmに位置する（図9）。周辺の小島、岬に

は多くの墳墓群を中心とした遺跡が存在する。

調査に至る経緯　浅茅湾沿岸の島々、南の先端部には弥生～古墳時代から中近世の墳墓群が多く存在する。1985年(昭和60)の浅茅湾分布調査を契機に、年次的に発掘調査を実施することになった。この調査で、多数の墳墓群を確認し、そのうち積石塚2基、箱式石棺墓2基、配石石蓋土坑墓1基の発掘調査を実施した。

調査の概要　以下、調査報告書から内容を抜粋する。

箕島は南北におよそ400m、幅30mから90mと細長く横たわっており、島の南北両端に遺構が集中する。南部39基、北部25基の箱式石棺墓が確認され、調査は2ヵ年度にわたって実施された。2006年（平成3）の調査では墳墓64基の確認と、2遺構が発掘された。2007年の調査では南部4遺構と北部の基数確認調査を実施した。北部の調査では確認済みの25基のほかに、109基の積石塚が確認された。確認された遺構は砂岩の板状石を利用したもの数基を除き、拳大から人頭大の礫石を利用したものが大半を占めた。時期については、詳細は不明であるが、古墳時代～中世、近世に至るものと考えられた。南部の調査では、4世紀後半の積石塚1基と6世紀中～末頃が2基、江戸時代の配石石蓋土坑墓1基が18世紀後半の墳墓であったことが明らかとなっている。

遺　構　第0号遺構は石室で覆われた内部主体を持ち、第1号遺構は大形の箱式石棺であった(図10・11)。構造の異なる2基は隣接して築造され、一方の側壁を利用しているところに特徴がある。第1号遺構の場合、石棺は西側壁に長大な一枚石を用い、構造上にも特徴がある。両遺構築造の先後関係は積石の状態から考えて、第0号遺構が先で第1号遺構が後と考えられる。

第0号遺構は第1号遺構に長軸を揃えて並ぶ形で構築されていたが、平石積に何段も積み上げている状況ではなかった。長さは最長で155㎝、最短で145㎝、幅は50㎝ほどで

第0号（右）・第1号（左）

第0号（手前）・第1号（東から）

図10　箕島遺跡　第0号・第1号遺構検出状況
（美津島町教育委員会1993から改変転載）

図9　箕島遺跡　位置図
（美津島町教育委員会1993から改変転載）

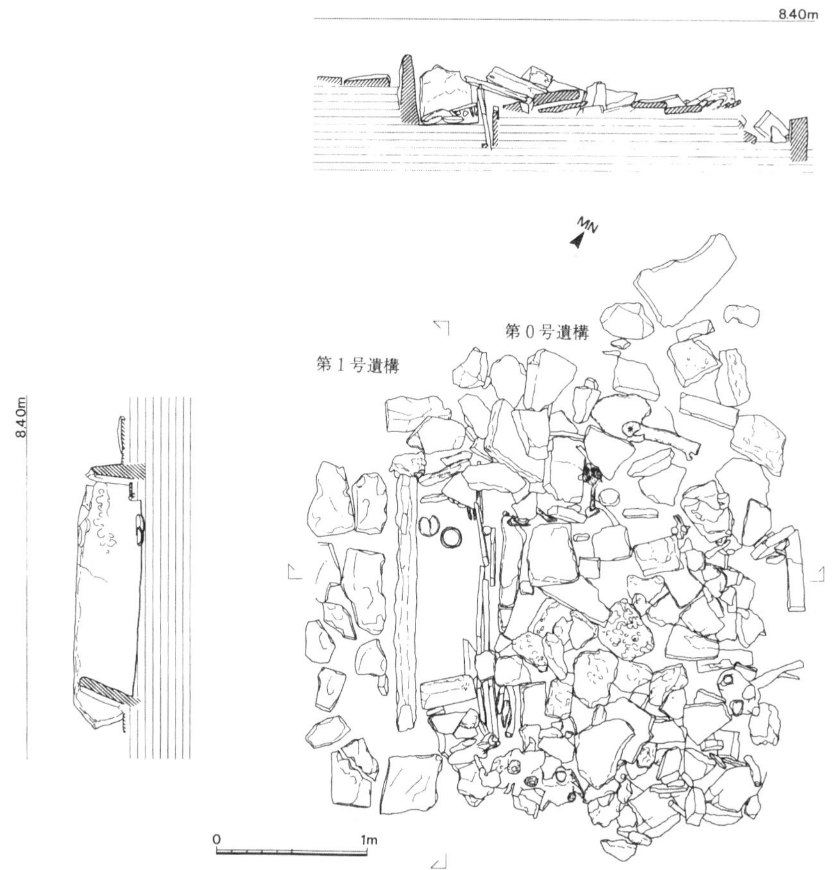

図 11　箕島遺跡　第０号（右）**・第１号**（左）**実測図**（美津島町教育委員会 1993 から改変転載）

あった。

第１号遺構は南北 8m、東西 7m の範囲に板石が集められ、調査の過程で積石を除去していくと、石棺の北・南・東側から須恵器片が検出された。当初は石棺の棺外副葬かと考えられたが、積石を除去した後に平石で囲った第０号遺構を確認したことから、第０号遺構の副葬品の可能性もあった。石棺の上蓋は取り除かれ、中には上端から 30㎝ほど土が充填しており、中から須恵器の坏身と坏蓋が検出された。２個とも石棺の上部、北側から並んで床面に置かれた状態であった。石棺の長軸は磁北から西へ 30° 西へふれる。構造は西側の側壁材に長さ 170㎝ほどの厚さが均質な１枚岩を用い、東側壁材は小さめの棺材を９枚二重に並べて築造していた。石棺の大きさは内側で長さ最長 130㎝、最短で 125㎝、幅 40㎝であった。

第２号遺構は、南部の丘陵最頂部、標高 8m に位置する。遺構の大半が急傾斜に構築されているのに対し、第２号遺構の周囲は尾根の頂上で島唯一の平坦部であり、立地的に恵まれていた。第０・１号遺構と近接するもののやや高い位置にあり、立地から見て遺跡南側の中でも盟主的な位置を占める遺構であると考えられた。調査前は４本の低木が生え、封土はほとんど見られず、大小の割石が南北 3.8m、東西 2.5m の範囲に 40～50㎝の厚さでこんもりと積まれていた。

積石の中央付近は石が欠落し土の露出部分が見られたため、ここを内部主体と想定し調査した。遺構の主軸はほぼ北ないし北北西で等高線にほぼ平行して構築されていた。石の積み上げ

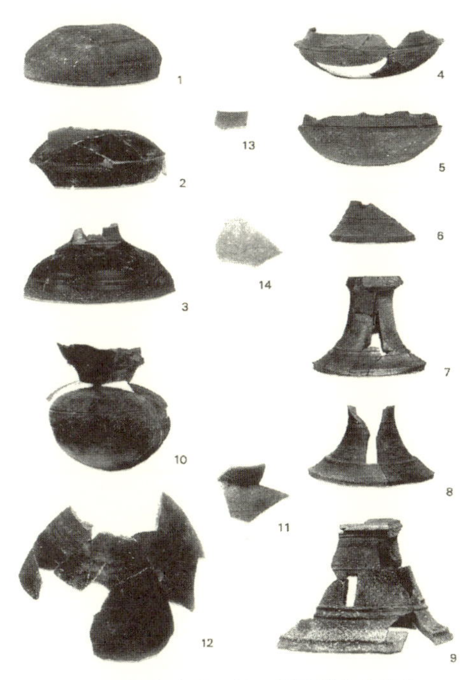

図12 箕島遺跡 第1号遺構出土遺物
（美津島町教育委員会 1993 から改変転載）

は粗雑で面をそろえた形跡は確認できず、下部構造に至るまで、主体部構築の痕跡を見つけることができなかった。全ての積石を除去し終えた後、下部構造に南北 3m 弱、東西 2m 弱の不整長方形の石の配列が見られた。配石の南側では割石の小口部分を外側へ向けて並べるなど、少なくとも２段は平積みしていたことが窺えた。配石の東側中央外縁に土師器高坏が、口縁部を石の側面に接するよう横向きにして副葬されていた。不整長方形の配石の内側は敷石状になるかと思われたが、大小の割石が凹凸著しく散乱し、平坦面を確認できなかったため明らかではない。構築当初から敷石が無かったのか判断は難しい。遺物は土師器高坏のほか、積石内より土師器の小形丸底壺２点と、陶質土器の高坏１点が破片で出土している。また、北側積石除去作業時には土師器の壺頸部片１点とガラス小玉３点が出土した。遺構の北・東側部分は祭祀の場所であったと考えられる。

遺　物　出土遺物は全て須恵器あるいは陶質土器である。第１号遺構から坏蓋、坏身、高坏、𤭯、壺（図12）が、第２遺構から小型丸底壺、壺、高坏、ガラス小玉が出土している。

調査結果　調査報告書には６基の積石塚の結果を報告しているが、今回は３基の紹介に留めた。箕島遺跡の遺構総数は調査の結果 173 を数える。しかし、基数を確認する一方で足元にはおびただしい数の積石らしい遺構が次々に現れ、それぞれの遺構の境界を明確にできないものが多かったため、遺構の総数は 173 を上回ることは間違いない。２ヵ年の調査で内部主体まで調査ができたのは６基に過ぎない。５基は古墳時代、遺る１基は江戸時代のもので、中世墳墓は確認できなかった。島が継続的に集団墓地として利用されてきたのであれば、中世の遺構が存在しても不思議ではない。結論は北部の調査後に持ち越されることになるが、墳墓の形成時期は古墳時代～中世、近世に至るものと考えられる。

(4)貝鮒崎古墳（豊玉町貝鮒字貝鮒崎）

面積：約 200㎡　　時代：古墳時代中期　　資料所在地：対馬市教育委員会、九州大学
種別：箱式石棺、積石塚

調査の概要　調査期間は 1968 年（昭和 43）8 月 5 日～8 月 6 日の２日間で調査された。墳丘下が対馬では数少ない赤土の産地のため、墳丘の約半分は削平されていたが、内部主体は完存し積石塚の特徴をよく残していた。

遺跡の立地と概要　浅茅湾を大別すると、外浅茅と内浅茅に分かれる。内浅茅にはいくつかの支湾があり、その一つに仁位浅茅湾がある。東に隣接する濃部浅茅湾と分岐する地点に北から南へ突出する岬があり、その先端に貝鮒崎遺跡がある。貝鮒崎と白銀崎とが隣接するところに開け

た貝鮒集落は「貝夫浦」、「海船」などと呼ばれ、大宰府貢納品の集積地であったと言われている。貝鮒集落の東側から海中に突出してくる貝鮒崎の先端の両側に切り立った崖があり、その上に二段の平坦部がある。その上段の平坦部(海面より約7m)に積石塚が所在していた。

墳丘は南北にやや細長く、東西に短い楕円形を呈している(図13)。土取りによって墳丘は箱式石棺の南端1mのところで南側を垂直に切り落とされており、墳丘が赤土の上に角礫を無造作に積み上げた積石塚をなしていた(図14)。赤土は上部に若干の小角礫を含むが、土層を認めることはできないことから地山と考えられ、自然傾斜に沿って西から東へと上がる。したがって積石は中央部で1m強の高さを示し、箱式石棺の中軸よりも西側が著しく厚い。積石の間にはかなりの腐食土がみられたが、断面を見る限り土砂を構築に用いたと考えることはできない。また、積石の間から多くの土器片が出土したが、それらの中には棺内副葬遺物が含まれていると考えられる。

遺　構　主軸をN33度W方向に取り、箱式石棺が本遺跡の主体となる。床面に石材は無く、東側の側板の一部が地山に接するため、石棺は直接設置されとみられる。石棺の周辺には角礫が乱雑に置かれ、墓石は原位置に無く、盗掘時に動かされていた。蓋石は2枚の粘板岩を用い、北側の一枚は約1.3m × 1.1m、南側の一枚は1.33m × 1.5mを測るが、本来は一枚石であった。厚さは約0.1m〜0.14m。墳丘の積石は全て蓋石より下にあるが、本来蓋石が露出していたのか、盗掘

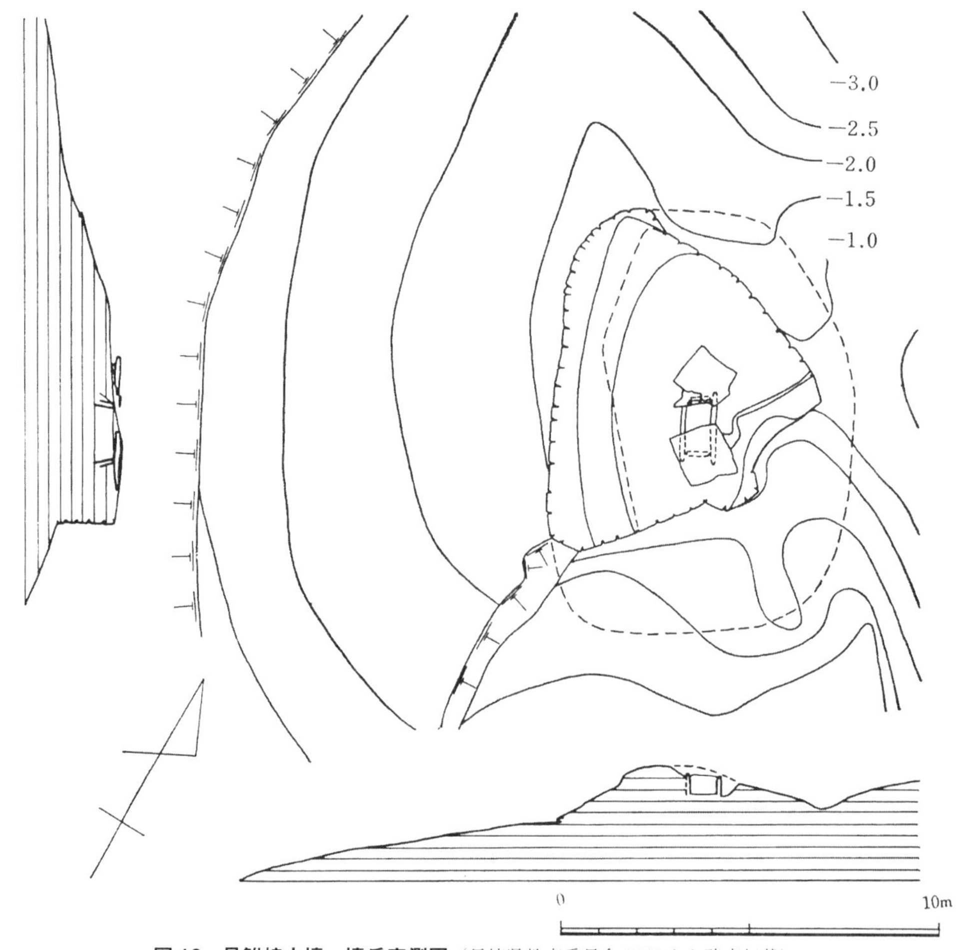

図13　貝鮒崎古墳　墳丘実測図（長崎県教育委員会1962から改変転載）

図14 貝鮒崎古墳 箱式石棺（内部主体）の露出状況（左）**と積石塚墳丘の原状**（右）
（長崎県教育委員会 1962 より転載）

図15 貝鮒崎古墳 刀子・鉄矛・鉄剣（左）**・墳丘出土土師器・須恵器**（右）
（長崎県教育委員会 1962 より転載）

時の人為的な行為なのかは不明である。棺身は4枚の粘板岩を組み合わせて作られている。両側の長側板はほぼ直立しているが、間に挟まれた短側板は大きく内側に傾いている。床面は長さ 154㎝、幅 0.65m を測り、すでに撹乱されていた。床面の深さは約 0.7m あったと考えられる。棺内は盗掘されていたが、副葬品が若干残っていた。西側長板付近に剣・鉄矛・鉄刀子などがほぼ原位置を留めて出土した。他の部分からは、撹乱された土砂から勾玉・管玉・棗玉・小玉などが出土している。

遺　物　遺物の大半は盗掘されていたが、鉄剣、鉄矛、鉄刀子、装身具として勾玉、管玉、棗玉、小玉、ほか須恵器が多数出土している（図 15）。

調査結果　対馬は島全体を岩脈が覆うため、土地は痩せ作物に適した環境では無い。このことは、古墳築造にも影響していることが明らかで、箱式石棺、積石塚が多く存在するのはそのためである。本古墳は出土遺物からみて、6 世紀初頭に位置づけられる。蓋石、棺身は残存するが、多くは盗掘を受け、石棺も原形を留めておらず、時期もはっきりしないなか、高倉洋彰は本古墳の重要性を訴えている（新対馬島誌編集委員会 1964）。

(5) 矢立山古墳群 3 号墳（厳原町下原字矢立）

面積：約 1000㎡　　時代：古墳時代　　資料所在地：対馬市教育委員会　　種別：積石塚

調査に至る経緯　1997 年（平成 9）、本古墳を訪れた福岡大学小田富士雄・武末純一（当時教授）は、1・2 号墳を観察し、方墳の可能性があると指摘した。石室の損傷も認められ、保存修理が必要との観点から、厳原町教育委員会は福岡大学考古学研究室と共同で 2001 年から 1 号墳の調査に着手し、翌年、2号墳と3号墳の調査を同時に実施した。

地理的環境　矢立山古墳群は、対馬の南部、厳原町下原と小茂田の境にある台地にある。北川の背後の大隈山（標高309m）から派生する台地は「地蔵壇」と呼ばれ、その東南斜面の標高30〜40m付近に位置する。南に佐須川を、東に樫根集落を望むことができる。

調査の概要　ここでは3号墳（積石塚）を詳細に述べ、1・2号墳については割愛する。

図16　矢立山古墳群3号墳　全景
（厳原町教育委員会2002より転載）

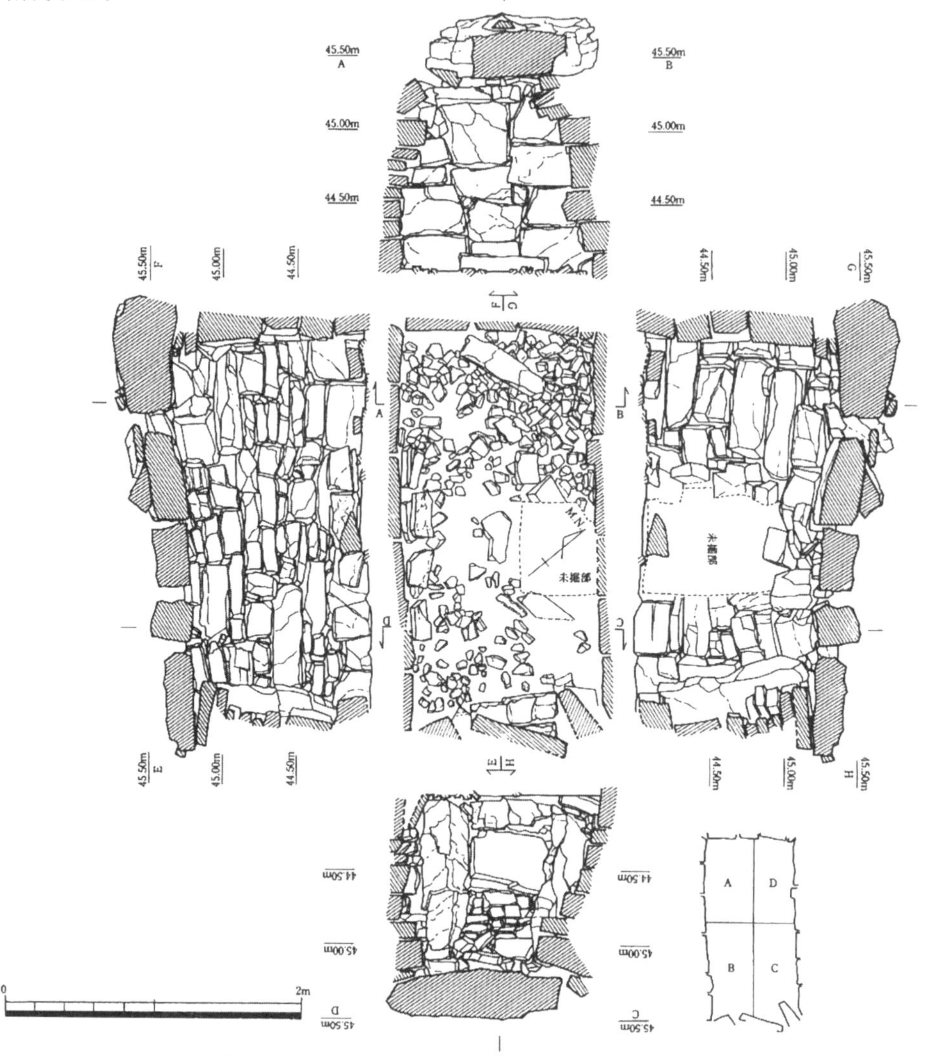

図17　矢立山古墳群3号墳　遺構実測図（厳原町教育委員会2002より転載）

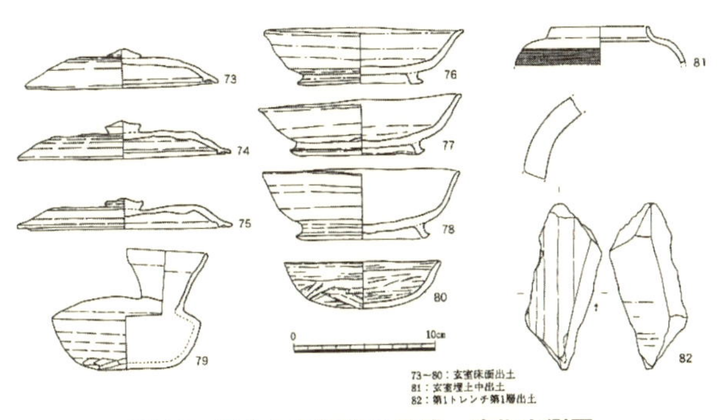

図 18　矢立山古墳群 3 号墳　遺物実測図
（厳原町教育委員会 2002 より転載）

調査は 2002 年 2 月 3 日～3 月 8 日までの 34 日間行われた。1・2 号墳と異なり、3 号墳は積石塚で、東亜考古学会も未調査であった。積石部分の調査は最小限に留められ、4ヵ所にトレンチを入れ、墳丘の範囲を確認するための調査を実施した。

遺　構　元々、石室は確認されており、当初から天井石が露出していたため（図 16）、図化した後外し床面検出作業を実施した。床面には全面にわたり 1.0m の堆積土が確認され、層序は大きく 9 層まで確認された。表土から 7 層までは多量の礫、炭片、赤色砂粒が混入していたが、これは天井石の隙間から流れ込み、堆積したと考えられる。石室床面の遺物は、第 1 層から 3 層にかけて確認された。盗掘・追葬の痕跡は見られなかった。

玄室は両袖のある横穴式石室で、南に開口する。全長 2.36m を測り、奥壁幅 1.30m、玄門側幅 1.26m の長方形を呈す（図 17）。使用された石材は 1･2 号墳と同様、山石である頁岩であった。奥壁は、正方形に近い大きめの石材を重箱積して 5 石ほどで天井に達する。部分的に奥壁・両側壁に横目地が通り、石材の隙間には小石を詰めている。

床面には礫が不均等に分布する。また、岩盤を床面として直接利用している部分もある。敷石直下には黄褐色土が敷かれ、その下から岩盤が検出されたため、床面の下は岩盤で形成されていると考えられる。

遺　物　出土遺物（図 18）の大半は玄室から出土しており、須恵器坏蓋 3 個体、埦 3 個体、平瓶 1 個体、短頸坪破片 1 点、土師器坏 1 個体、鉄鏃 4 点、鉄刀 1 振りと、第 3 トレンチから丸瓦片が出土している。

調査結果　1 号墳は三段築成の方墳で、岩盤を加工した段や石垣状の石積みの段、貼石、敷石などで構築され土の使用が見られない。石室は板石を主体とする無袖の横穴式石室である。出土した須恵器から、7 世紀第 2 四半期、第 4 四半期に位置づけられる。

2 号墳は残存状態が悪く、原形を留めてはいなかった。1 号墳と同じく三段築成の方墳で、墳丘に貼石を施した積石塚の外観であったことが分かった。石室は南に開口する横穴式石室であり、玄室は東西方向に長く、羨道が直交する「T」字形を呈する。築造時期は年代決定できる出土遺物が少ないが、7 世紀後半から終末と考えられる。

3 号墳は新たに発見された積石塚である。調査前は盗掘も指摘されていたが、未盗掘の横穴式石室を主体する終末期古墳であったことが判明した。出土遺物から築造時期は7世紀後半とみられる。

4　調査の必要性

2004 年（平成 16）3 月 1 日に上対馬町・上県町・峰町・豊玉町・美津島町・厳原町が合併し、対馬市が誕生して早 12 年が過ぎた。先達により、多くの遺跡が調査され新たな知見が発見された。郷土の歴史家達の功績も大きく、その成果は書籍、各資料館に展示・保管されている資料を見れば明らかである。

対馬の地質は南西部に花崗岩の侵食盆地が発達しているが、大部分は泥質の堆積岩から形成され粘板岩、砂岩を主体とする対州層群から成る。古墳は20基ほど確認されているが、入江の岬、小島には未発見の遺跡が存在する可能性もある。古墳時代の埋葬の形態は板状の平石を組み合わせた石棺墓を主体とし、墳丘を持たない石棺墓が多数を占める。

戦後、要塞地帯としての役割を終え、研究者が未開の地・対馬を訪れるようになった。特に東亜考古学会、九州大学・長崎県教育委員会などによる合同調査をはじめ、調査・研究フィールドとして多くの研究者が訪れている。

時代は昭和から平成に移り、いわゆる学術調査は激減した。遺跡の環境は時が経つほど荒廃し、所在不明となり、現地を訪れることも厳しい環境にあることは重々承知しているが、過去の貴重な調査成果を、後輩である我々が引継、調査研究を継承することが望まれる。

註

1）郷土史家、川本達は1877年（明治10）の神社調をもとに島内の神社の神宝を調査している。
2）対馬市上県町佐護字南里に所在。
3）対馬市上県町志多留字茂ケに所在。
4）対馬市上県町佐護クビル北里に所在。銅矛、銅鍑が発見された。
5）対馬市美津島町雞知字子ソ三番に所在。国史跡。
6）対馬市美津島町黒瀬字城山ほかに所在。国特別史跡。
7）対馬市峰町三根字牟田に所在。
8）対馬市上県町志多留大将軍山に所在。
9）対馬市美津島町雞知字濱田原陰。長崎県指定史跡。
10）長崎県教育委員会が1985年（昭和60）に実施した県下遺跡周知事業に伴う美津島町分布調査を契機に発見され、箕島遺跡は1991・1992年度（平成3・4）に発掘調査した。

引用・参考文献

厳原町教育委員会　2002『国史跡　矢立山古墳群―保存修理事業に伴う発掘調査―』厳原町文化財調査報告書第7集
上対馬町教育委員会　1984『コフノ遺跡』上対馬町文化財調査報告書第1集
九学会連合対馬共同調査会　1954『対馬の自然と文化』
後藤守一　1923「対馬瞥見録」『考古学雑誌』第12巻12号・第13巻3号
新対馬島誌編集委員会　1964『新対馬島誌』
対馬国志刊行委員会　2009『対馬国志』原始・古代編
長崎県教育委員会　1973『対馬―浅茅湾とその周辺の考古学―』長崎県文化財調査報告書第17集
長崎県教育委員会　1996『原始・古代の長崎県』資料編Ⅰ
永留久恵　1965『対馬の古跡』
中山平次郎　1950「銅剣・鉄剣・石剣の共伴を示せる組み合わせ式石棺」『考古学雑誌』
平山東山　1809『津島紀事』
水野清一・樋口隆康・岡崎　敬　1953『對馬　玄海における絶島、対馬の考古学的調査』東方考古学叢刊乙種第6冊　東亜考古学会
美津島町教育委員会　1993『箕島遺跡』美津島町文化財調査報告書第6集

2 相 島

西田大輔

1 はじめに

相島積石塚群は、福岡県糟屋郡新宮町大字相島字長井浜地先・字百合越地先・字牟田地先の海岸線、通称「長井浜」に所在する254基からなる西日本最大の積石塚群である（図1）。

この遺跡は、1979年（昭和54）に福岡県が作成した福岡県遺跡分布地図粕屋郡編に「積石塚か？」と7基が記載されていることから、当時から漠然とではあるが相島に積石塚らしきものが存在しているという認識はあったようである。しかし、分布地図刊行後も詳細な調査は行われることはなかったので、その存在並びに規模などはほとんどの研究者に知られることも無く、島民の間で言い伝えられていた「この浜にある石積みは元寇の際の死者を葬った「蒙古塚」である。」という伝承がそのまま残り、島の片隅にひっそりと佇んでいただけであった。結局、調査・整備の過程でいろいろと聞き取りなどをしたものの、残念ながら分布地図に記載されていた7基の積石塚が、どれであったかという比定はできなかった。

これは筆者の不勉強の至りに尽きること

図1 相島積石塚群 航空写真（上、2001年）と全景（下）

であるが、長崎県や鹿児島県に積石塚があることは机上の知識として持ってはいたが、基本的に積石塚が分布するのは甲信越が中心という思い込みがあり、情けないことに福岡にも積石塚が所在するという可能性の認識が完全に欠落していた。そのため、入庁早々の4月末に職場の先輩に相島に連れて行ってもらい長井浜に足を踏み入れても、島に渡る前に県の遺跡分布地図を見ていたにもかかわらず、相島に、というより福岡に積石塚があるということに対してまさかという気持ちが強く、「ここにあるこんもりした塚らしきものは蒙古塚」と言う先輩の説明を真に受け、それを鵜呑みにして何ら疑わなかった。

その後何度も相島に渡ったにもかかわらず、長井浜をしっかりと踏査することがなかった。今から考えれば、情けなさを通り過ぎ痛恨の極み以外の何ものでもない。

1992・93年(平成4・5)に福岡県教育委員会から前述の遺跡分布地図の「積石塚か？」の記載の確認をしないかとお誘いがあったため、それぞれ1日ずつであるが長井浜を踏査した結果、100基に迫るような大規模な積石塚群になる可能性を秘めた遺跡であることを確認した。

2　分布確認調査

この踏査の結果を受け、1994年（平成6）から国庫補助を受け、詳細に調査することになった。遺跡が所在する長井浜は、玄武岩の岩礫のみで構成された礫丘の海岸線である。さらに積石塚はその浜の石で築造しているため、墳丘がある程度残っているか、盗掘を受けて主体部が見えているものは別として、積石塚本体を成す石とそうでない浜の石の違いが全く分からず、一体どうやって新たな積石塚を確認するのか、そしてどこでこれが積石塚であると判断するのか、さらにもっと基本的なことで墳丘裾はどのように確認するのか、分からないことばかりであった。

しかし積石塚に繁茂する雑草類の伐採、並びに積石塚の確認作業のため、連日約500mの礫丘を歩いていると自然と石を見る目が養われてきて、墳丘裾部の石とそうでないものの区別がつくようになってきた。また積石塚同士が重なり合っていても、ここは礫丘であるのでトレンチを入れて切り合いを見るということができなかったが、これも石の積まれ具合などから前後関係が自然と分かるようになった。1994～1997年の4年間の現地での確認調査で240基の積石塚を確認し、航空測量による分布図の作成、及び特徴的な5基の積石塚の写真実測等を行い、1998年に報告書を作成した。その後の整備調査で更に14基を確認し、現在254基を数える積石塚群となっている。

調査時の成果としては、鉄刀や鉄鏃等の鉄器類、土師器や須恵器が見つかり、その中でも伽耶系と思われる須恵器を確認したこと、6世紀が主体と考えていた積石塚群が5世紀代も古い時期まで遡るものが存在するのを確認できたこと、全く墳丘を持たず地山に直接掘り込むタイプの積石塚を確認できたこと、墓道が確認できたことなどが挙げられる。

その後、2001年8月7日に官報告示を受けて国指定史跡となり、同年度に相島積石塚群保存整備指導委員会を立ち上げ、基本計画・基本設計・実施設計と検討を加え、2005年度から整備事業に着手し現在に至っている。以下、相島積石塚群について少し詳しく述べてみたい。

3　相島積石塚群の概要

相島積石塚群は254基の積石塚から構成される大群集墳で、4世紀末から6世紀後半に築造され、7世紀初めにかけて追葬が確認されている積石塚群である。約200年間で254基なので平均的に見ればさほど多くないと思われるかも知れない。しかし、確認が困難な墳丘を全く持たないタイプの積石塚があとどれくらいこの長井浜に残っているのか分からないうえ、この浜は様々な石材の採石場とされ、また遺跡のすぐ隣にある水田維持のため防塩堤が浜の中に築かれるなど、幾度となく人為的な手が入っており、かなりの数の積石塚が消滅していることも確認できている。これらのことからすれば、元来は300基はおろか、400基をはるかに超える規模の積石塚群であったのではないかと推測している。

次に復元整備を行った1号墳、120号墳、142号墳の3基を中心に、いくつか特徴ある積石塚について個別について見て行きたい。

1号墳（図2〜5） 標高5.5m前後のほぼ丘陵頂部に所在し、海が一望できる場所に築造されている。発掘調査時は方墳と見ていたが、整備に伴う調査の結果、径8mの円墳であることが分かった。墳丘東面は丘陵斜面を利用しているため墳高は約1.5〜3mと見た目に幅があり、斜面側から見れば高くそびえ、頂部側から見ればこぢんまりした墳丘に見える。墳丘には斜面部の根石は一抱えもある大きな石を使用しているが、その他は根石部分から同じような大きさの石を積み上げている。

調査当時に天井石はすでに無く、こぶしから人頭大程の石が主体部いっぱいに崩落していた。主体部は横穴式石室で残りは良かった。長軸約2m、短軸約1.5m、壁面が一番良く残っている奥壁で約1.5mを測る。そして、長さ1.3m程度、幅0.7m程度の羨道部を持つ。閉塞石もわずかではあるが残っていたので、復元時もそのまま残し、閉塞石がどのような物であるかを見てもらえるようにした。玄室は羨道部から見て左壁が直線的に、右壁が胴張り気味にやや丸みをおびていて、左右の袖部も左壁は袖をしっかり意識した造りになっている。しかし、右壁は築造時に石の積み上げの手順ミスでも有ったのだろうか、片袖タイプに造ろうとしたものを急に両袖タイプに変更したような感じで湾曲させ、なで肩のように丸く収めてしまっているので、平面プランを見る限り片袖タイプの石室に見えてしまう。しかし、実際はやはり両袖タイプの石室と捉えて問題ないであろう。

天井石も無く開口していた積石塚だったので遺物の出土は全く期待していなかったが、崩落した石のおかげであろうか、床面から多くの遺物を採取することができた。鉄剣？片、鉄鏃片、刀子片の鉄製品を40数点、壺、短頸壺などの須恵器、椀、皿などの土師器を10個体程度、それ

図2 相島積石塚群1号墳 整備前

図3 相島積石塚群1号墳 整備後

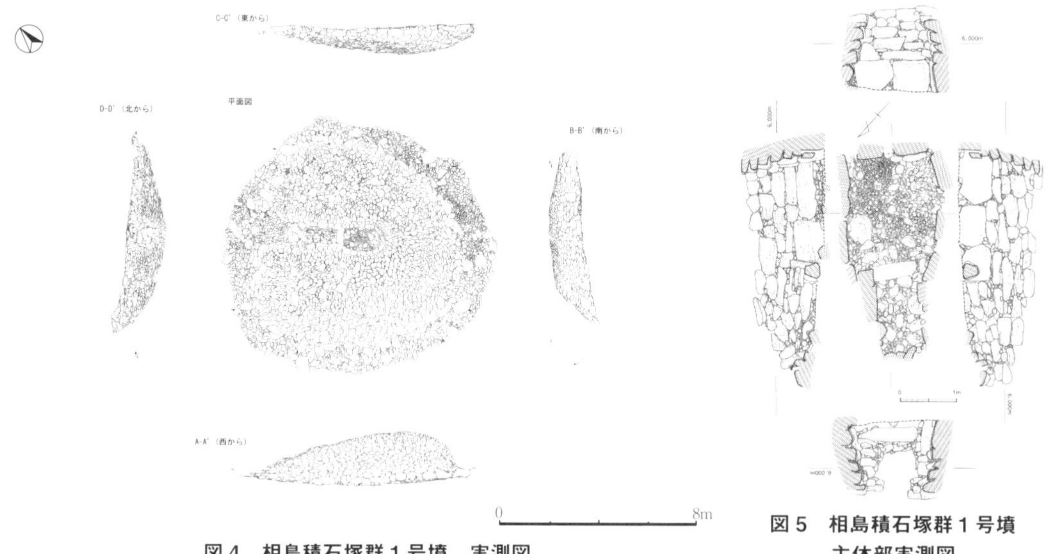

図4　相島積石塚群1号墳　実測図

図5　相島積石塚群1号墳 主体部実測図

に石が累々と積み重なっている礫丘というこの現場の状況から、例え副葬されていても石の隙間に落ちてしまい、絶対に確認できないであろうと思っていた小さな遺物である金銅製耳環3個、水晶製切子玉1個が検出できたことは幸いであった。

遺物の時期差から追葬が確認できているが、落石の影響で床面はかなり荒れており、追葬面などを確認するには至らなかった。これらのことから、築造時期は6世紀前半代で、その後に追葬が行われたと判断している。

120号墳（図6〜9）　標高6mの丘陵頂部に造られている後方部2段築成の全長20mを測る前方後方墳であるが、整備直前の調査までは約12m×約14mを測る2段築成方墳の120号墳と、北側に接する約4m×約6mの方墳である119号墳の2基の積石塚として捉えていた。

その後整備に着手した段階で、120号墳整備のための墳丘規模確定や119号墳と120号墳の築造時期の前後関係などを確認する必要が生じたため、接地部の崩落石の除去及び断ち割り調査を実施することになった。その結果、119号墳の東面と西面の墳丘裾部は、途中で途切れることなく120号墳に向かって延ばされ、くびれ状に120号墳に接続されていること、120号墳の下段部北側法面（119号墳を向いている面）は部分的に法面状に造られては

図6　相島積石塚群120号墳　全景（南西から）

図7 相島積石塚群 120 号墳 整備前（東から）

図8 相島積石塚群 120 号墳 整備後（東から）

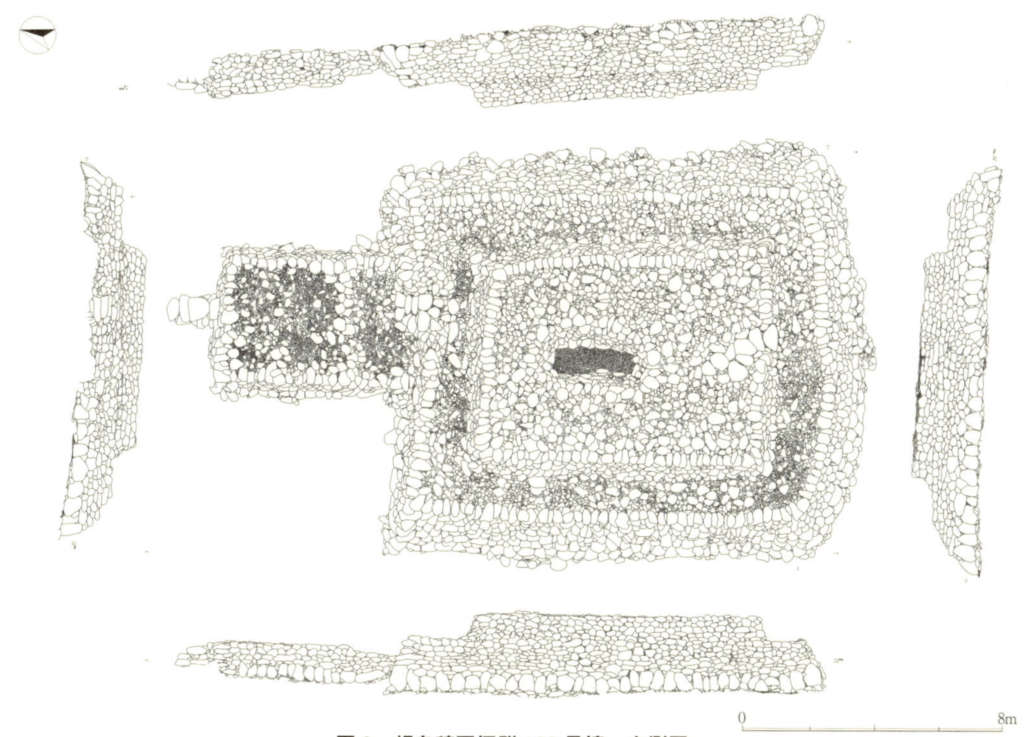

図9 相島積石塚群 120 号墳 実測図

いるものの完成させていないこと、119 号墳の南側法面（120 号墳を向いている面）は法面が確認できず、接地部を埋めている石とほとんど区別が付かないことなどが分かった。

またこれらのことから、まずは 120 号墳が先行して築造されはじめ、下段部北側法面の築造に着手し縦根石を立てた段階で 119 号墳の築造が北側から開始され、120 号墳に向かい順次築造し、そのまま接合させるように造られた、というような状況をうかがい知ることができた。

また 119 号墳の主体部確認調査を併せて実施したが、119 号墳には主体部が存在しないことが確認できた。これらの結果から、この両積石塚は 2 個の独立した方墳の積石塚ではなく、実は一つの積石塚、後方部 2 段築成の前方後方墳であることが分かったのである。

この 120 号墳は墳丘南西部を中心に石を抜かれ大きく陥没し、ほぼ墳丘の半分程度が破壊され

図10　相島積石塚群142号墳　全景

図11　相島積石塚群142号墳　主体部

ていた。そのため墳丘の残りが良かった北東部を詳細に調査し、そのデータを南西部の復元に反映させ、墳丘復元を実施した。

相島積石塚群の中には120号墳をはじめ、便宜上「縦根石」と名付けた根石で墳丘を築造する技法を見ることができる。一般的に石は横使いした方が安定に勝るのに、あえて不安定を覚悟で石を縦方向に立たせ墳丘の根石として築造しているのである。なぜそのような使い方をするのか分からないが、普通に積み上げた墳丘とは明らかに見た目のインパクトに違いがあり、その存在は印象づけられているので、見た目ではあるがやはり何らかの差別化を図っているものと思われる。

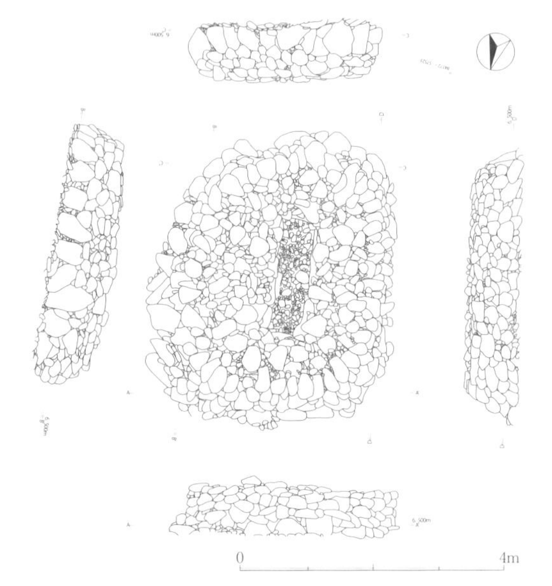

図12　相島積石塚群142号墳　実測図

142号墳（図10〜12）　標高5.5m付近の丘陵頂部付近、海が望める場所に位置する。1辺約5m、墳高約1mを測る小振りな方墳ではあるが、墳丘の残りは非常に良く、遺跡の中でも墳丘及び主体部の状況が最も良く確認できる積石塚の一つである。この142号墳の墳丘東面にも縦根石が採用されており、墳丘はその縦根石の上に一抱えほどある石を、順に丁寧に積み上げている状況がよく分かり、非常に美しい墳丘を見ることができる。残念ながら盗掘を受け蓋石は全てなくなっていたが、主体部自体の残りは良かった。長軸約1.8m、短軸約0.6m、深さ約0.4mを測り、平面プランでは墳丘規模からすれば当積石塚群内の中では最大クラスの箱式石棺である。遺物は須恵器、土師器を採取している。しかし確実に142号墳に附属するものかどうか判断が難しいため時期決定資料とはならないが、築造時期は5世紀代と考えている。

以上の3基が保存整備事業で整備した積石塚であるが、これ以外にも特徴的な積石塚は多くあるので、いくつか写真を中心に簡単なコメントで紹介しておきたい。

図 13　相島積石塚群 8 号墳　全景（左）**・奥壁**（中）**・羨道部**（右）

図 14　相島積石塚群 51 号墳（左）**・93 号墳**（中）**・104 号墳**（右）

図 16　相島積石塚群号 124 号墳（左）**・主体部**（右）

0　5cm　10

図 15　相島積石塚群 110 号墳（上）
・伽耶系須恵器（下）

8 号墳(図 13)　横穴式石室で天井部分が一部崩落しているものの、優に畳 1 枚分はある巨大な天井石は残っていて、1 号墳と並び見応えのある積石塚である。

51 号墳（図 14 左）　1 辺 5m 程度の基本的に方墳であるが、海に面した 1 面のみしっかりと法面を持つ墳丘を持ち、断面が三角形状になる特異なタイプである。

93 号墳（図 14 中）　1 辺 5.5m 程度の方墳で、これも一面のみ法面を持つ断面三角形になる墳丘を持つ方墳の積石塚である。

104 号墳（図 14 右）　1 辺 5m 程度の方墳である。墳丘の高さは 1m。主体部は箱式石棺。墳丘の一部がずれている部分があるが全体的に残りは良く、墳丘裾部の根石、縦根石が良好な状態で確認できる。

110 号墳（図 15）　遺跡内の小児棺で唯一墳丘を持つ積石塚で、1 辺 4m、墳丘は 0.6m しかない方墳の低墳丘墳である。墳丘裾部は巨石を配置して明確に区画している。さらにこの積石塚からは伽耶系須恵器の杯蓋を採取していて、遺跡内でも特異な積石塚の一つである。

124 号墳（図 16）　相島積石塚群の中で一番最初に調査した積石塚である。現場が初めてという作業員が多かったので、古墳というものを知ってもらうためすでに開口していたこの積石塚から調査を開始した。1辺4.5m程度の方墳。主体部は腰石など1枚岩を一切用いず、人頭大の岩礫を積み上げた構造となっていることや、羨道部がはっきりしないことなどから、ほとんど横穴式石室に近い竪穴系横口式石室として捉えている。5世紀後半～末にかけての時期と考えられる。

174号墳（図17左）　確認調査時に調査を行った未盗掘墳の積石塚である。墳丘を持たず地山に直接掘り込むタイプの積石塚である。遺物は全く確認されなかったが、頭骨片と歯を2本検出した。

240号墳（図17右）　墳丘は全て失っていて主体部だけが残っていた。この主体部は写真のとおり、全ての石が縦方向に使用されている。当初はあまりに不安定な造りであるため後世のいたずらではないかと考えていたが、長野の大室古墳群にも同様のものがあるのを確認できたため積石塚と認定した。

この遺跡の中で254基の積石塚を確認したことだけでも素晴らしいものがあるが、墓道が確認できたことも貴重な発見例であろう（図18・19）。

この墓道については、調査当初から所々で積石塚と積石塚の間に不思議と歩きやすい道らしき平坦面を認識していたが、はじめは墓道として捉えてはいなかった。しかし、2年、3年と調査を続け、積石塚の墳丘整備で墳丘裾に崩落している石を除去していくと、平坦面が明確に広がっていき、積石塚の間を縫うように続いていく状況が確認できた。この墓道は積石塚を造った後の

図17　相島積石塚群174号墳（左）**・240号墳**（右）

図18　相島積石塚群109号墳周辺墓道　検出状況

図19　相島積石塚群　見学路（左側）**と墓道**（右側）

図 20 相島積石塚群の整備 四阿（左）**・総合案内板**（中）**・誘導板**（右）

後付けで造られたものではなく、墳丘築造と同時、もしくはそれに先立ち墓道を構築するテラス面を造っていることが確認できた。

相島積石塚群は最初に述べたように 1992 年（平成 4）にその存在をはっきりと確認し、1994 年から国庫補助事業を受けて確認調査を進め、2001 年 8 月 7 日に国指定史跡となった。その後、保存整備指導委員会を立ち上げ基本構想、基本設計、実施設計を策定し、2005 年から遺跡整備に着手し、積石塚の復元整備、墓道の確認などの遺構整備、進入路、見学路、サイン設置、四阿の設置など見学の利便性向上に供する事業を進めてきた（図 20）。この整備事業も 2016（平成 28）年度のシンポジュウム開催で一区切りつく予定である。

4 相島積石塚群の歴史的意義

筆者はこれまで足かけ 25 年の永きにわたり、相島積石塚群と向き合うことができた。これは行政の中での文化財担当者という立場からすれば、非常に幸運なことであろう。毎年、調査や整備で遺跡に足を運んだが、行くたびに新知見を得続けている。今後も永く積石塚と付き合い少しでも答えに近づくことができたらと思っているが、「誰が、なぜここに積石塚を造ったのか」という根本的な答えが出ていないことをはじめとして、まだまだ不明な点が数多く残っている。

北部九州における積石塚は決して多いというものではないが、いくつかのものを除けば、基本的に海岸線、それも礫丘上に所在しているという特徴がある。そして群集墳の様相を呈しているという共通項も見ることができる。これは九州全域を見渡してみても言えることで、海岸線、若しくは島嶼域に築造されているという特徴はほぼ同じである。

全国には 20 万弱の古墳があると言われているが、積石塚はわずか 1%の 2000 基程度しか確認されていない。このように少ない数の古墳であるにもかかわらず、九州、四国、甲信越などの各地域に展開している積石塚は、それぞれ地域ごとに顕著な特徴を持っている。これを単なる地域性として捉えてしまえばそれまでのことなのであるが、「積石塚」というものを特異な古墳として一括りで見たときは、「日本における積石塚は……」と一口に言えない状況である。積石塚というものを特異なタイプの古墳と捉えるか、それともあくまでそれぞれの地域性の中で必然的に発生した古墳のバリエーションのひとつであるのか。日本における積石塚研究の根源に関わることであるが、ここでは今後の課題として提示するに留めておきたい。

また、「積石塚」の基本的な定義もはっきりと確立されていない部分があるのも否めないであろう。筆者が考える積石塚とは、ジーコンボ古墳群のように古墳時代を外れるものもあるが、あくまで「基本的には古墳時代に属する墳墓」で、「いわゆる古墳と呼ばれるもの」を基本とし、そ

図 21　相島積石塚群 120 号墳を中心としたイメージイラスト

して「その墳墓そのものが全て石で構築されているもの、もしくは石と土を用い造っているもの」、また「たとえ墳丘を持たなくとも、その遺跡内において築造技法並びに立地・周辺状況などから積石塚として確実に位置づけられるもの」に限定しておきたい。古墳時代以外の時期にも石だけもしくは石、土の両方を用い造られている墳墓を見ることができるが、これらは基本的には「集石墓」として捉え、古墳時代の積石塚とはしっかりと一線を画しておきたい。

図 22　相島積石塚群　遠景
120 号墳を中心に「福岡県指定名勝 鼻栗瀬と鼻面半島」を望む。

また、葺石を施す古墳についてであるが、確かに見た目は積石塚と変わらないところはあるものの、葺石の基本的な概念は「墳丘の装飾・化粧、墳丘の土砂流出防止等、墳丘維持の強度を高めるための一技法」として捉え、これも見た目だけでは判断せずに、積石塚の範疇には含まないという考えを述べておきたい。

相島積石塚群の 254 基という数は西日本最大の積石塚の遺跡で、長野県の大室古墳群に次いで全国でも二番目の規模である。そしてこれだけの数の積石塚があるということは様々なバリエーションがあるわけで、築造の時期差、墳丘が有るタイプ・無いタイプ、円墳・方墳・前方後方墳など多様な墳丘形態、主体部も竪穴式石室・竪穴系横口式石室・横穴式石室があり、さながら古墳の見本市のようにバラエティーに富んでいて、この遺跡の中だけで古墳の変遷を充分に見ることができる。

これら多種多様な積石塚を一望することができる「積石塚の遺跡」と言うのは全国でも類を見ず、相島積石塚群以外にはないと言っても過言ではない。ぜひとも一度この遺跡に足を踏み入れ、勇壮な玄海の海を眺めながら相島積石塚群の壮大さを、また、「積石塚」というものがいかなるものなのかを実感して頂きたい。

引用・参考文献（年代順）

佐藤勇太郎　1887「讃岐高松古墳」『東京人類学会報告』第 2 巻第 12 号

坪井正五郎　1900「日本の積み石塚」『東京人類学会報告』第 15 巻第 169 号

森本六爾　1926『金鎧山古墳の研究』雄山閣

梅原末治　1933『讃岐高松石清尾山石塚の研究』京都帝国大学文学部考古学研究報告第 12 輯

斎藤　忠　1964「積石塚考」『信濃』第Ⅲ次第 16 巻第 5 号

原　嘉藤・大塚初重・斎藤　忠・大場磐雄・三上次男・森　浩一ほか　1969「特集　積石塚をめぐる諸問題」『長野県考古学会誌』第 6 号

小林秀夫　1975「善光寺平における積石塚古墳の諸問題―特に墳丘築造について―」『長野県考古学会誌』第 21 号

坂詰秀一・亀井正道・杉山晋作・桐原　健ほか　1980「特集　積石塚」『考古学ジャーナル』NO.180

大塚初重・小林三郎・石川日出志　1993『信濃大室積石塚古墳群の研究 1』東京堂出版

森　浩一・東　潮・田中俊明　1995『高句麗の歴史と遺跡』中央公論社

西田大輔　1998『相島積石塚群発掘調査概要報告書』新宮町教育委員会、第 15 集

西田大輔　1999『相島積石塚群発掘調査報告書』新宮町教育委員会、第 16 集

田村晃一　2001『楽浪と高句麗の考古学』同成社

大塚初重・小林三郎　2006『信濃大室積石塚古墳群の研究 2』東京堂出版

清水竜太ほか　2007『国史跡大室古墳群　史跡整備にともなう遺構確認調査概要報告書』長野市・長野市教育委員会

清水竜太ほか　2008『国史跡大室古墳群　史跡整備にともなう遺構確認調査概要報告書（2）』長野市・長野市教育委員会

大西智和　2008『西日本の島嶼部に立地する積石塚墳の系譜と関係に関する研究』鹿児島国際大学

鈴木京太郎ほか　2009『二本ケ谷積石塚群保存整備報告書』浜松市教育委員会

シンポジュウム資料集　2011『海の古墳を考えるⅠ―群集墳と海人集団―』海の古墳を考える会

西田大輔　2012『国指定史跡相島積石塚群保存整備事業報告書Ⅰ』新宮町教育委員会、第 21 集

3　九州南西海岸

大西智和

1　はじめに

ここで紹介する積石塚は、鹿児島県の北西部に位置する長島の2ヵ所で確認されているものである（明神古墳群・指江古墳群）。しかし、吉留秀敏によると、対岸の出水市の海岸部にも同様の積石塚が存在していたとのことであるが、その後破壊され、現在は残っていない（吉留 2011）。

長島に見られる積石塚は礫からなる海岸に作られており、その立地や構造は、福岡県新宮町相島積石塚群、長崎市曲崎古墳群や山口県萩市見島ジーコンボ古墳群などと類似する。積石塚古墳が見られる長島は、九州本土との距離は黒之瀬戸をはさんで約300mに過ぎない。その北側には天草諸島が連なっており、海によって隔絶されている、というような状況ではない。また、島の面積は約91㎢あって、上記の積石塚古墳群が見られる島々に比べるとかなり広い。長島の多くは丘陵地が占めるものの、急峻な山々が多く見られるわけではない。

長島には、比較的多くの古墳の分布が知られている（図1）。とくに、明神古墳群に近接する温之浦古墳群（鬼塚古墳までを含む）は、長期にわたって営まれた、長島における首長墓系列と考えられる古墳群である。その他にも横穴式石室を埋葬施設とする古墳、石棺墓、横穴墓が確認されている。

ここでは、長島に見られる積石塚の概要を紹介し、長島における積石塚の性格について考えたい。

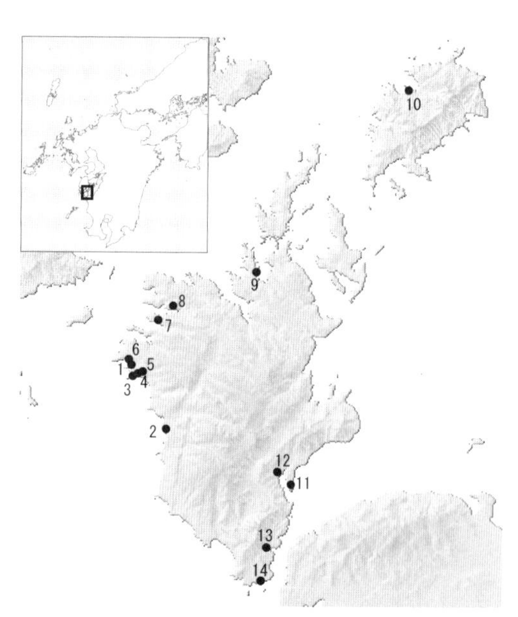

図1　長島の位置及び主な古墳の分布図

1：明神古墳群　2：指江古墳群　3：小浜崎1・2号墳
4：白金（崎）古墳　5：鬼塚古墳　6：明神下岡遺跡
7：温之浦古墳群　8：浜漉横穴　9：三船古墳
10：獅子島鬼塚古墳　11：加世堂古墳　12：小向江古墳
13：火之浦古墳　14：渕之尻古墳

2　積石塚の概要

(1)明神古墳群

明神古墳群は鹿児島県長島町蔵之元字明神に所在し、長さ約100mにわたって分布している（図2）。全部で30基の古墳があるとされるが、そのうちの6基が1972年（昭和47）に池水寛治

表1　明神・指江古墳群石室の法量など

	全長(m)	幅(m)	(玄室)長(m)	高さ(m)	横穴式石室を意識	副葬品
明神1号墳	2.6	0.7	2.2	0.9	○	鏃、刀子、土師器
明神2号墳	3.6	1	2.2	0.5	○	
明神3号墳	3.2	0.9	2	0.6	○	鏡、鏃、刀、錐、土師器
明神4号墳	3.2	0.8	2	0.6	○	鏃、土師器
明神5号墳	3.1	0.4〜0.7	2.3	0.6	○	
明神6号墳	3.7	0.95〜1.15	1.8	0.8	○	須恵器
指江1号墳	2.35	0.6〜0.8	1.3	0.45〜0.6	○	
指江2号墳	1.8	0.55〜0.6	1	0.6〜0.7	○	
指江4号墳	1.6	0.4〜0.6		0.55		
指江5号墳	1.5	0.5		0.7		
指江6号墳	1.75	0.45		0.55		
指江8号墳	2.6	0.7〜0.9				
指江9号墳	2	0.7		0.65		
指江10号墳	1.75〜	0.6〜0.7		0.7		
指江11号墳	1.6	0.35〜0.45		0.45		
指江12号墳	1.9	0.75〜0.9		0.7		
指江15号墳	2.1	0.6	1.7	0.6	○	
指江18号墳	1.7	0.4		0.55〜		
指江20号墳	2.6	1〜1.1		0.5		
指江23号墳	2.35	0.7	1.75	0.7	○	
指江24号墳	2.05	0.7				
指江25号墳	0.9	0.4				
指江30号墳	2.15	0.65〜0.75	1.7	0.4	○	
指江31号墳	1.8	0.6				刀

らによって発掘調査され、鉄鏃、刀子、鉄刀、銅鏡、土師器、須恵器などが出土している(牛ノ浜 1982)。我々も現地で測量や観察を実施し、6基の他にも10数基程の墓の可能性のある落ち込みを確認した(大西・西村 2006、大西 2008)。そこで、遺存状況の良好な6基について簡単に紹介するが、個々の積石塚の法量などについては表1に示した。

1号墳(図3)　石室は長方形を呈し、天井石1枚は架かった状態である。石室の端近くの床面に板石が1枚立った状態で埋まっている。これは玄室との境界的な意味を表していると思われ、その場合、本石室は横穴式石室を意識したものと考えることができる。玄室に相当する部位は最下部にやや大型の石材が敷かれ、その上に小型の礫が積み上げられていて、このような石室内における構築法の差異も、横穴式石室を意識したものと考えると理解しやすい。

2号墳(図4)　石室の下部から上部まで、比較的小型の石を小口積みにして石室を構築している。石室の約1/3のところに袖石が立っており、閉塞石と思われる石が倒れている。広い方が玄室に相当すると考えられ、2号墳も横穴式石室を意識した構造といえる。

3号墳(図5)　2枚の天井石が石室に架かった状態で残っている。石室の約1/3のところに板石が立った状態で埋まっており、1号墳と同様、横穴式石室を意識した造りである。その部分を境に、玄室に相当する広い側では、大型の石を最下位に敷き、その上に比較的小型の石が小口積みされている。羨門に相当する側は、下部から上部まで小型の石が小口積みされているようである。本墳からは種々の副葬品が出土している。

図２　明神古墳群　全景

図３　明神１号墳

図４　明神２号墳

図５　明神３号墳

図６　明神４号墳

図７　明神５号墳

図８　明神６号墳

図９　指江２号墳

4号墳（図6）　石室の約1／3のところに袖石が立っており、閉塞石に相当すると思われる2枚の平たい石も立った状態で見られることから、横穴式石室を意識したものと考えられる。石室の大部分は、最下段にやや大型の石が敷かれ、その上に比較的小型の平たい石が小口積みされている。床面には小型の石が多く見られ、玄室奥壁側に1枚の天井石が架かった状態で残っている。

5号墳（図7）　石室の約1／4のところに袖石が立っており、閉塞石に相当すると思われる2枚の平たい石も立った状態で見られる。また、石室の中ほどにも立石が見られることから、複室構造の横穴式石室を意図した可能性も想定できる。石室は比較的小型の石材が小口積みされているが、石材の大きさや形が揃っておらず、やや乱雑な感じを受ける。天井石2枚が架かった状態である。

6号墳（図8）　6号墳は明確な横穴式石室構造である。玄室の平面形は台形状で、鏡石を有する。玄室では、下方に大型の石が横方向に置かれ、その上に、加工されたと思われる小型の板石が小口積みされている。なお、加工されたと思われる板石が多数用いられているのは、6号墳のみである。玄室と羨道の境には袖石が立っており、その他にも板状の石が数枚観察できる。羨道部分の石材は未加工の平たい石が、やや乱雑に積まれており、玄室が丁寧に構築されているのとは対照的である。羨道の途中には敷居状の石が見られるため、複室構造を意識した可能性もある。

(2) 指江古墳群

指江古墳群は長島町指江に所在し、古墳は、長さ約180m、幅約15～60mにわたって分布している。1962年に池水寛治らによって調査が行われ、石室の可能性のあるものが141基確認されている。墳丘の存在も認識されており、8基の石室の概要が報告されている。出土品はきわめて少ないものの、鉄刀、鉄鏃や須恵器の出土が報告されている（河口・池水1964）。我々も分布調査を行い、標柱が立てられた場所[1]以外に、落ち込みや、石が並んでいるような地点を約80ヵ所確認した。しかし、これらはいずれも現状では古墳と断定することはできないと思われる（大西2007・2008）。

指江古墳群の遺存状況は総じて明神古墳群ほど良好ではないが、ある程度の形態および法量を知ることができる積石塚の一覧を表1に示し、以下には特記すべき点のみ述べる。

1号墳には袖石状の板石が見られ、**23・30号墳**には玄室と羨道との境を示すと考えられる板石が床面に見られる。これらは、明神古墳群にも見られる構造であり、横穴式石室を意識したものと考えられる。

2号墳（図9）はやや小型の石室で、石室の北側（写真左側）と南側とでは石材の積み方が異なっている。北側は最下段にやや大型の石が用いられ、その上に小型の石が積み上げられているが、南側ではすべて小型の石が用いられている。明神古墳群でも、玄室に相当する部分の下段に大きな石を敷く事例があることから、本墳も横穴式石室の玄室を意識したものと考えた。

4号墳はやや小型の石室で、石材は横長方

図10　指江25号墳

向に積まれるが、石の積み方から横穴式石室を意識したものかどうかを判断することはできない。小型の石室は他に**5・6・11・18・25号墳**(図10)などがある。なお、小型の古墳は、より海岸に近い場所に分布する傾向がうかがえた。

(3)両古墳群のまとめ

明神古墳群で紹介した6基の古墳の石室は、横穴式石室もしくは程度の差はあるが、横穴式石室を意識した構造であると考えられる。しかし高さは、天井石が残っている場合でも0.9m程であり、横方向からの出入りは困難だったと思われる。横穴式石室を意識している点が重要だったのであろう。また、玄室ならびに玄室と思われる空間は、陸側に向く点が共通している。さらに、玄室部分の造りが、入り口部分の造りに比べて丁寧であることもおおよそ共通している。しかし、用いる石材や石の積み方、玄室の羨道との境の表現法などにはいくつかのバリエーションが認められる。

指江古墳群の12号墳や23号墳では、明瞭な墳丘状の高まりを確認できた。現状では目立った墳丘は認められないものについても、天井石はそれぞれの古墳の周辺レベルより高い位置になり、天井石をさらに他の礫で被覆するようなことが行われていたとすると、墳丘状の様相を呈することになる。

指江古墳群の石室では明神古墳群よりも多くのバリエーションが見られることが注意される。横穴式石室を意識したものやその証拠が見出せないもの、比較的大型のものや小型のもの、より海側に立地するものや陸側に立地するもの、墳丘を有するものや現在は確認できないもの、主軸が海に対して直交するものや平行するもの、などを挙げることができる。

3　明神・指江古墳群の出土遺物

(1)遺物の概要

明神・指江古墳群からは、けっして多いとは言えないものの、副葬品が出土しており、現在、長島町歴史民俗資料館に保管されている。確認できる資料には、鉄鏃、鉄剣、鉄刀、須恵器、青銅鏡がある。これらの資料と出土した古墳との対応関係は不明なものが多いが、古墳群の時期や性格を知るうえで重要と思われるので簡単に紹介したい[2)]。

鉄　鏃(図11)　鉄鏃はいずれも明神古墳群から出土したものである。なお、鉄鏃の分類は、水野敏典(水野2003a・b)の論考にしたがっている。

鏃の大半は尖根系の長頸鏃である。1～12は片刃箭式で、鏃身は抉りが深いものと浅いものが認められる。頸部の関は、1のように角関を呈するものもあるが、多くは台形関や斜め関に近く、関付近でゆるやかに幅を増す形態を成している。なお、いずれも棘状関は認められない。茎部の断面は、方形と丸みをおびた円形に近いものがある。

13～31は、小型の鏃身の両側に抉りをもつ長三角形式長頸鏃である。抉りの深いもの(13～25)と、抉りが浅いもの(26～31)が認められ、一部には抉りの深さが左右非対称のものがある(22・31)。31は、いわゆる段違い逆刺鉄鏃としてよいと思われる。鏃身断面は、片丸造りと両丸造りの両者が存在するが、両丸造りが多いようである。関部は、片刃箭式と同様に、関に向かってゆるやかに幅を増す台形関や斜め関に近い形態を呈するものが多く、棘状関は認められない。茎部

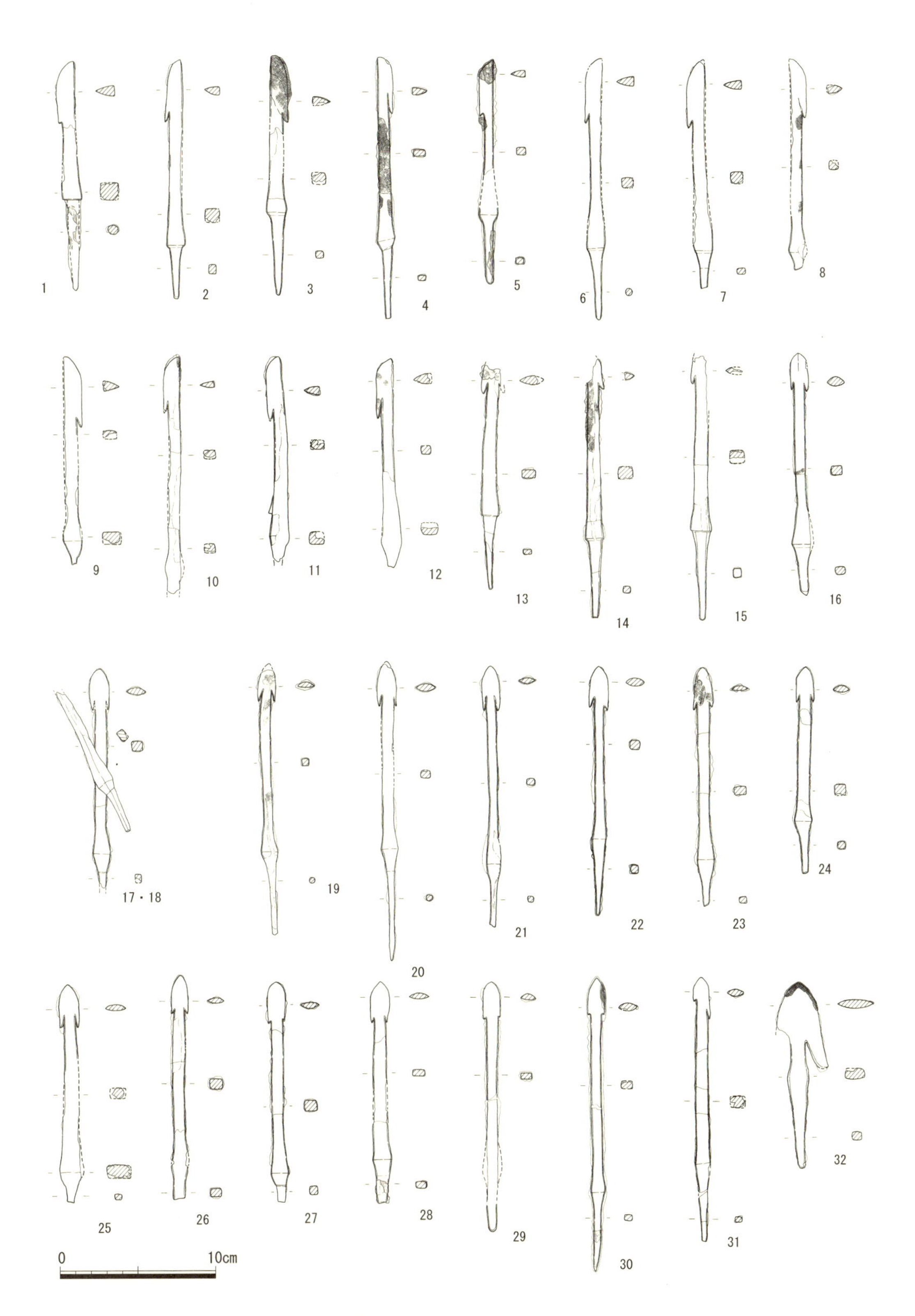

図 11　明神古墳群出土　鉄鏃（大西・鐘ヶ江 2008 より）

の断面は方形と丸みを帯びた円形に近い形態のものがある。

32は、有頸腸抉三角形式鏃である。頸部の関は明瞭でないが、ゆるやかに幅を増す形状である。

鉄　剣（図12） 明神古墳群出土とされる鉄剣は、3本所蔵されている。剣の評価については、池淵俊一の論考を参考にした（池淵1993）。33は茎の長さ約14cm、幅2.2cm、2ヵ所に目釘穴が見られ、身幅は4.5cmある。茎の長さや身の幅などから、長剣に属するものと考えられる。その場合、6世紀に下らない時期のものと考えられる。34は剣の身から関にかけてである。身の先端を欠くが、剣身長は37cmを超えることはないと思われ、短剣と考えられる。関の形状は不明瞭であるが、斜角関またはナデ角関であろう。35は剣の身から茎尻にかけて残存する。茎の長さは6.5cmで、ほぼ直線的に茎尻にいたる。判然としないがナデ角関と思われる。身は26.5cm残っており、身の先端を欠くが短剣と思われる。

鉄　刀（図12） 36は指江古墳群の99号墳[3] から出土した鉄刀で、身の幅は最大部で約4cmある。臼杵の分析を参照すると（臼杵1984）、本来は60cm以上の長さであったと推測される。他に明神古墳群出土とされるものが、2本ある。

須恵器（図13） 須恵器の𤭯が1点所蔵されている。報告書には記載がないが、資料館では指江古墳群出土と紹介されている。形態的・技法的な特徴からTK10型式（田辺1981）前後のものと推測される。

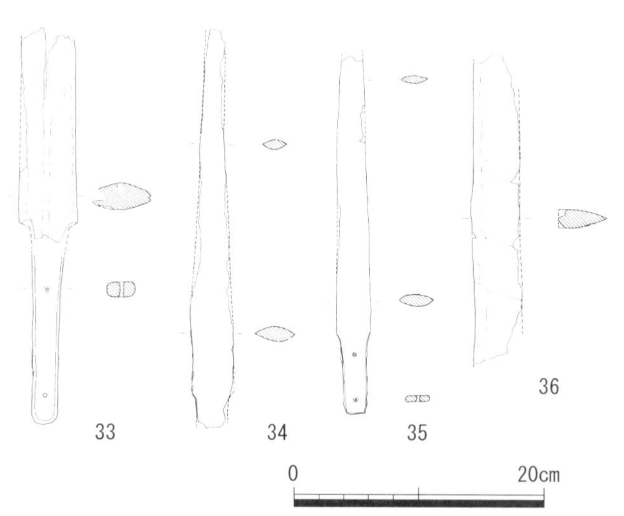

図12　明神・指江古墳群出土　鉄剣・鉄刀
（大西・鐘ヶ江2008より）
33～35：明神古墳群出土　36：指江古墳群出土

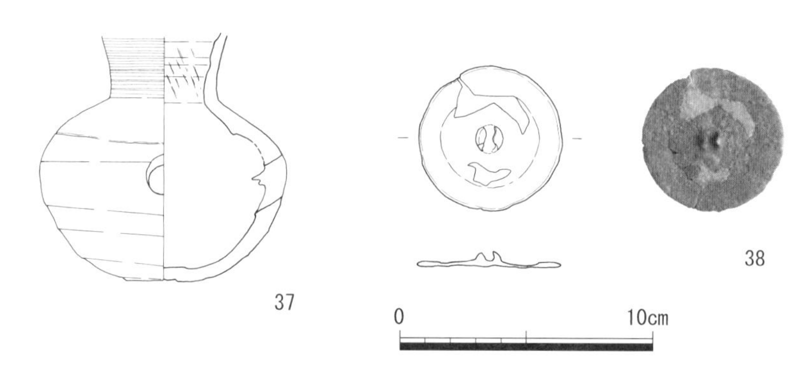

図13　明神・指江古墳群出土　須恵器・銅鏡（大西・鐘ヶ江2008より）
37：指江古墳群出土　38：明神古墳群出土

鏡(図13)　明神3号墳出土と報告された鏡が1点所蔵されている。直径5.8㎝の小型の素文鏡で、厚さは1〜2㎜、内区と外区との境はわずかな厚みの違いで表現されている。これは、国立歴史民俗博物館による共同研究の報告（国立歴史民俗博物館編 1994）では、弥生時代小型仿製鏡と紹介されている。

(2)出土品から推測される積石塚古墳群の時期

尖根系の長頸鏃についてみると、頸部の関の形状は、角関のものもあるが、関に向かってゆるやかに幅を増す形態のものが多い。これは尖根系の長頸鏃および片刃箭式長頸鏃それぞれで共通するものである。この特徴は、水野の編年では中期Ⅴ期から後期Ⅰ期に相当する特徴と考えられ（水野 2003a・b）、TK43を前後する時期より出現する棘状関（杉山 1988）は認められないこと、鏃身の抉りが深いものが多く認められる点などから勘案すれば、これらの鉄鏃は古墳時代中期後半のTK47を前後する時期を大きく離れるものではなく、古墳時代後期後葉まで時期が下るものとは考えにくい。一方鏃身の形状については、抉りが深いものと浅いものが認められ、抉りの深いものは中期に全国的に分布する長頸鏃の特徴をよく備えたものであると評価することができる。鏃身の抉りは、後期には退化する方向へ変化すると想定されるので（水野 2003b）、抉りの差異は時期差とみなされるかもしれない。抉りの深さを時期差と考えれば、抉りが浅いものはMT15付近の時期まで下る可能性もある。

やや特殊な性格が想定される段違い逆刺鉄鏃も、全国的に広く分布するものであり、畿内からの分配が想定されているが、時期的には後期初頭前後から出土が認められるようである。

長島の積石塚から出土した形態の長頸鏃を副葬品とする古墳は、九州各地に見ることができるとともに、これらの形態の鉄鏃は、韓国の慶尚南道金海市の礼安里古墳群（釜山大学校博物館編 1985）、晋州市陜川玉田古墳群（趙・朴 1990、趙・柳ほか 1998、趙・柳ほか 1999）など、朝鮮半島側でも比較的多く出土している。このことから、長島で出土する各種の鉄鏃は、朝鮮半島を含めた広域分布を示す鉄鏃様式と評価することができ、古墳時代中期の交流の具体像を明らかにするための手がかりとなりうるものである。

鉄鏃、剣、須恵器などから推定できる積石塚の年代は、5世紀後半代から6世紀（前半）代にかけてということになり、これは、長島に横穴式石室を埋葬施設とする古墳が盛んに作られた時期と並行することを示している。

4　長島における積石塚古墳群の性格

この地域における積石塚古墳群には、どのような性格が考えられるのであろうか。

従来、積石塚古墳を含む長島の古墳は、長島が生活の根拠地としてはそれほど適していないにもかかわらず、古墳が多数築造されることから、海を利用した生活に基盤を置く被葬者像が想定されてきた（河口・池水 1964）。しかし、紹介したように積石塚古墳群からは、とくに海と関連するような副葬品は認められない。また、周辺に見られるその他の古墳出土品についても同様である。島という立地を考えた場合、もちろん海との関わりも持った集団であった可能性は否定できないと考えられるが、これらの古墳や積石塚古墳群の被葬者の生活基盤は、海に特化されるものではないと思われる。いずれにしても長島における積石塚の性格を理解するためには、積石塚

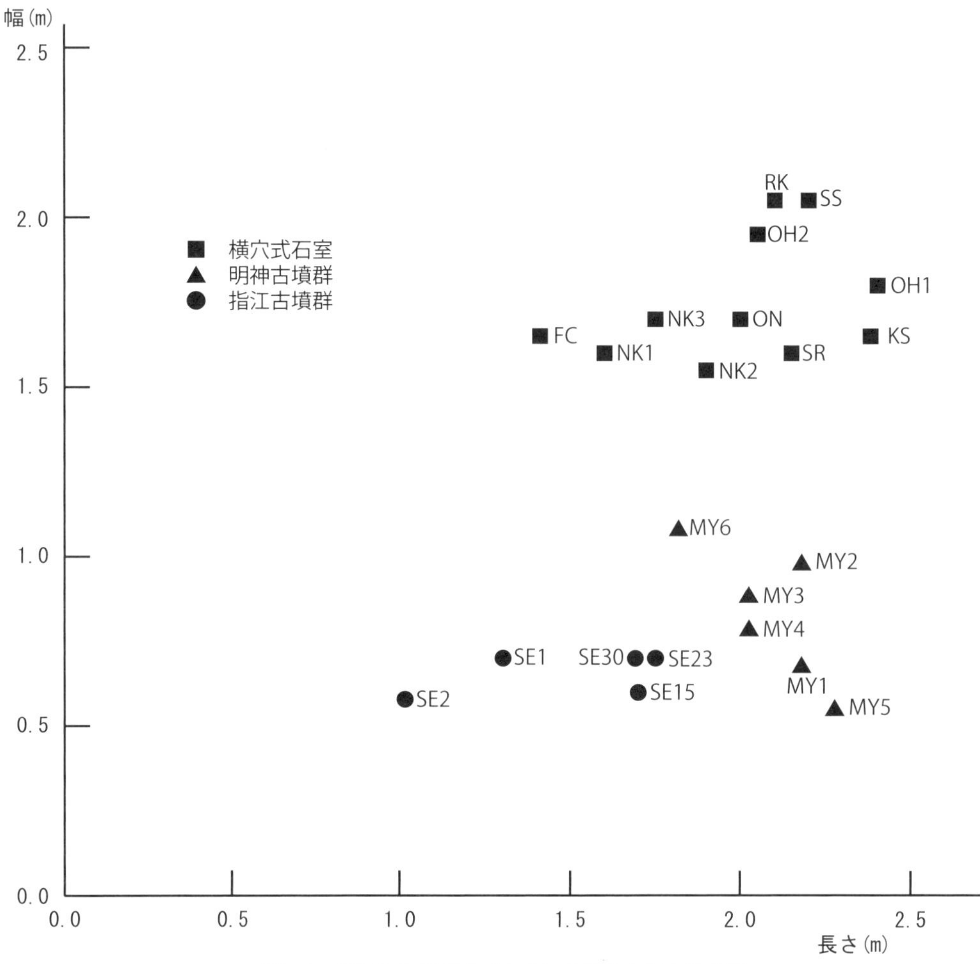

図 14　長島の古墳石室（玄室）の長さと幅の散布図

FC：渕ノ尻　OH：小浜崎　KS：加世堂　NK：温之浦
ON：鬼塚　RK：楽之平　SR：白金（崎）　SS：獅子島鬼塚
MY：明神　SE：指江

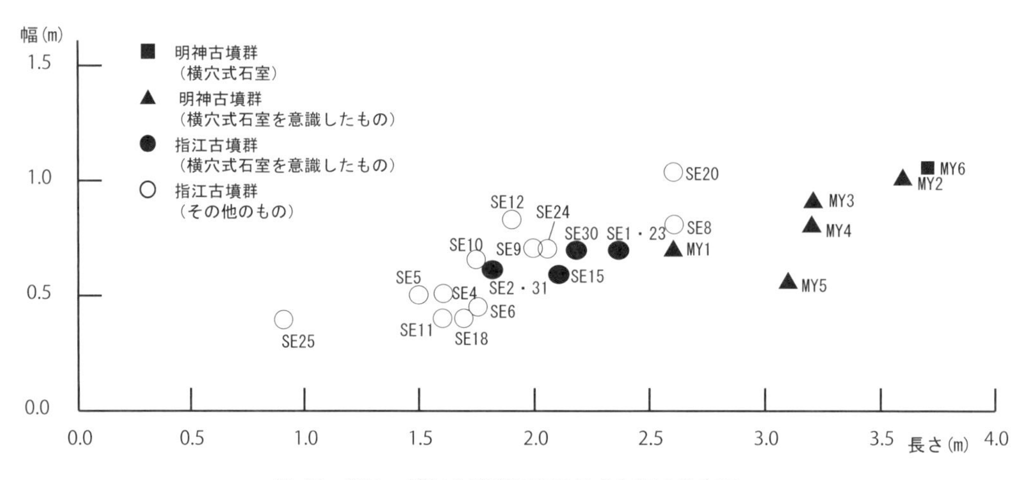

図 15　明神・指江古墳群石室の長さと幅の散布図

と、同時期に盛んに築造された横穴式石室を埋葬施設とする古墳を含めて考える必要があると考えられる。

図14は、長島および獅子島に見られる横穴式石室と、積石塚古墳のうち横穴式石室を模したと考えられるものの、玄室に相当する部分の規模（長さと幅）の散布図である。これによると、積石塚の方が、横穴式石室を埋葬施設とするものよりも規模が小さいことがわかる。また、横穴式石室では白金（崎）古墳（池水1972）のように豊富な副葬品を有するものがある一方、積石塚古墳群の副葬品は基本的には少ないようである。これらのことから、両積石塚古墳群は横穴式石室を埋葬施設とする古墳の被葬者よりも、階層的に下位に位置する人々が埋葬された古墳であると想定される。なお、積石塚古墳群が横穴式石室を埋葬施設とする古墳の下位に位置することは、積石塚の少なからずのものが、程度の差はあれ横穴式石室を意識した構造であったことからもうかがうことができよう。

また図15は、明神・指江古墳群石室の全長と長さを示したものである。これによると、積石塚の中にも規模の大小があることがわかる。これは、積石塚古墳群を営んだ人々の中にも階層差があったことを示していると解釈できよう。両古墳群に見られた種々のバリエーションの多くも階層性を示すものと考えられるのではなかろうか。威信財的な性格で理解できる、鏡（今井1991）を出土する墓があることも、積石塚古墳群内での階層差の存在を示すものであろう。積石塚古墳群の中にも階層差が示されていることは、当時のこの地域にかなり複雑な階層化社会が存在していたことを示していると思われる。

それでは、なぜ、古墳の形態としては普遍的とはいえない、積石塚が作られたのであろうか。まず、石材が豊富にあったことが理由の一つになるだろう。それに加えて、たとえば前方後円墳の表面に葺石を貼ることからも考えられるように、石と土とは置換可能と捉えられていたことが大きな要因になると思われる。さらに長島では土壌中に石が多く含まれ、島内に見られる古墳の墳丘は、石が目立つ状態であったと推定できることも、このことを支持すると思われる。

これらのことから、長島の積石塚古墳群は、この地域における、ある範囲の階層性を示す古墳として創出されたものと考えられる。

註

1）　指江古墳群では現在、基本的に遺跡の北西から南東方向に向かって53の標柱が、古墳およびその可能性がある部分に立てられているが、これは池水らが調査時に付した番号には対応しないと考えられる。

2）　詳細については、（大西・鐘ヶ江2008）を参照いただきたい。

3）　本稿では31号墓に相当すると考えられる。

引用・参考文献

安在皓　1999「古墳의編年」『金海礼安里古墳群Ⅱ　本文』釜山大学校博物館遺跡調査報告第15輯、釜山大学校博物館

池淵俊一　1993「鉄製武器に関する一考察―古墳時代前半期の刀剣類を中心として―」『古代文化研究』1

池水寛治　1972「白金崎・鬼塚古墳」『鹿児島考古』6

今井　堯　1991「中・四国地方古墳出土素文・重圏文・珠文鏡—小型倭鏡の再検討Ⅰ—」『古代吉備』13、古代吉備研究会
牛ノ浜修　1982「明神古墳群」『長島の古墳—付出水地方の古墳—』長島町教育委員会
臼杵　勲　1984「古墳時代の鉄刀について」『日本古代文化研究』創刊号
大西智和　1997「南限地域の古墳の基礎的研究—鹿児島県長島を中心に—」『人類史研究』9
大西智和　2007「鹿児島県指江古墳群の観察調査速報」『鹿児島国際大学考古学ミュージアム調査研究報告』4
大西智和　2008『西日本の島嶼部に立地する積石塚墳の系譜と関係に関する研究』平成 17 年度～平成 19 年度科学研究費補助金（基盤研究（C））研究成果報告書
大西智和・西村　誠　2006「鹿児島県長島明神古墳群の観察調査速報」『鹿児島国際大学考古学ミュージアム調査研究報告』3
大西智和・鐘ヶ江賢二　2008「鹿児島県長島明神・指江古墳群出土遺物の検討」『人類史研究』14
河口貞徳・池水寛治　1964「指江古墳群」『鹿児島県文化財調査報告書』11、鹿児島県教育委員会
国立歴史民俗博物館 編　1994『共同研究「日本出土鏡データ集成」2—弥生・古墳時代遺跡出土鏡データ集成—』国立歴史民俗博物館研究報告 56
杉山秀宏　1988「古墳時代の鉄鏃について」『橿原考古学研究所論集』8
田辺昭三　1981『須恵器大成』角川書店
趙榮濟・朴升圭　1990『陜川玉田古墳群Ⅱ　M3 号墳』慶尚大学校博物館調査報告第 6 輯、慶尚大学校博物館
趙榮濟・柳昌煥・李瓊子　1998『陜川玉田古墳群Ⅶ—12・20・24 号墳』慶尚大学校博物館調査報告第 19 輯、慶尚大学校博物館
趙榮濟・柳昌煥・河承哲　1999『陜川玉田古墳群Ⅷ—5・7・35 号墳』慶尚大学校博物館調査報告第 21 輯、慶尚大学校博物館
釜山大学校博物館 編　1985『金海礼安里古墳群Ⅰ』釜山大学校博物館
水野敏典　2003a「古墳時代中期における鉄鏃の分類と編年」『橿原考古学研究所論集』14
水野敏典　2003b「鉄鏃にみる古墳時代後期の諸段階」『後期古墳の諸段階』第 8 回東北・関東前方後円墳研究会大会発表要旨資料、東北・関東前方後円墳研究会
吉留秀敏　2011「不知火海沿岸の積石塚と古墳について」『海の古墳を考えるⅠ—群集墳と海神集団—』海の古墳を考える会

4　見島ジーコンボ古墳群

横山成己

1　はじめに―萩市見島の地理環境―

山口県萩市見島は、萩市浜崎港から北北西におよそ43㎞離れた日本海中に浮かぶ離島である。島の平面形は南を底辺とする不等辺三角形を呈し、南北約4.6㎞、東西約2.5、島周約24.3㎞を測り、総面積は約7.8㎢となる（図1）。

見島は火山島であり、地質は玄武岩類、角礫凝灰岩および海岸低地部の沖積層で構成される。島は中央部から西部にかけて高く、現在航空自衛隊見島分屯基地が置かれるイクラゲ山（標高181m）が最高峰となっている。また、瀬高と呼称される中央山地により南北が分断されており、島の南部および北東部に見られる湾入部周域には僅かながら沖積低地が形成されている。それぞれに本村・宇津の集落が発達し、現在でも島への数少ない出入口として存在する。

図1　萩市見島遺跡　分布図

これら海岸域にある天然の低地には、島裾を洗う波浪から生じた岩屑が砂礫浜堤や礫浜堤を形成している。見島ジーコンボ古墳群は、島の南岸線東端の晩台山南麓から本村港の東にある孤立丘陵高見山の東麓までの間に形成された、東西長約300m、幅約50～100m、標高約7mの礫浜堤（横浦海岸）に立地している。現在でこそ本村港から海岸沿いに遺跡地へと足を運べるが、古墳群の北西に広がる島最大の沖積低地「八町八反」は後世に浅い入海の干潟を拓いた干拓地であり、古代においては島の南東部に突出した半島の先端部に約200基を数える一大古墳群が造営されたことになる（図2・3）。

2　萩市見島の遺跡分布状況

見島に埋存する遺跡の様相については、見島ジーコンボ古墳群以外は全く明らかとなっていないと言っても過言では無い。現在公表されている埋蔵文化財包蔵地の分布についても、山口県教育委員会と萩市教育委員会が1960年(昭和35)から1962年まで実施した合同調査に負うところが大きい(斎藤・小野1964)。

見島における踏査は、1960年合同調査の9月4日から3日間にかけて実施したとされる。『見島総合学術調査報告』では、その成果として島内の13地点が紹介されているが、現在の周知の埋蔵文化財包蔵地と照合すると、「見島小学校々庭付近の遺物包含層」「薬師堂背後の遺物包含層」「見島体育館付近の遺物散布地」が見島本村遺跡（図1-1)、「本村東区の遺物散布地と包含層」「本村部落の東部の水田」「杉山西南斜面の遺物散布地」が堅田遺跡(図1-2)、「片尻の遺物散布地」が片尻遺跡（図1-6)、「草谷の遺物散布地」が草谷遺跡（図1-7)、「船戸の遺物散布地」が船戸遺跡(図1-9)、「船見田の遺物散布地」が船見田遺跡（図1-10)、「大竹の遺物散布地」が大竹遺跡（図1-11)、「瀬田の石器発見地」が瀬田遺跡(図1-3)に該当するようである。

現在の本村港と本村漁港の間にある小丘で、古く1916年（大正5）に土師器壺2点と硬玉製勾玉1点が出土したとされ（三輪1923)、1960年の合同調査においても土師器壺片4点が確認された「宮崎山の遺物散布地」は、その後明確な資料の採取に恵まれなかったのか現在では包蔵地から除外されている。また、合同調査における踏査が見島ジーコンボ古墳群発掘調査の前提としての、「見島における居住の時代的上限」「古墳の築造に先行する文化の有無」「当時の地形や島の生産力」「村落の規模とその継続期間」の確認等に目的を置いていたためか、当時既にその位置が推定されていた中世の城館跡である要害山城跡(図1-4)、高見山城跡(図1-5)に関して言及されていない。また、平成元年発行『萩市史』第2巻では、要害山城跡の北北西約1kmの丘陵上に土塁・石垣が見られることから、城跡の存在が指摘されている(図1-8)。

以上、見島において確認されている遺跡の分布状況を概観した。居住に適した低地が狭小である見島においては、工事中の埋蔵文化財の発見も限定的な地域に限られるようであり、1955年以降の新知見もほぼ存しない状況と言える。

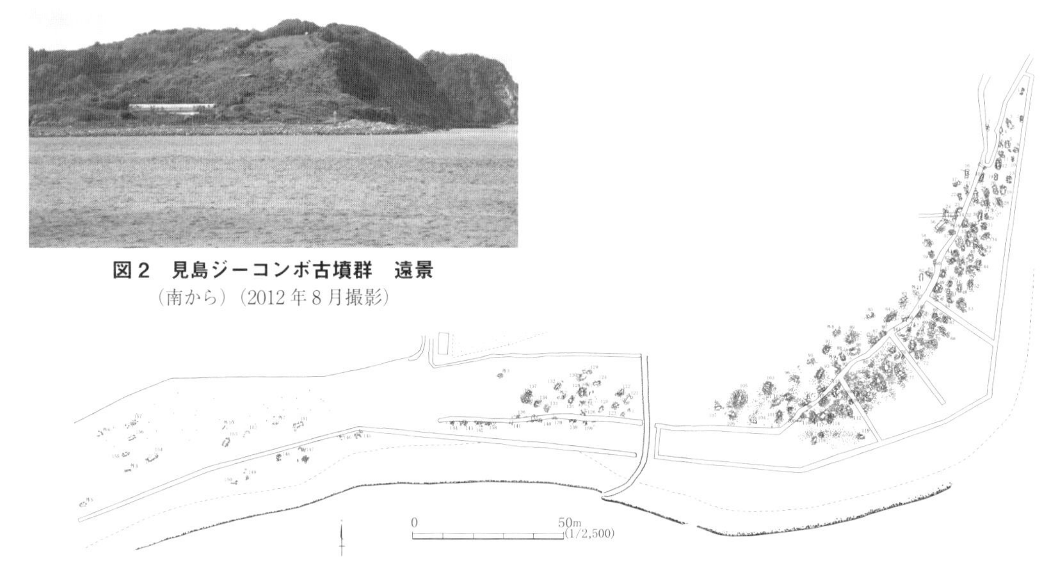

図2　見島ジーコンボ古墳群　遠景
（南から）(2012年8月撮影)

図3　見島ジーコンボ古墳群　分布図

3　見島ジーコンボ古墳群造営以前の見島

前述したように、萩市見島においては見島ジーコンボ古墳群以外の遺跡に未だ調査の鍬が入れられていない。そのため、各遺跡で採取された断片的な資料から古墳群造営以前の様相を推し量る他、手段がないようである。

萩市見島発見の先史時代遺物に関しては、1989年（平成元）発行『萩市史』に詳しい（中村・国守1989）。同書によると、1960年（昭和35）より開始された合同調査の段階では、弥生時代以前に所属する遺物は同年に本村寺山南麓の宅地（図1-3）で小学生児童により発見された環状石斧の1点に限られた状態であったが、1970年に本村の中国電力島内発電所の増築工事にて縄文時代中期に比定される土器片が、1984年には見島小学校南方の水田基盤整備工事にて、遺物包含層と見られる黒褐色粘土層中から縄文時代後晩期の土器片とともに石棒片、打製石斧、石錘、そして環状石斧片などが出土したとされる。両地点とも現在の堅田遺跡（図1-2）内に位置しており、見島における人類活動が島南端の沖積低地部において開始されたことを示唆する重要な資料となっている。弥生時代の遺物については、同じく見島小学校南方水田基盤工事で確認された黒褐色粘土層中から弥生時代前・後期の土器片が出土しているが、その総量はさして多くないそうである。古墳時代の遺物も、やはり堅田遺跡を中心に多数の土師器、須恵器が採集されている状況である。1960年調査に伴い実施された踏査で、現在見島本村遺跡と命名されている地点で確認された遺物も、主として当時代に所属するものと推される。

上記の資料はいずれも正式な発掘調査を経ずしての採集品であり、遺構の確認がなされていない状況下では見島の先史時代について多くを語り得ない。現状としては、見島では古く縄文時代中期から弥生時代にかけ、本土に面する本村周辺域において少なくとも一時的な人類の上陸活動が行われ、古墳時代に至ると小規模ではあろうが、同地域に集落が形成され定住生活が行われたものと推察するに止めたい。

4　見島ジーコンボ古墳群の調査

見島ジーコンボ古墳群は、古く1923年（大正12）の三輪善之助による報告により学界の知るところとなった。短文でもあることからここに全文を転載する。

「積石塚　村内大字權現字ジコンボと稱する地點に一群の積石塚があつて、塚は五寸内外の丸石で積まれてゐますが、今は其積石が壊れて粗製組合石棺が二十基程露出して居ります。其石棺は大抵外徑長十尺・幅三尺、深三尺位で蓋石は三枚、四壁は十五六枚程の石で組立てられ、内部から祝部土器又は朝鮮式陶器と稱すべき硬質鼠色の土器片が發見せられます。」（三輪1923）

この文章は「見島出身者である長松正一氏に代わり報告」したものであるため、考古学や郷土史研究等に大きな足跡を残した三輪が実見した上でのものではないようであるが、積石による塚の存在、内部主体の構造を詳細に報告している点で極めて貴重な史料となっている。

その後、1926年7月に実施された山高郷土史研究会による見島の調査において「ジコンボと呼ばれる古墳群が石槨の残っているものだけでも約160基存在する」「破壊されたもの、未発掘のものを合わせればその数が200基にのぼるであろう」「主体部の方位には判然たる関係は認められないが、入口を南或いはその東西に向けるものが三分の二、西或いはその南北に向けるものが約三分の一である」等、古墳群の造営に対する的確な調査成果が残されている（匹田ほか 1927）。また、この報告には1923年に発掘されたという2基（A墳・B墳）の墳墓に関する情報が掲載されているが、その内容を見ると1923年になされた三輪の詳細な報告が、同年に実施されたA・B2基の墳墓の発掘成果を基としたものであることが分かる。

その後、1934年（昭和9）には当時萩高校教諭であった山本博が見島を訪れ、翌年『考古学雑誌』に古墳群出土資料の報告を行っている（山本 1935）。報告には1933年7月11日の発掘により出土したとされる須恵器や銅製銙帯、鉄製武器など遺物の詳細が記されている。

以上が、文献に見られる第2次世界大戦前の見島ジーコンボ古墳群の記録である。記録上3基の墳墓が発掘されていることが明らかであるが、『見島総合学術調査報告』には大正年間やその後の堤防工事または植樹事業等で出土し、旧萩市郷土博物館や個人蔵となっている資料が紹介されており、学術誌への報告以降も遺跡の破壊が進行したことが分かる。

第2次世界大戦後、遺跡の破壊状況を危惧した山口県教育委員会は、萩市教育委員会と合同で実施する見島総合学術調査に見島ジーコンボ古墳群の調査を含めることを決定した。

調査では、斎藤忠および小野忠凞を中心に考古班が組織され、山口大学学生諸氏の協力のもと、1960年から1962年の3ヶ年にかけて実施された。初年度は古墳分布図の作製、次年度は古墳群西部域に露出する組合式箱式石棺状の埋葬施設10基（123・124・128・137・151・152・153・154・155・156号墳）が調査され、最終年度は古墳群東部域に分布する横穴式石室状の埋葬施設8基（1・44・56・57・77・81・105・116号墳）が調査された（図3）。調査では夥しい量の供献土器とともに、蕨手刀や鉄鏃をはじめとする鉄製武具、銅製の鋺や匙、銅製および石製の銙帯具、耳環やガラス小玉などの装身具、刀子や鎌などの農工具、そして人骨など豊富な遺物の出土を見たが、その成果は『見島総合学術調査報告』内に「考古の部」として公開された（斎藤・小野 1964）。ここに遺跡の評価を要約すると、石室構造については

A式　玄室と羨道の区別は不明確であるが、明らかに横穴式石室の影響を思わせるもの。

A Ⅰ類…奥壁や側石の石材が大きく、石室高も高く、豊富な副葬品を有するもの。

A Ⅱ類…石材が小さく粗雑な積み方で、石室空間も狭く、単純な副葬品を有するもの。

B式　石塊や割石を一重に並べて箱形にくんだもの。組合式箱式石棺に近い形状。

B Ⅰ類…扁平な石だけで側石を構築する。

B Ⅱ類…扁平な石以外に不整形な石塊も使用する。Ⅰ・Ⅱ類に出土遺物の差は見られない。

と分類し、被葬者の社会的地位、そして出土遺物に明確な時期差が見いだせないことを考慮しつつもA式からB式に、すなわち古墳群が東から西へと構築されたものと推察するに至っている（図4・5）。またその被葬者像については、「7世紀後半から10世紀にわたってある特殊な集団の移住」を想定し、「対外関係のための前進基地としての集団の駐在」をその目的として指摘している。

この調査をもって、特徴ある地理的環境とともに古代に造営された積石塚群集墳という特殊性や副葬品に見られる被葬者の特異性が明らかとなり、広く考古学・歴史学界に注目を浴びることとなったが、その後は1977年に県史跡に指定されながらも適切な保存策が施されなかったため、遺跡は再び自然的・人為的に破壊が進行することとなった。その状況に対し、かつての景観が失われている古墳群の旧状を把握し直し、保存に必要な基礎資料の再整備を行うため、古墳群のう

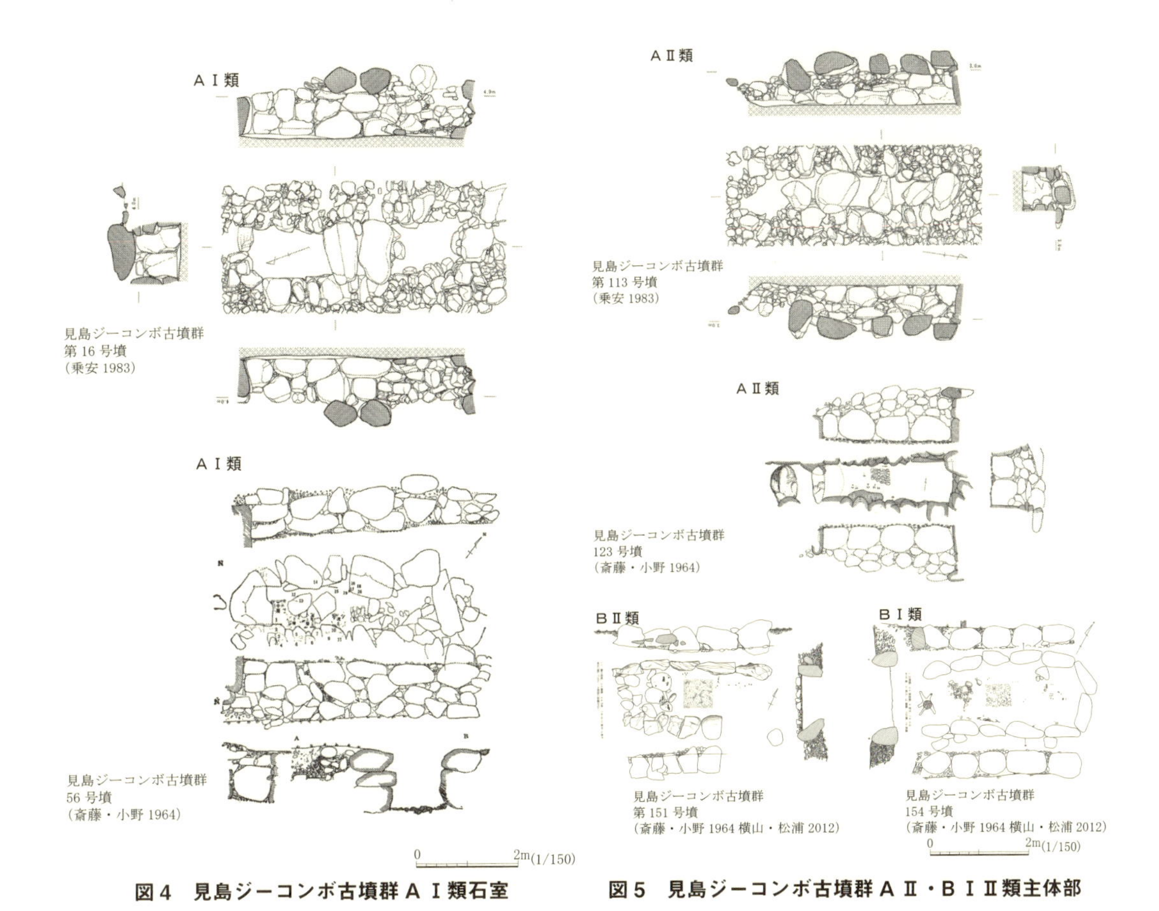

図４　見島ジーコンボ古墳群ＡⅠ類石室

図５　見島ジーコンボ古墳群ＡⅡ・ＢⅠⅡ類主体部

ち示準的な３基(第16号墳・第72号墳・第113号墳)を対象に、1982年７月から１ヶ月間にわたり山口県教育委員会による発掘調査が実施された。調査報告では、３基の主体部は横穴式石室の系譜をひく特異な構造をなし、いずれも羨道部または形骸化した羨道部を有しており、石室全長は大差ないものの、玄室幅が広く天井部が高いものと幅狭で天井部が狭いものの２種が存在し、前者からは石銙や鍍金された刀装具など豊富な副葬品が出土するが後者からは出土しないことから、被葬者の階層差を反映することが指摘されている。また各墳墓より出土した土器からは明確な時期差が見出せないことも併せて報告されている(乗安 1983)。

戦後に実施された二度の学術発掘調査により、見島ジーコンボ古墳群の造営年代に関しては、開始期は古く７世紀後半に求められる可能性が残るものの、その中心は９世紀前半頃に求められるに至った（中村・国守 1989)。しかしなお、造営年代に関しては大きな問題を有している。1982年の調査で対象となった３基は、いずれも横穴式石室の系譜を引く主体部を有するもの(Ａ式)であったため、1960～1962年調査で想定されたＡ式からＢ式への変化、換言すると分布域の東から西への移動に関しては依然不明確な状態が続いている。この主たる原因は『見島総合学術報告』「考古の部」が略報色の強いものであり、1960年から1962年にかけて実施された調査の出土資料の全体像が把握できていないことにあったが、調査後に出土資料が萩市と山口大学に分有保管されたことも大きな要因であった。

5　その後の研究と出土資料の再調査

『見島総合学術調査報告』では被葬者像について「低い生活にあえぐ民衆ではなく、都会風の文化をもになっていた或る高い社会層にある一群の人々ではなかったであろうか」「7世紀後半から10世紀にかけて、ある集団がにわかにこの島に移住し、これらの墓を営んだ」「対外関係のための前進基地としてのある集団の駐在」との考察が見られ（斎藤・小野1964）、1982年（昭和57）調査の報告では「銙帯を帯びた官人たちを頂点とする重層構造の集団であった」「対外関係の戦略的拠点として軍事的機能を備えた集団が駐留したものと推定することが最も妥当」（乗安1983）と推察されていることからも分かるが、その後の見島ジーコンボ古墳群に関する言及は被葬者像に関するものが主であり、墳墓の構造や出土遺物の詳細な検討は活発化しなかった。2008年（平成20）の『山口県史 通史編 原始・古代』では見島ジーコンボ古墳群を俘囚墓と位置づける論説（下向井2008a・b）が公開され、それに対する異議の提示（横山2012）も基本的にはこの流れの中に位置づけられる。近年「海の古墳」をテーマとした研究活動の一環で、見島ジーコンボ古墳群の築造年代と石室構造に関する論考が提示されている（市来2011）が、基礎資料公開の遅れが研究深化の弊害となっている。

このような状況下で、2010年以降、萩博物館の協力の下、山口大学埋蔵文化財資料館により見島総合学術調査出土資料の悉皆調査が継続的に行われている。調査は1961年に実施された古墳群西部域より着手され、現在まで9基（第124・128・137・151～156号墳）の出土資料が公開されており（横山2011、横山・松浦2012、横山2013、横山2015、横山・川島2016）、今後の継続調査が期待される。

(1)　築造年代

資料の悉皆調査がほぼ終了している古墳群西部域の石室は、石棺状の石室（B式）を内部主体としており、『見島総合学術調査報告』では横穴式石室の影響下にあるA式に構造的な特徴から後出すると推察されているものの、図6～9に示すように、B式石室出土品には7世紀後半から9世紀までの土器が混在しており、現状ではA式石室出土品（図10）と時期的な差が見いだせない。A式、B式間の構造的な差が大きいことは事実であるが、特に西部域では石室の分布に濃淡が見られることから、被葬者が所属する集団の違いに起因する可能性が指摘できる。

(2)　積石の有無

遺跡が立地する見島横浦海岸は礫浜であることから、古墳群は「積石塚」として認識されてきた。A式石室墳に関しては、第72号墳の調査成果により、5m以上かつ10mを超えない範囲での積石の存在が推定されており（乗安1983）、1960年（昭和35）の写真（口絵）にも認められる。一方B式石室墳に関しては、第124号墳にて石室天井石上に円礫がのっていた（斎藤・小野1964）とされるが断定しがたい。東部域に比して西部域は破壊が進行しており（図11）、今後も積石の有無を確認することは困難であろうが、石室規模から見て開口部から横方向への埋葬は極めて困難と想像され、筆者は上部からの埋葬（追葬）を想定している（横山2012）。この場合、埋葬後に積石を施したとしても小規模であったと思われる。

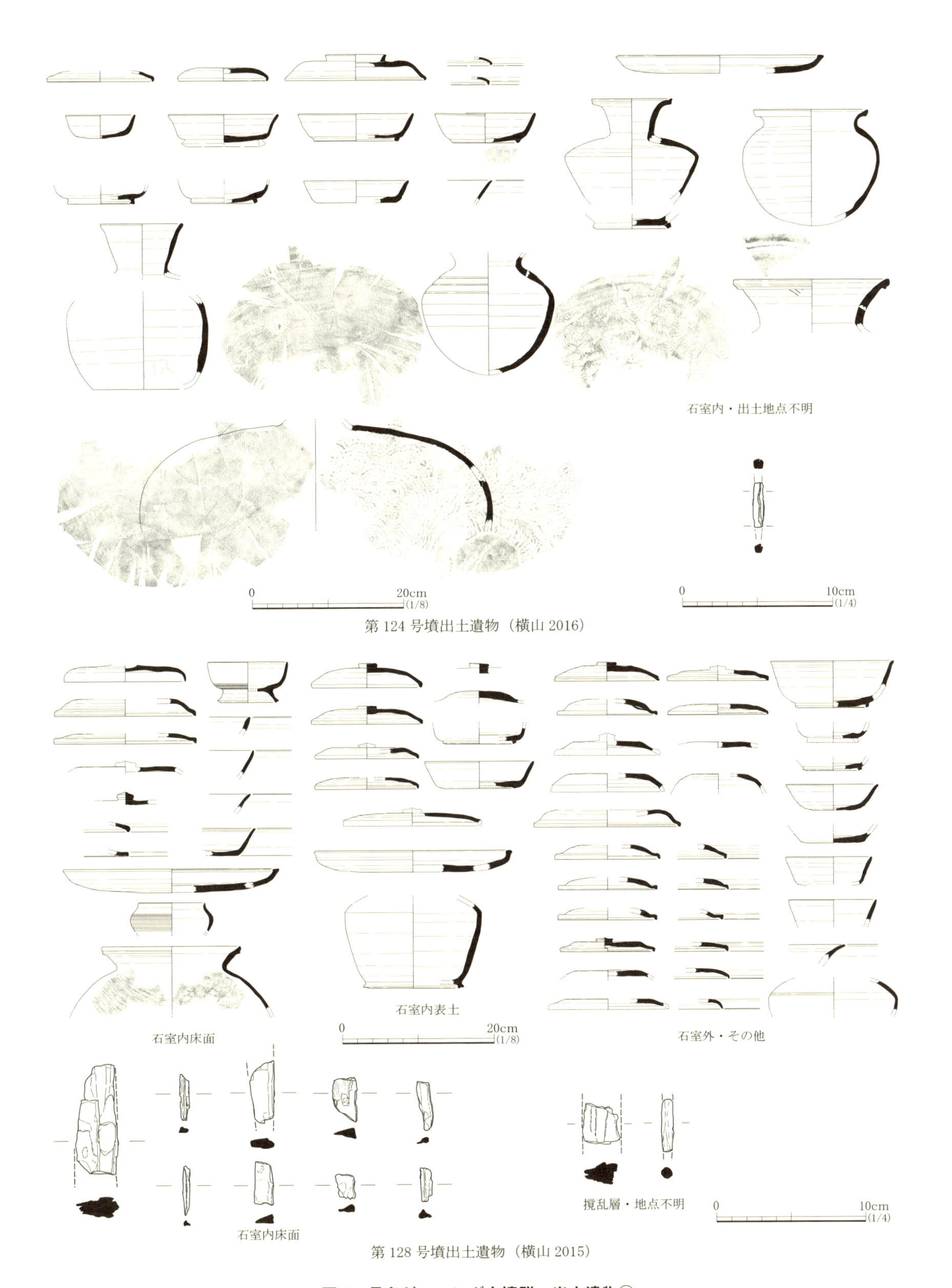

図6　見島ジーコンボ古墳群　出土遺物①

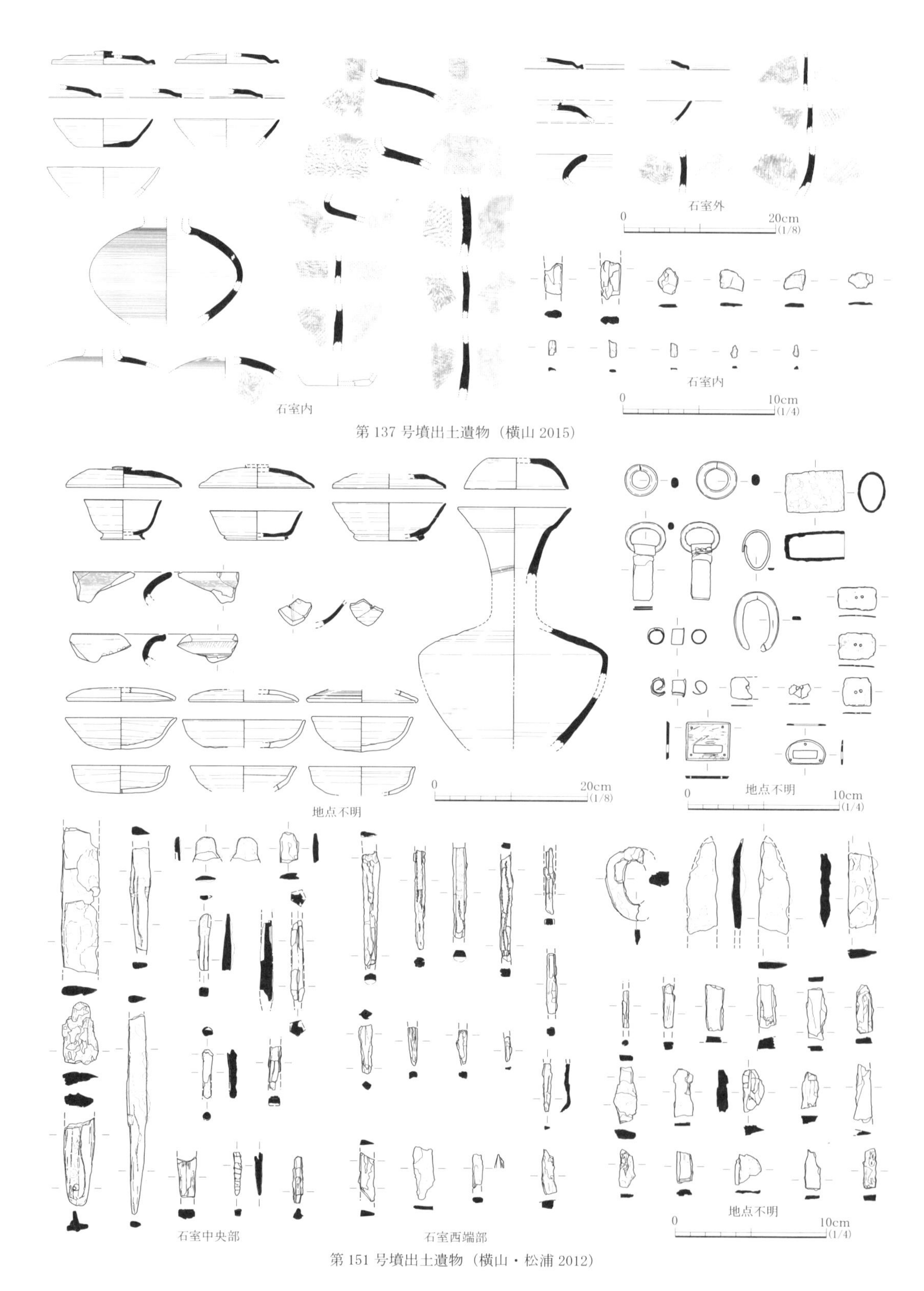

図７　見島ジーコンボ古墳群　出土遺物②

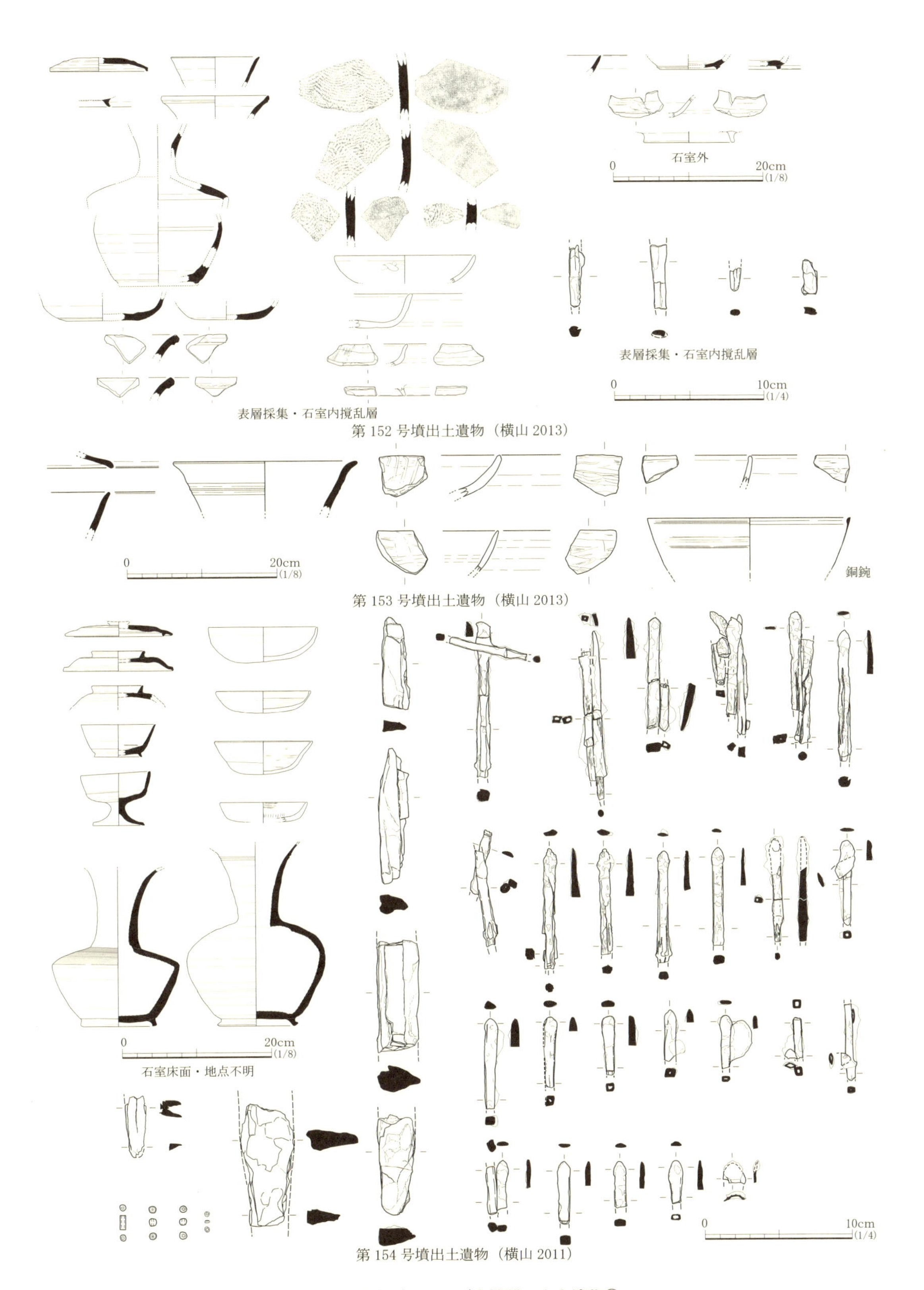

図 8　見島ジーコンボ古墳群　出土遺物③

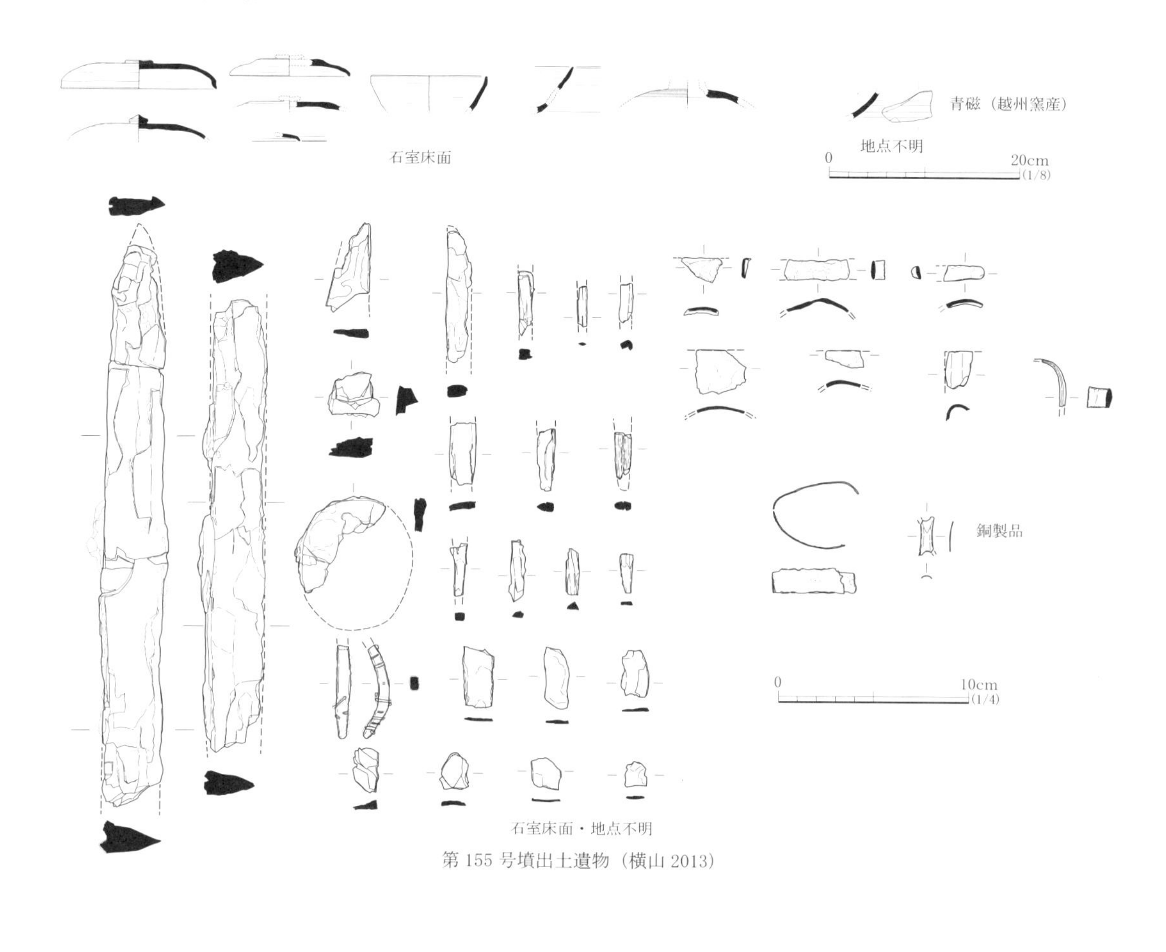

第155号墳出土遺物（横山2013）

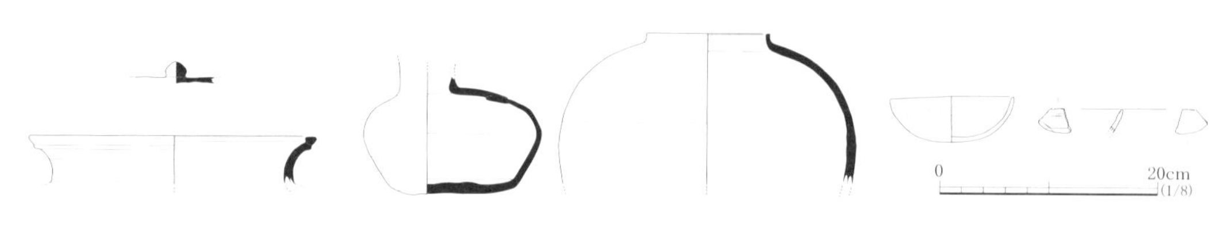

第156号墳出土遺物（横山2013）

図9　見島ジーコンボ古墳群　出土遺物④

(3)　人骨に見る被葬者像

A式、B式ともに石室内から複数人の人骨の確認例があり、各墳出土の遺物に時期幅が見られることからも追葬が行われたことは確実であり、追葬を前提に墳墓が構築されたものと思われる。武官を含めた軍団もしくは防人が古墳群の被葬者として推定される場合が多かったが、人骨鑑定の結果女性や幼児の骨歯も相当数確認される（松下・松下2012・2013・2014）という事実は、任期付き派遣者の埋葬地であることを否定している。古墳群出土資料の悉皆調査と同時に、島における集落址調査を進めなければ、遺跡の性格把握は困難と思われる。

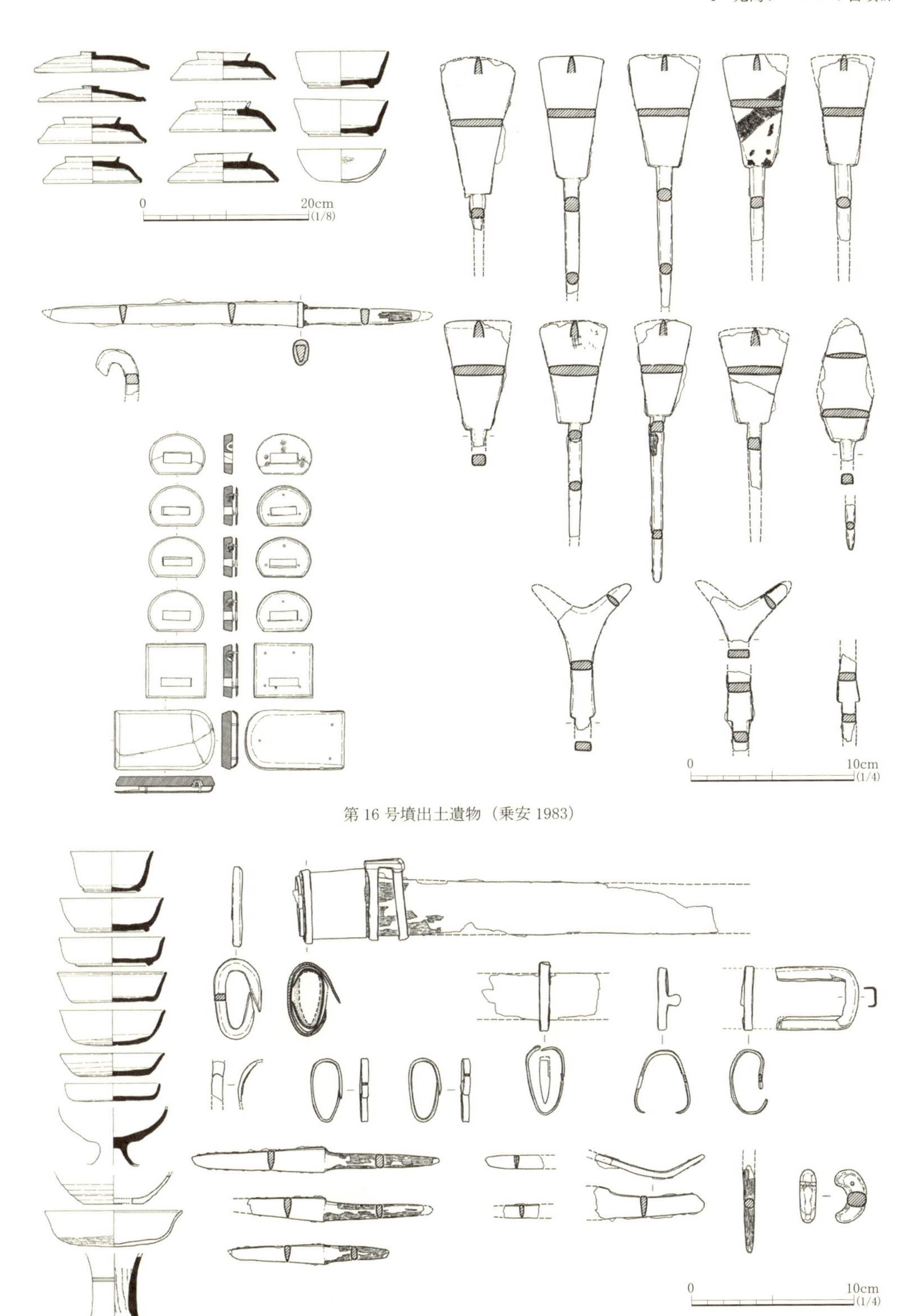

図10　見島ジーコンボ古墳群　出土遺物⑤

図 11　見島ジーコンボ古墳群西部域史跡公園現況
（東から）（2012 年 8 月撮影）

引用・参考文献

市来真澄　2011「見島ジーコンボ古墳群の構築時期と石室について」海の古墳を考える会 編『海の古墳を考えるⅠ―群集墳と海人集団―発表要旨』北九州（福岡）

斎藤　忠・小野忠凞　1964「考古の部」山口県教育委員会 編『見島総合学術調査報告』山口

下向井龍彦　2008a「第九編 律令国家の変容と周防国・長門国　第三章 変動期の瀬戸内海海域」『山口県史』通史編 原始・古代、山口県

下向井龍彦　2008b「第十編 長門・周防地域と東アジア　第四章 対外緊張と周防・長門地方」『山口県史』通史編 原始・古代、山口県

中村徹也・国守　進　1989「原始・古代の見島」萩市史編纂委員会 編『萩市史』第 2 巻、萩（山口）

乗安和二三　1983『見島ジーコンボ古墳群』山口県教育委員会 編、山口県埋蔵文化財調査報告第 73 集、山口

匹田　直・弘津史文・小川五郎・三宅宗悦・姉川従義　1927「阿武郡見島文化の研究」、山高郷土史研究会 編『山高郷土史研究　会考古学研究報告書―台覧紀年号―』山口

松下孝幸・分部哲秋・佐熊正史　1983「山口県萩市見島ジーコンボ古墳群出土の平安時代人骨」、山口県教育委員会 編『見島ジーコンボ古墳群』山口県埋蔵文化財調査報告第 73 集、山口

松下孝幸　1985「山口県見島ジーコンボ古墳群の人骨―山口大学埋蔵文化財資料館所蔵の資料―」山口大学埋蔵文化財資料館 編『山口大学構内遺跡調査研究年報Ⅳ』、山口

松下孝幸・松下真実　2012「山口県萩市ジーコンボ古墳群出土の人骨」、山口大学埋蔵文化財資料館 編『見島ジーコンボ古墳群第 151 号墳出土資料調査報告』館蔵資料調査報告書 2、山口

松下孝幸・松下真実　2013）「山口県萩市ジーコンボ古墳群第 155 号墳出土の人骨」、山口大学埋蔵文化財資料館 編『見島ジーコンボ古墳群 第 152・153・155・156 号墳出土資料調査報告』館蔵資料調査報告書 3、山口

松下真実・松下孝幸　2014「山口県萩市ジーコンボ古墳群出土の平安時代人骨」山口考古学会 編『山口考古』第 34 号　山本一朗先生追悼号、防府（山口）

三輪善之助　1923「長門見島の遺跡」『考古学雑誌』第 14 巻第 3 号、日本考古学会、東京

山本　博　1935「長門国三島村の弥生式遺跡と古墳出土遺物―特に□帯について―」『考古学雑誌』第 25 巻第 8 号、日本考古学会、東京

横山成己　2011『見島ジーコンボ古墳群 第 154 号墳出土資料調査報告』館蔵資料調査報告書 1、山口大学埋蔵文化財資料館 編、山口

横山成己・松浦暢昌　2012『見島ジーコンボ古墳群 第 151 号墳出土資料調査報告』館蔵資料調査報告書 2、山口大学埋蔵文化財資料館 編、山口

横山成己　2012「見島ジーコンボ古墳群「俘囚墓説」小考」「やまぐち学」推進プロジェクト 編『やまぐち学の構築』第 8 号、山口

横山成己　2013『見島ジーコンボ古墳群 第 152・153・155・156 号墳出土資料調査報告』館蔵資料調査報告書 3、山口大学埋蔵文化財資料館 編、山口

横山成己　2015『見島ジーコンボ古墳群 第 128・137 号墳出土資料調査報告』館蔵資料調査報告書 3、山口大学埋蔵文化財資料館 編、山口

横山成己・川島尚宗　2016『見島ジーコンボ古墳群第 124 号墳・潮待貝塚出土資料調査報告』館蔵資料調査報告書 5、山口大学埋蔵文化財資料館 編、山口

5 播 磨

亀田修一

1 はじめに

播磨の積石塚は、香川県石清尾山古墳群や長野県大室古墳群などのように有名ではない。しかし、播磨南部地域の海辺には数ヵ所のまとまりがあり、少し内陸側に入った地域にも見ることができる(図1)。

積石塚に関しては、たまたま墓を築いた場所が岩山、石が多い場所、土がない場所であったから築いたのか、それとも朝鮮半島の高句麗や新羅の古墳群のように意図的に石を使用して墓を築いたのか、当然両方考えられる。

小稿では、播磨の積石塚について、代表的な群をなすものを抽出して概要を述べるとともに、上記の両起源説について簡単に述べてみたい[1)]。

なお、播磨の積石塚に関しては、不勉強ながら専論は確認できておらず、町史などの文献資料を基本データとして、述べていきたい。

2 播磨の積石塚古墳

(1) 千種川流域地域

千種川流域地域では、赤穂市の与井谷口古墳群と高取山古墳群で積石塚古墳が知られている。その内容に関しては、赤穂市史編さん委員会編 1984『赤穂市史4 資料』が最も詳しく、これによって以下述べていく。

与井谷口古墳群(図2-1～3) 赤穂市西有年字与井谷口、千種川中流西岸の支流長谷川北側の小さな谷(与井谷)の裾部に位置する。その裾部は南北約120m、東西約50mの範囲が大小角礫からなる平坦部となり、ここに33基の積石塚古墳が確認されている。

谷の入り口側に最も近いものが1号墳と命名され、発掘調査されている。直径3～4m、高さ約1.3mの円墳で、子供の頭の大きさほどの山石が積み上げられている。

内部主体はよくわからないが、表面から10cmほど石を外すと一辺1mほどの方形（報文では円形）の区画が確認でき、その中から6世紀中葉前後の須恵器蓋杯、壺の口縁部などが出土している。土師器片も出土しているが、形・時期など判別できないとのことである。このほかの積石塚古墳については触れられていない。

この遺跡の性格として、この地域が律令期には「赤穂郡大原郷」に属し、平城宮木簡の「秦造吉備人」(奈良国立文化財研究所 1997、p.15)などの存在から、秦氏との関わりも想定されている。

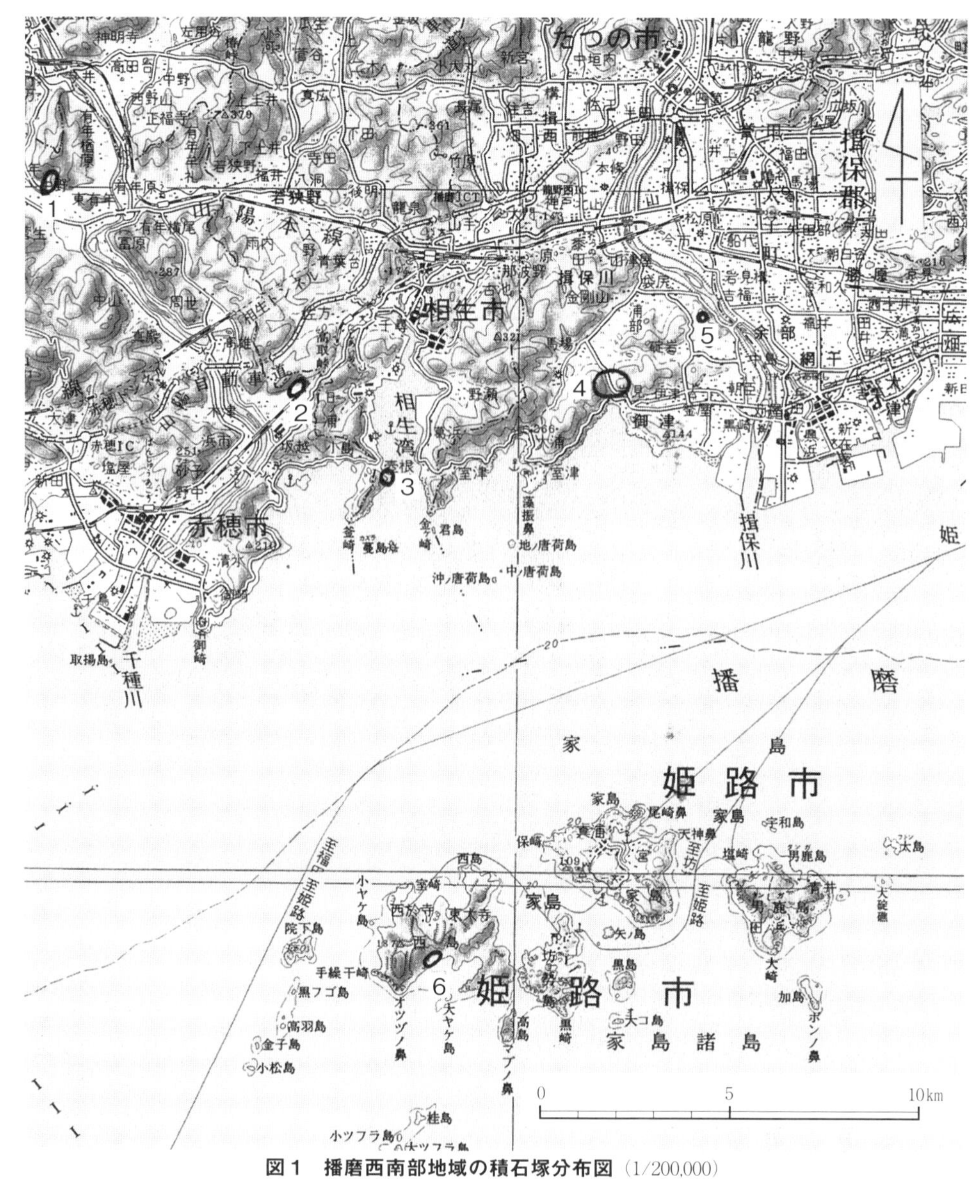

図1　播磨西南部地域の積石塚分布図（1/200,000）
1：与井谷口古墳群　2：高取山積石塚古墳群　3：壺根古墳群
4：岩見北山積石塚古墳群　5：権現山7号墳　6：マルトバ古墳群

この古墳群は海とは約10km離れており、海を直接見ることはできない。

高取山積石塚古墳群（図2-4〜6）　赤穂市高野、千種川下流東岸の高取山の裾部に位置する。21基の横穴式石室墳と6基の積石塚古墳が確認されている。横穴式石室墳は2つのグループに別れ、そのうちの14基（1〜14号墳）が平野部側、7基（15〜21号墳）が谷奥側に位置し、その谷奥側の横穴式石室墳に混じって積石塚古墳が6基確認されている。市史では、横穴式石室墳を「高取山古墳群」、積石塚古墳を「高取山積石塚古墳群」として別に説明している。

積石塚古墳はいずれも一辺（直径）10m以下の大きさで、形は方形に見えるものもあるが、よくわからない。比較的形がわかるものとして、4号墳と5号墳の説明がなされている。

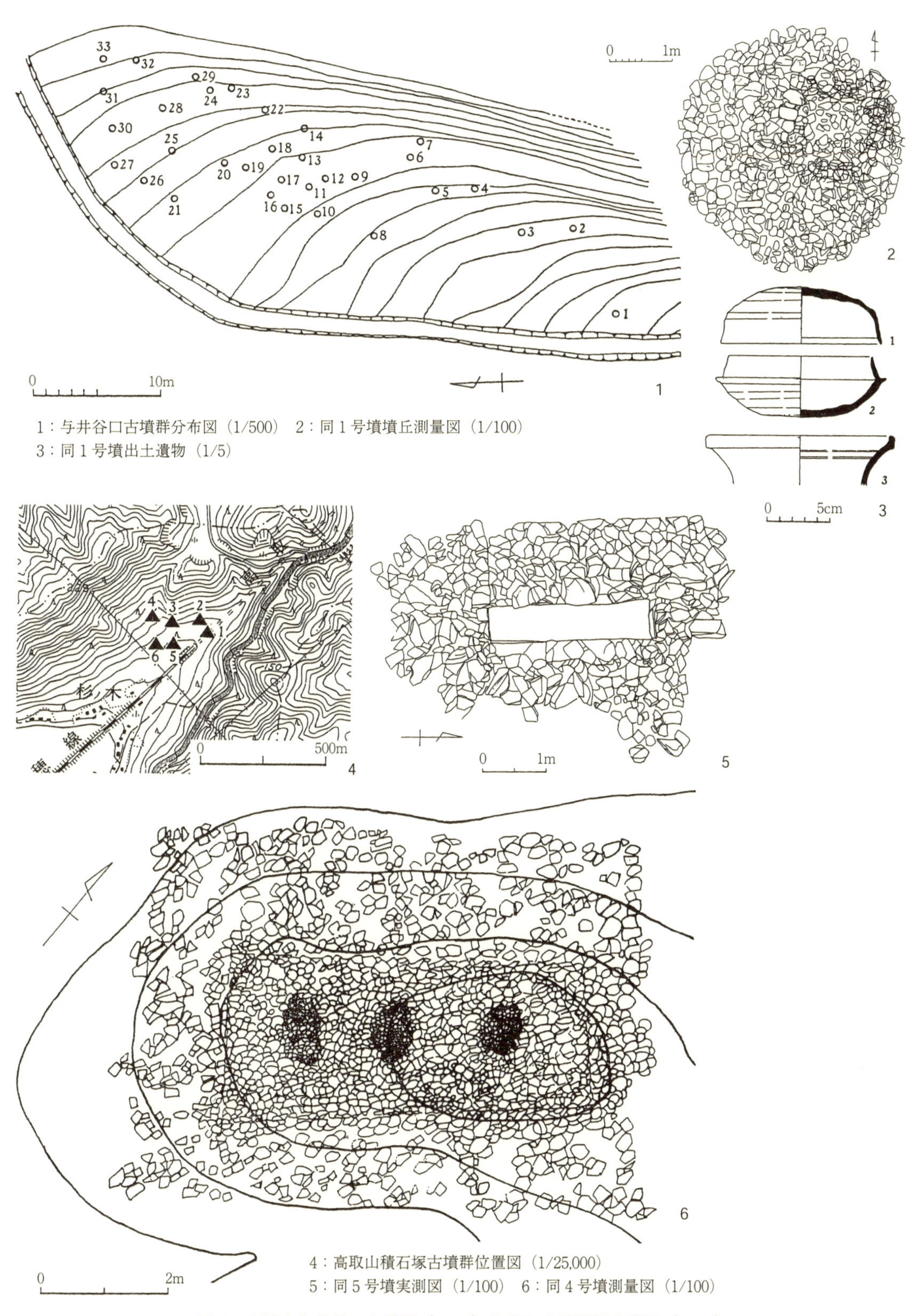

1：与井谷口古墳群分布図（1/500） 2：同1号墳墳丘測量図（1/100）
3：同1号墳出土遺物（1/5）

4：高取山積石塚古墳群位置図（1/25,000）
5：同5号墳実測図（1/100） 6：同4号墳測量図（1/100）

図2 赤穂市与井谷口古墳群（1～3）と高取山積石塚古墳群（4～6）
（赤穂市史編さん委員会編 1984、一部改変引用）

4号墳は約8×6mの長方形墳丘で、高さは1mである。6×2.5mの中央部分に3ヵ所の窪みがあり、内部主体は箱式石棺と推測されている。

5号墳は約10×6mの長方形と推測される範囲の積石部分が確認されており、その中に長さ2.47m、幅0.57m、深さ0.4mの箱式石棺が確認されており、側壁の両端部と短壁は1枚石、側壁の中央部は2枚の石が積まれている。

遺物は1点も確認されておらず、時期はわからないが、側壁の中央部の2段積みの特徴から、横穴式石室墳よりは先行する可能性が考えられている。また、4号墳の3ヵ所の窪みなどから複数の内部主体の存在を推測し、横穴式石室への展開も考慮されている。

なお、横穴式石室墳に関しては、確認できる最も大きな墳丘は4・9・10号墳で、直径が12.8mである。石室は4号墳が最も大きく、長さ7.1m、幅1.4mである。また発掘調査された9号墳からは、6世紀末頃の須恵器蓋杯と耳環などが出土している。

高取山積石塚古墳群の性格に関しては、渡来人との関わりも意識されているが、積石塚古墳を築く材料となる山裾の麓屑面が、距離的にも近いたつの市（御津町）岩見北山積石塚古墳群などとも類似することから、自然環境との関わりも考えられている。

なお、この古墳群は谷奥部にあり、もし海を望むとすると南西方向約8㎞の距離になる。当時の海がどこまで入り込んでいたかはよくわからないが、入り込んでいたとしても5㎞ほどありそうで、直接海を見ることができたかよくわからない。

(2)揖保川下流域

揖保川下流域地域では、岩見北山積石塚古墳群が知られている。その内容に関しては、御津町史編集専門部委員会編1997『御津町史3』と同2001『御津町史1』が詳しく、これらによって以下述べていく。

岩見北山積石塚古墳群(図3)　たつの市御津町岩見、入江となっている岩見地区の背後の谷の奥、旧揖保川町河内地区に抜ける峠道の分水嶺、岩見坂の東西に位置する。海からの距離は約400mで、海が見える。7基で構成されている。墳丘の石材はこの山自体のもので、こぶし大から一抱えある大きさの角礫が使用されている。この積石塚群の南側には、横穴式石室墳が7基確認されている。以下、積石塚について述べる。

1号墳は峠の尾根筋、道の西側に築かれたもので、一辺（直径）約20mの範囲に石積みが見られるが、形はよくわからない。内部主体は長さ1.9m、幅1.1mの竪穴式石室で、舶載「長宜子生」銘内行花文鏡（直径19.2㎝、図3-3）が出土している。また墳丘内からは土器棺と推測される大型の壺形土器も出土している。布留式土器の古式のものと判断され、古墳時代前期と考えられている。

2号墓は1号墳の西側に位置し、1.6×1.2mの楕円形の石組みが残っており、配石土器棺が検出されたようである。弥生墳丘墓と考えられている。

3号墓、4号墓は2号墓の西側のやや高い場所に位置する。ともに墳形、内部主体はよくわからないが、弥生墳丘墓と推測されている。

峠道の東側にも積石塚が2基あるが、これらも詳細は不明である。

そしてこれら峠道東側の積石塚から南に約300mのより海に近い場所に、墳長約23mの前方後円墳の岩見北山4号墳（前述の4号墓とは別のもの）が位置する。直径約14mの後円部に長さ約

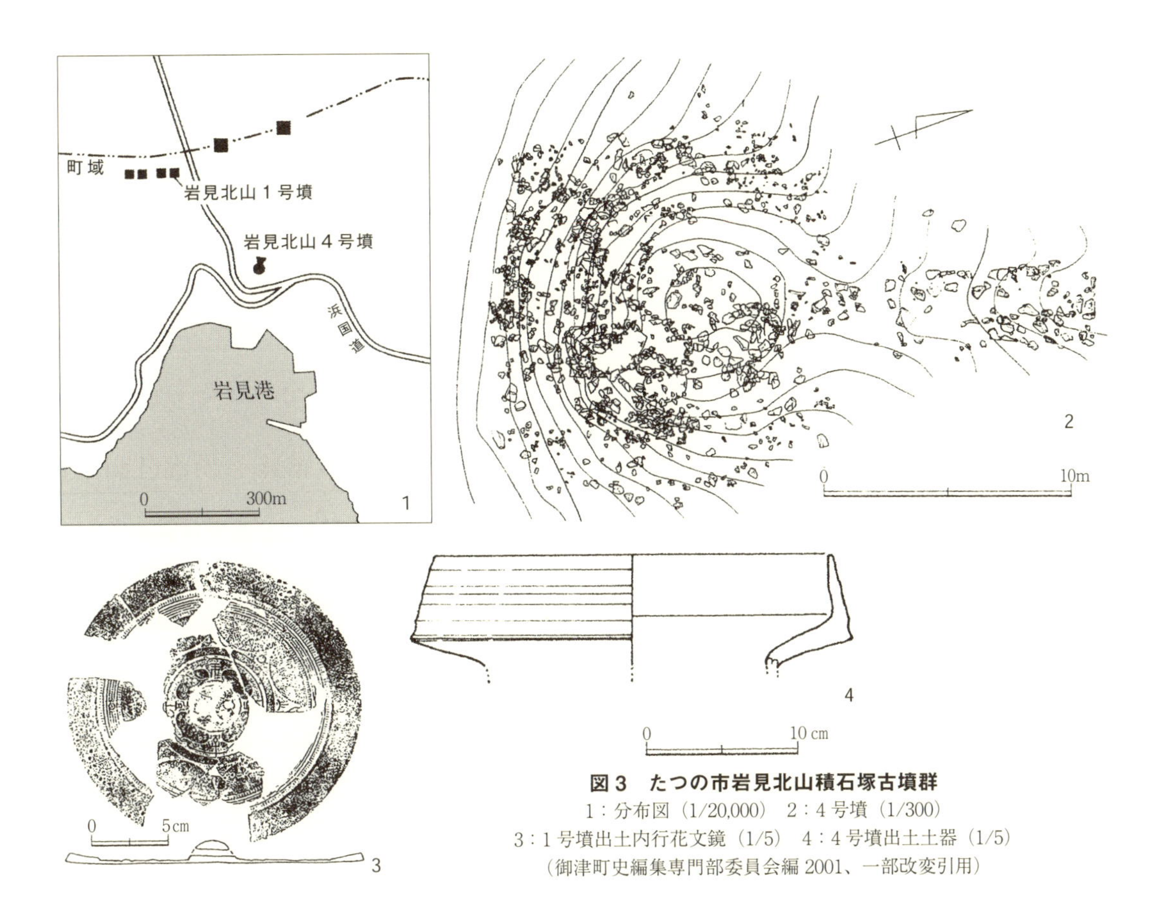

図３ たつの市岩見北山積石塚古墳群
1：分布図（1/20,000） 2：4 号墳（1/300）
3：1 号墳出土内行花文鏡（1/5） 4：4 号墳出土土器（1/5）
（御津町史編集専門部委員会編 2001、一部改変引用）

10 m の細長い前方部がつく。内部主体はわからないが、墳丘から讃岐産の大型壺形土器（図 3 - 4）が採集されており、古墳時代初期のものと推測されている。

これらの積石塚の性格に関しては、その立地から海との関わりがまず考えられ、時期的に弥生時代末から古墳時代前期で、香川県高松市の石清尾山古墳群などとの関連性が考えられている。そして海上交通に関わる人々が積石塚を築いたと考えられている。

(3) 家島諸島地域

家島諸島地域は古く、1959 年（昭和 34）に神戸新聞社の主催で地質、考古、民俗などの総合調査が行われ、積石塚に関しても、西島南海岸のマルトバ古墳群が調査された。そしてその成果は、家島群島総合学術調査団編 1962『家島群島』神戸新聞社にまとめられた。

マルトバ古墳群（図 4） 姫路市家島町真浦、家島諸島最大の西島の南側のマルトバ浜に位置する。浜全体が円礫で覆われ、1959 年の調査時点では 17 基の積石塚古墳を確認している。

墳丘は大体直径 5〜7 m のもので、11、12 号墳は前方後円墳の可能性があり、そのほかは円墳であったと推測されている。郷土史家の中上実によれば、1930 年頃までは墳丘は高く残っていたが、石材の搬出で壊され、遺物も流出したとのことである。

確認された内部主体はいずれも箱式石棺で、1・2・4〜9 号墳で確認されている。6 号墳のものは長さ約 2.2 m、幅約 0.6 m の大きさで、だいたい 0.5 × 0.3 × 0.1 m くらいの扁平な板石を長辺

図4　姫路市マルトバ古墳群（1・5・6：縮尺不明、3・4：1/50）
1：分布図　2：12号墳墳丘測量図　3：2号墳石棺実測図　4：6号墳石棺実測図　5・6：中上採集土器
（家島群島総合学術調査団編1962、一部改変引用）

は3枚、短辺は1枚立て、石棺を構成していた。2号墳の石棺も同様の石材を使用しており、長さ約1.8m、幅約0.5mの大きさである。いずれも床に板石は使用されていなかったようである。

遺物は、5号墳近くで須恵器甕片、17号墳棺内から須恵器の杯片が出土しており、調査以前に中上が採集した平瓶（図4-5）などもある。時期は6世紀後半から8世紀代のものと考えられている。また滑石製の扁平な勾玉と鉄鏃かと推測されるものが6号墳石棺から出土し、中上の採集品には同じ様な滑石製の勾玉と臼玉がある。さらに時期は不明であるが、8号墳の積石下部から刻み目石錘が出土している。このほか、マルトバ古墳群採集品の中に新羅土器の甕とされる写真が掲載されている（図4-6）。写真のみで詳細はわからないが、頸基部に突帯がめぐらされた壺で、朝鮮半島では新羅や伽耶地域に見られるものである。新羅・伽耶系の土器である可能性はある。

このマルトバ古墳群が積石塚であることに関して、報告書ではこの土地の条件（礫浜であること）がその理由として述べている。一方、このマルトバ古墳群に関しては、興味深い記録がある。『播磨国風土記』揖保郡の条の島関係の記録である（秋本1958参照）。

「伊刀島（家島）の東に神島（上島）がある。応神天皇の代に、その島の石神の顔の五色の玉の一つを新羅から来た人が掘った。そこで石神は怒り、暴風を起こし、彼らの船を転覆させ、高島（西島）の南の浜に漂着させた。彼らは皆亡くなり、その浜に埋められた。そのためこの浜を「韓浜」という」というものである。まさにこのマルトバ古墳群の積石塚群が、新羅の人たちの墓と認識されているようである。

また、このときに転覆した船の積み荷が漂着した島が「韓荷島」と呼ばれ、この「韓荷島」は現在室津港の南の「地ノ韓荷島、中ノ韓荷島、沖ノ韓荷島」と考えられている。

3 播磨の積石塚古墳の語るもの

以上のように、播磨南部地域にはいくつかの積石塚の墳丘墓群、古墳群がある。時期的には弥生時代後期から古墳時代終末期にかけてのものと判断、推測されている。いずれも小型のものであるが、たつの市岩見北山積石塚古墳群や姫路市マルトバ古墳群の中には前方後円墳も含まれているようである。

また、赤穂市の与井谷口古墳群や高取山積石塚古墳群などは海を見ることはできないが、ほかの積石塚群はいずれも海を見ることができ、海との関わりが強く認識されている。

さて、これらの積石塚がなぜ石で築かれたのかについてであるが、まず時期的に遡るたつの市岩見北山積石塚古墳群は対岸の香川県石清尾山古墳群などとの関連が推測されることが多いようである。讃岐系の土器も出土している。

また、赤穂市の与井谷口古墳群や高取山積石塚古墳群、たつの市の岩見北山積石塚古墳群などはこの築かれた場所が角礫の岩の山やその周辺部であり、すなおにその場の素材（石）を墳丘構築材に使用したと考えられているようである。条件的には海岸部の円礫ではあるが、姫路市マルトバ古墳群の場合も礫の浜であり、それがすなおに墳丘に使用されたと考えられている。

ただ、マルトバ古墳群に関しては、なぜそのように言われているのかはわからないが、少なくとも8世紀前半の風土記編纂時に、この「高島の南の浜」に石を積み上げた墓があり、新羅の人たちの墓である、という伝承があったものと推測される。偶然、このような話になったのか、それとも当時の人々の認識の中に新羅には石を積んだ墓があり、新羅の人々は石を積んで墓を造る、というような認識があったのであろうか。

ちなみに、赤穂市与井谷口古墳群が位置する大原郷には秦氏に関わる木簡があり、５世紀代の有年原・田中遺跡などでは朝鮮半島系資料が比較的まとまって検出されている。

4　おわりに

以上、述べてきたように、播磨南部地域には点々と積石塚群がある。弥生時代後期から古墳時代終末期のもので、これらがお互い関連するのか、それともそれぞれが別々に、何の関係もなく、偶然、その墓を造る場所に石があり、それを積み上げたのか。それとも一部の古墳群に関しては朝鮮半島との関わりに中で積石塚を築いたのか。

いずれも調査がほとんどなされておらず、築造場所の素材によるのか、朝鮮半島との関わりによるのか、明確に述べることはできない。ただ、少なくとも築造場所の素材、土がなく、またはほとんどなく、岩場に築かざるを得ず、石を積み上げた墓はあったものと考えている。新羅との関わりが記されている高島（西島）の南の浜の墓（マルトバ古墳群）の場合も、ここは礫の浜であり、土で墳丘を築くことは難しかったと思われる。ただ、諸般の事情も含めて、新羅の人と言うことで意図的にこの場所、石の浜が選ばれた可能性も無視することはできないと思われる。

小稿をなすにあたり、下記の方々にお世話になった。末筆ながら記して謝意を表します。
岸本道昭、桑本健一、篠宮欣子、中川猛、西田猛、宮崎素一（敬称は省略させていただいた。）

註

1）　播磨の積石塚群は本文中で取り上げるものがその代表的なものであるが、それら以外に封土墳の古墳群のなかに単独で築かれているものもあるようである。不確実なものも含まれているが、たつの市御津町権現山７号墳（方墳、時期不明、松本 1991）、相生市壺根古墳群 10 号石棺（約 3.2 × 3.7m の方形積石塚状、箱式石棺、鉄製釣針状品出土、周辺で５、６世紀の須恵器など出土。相生市史編纂専門委員会 1989）、小野市黍田積石塚古墳（時期など不明。小野市教育委員会 2014）などが挙げられている。

引用・参考文献

相生市史編纂専門委員会 1989『相生市史　5』兵庫県相生市・相生市教育委員会
秋本吉郎 校注　1958『風土記』日本古典文学大系２、岩波書店
赤穂市史編さん委員会 編　1981『赤穂市史　1　通史（地質・考古・古代～中世）』
赤穂市史編さん委員会 編　1984『赤穂市史　4　資料（地質・考古・古代～中世）』
家島群島総合学術調査団 編　1962『家島群島』神戸新聞社
小野市教育委員会いきいき社会創造課好古館 編　2014『黍田温泉活用施設等整備事業に係わる黍田白雲谷古墳・黍田積石塚古墳発掘調査報告書』小野市教育委員会
岸本道昭　2013『古墳が語る播磨』のじぎく文庫、神戸新聞総合出版センター
奈良国立文化財研究所　1977『平城宮発掘調査出土木簡概報（十一）』
松本正信　1991「第１章　第１節　環境」権現山 51 号墳発掘調査団団長近藤義郎編『権現山 51 号墳』『権現山 51 号墳』刊行会
御津町史編集専門部委員会 編　1997『御津町史 3』御津町
御津町史編集専門部委員会 編　2001『御津町史 1』御津町

6　讃岐・阿波

渡部明夫

1　はじめに

四国東部に位置する讃岐・阿波では弥生時代末期から古墳時代前期にかけて積石墳丘墓、積石塚が築造されており、積石塚にかぎっても、北側の讃岐(香川)で70基以上、その南の阿波(徳島)では5基の前方後円墳とさらに多くの小規模積石塚が存在するものと考えられている(図1)。

讃岐・阿波で特に積石塚が集中するのは、高松市石清尾山古墳群である(図2)。1931・32年(昭和6・7)にこれを調査した梅原末治は、石清尾山塊の積石塚は石塊を用いて段築した墳丘をもつことに特徴があるものの、前方後円墳や双方中円墳など、我が国独特の墳形が認められること、竪穴式石槨・刳抜式石棺を内部主体とすること、円筒埴輪を用いるものがあること、鏡・石釧・銅鏃・筒形銅器などの副葬品をもつことから、古式の盛土墳と同似を示しているとして、これとほぼ同時期に属するとした。

これに加えて、国内各地の積石塚には外形、内容、時期に違いが認められるので、国内での積石塚の発展を考えることは方法論的には可能であるが、積石塚を一つの系統としてとらえるにはそれぞれがあまりに孤立的であり、各形式に発展的変遷の証拠がないことから、石清尾山古墳群の出現を国内の積石塚の特殊な発展段階として説明することはできないとした。また、積石塚が大陸からの波及によって出現したとする見解も、年代観の論拠において首肯しがたいとして、大陸の積石塚との直接的連鎖を否定したが、石で塚を築くという概念的な思想は大陸の影響と無関係ではないとも述べている。

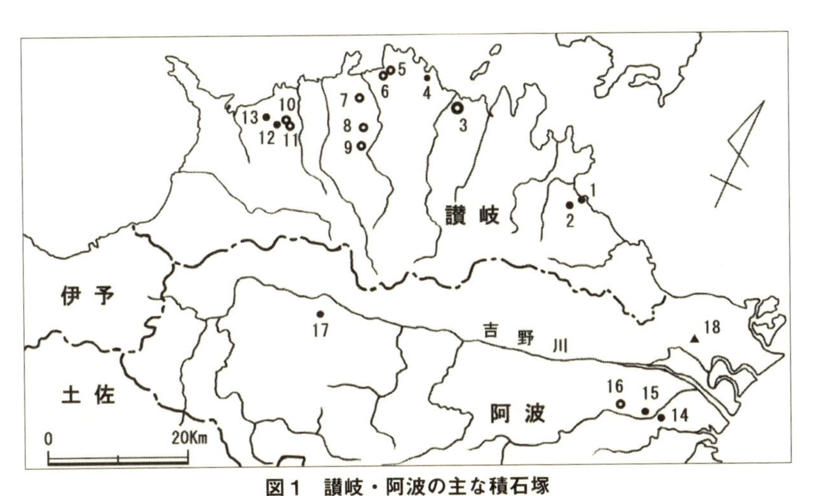

図1　讃岐・阿波の主な積石塚

1：鵜の部山古墳　2：川東古墳　3：石清尾山古墳群　4：横立山経塚古墳　5：経ノ田尾古墳・スベリ山古墳群　6：雌山古墳群　7：ハカリゴーロ古墳・爺ヶ松古墳　8：横山古墳群　9：横峰古墳群　10：丸山1号・2号墳　11：大麻山経塚古墳・大麻山椀貸塚古墳　12：野田院古墳　13：大窪経塚古墳　14：八人塚古墳　15：奥谷2号墳　16：前山1号・2号墳　17：丹田古墳　18：萩原1号・2号墓

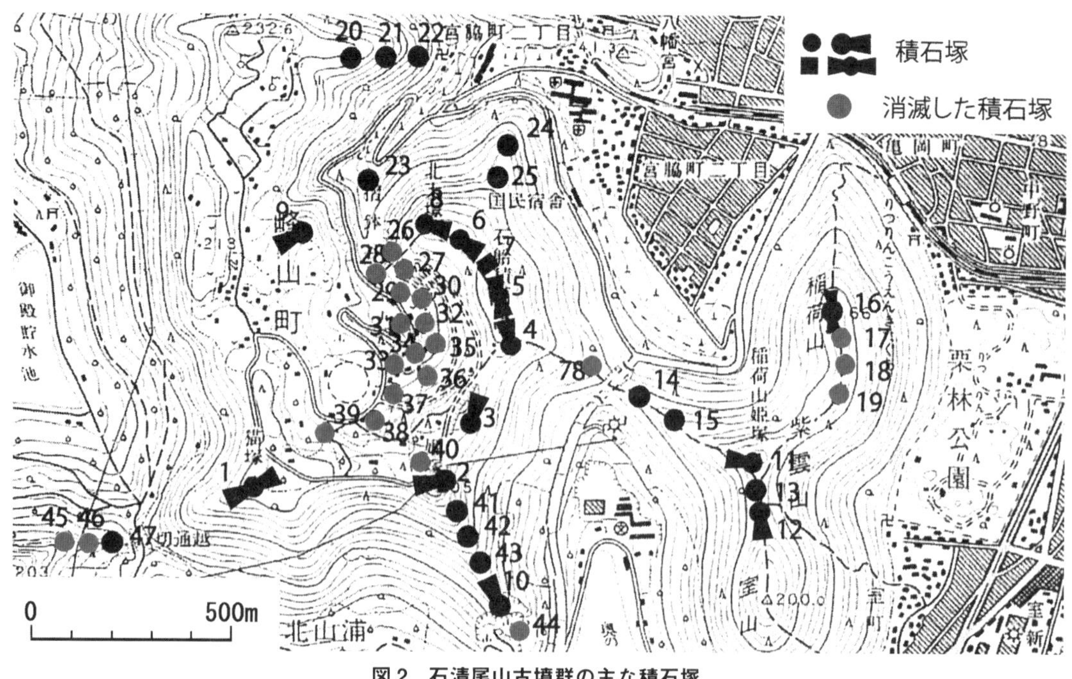

図2　石清尾山古墳群の主な積石塚

そのうえで、石清尾山古墳群の積石塚は盛土墳の知識を土台として、その関連からはじめて成立が可能であり、土壌の少ない丘陵上で古墳を構築する際に石塊が手近に得られるという所在地の特殊な地理的事情が主な要因で生じた盛土墳の一変形、古式古墳の地方的差異の顕著な一例であるとして、盛土墳と石清尾山塊の積石塚に本質的な差異がないことを明らかにした（梅原1933）。これによって、その後は積石塚の特徴が注目されることはあまりなく、讃岐・阿波の前期古墳として盛土墳と共に研究が行われてきた。

その後、森浩一は徳島県丹田古墳の報告の中で、墳丘の南西方に赤土が認められることから、土の入手困難という理由で積石塚の丹田古墳が築造されたのではないとすると共に、讃岐・阿波の積石塚に対して「阿讃積石塚分布圏」と仮称し、この地域の積石塚が古墳時代前期にかぎられるとした（森・伊藤1971）。森はそれ以上の説明はしなかったが、その後の研究で讃岐・阿波の積石塚が密接な関係をもつことがしだいに明らかになりつつある。

2　積石塚の成立

阿波では突出部をもつ前方後円形の積石墳丘墓が弥生時代末期[1)]に築造されており、讃岐では弥生時代末期ないしは古墳時代初期から積石塚が築造されている。こうした状況から、現状では積石塚の成立に阿波の先行性を認めることができる。

徳島県鳴門市萩原1号墓（菅原ほか1983）・2号墓（菅原ほか2010）はともに全長26mあまりで、突出部を有する前方後円形の積石墳丘墓である。円丘部の直径は1号墓が18m、2号墓が21.2mで、いずれも突出部は狭くて短く、低平であることを特徴とする。円丘部の中央に組合式箱形木棺を積石木槨（石囲い木槨）に納めたとされる埋葬施設をもち、1号墓から画文帯同向式神獣鏡・管玉・鉄器（鉇？）などが、2号墓から破鏡となった内行花文鏡（雲雷文帯連弧文鏡）片が出土した。画文帯同向式神獣鏡、内行花文鏡とも、埋葬時での意図的な破砕の可能性が考えられている。1号墓の主体部の上部から出土した広口壺・細頸壺・台付小型壺・高坏などは庄内式期の後半に比定され、2号墓の積石墳丘内から出土した広口壺・細頸壺・鉢・脚台・壺底部は庄内期の前半に比定されている。

萩原1号・2号墓の墳丘は視覚的には前方後円形を呈するが、前方後円墳と比較すると、前方部は細くて短く、先端部の幅が狭くなっており未発達である。また、長大な竪穴式石槨や割竹形木棺をもたず、破砕されたと考えられる舶載鏡を副葬するなどの特色をもつ。菅原康夫は萩原1号・2号墓の積石木槨が、大きく外方に開く墓壙壁面に沿って結晶片岩を積み上げ、竪穴式石槨の外周に囲壁を構築することを特徴とする「阿波型竪穴式石室」として展開すると共に、香川県石塚山2号墳（盛土墳、國木 1993）や奈良県ホケノ山古墳（岡村ほか 2008）の主体部へと変遷するとしている（菅原ほか 2010）。

これに対して、香川県高松市石清尾山に所在する鶴尾神社4号墳（渡部ほか 1983）は後円部の直径 18〜18.7m で萩原2号墓より小さいが、前方部が長さ 21.3m と長く、全長 40m の墳丘をもつ（図3）。前方部はくびれ部から先端側へ約 5.6m のところが幅 4.5m と最も狭く、いったんくびれてからバチ状になり、前端部は幅 10.6m まで広がる。くびれ部は板石を 4〜5 段積んで墳裾とするほか、前方部の墳裾には面を揃えた大きめの石材を据え、前端部の一部は岩盤を削るなどして遮断をより明確化している。後円部には積石による段築が認められ、中央部に長さ 4.7m、幅 1.01〜1.23m、側壁の高さ約 1.6m 以上の安山岩板石積み合掌構造と考えられる竪穴式石槨をもつ。調査によって舶載獣帯方格規矩四神鏡の一部が出土し、既出のものと接合したことにより、2片に割れた鏡に補修孔を開けて紐でつなぎ合わせ、完形鏡として副葬されていたことが明らかとなった。また、竪穴式石槨上の墳丘にあったと考えられる広口壺・二重口縁壺・細頸壺などが出土したほか、西側墳裾を中心に焼成前に穿孔された壺形埴輪が出土し、庄内式期後半あるいは布留0式期に比定されている[2)]。

鶴尾神社4号墳は萩原1号・2号墓と同じく墳丘を石積みし、東西方向の主体部を構築し、舶載鏡をもつ。しかし、鶴尾神社4号墳は段築された後円部をもち、前方部が長くなると共に、先端部がバチ状に広がる。また、焼成前に穿孔された壺形埴輪を墳丘に立てる。内部主体は安山岩板石積みの規模の大きな竪穴式石槨となり、完形品と意識されていたであろう舶載鏡を副葬して

図3　鶴尾神社4号墳（前方部より）（右）・**竪穴式石槨東小口壁**（左）

おり、破砕して副葬または供献する萩原1号・2号墓とは異なる扱いがなされている。鶴尾神社4号墳がもつこれらの相違点は、後続する積石塚や盛土墳に受け継がれ、それが讃岐の初期古墳の特徴となる。

こうした特徴と共伴する土器の年代の古さから、鶴尾神社4号墳は盛土墳のさぬき市丸井古墳（大山1983、町田・花谷ほか1991）と共に讃岐最古の前方後円墳と考えられている。また、鶴尾神社4号墳の墳形は讃岐の初期前方後円墳と共通するだけでなく、瀬戸内海北岸の兵庫県西部揖保川流域の前方後円墳（岸本1988）や阿波の積石塚前山1号墳（高島2007）にも認められ、「鶴尾神社類型」（北條1999）の墳丘築造企画として鶴尾神社4号墳を起点に発展したとされている。

さらに、北條芳隆は出土土器から鶴尾神社4号墳を、定型化した最古の前方後円墳とされる奈良箸墓古墳より古く位置づけ、鶴尾神社4号墳の竪穴式石槨を祖型として奈良盆地の成立期前方後円墳の長大な竪穴式石槨が成立した可能性が高く、讃岐の板状安山岩が岡山県の古墳に（宇垣1997a・b）、阿波の板状結晶片岩が兵庫・大阪・奈良の古墳の竪穴式石槨に用いられる（宇垣1997a・b、奥田1986ほか）など、讃岐・阿波が前方後円墳の成立、定型化に大きな役割を果たしたと想定している（北條1999）。

3　積石塚の分布と内容

(1)讃　岐

讃岐では、東部のさぬき市津田湾から、丸亀平野の西端に位置する善通寺市までの範囲に73基の積石塚が知られている。その内訳は前方後円墳が23基、双方中円墳3基、円墳40基、方墳5基、墳形不明2基である。これらの積石塚は、鶴尾神社4号墳が立地する高松市石清尾山塊を中心として、津田湾側とその西側丘陵の背後に各1基の前方後円墳が立地するほか、坂出市、善通寺市に数基ずつの古墳群を形成しながら分布している。

一方、讃岐西端の三豊市・観音寺市地域と東端の東かがわ市地域では積石塚が知られていない。ただし、東かがわ市地域については、その南東の徳島県鳴門市で庄内式期の突出部をもつ積石墳丘墓が築造されていることから、今後積石塚が発見される可能性も考えられる。しかし、三豊市・観音寺市地域は前期の前方後円墳が確認できず、讃岐産の刳抜式石棺も導入されないなど、善通寺市以東の前期古墳の様相と大きく異なることから、積石塚分布の圏外と考えられる。

73基を数える讃岐の積石塚の分布で最も大きな特徴は、その約2/3が高松平野の西端近くに所在する石清尾山古墳群に集中することである。ここでは前方後円墳9基、双方中円3基が知られており、讃岐全体の積石塚のうち、大型墳の約1/2、小型墳の約3/4を占める。古墳時代前期の石清尾山塊では積石塚のみが集中して築造され、特徴的な積石塚古墳群を形成している。

讃岐の積石塚を東からみていくと、石清尾山古墳群の東は積石塚の分布が希薄で、高松から東にのびる平野部東端の丘陵上に川東古墳（前方後円墳、信里2013）が単独で所在し、壺形埴輪の口頸部の形から前方後円墳集成編年基準（以下、集成と略記。広瀬1991）の2期に比定されている。また、これを山越えした津田湾岸に鵜の部山古墳（前方後円墳、松田ほか2013）が立地する。鵜の部山古墳は津田湾岸に立地する古墳群中最古、唯一の積石塚で、後円部を海浜の塊石で石積みし、細くて長い前方部を特徴とする。採集された壺形埴輪の口頸部から集成1期とされており、菅原は狭長な前方部の類似から徳島八人塚古墳との関連性を想定している（菅原2011）。

高松市石清尾山塊は津田湾の西約20㎞、高松平野の西端に位置し、ここに前方後円墳9基、双方中円墳3基、円墳35基、方墳1基、合計48基の積石塚からなる石清尾山古墳群が立地するが、そのうち円墳22基は消滅している。石清尾山古墳群で最初に築造された積石塚は前述の鶴尾神社4号墳と考えられるが、2012年度（平成24）から高松市教育委員会が未指定の積石塚に対する確認調査を実施しており、石清尾山古墳群の東端部に立地する稲荷山北端1号墳と稲荷山姫塚・稲荷山1号墳の様相がしだいに明らかになってきた。

稲荷山北端1号墳（波多野2015a）はこれまで円墳とされていたが、中円部の直径約28m、双方部の主軸がずれる推定全長約69mの双方中円墳であることが明らかになった。双方部は低平で先端部がバチ状に広がり、北側方形部は2段築成、中円部は少なくとも3段築成で、墳丘一部に板石の使用も認められた。壺形埴輪の出土量は少なく、多用していないようである。

稲荷山1号墳（波多野2016、高松市埋蔵文化財センター2016）は全長38mの前方後円墳で、後円部と前方部で塊石を用いた墳裾が確認され、後円部から壺形埴輪が出土している。

稲荷山姫塚（高上2014、波多野2015b）は、バチ状に広がる高い前方部をもつ全長約54mの前方後円墳である。後円部の下2段は塊石を積み上げた段の前面と上面に板石を積み上げて化粧としており、前方部でも後円部と同構造の段や塊石を用いた段が確認された。鶴尾神社4号墳タイプを含め多様な壺形埴輪が多く出土すると共に、石清尾山南方に位置する盛土墳の船岡山古墳（大久保・高上2010・2011）[3]にみられる刻み目突帯をもつ円筒形の埴輪も出土している。

稲荷山の積石塚については、稲荷山北端1号墳が集成1期、稲荷山1号墳と稲荷山姫塚古墳が集成2期とみられている。石清尾山古墳群ではこれまで鶴尾神社4号墳と石清尾山（摺鉢谷）9号墳（全長27.4m、松本編1972）が近い時期に築造され、その後双方中円墳の猫塚古墳（96m）が築造されたと考えられていたが、稲荷山姫塚古墳出土の鶴尾神社4号墳タイプの壺形埴輪が猫塚古墳の石室出土土器より形態的に古相を示すことから、稲荷山1号墳、稲荷山姫塚古墳がその間をつなぐ積石塚として位置づけられるようである。鶴尾神社4号墳と稲荷山北端1号墳との前後関係は現在のところ判然としない。

石清尾山塊では、その後バチ状前方部の変形と考えられる方形壇状の前方部[4]をもつ姫塚古墳（43m）、さらには方形透し孔をもつⅡ期の円筒埴輪や鷲ノ山石製の刳抜式石棺をもつ石船塚古墳（57m、梅原1933、渡部ほか1983、渡部1994）が造られる（図4）。したがって、石清尾山塊では中心となる大型積石塚が鶴尾神社後方尾根→稲荷山→摺鉢谷を囲む尾根上へと場所を移動しながら築造を継続し、4世紀後半～末には積石塚の築造を停止し、その後は盛土墳の築造もほとんど行われなかったようである[5]。

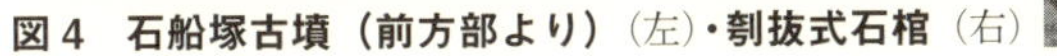

図4　石船塚古墳（前方部より）（左）・**刳抜式石棺**（右）

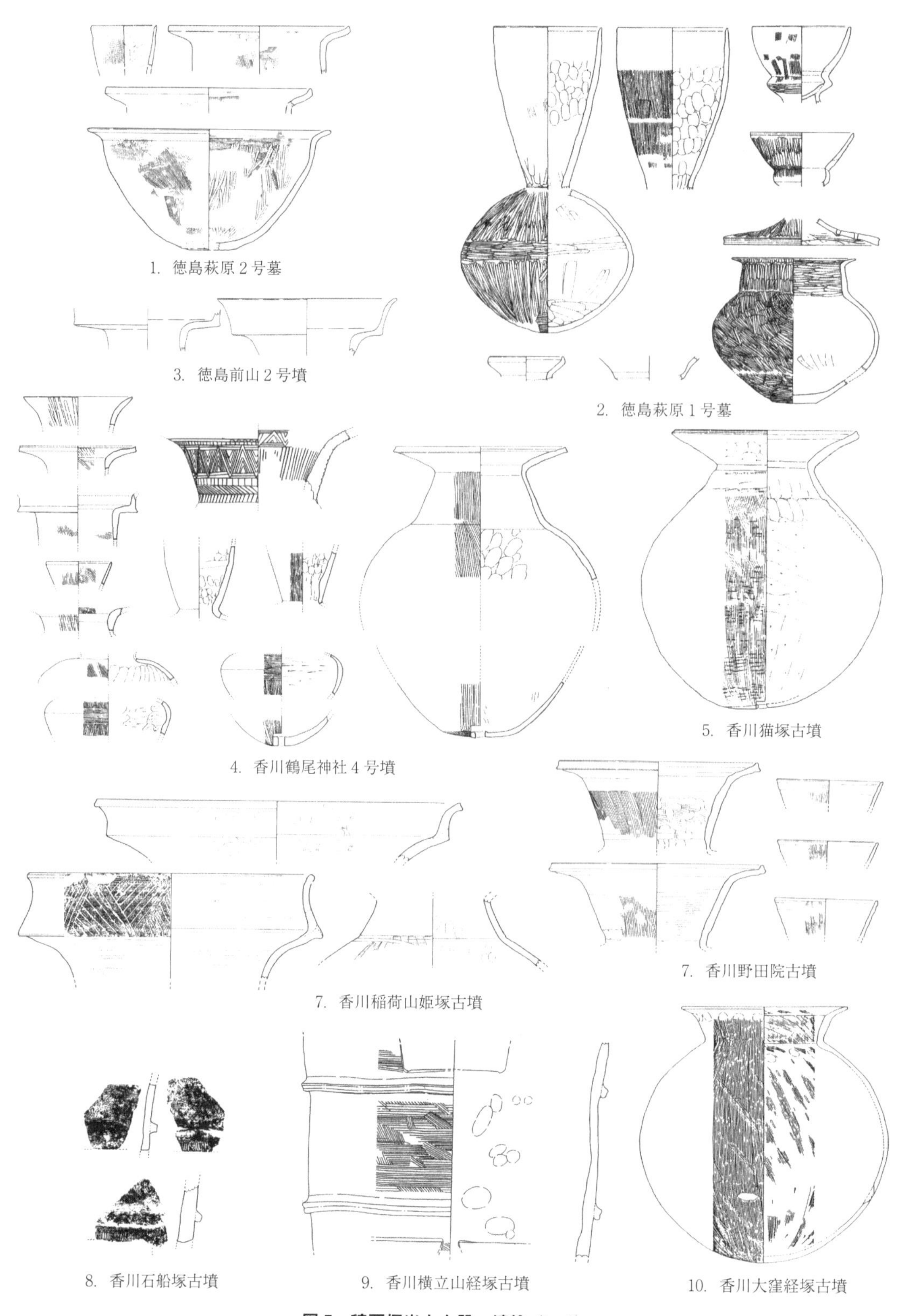

図5　積石塚出土土器・埴輪（1：8）

つぎに石清尾山古墳群の西に位置する積石塚をみると、高松平野北西の生島湾をめぐる丘陵上に横立山経塚古墳（前方後円墳、山本 2000、川部 2006）と墳形不明の積石塚1基が分布する。横立山経塚古墳は、後円部の一部と前方部が塊石を多く含む土で構築される。前方部は中途が最も狭く、先端がバチ状に広がる古い様相を示すが、方形透し孔をもつⅡ期の円筒埴輪が出土することから4世紀後半～末に比定できる。

高松市の西に位置する坂出市では、綾北平野東北部の2つの丘陵に前方後円墳（2号墳）・円墳・方墳各1基からなる雌山古墳群（今井 1990）と経ノ田尾古墳（前方後円墳、新編香川叢書刊行企画委員会 1983）・円墳1基・方墳2基のスベリ山古墳群（日本考古学協会昭和 58 年度大会香川実行委員会 1983）が立地する。これらの詳細はほとんど不明であるが、雌山2号墳は全長 33.5m で、前方部の先端がバチ状に広がる。また、平野西側の金山には爺ヶ松古墳（渡部 1975）とハカリゴーロ古墳（渡部ほか 1983）の2基の前方後円墳が立地する。北條芳隆は爺ヶ松古墳について、鶴尾神社4号墳を指標とする墳丘規格である「鶴尾神社類型」の一つとしている。ハカリゴーロ古墳は定角式鉄鏃を出土し、前期前半に比定することができる。以上の坂出市の積石塚は、後続する有力な古墳をもたない。綾北平野南部の丘陵には横山古墳群（前方後円墳2基、円墳1基、新編香川叢書刊行企画委員会 1983）、横峰古墳群（円墳1・墳形不明1）が立地し、墳形不明の横峰2号墳から仿製五獣鏡1面が出土している（渡部ほか 1983）。横山経塚古墳群・横峰古墳群の造墓主体は積石塚の終了後、盛土墳の陣の丸古墳群（前方後円墳2・方墳1、新編香川叢書刊行企画委員会 1983）を形成したことが想定される。

丸亀平野西端部では大麻山の高所、標高 400m の平坦地に善通寺市野田院古墳（前方後円墳、笹川 2003）が最初に築造されされたようである。野田院古墳も「鶴尾神社類型」の前方後円墳で、全長 44.5m、後円部は積石、前方部は盛り土で構築され、前端部がバチ状に広がる。後円部には長さ 5m を超える長狭な竪穴式石槨2基をもち、墳丘にめぐらされた壺形埴輪から、集成2期に比定されている。野田院古墳では後円部と前方部の接続部分に設定されたトレンチによって、構築当時の後円部の段や前方部の盛り土との関係などが明らかになった。これによると、後円部積石第1段はくびれ部での高さ約 75㎝のほぼ垂直な石積みで、小型の扁平な石材が敷かれた幅約 1m の平坦面をもち、その内側から第2段目が垂直に立ち上がる。竪穴式石槨の床は第1段目の上面より低いことから、墳丘と石槨の構築が平行して行われたことが判明すると共に、残存状態が良い第2竪穴式石槨の側壁では第1段上面とほぼ同じ高さに石材が水平に並び、それより上部が持ち送りされているので、後円部第1段の完成後に木棺が安置され、埋葬が行われたこともわかった。後円部第2段目の上部は残存していなかったが、第1段目と同じく約 75㎝の高さをもつとすると竪穴式石槨の蓋石が露出することから、後円部は3段築成と想定され、前方部の盛り土を利用して石材が供給されたと考えられた。後円部3段目の規模、形態は明らかにできなかった。

野田院古墳のほか、大麻山の東斜面には前方後円墳3基と円墳1基の積石塚が築造され、その中の大麻山椀貸塚古墳（國木 1988）は野田院古墳に似た墳丘規格をもつ。野田院古墳以外の積石塚は不明な部分が多いが、全体としてみると、積石塚から大麻山北麓の盛土前方後円墳群へと変遷したと考えられる。

善通寺市大窪経塚古墳（前方後円墳、笹川 1980）は讃岐西端の積石塚である。火上山の北斜面、丸亀平野と三豊平野をむすぶ鳥坂峠の南東上方に位置し、交通路に関係して立地する古墳であることがわかる。後円部に竪穴式石槨があり、球形、丸底の広口壺が出土し、前期後半に比定できる。

(2)阿　波

阿波[6]では、鳴門市から板野郡板野町にかかる吉野川下流域北岸で、積石塚の先行墓である庄内式期の積石墳丘墓が確認されており、積石塚は吉野川南岸の徳島市眉山西部、徳島市から名西郡石井町にかかる気延山山塊、三好郡東三好町に分布している。前方後円墳以外の小規模積石塚は消滅しているものも多く、実態が明確でない。

眉山西部には後円部が積石、前方部が盛土の八人塚古墳（前方後円墳、末永・森 1966、中原ほか 2006）が立地する。八人塚古墳は全長 60m とされてきたが、前方部先端の破壊後に行われた測量で残存墳丘の全長が 45m となり、阿波最大の積石塚ではあるものの、当初の想定規模よりやや小さくなるようである。きわめて狭長な前方部をもち、前述のように鵜の部山古墳との関連性が想定されていると共に、長狭な前方部は弥生時代積石墓からの展開ととらえられている（菅原 2011）。なお、八人塚古墳の周辺にはかつて少なくとも数基の小型積石塚が分布していた（北條 2003）。

眉山の西、鮎喰川を挟んだ気延山山塊の東南部に所在する奥谷2号墳（一山 1983）は、全長18mの突出部付円墳で、円丘部の2基の竪穴式石槨の一方から鉄矛・土器片が出土している。また、八倉比売神社古墳群（円墳1・方墳1、北條 2003、徳島市教育委員会 1993）も積石塚と考えられている。これらの積石塚の立地する丘陵下方には、阿波最古の前方後円墳とされる宮谷古墳（一山・三宅 1992）や円筒埴輪から4世後半とされる前方後方墳の奥谷1号墳（いずれも盛土墳、三宅 2002）があって、積石塚と盛土墳が混在すると共に、宮谷古墳→奥谷2号墳→奥谷1号墳へと築造され、盛土墳の築造が先行するなど、讃岐にはみられない積石塚のあり方を示している。

気延山山塊の西部の尾根上には、小型積石塚前方後円墳の前山1号・2号墳（高島 2007）が立地するほか、複数の小規模積石塚も存在すると考えられている（北條 2003）。前山1号墳は全長18m、鶴尾神社4号墳と同一の墳丘規格をもち、後円部に南北方位の竪穴式石槨をもつ。竪穴式石槨は棺の外側に板状の立石をめぐらし、この外側に緑色片岩を積み、さらに外側に板状の立石をめぐらす構造であった。

三好郡東三好町の丹田古墳（森・伊藤 1971、西本 2012）は阿波西端の積石塚で、標高 300m 近い丘陵尾根に単独で立地している。全長 38m の前方後円墳で、後円部に合掌構造の竪穴式石槨をもち、船載神獣鏡1・袋状鉄斧1・鉇1・鉄剣片2が出土している。

阿波の積石塚の詳細な時期は必ずしも明確になっていないが、菅原は前期古墳の全体的な編年の中で、八人塚古墳・丹田古墳を集成1期、奥谷2号墳・前山1号・2号墳を集成2期にあて、前期前半を下らない時期に比定している（菅原 2011）。

讃岐では石清尾山塊に積石塚が集中して築造されること、鶴尾神社4号墳より古い積石塚が知られていないこと、鶴尾神社4号墳に類似した平面形をもつ積石塚前方後円墳（鶴尾神社類型）が分布することなどから、石清尾山古墳群が積石塚の成立、展開の中心的役割を果たしている。これに対して、阿波ではそのような中心をもたない。また、讃岐では積石塚のみ、あるいは盛土墳のみで形成される古墳群が存在すると共に、最初期のみ積石塚を築造し、その後は盛土墳を築造する古墳群があり、積石塚と盛土墳に一種の排他的関係が認められるが、阿波では気延山東南部のように積石塚と盛土墳が空間的にも時期的にも混在している。前山1号墳は鶴尾神社類型の墳丘規格をもち、讃岐からの波及と考えられているが、竪穴式石槨は南北方向をとると共に、構造は阿波独自のものであった（菅原 2011）。

以上のように、「阿讃積石塚分布圏」では古墳時代前期に積石塚を築造することは共通し、一部に共通する要素も認められるが、同時に積石塚の細部には違いも多く、両地域で主体的に積石塚が築造されたことを示している。

4　讃岐・阿波の積石塚に関するいくつかの問題

(1) 積石塚の評価について

前述したように、梅原は石清尾山古墳群の積石塚について、「盛土墳に関する知識を土台として」成立し、「所在地の特殊な地理的事情によって表れた盛土墳の一の変形」と考えた。しかし、現在では讃岐・阿波の積石塚は徳島萩原1号・2号墓など、弥生時代末期の前方後円形積石墳丘墓から成立したと考えられている。また、森が注目した徳島丹田古墳のほか、香川鵜の部山古墳、爺ヶ松古墳なども盛土墳の構築可能な場所で積石塚を築造しており、前方後円形積石墳丘墓の萩原1号・2号墓も同様と考えられる。さらに、讃岐の積石塚は原則として積石に土を混入せず、爺ヶ松古墳・野田院古墳など、積石と盛り土で墳丘を構築する場合はすべて後円部を積石で築き、前方部を盛り土とするなど、主要な埋葬の場である後円部を積石にしようとする強固な意志が認められる。このようなことからみれば、梅原のいうように「所在地の特殊な地理的事情」だけで讃岐・阿波の積石塚を理解することはできないであろう。

石清尾山古墳群では、板状の古銅輝石安山岩が竪穴式石槨や墳丘に多用されているが、対岸の備前にも搬出され、初期古墳の石槨石材として用いられている。阿波でも同様に畿内の古墳に用いるために結晶片岩が搬出されているが、どのような経緯で両地域の石材が搬出され、それが両地域にどのような影響、変化を与えたのかなどについては十分に解明されていない。また、石清尾山古墳群では坂出、善通寺の積石塚に比べて塊石状に割り取った安山岩を墳丘に多用しているが、そうした石材採取、運搬、加工技術が、4世紀中頃から全国に先駆けて讃岐で開始する刳抜式石棺の製作にどのような影響を与えたのかについても分かっていない。さらに、石で巨大な墳墓を築くという埋葬観念を、日本を含む東アジアの墓制の中で解明する必要もあろう。こうした問題を解明しようとすれば、積石塚のもつ意味はきわめて大きい。そうした観点から今後讃岐・阿波の積石塚を改めて見直し、評価する必要があろう。

(2)「讃岐形前方後円墳」について

北條は、徳島県萩原1号・2号積石墳丘墓や鶴尾神社4号墳などの存在から讃岐・阿波を前方後円墳の先行的出現地帯ととらえると共に、この地域の前期古墳が他地域には見られない多くの個性をもち、それが弥生時代末期の墳丘墓からの連続性をもつこと、前期の前方後円墳がきわめて多数築造され、そこに自立的な造墓秩序が成立していた可能性が高いこと、近畿地方の古墳要素を選択的に採用したと解釈できること、逆に、積石塚、板石積み竪穴式石槨やその用材としての古銅輝石安山岩板石、結晶片岩板石、墳頂部祭祀としての白色円礫、鶴尾神社類型の墳丘築造規格など、この地域の古墳要素が吉備、播磨、畿内にもたらされ、前方後円墳の成立以後に周辺地域と活発な相互作用による「融合」ともいうべき変化をもたらしているとした。そのうえで、これらの諸特性が鶴尾神社4号墳の所在する積石塚古墳群である石清尾山古墳群を中核として成立し、高松平野を中心として展開していることから、こうした地域的特性をもつ四国東北部の前方後円墳を「讃岐型前方後円墳」とした（北條1999）。

また、「讃岐型前方後円墳」が奈良盆地や周辺地域の前方後円墳に影響を与えると共に、一定期間特性を保ちながら地域で存続することなどから、大和の強い主導のもとで前方後円墳が成立し、定型化した前方後円墳が各地域に波及したとする考え方を否定し、諸地域の合意と参画による前方後円墳の成立と定型化、地域の個別前方後円墳造営者による畿内的要素の選択的採用を想定しており、その意味で「讃岐型前方後円墳」は積石塚に対する評価ともなっている。

しかし、その後北條は、「讃岐型前方後円墳」の様式設定における不十分さを認め、「東四国地域の成立期前方後円墳の総体を「讃岐型前方後円墳」としてただちに一括するのは、相当乱暴な作業だといわざるをえず、しいていうならば「高松平野型前方後円墳」ないし「石清尾型前方後円墳」として限定的に提示するほうが無難だった」として、「讃岐型前方後円墳」の様式化に再検討すべき問題等が残されていると述べている（北條2003）。

(3) 石清尾山古墳群における片岩利用の箱形石棺について

『讃岐高松石清尾山石塚の研究』によれば、摺鉢谷にはもと小型円形の積石塚が13基存在し、梅原は1931年（昭和6）の調査時に残存する5、6基を実見し、そのうちの1基を「摺鉢谷南縁の小石塚」として報告している（梅原1933）。報文によると、この積石塚は破壊を受けながらも段築の痕跡をもつ墳丘を残し、その中央と考えられる部分に箱形石棺を覆ったやや幅広の小型竪穴式石槨をもつ。竪穴式石槨の「北側の壁の示す所では、下方より尺余の所から片岩を持ち出した形跡があり」、箱形石棺は「数枚の片岩を組合わせて」造られているとしている。

片岩とは一般に結晶片岩を意味することから、梅原の観察が正しければ、石清尾山古墳群の主要な積石塚に囲まれた摺鉢谷の斜面に、結晶片岩を用いた積石塚が存在していたことになる[7)]。ところが香川県内には結晶片岩の産出地はなく、他に県内で結晶片岩を用いた箱形石棺や竪穴式石槨は知られていない。石清尾山古墳群に最も近い結晶片岩の産出地は徳島県吉野川南岸地域である。古墳時代の阿波では内谷石棺（三木1962）、節句山2号墳（末永・森ほか1966）のように、前期から結晶片岩製箱形石棺が作られており、中期まで下るようであるが、恵解山9号墳のように箱形石棺の棺外施設として竪穴式石槨をもつ例も知られている（栗林2002）。阿波の結晶片岩は古墳時代に畿内へ搬出されており、摺鉢谷の積石塚に結晶片岩が使用されたとすれば、阿波からもたらされた可能性が高い。当該古墳はすでに消滅しているが、今後石清尾山古墳群で結晶片岩が確認され、石清尾山古墳群と阿波の石工技術とのつながりが明らかになることも考えられる。

註

1）　本論では庄内式期までを弥生時代とする。また、弥生時代の前方後円墳を認め、その認定はそれぞれが有する諸要素から個別に判断する。

2）　庄内式期後半に比定するものとして、寺沢1987などがあり、布留0式期に比定するものとして、信里2014などがある。なお、信里2014では、古墳出土土師器・壺形埴輪の新たな編年を行い、積石塚のいくつかについても編年をより細分化している。

3）　船岡山古墳はくびれ部付近の墳裾に安山岩板石を積むなど、墳丘構築に積石塚の影響が認められる。

4)　國木健司氏の御教示による。

5)　積石塚と離れて、石清尾山塊の南端部に盛り土の前方後円墳であるがめ塚古墳が立地していたが、破壊されてしまった。5世紀頃の時期を想定している。

6)　阿波の積石塚については菅原康夫氏にご教示をいただいた。感謝を申し上げたい。

7)　長町彰も石清尾山古墳群に緑泥片岩を用いた竪穴式石槨があり、屋島の「畳石」に緑泥片岩の露頭があるとしているが、古墳名が明らかでないうえ、「畳石」は讃岐岩質安山岩の水平方向に発達した板状節理の露頭である（長町1919）。

引用・参考文献

一山　典　1983「徳島県奥谷2号墳」『日本考古学年報』33、日本考古学協会

一山　典・三宅良明　1992「徳島県徳島市宮谷古墳」『日本考古学年報』43、日本考古学協会

今井和彦　1990「雌山古墳群」『香川県埋蔵文化財調査年報　平成元年度』香川県教育委員会

宇垣匡雅　1997a「竪穴式石室の研究―使用石材の分析を中心に―（上）」『考古学研究』34―1、考古学研究会

宇垣匡雅　1997b「竪穴式石室の研究―使用石材の分析を中心に―（下）」『考古学研究』34―2、考古学研究会

梅原末治　1933『讃岐高松石清尾山石塚の研究』京都帝国大学文学部考古学研究報告12

大久保徹也・高上　拓　2010「船岡山古墳―2次・3次調査―」『高松市内遺跡発掘踏査概報―平成21年度国庫補助事業―』高松市教育委員会

大久保徹也・高上　拓　2011「船岡山古墳（4次・5次調査）」『高松市内遺跡発掘踏査概報―平成22年度国庫補助事業―』高松市教育委員会

大山真充　1983『川上・丸井古墳発掘調査概報―香川県大川郡長尾町前山古墳群の調査―』長尾町教育委員会

岡林孝作ほか　2008『ホケノ山古墳の研究』奈良県立橿原考古学研究所

奥田　尚　1986「紅簾石片岩が見られる竪穴式石室」『古代学研究』111、古代学研究会

川部浩司　2006「横立山経塚古墳の再評価」『香川考古』10、香川考古刊行会

岸本直文　1988「丁瓢塚古墳測量調査報告」『史林』71―6、史学研究会

國木健司　1988「大麻山椀貸塚古墳」『香川県埋蔵文化財調査年報　昭和59年度～昭和62年度』香川県教育委員会

國木健司　1993『石塚山古墳群』綾歌町教育委員会

栗林誠治　2002「阿波式石棺再考」『論集　徳島の考古学』徳島考古学論集刊行会

笹川龍一　1980「大窪経塚古墳」『古墳時代前半期の古墳出土土器の検討　第Ⅱ分冊　第25回埋蔵文化財研究集会資料』埋蔵文化財研究会

笹川龍一　2003『史跡有岡古墳群（野田院古墳）保存整備事業報告書』善通寺市教育委員会

新編香川叢書刊行企画委員会　1983『新編香川叢書　考古編』新編香川叢書刊行企画委員会

末永雅雄・森　浩一　1966『眉山周辺の古墳―恵解山古墳群　節句山古墳群―』徳島県文化財調査報告書9、徳島県教育委員会

菅原康夫ほか　1983『萩原墳墓群』徳島県教育委員会

菅原康夫ほか　2010『萩原2号墓発掘調査報告書―指定史跡等保存活用事業埋蔵文化財発掘調査報告書Ⅱ―』徳島県教育委員会

菅原康夫　2011「鳴門・板野古墳群の特質と阿波古墳時代前期首長系譜の動態」『真朱』9、公益財団法人徳島県埋蔵文化財センター

高上　拓　2014「稲荷山姫塚古墳―平成24・25年度―」『高松市内遺跡発掘踏査概報―平成25年度

国庫補助事業―』高松市教育委員会
高島芳弘　2007「徳島県石井町前山古墳群の測量及び発掘調査の概要」『徳島県立博物館研究報告』13、徳島県立博物館
高松市埋蔵文化財センター　2016『稲荷山の積石塚古墳―発掘調査の成果と意義―』高松市埋蔵文化財センター
寺沢　薫　1987「布留０式土器拡張論」『考古学と技術』同志社大学考古学シリーズⅣ、同志社大学文学部
徳島市教育委員会社会教育課　1993「Ⅳ．八倉比売神社古墳群測量調査概要」『徳島市埋蔵文化財調査概要』3、徳島市教育委員会
中原　計ほか　2006「徳島市八人塚古墳測量調査報告」『徳島大学総合科学部　人間社会文化研究』徳島大学総合科学部
長町　彰　1919「讃岐国石清尾山の群集墳殊に其積石塚に就いて」『考古学雑誌』10―4、日本考古学会
西本和哉　2012『国史跡丹田古墳の世界』徳島のいにしえ再発見　史跡・埋蔵文化財総合活用事業講演会資料集、徳島県教育委員会
日本考古学協会昭和58年度大会香川実行委員会　1983『香川の前期古墳』日本考古学協会昭和58年度大会香川実行委員会
信里芳紀　2013「第９節　川東古墳」『津田古墳群調査報告書』さぬき市教育委員会
信里芳紀　2014「第２節　出土遺物の特徴及び年代」『高松茶臼山古墳』香川県教育委員会
波多野篤　2015a「稲荷山北端１号墳」『高松市内遺跡発掘踏査概報―平成26年度国庫補助事業―』高松市教育委員会
波多野篤　2015b「稲荷山姫塚古墳」『高松市内遺跡発掘踏査概報―平成26年度国庫補助事業―』高松市教育委員会
波多野篤　2016「稲荷山１号墳」『高松市内遺跡発掘調査概報―平成27年度国庫補助事業―』高松市教育委員会
広瀬和雄　1991「第３章　前方後円墳の畿内編年」『前方後円墳集成　中国・四国編』山川出版
北條芳隆　1999「讃岐型前方後円墳の提唱」『国家形成期の考古学―大阪大学考古学研究室10周年記念論集―』大阪大学文学部考古学研究室
北條芳隆　2003『東四国地域における前方後円墳成立過程の解明』平成12～14年度科学研究費補助金基盤研究(C)(2)研究成果報告書
町田　章・花谷　浩ほか　1991『川上・丸井古墳発掘調査報告書』長尾町教育委員会
松田朝由ほか　2013「第１節　うのべやま古墳」『津田古墳群調査報告書』さぬき市教育委員会
松本豊胤 編　1972『高松石清尾山古墳群緊急発掘調査概報(第２次)』高松市教育委員会
三木文雄　1962「利包及び内谷組合式石棺の研究」『石井』徳島県教育委員会
三宅良明　2002「宮谷古墳・奥谷１号墳の墳丘構造について」『論集徳島の考古学』徳島考古学論集刊行会
森　浩一・伊藤勇輔　1971『徳島県三好郡三加茂町丹田古墳調査報告』同志社大学文学部文化学科
山本敏裕　2000「横立山経塚古墳」『高松市内遺跡発掘踏査概報―平成11年度国庫補助事業―』高松市教育委員会
渡部明夫　1975『爺ヶ松古墳発掘調査概報』香川県教育委員会
渡部明夫　1994「四国の刳抜式石棺」『古代文化』46―6、財団法人古代学協会
渡部明夫ほか　1983『鶴尾神社４号墳調査報告書―高松市石清尾山所在の積石塚前方後円墳の調査―』高松市教育委員会

7　茶臼塚古墳

安村俊史

1　はじめに

大阪府柏原市国分市場に、墳丘長約 130m の前方後円墳、松岳山古墳がある。その松岳山古墳の前方部前面に接するように位置するのが茶臼塚古墳である。

大和川左岸に沿ってのびる細長い丘陵上に、松岳山古墳を中心に西に 3 基以上、東に 3 基以上の古墳が存在する。これを松岳山古墳群（図 1）と称している。西側には茶臼塚古墳のほかに、舶載三角縁神獣鏡 3 面を出土した向井山茶臼塚古墳などが知られている。東側には倭製三角縁神獣鏡を出土したヌク谷北塚古墳、歯車形碧玉製品を出土したヌク谷東ノ大塚古墳などが知られている。古墳は、西側から東側へと順次築造されたと考えられ、松岳山古墳以外は直径 20m 程度の円墳を中心とするようである。小規模な古墳ながら、豊富な副葬品をもつ古墳が多いことが注目される古墳時代前期の古墳群である（柏原市立歴史資料館 2009）。

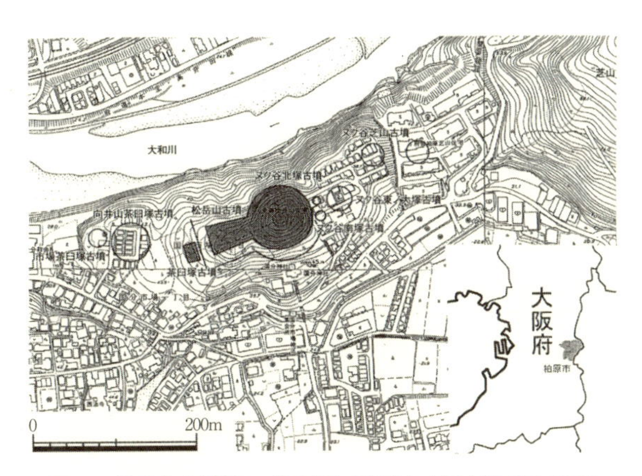

図 1　松岳山古墳群　分布図（柏原市立歴史資料館 2009）

周辺には同時期の集落は見られず、古墳の立地から考えると大和川水運との関係、そして前期古墳の竪穴式石室材として重要な位置を占める芝山火山岩などの管理に携わった被葬者集団が想定される（安村 2008）。そのなかで、墳丘構造まで調査されているのは、松岳山古墳と茶臼塚古墳だけである。ここでは、積石塚とも考えられる茶臼塚古墳について、松岳山古墳とも比較しながら紹介したい。

2　茶臼塚古墳の概要

①発掘調査の経緯　茶臼塚古墳は、1984 年（昭和 59）に土地所有者らの農作業中に偶然発見された竪穴式石室から、三角縁神獣鏡や腕輪形碧玉製品が採集されたことを受けて、柏原市教育委員会が 1984・85 年に確認調査を実施した。その結果、豊富な副葬品とともに特異な墳丘が確認され、その墳丘に接して松岳山古墳の前方部前面の基底部が存在すること、そこに巨大な楕円筒埴輪が樹立されていたことなども確認された（柏原市教育委員会 1985・1986）。

②墳　丘（図2） 墳丘は二段築成と考えられるが、上・下段ともに板状の石材を垂直に積み上げることによって構築されている。下段の高さ1.5m、テラスの幅2m、上段の高さ1mと復元される。墳丘の調査は東面のみであるが、石室を中心として復元すると、東西16m、南北22mの長方形墳となる。墳頂部は、東西12m、南北18mの平坦面を呈していたと考えられる。

墳丘に積み上げられている石材は、竪穴式石室石材として大和・河内の前期古墳に採用されている芝山のカンラン石玄武岩である。芝山は、松岳山古墳群のすぐ東、大和川の左岸に位置する小高い山である。ここから切り出された石材が、オオヤマト古墳群や神戸市西求女塚古墳にも運ばれている。

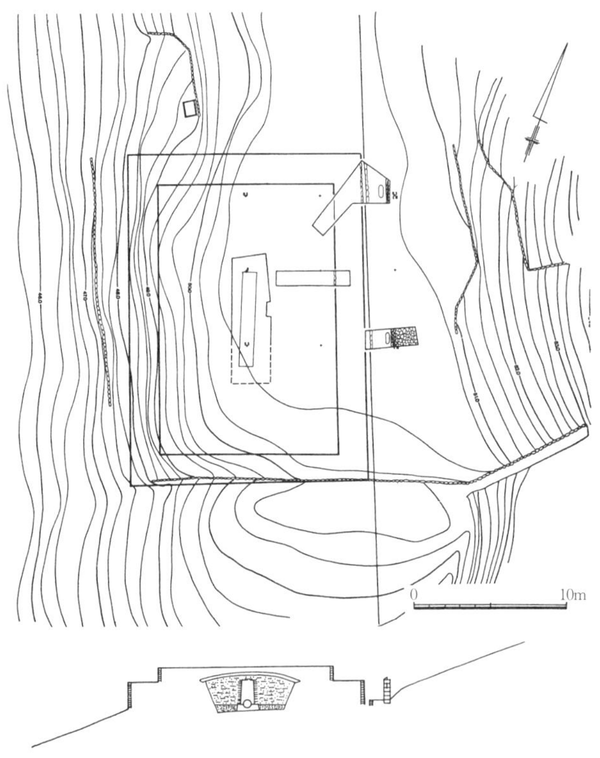

図2　茶臼塚古墳　墳丘測量図・復元図
（柏原市教育委員会1986）

墳丘石積みの裏込めにも大量の玄武岩が使用されているが、墳丘の断ち割りの結果、墳丘中心は盛土によって構築されていることが確認されている。調査範囲の関係から、墳丘盛土と石積みの関係は明らかにできないが、盛土でおよその墳丘を構築したのち、その周囲に段をなす垂直の石積みを構築することによって築造されたと推定される。

③埋葬施設（図3） 埋葬施設は、玄武岩の板石積みによる竪穴式石室である。長さ620cm、幅100cm、高さ170

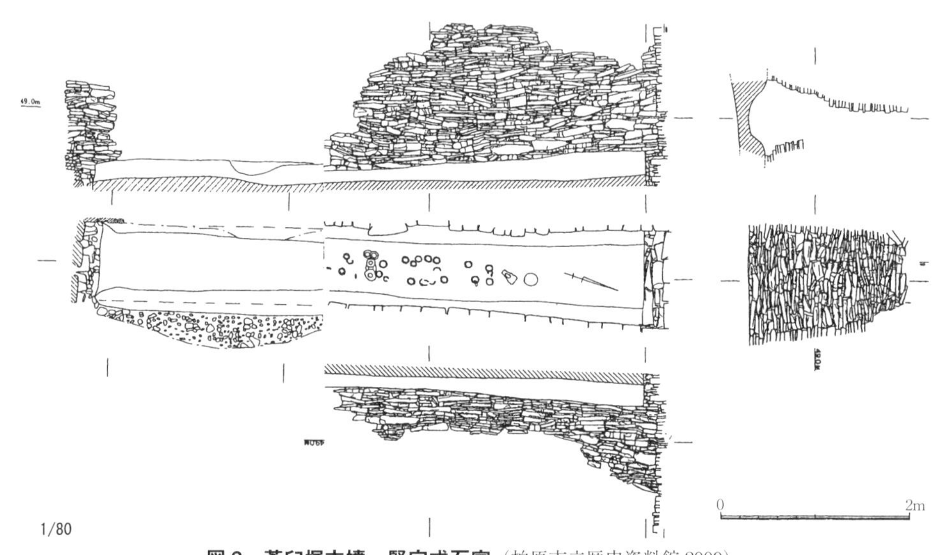

図3　茶臼塚古墳　竪穴式石室（柏原市立歴史資料館2009）

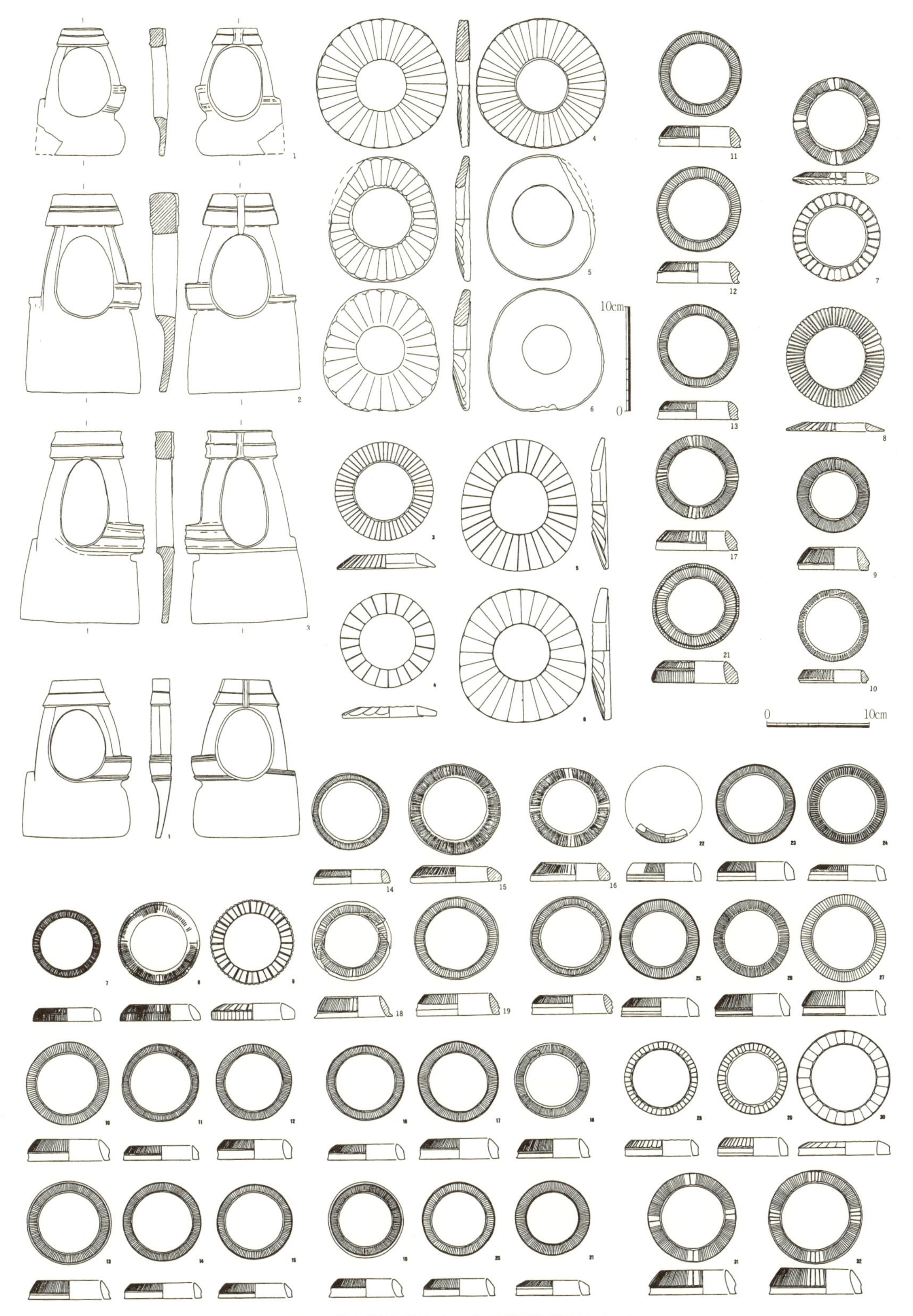

図４　茶臼塚古墳出土　腕輪形碧玉製品（1/6）

cmを測り、側壁は約85°の傾斜で内傾する。粘土棺床の形状から、棺は割竹形木棺と推定される。墓坑底に粘土棺床を直接設置し、棺床上面まで周囲を小礫で埋め、木棺を安置したのちに壁体が構築されている。

副葬品は棺内北寄りに四獣鏡、中央付近に腕輪形碧玉製品多数（図4）、南寄りに三角縁神獣鏡が置かれていたようである。また、粘土棺床と石室北壁との間、すなわち棺外から鉄製の小刀や工具が出土している。

④副葬品　銅鏡は四獣鏡と倭製三角縁三神三獣鏡の2面、腕輪形碧玉製品は鍬形石6点、車輪石8点、石釧41点の計55点、鉄製品は小刀2点、袋状鉄斧1点、鎌1点、ヤリガンナ状の棒状鉄製品2点が出土している。

武器・武具の出土がなく、腕輪形碧玉製品が大量に出土していることから、被葬者は女性と推定する考えもあるが（大阪府立近つ飛鳥博物館2008）、男性の副葬品とされる鍬形石が6点も出土していることや（清家2010）、工具類の出土から被葬者は男性と考えたほうがいいのかもしれない。

⑤埴　輪　円筒埴輪は、4条突帯5段と推定される。直径30cm前後、高さ60cm余りであろう。透孔は方形、三角形、円形がみられ、1段に3孔が穿たれる。鰭付円筒埴輪も伴うようである。外面調整はタテハケをナデ消したものが多く、突帯の貼り付け技法は、浅く断続する凹線による（安村2004）。

⑥年　代　円筒埴輪は川西編年Ⅰ期の特徴を有し（川西1978）、埴輪検討会編年のⅠ-5段階である（埴輪検討会2003）。三角縁神獣鏡は倭製の初期の段階であり、腕輪形碧玉製品の出土などもこれらの編年観と矛盾しない。また、後述する松岳山古墳の年代観からも、古墳時代前期中葉の新しい段階、実年代で4世紀前葉～中葉と考えられる。

3　松岳山古墳との比較を通じて

①松岳山古墳の概要（図5・6）　松岳山古墳は、大和川左岸の断崖上に位置する、前方部を西に向けた前方後円墳である。墳丘の詳細は明らかにできないが、墳丘長130m、後円部直径72m、高さ18m、前方部幅32m、高さ14mと推定される。後円部3～4段、前方部2段で、墳丘には芝山の玄武岩が大量に使用されている。

後円部頂に組合式石棺が安置され、石棺を覆うように竪穴式石室が構築されていたようである。石棺は天井・底石各1枚、側石・小口石各2枚、計6枚の石材による組合式石棺で、長持形石棺の祖形とされる。石棺の南北には、穿孔を有する大きな板石が立てられているが、その性格は不明である。くびれ部の墳丘裾に竪穴式小石室、第1段テラスに箱形石棺がある（柏原市教育委員会1987）。

石室・石棺は大規模な盗掘を受けていたが、玉類、腕輪形碧玉製品、銅鏡片、鉄刀・鉄剣多数、鉄鏃、銅鏃、工具類、土師器などが出土している。墳丘基底部には鰭付楕円筒埴輪を樹立、墳丘テラスには円筒埴輪を樹立していたようである。楕円筒埴輪は大形で、茨木市紫金山古墳から酷似する埴輪が出土している（京都大学2005）。形象埴輪は、蓋形、家形埴輪片が出土している。埴輪は川西編年のⅠ期、埴輪検討会編年のⅠ-5段階で、古墳時代前期中葉、茶臼塚古墳の年代に一致する。紫金山古墳の年代観からも、この年代が首肯される。

②墳丘の比較　松岳山古墳の墳丘前方部前面には、基壇状の施設がみられる。玄武岩の板石を垂

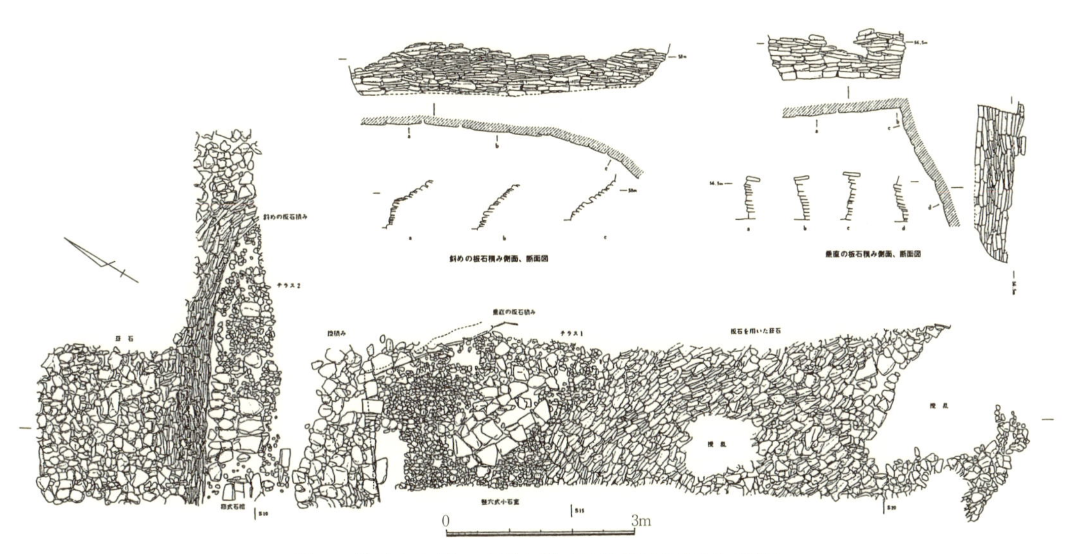

図5 松岳山古墳 くびれ部（柏原市教育委員会 1987）

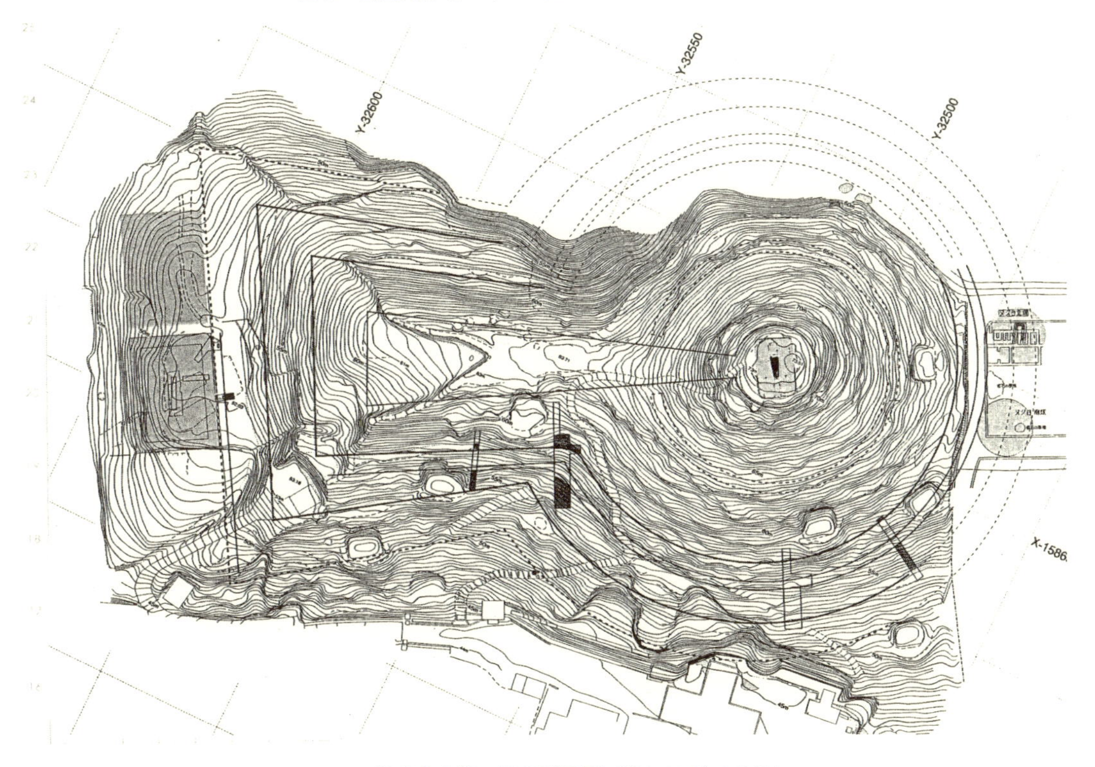

図6 松岳山古墳 墳丘測量図（岸本 2013）1/1,400

直に数石積み上げ、テラス面に楕円筒埴輪が樹立されている。岸本直文は、この施設を墳丘裾とみるが、柏原市では墳丘外の施設と考えている（岸本 2013）。いずれにしても、茶臼塚古墳の墳丘との距離が 20〜30㎝と接近していることから、両古墳の密接な関係を想定でき、年代観が一致することも、これを示している。

柏原市教育委員会による 1984・85 年（昭和 59・60）の調査では、松岳山古墳と茶臼塚古墳の墳丘測量図を整合的に合体させることができなかったが、岸本が再測量を実施し、両古墳の測量図を公表している。岸本の墳丘復元には疑問が残るが、図6に測量図を掲げておく。

柏原市では、これまで茶臼塚古墳の墳丘は松岳山古墳の前方部の形状に規制されているため、松岳山古墳の築造が先行すると考えてきた。しかし、測量図をみると松岳山古墳の墳丘主軸と茶臼塚古墳の主軸が必ずしも一致しないようであり、茶臼塚古墳が先行し、茶臼塚古墳の墳丘に接するように松岳山古墳の前方部前面の基底部施設が構築されている可能性も考えられる。当否は今後の課題としておきたい。

さて、両古墳の墳丘であるが、松岳山古墳の1段目は玄武岩の板石を垂直に積み上げたうえで、人頭大の亜角礫を斜めに葺いて葺石としている。若干のテラス面をおいて、2段目も同様な構造である。後円部頂も板石を垂直に積み上げていることは間違いないが、その平面形は円形となるか方形となるかは明らかでない。

墳丘の垂直の板石積みは、茶臼塚古墳の墳丘石積みと同様なものである。松岳山古墳では、墳丘周囲にも玄武岩の板石を斜めに積み上げた施設がみられ、積石塚のような外観を呈していたことは間違いない。墳丘中心部にどの程度の盛土がなされているかは未確認である。また、ヌク谷東ノ大塚古墳の墳裾にも、板石が石垣状に積まれていたと報告されている(梅原 1916)。

4　墳丘石積みを考える

①朝鮮半島からの影響か？　茶臼塚古墳墳丘の二段の階段状をなす垂直石積みの起源は、どこに求められるのであろうか。これには二つの説がある。一つは高句麗の積石塚古墳を起源とする朝鮮半島に求める考えであり、もう一つは讃岐の古墳の影響と考えるものである。

特異な墳丘の起源を朝鮮半島に求めるならば、漢城期百済の石村洞古墳群がその候補となろう。石村洞古墳群は、高句麗の積石塚の影響を受けた百済初期の王陵を含む古墳群と考えられている。そのなかでも、石村洞4号墳の墳丘(図7)は、垂直の石積みによる三段築成の方墳である。墳丘は粘土による版築状の盛土で築かれ、周囲に石積みが施されていた。一辺30mの石敷上に一辺長24mの方形の墳丘が築かれている(ソウル大学校 1975、武末 1980)。茶臼塚古墳も方形墳であることから、両古墳の関係を想定することができるかもしれない。

しかし、茶臼塚古墳の石室や副葬品には朝鮮半島との関係を窺わせるものはみられない。そのなかで、松岳山古墳の後円部墳頂から1955年(昭和30)の調査時に出土したとされる土師器細頸壺は(図8、小林 1957)、百済に類例の多い平底を呈しており、朝鮮半島の影響を想定することもできる。ともに出土している円筒形土器と胎土、調整が酷似しており、おそらく円筒形土器は細頸壺の器台であろう。両者ともに外面を丁寧なタテ方向のヘラミガキで仕上げている。

松岳山古墳墳頂の立石も、中国や朝鮮半島に起源を求める考えもある。また、松岳山古墳の石棺蓋石と底石は、花崗岩を丁寧に加工したものである。底石には枕や体形の彫り込みも認められる。硬い花崗岩の加工技術も、朝鮮半島からの技術と考えることができるであろう。問題は4世紀前半といえば、百済が成立して間もない頃であり、石村洞古墳群の年代も4世紀前半まで遡るかどうか確定できない。平底の壺の出現時期も不明である。また、その時期に倭と百済がどのような関係にあったのかもわからない。『日本書紀』にも、両者の関係を窺わせる記述はない。

②讃岐からの影響か？　讃岐の積石塚古墳と松岳山古墳の墳丘とは類似点が見出せる。近年調

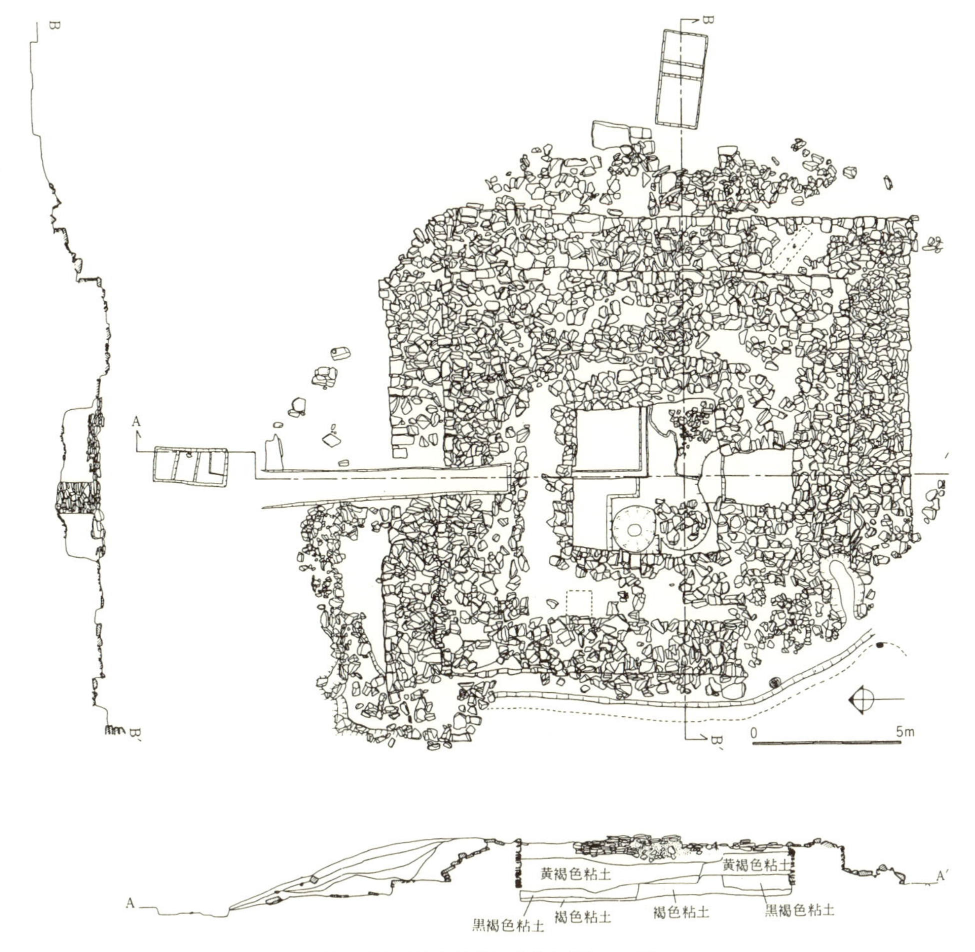

図7　石村洞4号墳　墳丘（武末1980）

査が進められている高松市石清尾山古墳群の稲荷山姫塚古墳は、墳丘裾を垂直の石積みとし、その上に斜めの葺石が施されている（高松市2014）。松岳山古墳の墳丘と同じ構造である。

また、松岳山古墳の組合式石棺の側石・小口石には、讃岐の凝灰岩が使用されている。松岳山古墳の被葬者と讃岐との何らかの関係が想定される。しかし、これまでのところ、讃岐で茶臼塚古墳と同様な墳丘は確認されていない。

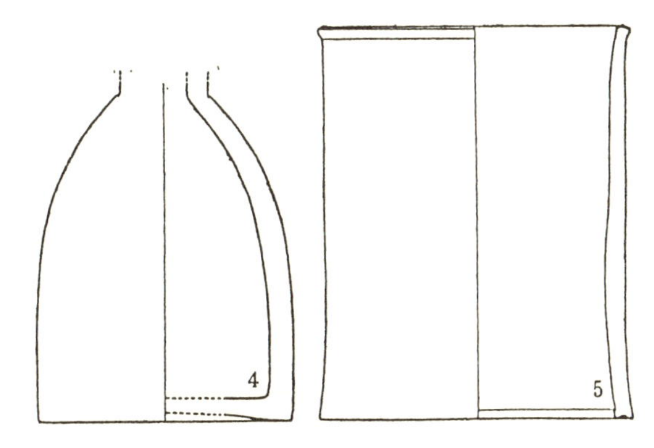

図8　松岳山古墳出土　土師器（小林1957）

5　まとめ

茶臼塚古墳も松岳山古墳も、墳丘に大量の石材を使用しており、積石塚と表現してもいいであろう。畿内では類例をみない特異な墳丘である。現状では、茶臼塚古墳の墳丘の起源が朝鮮半島に求められるのか、讃岐に求められるのか、確定することは困難である。そのうえで、垂直積二段築成の方形墳という墳丘形態を重視すると、筆者は石村洞古墳群、すなわち漢城期百済との関係を考えたい。そのように考えるならば、4世紀前半代の倭と百済に、何らかの交流があったことを示すものとなる。今後、百済地域の調査が進めば、何らかの解答を得ることができるかもしれない。また、松岳山古墳も茶臼塚古墳も埋め戻して現地保存されているので、将来の発掘調査も期待できる。結論は、それからでも遅くないであろう。

引用・参考文献

梅原末治　1916「河内国分松岳山船氏墳墓の調査報告」『歴史地理』28巻6号

大阪府立近つ飛鳥博物館　2008『古代の女性』

柏原市教育委員会　1985『柏原市埋蔵文化財発掘調査概報 1984年度』

柏原市教育委員会　1986『柏原市埋蔵文化財発掘調査概報 1985年度』

柏原市教育委員会　1987『松岳山古墳墳丘範囲確認調査概報』

柏原市立歴史資料館　2009『松岳山古墳群を探る』

川西宏幸　1978「円筒埴輪総論」『考古学雑誌』第64巻第2号

岸本直文　2013「玉手山古墳群・松岳山古墳と河内政権論」『百舌鳥・古市古墳群出現前夜』大阪府立近つ飛鳥博物館

京都大学大学院文学研究科　2005『紫金山古墳の研究』

小林行雄　1957『松岳山古墳の調査』大阪府教育委員会

清家　章　2010『古墳時代の埋葬原理と親族構造』

ソウル大学校博物館・同考古学科　1975『石村洞石塚発掘調査報告』

高松市教育委員会　2015『高松市内遺跡発掘調査概報―平成26年度国庫補助事業―』

武末純一　1980「百済初期の古墳―石村洞・可楽洞古墳群を中心に―」『鏡山猛先生古稀記念古文化論攷』

埴輪検討会　2003『埴輪論叢』第4号

安村俊史　2004「松岳山古墳群の埴輪」『柏原市立歴史資料館館報』第16号

安村俊史　2008「古市古墳群の成立と玉手山古墳群」『近畿地方における大型古墳群の基礎的研究』

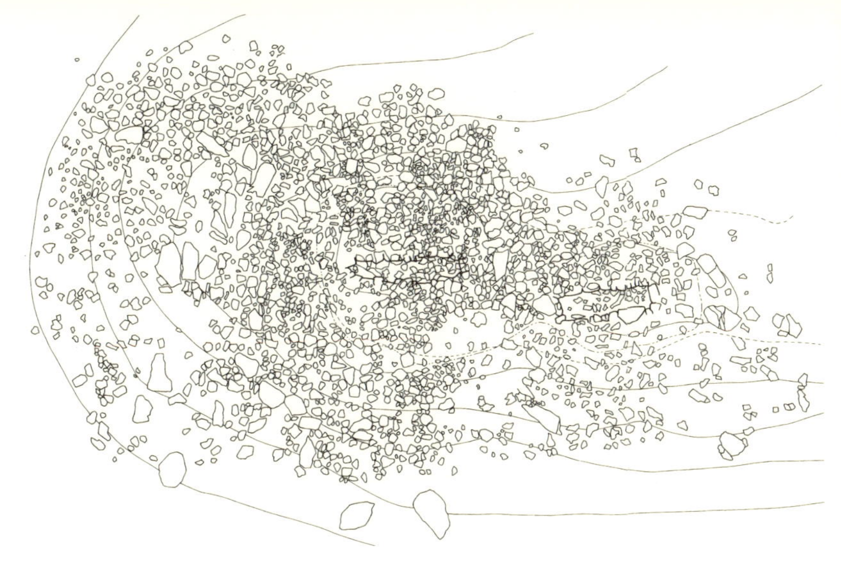

愛知県旗頭山尾根17号墳

第2章　東日本の積石塚

1　東三河、中・東濃

岩原　剛

1　はじめに

本稿で取りあげるのは、愛知県東部の東三河と岐阜県中・東濃地方である（図1）。古墳時代の様相が大いに異なる両地域であり、中・東濃地方では積石塚古墳の確認例が少ない。そこで、比較的まとまった数が所在し、発掘調査成果も明らかにされている東三河をおもに取りあげ、中・東濃地方は補足的に取りあげる。

東三河では、在野の考古学研究者である牧野彦一らによって、古くから積石塚古墳の存在が認知されてきた。最も古い発掘調査は、明治大学考古学研究室が1951年（昭和26）と1953年に、後藤守一の指導のもと行った新城市・豊川市の旗頭山尾根古墳群のものである。

その後、昭和40〜50年代、そして1992年（平成4）までの間に、開発に伴って豊橋市吉祥古墳群、旗頭山尾根古墳群、新城市大入山古墳群、静岡県湖西市天神山3号墳、豊川市向山1・2号墳と城山6・7号墳、豊橋市上寒之谷1号墳が発掘調査された。東三河での調査事例は決して少ないわけではないが、旗頭山尾根古墳群や吉祥古墳群などに調査成果が公表されていないものが多いことが惜しまれる。

こうしたなかで、当初から積石塚古墳研究に取り組んだ牧野彦一は、その被葬者を渡来人と想定し、先進文化の伝達者として東三河に紡織技術をもたらしたものと考えた（牧野 1976）。一方柴

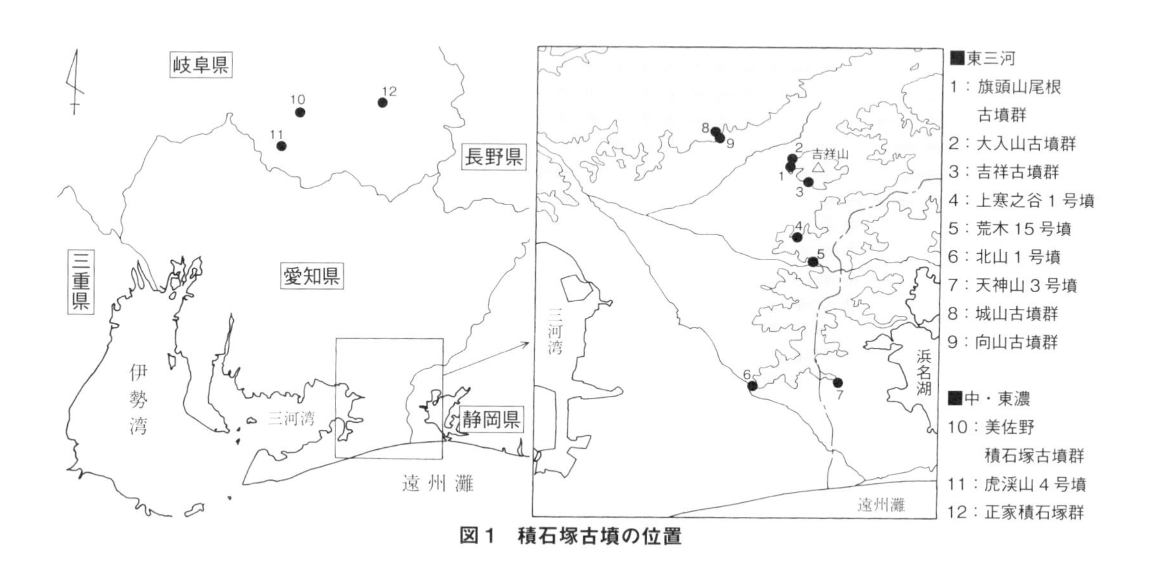

図1　積石塚古墳の位置

垣勇夫は、旗頭山尾根古墳群の調査に関わる中で、渡来系の遺物が東三河ではほとんど確認されていないことから、古墳の特殊性を認めつつも被葬者像には疑問を呈している(柴垣・中島ほか1980)。筆者もかつて、東海の積石塚古墳に触れる中で、渡来系遺物の欠如から、積石塚古墳と渡来人との関わりを積極的には認めなかった(岩原 1998)。

一方、中・東濃は数少ない調査事例である美佐野積石塚5号墳の調査成果が公表されていないこともあり、研究はほとんど未着手といってもよい。若尾要司が『御嵩町史』で触れた見解は、地元研究者の意見として貴重である(若尾 1992)。

2 東三河の具体相

東三河は、一級河川・豊川の流域に展開する地域である。豊川の沖積地を河岸段丘が挟み、さらにその東西に山地が展開する。積石塚古墳は山地にあって、おもに標高の高い所に立地する。個別の例は表1に譲り、以下では主要なものを取りあげて説明する。

なお、東三河の積石塚古墳は、墳丘の様相から以下に2大別される。未調査古墳の場合、現地観察ではこの程度の概括的な分類が有効である。

Ⅰ類：墳丘には石材がおもに使用され、墳丘の高さは低いもの。

Ⅱ類：墳丘の表面には石材が現れるが、内部には土を多用し、墳丘の高さは高いもの。
一般に「土石混合墳」と呼ばれ、東三河では「半積石塚」と称された。

城山古墳群（図5） 豊川右岸にあり、本宮山に連なる山塊の尾根上、標高135〜160mに所在する。5〜7号墳の3基が発掘調査された(牧野 1976、須川ほか 1995)。

5号墳はⅠ類で、直径8.5mの円墳である。主体部は竪穴系小石槨であり、大型の石材でぐるりと周囲を囲むもので、簡易な構造の印象を受ける。平面形は方形とならず、長楕円形あるいは船形を呈している。主体部からは石製紡錘車やガラス製小玉、須恵器の蓋坏が出土しており、築

表1 東三河の積石塚古墳一覧

NO.	名称	所在地	立地	標高m	基数	墳形	墳丘規模	主体部	副葬品	時期					備考
										5C後	6C前	6C中	6C後	7C	
1	旗頭山尾根古墳群	豊川市金沢町・新城市八名井	尾根上	55〜150	40	円墳	10m前後	竪穴系小石槨・横穴式石室	須恵器・土師器・鉄鏃・大刀・刀子						標高の高いところにⅠ類、低いところにⅡ類17号墳は2基が連接
2	大入山古墳群	新城市八名井	尾根上	70	10	円墳	6m(2号墳)	竪穴系小石槨	土師器・鉄鏃						2号墳はⅠ類で、出土土師器は青山上層式(神明式)
3	吉祥古墳群	豊橋市石巻西川町	尾根上・谷間	50〜180	60	円墳	10m前後	竪穴系小石槨・横穴式石室	須恵器・鉄鏃・刀子・耳環						Ⅰ・Ⅱ類が混在
4	上寒之谷1号墳	豊橋市石巻平野町	尾根上	187	1	円墳	9m	横穴式石室	須恵器・鉄鏃・刀子・鎌・轡						Ⅱ類。単独墳
5	荒木15号墳	豊橋市嵩山町	尾根上	156	1	円墳	4m	竪穴系小石槨？							Ⅱ類か。単独墳、未調査
6	北山1号墳	豊橋市二川町	山麓斜面	35	1	円墳	7m	横穴式石室							Ⅱ類。北山古墳群は5基からなる
7	天神山3号墳	湖西市梅田	山麓斜面	52	1	円墳	7.2m	横穴式石室	須恵器・鉄鏃・管玉						Ⅱ類。天神山古墳群は3基からなる。周辺には13基の古墳
8	城山古墳群	豊川市足山田町	尾根上	135〜160	8	円墳	8.5・9.0m	竪穴系小石槨	須恵器・鉄鏃・刀子・石製紡錘車						Ⅰ・Ⅱ類。6号墳は2主体部並列、石室内に須恵器副葬、追葬
9	向山古墳群	豊川市足山田町	尾根上	89〜100	3	円墳	8m前後	竪穴系小石槨・横穴式石室	須恵器・玉類・剣・轡						Ⅰ・Ⅱ類。1号墳に鉄製内弯楕円形鏡板付轡

造時期は TK47〜MT15、5世紀末葉から6世紀前葉である。

6号墳はⅠ類で、直径9mの円墳である。若干の盛土を行った後、石材で被覆している。主体部は2基が並列する竪穴系小石槨で、いずれも両小口壁の基底には1枚石を使用する。副葬品として、主体部から豊富な須恵器や鉄鏃・刀子など鉄器が出土した。このうち須恵器は時期差が認められ、追葬が行われた可能性が高い。築造時期は TK47 型式期、つまり5世紀末葉で、その後 MT15〜TK10 型式期、6世紀前葉から中葉にかけて追葬が行われた。

なお、7号墳は径6mの盛土墳で、主体部の無袖横穴式石室は控積みに石材を多用する。

向山古墳群（図5）　豊川右岸にあり、本宮山に連なる山塊の尾根上、標高89〜100mに所在する。1・2号墳の2基が発掘調査された（須川ほか1995）。

1号墳はⅠ類で、長径7.8m、短径5.8mの楕円形を呈する。厳密には若干の盛土を行った後、その上を石材で覆って築造されている。主体部は竪穴系小石槨で、両小口壁に1枚石を用いている。小口壁は南側の石材が北側よりも小さい。副葬品として、東三河最古の馬具である鉄製内弯楕円形鏡板付轡や剣、玉類が出土し、墳丘からは須恵器の蓋坏や格子目タタキのある甕が出土した。築造時期は TK47 型式期、5世紀末葉である。

2号墳は直径6.5mの円墳で、Ⅱ類である。主体部は無袖横穴式石室である。石室内から須恵器の蓋坏が出土しており、築造時期は TK10 型式期、6世紀中葉である。

大入山古墳群（図5）　豊川左岸の吉祥山は、積石塚古墳が集中する所である。本古墳群は吉祥山の西に張り出した尾根上の、標高約70mに所在する。採石工事によって多くが滅失したが、2号墳のみ発掘調査が行われている（柴垣・中島ほか1980）。

2号墳はⅠ類で、径6m程度の円墳と考えられる。主体部は竪穴系小石槨で、基底は石材を長方形に取り囲む簡易な構造のものである。副葬品として、主体部から土師器の碗形坏と短頸式鏃が出土しており、碗形坏は口縁端部に内傾した面を持つ青山貝塚竪穴上層の資料群（早野2015）と類似する。また短頸式鏃は、深い逆刺を持った柳葉式である。以上から、築造時期は5世紀後葉から末葉と考える。

旗頭山尾根古墳群（図2）　豊川左岸の吉祥山から西に派生した尾根上にある、30基を越える古墳群である。このうち尾根のピーク付近、標高100mほどのところに積石塚古墳が集中し、下位には盛土墳が分布する。

明治大学や愛知県教育委員会（加藤1977）によって分布調査が実施され、明治大学により17（調査時は16）・21・24・26号墳が、新城市・豊川市により26・30・31号墳が調査されるなど、東三河では最も調査が進んだ古墳群である。

積石塚古墳にはⅠ・Ⅱ類両者が認められる。17号墳はⅠ類で、2基の積石塚古墳が東西に連接した特異な形状である（図2）。主体部は竪穴系小石槨で、両小口壁の基部には大きめの1枚石を使用するようである。東の石槨からは須恵器と玉類、西の石槨からは大刀や鉄鏃が出土したという（牧野1976）。調査の詳細が公表されていないため築造時期は明らかにしがたいが、主体部の構造から5世紀末葉から6世紀初頭と推定される。26・30号墳（柴垣・中島ほか1980）はⅡ類で、いずれも主体部は無袖横穴式石室である。26号墳は直径6.5mの円墳で、裾周りに50〜60㎝大の石材をめぐらせ、その内側に大量の石材と土を混用しながら墳丘を構成する。副葬品として大刀、玉類、須恵器、土師器が出土しており、築造時期はMT15型式期、6世紀前葉である。30

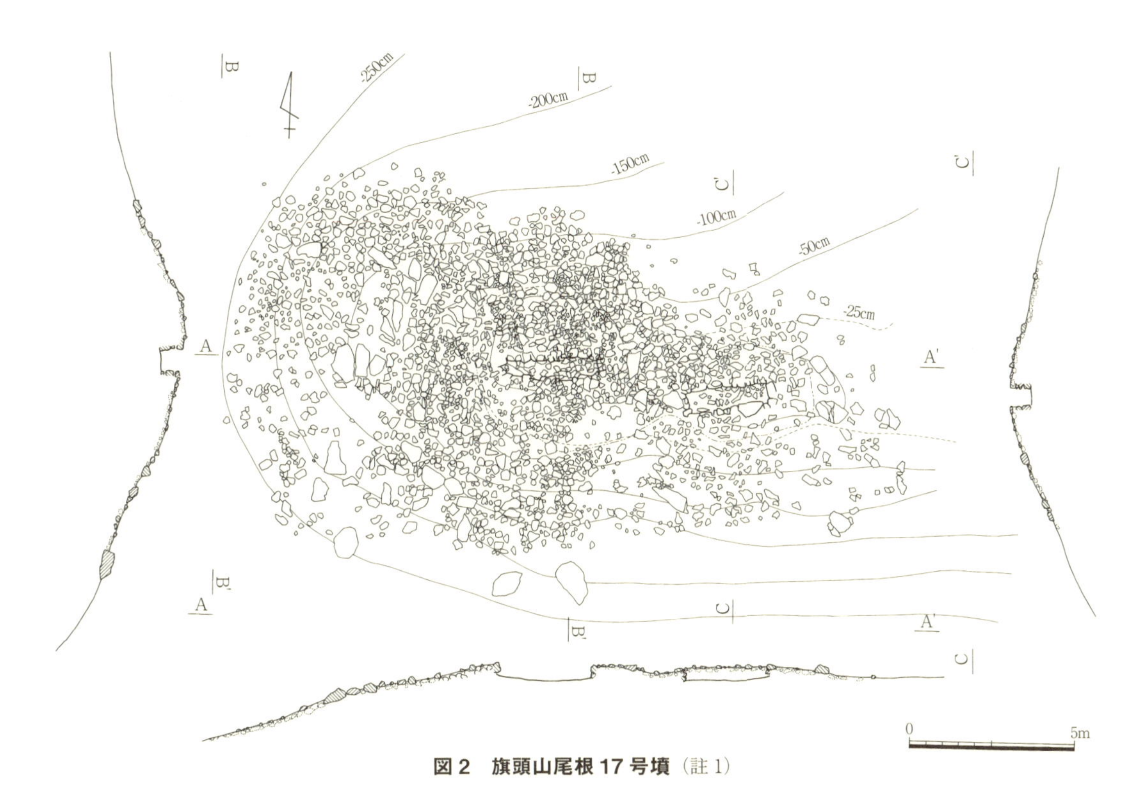

図 2　旗頭山尾根 17 号墳（註 1）

号墳は直径 7m の円墳で、埋め殺しの石列や裾周りに大きめの石材を使用しながら、土と多量の石材を混用して墳丘を築造しており、盛土墳の築造方法と共通する。石室は平面形に胴張りが認められる。副葬品として鉄鏃・刀子や須恵器があり、築造時期は TK43 型式期、6 世紀後葉である。

吉祥古墳群（図 3〜5）　豊川左岸の吉祥山から南に派生した、尾根上や谷筋に 67 基の古墳が集中する。盛土墳を主体とする中に積石塚古墳が混在する。

積石塚古墳はⅠ・Ⅱ類両者が認められる。発掘調査が行われた 30 号墳（E - 3 号墳、伊藤 1965）はⅡ類で、主体部は胴張りを呈した無袖横穴式石室である。直径 8.5m の円墳で、石室側壁の背後は控積みが認められ、墳丘の裾には大きめの石材をめぐらせて、墳丘表面には石材を貼り付けるようにして多数置いていたという。副葬品には須恵器、土師器、鉄鏃、刀子があり、築造時期は TK43 型式期の 6 世紀後葉である。

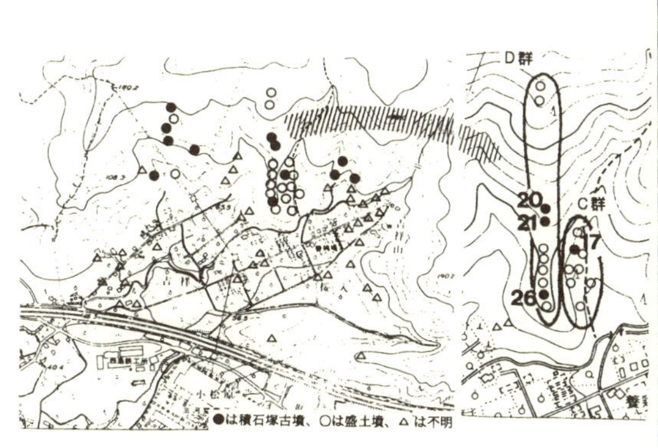

図 3　吉祥古墳群の古墳分布（岩原 1998 より）

図 4　吉祥 21 号墳

吉祥古墳群では12基の古墳が発掘調査され、成果が公表されているのは30号墳だけであるが、ほかの古墳は調査後に放置されたまま観察することができる。このうち21号墳は主体部が竪穴系小石槨で、両小口壁に大型の１枚石を使用しており、向山１号墳に類似する（図4）。21号墳が所在するＤ支群は、尾根上にⅠ・Ⅱ類の積石塚古墳と盛土墳が混在しながら１列に並んで築かれており、積石塚古墳から盛土墳へと変容していく様相が見受けられる。なお、吉祥古墳群で観察可能な盛土墳は、すべて無袖横穴式石室を持つ。

上寒之谷１号墳（図5）　豊川左岸の、吉祥山から南へ離れた独立山塊の尾根上、標高186.5mに所在する。Ⅱ類で、発掘調査によって、主体部は無袖横穴式石室と判明した（岩原ほか1993）。墳丘は直径8.5〜9.0mの楕円形を呈した円墳で、地形を円形に整地した後、控積みや墳丘内石列など、盛土墳の技法を採用しながら土と石材を併用して墳丘を築造している。石室に胴張りは見られず、奥壁の基底に１枚石を使用するほか、石材１枚を立てて羨道部と玄室部の仕切りにしており、向山１号墳や吉祥26号墳に見られる竪穴系小石槨から発展した形態と捉えることができる。副葬品には兵庫鎖立聞環状鏡板付轡や鉄鏃、刀子、鎌などの鉄器があり、須恵器は石室内には見られず、墳丘上から蓋坏が破砕されて出土している。築造時期はMT15〜TK10型式期、６世紀前葉から中葉である。

3　東三河の特質（図5）

以上から、東三河の積石塚古墳の様相をまとめる。

墳丘構造　帰属時期からみて、Ⅰ→Ⅱ類の順に変化したことが明らかである。Ⅰ類はTK47型式期以前からMT15型式期、５世紀末葉から６世紀前葉に属し、Ⅱ類はMT15からTK43型式期、６世紀前葉から後葉に築造される。墳形は両者とも円墳である。つまり、東三河では５世紀後葉に円墳のみからなる積石塚古墳が出現し、６世紀後葉まで築造されたことになる。Ⅱ類は控積みや墳丘内石列など、盛土墳の築造技法が顕著に認められる。

興味深いのは、古墳群内において６世紀後葉に積石塚古墳が継続する場合と、積石塚古墳とならずに盛土墳に変容する両者が見られることである。これは「積石塚」という外見へのこだわりに、集団間で温度差があることを示している。いずれにせよ、６世紀末葉の積石塚古墳は確認されていないので、Ⅰ類が築かれた６世紀前葉までを出現・定着期、Ⅱ類が現れる６世紀中葉から後葉にかけてを変容期と位置づけることができる。

主体部　竪穴系小石槨（Ａ類）と横穴式石室（Ｂ類）の２者が認められ、さらに下記のような分類が可能である。

■Ａ類：竪穴系小石槨

　ａ類：基底石が石囲いのような簡易な構造で、平面形が楕円形や船形にみえるもの
　　　　大入山２号墳・城山５号墳

　ｂ類：両小口壁の基底に他の石材よりも大きな１石を使用するもの

　　１類：両小口壁の基底石が小振りなもの
　　　　城山６号墳・旗頭山尾根17号墳

　　２類：両小口壁の基底石が大きく、扁平な板状の１枚石のもの
　　　　向山１号墳・吉祥21号墳

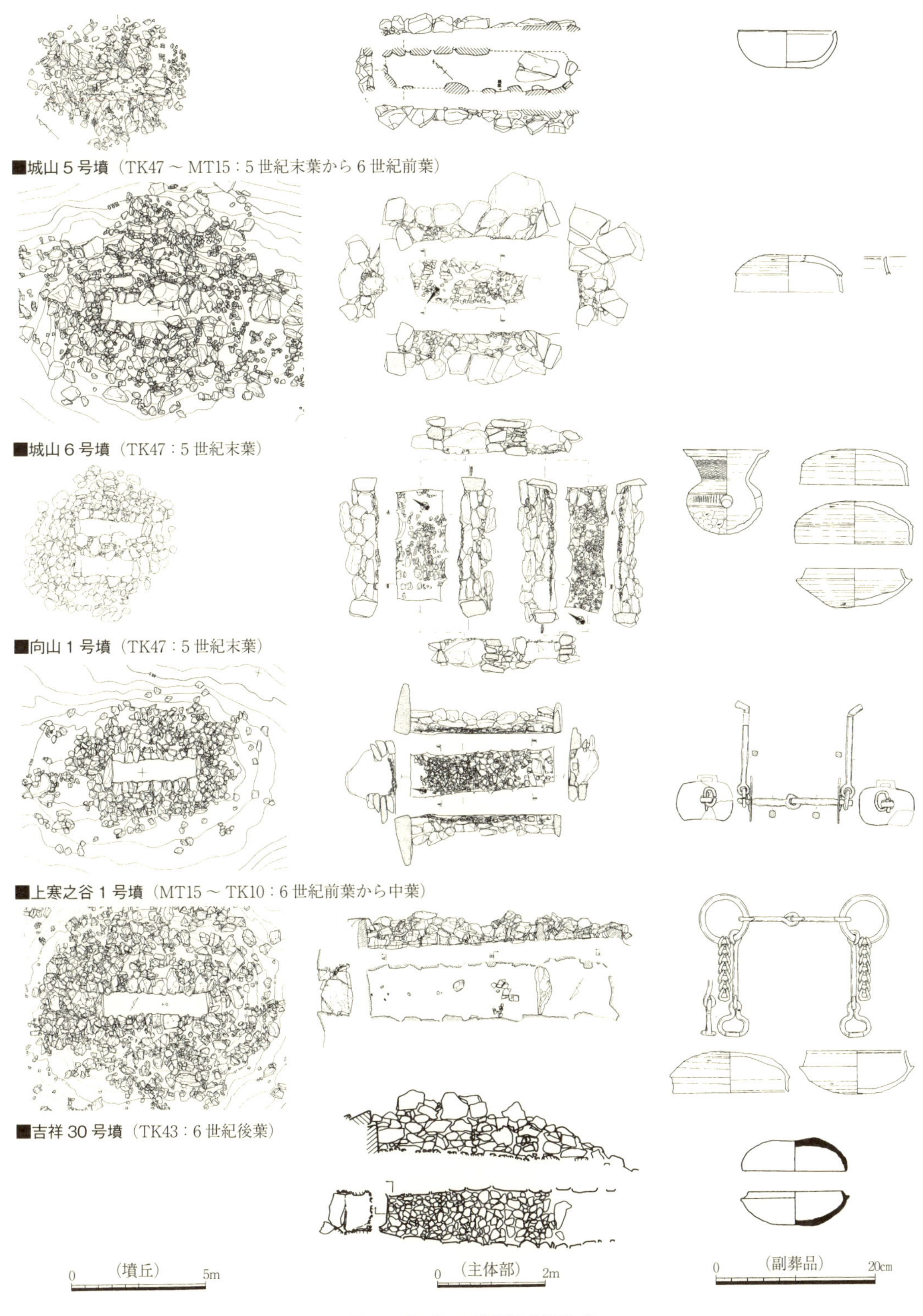

図5　東三河の積石塚古墳集成

■B類：横穴式石室（無袖石室のみ）

a類：平面形が長方形のもの

上寒之谷1号墳・向山2号墳

b類：平面形が胴張り形を呈するもの

吉祥30号墳

主体部の変遷は、大入山2号墳の主体部出土土師器を積極的に評価するなら、次のように想定される。

Aa類（5世紀後葉～6世紀前葉）→Ab1類（5世紀末葉～6世紀前葉）→Ab2類（6世紀前葉）→Ba類（6世紀前葉～中葉）→Bb類（6世紀後葉）

墳丘構造との相関は、A類＝Ⅰ類、B類＝Ⅱ類である。B類は墳丘の築造方法や石室の構造とも明らかに盛土墳の影響下にある。すべて無袖横穴式石室で、玄室入口が平坦で段構造をなさないこと、上寒之谷1号墳のようにAb2類との関連性がうかがわれる横穴式石室があることから、在地のAb類からの発展形と理解される。そしてBb類は同時期の盛土墳とまったく同じ形態で、盛土墳との共通化が著しい。

このほか、城山6号墳のように1墳丘2主体部の例は積石塚古墳の特質かもしれない。主体部ではないが、旗頭山尾根17号墳のように2基が連結した形態も特異である。

副葬品　副葬品の内容は決して豊かとは言えない。有力者の存在を示す威信財は皆無で、全般に量も少ない。副葬品にみる被葬者の階層性的位置づけは決して高くはない。

副葬品の中で目立つのは、鉄製馬具である。向山1号墳の鉄製内弯楕円形鏡板付轡は、東三河では最古の馬具である。また上寒之谷1号墳の兵庫鎖立聞環状鏡板付轡は、列島の同類の轡の中でも初期の事例に位置づけることができる。早い段階から実用馬具を保有する点は、被葬者の性格を考える上で重要だろう。ただし、これらの馬具は渡来系遺物とはいえまい。

東三河において、横穴式石室への土器副葬はTK47型式期からみられはじめ、MT15型式期に定着したとされる（土生田1993）。しかし積石塚古墳はそれを遡る可能性があり、墓制に伴う土器祭祀の「先進性」と捉えられる。さらに、城山6号墳で追葬が認められることも重要で、竪穴系小石槨でありながら、天井石の取り外しが容易な構造であったことを物語る。向山1号墳のAb2類主体部は、両小口壁の石材の大きさが異なり、横からの遺体の搬入を明らかに意識している。

立地と分布　東三河の積石塚古墳は、一部に山腹や谷間に築かれた事例も見られるが、見晴らしの良い尾根上に築かれる場合が一般的である。盛土墳において、中期末の5世紀後葉から末葉に眺望の優れた高所に築かれた例は東三河では確認されず、積石塚古墳の立地は後期古墳に類似する。後期に先駆けた先進性といえるだろう。

一方、分布は偏在傾向にある。標高382mの独立峰・吉祥山には、山復の尾根上や山麓の谷間に旗頭山尾根古墳群、大入山古墳群、吉祥古墳群など、積石塚古墳を含む群集墳が集中している。吉祥山は豊橋平野部からはよく目立つ山で、山頂近くの磐座に吉祥天をまつる信仰の山でもある。このほかは、豊川左岸の本宮山塊の中腹や右岸の豊橋市北部の丘陵上、国境域である静岡県湖西市の山麓に1～数基が散在する。こうしたあり方は、積石塚古墳の被葬者たちが吉祥山周辺を共通の「本貫地」としながら、東三河の各地域の集団に属していたと解釈される。

なお、東三河では古墳時代集落の良好な発掘調査事例が少ない。渡来人と集落との具体的な関係を示す遺構・遺物は今のところ知られていない。

評　価　最後に、同時期の政治的動向から東三河の積石塚古墳を評価する。

積石塚古墳が出現した5世紀後葉から末葉は、東三河で有力首長墓が存在しない時期である。三河最大級の前方後円墳である豊川市船山1号墳（全長96m）は、最近の発掘調査でTK216型式期（5世紀中葉）の築造と考えられるようになった。それに続く首長墓は、全長30m前後の前方後円墳や円墳で構成される豊川右岸の念仏塚古墳群だけである。従って、初期の積石塚古墳の被葬者集団は、広域首長の管理下に無い、比較的自由な立場であったと考えられる。優れた場所に古墳を築くことができた背景には、首長からの制約が少なかったという状況があったのだろう。

MT15型式期（6世紀前葉）になると、全長40m前後の前方後円墳が東三河の各所に現れ、小規模な地域首長権力が顕在化する。このとき吉祥山の南西に位置する台地上に、全長45mの前方後円墳・弁天塚古墳が出現する。同墳からは、金銅装内弯楕円形鏡板付轡や鉄鉾、須恵器が出土している。位置関係から見て弁天塚古墳の被葬者である首長は、積石塚古墳の被葬者達を統括して権力を拡大させた新興勢力と考えられる。なお、弁天塚古墳は豊橋市北部の首長墓系譜の嚆矢に位置づけられ、この系譜は後に優れた金銅装馬具が出土した6世紀末葉の前方後円墳・馬越長火塚古墳へと連なっていく。豊橋市北部の首長たちは、吉祥山を本貫地とした集団を終始、その支配下においたと解釈される。

この間に積石塚古墳は急速に変容し、盛土墳に近づいていった。積石塚形態を採用するという集団のアイデンティティは、地域首長の支配下にあって薄れていくのである。

最後に、積石塚古墳の被葬者と渡来人との関わりにふれたい[2)]。副葬品に渡来系の要素は認められないが、随所に見られる墓制の「先進性」や1墳丘2主体部、墳丘の連結など、在地の盛土墳に比べて異質な個性は明らかである。また積石塚形態の採用も、盛土墳と混在する状況からすれば、明らかに集団のアイデンティティの表現である。従って、被葬者に渡来系氏族とその周辺集団を想定するのは自然な解釈であろう。むしろその場合に、渡来人たちが東三河にもたらした技術や文化が何であったかを考えることが、地域の歴史理解の上では重要である。ある特定の技術や文化だけにこだわる必要は無いが、かつて牧野彦一が提唱した紡織技術との関わりは、傾聴すべき意見である[3)]。

4　中・東濃の具体相

前述のように、岐阜県中・東濃で確認される積石塚古墳は調査事例が乏しい。ここでは美佐野積石塚古墳を中心に、可能性があるものも含めて紹介しておく。なお、この地域の積石塚古墳も、盛土墳の築造が可能な場所に立地している。

美佐野積石塚古墳群（図6・7）　中濃の東端である可児郡御嵩町にある。大きな尾根に挟まれた山腹の斜面、標高210〜250mに所在し、10基の積石塚古墳で構成されている。かつて5号墳が発掘調査されたが、その詳細は公表されていない。

筆者の現地踏査によれば、積石塚古墳は以下の2形態に分類される。

Ⅰ類：1辺5m前後の方墳で、墳裾に大きめの石材を使用する。主体部は竪穴系小石槨で、主体部の主軸は斜面の等高線に平行した東西方向である。

図６　美佐野積石塚古墳群３号墳

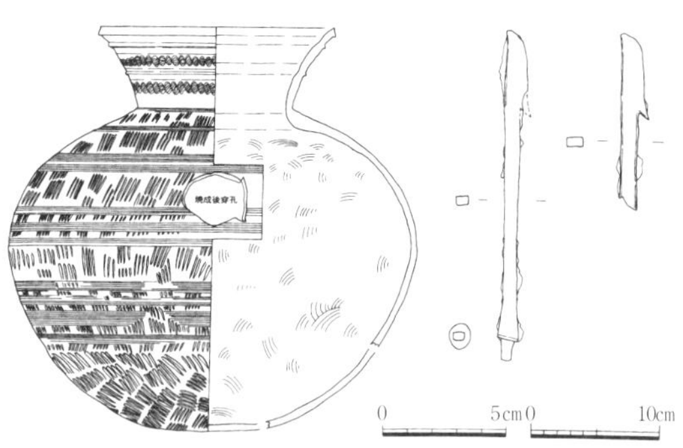

図７　美佐野積石塚古墳群５号墳　出土遺物
（岩原 1998 より）

Ⅱ類：径 7～8m の円墳で、墳裾に大きめの石材は使用しない。主体部は竪穴系小石槨と考えられ、主軸は斜面の等高線に直交した南北方向である。

Ⅰ類の竪穴系小石槨は平面形が長方形を呈する。現地での主体部の観察が可能な３号墳は、天井石が遺存し、壁面は側壁・小口壁ともに石材を１～３段積み上げたものである。発掘調査された５号墳はⅡ類である。主体部は長さ 3.5m 程度で、平面形は両端が尖った船形を呈するという（若尾 1992）。５号墳からは TK208～TK23 型式期の須恵器の甕や鋭く長い逆刺を持った片刃箭式の長頸鏃（図７）が出土しており、５世紀後葉の築造と考えられる。このほか、１墳丘２主体部の事例が多いことも特徴的である。

方墳の積石塚古墳は、東海では静岡県浜松市の二本ヶ谷積石塚古墳群しか知られていないため、極めて重要である。帰属時期は不明で、他地域の例から古相の積石塚古墳と思われる。５号墳の築造時期からすれば、５世紀後葉でも早い段階が推定されよう。

美佐野積石塚古墳群は、群内に盛土墳が存在しない。恐らく５世紀後葉のうちに築造を終えており、墳丘の構造に盛土墳からの影響を受けることが無かったと考えられる。

不動洞１号墳　可児郡御嵩町にある。美佐野積石塚古墳群の南側に対面した谷間の平坦地に所在する。発掘調査が行われていないため、詳細は不明である。

東濃の「積石塚」　古墳の確証はないが、可能性がある例を挙げておく。

虎渓山４号墳は、瑞浪市の谷間の緩傾斜地に立地する。墳丘は 16～20m あると言われ（多治見市 1980）、周囲に分布する円礫を積み上げて築造される。付近の丘陵上には初期の横穴式石室を持つ虎渓山１号墳を含む、盛土墳が存在する。

正家積石塚群は、恵那市の丘陵緩斜面に立地する 13 基からなる。積石塚は直径 3～10m 程度で、南山大学が行った発掘調査では、古墳時代の遺物はまったく出土せず、３号積石塚で中世の銭貨と火打鎌が出土した。このため、報告ではこれらを中世以降の宗教的な性格を帯びた「塚」と結論づけている（伊藤ほか 1983）。しかし、立地は美佐野積石塚古墳群に共通し、形状は古墳に酷似するなど、中世の塚と断定するにはやや躊躇を覚える。中世の再利用を含めて、今後も検討すべき積石塚である。

まとめ　確実に古墳と言えるのは美佐野積石塚古墳群だけで、実体の把握は今後に委ねるしかない。立地は山腹の斜面や谷間が大半で、信濃や遠江など、他地域と共通の原理のもとに築かれたことを示唆している。こうした中で、方墳を含む美佐野積石塚古墳群は、列島内の積石塚古墳を考える上で重要な意味を持ち、今後の調査が切望される。

盛土墳との関係は、例えば美佐野積石塚古墳の場合、すぐ南の尾根上に尾張型埴輪を採用した美佐野高塚古墳（円墳、直径30m、MT15型式期：6世紀前葉）があり、時期は異なるものの積石塚古墳の被葬者集団を直接統括した小首長の墓と目される。平野部から見た場合、美佐野高塚古墳の方が立地に優れ、積石塚古墳はその背後に隠れるかたちとなる。

5世紀後葉から6世紀前葉にかけては、中濃と東濃はともに広域首長墓が存在せず、小首長たちが分立した時期であったと考えられる。積石塚古墳の被葬者たちが渡来人であるとの前提に立てば、彼らは狭域の地域勢力に所属した職能集団であろう。

註

1）明治大学が行った旗頭山尾根古墳群の記録類の一部は、天理大学が所蔵する後藤守一資料にわずかに残されている。本図はそこから引用し、トレースをしたものである。

2）東三河の渡来系氏族は積石塚古墳の被葬者だけではない。東三河で唯一、ドーム形天井の両袖式石室やT字形に近い横穴式石室を構築した古墳群である豊川市の舟山古墳群は、積石塚形態を採用しない渡来系氏族の奥津城であろう。

3）奈良時代には税である調として、三河国から織物の羅・綾や絹白糸がおさめられ、また『延喜式』によれば、平安時代に三河国は良質の絹糸を生産する上糸国であった。古代三河国は列島内でも紡織技術の先進地であった事実があり、その歴史を古墳時代にたどることは荒唐無稽な話とはいえない。

引用・参考文献

伊藤秋男ほか　1983『正家積石塚群』南山大学人類学博物館
伊藤　悳　1965「吉祥E3号墳」『豊川用水関係遺跡報告書』愛知県教育委員会
岩原　剛　1998「東海の積石塚古墳」『三河考古』第11号、三河考古刊行会
岩原　剛ほか　1993『上寒之谷1号墳』豊橋市教育委員会
加藤安信　1977「新城市、一宮町旗頭山尾根古墳群測量調査報告」『重要遺跡指定促進調査報告Ⅱ』愛知県教育委員会
柴垣勇夫・中島義二ほか　1980『旗頭山尾根古墳群・大入山古墳群発掘報告書』一宮町・新城市教育委員会
嶋　竹秋・後藤建一　1983『静岡県湖西市　天神山古墳群発掘調査報告書』湖西市教育委員会
須川勝以ほか　1995『城山』一宮町教育委員会
多治見市　1980「第4節 古墳時代」『多治見市史 通史編 上』
芳賀　陽・久永春男ほか　1968「北山古墳群」『豊橋市大岩町北山古墳群　豊橋市植田町大膳古窯址群』豊橋市教育委員会
土生田純之　1993「古墳出土の須恵器(2)」『考古学論叢　関西大学考古学研究室開設40周年記念』
早野浩二　2015「渥美式製塩土器の再検討」『三河考古』第25号、三河考古学談話会
牧野彦一　1976「第4節 古墳時代」『一宮町誌 本文編』一宮町
若尾要司　1992「第4節 古墳時代」『御嵩町史』御嵩町

2 遠 江

鈴木一有

1 はじめに

静岡県西部地域にあたる遠江は、5世紀を中心とした積石塚が分布する地域として著名である(図1)。本稿では、遠江における積石塚の中心的存在である浜松市浜北区二本ヶ谷積石塚群を中心に、積石塚をめぐる研究史、積石塚の特徴、地域社会の動向などを整理し、積石塚の被葬者像について考究したい。

2 遠江における積石塚研究

遠江における積石塚研究は、二本ヶ谷積石塚群の調査と共に進展してきたといっても過言ではない。1954年(昭和29)、地元中学校の生徒が鉄剣を発見したことを契機に國學院大學の下津谷達男氏を指導者に迎え、浜名高等学校史学部による発掘調査が行われた(1次調査)。この時の調査は、埋葬施設を中心としたものであったが、東谷4・5・8号墳など中心的な積石塚が発掘され、鏡や鉄剣、鉄鏃、農工具をはじめとした豊富な副葬品が出土した。浜名高校による発掘調査は、その後1957年にも実施され(2次調査)、合計13基の積石塚の内容が明らかにされた。この2回の発掘調査によって、二本ヶ谷積石塚群は、石のみを用いた低平な墳丘の内部に竪穴系の埋

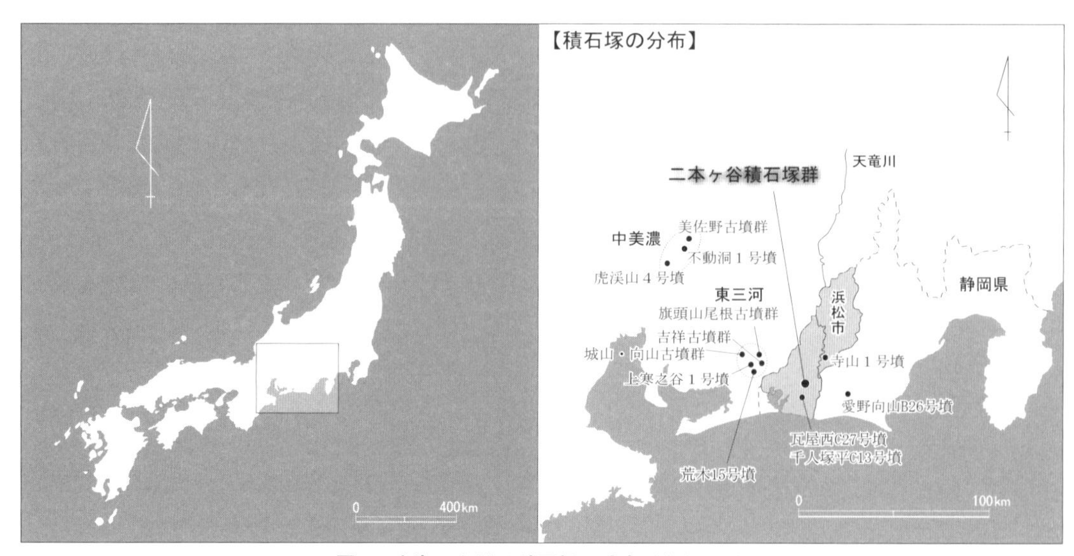

図1 東海における積石塚の分布(筆者原図)

葬施設を構築した古墳時代中期の積石塚で構成されることが明らかになった（下津谷 1957）。

二本ヶ谷積石塚群の調査が実施され、その特徴が知られるようになった1950〜1960年代は、各地における積石塚の分布状況を把握することに努力がはらわれた。積石塚にかかわる全国的な集成も行われ（斎藤 1964、日本考古学協会 1968）、遠江の事例についても取り上げられた。1975年には二本ヶ谷積石塚群にかかわる正式報告が刊行され（浜北市教育委員会 1975）、研究資料として比較検討する素地が整った。1980年代になると『考古学ジャーナル』誌上において積石塚の特集が企画され、東海地方についても近隣地域の事例がまとめて報告された（下津谷 1980）。遠江においては、浜松市天竜区の寺山1号墳が現況写真をふまえ、積石塚の一例として紹介されている。

1980年代後半の好景気に後押しされ、二本ヶ谷積石塚群が立地する地域に都市開発の波が押し寄せ、事前の発掘調査が1995〜1997年（平成7〜9）に実施された（3次調査、浜北市教育委員会 2000）。この調査によって、この積石塚群にかかわる詳細な情報が得られた。同時に近隣地の辺田平古墳群や太田坊古墳群（内野古墳群と総称される）の中にも積石塚が確認され、封土墳で構成される古墳群に混在する積石塚の存在が明確にされた。また、浜松市千人塚平C13号墳の整理検討が進められ、内野古墳群以外の積石塚にかかわる認識が深まった（浜松市教育委員会 1999）。1990年代には東三河でも積石塚の調査が相次ぎ、岩原剛は東海地方における積石塚の事例を集成、比較検討し、その推移を示した（岩原 1998）。

二本ヶ谷積石塚群の再調査が進められていた1996年には、群馬県高崎市で剣崎長瀞遺跡の発掘調査が開始され（調査終了は1999年）、古墳時代中期における類似した構造の積石塚の存在が遠隔地どうしで知られるようになった。こうした新知見をもとに、1999年には山梨県考古学協会によって東日本の積石塚にかかわる研究会が企画され、中部以東の事例が集成された。遠江においても、浜松市瓦屋西C27号墳など、二本ヶ谷古墳群以外の積石塚もあわせて報告され、研究資料の充実がはかられた（山梨県考古学協会 1999）。

21世紀に入ると、積石塚にかかわる詳細な比較検討が行われるようになる。2002年にはシンポジウム「古墳時代中期の大型墳と小型墳」が浜北市（当時）で開催された。このシンポジウムでは、古墳時代中期の中小古墳が構築される背景の分析を通じて、二本ヶ谷積石塚群を評価する視点が示された（東海考古学フォーラム・静岡県考古学会 2002）。またほぼ同時期、剣崎長瀞西遺跡の詳細情報が明らかにされ、二本ヶ谷積石塚群との本格的な比較検討が進められた（土生田 2003）。

図2 二本ヶ谷積石塚の想定復元（筆者撮影）

二本ヶ谷積石塚群の

表１　二本ヶ谷積石塚群の詳細

古墳名	墳形	規模（m）	埋葬施設	埋葬施設規模（m）	出土遺物	築造時期
二本ヶ谷東谷１号	方墳	5.0 × 3.5	二段墓坑木棺（粘土貼）	2.3 × 0.5	須恵器・土師器・石製紡錘車	TK208
二本ヶ谷東谷２号	方墳	4.9 × 5.2	木槨状施設	3.0 × 2.0	鉄鏃・刀子・鎌・鉇・玉類	TK208
二本ヶ谷東谷３号	方墳？	5.0 × 3.8 ？	木棺	1.9 × 0.5	棒状鉄器	不明
二本ヶ谷東谷４号	方墳	9.0 × 9.0	木棺（地表上）	1.4 × 0.6 1.2 ？ × 0.6	鏡・鉄剣・鉄刀・刀子・鉄鏃・鉇？・玉類・砥石	TK216 ～ TK208
二本ヶ谷東谷５号	方墳	4.2 × 5.7	木棺？（地表上）	—	須恵器・土師器・鉄剣・鉄鏃・鎌・臼玉	TK208
二本ヶ谷東谷６号	不定形	約 5.5 × 5.0 ？	木棺（粘土貼）	2.3 × 0.7	須恵器・刀子	TK208
二本ヶ谷東谷８号	不定形	約 6.0 × 7.0 ？	木棺？（地表上）	—	須恵器・土師器・玉類・石製紡錘車	TK216 ～ TK208
二本ヶ谷東谷９号	方墳	約 7.0 × 7.0	木槨状施設	2.6 × 1.2	鉄刀・鉄鏃・鉇	TK216
二本ヶ谷東谷 12 号	方墳	約 6.0 × 6.0	木棺	2.5 × 0.6	土師器	TK208 ？
二本ヶ谷東谷 13 号	方墳	5.3 × 4.7	木棺	2.2 × 0.6	須恵器・土師器	TK208
二本ヶ谷東谷 14 号	不定形	約 6.0 × 6.0 ？	二段墓坑木棺	2.2 × 0.4	須恵器・土師器	TK208 ？
二本ヶ谷東谷 16 号	不明	—	木棺（地表上）	1.7 × 0.6	須恵器・土師器	TK208
二本ヶ谷東谷 17 号	不明	—	木棺（地表上）	1.4 × 0.5 ？	土師器	不明
二本ヶ谷東谷 18 号	不定形	約 5.5 × 5.5 ？	木棺（地表上）	2.3 × 0.5	土師器	不明
二本ヶ谷東谷 19 号	方墳？	約 2.5 × 2.5 ？	木棺	1.7 × 0.6	土師器	不明
二本ヶ谷東谷 20 号	方墳	約 3.5 × 2.5	木棺	1.7 × 0.6	土師器	不明
二本ヶ谷東谷 21 号	不定形	4.8 × 2.6 ？	木槨状施設	1.9 × 1.3	土師器	不明
二本ヶ谷東谷 22 号	不定形	5.0 × 4.5 ？	木槨状施設	3.0 × 2.5	土師器	不明
二本ヶ谷東谷 23 号	不定形	4.5 × 4.0 ？	二段墓坑木棺	2.1 × 0.4	須恵器・土師器・玉類	TK208
二本ヶ谷東谷 24 号	不明	—	木槨状施設？（地表上）	2.2 × 1.3 ？	鉄刀・刀子・不明鉄器	TK208 ？
二本ヶ谷東谷 25 号	不明	—	木槨状施設？（地表上）	2.3 × 1.1 ？	無	不明
二本ヶ谷東谷 26 号	不明	—	不明		須恵器・土師器・鉄剣・鉄鏃	不明
二本ヶ谷西谷１号	方墳？	2.4 × 2.2 ？	木棺	1.6 × 0.8	須恵器・土師器	TK47
二本ヶ谷西谷２号	不定形	—	木棺？（地表上）	3.0 × 0.8	須恵器	TK208
二本ヶ谷西谷３号	方墳？	3.2 × 2.3 ？	木棺	2.5 × 0.8	須恵器・鎌	MT15
二本ヶ谷西谷５号	不定形	—	木槨状施設	3.1 × 1.2	須恵器	TK208
二本ヶ谷西谷６号	不明	—	木棺？（地表上）	1.4 × 0.5 ？	無	不明
二本ヶ谷西谷７号	不明	—	木棺？（地表上）	2.2 × 0.6 ？	無	不明
辺田平 14 号	方墳	約 5.9 × 5.5 ？	二段墓坑木棺	3.5 × 0.7	無	不明
太田坊６号	方墳？	約 5.5 × 4.6	木槨状施設	3.0 × 1.3	須恵器・鉄剣・鉄鏃	TK23 ～ 47

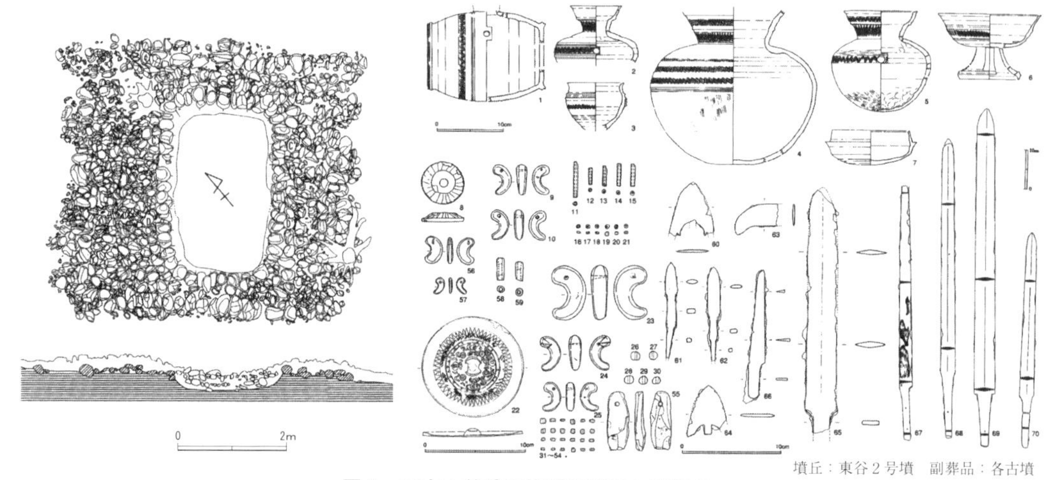

図３　二本ヶ谷積石塚群の墳丘と副葬品
（浜北市教育委員会 2000、浜松市教育委員会 2009 より引用）

主要部分は発掘調査を経て消滅したが、古墳群の重要性が広く認識され、その一部が保存、整備されることになった。この事業に先立ち、内容を確認する発掘調査が2004〜2005年に行われた(4次調査、浜松市教育委員会2009、浜北市は2005年に浜松市と合併)。この事業を通じて3次調査で不明確であった墳丘や埋葬施設にかかわる検討が深められ、総数30基にのぼる二本ヶ谷積石塚群の基礎情報が出揃うことになった。なお、二本ヶ谷積石塚群の保存用地は、「つみいしづか広場」として2008年に公開され、2013年には静岡県史跡に指定されて現在に至っている(図2)。

研究資料の整備とともに、積石塚をめぐる認識も深められていく。滝沢誠は二本ヶ谷積石塚群の保存整備事業報告書の中でこの古墳群の特徴に触れ、渡来系の出土品が認められる剣崎長瀞西遺跡の積石塚との共通性を指摘する。さらに、二本ヶ谷積石塚群の埋葬施設が地山を掘り込んでつくられる墳丘後行型の墳墓(吉井2002)であることを重視し、二本ヶ谷積石塚群は渡来系の墳墓である可能性を示唆し、内野古墳群中にある封土墳との関係から渡来系集団が在地化する過程を描き出した(滝沢2009)。土生田純之も同様の視点から二本ヶ谷積石塚群を評価し、その被葬者の出自は渡来人と断定して問題ないと結論づける(土生田2011、p.147)。筆者は、二本ヶ谷積石塚群の造営集団が生産の基盤とした天竜川平野の集落動態を整理し、首長居館である恒武遺跡群の造営に渡来系集団の関与を認め、遺跡群の北西5kmほどにある二本ヶ谷積石塚群を渡来系集団の墓地の一つと認めうることを指摘した(鈴木2012b)。2013年には日本考古学協会長野大会が行われ、分科会「5世紀の古墳から文化交流を考える」が開催された。東海地方についても筆者が報告を行い、二本ヶ谷積石塚群の被葬者像を手工業生産や沖積地開発に寄与した渡来系集団と捉えた(鈴木2013)。二本ヶ谷積石塚群の研究は、比較検討する対象の広がりと共に高精度かつ多様な分析が可能になっているといえるだろう。

3 二本ヶ谷積石塚群の特徴

二本ヶ谷積石塚群の特徴は以下のように整理できる(表1、図3)。①墳丘を長軸10〜40cm程度の円礫で積み上げる積石塚のみで構成される。②埋葬施設は墳丘の構築よりも前に設置されており、中には木槨状の施設が想定できるものが含まれる。③墳形が明確なものはすべて方墳であり、その規模は一辺3〜9mほどである。④視認性が低い谷地形内部に密集している。⑤副葬品は武器や玉類などが中心であるが、その量はおしなべて少ない。⑥墳墓の造営の開始期はTK216型式期(5世紀中葉)であり、TK208型式期(5世紀後葉)に最盛期をむかえ、その後急速に衰退する。⑦後出する盛土墳の中に積石塚との関連性がうかがえる埋葬施設がみられる。

まずは、これらの諸要素について、項目ごとに検討を加えておこう。

積石塚 遠江には二本ヶ谷積石塚群のほかにも積石塚がある。このうち、辺田平14号墳や太田坊6号墳といった内野古墳群中の積石塚は、二本ヶ谷積石塚群と密接な関係をもつものといえる。これら近隣地の積石塚はTK23型式に降るもので、積石塚構築集団の在地化が進んだ段階の構築とみられる。また、二本ヶ谷積石塚群から南に4kmほど離れた瓦屋西C27号墳も類似した事例と評価しうる。遠江にはこのほか、千人塚平C13号墳、寺山1号墳、愛野向山B26号墳などが積石塚として紹介されているが、いずれも詳細が不明確であり、二本ヶ谷積石塚群との比較において俎上にのせうるか慎重な検討が求められる。

東海地方における5世紀代の積石塚は愛知県東部(向山・城山古墳群など)や、岐阜県南部の中

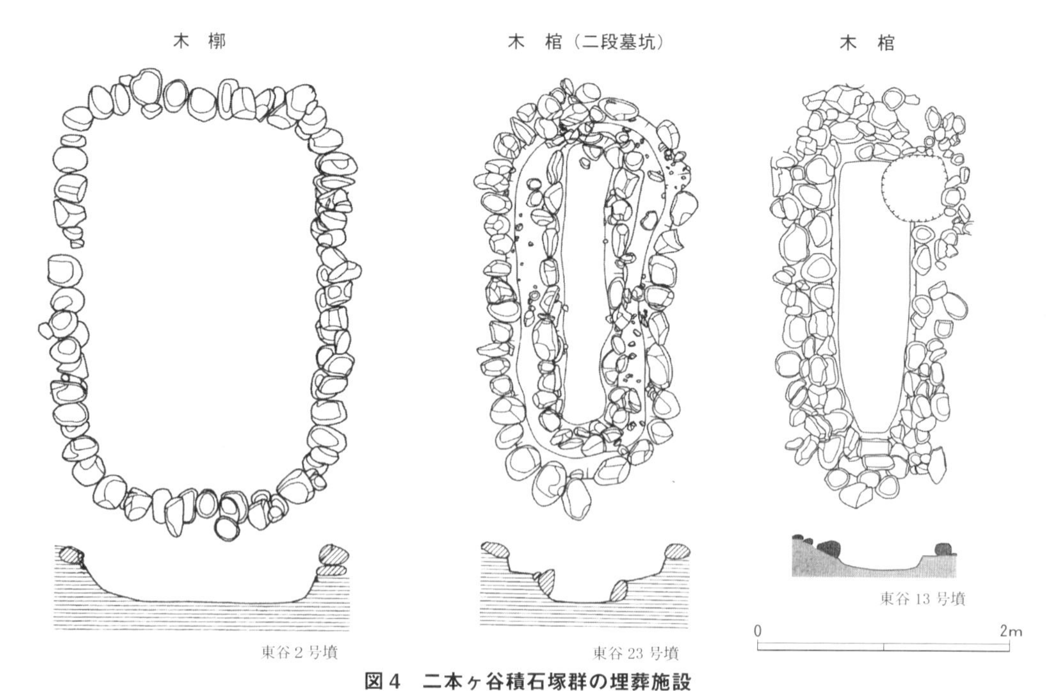

図4　二本ヶ谷積石塚群の埋葬施設
（浜北市教育委員会2000、浜松市教育委員会2009より引用）

濃地域（美佐野積石塚群など）にも知られている（岩原1998）。いずれも円墳である点をはじめ、立地環境や埋葬施設の特徴などその差異は大きい。東海地方各地の積石塚については相互の関連性は薄く、被葬者集団の交流や直接的な関係は想定しにくいといわざるをえない。各地における積石塚の構築数は、同時期の古墳の数から比較すると圧倒的に少ない点も重要である。30基の積石塚が確認できる二本ヶ谷積石塚群は、集中度という点では極めて特異であるが、それでも盛土墳の数にははるかに及ばない。

東海地方における積石塚の築造時期については、古墳時代中期後葉以降にまとまる傾向がある。二本ヶ谷積石塚群の築造開始期が若干先行するとみられるが、積石塚が構築されはじめる時期は、おおむねTK208型式期とみてよいだろう。東海地方各地に少数派墓制が顕在化するような共通した時代背景があったと捉えられる。

埋葬施設　二本ヶ谷積石塚群の埋葬施設は、木棺直葬もしくは木槨であったとみられる（図4）。木棺を据えたとみられるものには粘土を用いるものが知られ、中には二段墓坑を構築し、棺の外周に大型の礫を巡らすものがある（東谷1·14·23号墳など）。また古墳群の中には東谷2号墳や22号墳のように、幅が2mを超えるような大きさの墓坑をもつものが認められる。発掘調査では埋葬施設の詳細を明確にできなかったが、こうした幅広の墓坑内に構築された埋葬施設としては、木槨を想定してもよいだろう。表1では、仮に幅1m以上の埋葬施設を「木槨状施設」として整理した。これらの埋葬施設は、地山に墓坑を掘削して設定するものが多い点に注目したい。深く墓坑を掘らないものについても、基本的には埋葬施設の設置が先行し、墳丘はその後に構築するという点が共通する。こうした埋葬施設の設定と墳丘構築の工程は、朝鮮半島で広範に確認できる「墳丘後行型の墳墓」（吉井2002）と同一のものといえる。

埋葬施設の設定が墳丘構築に先行することや木槨状施設とした幅が広い墓坑をもつ埋葬施設

は、近隣地では例を求めることが難しい。近似した特徴は日本列島内よりも朝鮮半島東南部域の墳墓群に多く見出せる。二本ヶ谷積石塚群は、墳丘の構築方法や埋葬施設の形態そのものにおいて、朝鮮半島にその直接的な系譜が求められると評価しうるだろう。

方　墳　古墳時代中期の東海地方各地には、特徴的な方墳のあり方が看取できる。とくに静岡県堂山古墳の周辺や三重県明合古墳群など、中期中葉を中心にして大型の方墳が出現しており、墳形と被葬者の性格が明確に意識されていたことがうかがえる。方形周溝墓や台状墓との連続性は充分考慮すべきであるが、古墳時代中期には新たな被葬者階層の出現と序列化が急速に進行した可能性があり、方墳の位置づけが明確化されたと捉えられる。二本ヶ谷積石塚群がすべて方墳であることは、その被葬者が日本列島内の階層秩序の中で下位に位置づけられていることを示すだけでなく、円丘部をもつ墳墓群の被葬者と性格や出自が異なることが明確に意識されていたことの表れと積極的に解釈しうるだろう。高句麗における積石塚が方墳であることも、日本列島内で充分意識されていたとみられる。

視認性が低い立地環境　谷地形内部という視認性の低い二本ヶ谷積石塚群の立地環境は、本古墳群の特異性を際立たせている（図5）。古墳における眺望の良し悪しに階層性が反映されていると解釈すれば、本積石塚群は盛土墳と比べて階層的に劣位におかれていたと捉えられる。ただし、東三河では隔絶性が高く眺望もよい尾根部を選んで築造している積石塚がみられることを考慮すると、積石塚は盛土墳とは古墳造営地における価値観が異なるために、特異な立地環境が選択さ

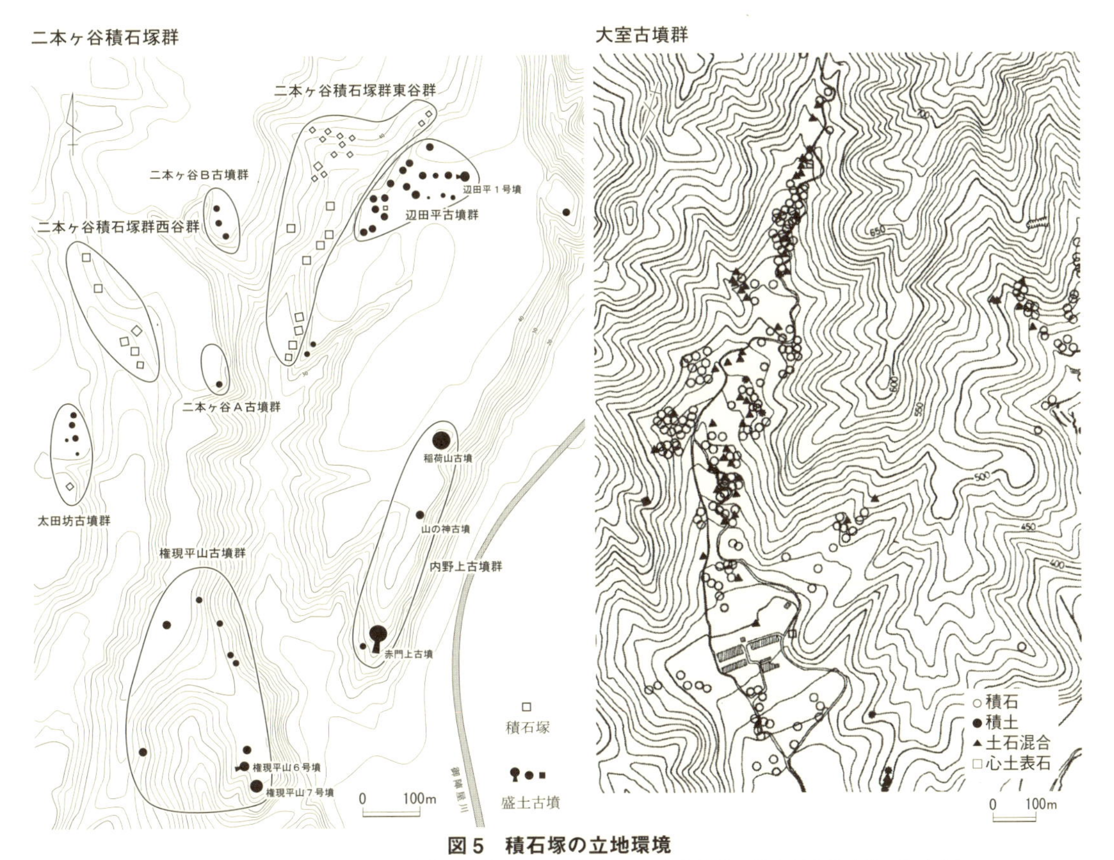

図5　積石塚の立地環境

（左：筆者原図　右：駒澤大学考古学研究室 1981『長野・大室古墳群―分布調査報告書―』より）

れたとも考えられる。視認性が低い谷部に立地する特異な立地環境は、長野県大室古墳群にも見出しうる（図5）。谷部に立地するという点は、中国吉林省集安にある山城下古墳群といった高句麗の積石塚群にも共通する。二本ヶ谷積石塚群の立地環境として、谷部が積極的に選ばれた可能性も考慮しておきたい。

副葬品の特徴　二本ヶ谷積石塚群の副葬品には、鏡、玉類、鉄製武器、須恵器などが認められるが、盛土墳から出土する副葬品との差異を示すことは難しい。副葬品の組成からは、被葬者の出自や性格を明確にすることは困難といわざるをえない。墳丘の特徴とは異なり、副葬品は外来系の要素が希薄であることから、この古墳群の被葬者は渡来系集団であるとしても、日本列島内で在来化がある程度進行した後に古墳群を築いたと解釈しうるだろう（鈴木2016）。また、東谷4号墳の副葬品内容は、一辺10m以下の方墳としては豊富な内容といえる。二本ヶ谷積石塚群の中には、一定の実力をもつ被葬者が含まれるとみてよい。

積石塚の構築時期　二本ヶ谷積石塚群の構築開始時期は、東谷2号墳や9号墳などから出土した鉄鏃の形態から判断してTK216型式期に遡るとみられ、共通した時期の須恵器から、その築造の最盛期はTK208型式期に位置づけられる。その後は急速に築造数を減じ、MT15型式期を下限に消滅している。積石塚群が築造された中心時期であるTK216～208型式期の暦年代を明言することは難しいが、西暦450年を間に挟み5世紀の第2、第3四半期をあてて問題はない。また、被葬者の生前の活動時期は、墳墓の造営時期から数十年は遡るとみられるので、彼らが当地に訪れたのは、5世紀の第1四半期まで遡る可能性がある。

在地化の過程　二本ヶ谷積石塚群に隣接する盛土墳（辺田平古墳群）の中には、積石塚との関連性がうかがえる礫を多用する埋葬施設がみられる。積石塚の埋葬施設も新しい時期には木槨状施設が減少し、かわりに木棺を礫や土で被覆するような在来的様相が強まる。こうした様相は、積石塚を構築する集団が、盛土墳を構築する集団と癒合していく過程を示すものといえるだろう。出現期の積石塚には、在来墓制との違いが際立っていたが、時期が降るに従いその特異性が希薄になる。その他、外来系の要素は積石塚の出現期に強く、その後の継続的な伝播は認めにくい。渡来系集団の移入は、比較的短期間のうちに終了したと解釈しうる。なお、積石塚にみられる外来的な要素が在地墓制と同質化していく過程は、東三河の積石塚にも見出せ（岩原1998）、東海地方各地で近似した渡来系集団の変容過程が描きうる。

4　在地社会における首長墓の変容

前方後円墳の動向　二本ヶ谷積石塚群が構築された遠江地域における古墳の築造動向を概観すると、主に全長100m級の大型前方後円墳を頂点にした地域秩序が見出せる時代から、古墳の規模が小型化し、地域拠点の中核が分散していく過程が読み取れる。その転換期は、堂山古墳の築造時期（TK73型式期）と捉えられ、この古墳の構築以後、小型古墳が爆発的に築造されはじめる。首長墓である前方後円墳のあり方も、規模の縮小化をはじめ、その変質は著しい（図6）。

埴輪と墳丘の変化　中期中葉以降に表れる特徴的な要素として、埴輪と墳丘外観の変化について触れておこう。遠江地域では、中期中葉（TK216型式期）以降、渡来系の円筒土器製作技法と窖窯焼成技術が一体化した淡輪系埴輪が広範囲に受容された。つづく中期後葉（TK23型式期）には人物や動物を含む形象埴輪群も広域に受容され、全長20m級の小型前方後円墳が急増する。近年

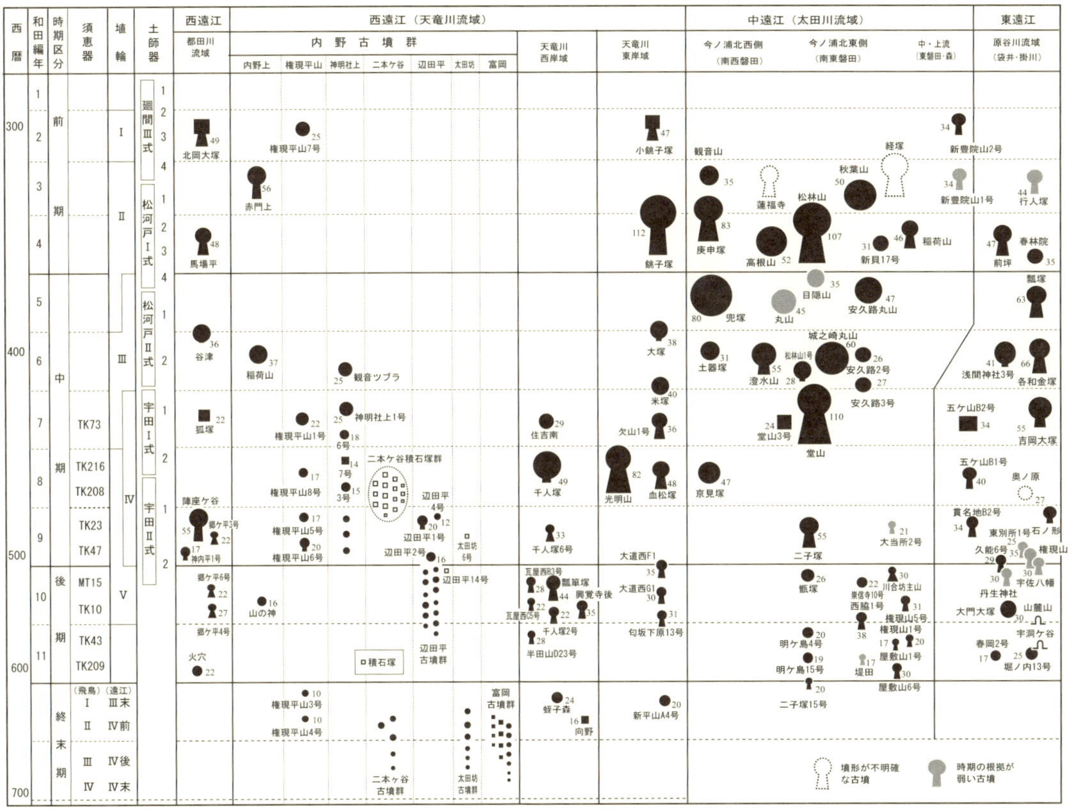

図6　遠江における古墳の変遷（筆者原図）

の調査によって、この段階の埴輪をもつ古墳は、ほぼ前方後円墳に限定されることも明確になっている。また、この段階の前方後円墳は葺石をもたないこと、前方部の片側に形象埴輪を集中的に樹立することなど、斉一性も顕著である。墳形と埴輪の様相が示す階層性が最も明確に認識された時代と評価できるだろう（鈴木 2012a）。

小規模墓制の隆盛　二本ヶ谷積石塚群が構築された時期は、上述した前方後円墳の変質に表れるような在地社会の転換期に重なる。二本ヶ谷積石塚群の構築がはじまる中期中葉は、積石塚の出現に限らず、中小の盛土墳も数を増しており、古墳を築造する集団が多様化し、その数も急増していることがうかがえる。初期群集墳の築造開始期もこの段階まで遡るとみてよい。また、この時期には、伊豆や紀伊などでは洞穴墓も出現している。洞穴墓の出現には、海上交流の隆盛化が読み取れ（鈴木 2010）、伊勢湾沿岸域における九州系横穴式石室の導入も海上交通の充実に起因するとみてよい。積石塚の築造だけでなく、地域秩序の再編期に多様な墳墓が顕在化する段階にあたるといえよう。積石塚のあり方のみに注目するのではなく、地域社会全体の変革の中でその存在を評価する視点が重要である。

5　渡来系文物と地域拠点の様相

5世紀の遠江地域にかんしては、古墳に限らず、集落の様相についても注目できる成果があがっている。ここでは、渡来系文物と地域拠点の内容に注視しておこう。

初期須恵器　遠江における陶質土器や初源期（TK73型式期もしくはそれ以前）の須恵器は、海岸に近い南部地域に散在する傾向が認められる。渡来系文物が主に海上交易によってもたらされたと解釈できる所以である（鈴木2010）。初源期の須恵器の多くは1遺跡で1～2点程度が知られるに過ぎないが、二本ヶ谷積石塚群から南東5kmほど離れた恒武遺跡群では20点近い出土量が知られ、この遺跡群の物資集積力の高さがうかがえる。この遺跡からは、多孔式甑を含む初期須恵器とともに、陶質土器も出土しており、外来系の要素が濃厚に読み取れる。遺跡の造営者には、渡来系文物を率先して移入できる先進性を読み取ることができる。恒武遺跡群の造営者は、地域の有力首長層であり、渡来人を招聘していたか、渡来人に通じるような情報網、交流関係を有していたことを雄弁に物語る。

鋳造鉄斧　初期須恵器と並んで注目できる遺物に、鋳造鉄斧があげられる。鋳造鉄斧は、北部九州や瀬戸内地域、近畿地方に分布が偏り、東海地方より東では極めて出土例が少ない（日高2005)。その本来的な用途は起耕具とみられるが、鉄素材として流通していた可能性も考えられる。鋳造鉄斧の多くは朝鮮半島からの搬入品とみられ、その分布の差は朝鮮半島から流入する鉄器量の違いを反映しているとみてよいだろう。

東海地方では、三重県と静岡県に鋳造鉄斧を出土した遺跡が知られているが、遠江ではとくに多くの事例が確認できる。詳細にその分布を検討すると、その出土地は、初期須恵器が集中する恒武遺跡群を中心にほぼ半径10km圏内に収まることが分かる（図8)。鋳造鉄斧の流通に恒武遺跡群の造営者がかかわったと断定することは難しいが、渡来系遺物の流通網の核になりうるような位置に同遺跡群が立地していることは看過しがたい。

恒武遺跡群の性格　豊富な出土遺物から地域社会の求心性がうかがえる恒武遺跡群とは、浜松市東区恒武町一帯にある恒武山ノ花遺跡、恒武西浦遺跡、恒武西宮遺跡、笠井若林遺跡などを包括する遺跡群の総称である。とくに、恒武山ノ花遺跡および恒武西浦遺跡で確認された自然河川（恒武大溝）は規模が大きく、古墳時代中期中葉を中心として豊富な木製品や初期須恵器、石製模造品が出土し、地域首長層が関与した祭祀の様相が明確になっている（図7)。また、この遺跡群からは、鉄器、木器、玉類、骨角器、紡織などの生産関係遺物も数多く出土しており、近隣で複合的な手工業生産が行われていたことが判明している（鈴木2012b)。

恒武遺跡群の造営は古墳時代中期中葉（TK73型式期）にはじまっているが、前時代からの継続性が乏しい地域に突如として、地域拠点が出現していることは注目に値する。恒武遺跡群出現の背景として、それまで開発の手を伸ばしにくかった沖積地への進出が容易になるような治水や灌漑技術の向上があったとみてよい。恒武遺跡群の造営主体は、渡来人の招聘や広域交流網を背景にした新来の技術を備えた新興勢力であり、彼らの居住域は、政治、祭祀、経済、手工業生産、交易といった諸分野にわたり地域の拠点になっていたとみられる。

遺跡群と古墳の関係　恒武遺跡群の造営者と周囲の古墳との関係は必ずしも明らかにできないが、指導者たる首長層は東西5kmほど離れた台地の縁辺上に築かれた古墳に葬られた可能性がある。時期的に近接する古墳としては、千人塚古墳（造出付円墳、直径49m）がその候補としてあげられるだろう。

二本ヶ谷積石塚群の被葬者集団と恒武遺跡群造営集団との直接的な関係も不明確であるが、両者の活動時期がほぼ同時期であることに加え、5kmという両者を隔てる距離の近さを考えると、

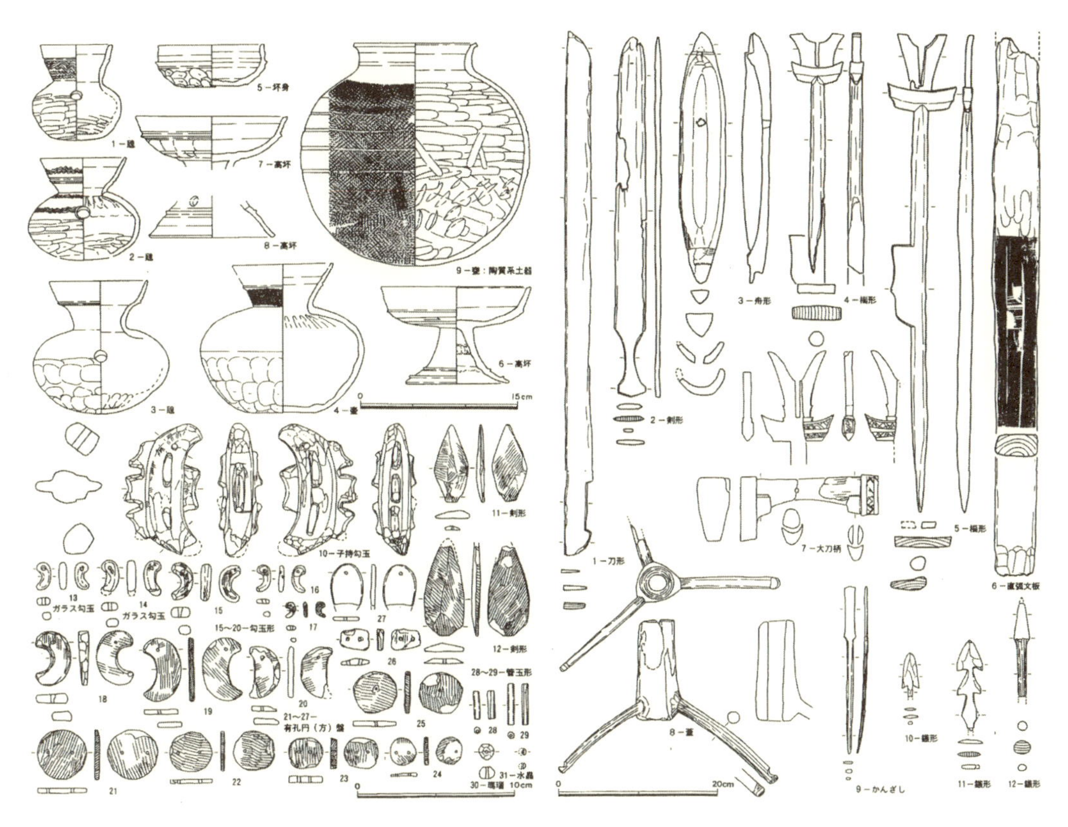

図7 恒武大溝からの主要出土遺物
（㈶浜松市文化協会 1998 より引用）

互いに何らかの関係を保持していたと捉えても矛盾はない。二本ヶ谷積石塚群の造営に示される外来系集団の移入は、恒武遺跡群にみるような新興勢力の隆盛と関係が深い事象と捉えることで、その築造の意義をより明確に評価しうるといえるだろう（図8）。

6 まとめ―二本ヶ谷積石塚群の被葬者像―

二本ヶ谷積石塚群と築造時期が近接する積石塚や、関連が想定できる墳墓は、東日本のいくつかの地域に知られる。群馬県高崎市剣崎長瀞西遺跡では、5基の積石塚が確認されている。古墳の形状は方形であり、その規模は一辺1～4mほどである（高崎市教育委員会 2002）。積石塚の規模が小さい点や、墳丘が低い点など、外観は二本ヶ谷積石塚群と酷似する。埋葬施設は竪穴式石槨状の施設であり、地表面に構築されている。副葬品はないが、近接して築造されている方墳から金製の垂飾付耳飾や韓式系土器が出土していることに加え、X字状銜留金具をもつ環板轡を伴う馬埋葬土坑も検出されている。外来系遺物が豊富なことから、これらの積石塚群は渡来系集団の墳墓とみて相違ない。古墳群の構築時期は遺跡の形成時期、すなわちTK216～TK208型式期に中心があるとみてよいだろう。

長野県長野市大室古墳群では、156号墳（佐々木ほか編 2015）や168号墳（小林ほか編 2008）といった積石塚が古墳群の形成開始期に築かれている。これらの積石塚の埋葬施設は合掌形の上部構造をもつが、下部構造は板石を配列して箱式石棺をつくり出している。埋葬施設からの出土品は少

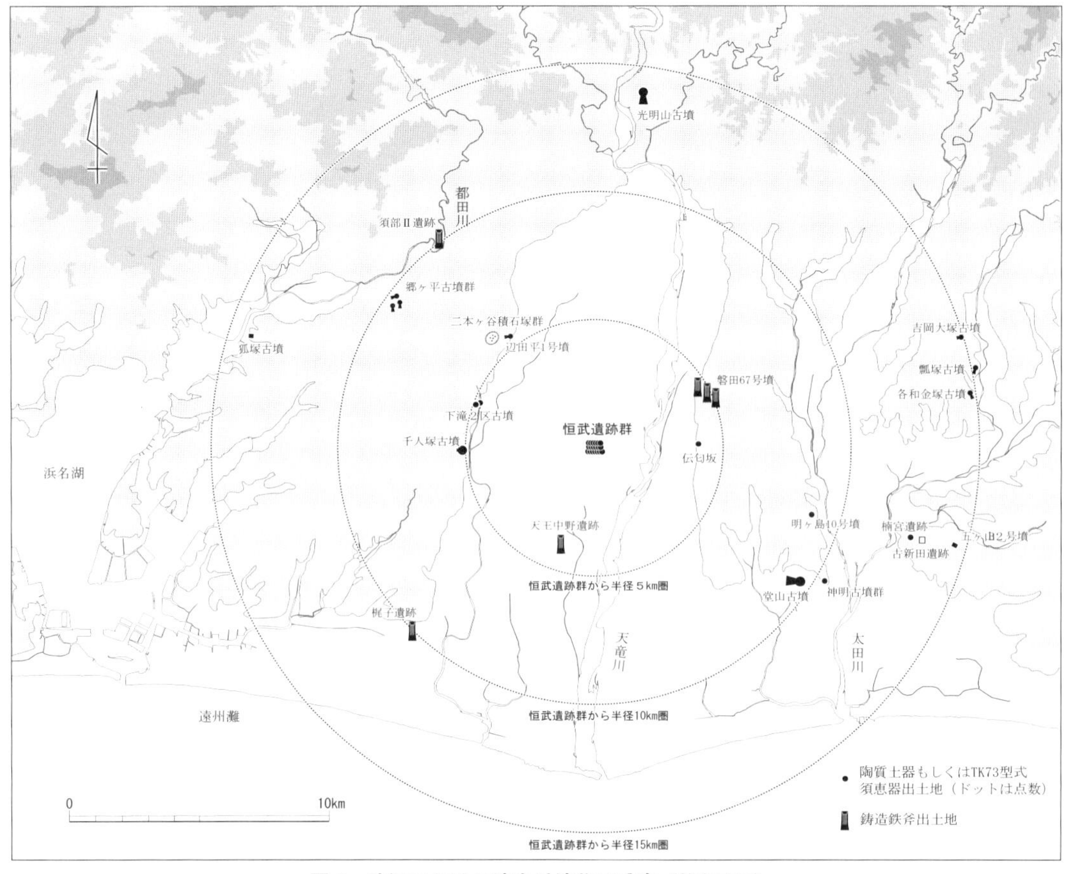

図8　遠江における渡来系遺物の分布（筆者原図）

ないが、168号墳の墳丘外側からは国内でも最古級の馬形土製品が出土しており、古墳の造営には馬飼集団の関与が想定できる。古墳の築造時期はTK208型式期～TK23型式期であり、以後、大室古墳群では数多くの積石塚が構築される。

これら東日本地域の積石塚が、5世紀中葉から後半かけて同時多発的に出現していることは注目に値する。この時期は、東日本地域における地域開発が活発化した段階にあたり、同時期の中小規模古墳の被葬者には多様な手工業生産や土地の改変を直接担った集団を想定しうる。各地における中小の積石塚の出現には、在来墓制の伝統の中で評価することが難しいものが多く、出土品から渡来人の関与を認めることができる事例もある。5世紀の東日本各地で構築された積石塚は、地域開発にかかわる新来の集団が各地に拡散していたことを伝えるものと評価することができるだろう。

二本ヶ谷積石塚群の被葬者集団の性格を副葬品などから明確に示すことは困難であるが、一辺10m以下の方墳であることを考えると、地域を束ね、利害関係を調整するような首長階層と捉えることはできない。また、出土品には特別な器物はみられないことから、被葬者集団に特定の職掌を想定することも困難である。二本ヶ谷積石塚群の被葬者については、陶器生産、治水・土木技術、農業、鍛冶、機織といった複合的な朝鮮半島系の技術・知識をもたらした外来系技能集団と想定しておくことが妥当であろう。

図9 中国遼寧省上古城子古墳群（筆者撮影）

朝鮮半島南部域に、二本ヶ谷積石塚群と全く同じ特徴をもつ墳墓が見出せない点も重要である。朝鮮半島北部域にある高句麗の領域は積石塚の密集地であるが、中小規模の古墳群の様相はなお不明な点が多い。構築時期に隔たりがあるため直接的な比較は難しいが、高句麗の領域で知られる小規模な積石塚の中には二本ヶ谷積石塚群と類似した低平な外観をもつものが知られる（図9）。今後、どの程度構築時期が降るものがあるのか、中国や北朝鮮における積石塚の調査例を注視していく必要があるだろう。いずれにせよ、現在のところ、二本ヶ谷積石塚群の故地を明確に指摘することは難しい。5世紀における朝鮮半島の墓制そのものが直接的に移入されたのではなく、外来系の諸要素が断片的に取り込まれ、日本列島の中で再編成された可能性を示唆するものといえる。こうした想定が可能であるなら、二本ヶ谷積石塚群の被葬者集団が朝鮮半島の故地から東海地方に直接的に移住したものでなく、別の地域で一定期間過ごすような変容を遂げる余地があったことも考慮すべきであろう。その間には、1～2世代程度の世代交代があったとも捉えられる。

恒武遺跡群の造営者のような地域首長が渡来系集団の招聘にかかわっていたとみられるが、地域首長が個別に朝鮮半島の勢力と交渉していたとはみなし難い。恒武遺跡群には倭王権との関係の深さがうかがえる出土品が多く認められることを重視すると、この地への渡来系集団の移入にも倭王権の強い関与があったと想定する方がよいだろう。

二本ヶ谷積石塚群の被葬者像を明確に示すことは難しい。しかし、ここまでの検討をふまえると、新しい技術を携えた渡来系集団が当地に移動した経緯は充分想定しうる。その故地は朝鮮半島に限らず、近畿地方中枢部はじめ西日本の某所であった可能性もあり、複眼的な視点で今後も検討を深める必要があるだろう。

引用・参考文献

岩原　剛　1998「東海の積石塚古墳」『三河考古』第11号

小林三郎ほか 編　2008『信濃大室積石塚古墳群の研究Ⅲ』明治大学考古学研究室

斎藤　忠　1964「積石塚考」『信濃』第Ⅲ次第16巻第5号

佐々木憲一ほか 編　2015『信濃大室積石塚古墳群の研究Ⅳ』明治大学考古学研究室

下津谷達男　1957「静岡県浜北町内野二本谷積石塚古墳とその背景（予察）」『上代文化』27

下津谷達男　1980「積石塚の地域相―東海地方―」『考古学ジャーナル』180号

鈴木一有　2010「古墳時代の東海における太平洋沿岸交流の隆盛」『弥生・古墳時代における太平洋ルート文物交流と地域間関係の研究』高知大学

鈴木一有　2012a「三遠地域における淡輪系埴輪の変遷とその意義」『郷ヶ平古墳群』㈶浜松市文化振興財団

鈴木一有　2012b「天竜川右岸域における古墳時代集落の動態―恒武遺跡群を中心として―」『前期古墳の変化と画期・古墳時代集落研究の再検討』シンポジウム記録8、考古学研究会

鈴木一有　2013「東海地方の様相―二本ヶ谷積石塚群の実相と被葬者像―」『文化の十字路　信州』日本考古学協会2013年長野大会実行委員会
鈴木一有　2016「武器・武具生産―渡来人と武装具のかかわり―」『季刊考古学』第137号、雄山閣
高崎市教育委員会　2002『剣崎長瀞西遺跡Ⅰ』
滝沢　誠　2009「二本ヶ谷積石塚群の歴史的性格」『二本ヶ谷積石塚群　保存整備事業報告書』浜松市教育委員会
東海考古学フォーラム・静岡県考古学会　2002『古墳時代中期の大型墳と小型墳』
長野市教育委員会　1981『湯谷古墳群・長礼山古墳群・駒沢新町遺跡』
日本考古学協会昭和43年度大会　1968「積石塚をめぐる諸問題」『長野県考古学会誌』6
日本考古学協会2013年長野大会実行委員会　2013『文化の十字路　信州』
土生田純之　2003「剣崎長瀞西遺跡Ⅰ区における方墳の性格」『剣崎長瀞西5・27・35号墳』専修大学文学部考古学研究室
土生田純之　2011『古墳』歴史文化ライブラリー319、吉川弘文館
浜北市教育委員会　1975『遠江内野古墳群』
浜北市教育委員会　2000『内野古墳群』
㈶浜松市文化協会　1998『山ノ花遺跡』
浜松市教育委員会　1999『千人塚古墳、千人塚平古墳群・宇藤坂古墳群』
浜松市教育委員会　2009『二本ヶ谷積石塚群　保存整備事業報告書』
日高　慎　2005「松戸市行人台遺跡の鋳造鉄斧と多孔式甑」『海と考古学』海交通史研究会考古学論集刊行会、六一書房
山梨県考古学協会　1999『東国の積石塚古墳』
吉井秀夫　2002「朝鮮三国時代における墓制の地域性と被葬者集団」『考古学研究』第49巻第3号

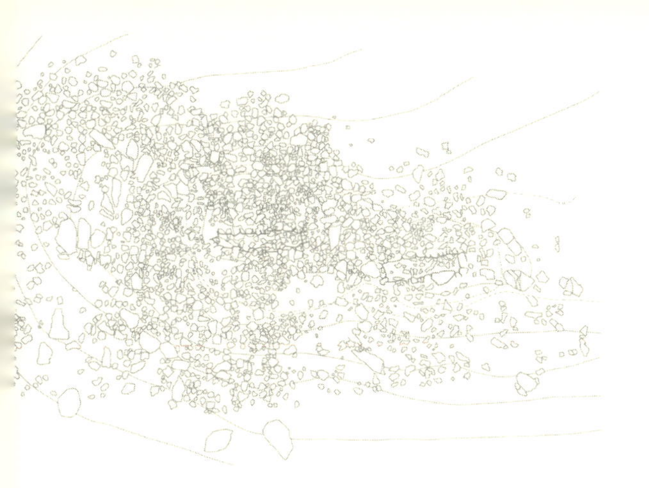

3　甲　斐

宮澤公雄

はじめに

山梨県内では、甲府盆地北縁部の甲府市西部から笛吹市春日居町にかけての山麓を中心として170基余りの積石塚が確認されており、東日本地域でも有数の規模を誇る（図1）。

甲府盆地北縁部に集中する積石塚であるが、他の地域においても分布していたとの報告もされている。山本寿々雄によって、富士川町（旧増穂町）馬門に2基、中央市（旧豊富村）カナ塚、笛吹市境川村藤垈、同御坂町井之上、同金川原3基、同下黒駒長田に2～3基があったことが報告されており（山本 1970）、笛吹市石和町小石和地内に存在した高田塚古墳や向田古墳群も積石塚であったとされる（石和町誌編さん委員会 1989）。また、甲府盆地以外では山梨県東部に位置する上野原市上野山に2基が現存し、かつては数基が存在したという。残存する2基は方形のプランを呈するというが、積石塚の可能性も含め不明な部分が多い（上野原町誌刊行委員会 1975）。

上野原市の例を除いていずれも現存せず、確認することはできない。扇状地上に占地する一部の古墳については、盛土墳の盛土が崩落し裏込め石が露出したものを積石塚と誤認した可能性も高いものと思われる[1)]。

上記のように、現状では甲府盆地北縁部以外の地域で、積石塚として断定できる例は存在しておらず、存在が事実であったとしても、古墳の稀薄な地域も多いことから、単独ないし数基のまとまりをもつ小規模な古墳群であったものと考えられる。

1　研究史

山梨県の積石塚に関する記録は、1806年（文化3）の桜井村（現甲府市桜井町）『村方明細書上帳』にみられる。「一　石塚　拾五ヶ所　是ハ先年ゟ火之雨塚と申傳貳拾五人位居り候程之石積いたし候穴ニ御座候　大概四間ニ八間位火の雨と申風説にても有之作り申候由申候」とあり、古くから石積みによって築かれた塚が認識されていたことがうかがえる[2)]。

しかし、積石塚が研究の俎上に乗るのは、1935年（昭和10）になってからであった。仁科義男は、笛吹市春日居町の御室山古墳を取り上げ、「葺石状積石は本県に比類なき珍らしき築造様式」と評している。また、積石塚と隣接する延喜式内社である山梨岡神社との関連性にも言及している（仁科 1935）。

また、大場磐雄も神奈備型の山体をもつ御室山と山腹にある御室山古墳、山麓に位置する山梨岡神社の関係に注目し考察している（大場 1937）。

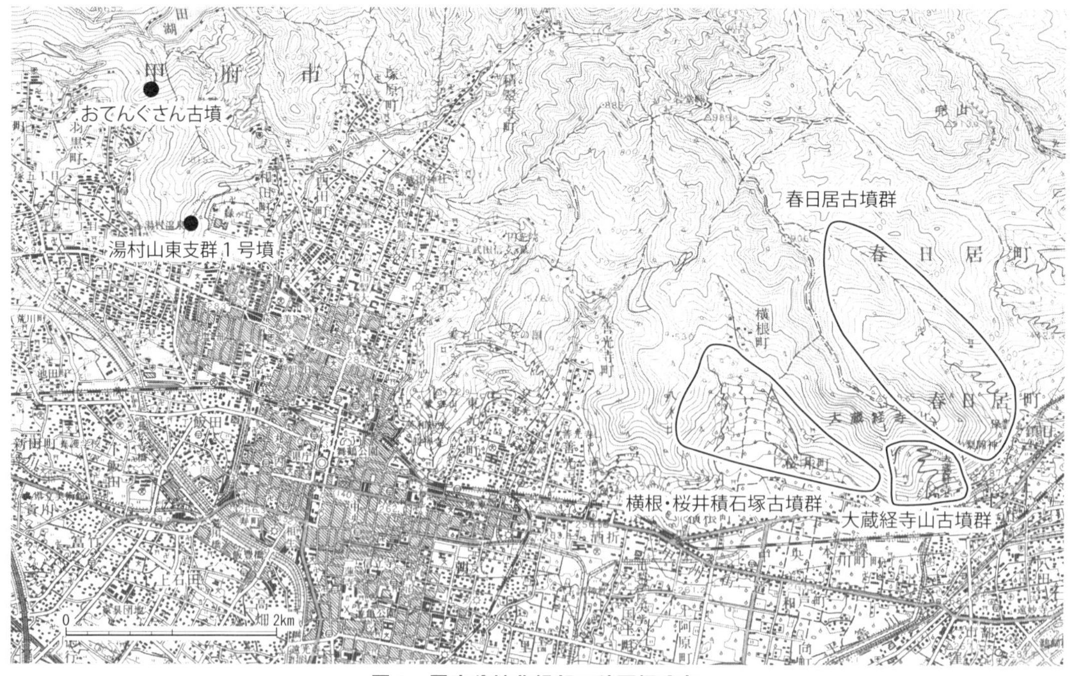

図１　甲府盆地北縁部の積石塚分布

1971年には県下埋蔵文化財包蔵地分布調査が実施され、甲府市横根・桜井地区、笛吹市石和町大蔵経寺山山腹、同春日居町地内に積石塚が分布していることが明らかになった。

先の分布調査に携わった飯島進を中心として、横根・桜井積石塚古墳群46基を確認し、分布図や石室実測図を作成し公表している（飯島ほか1974）。その中で、積石塚が朝鮮半島墓制にあり、帰化人系神社が隣接することに加え、甲斐の地域に牧があり、渡来人が移住したとの文献等から被葬者渡来人説を展開した。

1978年には、春日居古墳群中の笹原塚３号墳の発掘調査が実施され、山梨県内初の積石塚発掘調査例となった（野沢・坂本1979）。

1980年前後には、積石塚が多く分布する横根地区共有林の開発をめぐって、保存を求める市民運動がおこった。これを契機として甲府市教育委員会でも遺跡の重要性に鑑み、保存対策を行うべく、山梨県考古学協会に委託して1983年より分布調査を実施、140基余りの積石塚を確認している（横根・桜井古墳群分布調査班1983）。

1984年には町誌編纂に伴って大蔵経寺山第15号墳が、翌年には成因調査のため横根支群39号墳、開発に伴い桜井内山支群９号墳が相次いで発掘調査された。その後も自治体史編纂に伴う分布調査によって積石塚の分布も明らかにされた（春日居町誌編纂委員会1988、石和町誌編さん委員会1989）。

横根・桜井積石塚古墳群は、1990年（平成２）にも墳丘規模、主体部の概要把握のための分布調査が実施され、先の２基の発掘調査成果とともに、報告書が刊行されている（甲府市教育委員会ほか1991）。

2 各地区の概要

(1)甲府北西部地区

甲府北西部地区には、千塚・山宮古墳群をはじめとして、多くの古墳が存在したことが知られているが、積石塚はおてんぐさん古墳、湯村山古墳群東支群1号墳が知られるのみである。

おてんぐさん古墳(別名天狗山山頂古墳)は、千塚・山宮古墳群を望む甲府市羽黒町羽黒山(別名天狗山)山頂(標高491m)に、「山頂単独積石塚」として立地している。墳丘は周辺に露出している角礫状の転石によって積み上げられている。墳丘上には剣や石塔が立てられ、現在でも信仰の対象となっており、一部は後世の改変が著しいが墳丘の残存状況は良好である。直径30m、高さ6mを測る円墳で、甲府盆地において最大規模の積石塚である。墳丘中央付近に竪穴系石室の小口ないし横穴系石室の奥壁らしい扁平な立石の上部が露出しているが、石室用材である確証はない。かつて刀剣が出土したという言い伝えがあるが、それ以外の伝承はない。後世の信仰対象としての塚の可能性も一部で指摘されているが、笛吹市鞍掛塚古墳やその上位に位置する無名墳の例など、尾根上鞍部に大形の積石塚が占地する例があることから、積石塚と考えることができよう。

甲府市湯村山南山麓に展開する湯村山古墳群は、西支群3基(大平1・2号墳、碁石塚)と、東支群6基ほどからなり、そのうちの東支群1号墳が積石塚である。直径15m、高さ3mを測る円墳で、内部主体には、全長5.3m、幅1.58m、高さ1.66mを測る無袖式石室をもち、斜面下方の南に開口している。奥壁と側壁の連結部は斜位に架構されており、石室プランは胴張り形を呈する。副葬品は不明である。

(2)甲府北東部地区

甲府市北東部地区の平坦地には、琵琶塚古墳などの前方後円墳が存在したとされるが、現在は消滅しており、詳細は明らかではない。夢見山から大笠山にかけて、二ツ塚古墳群、大笠山古墳群、夢見山古墳群などの小規模な古墳群が存在するが、夢見山鞍部にも積石塚が1基存在し、盛土墳と群集していたとされるが(三枝1949)、墳丘上に礫は認められるがそれほど顕著ではなく積石塚とは断定できない。市域の北東端に展開する横根・桜井積石塚古墳群は、県内最大規模の積石塚群である(図2)。

甲府市八人山東斜面と大蔵経寺山南西斜面上、その間を流れる大山沢川によって開析された小扇状地の扇頂部付近の南西斜面上に展開し、西から横根支群、桜井内山支群、桜井支群、桜井東支群の計144基からなる。知られている墳形はすべて円墳で、径7mほどが多数を占める。

横根支群は、本県積石塚群中最大の密集支群である。八人山東斜面と八人山と大蔵経寺山に挟まれた南斜面から大山沢川によって形成された小規模な扇状地状の地形上に濃密に分布しており、総数107基を数える。主体部が明確なものは68基で、竪穴式石室15基、横穴式石室50基、箱式棺状となるもの3基である。本支群は分布範囲が広く、数グループに分けることが可能である。八人山南東斜面に分布する17基からなる一群(A群)、大山沢川右岸の標高290～308mにかけて分布する17基からなる一群(B群)、その上位に位置し標高322～376m付近に分布し8基からなる一群(C群)、左岸の標高294～325mに分布する一群(D群)、その上位に位置する一群

(E 群)、桜井内山支群 11 号墳も含めた標高 390～427m 付近に分布する一群（F 群)、標高 413～449m 付近に分布する一群 (G 群) に分けることができる。39 号墳は、成因調査のための発掘調査が実施され、墳丘径 11.2m、高さ 2m ほどの円墳で、内部主体には等高線に平行するように北西に開口する全長 6.4m の狭長な無袖式石室をもつ。石室内は盗掘にあっていたようであり、遺物としては土師器のほかガラス小玉、鉄鏃、刀子、馬の歯などが発見され、土師器などから 6 世紀第 2 四半期頃の築造と考えられる。

桜井内山支群は、大山沢川によって形成された小扇状地から大蔵経寺山南西斜面にかけて広く分布する。標高 312m 付近から 429m 付近までに総数 10 基を数え、広く散漫に分布している。主体部は、竪穴式石室 2 基、横穴式石室 5 基、不明 3 基である。9 号墳は農道建設に先立ち発掘調査が実施され、直径 9.5m、高さ 1.5m を測る円墳であった。主体部は長さ 2.9m、幅 0.6m、深

図２　甲府市北東部の古墳分布

さ 0.4m を測り、形式的には横穴式石室であるが、石室の規模からみて竪穴系の小石室に属するものと考えられる。出土遺物としては土師器・須恵器のほか金環、人骨等が発見され、7 世紀後半代の築造である。

桜井支群は、大蔵経寺山南西斜面、標高 290m 付近から 419m 付近に 24 基が確認されている。本支群は東西にはさほど広がらず、南北に長く広がりをみせている。24 号墳（天王社古墳）は唯一の盛土墳である。主体部は、竪穴式石室 3 基、横穴式石室 6 基、不明 15 基である。

桜井東支群は、大蔵経寺山南斜面、標高 290m 付近から 325m 付近にかけて分布する 3 基の古墳からなる。主体部は竪穴式石室 1 基、横穴式石室 2 基である。

横根・桜井積石塚古墳群における竪穴式石室の分布は散在しており、集中傾向にはないものの、横根支群では高位に位置する横根支群 F 群などは 7 基中 6 基が竪穴式石室であり、最も低位に位置する横根支群 B 群には認められないなど、やや高位に位置する傾向にあるといえる。これは、桜井支群においても認められる傾向である。

(3) 笛吹市北部地区

笛吹市北部地区は、笛吹市石和町・春日居町地区にあたり、石和地区北部には大蔵経寺山古墳群、大蔵経寺前古墳群、春日居地区には春日居古墳群が展開し、山腹を中心に積石塚が分布している。

大蔵経寺山古墳群　笛吹市石和町大蔵経寺山の南斜面上に、大蔵経寺山古墳群が分布し、19 基（うち 3 基は消滅）の積石塚が知られる（図 3）。大蔵経寺裏支群 6 基、七ツ石支群 5 基などがまとまっており、大蔵経寺山から南へ延びる尾根上にも 5 基ほどの積石塚が点在している。大蔵経寺山に分布する古墳は、すべて積石塚である。また、大蔵経寺山中腹にある石切場付近に数基の積

図 3　大蔵経寺周辺の古墳分布

石塚があったようである。

大蔵経寺裏支群は、墳丘径10〜12m、南西に開口する横穴式石室墳が多い。そのうちの15号墳が発掘調査されていて、径15mの円墳で、全長6.2mの無袖式石室をもつ。副葬品には、土師器・須恵器のほか、鉄鏃、刀子、装身具（金環・勾玉・管玉・切子玉・算盤玉・滑石丸玉・ガラス小玉）などが知られ、6世紀前半の築造と考えられる。

大蔵経寺山裏支群の北側に位置する七ツ石支群は、大蔵経寺裏支群より墳丘規模は小形で、径8〜10m、南に開口する横穴式石室を有する。この七ツ石支群中の古墳より、馬具（鉄製楕円鏡板付轡・兵庫鎖立聞素環鏡板付轡）、直刀、鉄鏃が採集されている（坂本1986）。いずれの古墳から出土したものか不明であるが、七ツ石支群はすべて積石塚であることから、これら採集品も積石塚より出土したものと考えることができる。出土遺物は、6世紀第2四半期前後の範疇に収まるものである。

尾根上に分布する積石塚のうち、鞍掛塚古墳は全長2.75mの竪穴式石室を有する。その他の古墳にも竪穴式石室が採用されているようである。

春日居古墳群　春日居地域では、吾妻屋山と大蔵経寺山山麓を中心に、10支群41基（消滅含む）の古墳が確認されており、御室山支群1基、平林支群1基、蝙蝠塚支群1基、日陰支群4基、笹原塚支群5基、朝日塚支群1基の計13基ほどが積石塚である（図4）。

御室山支群は、積石塚である御室山古墳単独の支群であり、独立墳的である。春日居古墳群中南西端に立地し、大蔵経寺山古墳群のうち大蔵経寺山裏支群とは至近の距離にあり、大蔵経寺裏支群の1基とすることも可能である。径11mほどの円墳で、全長7mの南西に開口する無袖式石室を有する。副葬品は知られておらず、築造年代は不明である。

平林支群は10基からなる古墳群で、そのうち夫婦塚上・下古墳が積石塚とされるが、前者は

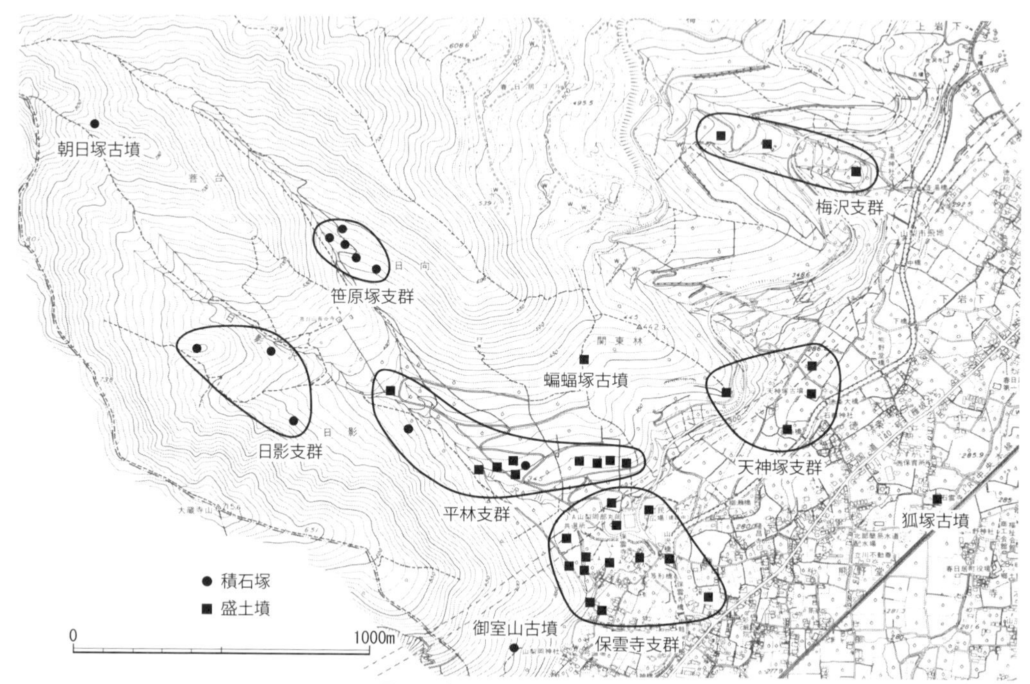

図4　春日居地域の古墳分布

積石塚かどうか不確定である。夫婦塚下古墳は、胴張り形の横穴式石室を有している。

日影支群は4基からなり、すべてが積石塚である。船石塚古墳は全長7m、備前塚古墳は全長6mほどの横穴式石室を有し、比較的大形の古墳といえる。確認できる主体部はすべて両袖式石室である。

平林支群の北東に位置する笹原塚支群は、5基の古墳からなりすべてが積石塚である。主体部はすべて横穴式石室で、無袖式と両袖式がみられる。山伏塚古墳は本支群中の中核的古墳といえ、径16mの円墳で全長8mの両袖式石室を有する。また、笹原塚3号墳は、径6mの小形の古墳で、主体部は全長3.25mの両袖式石室であった。副葬品として三角形式、腸抉三角形式鏃が7点出土しており、7世紀前半代の築造と考えられる。

朝日支群は、積石塚である朝日古墳単独の支群で、標高780mに立地し、県内で最高位の例となる。径7〜10mほどの円墳で、主体部は破壊を受け不明である。

3 積石塚の石室形態

これまでに明らかとなっている積石塚の主体部には、竪穴式石室、箱式棺状となるもの、横穴式石室の3形態が知られている。

竪穴式石室は、壁面を扁平な礫を用いて小口ないし横口積みするものと広口によって構築するものがみられる。前者には、鞍掛塚古墳、横根支群5・10号墳などがあり、後者には横根支群7号墳がある。両者の前後関係は、調査によって明らかにされてはいないが、後者は前者に比べ簡略化が進行しているとみることもでき、石室規模も小形であることから、後行する可能性が高く、単次葬が導入されて以降の主体部であると考えられる。一方、鞍掛塚古墳の例などから、前者が横穴式石室に先行して構築された可能性もあろう。また、竪穴式石室には両小口幅が異なるものが存在し、埋葬頭位を示すものと思われる。北側が広くなる横根9・10号墳、東側が広くなる鞍掛塚古墳、横根5・6号墳がある。

箱式棺状となるものは、横根支群83・84号墳にみられ、両墳は隣接している。横根4号墳もその可能性を残すが、他地区では確認されていない限定的な石室形態である。

竪穴系石室は、小口積みするものから広口積み、箱式棺状に板石を立てるものへの変遷も想定されているが(橋本1984)、出土遺物から明らかにされたものではない。

横根支群35号墳は、主体部の竪穴式石室が墳丘中央よりやや南に構築されており、北側には主体部らしい痕跡が確認され、並列した主体部をもつ可能性があるが、特異な例である。

横穴式石室には、無袖式石室と両袖式石室がみられる。無袖式石室には奥壁、側壁とも小口積みするものと奥壁を広口積み、側壁を小口積みするものがみられる。両袖式石室は普遍的ではなく、春日居古墳群中に多くみられる型式だが、盛土墳にもみられる傾向である。横穴式石室の変遷については、調査例が僅かであり、その変遷を明らかにすることはできていないが、両袖式石室から無袖式石室への変遷が考えられたこともあったが、横根支群39号墳や大蔵経寺山15号墳の発掘調査によって、甲府盆地への横穴式石室導入当初より無袖式石室が採用されていたことが明らかとなり、無袖式石室墳が先行して導入されたことが確実となった。その他、横根支群95号墳の主体部は、片袖式石室の可能性が指摘されている。

横穴式石室墳には、主体部の主軸が等高線に対し並行するものと直交するものが存在する。前者の並行するものは、横根支群14・39号墳、桜井内山支群1号墳、桜井支群1・8号墳、桜井東2号墳、大蔵経寺裏支群、春日居御室山古墳などがあり、これらは墳丘規模も大きく、端正な小口積みで大形石室となる例が多いことから、初現期の横穴式石室である可能性が高い。

4　積石塚の年代について

かつては、横根古墳群周辺から採集された灰釉陶器から8〜9世紀、桜井B号墳から採集された珠文鏡、勾玉などから7世紀代を遡るものではないなどと考えられていた。また、山梨県内において積石塚初の調査例となった笹原塚3号墳の副葬品も7世紀代を遡るものではなかったことから、7世紀代以降の墓制であろうと考えられてきた。

一方、桜井B号墳(現在消滅)から採集された珠文鏡、勾玉(図5)について、小林分類のA類(小林1979)の珠文一列の鏡であり、瑪瑙製勾玉もC字形の入念な仕上げ研磨をしていることから、5世紀代に入る可能性が指摘され、山頂単独積石塚についても、立地、構築技法、主体部構造、規模から遡る可能性が想定されている(橋本1984)。桜井B号墳から遺物を採集した生徒達による報告では、古墳は径18m、主体部は長さ4m、幅90㎝であったという。竪穴式石室か横穴式石室の記載はないが、長さ4mという規模、隣接する桜井A号墳は、「石槨を露出していて、石室の上にはふたのように長さ一米二十糎、巾六十糎くらいの大石が六個ばかり横に並べてあり、石室の中には十人くらいはいれるものと思われ、奥行四米、巾八十糎、高さ一米くらいであった」とされる。桜井B号墳も「同じようなもの」であったということから(荻野ほか1956)、主体部の規模等から勘案しても横穴式石室墳であった可能性が高く、5世紀代に遡らせるには無理があろう。

山梨県の積石塚の初現は、これまでの発掘調査による成果では、古墳時代後期を遡るものではない。大蔵経寺山15号墳が無袖式石室を有し、稜を有しない土師器坏は6世紀第2〜第3四半期頃のものとみてよく、横根支群39号墳も無袖式石室を有し、土師器坏、腸抉柳葉式鏃などの副葬品から6世紀第2四半期頃の築造が想定される。

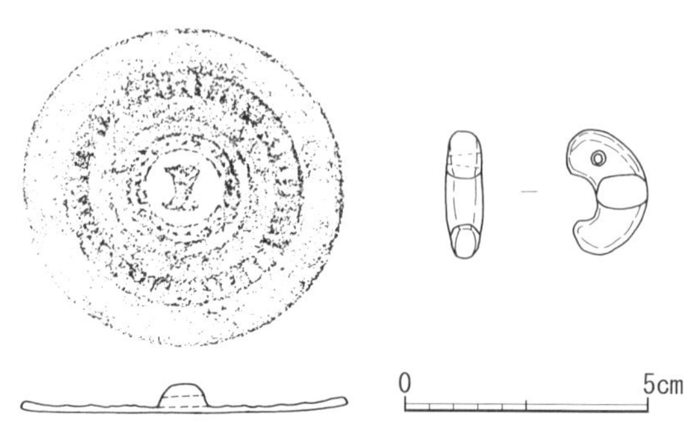

図5　桜井B号墳採集遺物

また、大蔵経寺山七ツ石支群中の無名墳より採集されたと考えられる馬具をはじめとする遺物も、6世紀第2四半期前後の範疇に収まるものである。これらは、山梨県における積石塚築造開始を示す確実な事例といえる。

しかし、鞍掛塚古墳の竪穴式石室の例やおてんぐさん古墳のように大形の積石塚が、他の群集する積石塚とは異なり、これらの時期を遡る可能性は十分にあるものと考える(宮澤2013)。

5　盛土墳との関係

積石塚がどのような成因によって築造されたのか考える上で、通有の古墳である盛土墳との関係がどのようなものであったのか、地区ごとに概観する。

おてんぐさん古墳の前面に広がる荒川によって形成された低地には、千塚・山宮古墳群などが展開する。『甲斐国志』には、「古塚多シ因テ村名ヲ得ルト云」(巻之十　村里部第八)などとある。消滅した古墳も多く、内容が明らかな古墳はほとんどないが、その中には狭長な両袖式石室を有する万寿森古墳(石室全長14.2m)、巨石を使用した大形横穴式石室をもつ加牟那塚古墳(石室全長16.75m)などが存在し、甲府盆地東部地域とともに有力な地域であったが、平坦地に積石塚が築かれることはなかったようである。

湯村山古墳群東支群1号墳は、支群6基中、唯一の積石塚である。群中最下位に位置し、盛土墳は上位の尾根上に分布する。支群中の積石塚と盛土墳に規模の格差は認められない。

横根・桜井積石塚古墳群は、総数144基のうち、桜井支群24号墳(天王社古墳)を除き、すべてが積石塚と少数の土石混合墳からなる。積石塚は斜面上に展開し、下位の平坦地には盛土墳が3基知られている。その中で横根山田古墳は、径23mの円墳で現存長7.45m、幅2.27mの横穴式石室を有する。副葬品には金環、須恵器等が知られている。村内1号墳は、古墳の内容は不明であるが、径20mの古墳とされる。前面に立地する盛土墳と横根・桜井積石塚古墳群に規模の格差が認められる。

大蔵経寺山古墳群が展開する大蔵経寺山南斜面上には積石塚のみ分布し、盛土墳はみられない。一方、前面の平坦地に展開する大蔵経寺前古墳群は、現在は消滅などして不明確な部分も多いが、かつてはさんごじ塚古墳や道祖神塚古墳など4基ほどの古墳が存在したことが知られており、すべて盛土墳とされる。さんごじ塚古墳からは、6世紀末から7世紀初頭頃の壺鐙の出土も伝えられており、有力な古墳群であったことは明らかである[3)]。

春日居古墳群では、横根・桜井積石塚古墳群や大蔵経寺山古墳群と様相を異にし、積石塚と盛土墳が混在する支群もみられる。しかし、高位に位置する笹原塚支群、日陰支群はすべて積石塚からなる。標高400m以上に所在する盛土墳は、蝙蝠塚古墳と積石塚の可能性もある平林支群中の菩提塚古墳のみであり、標高400m以下に分布する積石塚も2基にとどまり、そのうちの1基である御室山古墳は大蔵経寺山裏支群の範疇として捉えることもできる。概して積石塚は高位に位置し、盛土墳は低位に位置する傾向にあるといえる。積石塚と盛土墳の築造時期については、それほど差はみられないようであるが、「盛土墳から積石塚、山裾から中腹へ向かって古墳の造られた傾向」があるとされる(坂本2004)。

盗掘などにより本来の在り方を示しているとは言えないが、本古墳群中の積石塚からの出土遺物はほとんど知られていない。保雲寺支群に属する銅鋺や馬具を出土した狐塚古墳、寺の前古墳、単鳳環頭大刀を出土した寺の前3号墳、飾大刀や飾馬具を出土した平林2号墳などは、いずれも山裾付近に立地する盛土墳である。

以上のように、現状では甲府盆地北縁部の積石塚は平坦地に築かれることはなく、山麓に築かれる盛土墳は、天王社古墳や春日居古墳群にみられるように、土が比較的豊富な所に立地しているといえる。

おてんぐさん古墳など一部の古墳を除いて、積石塚の墳丘規模は小さい傾向にあり、横根・桜井積石塚古墳群では、平均径7.27mほどである。盛土墳の後期群集墳である笛吹市四ツ塚古墳群では、平均径12.5mほどであるから、積石塚が小規模であることが理解できる。また、横根・

桜井積石塚古墳群にみられるように、積石塚は一部地域に集中する傾向にあり、密集度が非常に高いこと、墳丘に加え、主体部規模も小さいものが多く、盛土の後期古墳にはみられない小規模な竪穴式石室を有することなども特徴として挙げることができる(宮澤1999)。

以上のような在り方から、積石塚造営集団は、積石塚が「同族的な結びつきを共同体内外に表示する指標」であり、盛土古墳被葬者に従属する形で墓域を営んでいたとする見解もある(坂本1986、橋本1991)。

6　積石塚の性格

積石塚については、この墓制が朝鮮半島に存在することから、その起源を大陸に求める被葬者渡来人説と立地環境に求める環境自生説が対峙しており、甲府盆地においても同様な状況にある。

積石塚の分布地域は、複輝石安山岩と水ヶ森火砕岩類が露出している地域に一致することや高句麗系渡来人が居住したとされる巨麻地域には積石塚が確認されないこと、積石塚が分布する前面に展開する集落遺跡は積石塚が構築される以前から形成されている伝統的集落が多いことなどを理由に、環境自生説が説かれている(坂本1988)。

加えて、積石塚が分布する地域は、後の山梨・巨摩郡の境界にあたり、その後の郡郷配置においても不自然であるとともに、積石塚および前面に展開する当該期の集落遺跡において、渡来系文物の出土がないことなども挙げることができる(宮澤1989)。しかし、横根支群39号墳の石室内より出土した馬の歯が、積石塚に伴うものであれば再検討の余地はあろう。

一方、文献や官牧との関連から渡来人が山梨の地に居住していたであろうことを根拠とする考えや、寺本廃寺、甲斐国分寺の百済系瓦について、百済系渡来工人が関与したことを想定し、被葬者渡来人説を支持する考え方がある(飯島1974、橋本1984)。また、甲斐国に渡来人が居住していたことの根拠となる文献史料がいくつか存在するが、すべて百済人ないし百済系の人々に関する記事であり、それが山梨郡に集中しているという(大隅2004a・b)。甲府盆地の積石塚は、そのほとんどが山梨郡域に集中していることから、両者の関連性も想定は可能である。

甲斐の黒駒に象徴される甲斐の馬匹生産であるが、甲府市塩部遺跡・東山北遺跡の方形周溝墓周溝内より馬の歯が出土している。いずれも4世紀末前後のものであり、甲府盆地では早い段階から馬の飼育が行われていた可能性がある。

横根・桜井積石塚古墳群の前面に展開する平坦地は、市域でも有数な古墳時代以降の遺跡密集地である。寺本廃寺、甲斐国分二寺に瓦を供給した川田瓦窯跡、上土器遺跡、甲斐型土器の製作を行った大坪遺跡などの生産遺跡や、銅造観音菩薩立像を出土した東畑遺跡、海老錠を出土した久保田遺跡など、一般集落とは異なる遺物を出土した遺跡が展開している。東畑遺跡出土の小金銅仏は、9世紀代の竪穴住居覆土中より出土したものだが、「隋代に行われたインド風な造像様式を受けた朝鮮半島の様式の影響を受け成立したもの」であり、法量や全体の表現等から「渡来系工人の制作にかかる」との指摘もされている(鈴木1995)。

概して、積石塚が山腹に、盛土墳が平坦地を中心に分布することから、両者は分離傾向にあるといえる。また、高位に位置しながらも、周辺に土壌が露出している環境下にあることに起因する桜井支群24号墳のような盛土墳の例もある。これらから環境自生説が支持されているが、なぜ礫が顕著に露出する場所に墓域を求めたのかについての説明は尽くされていない。ただ単に不可耕地を墓域として選地したという理由だけで説明づけられるものではなかろう。

被葬者渡来人説についても、根拠となっている史資料は、積石塚が営まれていた時代とは隔たりがある後世のものであり、積石塚の性格を断定する直接的な根拠にはなり得ていない。

以上のように、両説ともそれなりの根拠は示しているものの、最終的な結論を導き出すまでには至っていない。

しかし、盛土墳との比較では、積石塚が盛土墳より立地、規模、副葬品などにおいて、劣勢である事実は否めない。時期的な隔たりはあるが、これらのことは群馬県剣崎長瀞西遺跡や静岡県二本ヶ谷積石塚古墳群においても認められる傾向である。

加えて、横根・桜井積石塚古墳群に顕著なように、積石塚は密集傾向にあることは先にみたとおりであるが、造墓域を規定、制限された結果とみることはできないであろうか。それが、盛土墳の被葬者による意図であったかどうかは断定できないし、被葬者が渡来系工人であったという想定とも直ちに結びつくものではないことは理解されよう。

7 おわりに

以上みてきたように、多くの積石塚が分布する山梨県ではあるが、調査例は数例を数えるのみであり、不明な部分が多い。積石塚の研究のみからその成因、性格を追究することには限界がある。

山梨県の周辺地域では、積石塚の調査が進展しており、初現、性格について言及できるような資料の蓄積もされつつあり、その初現も４世紀末から５世紀中頃に求められる例も多い。

一方、山梨県内では、上記のように考古学的な研究がほとんど行われていないことから、積石塚の構造、築造時期、その性格などまったく解明されていないのが現状であり、研究の遅れは否めない。

積石塚自体の調査の進展が期待できない現状にあっては、積石塚の詳細な観察、周辺に立地する盛土墳との更なる比較検討、周辺に展開する集落・生産遺跡の遺構・出土遺物などの検討からも考察を深めていくことが今後の課題であるとともに、石を積むという構築方法のみによる古墳の分類がどこまで有効なのかの再検討も必要であろう。

註

1) 金川扇状地に展開する四ツ塚古墳群や長田古墳群においては、横穴式石室墳の構築に際し、裏込め石を多用しており、盛土が崩落した主体部は、積石塚のような様相を呈している例が多く見受けられる。

2) 山梨県の積石塚研究史については、信藤祐仁がまとめいている（信藤 1991）。

3) 後藤守一は、甲斐国東山梨郡岡部村字松本発掘の壺鐙として、写真で紹介しており（後藤 1926）、東京国立博物館の収蔵品目録でも、「東八代郡石和町（元東山梨郡岡部村）字松本さんごじ塚」出土と記されている。これを『山梨県史』では、春日居町梅沢古墳出土品として扱っているが、誤記であろう。

引用・参考文献

飯島　進ほか　1974『甲斐の古墳Ⅰ　甲府北東部に於ける積石塚、横穴式古墳の調査』甲斐古墳調査会

石和町誌編さん委員会　1989『石和町誌　第1巻　自然・歴史』石和町
石和町誌編さん委員会　1994『石和町誌　第3巻　資料編』石和町
上野原町誌刊行委員会　1975『上野原町誌(上)』
大隅清陽　2004a「古代甲斐国と渡来人」『山梨の人と文化―政　まつりごと―』山梨県生涯学習推進センター
大隅清陽　2004b「巨麻郡と渡来人」『山梨県史』通史編1　原始・古代、山梨県
大場磐雄　1937「原始神社の考古学的一考察」『歴史公論』第6巻第1号
荻野秀男ほか　1956「積石塚について」『郷土社会の研究　中学校編』山梨県教職員組合・山梨県連合教育会
春日居町誌編纂委員会　1988『春日居町誌』春日居町
甲府市教育委員会ほか　1991『横根・桜井積石塚古墳群調査報告書』
甲府市史編さん委員会　1988「古墳時代の遺跡」『甲府市史』史料編　第1巻　原始・古代・中世、甲府市役所
後藤守一　1926『考古学講座　原始時代の武器と武装』国史講習会
小林三郎　1979「古墳時代初期仿製鏡の一側面―重圏文鏡と珠文鏡―」『駿台史学』第46号、駿台史学会
三枝善衛　1949「甲府の古代遺跡＝古代甲府の回想＝」『郷土研究』第9号、山梨郷土研究会
坂本美夫　1986「大蔵経寺山無名墳の提起する問題」『山梨考古学論集Ⅰ』山梨県考古学協会
坂本美夫　1988「古墳時代」『春日居町誌』春日居町
坂本美夫　2004「群集墳の出現」『山梨県史』通史編1　原始・古代、山梨県
信藤祐仁　1991「甲府の積石塚古墳研究史」『横根・桜井積石塚古墳群調査報告書』甲府市教育委員会ほか
鈴木麻里子　1995「甲斐国の古代金銅仏について」『山梨考古』第54号、山梨県考古学協会
東京国立博物館　1979『収蔵品目録(先史・原史・有史)』
仁科義男　1935「甲斐の先史並原史時代の調査」『甲斐志料集成』12　雑纂・補遺、甲斐志料刊行会
野沢昌康・坂本美夫　1979『笹原塚3号墳―積石塚の調査―』春日居町教育委員会
橋本博文　1984「甲府盆地の古墳時代における政治過程」『甲府盆地―その歴史と地域性』地方史研究協議会
橋本博文　1991「後期古墳と積石塚」『甲府市史』通史編　第1巻　原始・古代・中世、甲府市役所
宮澤公雄　1989「後期古墳より観た甲府盆地の様相」『山梨考古学論集Ⅱ』山梨県考古学協会
宮澤公雄　1999「甲斐の積石塚」『東国の積石塚古墳』山梨県考古学協会
宮澤公雄　2013「山梨県の様相」『文化の十字路　信州』
山梨県　1999『山梨県史』資料編2　原始・古代2
山本寿々雄　1970「山梨県における積石塚」『甲斐考古』7の1、山梨考古学史資料室
横根・桜井古墳群分布調査班　1983「横根・桜井古墳群分布調査概要」『山梨考古』第9号、山梨県考古学協会

4　上毛野（西毛）

若狭　徹

1　はじめに

関東平野内陸部の群馬県地域は、古墳時代には上毛野と呼ばれ、713年（和銅6）以後上野国と改称された。現在では、上毛野の名に由来して、県央を流れる利根川以西を「西毛」、以東を「東毛」の広域名称で呼ぶ。東国でも有数の大古墳が造られた当地域において、西毛はその中核であり、律令期には上野国府や国分二寺が造営された。上毛野における積石塚はいまのところ西毛に限定されており、5世紀後半から7世紀まで継続して見られる。

2　構造と研究史

ここで取り上げる積石塚は、墳丘に土と石を混じた「土石混合墳」を含まず、すべてが石で構築されたものに限定する。墳形は方形と円形がある。その構造は、積石塚だけのもの、低平な土壇を削り出しその上に積石塚を載せるもの、高い盛土の上に積石塚を載せるものがある。3者とも埋葬施設は積石塚部分に内蔵されていることから、筆者はこの3者すべてを積石塚に分類することが妥当と考えている。

調査歴の嚆矢は、1950～60年代に群馬大学の尾崎喜左雄が調査した渋川市伊熊古墳、有瀬古墳群、坂下町（さかしたちょう）古墳群、東町（あずまちょう）古墳といった渋川市域における榛名山FP軽石（6世紀前半噴出）埋没墳の一連の発見である。分厚い軽石の下から出現した保存状態が極上の積石塚は、驚きをもって迎えられた。

その後、長らく議論は低調だったが、1990年代の高崎市剣崎長瀞西遺跡の発見によって新しい局面を迎えた。ここでは、5世紀後半代に属する低平な方形積石塚が複数群在し、盛土墳（円墳）と並存していた。このことから、積石塚は渡来人の出自の表示ではないかとの論議が改めて沸き起こったのである。長瀞西遺跡から様々な渡来系文物（韓式系軟質土器・馬埋葬土壙・朝鮮半島製馬具・金製垂飾付耳飾・初期カマド）が集中的に出土したこともこれを後押しした（黒田1999）。

同じ頃、榛名山の初回の大噴火（5世紀末頃、噴出物をFAと呼称）を起源とする土石流の下から高崎市下芝谷（や）ツ古墳が検出された。ここでは一辺20mの方墳（盛土墳）に方形積石塚が載っており、金銅製飾履や金銅製馬具などの副葬品から、高位に位置づく渡来人が存在した可能性を推測させた（田口1988）。これらを受けて、1999年（平成11）に行われたシンポジウム『東国の積石塚古墳』（山梨県考古学会）では、橋本博文が総論的なまとめを行っている（橋本1999）。

また、剣崎長瀞西遺跡を手がけた土生田純之による一連の論文は、積石塚被葬者の時系列的な位置づけを整理し、中期から後期における渡来系集団の地位上昇あるいは新開地への展開といった社会的位相にまで論及している(土生田 2006)。

剣崎長瀞西遺跡以降も積石塚の発見は続いたが、報告書において右島和夫が逐次その性格を論じている(右島 2002・2009)。また筆者はこれらを総合して、積石塚被葬者の在地社会における位置づけについて考察したところである(若狭 2015)。

3　時期と分布

現在およそ 20 遺跡、60 例ほどの積石塚が知られている。

その出現は、剣崎長瀞西遺跡の 5 世紀中頃(須恵器 TK208 型式並行)が上限となる。形態は方形の低墳丘(高さ 0.5m 程度)が主体で、竪穴式石槨を埋葬施設とする。

構造は上述のように 3 型式がみられる。1 類は方形の基壇(盛土)のうえに積石塚を載せたもの

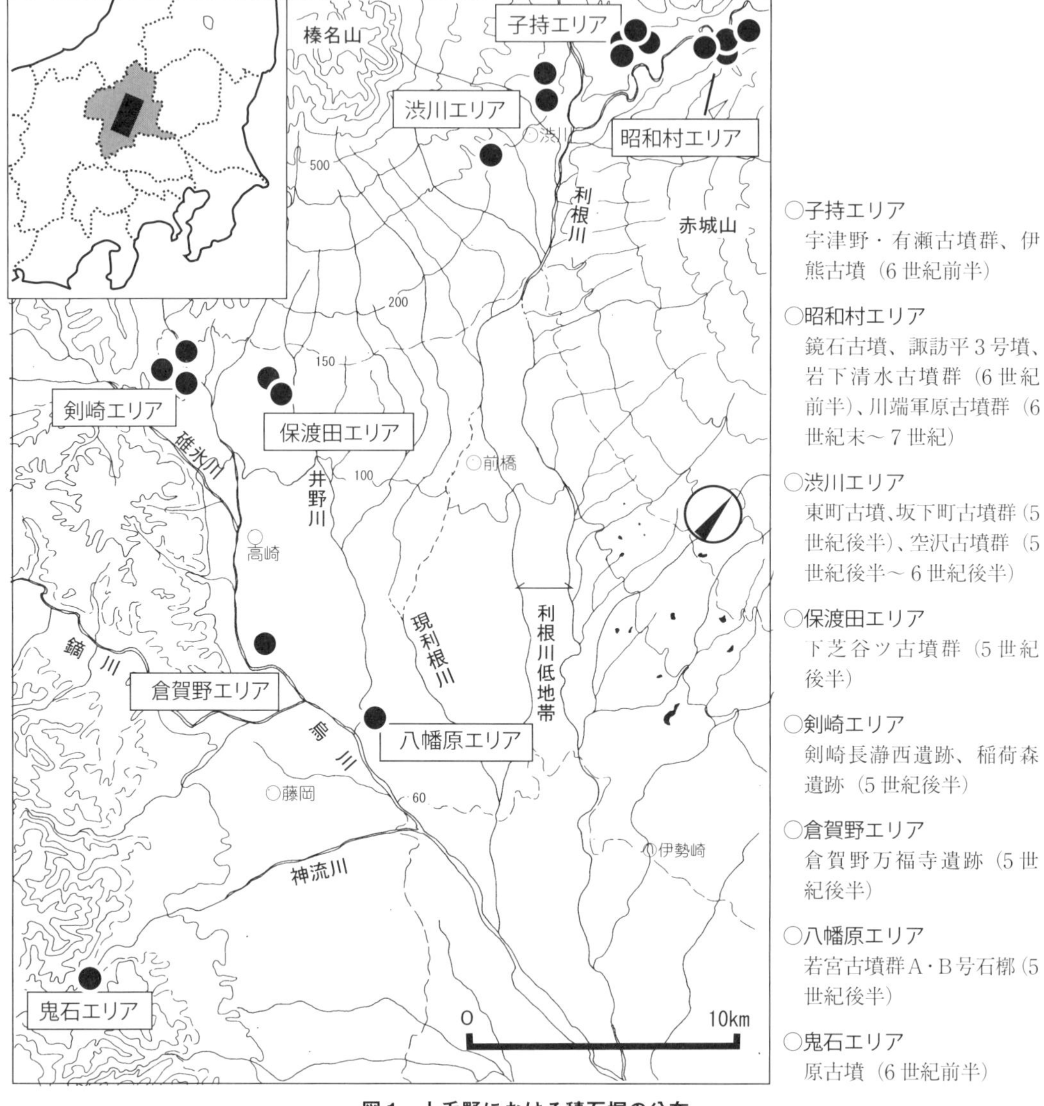

図1　上毛野における積石塚の分布

で、大型であり、円筒埴輪を樹立する。2類は方形で低平な積石塚であり、低い土壇（削り出し）に載るもの(a)と、載らないもの(b)がある。1→2a→2bの順に外寸が小さくなっており、階層差を表している。この時期には極小の円形積石塚もあり、特に渋川市空沢遺跡ではこれが普通の円墳の周囲や周溝中に存在する。

積石塚は6世紀にも継続しており、円形と方形が並存する。この時期には比較的大きなものが円形を選択する。6世紀前半に降下した榛名山軽石(FP)に埋没して残されたものが多く、埋葬施設に無袖横穴式石室を内蔵する。ただし、方形積石塚や小型・極小の円形積石塚では、竪穴式石槨が最後まで残存する。

横穴式石室の採用によって墳高が高くなり、1.5～2mほどのものが現れる。積石塚への横穴式石室の導入は早く、上毛野での初期横穴式石室の普及を考えるうえで重視される。大規模墳は原則みられないが、前方後円墳の前橋市王山古墳の墳丘が石を主体としているとされる。

下限は、昭和村川額軍原(かわはけいくさばら)Ⅰ遺跡の事例である。遺物がないため不詳ではあるが、方形積石塚がFP層を整地除去して構築されていることと、併存する円墳との関係から6世紀末～7世紀代に比定される(大塚1999、土生田2006)。

分布に関してみると、5世紀には、榛名山の東麓（渋川市域）から東南麓（高崎市域の井野川流域）並びに高崎市八幡台地一帯に偏在する。6世紀には、榛名山の東南麓で例数が少なくなり、渋川地域以北の利根川流域と、西毛の南域部(藤岡市地域)に拡散する(図1)。

4 主要な積石塚

(1) 5世紀の積石塚

①剣崎長瀞西遺跡（高崎市剣崎町） 碓氷川と烏川に挟まれた八幡台地の北縁に位置する。一帯は古墳群で、三角板革綴短甲や断面八角形の鉄矛、石製模造品多数を出土した中型円墳の長瀞西古墳(径28m)を中核として円墳が群在し、その周縁部に積石塚群が展開する(図2)。積石塚は2a類と2b類がセットになった単位が3単位あり、1単位がなんらかの集団構成を反映するとみられる。最大のものは積石部が4.2×3.6mで、最小のものは1.6×1.0mである。なお、土壇の範囲まで含めれば最大が11×9.2mを測る。

積石塚は中型円墳の膝下に従属しつつも、一定のゾーンを占めて構築されている。また、大型の10号墳から韓式系軟質土器と金製垂飾付耳飾が出土した。

本遺跡では馬埋葬土壙が検出されており、百済系馬具（轡・辻金具）を装着したままの馬骨が確認されている。他にも、周辺の竪穴住居から多数の韓式系軟質土器の出土があった。このため、地元倭人（中型円墳被葬者）に管掌された、馬生産に従事する渡来人が本積石塚群の被葬者と推定される。本遺跡一帯の烏川流域では、軟質土器の出土が多く、渡来人（第一世代）が一定数存在したとみられる。

なお、本台地には、5世紀後半に大型前方後円墳の平塚古墳(105m)が初出しており、渡来人を傘下において産業振興し、経済的に飛躍した大首長の存在を教えている。

②下芝谷ツ古墳（高崎市箕郷町下芝） 榛名山麓の主要河川である井野川上流に築造された（図2)。周堀を巡らした一辺約20mの方墳(盛土墳)の上に積石塚を載せたものである(1類)。テラスには円筒埴輪（3条突帯）が樹立される。積石塚に内蔵された竪穴式石槨は大半が破壊されていたが、

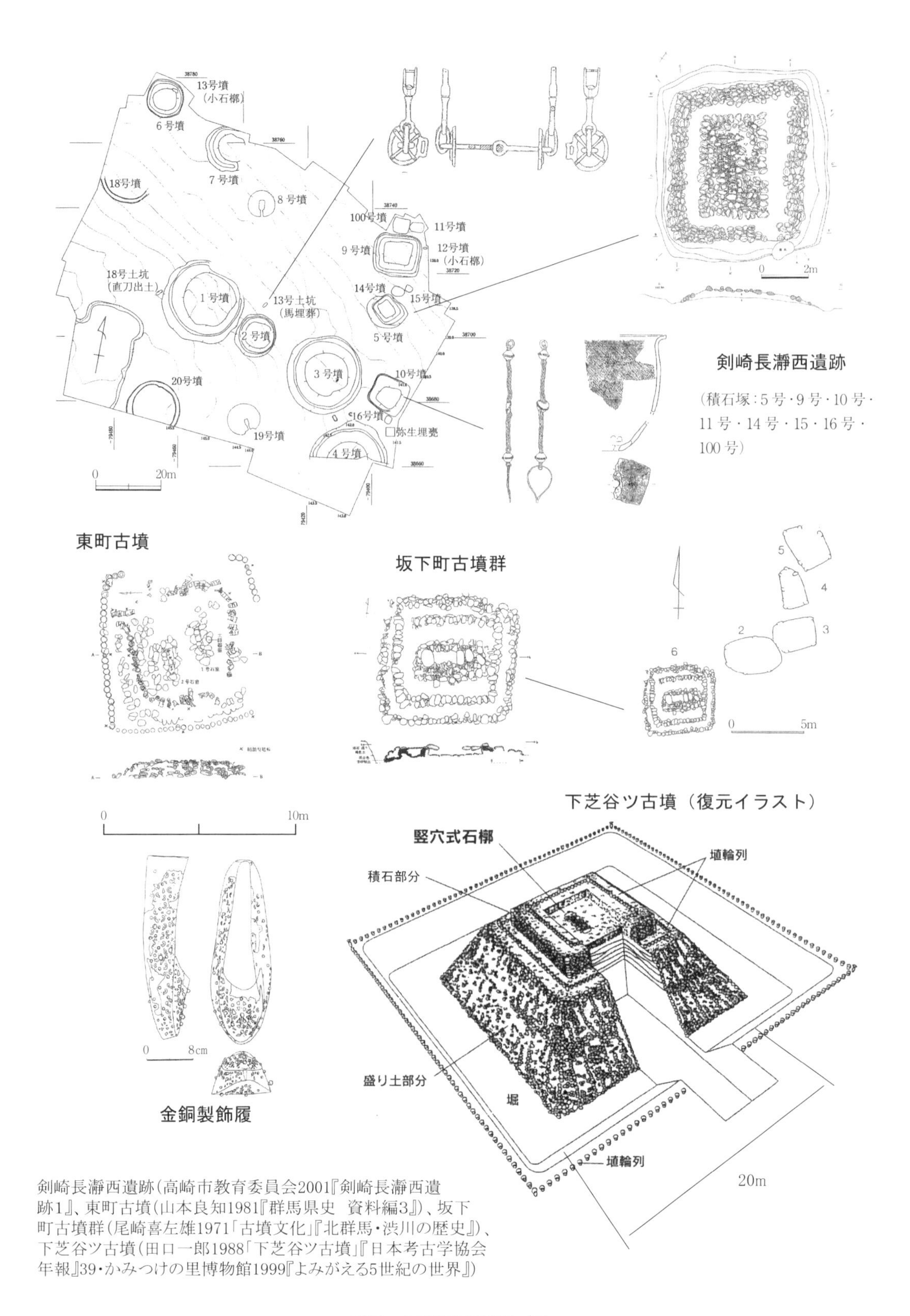

剣崎長瀞西遺跡(高崎市教育委員会2001『剣崎長瀞西遺跡1』、東町古墳(山本良知1981『群馬県史　資料編3』)、坂下町古墳群(尾崎喜左雄1971「古墳文化」『北群馬・渋川の歴史』)、下芝谷ツ古墳(田口一郎1988「下芝谷ツ古墳」『日本考古学協会年報』39・かみつけの里博物館1999『よみがえる5世紀の世界』)

図２　上毛野の積石塚（1）

被葬者の足元から金銅製飾履、捩環頭大刀、金銅製 f 字形鏡板・剣菱形杏葉、籠手、眉庇付冑などが出土した。同時期の大型前方後円墳３基からなる保渡田（ほどた）古墳群の西 1㎞に位置し、前方後円墳被葬者に従属した渡来系の人物が被葬者と推定される。古墳は榛名山の初回の噴火の土石流に完全に埋もれている。また、近隣には韓式系軟質土器を出土する集落や古墳群が広がっており、他の小型積石塚も確認されている。

③東町古墳（渋川市東町）　榛名山 FA に埋もれた二段造の方形積石塚（1 類）である（図 2）。上段は 5.2 × 4.9m の方形積石塚で、埋葬施設は並列する 2 基の竪穴式石槨であった。石槨を囲んで墳頂部の円筒埴輪列があり、その外周のテラスには二列目の円筒埴輪が巡らされていた。円筒埴輪は 2 条突帯製品である。さらに葺石をもつ下段墳丘が存在するが、湧水がひどく完掘されていない。本来は下芝谷ツ古墳と同様の形状ではなかったかと推定される。本遺跡は、近年 FA 下から小札甲を着用した首長とみられる人物遺体が検出された金井東裏遺跡の近接エリアにあたっており、次の坂下町古墳群とともに、この首長配下の渡来系人物の墓域と推定することができる。

④坂下町古墳群（渋川市坂下町）　6 基の積石塚が L 字形に並んで発見された（図 2）。うち 1 つは 2a 類で、一辺が 5.9m と大型で二段造となっており、他は 2b 類で最小は一辺 2.6m である。1 号墳からは人骨も出土した。

⑤積石塚の影響を考えさせる事例　この時期の首長墓（前方後円墳）である保渡田古墳群の井出二子山古墳（108m）・保渡田八幡塚古墳（96m）、ならびに八幡台地の平塚古墳（105m）は、埋葬施設に凝灰岩製舟形石棺（長さ 3m 内外）を採用するが、およそ 5m 四方、深さ 1m 以上の二段墓壙を掘り込んで石棺を中央に据えた後、空間を礫で充填している。棺の周囲は「室」にならず、礫が棺に密着しており、埋葬終了後、石棺は礫に埋もれた状態になったと考えられる。この構造は、粘土槨において墓壙内の木棺を粘土で覆う形式を、石棺と礫にそれぞれ置き換えたものであろうが、多量の石で棺を覆うというアイデア自体は、積石塚からの影響も考えさせる。

円墳などの盛土墳の埋葬施設にも同様の構造がある。例えば渋川市半田南原遺跡 26 号墳は、榛名山 FA 直下に埋もれた径 10.6m、高さ 1m の盛土墳の円墳であるが、埋葬施設は頂部に浅く方形に掘り込んだ墓壙の中に竪穴式石槨を設置し、壙の中を礫で充填していた。石槨は封土で覆われず、天井石が露出状態で FA 直下に埋もれていた。すなわち、外観的には円墳に積石塚が載ったような状態に見えるものであり、この構造は他にも例がある（例えば渋川市宇津野・有瀬 11 号墳など）。こうした事例と積石塚の関係については改めて検討する必要がある。

(2) 6〜7 世紀の積石塚

①空沢遺跡（渋川市行幸田）　榛名山東麓の台地上にあり、近くには FA で被災した集落の中筋遺跡がある。空沢遺跡は中筋遺跡の墓域と考えられる。FA 下、FP 下、FP 上（後）の 3 時期にまたがって墓域が継続し、積石塚はすべての時期にみられるが、その存在様態が変化する（図 3）。

FA 下（5 世紀後半）は円形基調の小型の積石塚（4.3 × 2.8m、2.5 × 1.2㎡ の 2 基）で、ともに円墳に接して存在している。土師器や韓式系軟質土器が出土している。

FP 下（6 世紀前半）の積石塚は円形が 1 基（径 2.5m）で、円墳の濠内に築造され、より主墳への従属性が強い。

FP 上〔後〕（6 世紀後半）の積石塚は最も多く、円形に限られ、一部に無袖横穴式石室が採用される。規模も最大径4.5〜7mと大型化し、玉や耳環など副葬品を伴うものも見られる。

本遺跡を取り上げた土生田純之は、時間を追って地位上昇する被葬者像を描いている。なお、FA下では長方形の穴の中に、棺座となる礫を配置した土壙（石床土壙墓）があり、これも渡来系墓制と想定されている（土生田2006）。

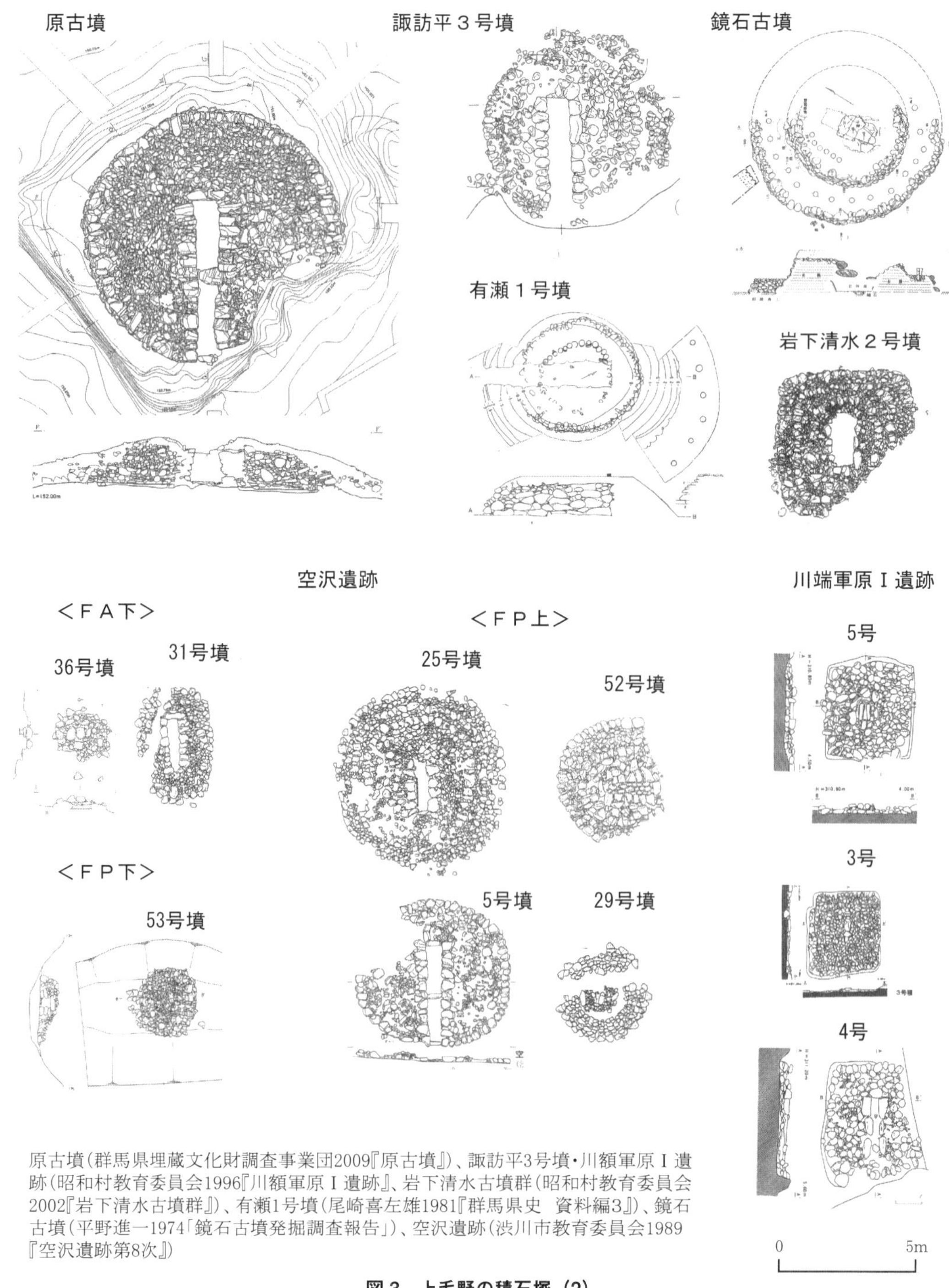

原古墳（群馬県埋蔵文化財調査事業団2009『原古墳』）、諏訪平3号墳・川額軍原Ｉ遺跡（昭和村教育委員会1996『川額軍原Ｉ遺跡』、岩下清水古墳群（昭和村教育委員会2002『岩下清水古墳群』）、有瀬1号墳（尾崎喜左雄1981『群馬県史　資料編3』）、鏡石古墳（平野進一1974「鏡石古墳発掘調査報告」）、空沢遺跡（渋川市教育委員会1989『空沢遺跡第8次』）

図３　上毛野の積石塚（2）

②原古墳（藤岡市鬼石町）　群馬県南部、神流川北岸の山間小盆地に位置する、径9.5mの円墳で高さ2m程度の低墳丘である（図3）。墳丘はすべて片岩系板石で構築され、無袖横穴式石室（全長6.14m）を内蔵する。墳丘斜面は70度近い急角度である。石室内からは水晶製切子玉3、碧玉製管玉1、頁岩製管玉1、ガラス小玉6、耳環、刀子、鏃が出土した。なお短甲の出土伝承があるが詳細は不明である。2条突帯円筒埴輪と、家1、盾5・靫4・大刀8・人物3・馬2以上の形象埴輪が出土しており、小墳のわりに充実している。この地域にはテフラが介在しないが、埴輪型式から6世紀前半築造とみられる。古墳がある山間の小盆地は古墳時代遺跡が希少であり、農業以外の生業を推進する人物像が想定される。

③伊熊・宇津野・有瀬古墳群（渋川市伊熊）　群馬大学と地元渋川市が調査しており、FPの下に円形の積石塚と盛土墳が並存して完全に埋没している（図3）。積石塚の数は現在9基以上が知られ、径2mに満たない極小の宇津野・有瀬1号墳から、二段造で径14mの有瀬2号墳まで幅があり、径7m内外が標準である。極小のものは大型積石塚に付随するように造られる。大型のものは無袖横穴式石室を内蔵し、刀・鏃・須恵器などの副葬品をもち、円筒埴輪（2条突帯）を巡らす。須恵器には渡来系の平底瓶が含まれる。

④岩下清水古墳群（利根郡昭和村）　利根川上流の東岸河岸段丘上に位置し、山間の狭隘部に形成されている。1辺4mで方形二段造、高さ1mの1号墳、4.1×5.0mで方形二段造の2号墳があり（図3）、土師器が出土した。いずれも埋葬施設は横穴を意識した竪穴系である。一方、3号墳は周堀を巡らした径11mの円形で、無袖横穴式石室（長さ4.3m）を内蔵し、墓道は堀の底に接続する。直刀・鉄鏃・ガラス小玉が出土した。以上、いずれもFP直下に埋没し、同時期であるが方形と円形、竪穴と横穴が並存する。規模からみて、円形が主墳で、方形が付随するものであり、階層によって型式差が生じた可能性を見出せる。なお近くにも、円形二段造の積石塚の鏡石古墳（径7m）がある。以上のように、ここでは方形積石塚、円形積石塚、円墳が併存する。

⑤川端軍原古墳群・諏訪平古墳群（利根郡昭和村）　利根川東岸段丘上に位置する一連の古墳群である（図3）。FP降下前後とみられる初出の諏訪平3号墳は低平な円形積石塚（径7.3m、無袖横穴式石室を有する）で、渋川地域の同時期の事例（空沢遺跡）と類似する。一方、7世紀を主体とする軍原古墳群には円形積石塚が存在せず、直径10m内外の円墳群（埴輪未使用墳が大半を占める）が展開し、これに随伴するように小型方形積石塚（一辺2～6mで竪穴式石槨を有する）11基が構築されている。

この現象は、円形積石塚被葬者層（6世紀中葉、諏訪平）が、地域経営の成功による地位上昇によって円墳被葬者層（7世紀、軍原）の一角に加わり、これに下位の方形積石塚被葬者層が前代の構造（主＝円、従＝方、岩下清水例）を踏襲して従属するという、集団構造の展開を推定させるものである。

5　歴史的意義

(1)積石塚の祖形について

積石塚の遡源は、大局的には朝鮮半島北部の高句麗に求められるが、そこでは4世紀末までに盛土墳に転じており、倭における東国の積石塚の大多数が5世紀中葉から始まることとの間には時間的・空間的ヒアタスがある。土生田純之はいくつかの候補を挙げながら、洛東江流域（伽耶・新羅領域）の積石塚との関係を有力視し、信濃の八丁鎧塚古墳などの4世紀末の積石塚を介して波状的な人の渡来を想定している（土生田 2006）。

筆者は、八丁鎧塚古墳のような古渡りの渡来人が積石塚を築造したという事実を下敷きに、上毛野など東国に招致された新しい渡来人を識別する装置として積石塚が創案されたと推測しており、渡来人側が在地での擬制的結合を意識してこの墓制を自らの出自の表示として主張したか、あるいは倭人側が発案し強要したと考えている（若狭 2015）。

ところで『日本書紀』の神功紀から仁徳紀にかけて、上毛野氏祖の訪韓伝承が多く採録されている。その大半は新羅出兵の将軍としての記事であり、仁徳紀においては将軍の田道（たじ）が新羅の「四邑民」を連れ帰ったと記される。この多数の渡来人の移住記事は、西毛における5世紀の積石塚をはじめとした渡来文物の多出、という考古学的事実とひじょうによく整合している。

(2)階層構造と渡来系氏族

先述のように、5世紀の方形積石塚は階層差を反映した3類に分類される。よって渡来人は、一定の厚みをもって在地に存在したことが明らかである。なかでも下芝谷ツ古墳のように首長級装備をもつ例があり、首長配下で客分のように遇された上位の渡来人の存在を示唆する。ただし、剣崎長瀞西遺跡にみるように、5世紀段階では倭系の円墳の膝下に積石塚が群在するのが常態と思われ、当初渡来人は倭人に管掌された立場であったと見るべきである。さらに長瀞西遺跡では大小の積石塚がセットとなる支群が複数あり、渡来集団自身も複層化していたとみられる。

そして、前方後円墳を築くような西毛の諸首長の配下にはそれぞれ積石塚が存在し、それを横断したかたちで方形積石塚の規範が保持されている。このことは、①地域経営施策として渡来人（技術者）を傘下に組み込むシステムが西毛首長連合内に共有されていたことと、②方形積石塚という墓制によって渡来人集団が首長領域を横断して、擬制的関係で結ばれていたこと、を推測させる（若狭 2015、図4）。渡来人の社会的役割は、当地の考古学的な証左から、馬生産や治水を司る技術的分野に充てられたと考えられる。

これは、多様な渡来人を「東漢氏」や「西文氏」などとして擬制化し、政治利用した倭王権のモデルをそのまま上毛野に導入したものと考える。筆者は、上毛野の勢力が倭王権の地域経営モデ

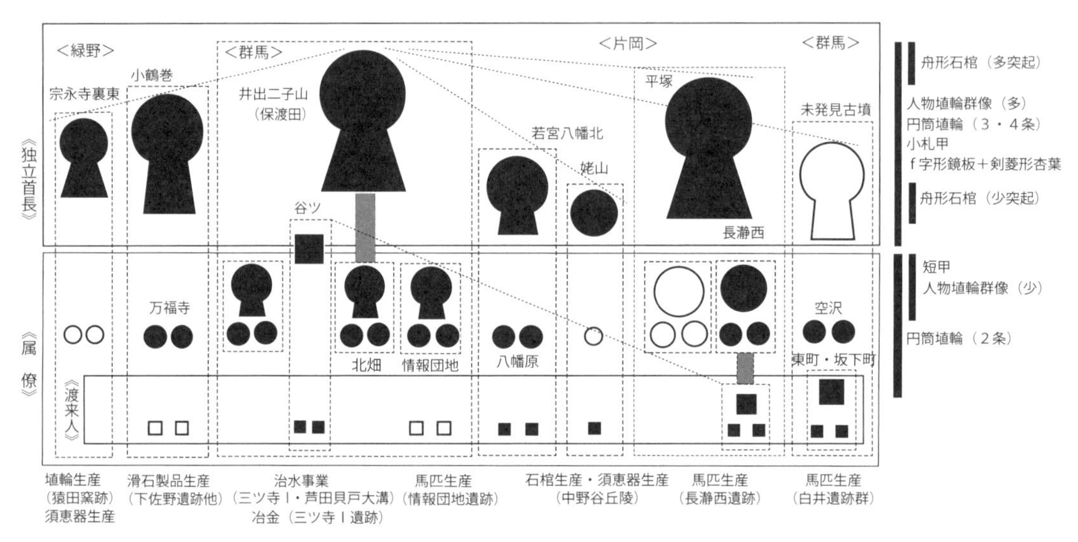

図4　上毛野における5世紀後半の秩序形成と方形積石塚（若狭 2015より）

ル（水利システム）を上毛野にいち早く導入したことを証明している（若狭 2007）ので、この考えに矛盾はない。

平安初期に編纂された『新撰姓氏録』には、上毛野氏とのつながりを主張する渡来系氏族が多く見られる。上毛野氏と渡来系氏族のつながりの端著を飛鳥・奈良時代初期の政治活動に求める向きもあるが、在地考古資料から見れば、古墳時代からの両者のつながりをもっと積極的に評価すべきである。

(3) 積石塚の 6～7 世紀の展開

上毛野の積石塚は、5 世紀には〔方形＋竪穴式石槨〕（A 類）の組み合わせが主であったが、6 世紀前半には〔円形＋無袖横穴式石室〕（B 類）の組み合わせが主体に転じる。ただし、A 類も残存し、7 世紀の川額軍原古墳群にまで継続している。6 世紀代の積石塚の分布は、5 世紀代に中心分布域であった榛名山東南麓から、県域北部や南西部に拡散しており、馬匹生産や特定の生業に関わった集団が、生産域拡大に伴って組織的に自立し、移転した可能性が高いと考えられる。同時に、前方後円墳などの首長墓直近に積石塚が存在した様態も 5 世紀代で終了しており、積石塚に葬られる集団の社会的位置づけの変化も伴ったことが類推される。

6 世紀の B 類については、A 類と系譜を異にするとの意見もあるが、岩下清水遺跡一帯では A・B 類両者の共存がみられることから、A 類のなかから地位上昇を果たしたのが B 類であって、群集墳の上位墳に転じた可能性を指摘したい。これは、静岡県浜松市の内野古墳群において低地に展開した方形積石塚群（二本ヶ谷積石塚群）が、やがて台地上の円墳（辺田平古墳群）に地位上昇したとする土生田純之の理解と連動するものである（土生田 2006）。軍原古墳群の例のように、7 世紀になると B 類被葬者層はさらに円墳被葬者層へと上昇するが、なお A 類被葬者層を従属させていたのである。

ところで B 類が集中する渋川市子持地区周辺では、B 類積石塚とともに規模の近い盛土墳が並存している。田尻 2 号墳、中ノ峯古墳、津久田甲子塚古墳などである。いずれも無袖横穴式石室を有するが、前者には金銅製胡籙などが副葬される。このように、同じ無袖横穴式石室を内蔵しながら、封土墳と積石塚が同時期に並存しているのであるが、封土墳にも外表に葺き石が施され、外観は積石塚と近似したものとなっている。なお、材料となる石は地山に含まれるものではなく、利根川川床から高い段丘上に運び上げられたものである。したがって、封土墳と積石塚では外形規模は同じでも、投下労力は後者が卓越しているのであり、そこまでして積石塚を構築しようとした人々の意志のなかに、強固な系譜（出自）意識を見出すべきであろう。

(4) 横穴式石室の裏込め手法

西毛では、6 世紀初頭に横穴式石室が採用されて以後 7 世紀にいたるまで、地山をさほど掘り込むことなく横穴式石室が構築される。そこでは、例え小型の封土墳であったとしても、その石室壁石の裏には、厚さ、高さとも 1～2m にも及ぶ膨大な量の裏込め石がほぼ例外なく施工されている。これが、小墳にまで貫徹された造墓のセオリーであった。

その裏込め石の外面は石垣のように、まさに積石塚様に仕上げられ、これを盛土で包み込む工法が一般的だったのである。他に例の少ない特有の石積み技法である。

西毛地域では東国で最も早く、しかも幅広い層に横穴式石室が定着した。その型式は多様であるが、上位層に両袖横穴式石室（ただし典型的な畿内型は殆ど見られない）、下位層に無袖横穴式石室が採用される原則がある（右島 1994）。なかでも初期の無袖石室の多くは積石塚に内蔵されており、渡来系譜の人々が無袖石室を率先して構築したこと（土生田編 2010）が、上毛野における横穴式石室の充実の起点になったことは疑いない。その技術系譜が、擬似積石塚ともいえる分厚い裏込め手法を長く温存させたのではなかろうか。

6　おわりに

上毛野の積石塚は西毛に偏在し、5世紀から7世紀まで継続した。5世紀の方形積石塚は、上に述べた諸属性から、在地に一定量が存在した渡来人の墓制として識別されたものであり、彼らは技術者等として大首長膝下に編成されていた。その渡来の契機は、上毛野の諸豪族の朝鮮半島での活動と、それに伴う先進技術者の招致によるものと考えられる。

続く6世紀の積石塚には方形と円形が併存したが、円形は地位上昇した渡来系譜の人々の墓制であったと推測され、同時に彼らは首長直近の配下組織からある程度自立した集団として周縁域の開発に差し向けられたとみられる。

また、積石塚が東国に偏在し、それが上毛野―信濃―甲斐―遠江と連続することは、馬の道の成立を示唆するのではないかと推測したことがある（若狭 2013）。初期の馬生産には渡来人が関わったことはつとに指摘されるところであり、上毛野でもそれを証明する物証が豊富である。ただし、東国の馬はすべて在地で消費されたとは考えられず、駿馬や荷役馬を王権に貢納する前提で、渡来人配置や移送システムが整えられたと推測すべきであろう。

国家的な財である馬の貢進に関しては、搬送する沿線の安全保障や飼葉・飲料の補給が不可欠である。積石塚を築造する各地の渡来系馬匹生産集団を膝下に置く首長連合が、連携してこれを保障したのではないか。積石塚が存在する地域間の連携は、まさに王権が設定した「馬の道」であったと想定したいところである。

引用・参考文献

諫早直人　2012『東北アジアにおける騎馬文化の考古学的研究』雄山閣
大塚昌彦　1999「群馬の積石塚(1)」『群馬考古学手帳』9
黒田　晃　1999「剣崎長瀞西遺跡と渡来人」『高崎市史研究』12
田口一郎　1988「下芝谷ツ古墳」『日本考古学協会年報』39
橋本博文　1999「上野の積石塚再論」『東国の積石塚古墳』山梨県考古学会
土生田純之　2006『古墳時代の政治と社会』吉川弘文館
土生田純之 編　2010『東日本の無袖横穴式石室』雄山閣
右島和夫　1994『東国古墳時代の研究』学生社
右島和夫　2002「岩下清水1·2号墳をめぐる諸問題」『岩下清水古墳群』昭和村教育委員会
右島和夫　2009「原古墳の墳丘構造をめぐって」『原古墳』群馬県埋蔵文化財調査事業団
若狭　徹　2007『古墳時代の水利社会研究』学生社
若狭　徹　2013「群馬県の様相―上毛野における4・5世紀の交流と渡来文化」『文化の十字路信州』日本考古学協会
若狭　徹　2015『東国から読み解く古墳時代』吉川弘文館

5 置賜

北野博司

1 はじめに

本稿では山形県南部の米沢盆地（置賜地域）に存在する墳丘内部に積み石を伴う古墳を取り上げ、その構造と地域的特徴について述べる。山形県は日本海側の古墳分布の北限地帯として知られる。古墳文化の展開において、内陸の置賜地域や村山地域（山形盆地）は太平洋側の宮城県や福島県の古墳と連動する要素が多く、歴史的には日本海側という表現は適切ではない（図1）。墳丘に石材を多用する古墳は置賜地域の5世紀後半頃と7世紀後半にみられ、前者は箱式石棺（底石のない「据え付ける棺」）、後者は横穴式石室を埋葬施設とする。前者には「合掌型天井」の石棺を伴う「積石

図1　置賜地域の位置

図2　置賜地域の表層地質と主要古墳群

塚」古墳が含まれる。

置賜地域の主要古墳群は、北は現在の南陽市域（赤湯古墳群など）、東は高畠町域（安久津古墳群など）、南は米沢市域（戸塚山古墳群など）、西は川西町域（下小松古墳群）と盆地の四方をとり囲むように分布する。このうち川西町域の丘陵は表層地質がローム層で、墳丘に石材を多用する古墳群は確認されていない。これに対して他の3エリアでは表層に凝灰岩等の転石が豊富で、これを利用した古墳群が分布している（図2）。

2　5世紀後半頃の古墳

南陽市松沢古墳群（佐藤1982）は米沢盆地の北東端、高畠町の境界付近にあり、置賜地域で唯一の「積石塚」古墳として知られている。平野を見下ろす標高340〜360mの丘陵南斜面に立地し、比高は約130mを測る。ぶどう畑の開墾中に2基の石棺が発見された。ともに主軸は等高線と平行する（図3）。

1号墳の石棺は長2.1×幅0.9m、側壁高0.55m。壁は扁平な板石（石英粗面岩？）を立て、側板各2枚、小口各1枚の計6枚からなる。北東隅には合掌形天井の名残をとどめる石材があり、東側の小口には外側から切妻部を閉塞するように立つ頂部が三角の板石が残る。報告では蓋石は6枚

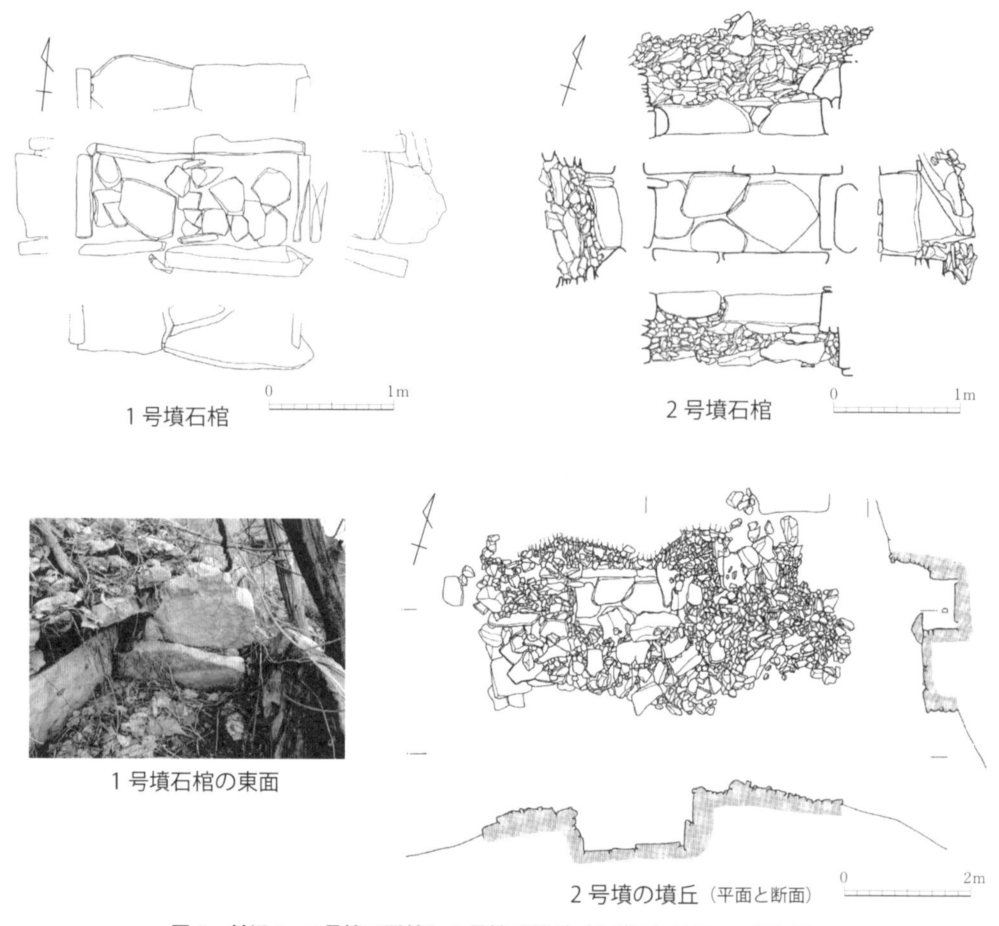

図3　松沢1・2号墳の石棺と2号墳の墳丘（佐藤ほか1987、一部改変）

とされている。底面には板石を敷く。出土品として土師器長頸壺1、直刀片1、鉄鏃1がある。土師器の器形から5世紀後半代とみられる。

2号墳の石棺は長1.6×幅0.8m、側壁高0.4m。壁は側板各2枚、小口各1枚からなる。北東隅には合掌形の天井石が残り、切妻部には1号墳と同様に頂部三角形の閉塞石が立つ。

両石室とも東側は小口壁の上部外側に板石を立てて切妻部を塞いでいるのに対し、西側は墳丘の石材と同じ凝灰岩によって石積みがなされている。小口部の調査はなされておらず入り口部の有無等は不明である。墳丘の石積みは地表面が攪乱されているものの、山側がある程度残っている。ただし、墳丘の大半は失われており、墳形や上部の材質は不明である。

周辺の斜面は、巨岩が露頭するとともに開墾等の影響で凝灰岩片が散乱する石原となっている。約35°の急斜面で表土層に乏しい。当初から土盛りの墳丘は意図されず、豊富な石材の存在と眺望を重視して立地場所が選択されたものと考えられる。

米沢市戸塚山137号墳（手塚ほか1983）は標高356mの独立丘－戸塚山の山頂付近にあり、平野との比高は約130mを測る（図4）。帆立貝形古墳で全長約20m、主丘部径約17mを測る。丘陵頂部にある139号墳（前方後円墳、全長54m）とともに3基で山頂支群を構成する。139号墳は未調査ながら5世紀半ば～後半の地域首長墓と目される。戸塚山の尾根筋や西斜面上部には凝灰岩質砂岩、頁岩等が露頭しており、西麓を中心に横穴式石室内蔵の終末期古墳が約180基群集する。

埋葬施設は、軟質の泥岩層を掘削した長楕円形の掘り方（長径3.6×短径2.2m、深さ1.0m）内に、箱式石棺（底石なし）を設ける（図5）。規模は長1.5×幅0.5m、高さ0.37m。側板は各2枚（北壁は小口付近に1石追加）、小口は各1枚である。棺床は扁平な板石の上に砂や細礫を敷きつめる。天井は平天井で1枚石を用いる。各石材の目地は青灰色粘土等で目張りしており、内部からは女性人骨1体、竪櫛3、鹿角製刀子1が出土した。

掘り方内では側板の周囲から天井石まで石棺全体を覆うように楕円形状に板石を積み上げ、さらに上部は粘質土層と木炭層で被覆する。墳丘は礫混じり土と礫（泥岩）が互層をなし、多量の礫を含んでいる。年代を絞り込むことは難しいが、6世紀前葉を中心とする山崎支群を遡る5世紀

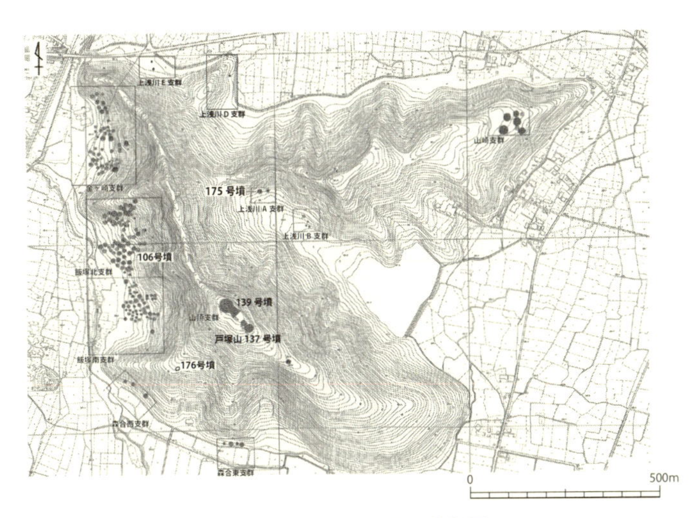

図4 戸塚山古墳群 分布図
（米沢市教育委員会1984、一部加筆）

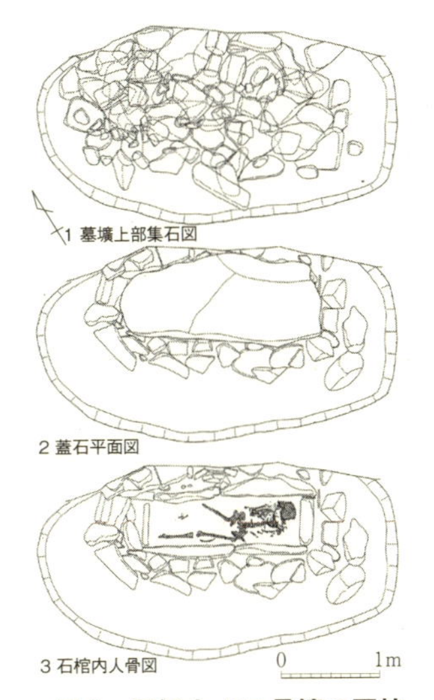

図5 戸塚山137号墳の石棺
（手塚ほか1983）

後半代とみて大過ないと考えられる。

松沢古墳群、戸塚山 137 号墳はともに底石を欠く箱式石棺を有し、墳丘内に石材を多用する。前者は合掌形天井の石棺（石室）と大きめの石材による積み石墳丘を持つのに対し、後者は平天井の石棺と小型石材を用いた土石互層盛土という違いがある。立地の上では、石材が豊富で見晴らしのよい丘陵を選択している所に共通点がみられる。

3　7世紀後半の古墳（図６～12）

置賜地域の終末期古墳はいずれも横穴式石室を内蔵し、墳丘内に石材を多用する。墳丘中心に玄室中央がくるような設計が基本となる。石材利用のあり方は、①石室基底部の造成、②石室背後の控え積み（～天井被覆）、③墳丘盛土の土留め石積み・列石、④墳丘の構築材（礫のみ、土石混交）、の４つに大別できる。

①は横穴式石室の基底部をなす石積みである。平地あるいは斜面を掘削して平坦面を造成し、石室に合わせて略長方形の石積み（石敷き）を行う。石室（玄室・羨道）の基底石はその上に立てられる。このような

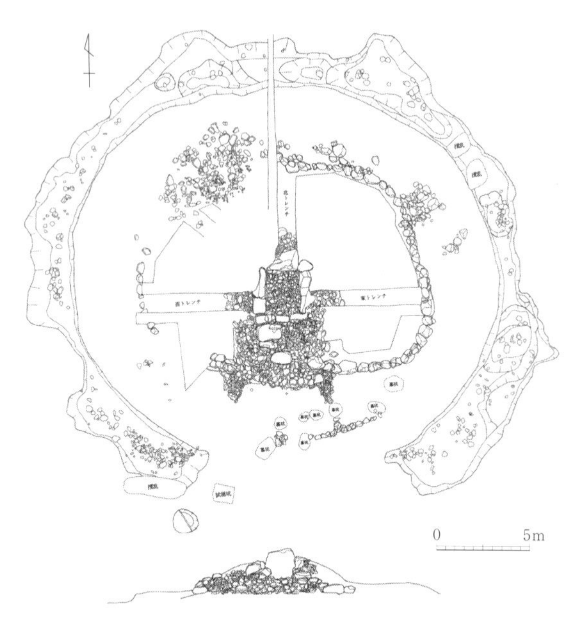

図６　安久津２号墳（井田 1998）

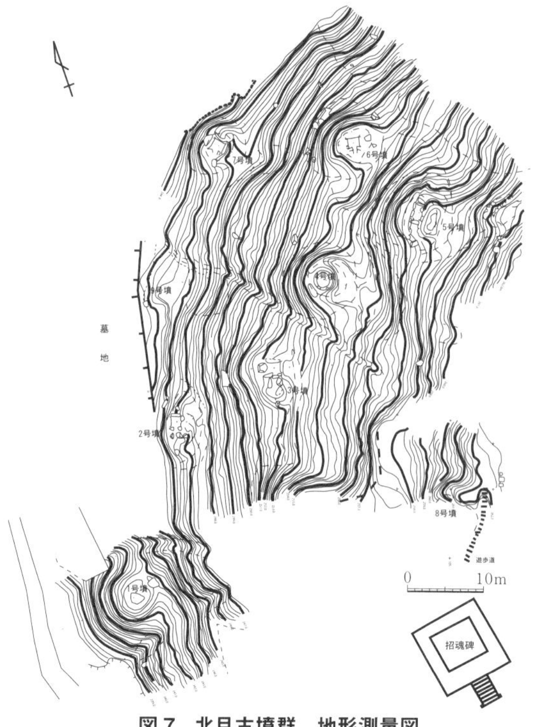

図７　北目古墳群　地形測量図
（東北芸術工科大学 2010）

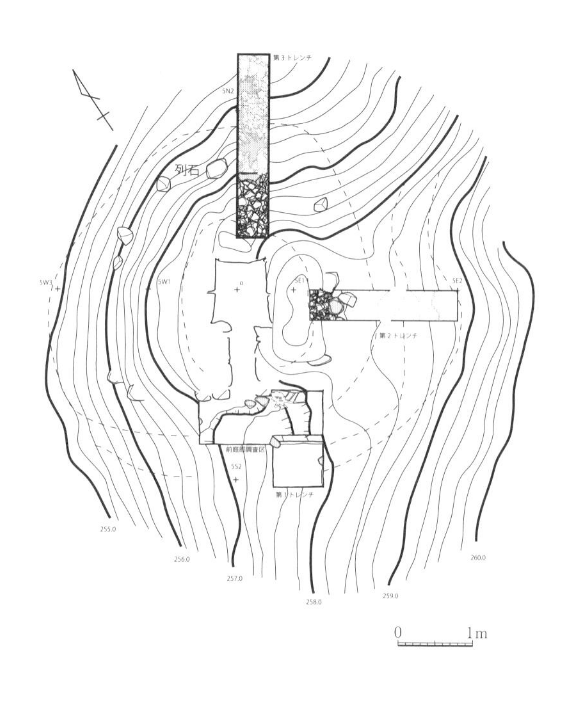

図８　北目５号墳の墳丘と調査区配置図
（東北芸術工科大学 2009）

構造は高畠町安久津 1、2 号墳（井田 1998）、同町味噌根 2 号墳（井田 1997）、米沢市戸塚山 175 号墳（東北芸術工科大学 2014）など、基底部を調査した古墳の多くで確認されており、当地域では一般的なものといえる。安久津 2 号墳では基壇状を呈し、南面を大型の凝灰岩角礫で 3〜4 段（高さ 0.8m）垂直に積み上げる。その前面で墓前祭祀（第 1 次）に使われたとみられる須恵器大甕や小型杯類が東西に分かれて出土した。

②は石室壁材の積み上げとともに背後に積まれる石材である。当地域では石室を大きな掘り方内に設置するものはなく、壁材の積み上げとともに背後に控えの石積みや盛土がなされる。本例にはこの第 1 次墳丘がほとんど石からなる a 類と、一定の控え積みを持ちつつ、その背面を土で

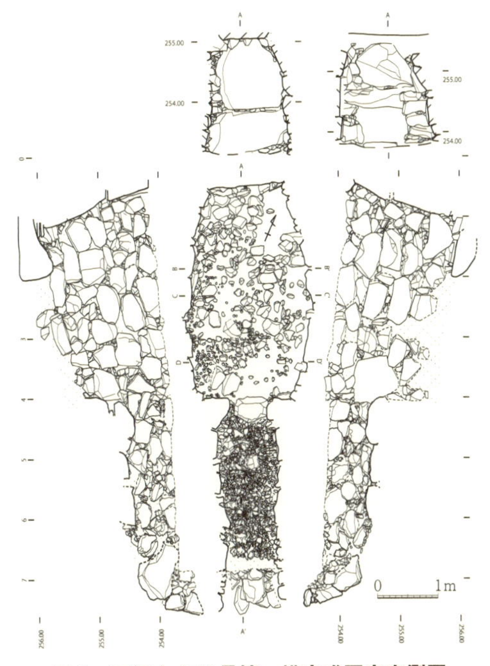

図 9　戸塚山 175 号墳　横穴式石室実測図
（東北芸術工科大学 2014）

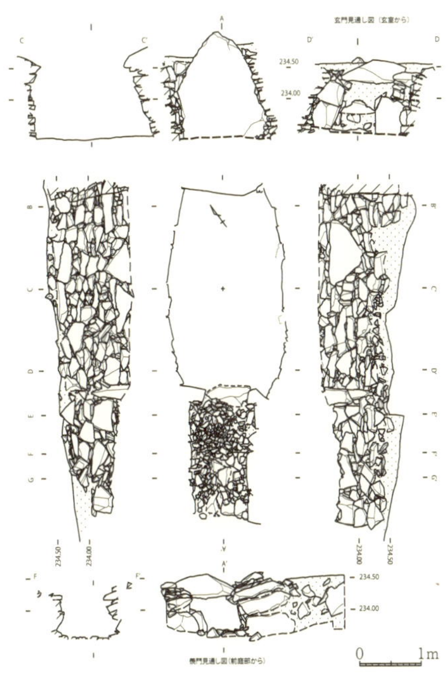

図 10　戸塚山 106 号墳　石室実測図
（東北芸術工科大学 2012）

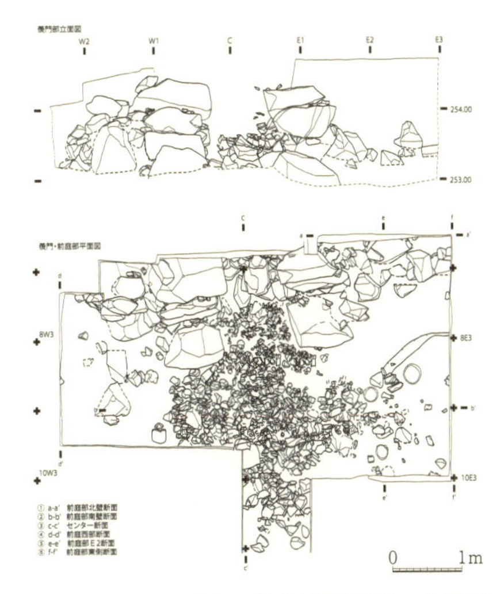

図 11　戸塚山 175 号墳　前庭部平面図・立面図
（東北芸術工科大学 2014）

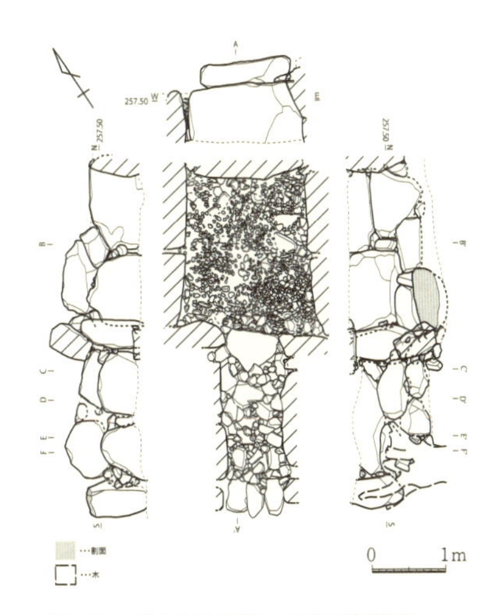

図 12　北目 5 号墳　石室実測図
（東北芸術工科大学 2009）

敷き均すｂ類がある。ａ類の例として、高畠町鼠持古墳（東北芸術工科大学 2002）、同町北目５号墳（東北芸術工科大学 2009）、米沢市牛森古墳（米沢市教育委員会 1976）などがあり、ｂ類には米沢市戸塚山 106 号墳、同 175 号墳などがある。ｂ類の控え積みは厚さ 1m 未満と狭い。鼠持古墳では墳丘盛土が失われ、第１次墳丘の石積みが石室の周囲を楕円形に巡る。

③は墳丘の盛土あるいは積み石の末端に巡る土（石）留めの石積み・石列で、1〜2重が一般的である。1重目は羨門に連なり第１次墳丘の末端を形成する。ハの字状の前庭部を持つ例では２重目がその先端に取りつく例がある。戸塚山 201 号墳（米沢市教育委員会 2015）、安久津２号墳第２段階である。戸塚山 175 号墳や安久津２号墳では石室正面に露出する列石に大きめの石を用いたり、丁寧に石積みするなど荘厳化の意図も窺える。

④は墳丘構築材で、凝灰岩角礫のみで積み上げたようにみえる例として、北目２号墳（東北芸術工科大学 2010）、同５号墳がある。これらは古墳群内の表土層から産出する石材を利用している。墳丘上半が流出または削平されているため、土の利用の有無は定かでなく、同じ群内でも斜面下方にある同１号墳（佐々木ほか 1985）では土と併用している。円礫を土石混交で積み上げたものに高畠町金原古墳がある。未調査のため盛土中の礫のあり方は不明である。

置賜地域の主要な横穴式石室墳では、①〜③を共通要素としてもっている。逆にいうと、大きな掘り方内に石室を設置する、地山に基底石を据え置く、側壁材の背後に直に裏土をすり付ける、といった構造が基本ではない。ただし、戸塚山古墳群にみるように、石材の相対的に乏しい所や小型の古墳では①〜③の施工程度に幅があり、石敷きを持たず直接地山に基底石を置く戸塚山 23 号墳（米沢市教育委員会 2010）のような例も存在する。石材環境や規模による差異があることは確かである。④については、運搬に手ごろな大きさの石が豊富な北目古墳群にみられるものの、当地域では例外的存在で盛土墳が主体である。その点からいうと、外見上「積石塚」と呼称されるものはほとんどない。

4　終末期古墳の構造と石材環境

置賜地域の横穴式石室は、高畠町域では大型の板石を用い、玄室が長方形や方形プランで腰石が立つ形式であるのに対し、米沢市域（戸塚山）では小型石材、胴張りプランで腰石が発達しないのが特徴である。このような石室形式・構造の地域差の背景には、被葬者集団の出自・技術伝統の違いや石材環境の選択・適応という側面が想定されるが、当地域では後者の要素が強いと考えている（東北芸術工科大学 2014）。

高畠町域では古墳群が立地する丘陵の表層に凝灰岩の板石や角礫が豊富に存在する。一方、米沢市戸塚山丘陵では利用可能な凝灰岩質砂岩や頁岩は露頭（転石採取地）が限られ、相対的に小型で量も少ない。両者は利用石材が異なりながら、前節で検討したように古墳構造の基礎となる①〜③が共通しているというのが理由である。

置賜地方の終末期古墳は、集落遺跡の至近で利用可能な石材資源が豊富な場所を選んで立地している。高畠町では屋代川北岸の安久津古墳群、南陽市では赤湯古墳群（二色根古墳群）などが典型である。米沢市域では戸塚山西麓で、石室の南面に適した、あるいはこれを妨げない緩斜面に集中的に古墳が作られている。玄室床面に採用している「胴張りプラン」の採用は、不整形で小型品が多いという石材の形状に合わせ、側壁の構造強度（輪取り）と玄室面積を確保するための設計だったと考えられる。106号墳の側壁では小口積みの石材の上部を長手の石で押さえるような布積みの特徴がみられるほか、薄い板状の挟み石で側壁材の安定化をはかる手法もみられた（東北芸術工科大学2011・2012）。玄門袖石を2段積みとする点も同じ要因であろう。

戸塚山古墳群では支群によって石室の岩石種に差がある。少ないながら板状の大型石材が得られる西麓の各支群では奥壁を一枚石とし、小型の凝灰岩質砂岩を壁材とするが、大きい板石が得にくい東麓の浅川支群175号墳（東北芸術工科大学2014）では塊状の石を多用し、頁岩も壁材に利用する。豊富な頁岩は細礫にして羨道床面（玄室は円礫）にも敷かれていた[1)]。このように各古墳でありあわせのものを有効に、合理的に利用する戦略が窺えた。

以上のように、置賜地域の終末期古墳では横穴式石室本体の用材確保という目的だけでなく、墳丘・石室の構造材として石材を利用する志向性が存在した。また、利用石材や石室構造において多様性を持ちながらも、墳丘中心と玄室との位置関係や玄室長と羨道長を1：1に割り付ける設計（東北芸術工科大学2002・2014）、①〜③のような古墳作りの具体的なプロセスや工法においても共通した技術基盤が存在していた。墳丘が積み石で覆われる北目2、5号墳のような例も、④の個別要素で「積石塚」として捉えるのではなく、当地で一般的な古墳築造技術の延長線上に位置付け、資源適応の一形態として理解したい。

置賜地域の終末期古墳の諸特徴は当地固有のものではなく、おそらく石材を多用する長野県大室古墳群（鈴木1992）や群馬県西毛地域（右島2009）の横穴式石室墳にルーツを辿ることのできる技術と考えられる。

5 まとめ

置賜地域では、5世紀後半頃と7世紀後半に墳丘に石材を多用する古墳が作られた。

前者の松沢1・2号墳は、合掌形天井の石棺をもついわゆる「積石塚」古墳である。同種の石棺は至近では福島県会津坂下町長井前ノ山古墳（5世紀前半の前方後円墳、菊地2002）で掘り方内に構築されたものがある。戸塚山137号墳は1枚石の平天井ではあるものの、両者には立地（眺望、石材環境）や石棺構造に一定の共通性が認められる。

松沢古墳群や戸塚山古墳群山頂支群はともに前代に系譜が追えず、かつ短期間で造墓を終えている。合掌形天井の石棺という特異性や、「石」「高所」への志向といった技術・他界観[2)]からしても、被葬者像は同種の埋葬施設が卓越する地域との関係を想起させる。

7世紀後半の石材を多用する横穴式石室墳は当地で通有の古墳築造技術であり、その多様性は資源適応や階層性の表現形態と捉えられるのではないか。外見上、墳丘に積み石が卓越する古墳であってもとりわけ「積石塚」として異質な性格を付与する必然性は感じられない。本稿は多様な古墳構造に対して、細分化あるいは個別要素を抜き出してそれぞれの技術の特徴を探る視点ではなく、一つの大きな技術体系が持つ資源利用の多様性、柔軟性という観点から立地や石材環境との関わりに力点をおいて論じたものである。

註

1） 凝灰岩質砂岩の露頭から遠く、丘陵上部に単独で立地する176号墳（東北芸術工科大学2011）の石室は奥壁2段積みで側壁は頁岩を主体とする。

2）高畠町北部には5世紀代と7世紀代にそれぞれ利用された大師森洞窟、加茂山洞窟という埋葬遺跡がある。前者は松沢古墳群の北東約1.5㎞、標高344mの丘陵斜面に開口した自然洞窟で、内部に組み合わせ式の類長持形石棺2基を持つ（福島大学考古学研究室2012）。ともに巨岩が露頭する高い標高に立地しており、葬法や他界観に類似性を窺わせる。

引用・参考文献

井田秀和　1997「味噌根2号墳の調査」『町内遺跡発掘調査報告書(3)』高畠町教育委員会
井田秀和　1998『安久津古墳群発掘調査報告書』高畠町教育委員会
菊地芳朗　2002「福島県会津坂下町長井前ノ山古墳」『考古学ジャーナル』492、ニュー・サイエンス社
北野博司　2004「古代国家成立期における出羽内陸部への王権支配―置賜地域の横穴式石室墳―」『歴史遺産研究』№2、東北芸術工科大学歴史遺産学科
北野博司ほか　2015「地域の自然利用技術と知恵が育む個性的な文化遺産」『複合的保存修復活動による地域文化遺産の保存と地域文化力の向上システムの研究』東北芸術工科大学文化財保存修復研究センター
佐々木洋治・佐藤庄一　1985『県指定史跡安久津古墳群』山形県教育委員会
佐藤鎮雄　1982「置賜地方の古墳―南陽市周辺の古墳を中心として―」『まんぎり』創刊号、まんぎり会
佐藤鎮雄・佐藤庄一　1987『南陽市史』考古資料編、南陽市
鈴木直人　1992「墳丘構造と石室の構築について」『大室古墳群　上信越自動車道埋蔵文化財調査報告書3―長野市内　その1―』長野県教育委員会ほか
手塚　孝ほか　1983『戸塚山137号墳発掘調査報告書』米沢市教育委員会
東北芸術工科大学　2002・2009～2014『置賜地域の終末期古墳』1～7
福島大学考古学研究室　2012『東北地方南部における古墳時代石棺の調査1』
右島和夫　2009「原古墳の墳丘構造をめぐって」『原古墳』財団法人群馬県埋蔵文化財調査事業団
米沢市教育委員会　1976『米沢市八幡原中核工業団地造成予定地内埋蔵文化財調査報告書』
米沢市教育委員会　1984『戸塚山古墳群分布調査報告書』
米沢市教育委員会　2010～2015『遺跡詳細分布調査報告書』第23～28集

6　北上川流域

藤沢　敦

1　はじめに

前方後円墳が築造された時期、東北地方北部には、ごく一部を除くと古墳は築造されなかった。古墳文化に由来する、土師器の伴う方形竪穴住居からなる集落遺跡も、東北北部にはほとんど見られず、代わりに北海道の続縄文文化が広がっていた。しかし7世紀に入ると、東北北部にも土師器の伴う方形竪穴住居からなる集落遺跡が一般化し、ほぼ同時に小型の円墳が築造されるようになる。これらの円墳は、末期古墳と呼ばれている。末期古墳は、東北北部の青森・岩手・秋田の3県に加えて、宮城県北部の一部にも分布する（図1）。さらに北海道の中央部にも分布が知られており、「北海道式古墳」と呼ばれることもある。これらの末期古墳は、7世紀初頭から9世紀後葉頃まで築造されており、類似するものは10世紀まで下るものも存在する。7世紀には、岩手県の北上川流域と青森県の太平洋側において築造が始められるが、8世紀には分布域全域に広がっていく（藤沢2004）。

図1　主な末期古墳の分布（藤沢2004、一部改変）

末期古墳は埋葬主体の種類で、木棺を直接埋納したものと、横穴式石室あるいはその退化した石室を構築するものに二大別できる。木棺直葬のものは、末期古墳の初現から終末まで存続し、末期古墳の分布域の全域で見られる。一方、石室を伴うものは、岩手県内陸部から宮城県北部にかけての北上川流域にのみ分布する。7世紀後半から9世紀にかけて築造されたと考えられ、木棺直葬のものより築造期間が短い。この横穴式石室を伴う末期古墳の中に、積石塚あるいは、それに類するものが見られる。

末期古墳の中で、早くに知られていたのは石室を伴うものである。末期古墳の墳丘は、直径10m程度かそれ以下の小規模なものがほとんどであるため、後世の耕作などでの改変を受けている場合がほとんどである。しかし石室を伴う末期古墳は、耕作による破壊を受けても、石室周辺は残されることが多く、比較的早くから知られてきた。そのため、末期古墳の初期の調査事例は、石室墳が多くを占めている。

一方、木棺直葬のものは、墳丘がすでに削平されたものが多い。木棺直葬でも7～8世紀のものは、墳丘構築以前に埋葬を行うため、墳丘は削平されても周溝と主体部が残されていることがほとんどである。9世紀になると、周溝は残されていても主体部が発見されなくなるため、墳丘上から埋葬を行うように変化したと考えられている。墳丘が削平された木棺直葬の末期古墳は、開発に伴う発掘調査で新たに発見されることも多く、近年の調査事例のほとんどは、木棺直葬のものである。

このような要因から、石室を伴う末期古墳の調査事例のほとんどが、古い時期のものとなっている。また、概して保存状態が良くないこともあり、墳丘と石室の構築順序や構築方法などが、発掘調査によって確認されている事例はほとんど無い。断片的な知見がわずかに知られている程度である。そのため、墳丘構築に石積みを用いている末期古墳についても、実態がよくわかっていない。そのような状況を踏まえて、以下では北上川流域の墳丘に石積みを用いる末期古墳について、現在知られていることをまとめてみたい。

2　石室を伴う末期古墳と墳丘の石積み

石室を伴う末期古墳で発掘調査が行われている事例としては、以下のものがあげられる。これら以外にも、遺存状況が良くないため、石室墳か否か不明確なものも若干存在する。

岩手県

盛岡市太田蝦夷森古墳群(室野ほか1997)

花巻市熊堂古墳群(熊谷・佐々木・佐藤1990)

北上市猫谷地古墳群(菊池・桜井ほか1951)

北上市五条丸古墳群(伊東・板橋1963、高橋1980・1982・1988)

北上市(旧和賀町)長沼古墳群(草間・玉川1974)

金ヶ崎町水口沢古墳(及川・千葉1984)

金ヶ崎町道場古墳群(草間ほか1968)

奥州市(旧水沢市)見分森古墳群(伊東ほか1974)

一関市(旧花泉町、一部は宮城県)杉山古墳群(伊東1959)

宮城県

栗原市(旧栗駒町)鳥矢崎古墳群(栗駒町文化財保護委員会ほか編1972)

石巻市(旧河北町)和泉沢古墳群(佐々木1972)

このうち宮城県栗原市鳥矢崎古墳群では、石室墳と木棺直葬墳の両者が見られる。

末期古墳の主体部については、高橋信雄が分類して検討をしている(高橋1977)。その内の木棺直葬のものについては、木棺構造を復元すると、「四辺埋め込み式」と「小口板埋め込み式」に大別できることを以前に指摘したことがある(藤沢2009)。石室については、高橋信雄の分類は、石室形態だけでなく、周囲の石積みの様相も合わせた分類となっており、そのまま使用するのには難がある。高橋千晶が、大きく三段階に変遷を整理している（高橋 1997）。すなわち、「側壁中に立石を伴わない」ものから、「側壁中に立石のみを持つ石室」、さらに「立石と仕切石が対応する石室」への三段階である。側壁中の立石とは、やや大きめの石が、側壁に間隔を空けて立てられるものである。仕切石とは、玄門の框石とは別に、玄室内部の床面を横断するように、立石に対応する位置の床面に石を並べるものである。立石のすべてに仕切石が必ず伴う訳では無く、一部に伴うものもあれば、すべてに伴うものもある。この三段階の変遷は、必ずしもすべてにあてはまる訳ではないが、基本的に妥当と考えられる。また、もっとも初期の事例には、玄門の外側に、「ハ」の字状に開く、前庭部が伴うものがある。

これら末期古墳の石室については、時間的な変化以外に、大きく共通する特徴も見られる。杉山古墳群や和泉沢古墳群で板状の石が使用される以外は、川原石を使用する。やや細長い川原石を用い、長辺を石室主軸に直交させて、小口積みに積み上げるのが基本である。石室の大きさには変移があるが、多くは長さ 2〜3m 程度、幅は 1m 未満の小型のものである。奥壁には、やや大きな石を立てるのが基本である。玄門は形骸化しており小規模であることから、玄門から遺体を運び込むことは難しく、天井部から遺体を埋葬し、その後に天井石を架けたものと推定されている。ただし、石室の天井石が本来の位置を保っていた事例は少ない。盛岡市太田蝦夷森古墳群では、1952 年（昭和 27）の小岩末治による「小岩古墳」において、奥壁から 3 石の天井石が残存していたとされ、奥壁上端のさらに上に小口積みの壁面の石積みがなされ、その上に天井石が架けられていた（室野ほか 1997）。石室床面から天井石までの高さは、65〜100㎝程である。花巻市熊堂古墳群 A - 4 号墳では、1 石がかろうじて残っていおり、側壁の立石の上部に小口積みの壁面の石積みがあり、その上に天井石が架けられていた。床面から天井石までの高さは、70㎝程である（熊谷・佐々木・佐藤 1990）。いずれも、側壁の立石よりかなり高くまで壁面が積まれていたことが注目される。これら以外の調査事例のほとんどは、天井石は石室内に転落した状態であったと報告されている。そのため、天井石の構築状況や、天井石上部の墳丘の状況について、具体的な様相が判明している事例は無い。石室規模が小さいことと、天井部から埋葬したと考えられることから、石室への埋葬は一回限りであったと考えられる。

石室を伴う末期古墳について、墳丘構築に関わる石材の使用について見ると、以下に分けることができるであろう。

ⓐ石室壁面を構築する石材の他にほとんど石が見られないもの。

ⓑ石室壁面を構築する石材に加えて、裏込め状に石室周辺に石材が見られるもの。

ⓒ石室壁面を構築する石材に加えて、大量の石を石室周辺に積み上げるもの。

これらの内ⓐについては、他との区別は明確である。石室の壁を構築する石材の他に、ほとんど石が見られないものである。一方、ⓑとⓒについては、後世の破壊が大きいと、その区別が難しいことも多い。その中間的な様相のものも存在する。石室形状にそって、石室内側壁面から 1m 程度の範囲に、壁面の石材より小規模な石を積んだものについては、裏込めあるいは控え積みであることは明確である。しかし、それより広範囲に石材が分布する場合、裏込めや控え積みだけと判断することは難しい場合もある。

末期古墳の石室墳については、石室と墳丘との構築順序などが詳細に明らかにされている事例がほとんどなく、判断が難しいことも多いが､、石室規模が小さいことから、石室をすべて構築した後に墳丘を構築している場合がほとんであると考えられる。その際に、石室以外に石を使用せず土を積んでいるとⓐとなる。石室構築以降に、石室の周囲に石を積み上げていると、ⓑないしはⓒとなる。石室の裏側に小さな石を積んだだけのものは裏込めや控え積みを意図したものと判断して差し支えない。また石室よりやや広く、平面形状が小判形になるように石を積み上げている事例があり、この場合には判断が難しいこともある。いずれにせよ、これら二者の場合には、積み石を行った後に、さらに積み土を行って墳丘を構築していたものと思われる。一方、石室の周囲にほぼ円形に広く石を積み上げている事例がある。この場合、石積みの後に、さらに土を積んでいたか否かが問題となるが、明確に判断できる調査事例はない。しかし、ほぼ円形に石を積み上げている点から、単なる裏込めや控え積みを目的としたとは見なし難いことは明かであろう。

このような、円形に石を積み、石室裏込めとは明確に区別できるⓒの事例としては、北上市猫谷地古墳群や石巻市和泉沢古墳群があげられる。いずれも石室周囲に大量の石積みが、ほぼ円形に見られるものである。次にこれらについて、やや詳しく見てみたい。

3　猫谷地古墳群

猫谷地古墳群は、北上川の支流である和賀川の北岸の河岸段丘上に位置する。西から五条丸古墳群、猫谷地古墳群、八幡古墳群が隣接して立地しており、一連の古墳群と考えられる。猫谷地古墳群では、1951年に第1～5号墳について発掘調査が実施されている（菊池・桜井ほか1951）。簡単ではあるが図面が掲載されているのは第１号墳と第３号墳で、他は写真が若干掲載されているにとどまる。ここでは、第１・３号墳を中心に、見てみたい(図２)。

第１号墳　周溝については調査が行われていないが、調査前の墳丘状の高まりは径12m程度であったとされている。石室周辺には「長軸六米、短軸五米に楕円状に石が積まれ、南側に於ては、河原石を二、三段に積んだ巾六米、長さ二・五米の張り出し部」が認められている。石室は、側壁中の立石に対応する床面に仕切石が３ヵ所に見られるものである。「羨門近くに（中略）黒色の壺形土師器」が、「張り出し部の南西角で破壊された壺形須恵器」が出土した。

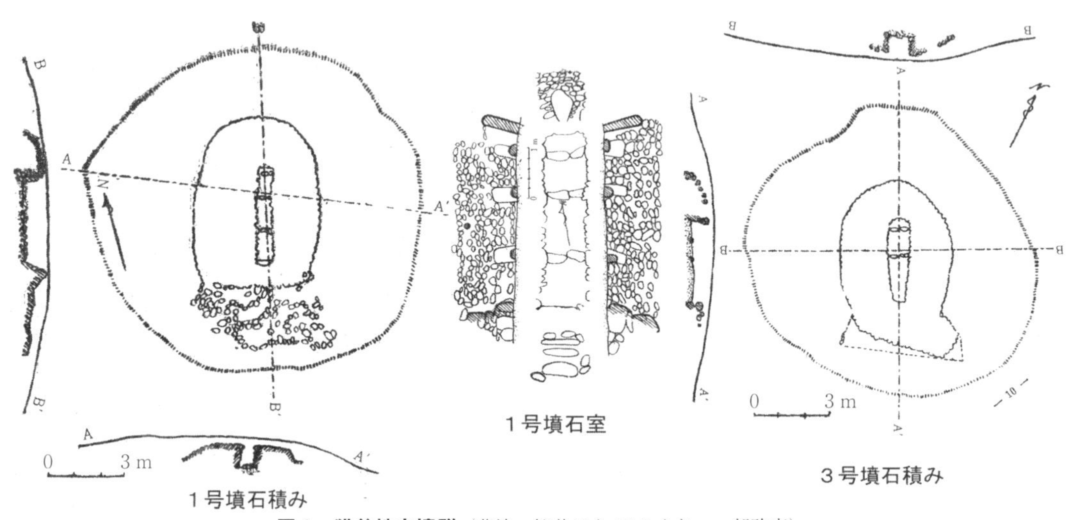

図２　猫谷地古墳群（菊池・桜井ほか1951より、一部改変）

第3号墳　墳丘状の高まりは径10mで、石室周辺に楕円状の石積みがあるが、報文では寸法などは記載されていない。図面から判断すると、長軸5.5m、短軸4.5m程度となる。「石室構成石積の南に一・二米、東西に四・八米の底辺をもつ石積梯形の張り出し部が」あり、「張り出し部は石室石積より低く南側辺部にいくに従い低くなる」。石室は、側壁中の立石に対応する床面に仕切石が2ヵ所に見られる。石室内から蕨手刀と鞘尻金具が出土している。

この2基以外については、石室周辺の積石について大きさなどが記載されているのは第2号墳で、「石室をとりまいて長軸約四米、短軸約三米、北側がやや丸みを持つた隅丸長方形状に川原石が積まれて」いた。石積みの張り出し部は、「道路に近いため破壊されてしまつたものか、(中略) 明瞭は施設は見(ママ)とめられなかつた」とされている。また石室構造では、第5号墳では床面仕切石が伴っていない。出土遺物からみても、第5号墳は他の4基より、やや先行する可能性が高い。

いずれの古墳も、石室と周辺の積石の頂部には、ほとんど土は覆っていなかった。第3号墳と第4号墳で、0.2〜0.3mの厚さの「黒色腐食土」が覆っていた程度である。しかし、積石の周囲は、図面にも明らかなように、かなり土に覆われていた。この積石の周囲を覆う土が、墳丘積土の一部であるのか、後世に堆積したものかについての知見は報告されていない。あるいは、積石の上部の墳丘積土が崩壊し、周囲に堆積したものという可能性もある。周溝部分の調査はなされておらず、積石と周溝との関係も明らかでない。

このように、これらの古墳の墳丘が、積石だけで構築されていたのか、積石に加えて積土がなされていたのか、肝心の部分がわからない。しかし第1号墳と第3号墳で確認されたように、石室前面に石積みの「張り出し部」が存在することが注目される。石室玄門あるいは羨道とのつながり方がつまびらかではないが、石室前面に台形の前庭部を伴う横穴式石室との関係が想定されるであろう。そのような横穴式石室は、前庭部の壁面に石積みを伴う場合が多い。近隣の事例としては、宮城県加美町の色麻古墳群(古川1987)などに類例が見られる。これらの古墳では、石室周辺に裏込め状に石を積んで、その上に墳丘積み土を行っている。猫谷地古墳群の事例についても、石室周辺の積石は石室構築に伴うもので、「張り出し部」を前庭部の施設と考えるならば、「張り出し部」以外には、積み土による墳丘が構築されていたと考えることも可能である。ただ、そのように考えた場合でも、石室構築に伴う裏込めの範囲より明らかに広い範囲に積石がなされていることは間違いなく、少なくとも墳丘の一部は、積石によって構築されたものと考えてよいであろう。

猫谷地古墳群に隣接する五条丸古墳群では、ⓑの裏込めと考えられる事例と、ⓒの可能性があるものも存在する(伊東・板橋1963)。保存状態が良くなく、確実に判断できないものも多い。そのため、猫谷地古墳群における確実なⓒのような事例が、両古墳群の中でどのような関係にあるかを、明確にすることは難しい。ただし、猫谷地古墳群の事例のように、石室の側石中の立石に対応する仕切石が見られる、築造時期が新しい古墳に、確実なⓒの事例が見られることは注意される。ただし、築造時期の違いだけに原因を帰することができるかについては疑問である。

4　和泉沢古墳群

石巻市和泉沢古墳群は、北上川(追波川)の下流域にあたる。丘陵裾に近い、緩斜面上に立地している。和泉沢古墳群の背後の丘陵は岩山であり、石を確保することは簡単であったと考えられるような立地である。墳丘が確認されたのが50基で、その内、6号墳・10号墳・15号墳の3基の発掘調査が1972年に実施されている（佐々木1972）。3基の内、6号墳と10号墳は乱掘を受けていた。もっとも保存状態が良かった15号墳の状況をやや詳しく見てみたい（図3）。

15号墳は、発掘調査前の状況では、「長径2.3m、短径1.8mの楕円形状」で「高さは中央部で0.6m程度」であり、「墳丘表面には砂岩の割石が多数露出していたが、部分的に黒色腐食土が流入して雑草がおおい、墳丘裾部では雑木も数本生えていた」状況であった。調査によって石積みを露出させた後の平面形は、斜面下方の南側が大きくなる卵形のような楕円形状で、長径5.9m、

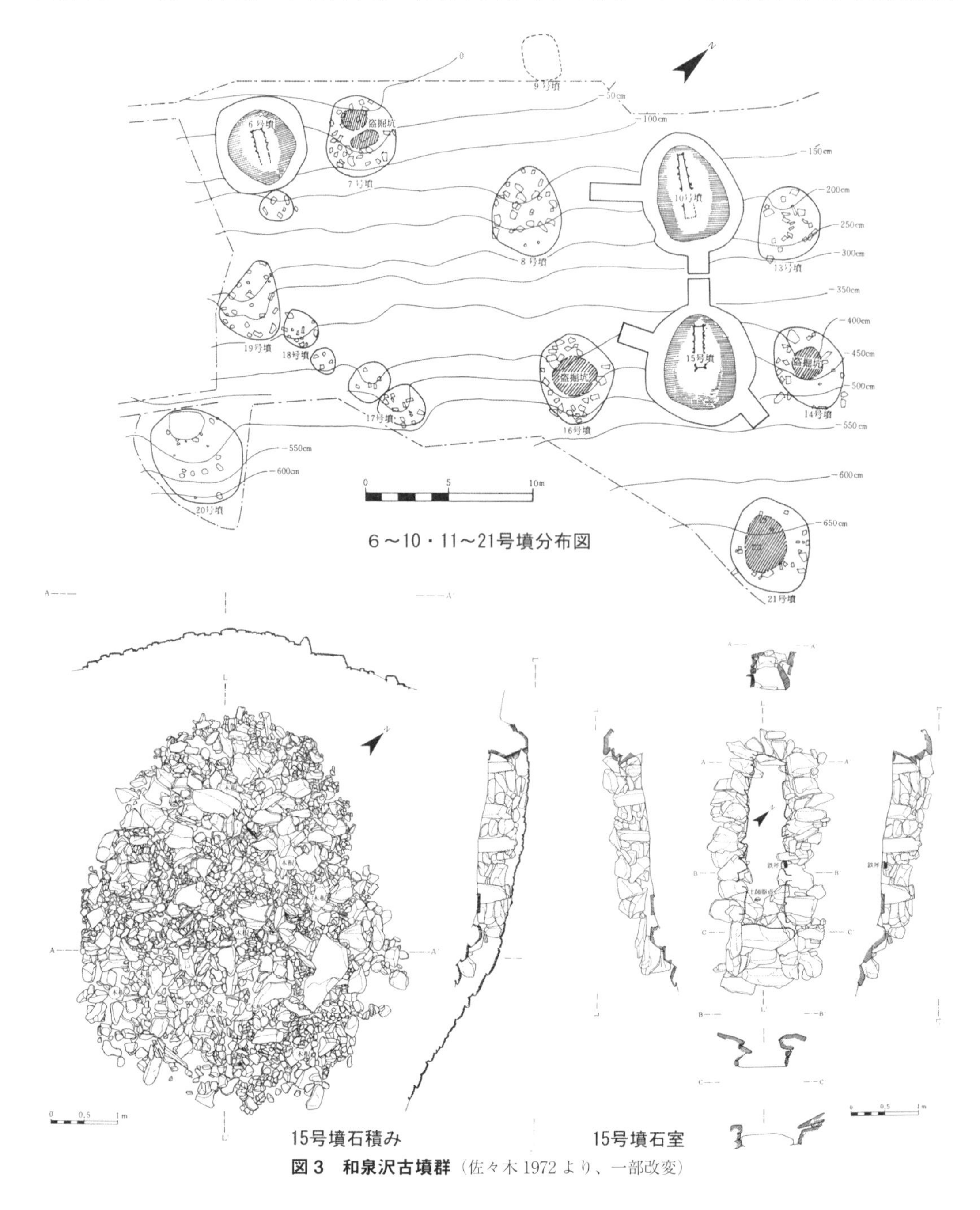

図3　和泉沢古墳群（佐々木1972より、一部改変）

短径の最大部で4.85m、高さは1.1mで、「裾部が相当の土砂をかぶって埋没している」状況であった。周溝の有無を確認するためのトレンチが3方向へ設けられているが、現地表から0.4〜0.5m程で地山面があらわれ、周溝は確認されなかった。なお、10号墳でも2方向にトレンチが設けられているが、同様に周溝は発見されていない。

石室は3基とも、側面に角礫の立石を設け、板状の石を積み上げている。床面の仕切石は確認されていない。墳丘は、板状の石を積み上げたものである。石室や積石に使用されている石は、砂岩がほとんどで、粘板岩が若干混じる場合もある。南側に傾斜した緩斜面に立地するため石積みも、低い南側がやや大きくなり、そのため卵形になったと考えられている。

調査報告では、周溝が認められないこと、そのため周溝掘削土を墳丘積み土に利用できないこと、15号墳では調査前に墳丘表面に積石が露出し「裾部を除いて堆積土がほとんどみられなかった」ことから、「15号墳は築造の当初から盛土が無かったのではないか」と指摘しているが、断定はしていない。なお築造年代は、15号墳からロクロ整形で庭部回転糸切りの内黒土師器坏などが出土しており、9世紀に下るものと考えられる。

5　北上川流域の石積みを伴う古墳

北上川流域の石室を伴う末期古墳の中でも、猫谷地古墳群の事例は、側石中の立石に仕切石が伴うタイプの石室であり、比較的新しいものである。ⓑとした裏込め状のものか、ⓒとした広く石を積んだものか、いずれかが明確でないものは、必ずしもこのタイプの石室に限られる訳ではないため、即断はできない。しかし、床面の仕切石が伴うものが多くを占めていることは間違いない。一方、和泉沢古墳群は、石室床面の仕切石が伴わないものであるが、出土遺物から見ると、9世紀に下るものと考えられる。そのためこれら末期古墳でもかなり新しい時期のものである。

ⓒとした猫谷地古墳群や和泉沢古墳群のような、大量の石を石室周辺に積み上げる事例において、積石の上に積み土が存在したのか、存在した場合の厚さなどについては、明確な答えを準備することはできない。ただし、これらが石室を伴う末期古墳の中でも新しい時期に集中することも踏まえて考えるならば、石室周辺に裏込め状に石を積む構造から生み出されてきた可能性を想定することもできる。特に和泉沢古墳群は、築造時期が石室を伴う末期古墳の中ではもっとも新しいため、報告者が指摘するように石積みの上に積み土がなかったとしても、変容した最後の形態と考えることもできる。

そのため、北上川流域の積石を用いる古墳については、特に他地域からの直接的波及を想定する必要性は薄いように思われる。この地域内での変容ととらえることができるが、その要因については、必ずしも明確にし難い。和泉沢古墳群の場合には、周囲の地質的特性が石積みを選択する理由となった可能性が考えられるが、猫谷地古墳群の場合には、積み土で墳丘を構築することは特に難しいことではない。実際、他の大多数の古墳は積み土で墳丘を構築している。そのため周囲の古墳の中で、一部の古墳のみが石積みを選択した理由が問われるところである。

末期古墳の積石については、調査事例が古く具体的様相がわからないものが多いこともあり、ほとんど検討がなされないままとなってきた。本論でも、可能性を指摘するにとどまった部分がほとんどである。今後、古い調査事例であっても、当時の記録を再検討して、その実態を解明していくことが求められるであろう。

引用・参考文献

阿部義平　1999『蝦夷と倭人』青木書店

伊藤玄三　1967「末期古墳の年代について」『古代学』第14巻第3・4号、pp.217 - 224

伊東信雄　1959「岩手県西磐井郡杉山古墳群」『日本考古学年報』8、日本考古学協会、p.87

伊東信雄・板橋　源　1963『五条丸古墳群』文化財調査報告書第11集、岩手県教育委員会

伊東信雄ほか　1974『水沢市史1　原始－古代』水沢市史刊行会

及川光夫・千葉周秋　1984『水口沢古墳』岩手県金ヶ崎町文化財報告書第7集

菊池啓次郎・桜井清彦ほか　1951「岩手縣江釣子村猫谷地古墳群調査報告」『岩手史学研究』第9号、pp.1 - 37

草間俊一ほか　1968『岩手県金ヶ崎町西根古墳と住居址』金ヶ崎町教育委員会

草間俊一・玉川一郎　1974『長沼古墳』和賀町教育委員会

熊谷常正・佐々木清文・佐藤嘉宏　1990『岩手県熊堂古墳群・浮島古墳群発掘調査報告書』岩手県立博物館調査研究報告書第6冊

栗駒町文化財保護委員会・栗駒町鳥矢崎古墳調査団 編　1972『宮城県栗原郡栗駒町鳥矢崎古墳調査概報』栗駒町教育委員会

佐々木茂楨　1972『和泉沢古墳群』河北地区教育委員会

髙橋千晶　1997「岩手県の横穴式石室と前方後円墳」『横穴式石室と前方後円墳』第2回東北・関東前方後円墳研究会大会発表要旨資料、pp.145 - 154

高橋信雄　1977「岩手県における末期古墳群の再検討」『北奥古代文化』第18号、北奥古代文化研究会、pp.1 - 24

高橋文明　1980『江釣子遺跡群―昭和54年度発掘調査報告―』江釣子村教育委員会

高橋文明　1982『江釣子遺跡群―昭和56年度発掘調査報告―』江釣子村教育委員会

高橋文明　1988『江釣子遺跡群―昭和62年度発掘調査報告―』江釣子村教育委員会

藤沢　敦　2004「倭の「古墳」と東北北部の「末期古墳」」『古墳時代の政治構造』青木書店、pp.295 - 308

藤沢　敦　2009「墳墓から見た古代の本州島北部と北海道」『国立歴史民俗博物館研究報告』第152号、国立歴史民俗博物館、pp.441 - 458

古川一明　1987「色麻古墳群の諸問題」『北奥古代文化』第18号、北奥古代文化研究会、pp.25 - 32

室野秀文ほか　1997『上田蝦夷森古墳群・太田蝦夷森古墳群発掘調査報告書』盛岡市教育委員会

第3章　朝鮮半島の積石塚

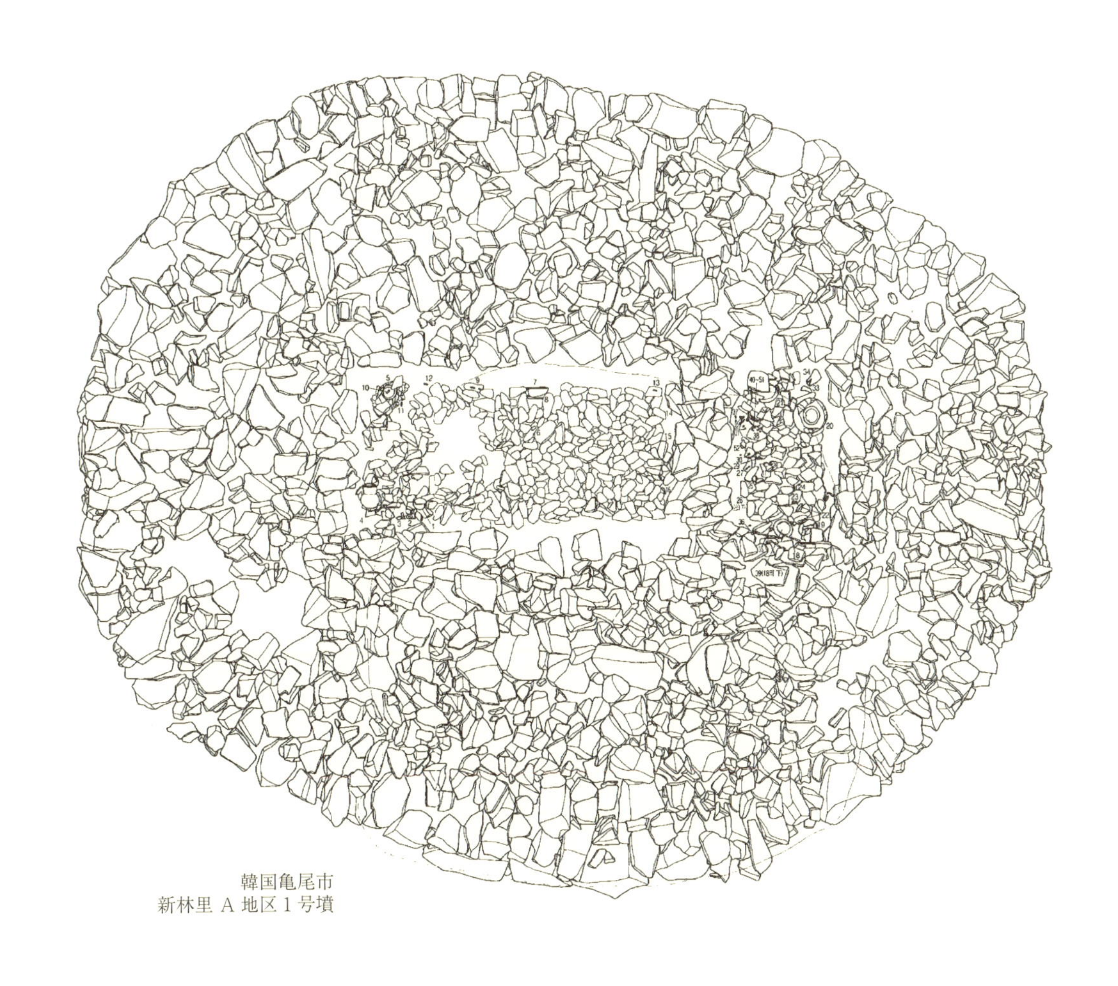

韓国亀尾市
新林里 A 地区1号墳

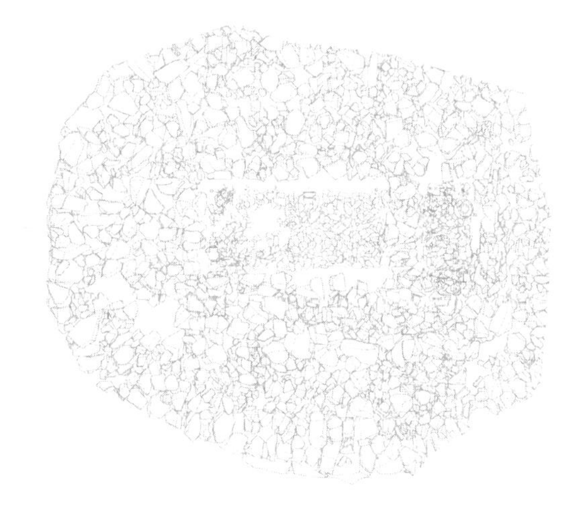

1　高句麗・百済

林永珍

1　はじめに

高句麗と百済の典型的な積石塚は、内・外部すべてが石材で築造されたものである。高句麗では平壌遷都以前まで集安を中心に広く築造され、百済では漢城時代の最高支配勢力によって採用された。漢江流域をはじめとした中西部地域では外部のみ積石であり、内部が土や砂で構成された百済式積石塚と靺鞨式積石塚も築造された。

高句麗の積石塚は「東方の金字塔」と称されるほど雄壮で複雑なものから、小規模積石墓のような簡単なものまで多様である。これらは時間的、空間的、内容的に高句麗社会の一面を理解するのに重要な役割を果たしているが、その起源問題については依然として論議されており、内部構造、被葬者、周辺地域への拡散、消滅の背景などに関する問題も解決されていない。

百済初期の漢城地域で確認された典型的な高句麗式積石塚は、百済建国の主導勢力が温祚に代表される高句麗系移住民であったという『三国史記』の記録を立証する考古学資料とされてきた。百済式積石塚は、外部は高句麗式積石塚と同じであるが、内部が土で構成されたものであり、百済建国の複雑な過程を示す貴重な資料となっている。

靺鞨式積石塚は、外部が積石であり、内部が土や砂で造られている点で、百済式積石塚と類似するが、内部が自然砂丘で、外部積石部の上部に埋葬主体部が位置する点に違いがある。分布圏についても、高句麗式積石塚や百済式積石塚と異なり、北漢江上流と南漢江上流地域に限定され、『三国史記』に靺鞨として記録された勢力の活動地域と一致する。

本稿では、高句麗と百済地域で盛行した積石塚の現況を紹介し、これらがもっている歴史・文化的意味について検討してみる。

2　構造と変遷

(1)高句麗の積石塚

①分布と構造　高句麗積石塚は、鴨緑江中流地域を中心に北側は桓仁、南側は平壌、西側は寛甸、東側は長白地域にわたっている。分布密集地は渾江と鴨緑江水系を中心に5地域に区分される(姜賢淑 2000a)。清川江と大同江水系では、平安北道碧潼郡・雲山郡、平壌市、黄海道瑞興郡・平山郡などで確認されている(社会科学院考古学研究所 2009)。

立地は山麓、丘陵、平坦地など多様であるが、列状に分布する傾向がある。山麓や丘陵では上下や左右、平坦地では近隣の河川と平行に列状をなす傾向がみられる。集安市禹山下古墳群では

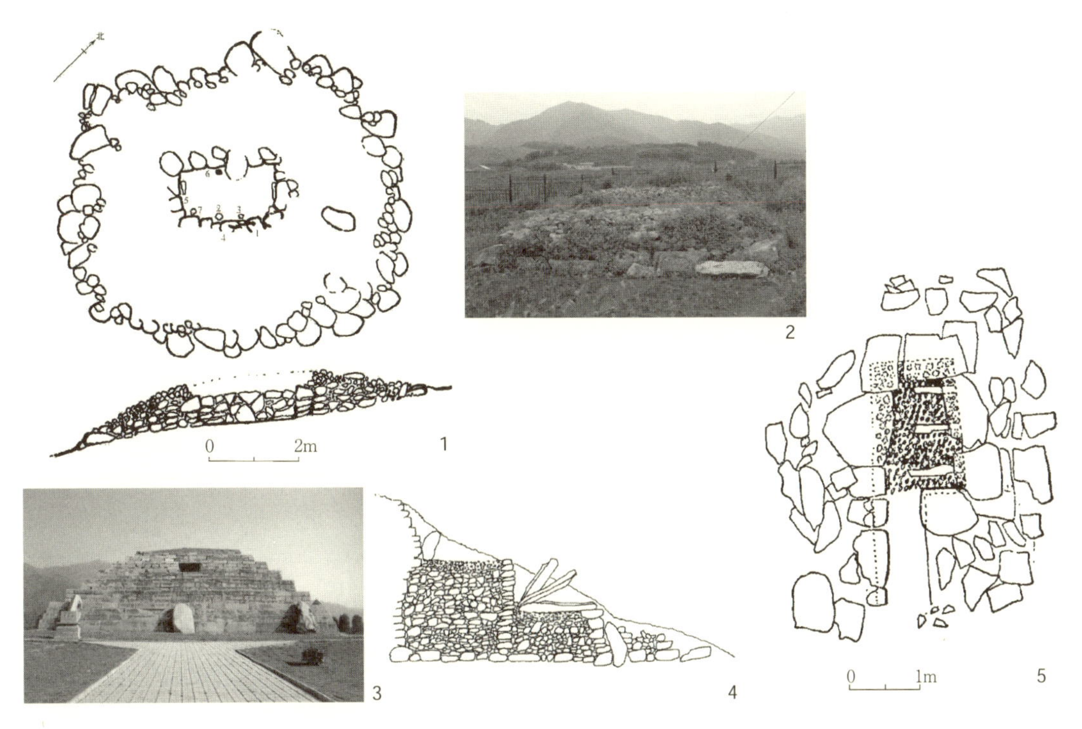

図1 高句麗の積石塚

1：無基壇式（集安市下活龍村8号：吉林省文物考古研究所 2009a） 2：基壇式（本溪市上古城子墓群：筆者撮影）
3：階段式（集安市将軍塚：筆者撮影） 4：階墻式（集安市七星山871号：吉林省文物考古研究所ほか 2004）
5：封石墓（集安市老虎硝古墓5号：吉林省文物考古研究所 2009a）

1000基を越える積石塚が多様な列状を呈している。しかし、臨江塚、西大塚、千秋塚、太王陵、将軍塚など大規模積石塚は単独で存在する傾向がみられる。

構造は石材、墳丘、埋葬主体部、規模などにおいて違いがみられる。石材は河原石、割石、治石に区分される。河原石は河川の石であり、割石は自然的あるいは人工的な割石である。治石は割石に部分的に平坦面を造り出したものであり、基壇、階段、石堂、石室などで確認されている。

墳丘は、平面形態によって円形、方形、長方形、前方後円形、前円後方形、前方後方形などに区分されている。しかし、築造当時の原形ではなく、現在の残存状態によって区分されたものもある。また、墳丘ではなく附属施設まで含むものも混在しており、基準によって前後が異なるものもある。

構造は、外形によって無基壇式、基壇式、階段式、階墻式などに区分される。無基壇式は集安市下活龍村8号墳のように外廓に整った石材を配置せず、河原石と割石を積んだものである（図1-1、吉林省文物考古研究所 2009a）。基壇式は外廓に部分的に加工した石材を整然と配置し、その内部に積石をおこなったものであるが、多くが方形を呈することから（図1-2）、方壇式とよばれることもある。階段式は規模が異なる段が重なって3層以上からなるものである（図1-3）。階墻式は外形的には階段状を呈する点で階段式と共通するが、各段の境界をなす階墻が地表面からはじまっている点が階段式と異なる（図1-4）。

一方、封石墓あるいは洞室墓とよばれるもの（図1-5）は、外形的に無基壇積石塚と共通するが、内部の埋葬主体部が石室であるという点で無基壇積石塚と異なる。また石室をもっているが、階段を備えていない点で階段石室積石塚とも異なる。しかし、積石塚に属することが明らかであるので、一貫した分類のためには基壇石室積石塚と称するのがよいと考えられる。

埋葬主体部は残存状態と研究者の認識によって若干異なるが、一般的には石槨、石壙、壙室、石室などに区分される。石槨の大部分は副葬品用であり、石壙とよばれるもの（図2-1）は木棺や木槨を安置した後にこれを覆ったものであるので（孫仁杰 1993）、埋葬主体部と称するのは難しい。壙室は横穴式の出入施設や耳室を備えているが、天井部が確認されていないものである。しかし、集安市千秋塚の壙室は天井部が後代に破壊された可能性があり（王春燕・孫仁杰 2011）、羨道と耳室をもった集安市禹山540号墳の壙室（図2-2）もまた天井部が破壊されたものとされる（吉林省文物考古研究所 2009b）。このように壙室と称するものは、もともと天井部があったとみるのが妥当であるので、下端部のみが確認された禹山墓区3319号墳が、もともとは穹窿天井をもっていたと認定して塼室と称するのと同様に（吉林省文物考古研究所 2009a）、石室とよぶのが合理的であろう。

石室は、その内部から葬具が確認された事例は多くはないが、木棺を使用したものと推定される。また、太王陵の石室で石堂（図2-3・4）が確認された事実が注目される。石堂はその構造からみて、木堂から発展した可能性が高いので、石室や塼室をもった積石塚のなかには、木棺以外

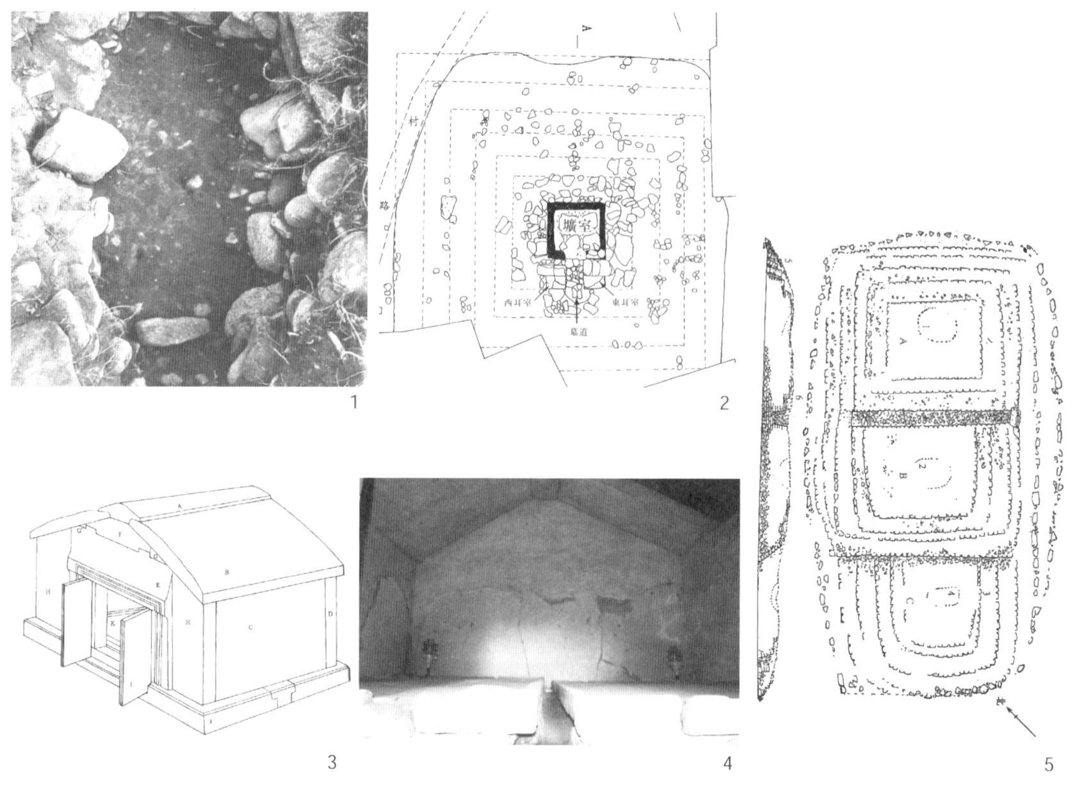

図2　高句麗の積石塚　埋葬主体部

1：集安市下活龍村8号（石壙：吉林省文物考古研究所 2009a）　2：集安市禹山墓区540号（壙室：吉林省文物考古研究所 2009a）
3：集安市太王陵（石室内石堂：吉林省文物考古研究所ほか 2004）　4：集安市太王陵（石室内部：筆者撮影）
5：集安市東大坡356号（連接：吉林省文物考古研究所 2009a）

に木堂をもつものがあった可能性も否定できないだろう。

以上、検討したように、石槨、石壙、壙室、石室の4種類に区分されてきた高句麗積石塚の埋葬主体部のなかで石槨は主に副葬品用であり、石壙はその実体が不明であり、壙室は石室や塼室に該当するものであることがわかる。このような問題点のため、木棺、木槨、石室に区分するという見解も提起されているが（金龍星 2005）、木棺と木槨の場合には現在残っている遺構を表現しにくいだけでなく、存在した可能性がある木堂を含めることができない。したがって、内部葬具である木棺、木槨、木堂、石堂とこれを取り込む外部施設である石壙、石室を組み合わせて、木棺石壙、木槨石壙、木堂石室、石堂石室、木棺石室に区分するのがよいと考えられる（林永珍 2016）。

木棺石壙は、木棺を安置したあとに石を積んだものであり、石壙として報告されたもののうち、規模の小さいものがこれに該当するであろう。木槨石壙は木槨を安置し、石を積んだものであり、石壙として報告されたもののうち、規模の大きいものがこれに該当するであろう。木堂石室は、出入施設を備えた木堂を安置し、石を積んで木堂に通じる羨道を附加したものであり、壙室として報告されたものがこれに該当するであろう。石を積む方式によって、石壙と共通する部分もあり、整った石室であるともいえるが、いずれも出入施設をもつという点において石室に含めても問題ないであろう。石堂石室は、整った横穴式石室内部に石堂を安置したものであり、太王陵が例としてあげられる。木棺石室は、横穴式石室内部に木棺を安置したものである。将軍塚の石室に残っている2基の棺台は木棺を安置したものであり、その後、小型化した石室積石塚において存続していく。

埋葬主体部は多数共存することが多く、3～4基からなる連接墳も多い。集安市禹山下1340号墳には2つの石槨（石壙）、禹山下2891号墳には3つの石室が共存し、高力墓子村23～25号墳と東大坡356号墳は3基が連接しており（図2-5）、それぞれ埋葬主体部を1基ずつもっている。禹山下3232号墳は連接した4基のうち、1基に2つの埋葬主体部があるなど多様な様相を示している。そのなかには集安市大高力墓子墓群31号墳や集安市老虎哨7号墳などのように同じ構造の石室2個が隣接したものも少なくない。

高句麗積石塚の規模は、構造によって異なる傾向がある。無基壇石槨積石塚は一辺の長さが5m以下のものがあり、小さい傾向を示すのに対し、階段石室積石塚は一辺の長さが70mを越えるものもあるなど規模が大きい。

高句麗積石塚の構造と関連した問題として、墓上建物の存在がある。将軍塚の7層上面に造られた小孔（図3）が欄干用の柄穴と推定され（関野 1914）、頂上部に建築物があったと推定されている（李殿福 1980）。塼・瓦が出土する古墳には享堂があったと推定されており（李亨求 1982）、燔焼のような葬礼行為と関連する可能性があると考えられている（姜賢淑 2013）。

図3　将軍塚小孔（筆者撮影）

将軍塚の欄干については、近隣で発見さ

れた鉄鏈を通じてその存在が証明されているが（吉林省文物考古研究所ほか 1984）、欄干の内側にあったと推定される木造建物については議論がつづいている。集安市山城子 1411 号墳と禹山下 1080 号墳の頂上部で発見された石碑の例から墓上立碑と関連したものとみる見解（方起東・林至徳 1983）、墳丘を保護する陵閣があったとする見解（チョンジェヒョン 1994）、被葬者の霊魂が留まる寝殿とみる見解（鄭好燮 2008）などがある。禹山下 3319 号墳で出土した「……為中浪及夫人造蓋墓瓦……」銘瓦当は、墓を覆うために蓋瓦が製作されたことを示しているが、単純な葺瓦ではなく、木造建物が存在したことを示している。しかし、墳丘頂上部に瓦当を使用した建物があったとしても、享堂のように周期的な儀礼がおこなわれる施設ではなかったであろう。その理由は、周期的な儀礼のためには、墳丘頂上部に上り下りすることができる階段が必要であるが、その痕跡が見つからないからである（林永珍 1988）。

墳丘周辺施設としては、敷石施設をはじめとした護石、散水石、排水施設などがある（吉林省文物考古研究所ほか 2004）。墳丘に付加された半円形あるいは長方形の敷石施設は祭壇とみるのが一般的であるが、主に山麓に位置する積石塚で確認されている点から、墳丘の流失を防止するためのものとみる見解もある。敷石施設は、太王陵や将軍塚など大型古墳の近くで発見されており、祭儀と関連する可能性が高いとされる。護石は王陵級の大型積石塚でのみみられるものであり、力学構造上必要なものである。散水石は排水施設と結びつけられることもあるが、大型積石塚で単独でも確認されることから、瓦葺建物の存在と関連する可能性があるだろう。

②年代と変遷　高句麗の積石塚は、調査当初から封土石室墳との前後関係について関心が高かった。両者を同一時期の併存関係とみる見解（関野 1914）が受容されていくなかで、積石塚が先に使用され、平壌遷都以後に封土石室墳が登場したとする見解も提起されたが（池内 1938）、1950 年代まで併存関係とみる見解が主流であった。

朝鮮民主主義人民共和国では発掘調査を通じて多様な構造が明らかにされ、発展過程と編年研究がおこなわれて、積石塚が封土石室墳に先行するという事実が具体的に論証された。これは紀元前 3 世紀に出現した無基壇積石塚が紀元前後から基壇積石塚に発展し、羨道がないものから羨道があるものへ発展したとみる見解である（鄭燦永 1961）。しかし、この見解は埋葬主体部が異なる積石塚にはそのまま適用しにくいことから、無基壇積石塚－基壇積石塚－槨室積石塚（竪穴式）－墓室積石塚（横穴式）という発展過程が提起された（朱栄憲 1962）。近年では、無基壇石槨積石塚－基壇石槨積石塚－基壇石室積石塚－階段石室積石塚－石室石墓へと変遷するという見解も提起されている（ソンスホ 2001）。

中国では、集安一帯の積石塚を積石墓－方壇積石墓－方壇階梯積石墓－方壇階梯石室墓－封石洞室墓に区分し、同一時期にもいくつかの型式が併存し、数量が多い型式は長期間にわたって流行したとみる見解が提示された（李殿福 1980）。また、外部構造によって無段と有段に、内部構造によって石壙と石室に区分し、無段石壙墓－方壇石壙墓－方壇階梯石壙墓－方壇石室墓－方壇階梯石室墓に細分して、外部構造である無段式と有段式は被葬者の身分差を反映しつつ併存していたとする見解もある（魏存成 1987）。近年では、無基壇石壙積石墓－方壇石壙積石墓－方壇階梯石壙積石墓－方壇階梯石室積石墓－方壇石室積石墓に区分する場合もみられる（鄭永振 2003）。

日本では石槨積石塚（a、b、c）－羨道付石槨積石塚（a、b）－石室積石塚（a、b、c）に分類し、紀元前 3 世紀頃に出現した石槨積石塚が、3 世紀末～4 世紀初に中国の穹窿天井塼築墳と夫婦合葬の風習の影響によって、羨道付石槨積石塚や石室積石塚に変化したとみている（田村 1982）。これにつづいて、無基壇円（方）丘石槨積石塚－方壇付円丘石槨積石塚－方壇石槨積石塚－方壇階梯石槨積石塚－方壇階梯石槨連接積石塚－方壇階梯石室積石塚－方台形石室積石塚に細分する見解も出されている（東ほか 1995）。

韓国では、竪穴式積石墓－羨道付基壇積石塚－石室積石塚の３類に大別し、それぞれ無基壇－方壇－基壇、無羨道－有羨道、基壇石室－封石石室など７式に細分する見解（池炳穆 1987）、無基壇石槨積石塚－基壇石槨積石塚－階段石槨積石塚－石室積石塚に区分する見解（姜賢淑 2000b）、木槨－木室－石室に大別し、さらにそれぞれ６式、４式、５式に細分する見解（金龍星 2005）などが提示された。

高句麗積石塚の変遷に関する各見解は、外形によって区分する見解、内部構造によって区分する見解、外形は技術的な理由や被葬者の社会的身分によって変化し、内部構造は時代によって変化するという見解など、三種に区分できるが、前述したように埋葬主体部の構造に関する認識は研究者によって違いがみられる。

(2) 百済の積石塚

①分布と構造　百済の積石塚は、漢城時代の中心地域であるソウル市石村洞に分布している高句麗式積石塚が代表的である。臨津江、北漢江、南漢江流域など、中西部地域にも積石塚が散在しているが、その構造と被葬者については議論すべき課題が残されている。

臨津江流域では開城市獐鶴里をはじめとして、漣川郡三串里、三巨里、鶴谷里、横山里、牛井里などで確認されている。北漢江流域では春川市中島・新梅里、楊平郡文湖里、南楊州市琴南里などで確認されている。南漢江流域には、堤原郡陽坪里・桃花里・校里、平昌郡中里・鷹岩里、旌善郡徳川里などがある。錦江流域の公州市宋山里でも積石遺構が確認されているが、これについては後述する。

百済漢城時代の中心地に分布するソウル市石村洞３号墳（図 4-1）など典型的な高句麗式積石塚は、高句麗から南下した百済建国勢力の墳墓として認識されてきた。しかし、石村洞２号墳（図 4-2）や４号墳（図 4-3）のように外部は階段式積石塚に該当するが、内部は土が詰め込まれ、そのなかに木棺が安置されたものは典型的な高句麗式とは異なるため、百済式積石塚と称されている。百済式積石塚は、外部石築と内部盛土の先後関係によって２種に細分される（林永珍 1995）。一つは先石築後盛土で、石村洞１号墳北墳と石村洞２号墳があり、もう一つは先盛土後石築で、石村洞４号墳がある。

北漢江・南漢江流域で確認された積石塚は、外形的には高句麗の無基壇積石塚と共通するが、自然砂丘を利用して葺石をおこなった後に、頂上部葺石層に複数の埋葬主体部を設置する点において異なることから、百済積石塚の地方型、葺石式積石墓、葺石墓など様々な名称が付けられている。その被葬者については、辺境管理のための百済官吏とされたり（崔夢竜・権五栄 1985）、ソウル市石村洞葺石墳丘墓を模倣した土着勢力とされるが（沈載淵 2010）、筆者は空間的・構造的に百済や高句麗積石塚と区別し、『三国史記』に靺鞨として記された勢力の活動地域に該当するので、靺鞨式積石塚とよんでいる（図 4-5）。

漣川郡三串里をはじめとした臨津江流域の積石塚の築造主体については、百済とみる見解と靺

1

2

3

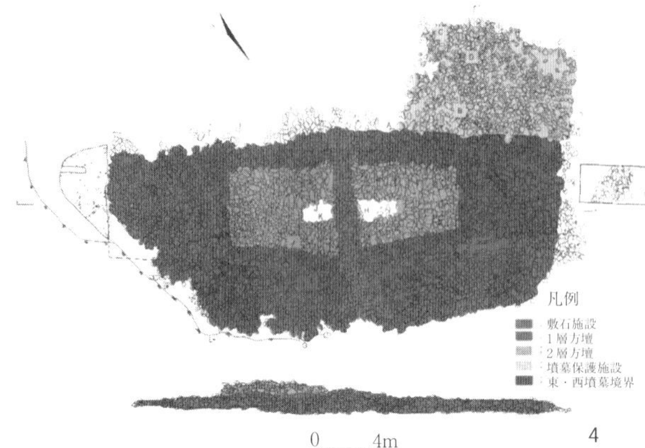

4

5

図4　百済の積石塚

1：ソウル市石村洞3号墳（高句麗式：李熙濬撮影）　2：石村洞2号墳（百済式、先石築後盛土：筆者撮影）
3：石村洞4号墳（百済式,先盛土後石築：筆者撮影）　4：漣川郡三串里積石塚（高句麗式：尹根一・金性泰 1994）
5：堤原郡陽坪里積石塚（靺鞨式：筆者撮影）

鞨とみる見解がある。三串里積石塚（図4-4）の構造をみると、低い丘陵の頂上部の基底面から積石がおこなわれ、東墳と西墳から構成された連接墓である。敷石施設がともなう点などが（尹根一・金性泰 1994）、高句麗式積石塚と共通するので、靺鞨が主体とみるのは難しいであろう。

②年代と変遷　中西部地域で確認された積石塚には構造的に違いがあり、歴史的性格も異なるため、高句麗式、百済式、靺鞨式に区分される。しかし、その数は多くはなく、出土遺物が少ないため、年代や変遷過程を詳細に提示しにくい。典型的な高句麗式積石塚であるソウル市石村洞1号墳南墳は、百済式積石塚である北墳とともに連接墓を形成しているが、北墳基壇と重複した

遺構によって、その時期を推定することができる。87-1号石槨墓と報告されたこの遺構は4世紀初に該当するので、先行する1号墳北墳や南墳は半世紀ほど先行する3世紀中・後半に築造されたとみられる（金元龍・任孝宰・林永珍 1989）。典型的な高句麗式積石塚である石村洞3号墳は、東晋代の青磁の年代からみて、4世紀後半の近肖古王の墳墓であるとされる（金元龍・李熙濬 1987）。

百済式積石塚のなかで最も早い時期に該当する石村洞1号墳北墳は、3世紀中・後半頃に推定され、石村洞2号墳は、西北区木棺で出土した直口壺と西南区で出土した無蓋高杯からみて、3世紀末と推定される。石村洞4号墳の年代は、三段目頂上部に横穴式石室の輪廓があるとして、5世紀代とする傾向があるが、横穴式石室の輪廓にみえるものは三段石築の内面に該当するだけであるので（林永珍 2007）、堆積土から収拾された瓦を通じて4世紀後半〜5世紀初頃とみる見解が合理的であろう（亀田 2006）。

靺鞨式積石塚は堤原郡陽坪里積石塚が2〜3世紀、桃花里積石塚が2〜3世紀であり、2世紀から3世紀にかけて築造されたものとみる見解が一般的である。

3 歴史・文化的意味

高句麗積石塚の起源問題は、高句麗の建国時期や建国主体と関連する重要な問題である。当初は中国漢代の墓制や渾江流域の支石墓に起源を求めようとしたが、1960年代に入ると、無基壇石槨積石塚が最も先行するという事実が明らかにされたことによって、崗上墓・楼上墓・双砣子積石墓など、中国東北地域の積石墓が注目されはじめた（図5、朝中共同考古学発掘隊 1965）。低丘陵や山の斜面に分布する点や地面より高い位置に存在する石槨などが共通するためである（鄭燦永 1967）。その後、集安市五道嶺溝門で調査された積石塚（図6、集安県文物保管所 1981）を紀元前5〜3世紀と推定し、句麗国と関連したものとみて、高句麗はこれを継承して紀元前277年に開国したとみる見解もある（リチャンオン 1991）。

積石を特徴とした中国東北地域の墳墓は、紅山文化の積石塚を継承したものであり（徐光輝編 2008）、秦漢交替期以後は現地で継続しないのに対し、高句麗ではさらに発展することについては、

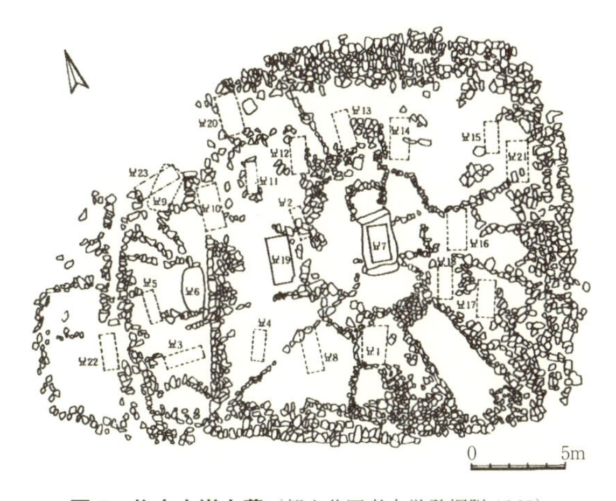

図5 旅大市崗上墓（朝中共同考古学発掘隊 1965）

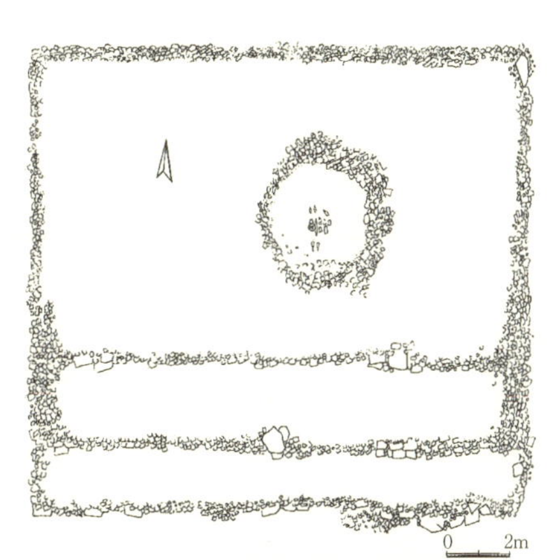

図6 集安市五道嶺溝門 青銅短剣墓
（集安県文物保管所 1981）

図7　松岩里1地区88号墳
（全浩天1991）

図8　公州市宋山里D地区
積石遺構（尹根一1988）

高句麗が北方的性格をもっていたからであると認識されている。高句麗の積石塚でよくみられる燔所と遺物毀棄も、やはり高句麗の北方的要素を反映するものであるとみるのが一般的である。

高句麗積石塚が横穴式に変化することは重要な画期としてとらえられるが、これは3世紀後半に該当し、夫婦合葬がおこなわれた中国の室墓の影響であると認識される。その後、大規模積石塚は列状配置と連接墳から抜け出して、主に単独墳として存在するようになるが、これは高句麗が執権体制を確立した結果であるともされる（姜賢淑2013）。

一方、朝鮮民主主義人民共和国では無基壇積石塚である連舞里2号墳の四隅に3×3m内外の規模の突出部があり、日本の四隅突出形墳丘墓の起源ではないかとされたり（李定男1989）、慈城郡松岩里1地区88号墳（図7）など方形施設が付加された積石塚のなかで「前方後円形」を呈するものを、日本の前方後円墳と関連するとみる見解もある（全浩天1991）。

ソウル市石村洞3号墳をはじめとした典型的な高句麗式積石塚は、高句麗系移住民と関連したものであり、彼らが百済建国の主導勢力を形成したことを示すものと理解されている。京畿道漣川郡やソウル市石村洞積石塚には敷石方壇が付加されているが、これと類似した例は集安市通溝、桓仁県高力墓子村、楚山郡雲坪里古墳群、慈城郡松巌里古墳群などでみられる（姜賢淑2000b）。また、漣川郡や石村洞で調査された連接墳は、桓仁県高力墓子村、集安市禹山下古墳群、慈江道雲坪里古墳群、松岩里古墳群でも確認されている（東1997）。これは松岩里古墳群のように、連接墳と敷石方壇が共存する鴨緑江以南地域の積石塚築造集団が南下した可能性を示すものと解釈できるであろう。

高句麗積石塚の築造者の南下時期は、漣川郡三串里積石塚の築造時期である2世紀後半以前と推定される。これらは高句麗の遷都、王権の交替や確立、領域拡大などのような大きな政治的変化と関連するものとみられる。高句麗の初期積石塚のうち、20m以上の大型級は集安一帯と鴨緑江以南地域でのみみられるが、これは当時、鴨緑江以南地域に集安一帯の高句麗の中心勢力に次ぐ競争勢力が存在したことを意味する。おそらく、二つの勢力間の葛藤のなかで、押し出された鴨緑江以南の勢力の一部が南下した可能性があるだろう。高句麗五部のうち、滝奴部を南部とみる見解をとるならば（李殿福1986）、滝奴部の勢力が南下した可能性が高いとみられる（林永珍2003）。

京畿道漣川郡を中心とした臨津江流域に居住した高句麗系移住民たちは、3世紀中葉頃にソウル市江南地域に南下し、漢江流域の主導権を掌握することになるが、その過程で葺石墳丘墓や囲石墳丘墓を用いる現地の先住民たちと大きな葛藤を引き起こしたという証拠はみられない。むしろ、新たに登場した百済式積石塚は、先住勢力者たちの主墓制であった葺石墳丘墓が、内部は固有の伝統にしたがい、外部が高句麗式に変容したものであるという点は、先住勢力者が百済の支配階層に編入されたことを示している。

一方、公州市宋山里積石遺構は、丘陵傾斜面に水平に造成された基壇に2〜3段の石築が付加されたものであるが、その内部は自然の丘陵になっている（図8）。百済熊津時代における最高支配勢力の古墳群の最も上側に位置し、その下側に石室墳が築造されている点から、ソウル地域の百済積石塚の伝統を継承する百済蓋鹵王の虚墓あるいは仮墓ともみられている（尹根一 1988）。しかし、出土した三足土器を通じて築造年代が6世紀第1四半期前後頃と推定されることから、475年に死亡した蓋鹵王と関連づけるのは難しく、構造的に中国南京鍾山遺跡と共通する戒壇や特殊な石塔に該当する可能性が高い。百済が公州市宋山里古墳群に武寧王陵や6号墳のような中国南朝の塼室墳を導入する過程で、一緒に導入されたものと推定される（林永珍 2013）。公州市宋山里積石遺構は、宋山里古墳群の主人公たちの極楽往生を祈願する陵寺の一部を構成するものであり、扶余郡陵山里古墳群の陵寺の起源になる可能性が高いだろう。『三国遺事』善徳女王条をみると、新羅に戒壇があったことがわかるが、時期的に仏教受容が新羅より早かった百済の熊津時代に戒壇が存在した可能性は極めて高い。

4　課題と展望

高句麗の積石塚は、古代東北アジアの伝統的な封土墳と区別される独特な墓制であった。積石塚は一般的に地面を掘削しにくい山岳地帯や凍土地帯で使用されたという点で、高句麗勢力の起源と関連するものとして注目されてきた。また、百済をはじめとした周辺地域への波及の背景についても関心がもたれてきた。

しかし、100年を越える調査・研究を通じて明らかにできなかった課題も少なくない。これは、積石塚が自然的な崩壊と人為的な毀損などによって原状が保たれていないものが多いためだけでなく、出土遺物が少ないことにもよる。また、同じ資料や現状に対する研究者の視覚の違いに起因する部分も少なくない。とくに、埋葬主体部に対する認識の違いがなかなか埋まらないことが大きな問題である。高句麗積石塚の変遷において、キーポイントとなる新しい要素の登場と波及の背景についてもやはり解決すべき課題が少なくない。朝鮮半島中部地域や日本列島の積石塚との関連性についても、明らかにされていない部分が少なくない。

高句麗の積石塚がもっている様々な問題を解決するためには、より広い視覚と多様な分野との共同研究が必要である。太王陵で確認された石堂は、それ以前に使用された木堂から発展したものである可能性だけではなく、中国大同市で調査された石堂（図9、王根田・劉俊喜 2001）と関連する可能性も検討する必要があるだろう。百済で調査された家屋形石室についても、中国や日本との関係をあわせて検討する必要がある。並列双室墓も高句麗で5世紀代に出現したのち、百済と日本でも現れるので、高句麗だけの特徴とみるのは難しい。

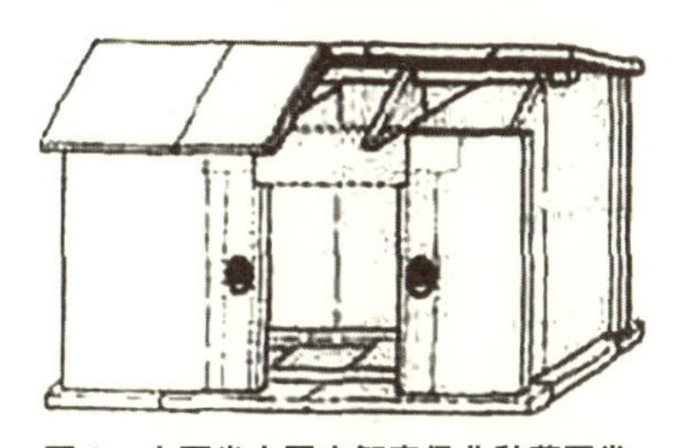

図9　山西省大同市智家堡北魏墓石堂
（王根田・劉俊喜 2001）

高句麗と百済の積石塚は、東北アジアの人的・物的交流のなかで多様な新要素を受容しつつ変化していったものと推定され、空間的・時間的・内容的に研究範囲をさらに広げていく努力が必要であろう。

引用・参考文献

東　潮ほか　1995『高句麗の歴史と遺跡』中央公論社
東　潮　1997『高句麗考古学研究』吉川弘文館
池内　宏　1938『通溝』上、日満文化協会
王根田・劉俊喜　2001「大同智家堡北魏墓石槨壁画」『文物』2001－7
王春燕・孫仁杰 2011「集安高句麗千秋墓墓室形制新論」『北方文物』2011－3
亀田修一　2006『日韓古代瓦の研究』吉川弘文館
姜賢淑　2000a「石槨積石塚を通じてみた高句麗五部」『歴史文化研究』12
姜賢淑　2000b『高句麗古墳研究』ソウル大学校博士学位論文
姜賢淑　2013『高句麗古墳研究』ジンインジン
魏存成　1987「高句麗積石墓の類型と変遷」『考古学報』1987－3
吉林省文物考古研究所　2009a『吉林集安高句麗墓葬報告書』科学出版社
吉林省文物考古研究所　2009b「集安禹山 540 号墓整理報告」『北方文物』2009－1
吉林省考古研究所・集安県博物館 1984「集安高句麗の新収穫」『文物』1984－1
吉林省文物考古研究所・集安市博物館　2004『集安高句麗王陵』文物出版社
金元龍・李熙濬　1987「ソウル石村洞３号墳の年代」『斗渓李丙燾博士九旬紀念韓国史学論叢』
金元龍・任孝宰・林永珍　1989『石村洞１・２号墳』ソウル大学校博物館
金龍星　2005「高句麗積石塚の墳制と墓制に対する新たな認識」『東北亜歴史論叢』3
崔夢竜・権五栄　1985「考古学的資料を通じてみた百済初期の領域考察」『千寛宇先生還歴紀念韓国史学論叢』
社会科学院考古学研究所　2009『高句麗の積石塚』朝鮮考古学全書 29
朱栄憲　1962「高句麗積石墓に関する研究」『文化遺産』1962－2
集安県文物保管所　1981「集安発見青銅短剣墓」『考古』1981－5
徐光輝 編　2008『東北アジア古代文化論叢』北九州中国書店
関野　貞　1914「満洲集安県及び平壌附近に於ける高句麗時代の遺跡」『考古学雑誌』5―3・4
全浩天　1991『前方後円墳の源流』未来社
孫仁杰　1993「高句麗串墓の考察と研究」『高句麗研究文集』延辺大学出版社
ソンスホ　2001『高句麗古墳研究』社会科学出版社
田村晃一　1982「高句麗積石塚の構造と分類について」『考古学雑誌』68―1
池炳穆　1987「高句麗成立過程考」『白山学報』34
朝中共同考古学発掘隊　1965『中国東北地方の遺跡発掘報告』社会科学院出版社
チョンジェヒョン　1994『東明王陵に対する研究』平壌
沈載淵　2010「漢城百済期漢江中・上流地域の積石塚に対する研究」『ソウル学研究』39
鄭永振　2003『高句麗渤海靺鞨墓葬比較研究』延辺大学出版社
鄭好燮　2008「高句麗積石塚段階の祭儀様相」『先史と古代』29
鄭燦永　1967「高句麗初期墓制の由来」『考古民俗』1967－4
鄭燦永　1961「高句麗積石塚について」『文化遺産』1961－5
方起東・林至徳　1983「集安洞溝二基の樹立石碑の高句麗古墓」『考古与文物』1983－2
尹根一　1988「公州宋山里古墳群発掘調査概報」『文化財』21

尹根一・金性泰　1994『漣川三串里百済積石塚』
李亨求　1982「高句麗の亨堂制度研究」『東方学誌』32
李定男　1989「慈江道 楚山郡蓮舞里 2 号墳発掘中間報告」『朝鮮考古研究』1989 - 4
リチャンオン　1991「最近に調査発掘された鴨緑江流域の積石塚で注目されるいくつかの問題」『朝鮮考古研究』1991 - 3
李殿福　1980「集安高句麗墓研究」『考古学報』1980 - 2
李殿福　1986「両漢時代の高句麗及其物質文化」『遼海文物学刊』1986 - 1
林永珍　1995『百済漢城時代古墳研究』ソウル大学校博士学位論文
林永珍　1988「高句麗・百済」『韓国考古学報』21（韓国考古学の回顧と展望）
林永珍　2003「積石塚からみた百済建国集団の南下過程」『先史と古代』19
林永珍　2007「百済式積石塚の発生背景と意味」『韓国上古史学報』57
林永珍　2013「公州松山里 D 地区積石遺構の性格」『百済文化』48
林永珍　2016「ソウル石村洞古墳群の構成と変遷」『近肖古王と石村洞古墳群』漢城百済博物館

（翻訳：高久健二）

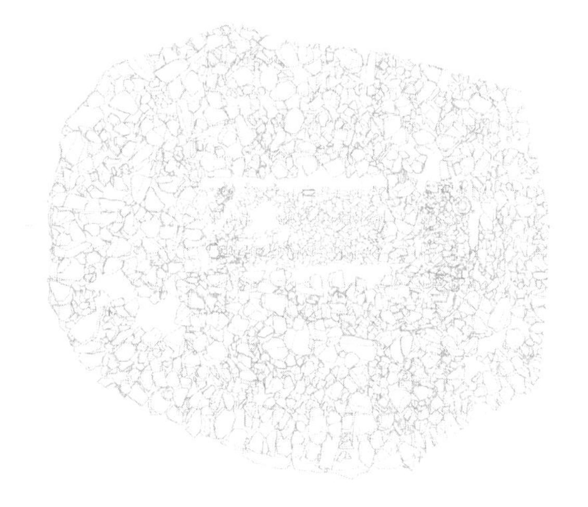

2　伽耶・新羅

沈炫曒

1　はじめに

三国時代の伽耶・新羅の中心古墳は埋葬主体部を木槨や石槨で造り、半球状の円形墳丘を構築したものが大部分である。伽耶の中心的な故地であった釜山、金海、咸安、固城、山清、陜川、高霊、昌寧、星州などには、このような大型の封土墳が群を形成して築造されている。一方、新羅の中心地では積石木槨墓という独特な構造の墓制が築造されており、木槨周囲に多量の積石をおこなう点が特徴である。この墓制の起源と発生については、高句麗積石塚からの影響説がたえず主張されている。このように、三国時代の伽耶・新羅圏域の墓制は、石槨封土墳と積石木槨墳が中心であり、明確な形態の積石塚はあまり確認されていない。

これまで確認されている積石塚の事例としては、慶北地域の大邱市鳩岩洞古墳と漆谷郡多富洞古墳が知られおり、慶南地域では蔚州郡銀峴里、山清郡伝・仇衡王陵などが積石塚ではないかと

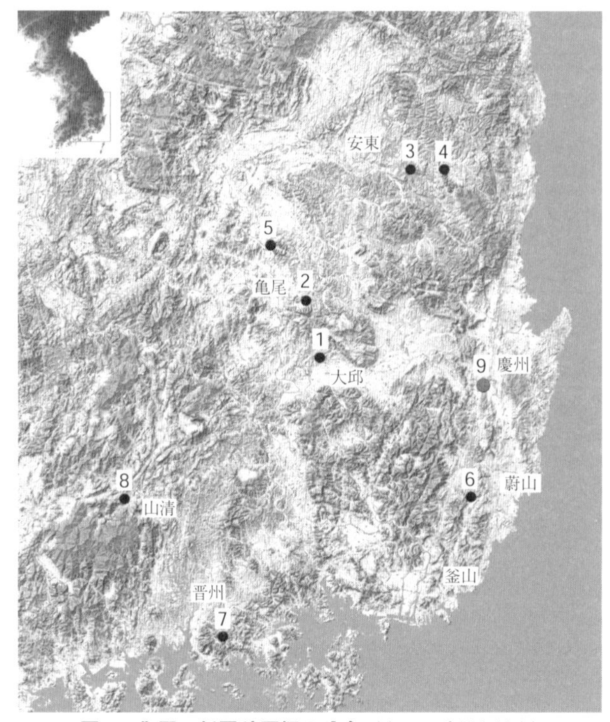

図1　伽耶・新羅積石塚の分布（表1の番号と対応）

表1　伽耶・新羅圏域の積石塚

No.	遺構名	遺構の性格（報告者）
1	大邱市鳩岩洞 1・56号	積石塚 （石槨積石墳）
2	漆谷郡多富洞 1・2・8・9号	積石塚 （石槨積石墳）
3	安東市寿谷1洞 1～5号、2洞1号	積石塚 （積石石槨墓）
4	青松郡栗里1・3号	積石塚 （積石石槨墓）
5	亀尾市新林里 A地区1号	積石塚 （積石木槨墓）
6	蔚州郡銀峴里 積石塚	墓？祭祀施設？
7	泗川市正東面 積石施設	墓？その他施設？
8	山清郡 伝・仇衡王陵	墓？仏塔？
9	慶州 積石木槨墓	積石木槨墓

推定されているだけである（図1、表1)。大邱北部地域では、多富洞古墳群と鳩岩洞古墳群のほかに亀尾市新林里、安東市寿谷洞、青松郡栗里などでも類似した形態の積石塚が確認されている。しかし、この地域一帯で確認されている積石塚については、現在の学界では積石塚とはよばれていない。これは、いまだこの地域に対する発掘調査の事例が少ないため、古墳の構造と性格が正しく把握されておらず、高句麗積石塚との関連性についても積極的に言及するのが困難な部分が多いからである。

したがって、ここではこれまで伽耶・新羅圏域で知られている積石塚の諸事例を詳細に紹介して、各遺構の性格と意味について検討してみる。

2 慶北地域

(1)大邱市鳩岩洞古墳群(56号墳・1号墳)

鳩岩洞古墳群は、大邱広域市北区鳩岩洞山77番地一帯に位置しており、1975年に嶺南大学校博物館によって調査された鳩岩洞56号墳がよく知られている（図2)。ただし、56号墳の調査以後は発掘や調査がおこなわれておらず、古墳群の全体像がよくわからなかったが、最近実施された精密地表調査（嶺南文化財研究院2015）を通じて、古墳群の規模と性格が新たに確認された。古墳群は大邱の北側、漆谷東面の主峯である咸芝山（海抜290m）の西南側丘陵斜面部に位置し、北西方向は八莒川流域に広がる沖積平野と接しており、南西方向は八莒川に沿って琴湖江までつづいている。古墳群が分布する稜線はかなり急であり、起伏が大きく、丘陵の稜線上には大型墳が、傾斜面一帯には主に小型墳が分布している。古墳は5つの稜線において総数346基の墳丘が確認された。直径15～20m以上の中大型墳が約40基あり、直径10m以下の小型墳が約200基である。そして、直径30m級の大型墳は5基が確認された。大邱地域内に現存する三国時代古墳群のなかでは最大規模である（2番目は不老洞古墳群の214基)。鳩岩洞古墳群の構造は、56号墳の調査を通じて明らかにされたように、積石塚（報告書では石槨積石墳）である（図3)。埋葬部主体は蓋石を備え

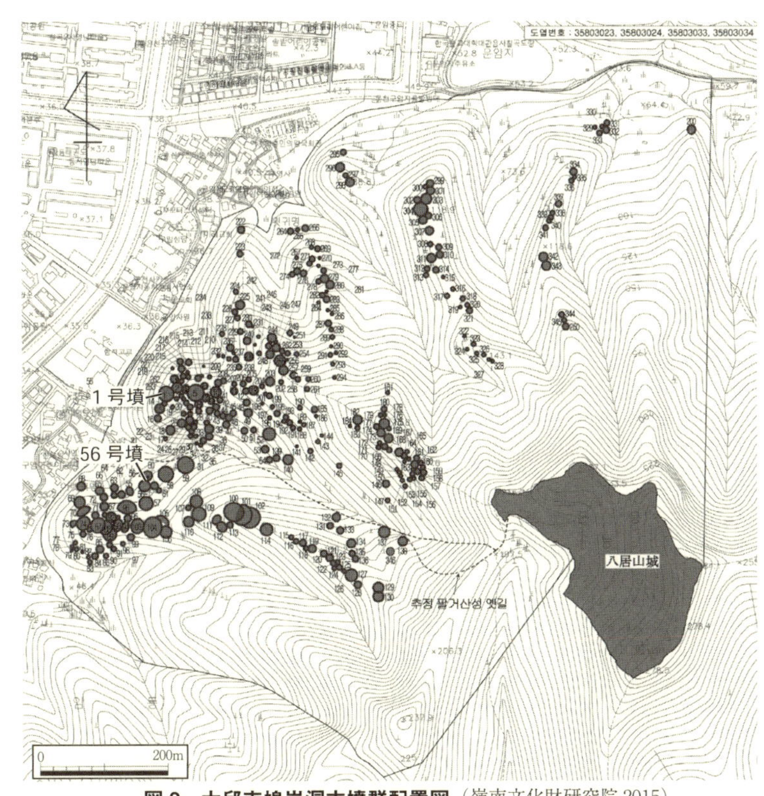

図2 大邱市鳩岩洞古墳群配置図（嶺南文化財研究院2015）

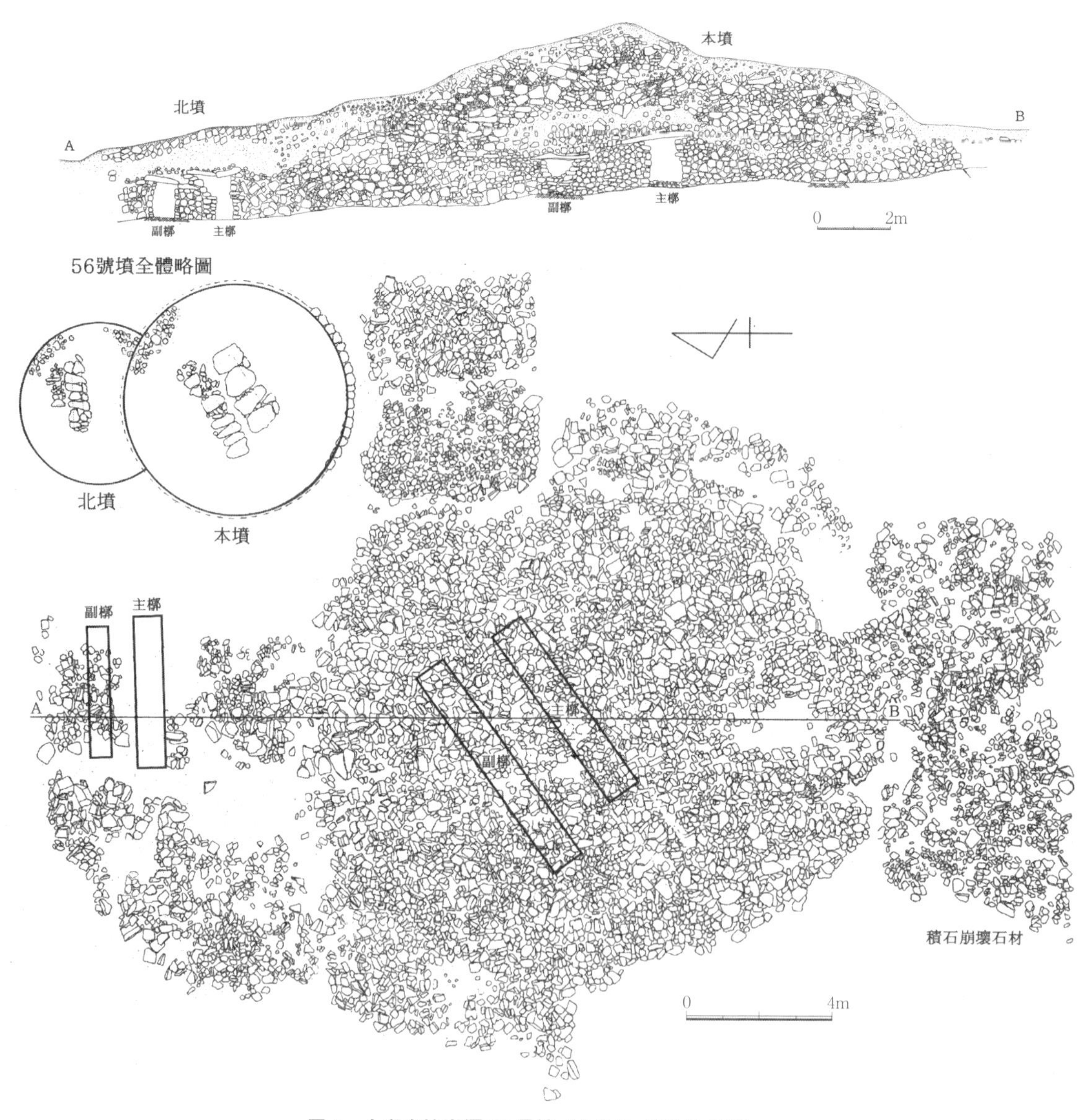

図３　大邱市鳩岩洞 56 号墳（金宅圭・李殷昌 1978）

た細長方形の竪穴式石槨を構築し、その上に積石をおこない、半球状に墳丘を積み上げている。墳丘の平面形態は基本的に円形墳であり、外形は大邱地域だけでなく、他の伽耶地域の古墳と同一である。ただし、墳丘を土で構築せずに、積石をおこなう点が鳩岩洞古墳群にのみみられる特徴である。56 号墳の埋葬主体部は細長方形の主・副槨を並列に配置した構造であり、調査の結果、南墳（報告書の本墳）の北端に接して新たに北墳を構築した連接墳（いわゆる瓢形墳）である。南墳は直径約 20m、残存高約 4m であり、北墳は残存直径約 5m、高さ 2.6m である。墳丘の外縁にそって基礎石が確認されているが、新羅の積石木槨墓の護石のような石築ではなく、墳丘積石外縁部の境界を表示する意味をもっていたと考えられる。基礎石は一段でめぐらされており、自然石を利用して平面正円形に構築している。墳丘の積石は断面形が半球状を呈しているが、積

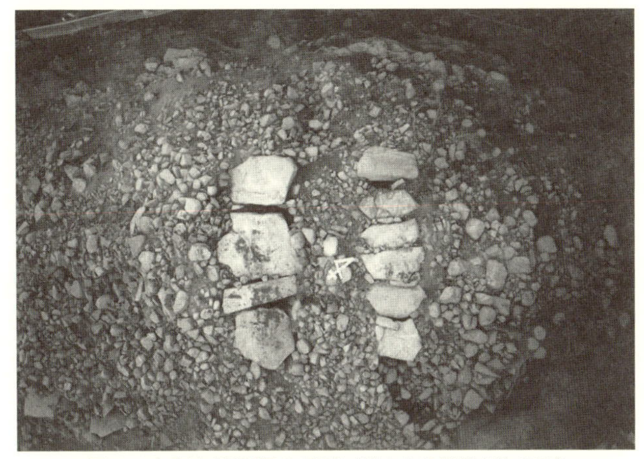

図４　大邱市鳩岩洞１号墳（嶺南文化財研究院 2015）

石の表面は葺石のように築造されており、さらにその上を薄い覆土（厚さ10～20㎝）で仕上げている。墳丘の積石は大小の割石（自然石）を利用して積んでおり、石の間には小礫と土を一部に含ませて墳丘を堅固にしている。鳩岩洞古墳群の他の古墳も地表の露出状態からみて、ほぼこれと同じ構造であったと考えられる。特徴的なことは、積石内部に墳丘の中心方向に向かって意図的に石築列を造っているが、この石築は積石部の流動を防いで、墓槨が崩壊しないように支える役割を果たしていたものと考えられる。

埋葬主体部をみると、南墳が細長方形の主槨（縦560㎝×横93㎝×深さ145㎝）と副槨（縦640㎝×横75㎝×深さ115㎝）を並列に配置しており、北墳も南墳と同様に主槨（縦460㎝×横53㎝×深さ120㎝）と副槨（縦350㎝×横50㎝×深さ100㎝）を並列に配置している。石槨の築造方法は割石（自然石）を利用して、上にあがるにつれ内側に傾斜させて構築しており、板状蓋石で覆って仕上げている。

出土遺物は盗掘によって、南墳と北墳いずれも全体像はわからないが、被葬者の身分と階層を推定できる遺物が一部で確認されている。南墳では金銅銙帯片、鉄製大刀、有刺利器、銀製透彫金具、鉄製轡、鉄製銀装杏葉、鉄矛、台付注口壺、鉢形器台、高杯、甑、貝殻などが出土した。北墳では主槨から金銅冠片、鉄製銀装杏葉、鉄製銀装雲母、銀製透彫金具、鉄矛、有蓋高杯、短頸壺などが確認された。このように出土遺物は、周辺に位置する星州郡星山洞古墳群や大邱市飛山洞・内唐洞古墳群で出土した装身具および出土遺物のセット関係と大きな違いはなく、出土遺物からみた古墳の年代は、おおよそ５世紀後半と推定される。

一方、鳩岩洞古墳群のような墓制の起源について、報告者は春川市泉田里積石塚と大邱市大鳳洞支石墓の下部施設（石棺・石槨）に源流を求めており、墳丘積石の様相は高句麗積石塚および百済積石塚とも関連付けて考えている。すなわち、朝鮮半島固有の原始的墓制が発展して、その系譜上にある古墳がまさに鳩岩洞古墳群であるというのである。しかし、現在としては、56号墳の他には調査された資料がなく、古墳の正確な構造と出土遺物の様相が明らかでないので、古墳群の性格を明確に規定することは困難である。鳩岩洞古墳群の築造がおおよそ５世紀中・後半からはじまったとすると、嶺南各地（新羅・伽耶）における大型高塚古墳の築造時期と一致し、出土遺物の様相、円形墳丘、連接築造方式などをみると、高句麗および百済積石塚との関連性に言及することは容易ではない。一方、鳩岩洞古墳群で確認された様々な特徴からみて、この地域の古墳文化が東日本の積石塚とつながる可能性もすべて排除することはできないと考えられる[1]。

最近、嶺南文化財研究院では鳩岩洞１号墳の発掘調査を実施し、その内容の一部が公開された（図４、嶺南文化財研究院 2015）。公開された資料によれば、１号墳は直径約10～14mの円形古墳と楕円形古墳の２基が南北に連接されたものであり、総数５基の埋葬主体部が確認された。南墳には石槨3基、北墳には石槨2基が構築されており、すべて細長方形で蓋石が設置されている。積石および墓槨は56号墳とほぼ同じ構造であり、出土遺物は高杯などの土器類と、銀製冠飾や銀製帯金具などの装身具類が確認された。出土遺物からみて、築造年代は56号墳と同じ5世紀後半と判断される。

(2)漆谷郡多富洞古墳群(1号墳・2号墳・8号墳・9号墳)

多富洞古墳群は漆谷郡架山面多富里山63番地一帯に位置し、八公山から西側に伸びる山塊によって形成された山地に分布している（図5）。古墳群が位置する所は、西側には洛東江、南側には大邱、北側には善山郡海平面方向に峡谷が形成されており、交通の要衝である。この古墳群は1990年に昌原大学校博物館によって発掘調査され、調査された古墳は合計22基と報告されているが、1基の墳墓に数基の石槨がつづけて築造されているものが多く、埋葬主体部を基準とすれば合計28基の石槨が確認された。墓槨はすべて石槨であるが、規模が多様であり、長さ1mのものから3m以上のものもある。調査された22基の古墳は墳丘を基準としてみれば、積石墳（4基）と封土墳（5基）、そして墳丘がほとんどない竪穴式石槨墓（13基）で構成されている。墳丘の築造方法は、単純な盛土と積石を合わせておこなうものや、葺石の形態に造るものが確認されている。埋葬主体部上部の盛土や積石の量は多くはなく、墳丘全体の高さが築造当時から高くはなかったものと考えられる。墳丘が残っている積石塚（報告書では石槨積石墳）は近隣に位置する鳩岩洞古墳群とほぼ同じ構造である[2)]。大部分の古墳は平面円形の単葬墳か、2基が連結した両葬墳が多い。古墳の連接築造が多く確認されており、墓槨の配置形態は細長方形石槨に合わせて並列に配置されたものが多いが、直列に設置されたものもある。護石や積石の範囲を基準とすれば、墓域が残っている古墳の墳丘規模はおおよそ直径6m内外である。

多富洞古墳群の埋葬主体部はすべて竪穴式石槨墓であり、主に板石を利用して築造されてい

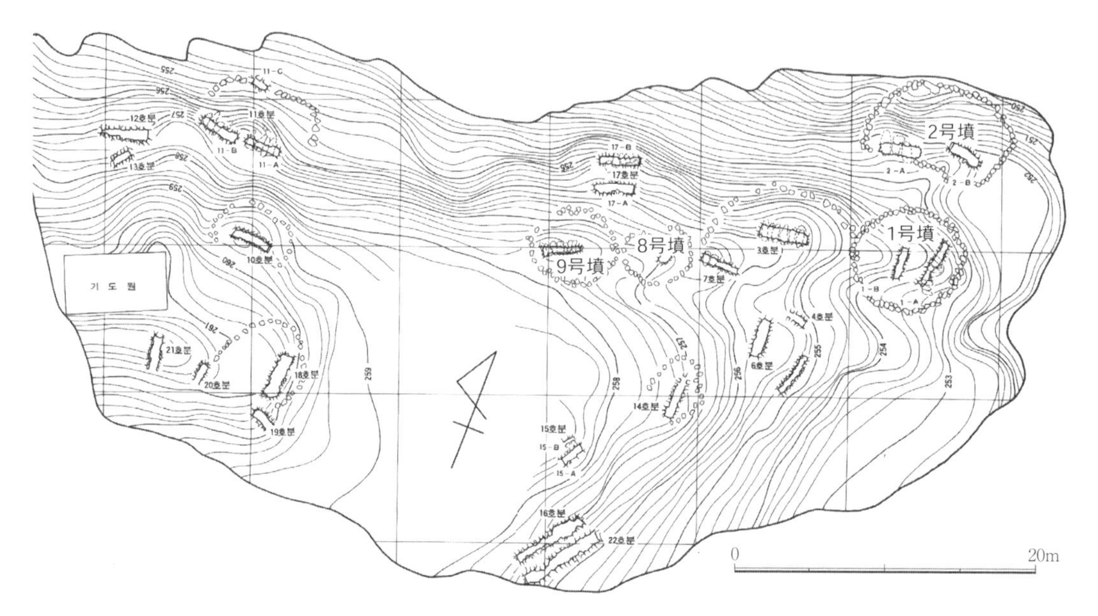

図5　漆谷郡多富洞古墳群配置図（朴東百・李盛周・金亨坤1991）

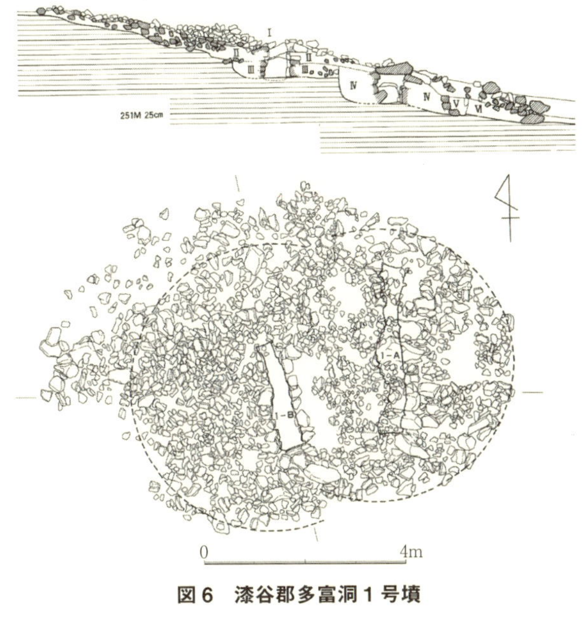

図6 漆谷郡多富洞1号墳

図7 漆谷郡多富洞2号墳

る。石槨はおおむね鳩岩洞56号墳のように細長く、石槨内部から鎹が全く発見されておらず、大部分の遺物が石槨の壁面に接して出土していることからみて、石槨内には木槨がなかったものとみられる。

積石の様相が比較的明らかな1号墳は、傾斜面上側の1-B号がまず築造され、その後に1-B号の西側基底部に接して1-A号が造られた瓢形墳（図6）である。円形墳2基が連接し、墳丘は全体として楕円形を呈している。鳩岩洞56号墳とは異なり、石槨上部の積石の量は多くはなく、築造当時から石槨上部に積石をおこなわなかったか、極めて薄く積んだものと推定される。墳丘の規模は1-A号墳が直径570cm、1-B号墳が直径590cmの小型墳である。石槨の規模も1-A号が縦325cm×横50cm×深さ70cmで、1-B号が縦210cm×横50cm×深さ75cmと小型であり、細長方形に属する。出土遺物は少なく、土器は約10点が出土し、鉄器は鉄鎌、鉄刀子、鉄鏃、鉄斧のみが確認された。馬具類は全く出土しなかった。出土遺物からみた多富洞古墳群の築造時期は、おおよそ5世紀後半から6世紀中葉に該当する。とくに、積石塚のうち、最も年代がさかのぼる9号墳が5世紀末に該当するので、多富洞古墳群における積石塚の出現時期を5世紀末以前にさかのぼらせることは難しい。多富洞古墳群は古墳の構造や様式において、鳩岩洞古墳群と多くの部分が類似するが、古墳群全体の規模、各古墳の規模や出土遺物などからみると、鳩岩洞古墳群より階層的に低い下位集団の墓域であると判断される。そして、古墳群内で確認された積石塚の様相をみると、高句麗や百済の積石塚とは時期的・構造的な関連性を見出しにくく、むしろ古墳の構造においては、地域的特性と変化の様相が認められる。そして、何よりも積石塚の他に単純封土墳と積石がない小型石槨墓が混在することがこの古墳群の特徴である。

(3) 安東市水谷2洞1号墳・水谷1洞1～5号墳／青松郡栗里1・3号墳

慶北大学校博物館と考古人類学科では、1987～1989年まで安東臨河ダム水没地域の発掘調査

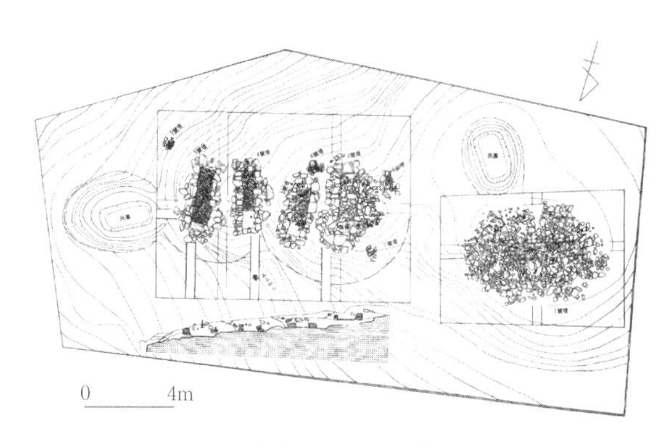

図８　安東市水谷２洞古墳群配置図

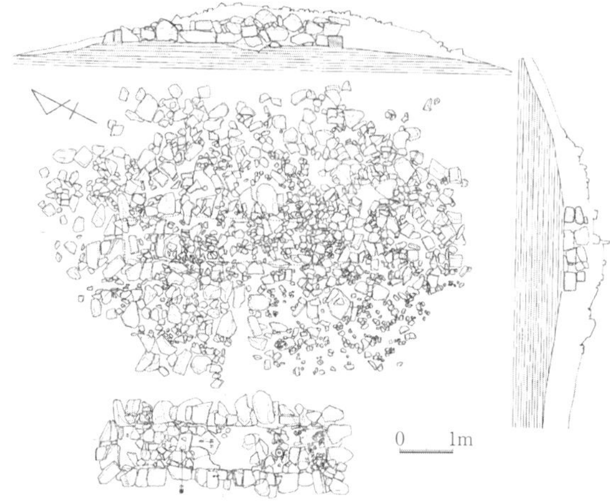

図９　安東市水谷２洞１号墳

を実施したが、この一帯で合計８基の積石塚が確認された。遺跡は安東市臨東面水谷１洞、水谷２洞（図８）と青松郡真宝面合江洞栗里（図10）一帯に所在し、洛東江上流の支流である臨東川両岸の低い斜面部に位置している。このとき調査された８基の積石塚は墳丘の外形がいずれも円形または楕円形であり、埋葬主体部はすべて半地上式または地上式の竪穴式石槨墓であった。このうち、水谷２洞１号墳（図９）は比較的小型墳であり、石槨規模が縦390cm×横85cm×深さ45cmで、細長方形を呈する。蓋石は確認されておらず、木蓋を使用した可能性があり、石槨周辺には葺石のように大小の割石を積んでいる。石槨上部の盛土や積石の量は多くはなく、墳丘全体の高さが築造当時から高くなかったものと考えられる。積石の範囲からみて、墳丘の平面形態は楕円形であり、最大直径は約6mである。出土遺物は高杯、短頸壺、長頸壺などの土器類だけであるが、副葬遺物からみて、水谷２洞１号墳の築造年代は５世紀中葉と考えられる。水谷２洞２～９号墳は積石をほとんどおこなわない構造であるが、１号墳と同一集団墓群を構成していることが特徴である。

このように安東市水谷洞と青松郡合江洞栗里で確認された積石塚は、全体的に鳩岩洞古墳群や多富洞古墳群と類似した様相を示している。しかし、墳墓の規模と出土遺物からみて、鳩岩洞

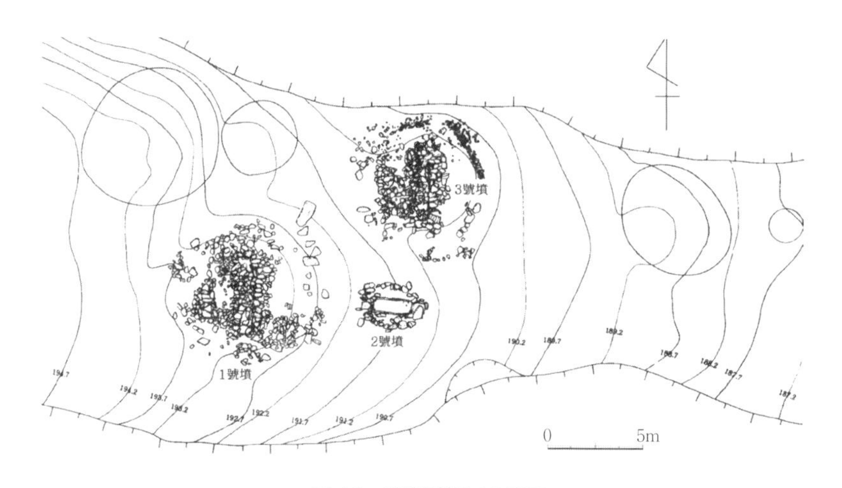

図10　青松郡栗里古墳群

古墳群よりは階層的に低い。一方、水谷2洞1号墳は遺物からみて、築造時期が5世紀中葉と推定されるので、慶北地域で確認された積石塚の築造年代が少なくとも5世紀中葉までさかのぼり、今後、これよりさらに時期がさかのぼる遺構が発見される可能性もある。これは慶北地域における積石塚の出現と系譜問題において、重要な糸口になりうるであろう。また、水谷1洞2号墳（石槨：縦340㎝×横95㎝×深さ83㎝）の年代は7世紀代と推定されており、現段階としては、このような積石塚が5世紀中葉から7世紀中葉までの長期間にわたり持続的に築造されたことがわかる。

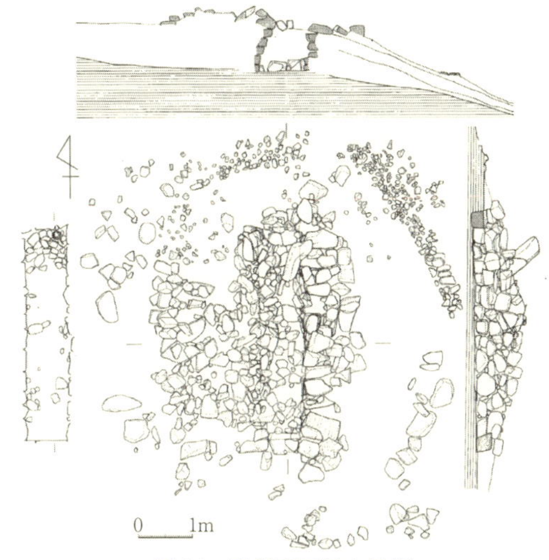

図11 青松郡栗里3号墳

(4)亀尾市桃開面新林里A地区1号

亀尾市桃開面新林里遺跡は、南流する洛東江の東岸に接しており、海抜692mの冷山から西南側に伸びた稜線の末端部に位置する。このうち、A地区1号墳（図12）は報告書で積石木槨墓と報告されているが、古墳の構造と築造方法において新羅の積石木槨墓とは顕著な違いがみられる。

墳丘は50～120㎝ほどの割石で平面楕円形に造っているが、墳丘の基底部には石築のように2～3段に護石を積んでいる。護石は現存しているのは2段ほどであるが、上段が流失したとすれば、最大4～5段くらいはあったものと推定される。埋葬主体部は主・副槨式のT字形木槨を設置しているが、等高線と併行に築造している。木槨と護石の間には大小の割石を充填しており、北側と南側では一部に放射状の区画が確認されたと報告されている。

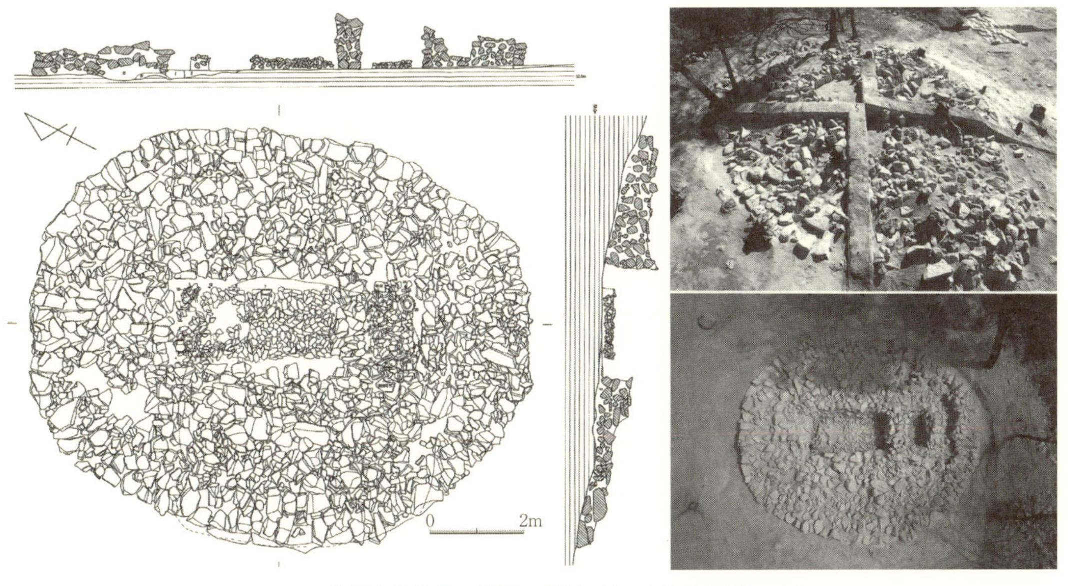

図12 亀尾市新林里A地区1号墳（慶北文化財研究院2006）

全体的な墳丘築造方式は、まず護石をめぐらした後に、大きな割石を利用して最下段石を構築する。その次に、本格的に大小の割石を充填するが、粘質土を一緒につき固めながら築造している。すなわち、粘質土と割石充填を繰り返す築造法である。積石墳丘の大きさは長径10.6m、短径8.9m、残存する深さ40cmである。木槨は幅10㎝以上の板材を用いて構築されており、底面には河原石を敷いている。木槨の大きさは主槨が長さ370㎝、幅248㎝、残存する深さ120㎝であり、副槨が長さ147㎝、幅220㎝、残存する深さ120㎝である。出土遺物は主槨と副槨から土器類、馬具類、鉄矛、鉄鏃などが出土しているが、遺物からみて、古墳の築造年代は5世紀後半代と推定される。出土遺物の内容と墓槨構造は在地系あるいは新羅の影響とみられるが、それ以外の古墳構造や築造方式は明らかに異質的である。

3　慶南地域

(1)蔚山市蔚州郡銀峴里古墳

銀峴里積石塚として知られている銀峴里古墳（図13）は、現在、蔚山広域市記念物第8号に指定されており、蔚山広域市蔚州郡熊村面銀峴里207-5番地に位置している。古墳は鼎足山（海抜749m）の東側斜面裾部に位置し、緩慢な傾斜面上に築造されている。現在残っている積石の規模は、前方側面の長さ約20m、高さ約6mである。積石に使用された石材の大部分は自然石で、大きさは25～65㎝と多様であるが、おおむね50㎝以上の大きな石材が多く使用されている。石材は、主に古墳周辺の谷部や地表で簡単に入手できる風化した花崗岩または泥岩である。積石塚の残存状態からみて、最下段の基壇部の形態は高句麗初期の無基壇式積石塚と類似しており、下段部の形態は方形である。この他にも陥没した積石の状態、残存高などを考慮すると、本来は上部に上がるにつれ幅が狭くなる階段式積石塚であったとも推定されている。現在、頂上部から見下ろすと、一部に階段構造がみられ、西側と北側中央には龕室のように小さい石を積んだ痕跡が残っている。ただし、これらが築造当時の形態であるのか、後代の変形であるかについてはわからない。いずれにせよ、古墳の全体的な構造は、最下段に方形基壇を構築し、その上に半球形に積石をおこなった形態であると推定される。そして、この古墳の周辺では、小さい石を積んで造った小積石が各所で確認されており、大きな長大石（自然石）も一部確認されているが、詳細な調査がおこなわれていないため、この古墳との関連性および正確な構造はわからない。

図13　蔚州郡銀峴里積石塚

一方、このような形態的な類似性のために、この古墳をA.D.400年の高句麗南征以後に、この近くに高句麗軍が常駐したことを示すものであると解釈される場合もある。そして、中原高句麗碑の于伐城を新羅景徳王代の蔚州に属した于火県とみる場合には、高句麗が蔚山に軍隊を送ったことを具体的に示す事例であるとされる。すなわち、高句麗軍が占領し、相手国の軍事拠点地域に軍隊を駐屯させたという多くの文献記録の内容と、このような積石塚の築造が符合するのではないかという見解である。実際に、この一帯は于尸山国に比定されており、当初は半独立的な立場を維持していたが、後に新羅に服属した地域であり、慶州から釜山・金海に出る交通路に該当する。新羅に派遣された高句麗軍が蔚山を経て金官伽耶に攻め込む道筋として利用されたのではないかと推定する見解もある（千寛宇 1976、崔炳云 1982）[3]。

結局、この古墳は詳細な発掘調査がおこなわれておらず、正確な構造はわからない。また、地表でも遺物が全く確認されておらず、築造年代も正確にはわからない。したがって、三国時代の古墳ではなく、別の施設である可能性も排除することはできない。

(2)泗川市正東面一帯方形積石

慶尚南道泗川市正東面獐山里、洙清里、大谷里一帯には、方形積石が約 10 基ほど存在したことが知られている。この事実は、2015 年に国立晋州博物館で開催された特別展「泗川」の展示図録に収録されている日帝強占期の 3 枚のガラス乾板写真を通じて確認できる（図 14・15）。この写真は、1917 年度に撮影されたものであり、日帝強占期の古跡調査事業内容（イスンジャ 2007）によると、鳥居龍蔵が 1917 年 10 月頃に慶尚道一帯の古跡を調査する過程で確認されたものとみられる。調査当時は、方形積石あるいは石塚という表現を使用していることからみて、遺構の性格は明確ではないが、墳墓である可能性があるとみていたようである。合計 3 枚の写真は全景写真が 1 枚と個別遺構の正面写真が 2 枚である。この一帯の地形は、西側に海抜 362m の尼丘山があり、その東側に泗川江が流れており、方形積石は河川沿いの広い台地にやや散発的に分布している。写真からみて、方形積石の規模は長さ約 10～20m、高さ約 1.5～3m と推定され、積石下部の一部は石築のように積んだようにもみえるが、大部分は無秩序に緩慢に積石をおこなった形態である。地域住民の情報提供によると、1970 年代までは何基かの方形積石が残っていたと伝えられるが、現在はこの一帯の耕地が整理され、全く残っていない。この方形積石の構造と性格については、現在としては何枚かの写真以外に全く確認する手段がない状態である。一般的に小石が多い土地を開墾して田畑として活用する場合には、そこから出た石を周辺に搬出して積んでおくということは現代でもみられる。しかし、正東面の方形積石の場合には、その数量が 10 基以上と多く、形態が方形で定型性をもっているという点からみて、三国時代の古墳である可能性も排除することはできない。

図 14　泗川正東面方形積石全景
（国立晋州博物館 2015：1917 年度撮影）

図 15　泗川正東面方形積石
（国立晋州博物館 2015：1917 年度撮影）

図16　山清郡伝・仇衡王陵

図17　義城郡方壇形積石仏塔

(3)山清郡伝・仇衡王陵

慶尚南道山清郡今西面花渓里山16番地に位置する伝・仇衡王陵(図16)は、伽耶の第10代仇衡王の墳墓であると伝えられており、現在、史跡第214号に指定されている。仇衡王は仇亥または讓王として知られており、新羅の金庾信の祖父に当たる。この墳墓を仇衡王陵であるとする記録は、朝鮮時代の文人である洪儀泳（1750～1815年）の『王山尋陵記』で確認でき、『東国輿地勝覧』にもこの墓が王陵として知られているという記録が残っている。朝鮮王朝の正祖17年（1793年）には殿閣を立てて、祭祀をおこなっており、現在でも続いている。

墳墓はやや急な丘陵の斜面部に位置している。最大高は7.15mほどであり、加工されていない30～40㎝の自然石を利用して階段式に築造されている。前面からみると、合計7段であるが、後面は傾斜面にそのまま接して造られている。それぞれの段の石列は直線的ではなく、やや曲線を呈しており、隅の部分もはっきりとしない。最上段は積石の形態が墳丘のように平面楕円形で、半球形を呈している。前面からみると、第4段の中央には長さ68㎝、幅40㎝、高さ40㎝の龕室が設置されているが、正確な用途はわからない。また、墳墓の築造に使用されたものと同じ石材を利用して、墳墓の周辺に高さ1m内外の石壁を積んでいる点が特徴である。『駕洛国讓王陵』と刻まれた石碑と文人石、武人石、石獣などの石像が墳墓の前に配置されているが、すべて近年に設置されたものであり、墓の築造時期とは関係がない。

この墳墓は、現在まで発掘や精密調査などがおこなわれたことがない。ただし、全体的な構造をみると、以前から三国時代の王陵であると伝えられてきたこととは異なり、墳墓ではない可能性が大きい。一般的な墳墓の構造とは明らかに異なっており、前面に龕室が設置されている点や石段の築造形態に定型性がないという点が特徴である。何よりも、王陵であると伝えられはじめたのも朝鮮時代以後からである。おそらく、この積石構造物は地域住民たちが使用する民間信仰の祭壇か、山岳仏教と関連した施設物の可能性が高いと考えられる。これと類似した構造をもつ方形積石は、義城と安東地域でも確認されており、方形の階段式積石をもち、龕室を備えている。とくに、義城で確認された方壇形積石塔(図17)は四方に設置された龕室内部に小さい石仏が設置されており、仏塔であることがわかる。

4　新羅積石木槨墓

このように嶺南地域で確認された積石塚は、大部分が大邱北部の慶北地域に集中している。一方、新羅の中心地である慶州では同時期に積石木槨墓という固有の伝統的な墓制が使用されている。積石木槨墓はおおよそ5世紀から6世紀前半まで築造され、墓制の発生と起源、変遷過程、構造と築造方法などが主な議論の対象となっている。積石木槨墓の構造や起源などについても高句麗積石塚の影響であるという説がたえず提起されおり、ここではこれと関連して具体的に検討してみる。

(1) 発生と起源

これまでの調査の結果、慶州を中心に5〜6世紀代に活発に築造された積石木槨墓は、内部に木槨を設置して木槨の上部と四周に河原石を用いて多量の積石をおこない、さらにその上に墳丘を高く盛りあげた構造である。このように木槨部・積石部・墳丘部の3要素を備えたものが積石木槨墓の基本構造であるといえる（沈炫畯2013）。このうち、積石木槨墓の構造を特徴づける最も重要な要素がすなわち積石部であるが、皇南大塚のような超大型積石木槨墓の場合には、墳丘が除去された後の形態は高句麗の純粋積石塚と同一であるので、積石木槨墓の起源について高句麗積石塚と関連付けられてきた（姜仁求1991）。木槨の周辺と上部に積石をおこなう方式は、在地の伝統的な古墳築造法ではないので、高句麗の積石塚から直接・間接的な影響を受けたものであると考えられてきたのである。研究者ごとに若干の見解の違いはあるが、このような積石木槨墓の起源に関する高句麗積石塚影響説は現在でも主流となっている。一方、これとは反対に、伝統的な木槨墓文化から漸進的に発展して、皇南大塚のような完成された形態をもつ構造に至ったとする自体発展説が90年代後半から2000年代に提示された（李盛周1996、李熙濬2002）。自体発展説では積石木槨墓が発生当初より外部からの影響ではなく漸進的で段階的な発展過程が強調されており、いわゆる四方式積石木槨墓からはじまったとする点が論点の核心である。

このように、積石木槨墓の発生と起源に関する理論は、大きく外部影響説と自生説に分けられ、細部ではさらに多様な意見に分かれるが、両者いずれの場合も積石木槨墓における積石の技法に高句麗積石塚の影響があったであろうという点は否定していない。

(2) 構　造

積石木槨墓は埋葬主体部に木槨を用い、木槨の周辺（四周・上部）に積石をおこなうことが基本構造である。しかし、このような積石木槨墓の構造は、中心地である慶州地域と慶州から離れた周辺地域とでは大きく異なっており、中心地内でも古墳の規模によって構造に大きな違いがある。

まず、慶州から離れた地域で確認される積石木槨墓は、木槨の上部に積石がないものが大部分である。このような構造の積石木槨墓はいわゆる四方式積石木槨墓や類似積石木槨墓とよばれる。すなわち、地下式木槨墓の四周に土を充填するかわりに、石を詰め込んだ形態である。慶州の外郭地域である舎羅里、徳川里、士方里、九於里などで確認されており、慶山市林堂洞、慶山市新上里、蔚山市中山里、浦項市玉城里など、かなり広範囲の地域で確認されている。このうち、盈徳郡塊市里16号墳、慶山市林堂洞G-5号・G-6号墳を代表的な四方式積石木槨墓とみるが、研究者によっては釜山市福泉洞31号・32号墳も四方式積石木槨墓とされている（李熙濬1996、金大煥2001、金龍星2009）。反対に四方式積石木槨墓自体を積石木槨墓の範疇に入れない研究者もいる（金斗喆2009、沈炫瞰2013）。

一方、積石木槨墓の中心地である慶州内でも、直径10mほどの小型墳と、直径80m級の超大型墳では内部構造において大きな違いがみられる。木槨と積石、そして護石とともに墳丘を盛るという

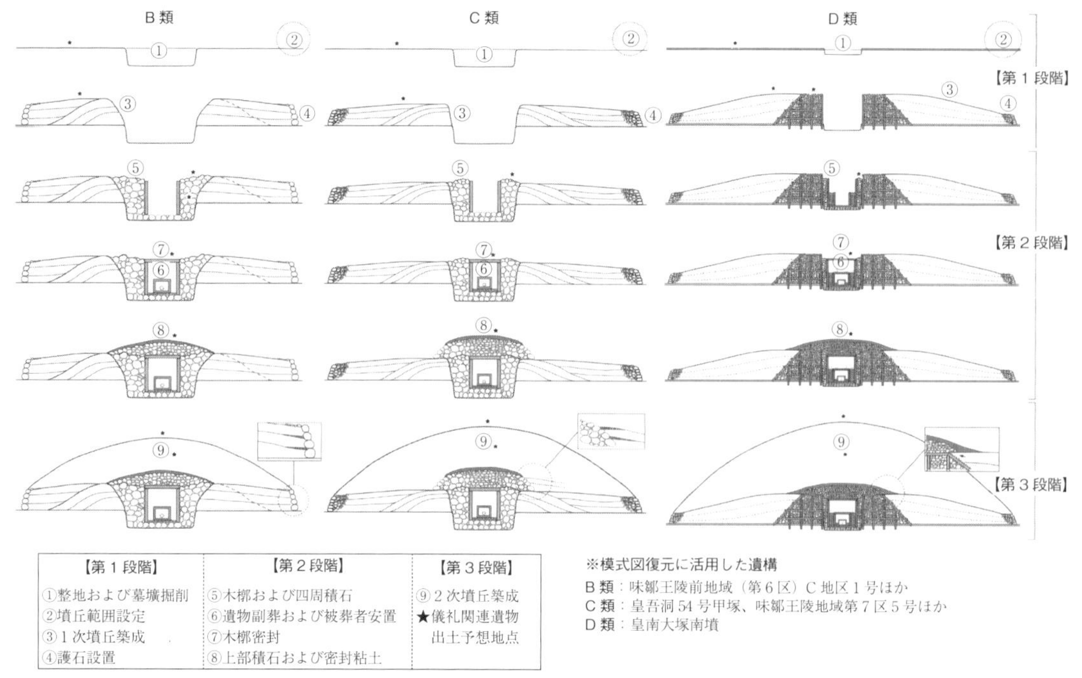

図 18　積石木槨墓の構造と築造工程（沈炫瞰 2013）

点は、規模に関係なく共通するが、小型墳は積石の量が顕著に少なく、とくに、木槨の上部には薄く一層ほど積石をおこなうのみである。一方、超大型墳の場合には、積石の量が相対的に多く、積石墳丘ともよばれている。内部には木架構造を設置し、積石部を構築するための骨組みを設置している。皇南大塚だけでなく、最近再調査された金冠塚でもこのような構造が確認されている（朴光烈 2014）。

(3) 積石木槨墓の高句麗積石塚影響説について

積石木槨墓の高句麗積石塚影響説は、積石木槨墓の起源に関する論議がはじまってからこれまでたえず提起されてきた。結論的に、その可能性についてすべてを排除することはできないが、近年における積石木槨墓の構造と築造工程に関する研究成果をみると、積石木槨墓の発生において、高句麗の純粋積石塚の直接的な影響を指摘することは容易ではない。積石木槨墓の築造年代と高句麗積石塚との時期差、平面円形の積石木槨墓と方形が基本である積石塚という墳形の違い、そして積石技法とともに埋葬順序においても両者には明らかな違いがみられる。すなわち、単に積石をおこなったという点のほかには、両者の関連性は見出しにくい。木槨を用いつつ大型墳丘を造るためには、木槨周囲の積石が構造的に必須であるという観点からすると、積石部は独自に考案された構造であるとみることもできる（沈炫瞰 2013）。

積石木槨墓は新羅の中心地である慶州を中心に、5 世紀から 6 世紀前半までの約 150 年にわたって築造された新羅固有の墓制であり、支配層を中心に造営された。多量の積石のために、高句麗積石塚影響説がたえず提起されてきたが、構造的にも時期的にも明らかな関連性を見出しにくいのが現状である。それだけでなく、大邱北部地域で確認される積石塚とも構造的な違いが多く、積石木槨墓の発生と起源については、慶州の地質・地理といった自然環境的な条件など、多方面からのアプローチが必要である。

5　おわりに

以上、新羅・伽耶地域で確認される積石塚関連の遺構について検討した。

まず、新羅の中心地である慶州では積石木槨墓という固有の墓制が使用され、高句麗積石塚との関連性がたえず提起されてきたが、具体的な根拠を見出しにくい状況である。そうだとしても、積石木槨墓の発生初期の政治的状況からみると、どのような形態であるにせよ、高句麗の影響があったであろう可能性は依然として残されている。一方、慶州の積石木槨墓の影響下にあった慶州の周辺地域では、積石木槨墓を模倣した類似積石木槨墓が築造された。主に洛東江東岸地域を中心に確認されているが、古墳の構造的な側面においては中心地と異なる点が多い。

このようにみると、慶南地域一帯で散発的に確認されている蔚州郡銀峴里、泗川市正東面、山清郡伝・仇衡王陵などの事例を除けば、これまで積石塚は大邱北部地域に集中している。蔚州郡銀峴里、泗川市正東面一帯、山清郡伝・仇衡王陵は、前述したように正式な調査がおこなわれておらず、はっきりとした構造と性格がわからない状況であり、古墳ではない可能性もある。したがって、現在としては大邱、漆谷、亀尾、安東地域一帯でのみ積石塚が確認されていることになり、今後もこの地域の周辺では類似した形態の積石塚がさらに確認される可能性が高い。この地域の積石塚は、慶州の積石木槨墓と同時期に築造されているが、類似積石木槨墓が確認される地域とは異なり、すべて石槨を埋葬主体部としており、積石木槨墓とも明らかな違いがある。この地域の積石塚の墳形は円形が基本であり、連接築造をおこない、細長方形の石槨を使用する点が在地的な特徴であるといえる。ただし、墳丘内に多量の積石をおこない、その上には墳丘をほとんど盛土しない点が異質的な要素である。新羅の中心はもちろんのこと、他の伽耶地域でもみられない独特な構造である。

一方、最近調査された鳩岩洞１号墳のような構造の古墳を報告者は積石石槨墳と命名している。これは、埋葬主体部と出土遺物が在地の伝統と固有な特徴をもっているため、この地域における積石塚の出現と起源について、高句麗積石塚との関連性を積極的には認めないということを意味するものである。

現在まで、伽耶・新羅地域内で確認された積石塚関連資料はそれほど多くはない。それらの大部分は調査がおこなわれておらず、性格がよくわからない場合が多い。大単位の古墳群を形成している鳩岩洞古墳群と多富洞古墳群なども発掘調査事例が極めて少ないため、古墳群の性格を正しく把握することは困難である。今後、この地域に対する積石塚の調査事例が増加して、明確な分布範囲と発生および展開過程について検討がおこなわれることを期待する。

註

1)　この部分については、すでに土生田純之による多くの指摘がある（土生田 2006）。

2)　漆谷郡多富洞古墳群と大邱市鳩岩洞古墳群の直線距離は約 15㎞である。

3)　于尸山国の位置については、慶尚北道寧海説と蔚山説があり、蔚山地域のなかでも蔚州郡于火県として、現在の蔚州郡熊村面に比定する見解がある（千寛宇 1976、崔炳云 1982）。

参考文献

姜仁求　1981「新羅積石封土墳の構造と系統」『韓国史論』第7集、ソウル大学校国史学科
姜仁求　1991「新羅古墳研究におけるいくつかの補正」『先史と古代』第1集、韓国古代学会
金大煥　2001「嶺南地方積石木槨墓の時空的変遷」『嶺南考古学』第29号、嶺南考古学会
金斗喆　2009「積石木槨墓の構造に対する批判的検討」『古文化』第73集、(社)韓国大学博物館協会
金龍星　2009『新羅王都の高塚とその周辺』学研文化社
金宅圭・李殷昌　1978『鳩岩洞古墳発掘調査報告』嶺南大学校博物館
慶尚北道文化財研究院　2006『桃開新林里遺跡』学術調査報告第69冊、慶尚北道文化財研究院
国立晋州博物館　2015『泗川』特別展図録
朴光烈　2014「新羅積石木槨墳の研究と金冠塚」『金冠塚と尒斯智王』国立中央博物館学術シンポジウム資料集
朴東百・李盛周・金亨坤　1991『大邱～春川間高速道路建設豫定地域内文化遺跡発掘調査報告書(漆谷多富洞古墳群)』昌原大学校博物館
沈炫瞮　2013「新羅 積石木槨墓の構造と築造工程」『韓国考古学報』88集，韓国考古学会
嶺南文化財研究院　2015『大邱鳩岩洞古墳群および八莒山城文化財精密地表調査報告書』嶺南文化財研究院
尹容鎭・李在煥ほか　1989『臨河ダム水没地域文化遺跡発掘調査報告書(Ⅱ)』慶北大学校博物館
李盛周　1996「新羅式木槨墓の展開と意義」『新羅考古學の諸問題』第20回韓国考古学全国大会、韓国考古学会
イスンジャ　2007『日帝強占期古跡調査事業研究』淑明女子大学校大学院博士学位論文
李熙濬　1996「慶州月城路カ-13号積石木槨墓について」『碩晤尹容鎮教授停年退任紀念論叢』碩晤尹容鎮教授停年退任紀念論叢刊行委員会
李熙濬　2002「4～5世紀新羅古墳彼葬者の服飾品着装定型」『韓国考古学報』第47集、韓国考古学会
崔炳云　1982「西紀2世紀頃新羅の領域拡大」『全北史学』6、全北史学会
千寛宇　1976「三韓の國家形成　上」『韓国学報』2、一志社
土生田純之　2006『古墳時代の政治と社会』吉川弘文館

（翻訳：高久健二）

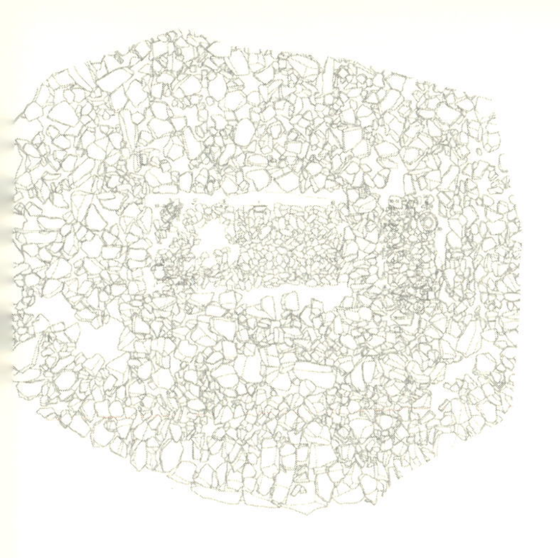

3　鬱陵(ウルルン)島

宋義政

1 序　論

鬱陵島に関する最初の記録は、『三国史記』新羅本紀巻四智証王 13 年（512 年）6 月条の記事である。何瑟羅州の軍主である異斯夫が鬱陵島ともよばれる于山国を服属させたが、服属の過程で困難があって、木製の獅子を作って于山国の人々を脅したとされる。これは地理的に長距離航海が必要であり、地形が険しく、鬱陵島を服属させることが困難であったことを示している。すでに当時、新羅の地方勢力に対抗しうるような程度の社会組織が形成されていたという点は重要である。

鬱陵島の古墳と関連した一次資料としては、朝鮮時代の地図がある。鬱陵島の地形と地名、地理的な特徴などをかなり詳細に描いて記録した『海東地図』など多くの地図には、「石葬」という表現が登場するが、これは朝鮮時代の人々が当時の墓とは異なり石塚として鬱陵島の積石塚を認識していたことを示している(図 1)。

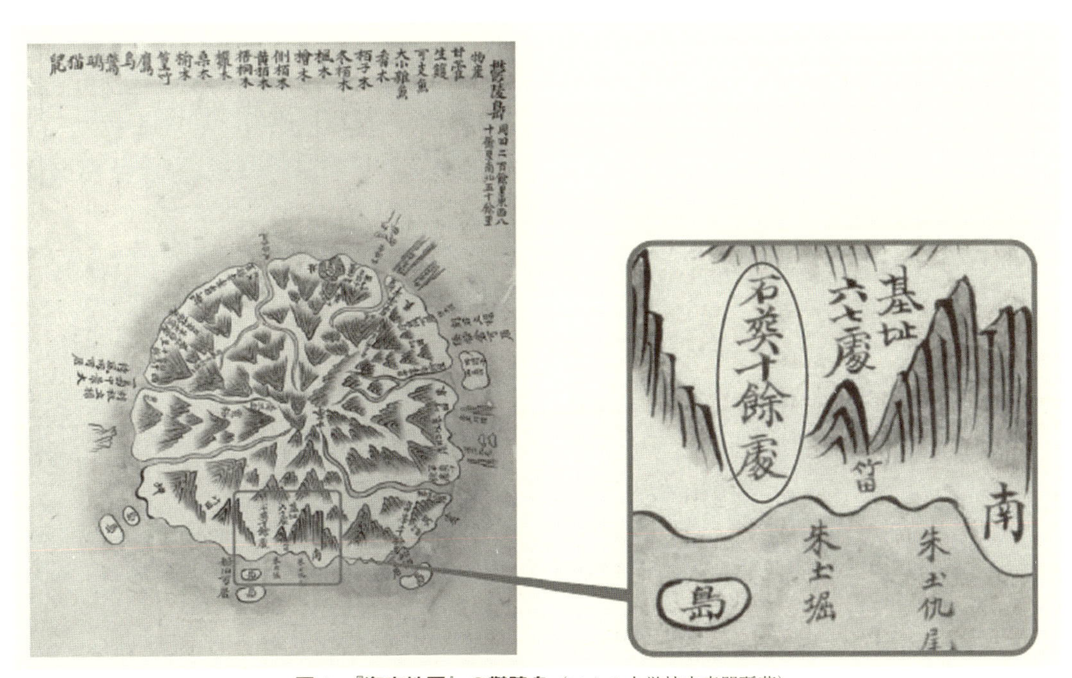

図 1　『海東地図』の鬱陵島（ソウル大学校奎章閣所蔵）

このような歴史的な背景を理解するために、まず、鬱陵島の自然・地理的環境を簡単にみておく必要がある。鬱陵島は慶尚北道鬱陵郡に属する島であり、東経130度47分37秒〜55分20秒、北緯37度27分27秒〜33分1秒に位置し、東西12km、南北10km、海岸線は56.5kmである。本土との距離は、江原道東海市が161km、慶尚北道浦項市が217kmであり、蔚珍郡竹辺が130.3kmと最も近い。

地質学的には、新生代第三紀末から第四紀初に形成された火山島であり、平面五角形を呈し、島の中央のカルデラ湖が埋まった羅里盆地を除いて、海岸線は急傾斜をなす。土壌もまた火山灰が堆積した羅里盆地の微砂質土壌を除けば、粗面岩と凝灰岩が風化したものが大部分を占めており、多くは畑に利用されている。しかし、付近に東韓暖流が流れているため、比較的温暖多湿な海洋性気候であり、気温の年較差はそれほど大きくはない。雨と雪が多く、現在でも水力発電をおこなうほど水量はとても豊富である。

2　考古学的環境

鬱陵島に対する考古学的調査としては、日帝強占期である1917年10月から11月に当時、古跡調査委員であった鳥居龍蔵が写真師を同行させ、玄圃里、天府里、南陽里、南西里などにおいて古墳調査とともに遺物を採集しており、その調査結果が国立中央博物館に残されている（図2・3）。

鬱陵島の古墳に対する正式調査は、解放以後の1957年と1963年に国立博物館によっておこなわれた。鬱陵島の古墳の墳丘は地上に石を積んで造ったものであり、前述した朝鮮地図に「石葬」と表記されているように目立つことから、当時すでに深刻な盗掘と破壊を受けていた。このため古墳の発掘調査だけでなく、正確な分布状況の確認がおこなわれた。確認された古墳は87基であり、おおよそ統一新羅時代に編年された（金元龍1963）。

以後、1997〜1998年にソウル大学校博物館（崔夢龍ほか1997・1998）、1998年に嶺南大学校民族文化研究所（鄭永和・李清圭1998）、2001年に慶尚北道文化財研究院（鬱陵郡・慶尚北道文化財研究院2002）などが調査を実施した。ソウル大学校の地表調査では、推定支石墓3基と無文土器、紅陶片、石棒、磨臼などを採集したと報告されており、鬱陵島の歴史が6世紀以前にさかのぼる可能性を提示した。慶尚北道文化財研究院による調査では、朝鮮時代以前の遺跡が31ヵ所、古墳または古墳群が31ヵ所、遺物散布地が5ヵ所であり、三国時代から統一新羅時代に該当するも

図2　日帝強占期の道洞港全景

図3　1917年の玄圃里における石柱列

図4　鬱陵島遺跡分布図（2001年慶尚北道文化財研究院調査当時）

のとされている（図4）。

一方、嶺南大学校博物館では、玄圃里石柱列周辺の試掘調査を実施し、寺院跡と推定されてきた遺跡について統一新羅時代の祭祀遺跡である可能性を提示した（嶺南大学校博物館2002）。

このように鬱陵島に対する考古学的な調査は、その成果がとても少なく、国立博物館による古墳、すなわち積石塚の調査がほぼ唯一のものであり、おおよそ于山国の存在を示す『三国史記』の記録に照らし合わせて、新羅末期から統一新羅時代に編年するのが妥当であるとみられる。

3　鬱陵島古墳の特徴

1957年と1963年の国立博物館の調査を通じて、玄圃里38基、天府里7基、南西里37基、南陽里2基、台霞里1基など、総数87基が確認されており、その中で古墳の数が多い玄圃里と南西里古墳群については分布図が作成されている（図5・6）。さらにその後の地表調査で羅里盆地と苧洞里でも確認されているが、特記すべき内容はない。

国立博物館の調査によって実測または発掘された古墳を整理すると、表1の通りである。

鬱陵島の古墳は、海岸沿いの丘陵または山麓傾斜面に位置しており、石で墳丘を造った積石塚である。地上に石で築台を積んだ後に積石部を構築する点は、基本的に高句麗積石塚と類似する。しかし、埋葬主体部は新羅〜統一新羅時代に導入された、羨道がない横穴式石室である。石で築台を造り、積石墳丘を構築するのは、火山島で傾斜がきつく土壌が貧弱な鬱陵島の地形的な特性に起因するものとみられる。このように鬱陵島の積石塚の基本構造は、築台または基壇部、石室部、積石部からなり、最も典形的な墳墓としては南西里11号墳があげられる(図7)。

築台を構築する例は、地形の傾斜がきつく、多数の古墳が分布している玄圃里と南陽里でみられるが、古墳の前面にのみ築台を構築し、古墳の基底部を平らにしている。築台の高さは地形によるが、1.5～4.0m程度である。一方、天府里と南陽里の場合には、旧地表を利用したり、地表を若干掘削して石室床面を構築している。

石室の平面形態は、おおよそ玄門と奥壁の幅が狭い船形に近い。長壁は若干内側に傾斜させて積み上げられており、横断面が台形を呈する。玄門部と奥壁側は低く造られ、天井石で覆われている。

石室の長さは、おおよそ5.0～7.0mであるが、例外的に10mに近いものもあり、石室の長さが9mを越える天府里2号墳の場合には、調査者は中央に隔壁を設置し、追葬がおこなわれたものと解釈している。石室の石材は、周辺で容易に入手できる玄武岩と粗面岩を利用しており、石室の床面には石や小礫を敷くものが多い。石室の玄門部側には天井石より一段低く長大石や逆三角形の石を掛け渡しているが、これは外部と内部を区分する楣石とみられる。

石室の長軸と玄門部の方向は古墳群ごとに異なるが、玄圃里古墳群の場合には、長軸が東西方向で玄門部が西側または西北側にあるのが主流をなすのに対し、南西里古墳群は玄門部が西南側のものが多く対照的であるが、これは鬱陵島の積石塚の多くが、玄門部を海側に向けて造られて

表1　国立博物館によって実測または発掘調査された古墳の現況

古墳番号	石室規模（m）					石室床面処理	方向		築台			積石部特徴
	長さ	幅（最大）	天井高（最大）	天井幅（最大）	天井石枚数		長軸	玄門	直径（m）	高さ（m）	平面形態	
玄圃里1号墳	6.5	2		1.4	6	土・小礫	東―西	西	10	3	円形	半円形
玄圃里9号墳	7	1.5	1.2	1.3	7	土・小礫	東―西	西	10.9	―	―	楕円形
玄圃里14号墳	5	1.5	1.2	1.3	7	―	西北―東南	東南	10	4	楕円形	―
玄圃里16号墳	9	2.1	1.4	1.5	16	―	東―西	西北	17.5	―	楕円形	半円形
玄圃里38号墳	8.3	2.1	1.5	―	―	―	―	―	―	―	―	―
天府里1号墳	6	1.3	1.4	1	7	小礫	東北―西南	東北	無			―
天府里2号墳	9.85	1.4	1.6	0.9	14	小石・粘土	東北―西南	東北	無			―
天府里3号墳	6	1.2	1.4	―	6	小礫	東―西	東	無			長方形 東西9.3/ 南北6.1m
天府里4号墳	5.6	1.4	0.9	1.1	7	―	東―西	西	無			東西11/ 南北8.0m
天府里竹岩1号墳	5.5	1	0.8	―	8	土	東南―西北	―	無			―
天府里竹岩2号墳	5.5	1	0.8	―	8	土	東南―西北	―	無			―
南西里2号墳	5.7	1.15	1.15	0.6	―	―	東北―西南	西南	―	―	―	方形
南西里3号墳	6	1.4	1.5	1	5（残）	小石	東北―西南	西南	無			楕円形
南西里11号墳	9	1.6	1.5	0.6	10	河原石・小礫	東北―西南	西南	12.6	1.5	―	直径12/ 幅10.4/ 高さ4.3m
南西里15号墳	5.5	1.3	1.6	0.8	7	―	東北―西南	西南	―	1.6	―	方形
南西里21号墳	5.7	1.3	1.2	1	8	―	東―西	東	―	2	―	楕円形（推定）
南西里26号墳	5.5	1.15	1.05	0.5	―	―	南―北	南	―	―	―	―
南西里29号墳	6	1.2	1.7	0.7	9	―	東―西	西	―	2.8	―	楕円形 南北6/ 東西9m
南陽里1号墳	10	1.2	1.8	0.6	12	石	東南―西北	東南	無			―
南陽里2号墳	5	1.2	―	―	―	―	東南―西北	東南	無			―

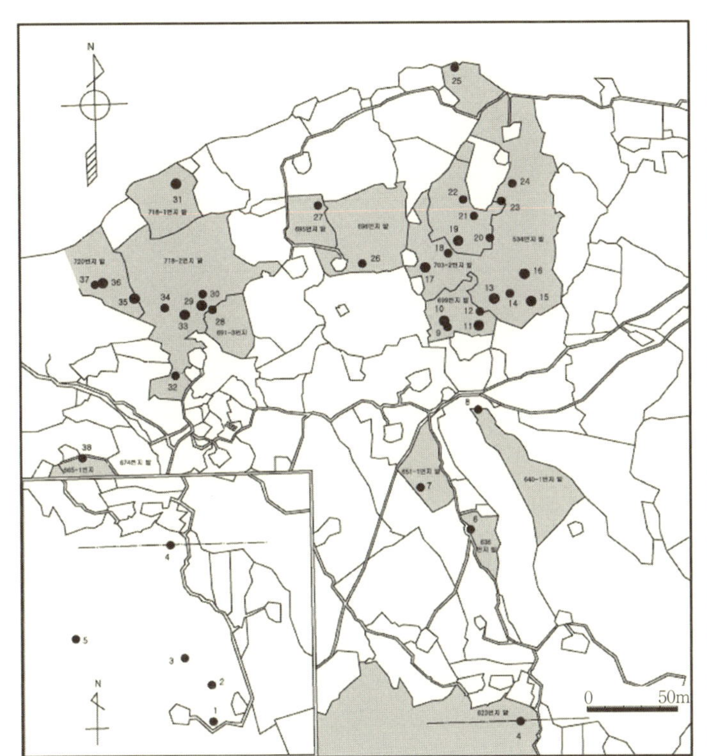

図５　玄圃里古墳分布図
（1957・1963 年発掘当時）

0
50m

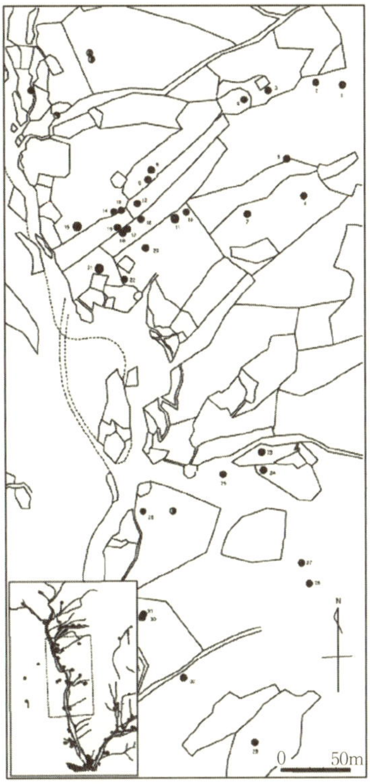

図６　南西里古墳分布図
（1957・1963 年発掘当時）

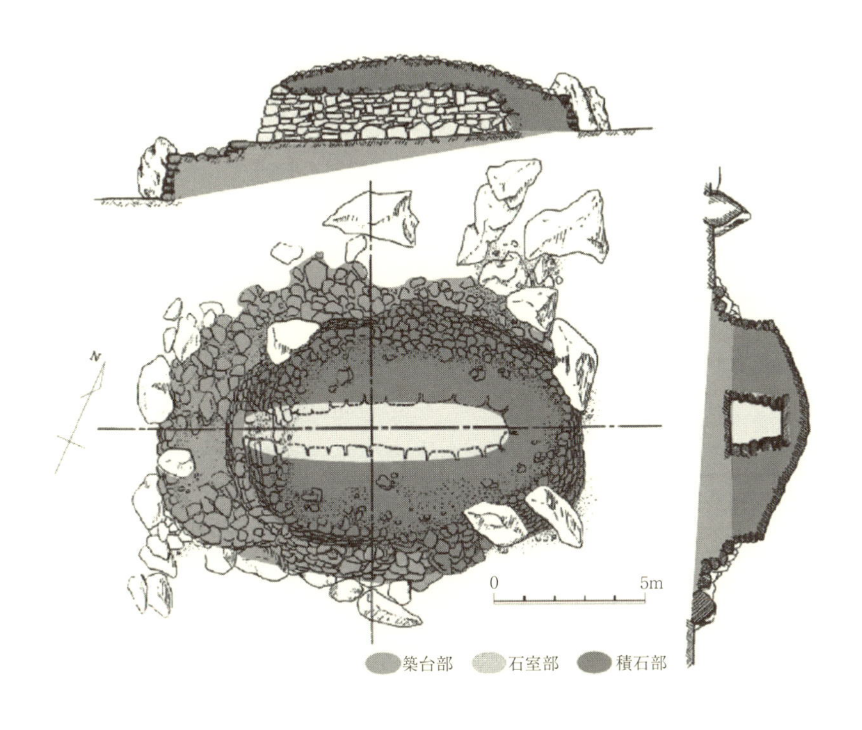

図７　南西里 11 号墳平面・断面図

いるためであると推定される。これは被葬者の性格を示唆しているとみられる。

被葬者の埋葬方式については、いずれも破壊または盗掘されているため不明であるが、唯一未盗掘であった天府里２号墳は、石室の長さと中央隔壁などからみて、追葬が想定され、同時期の本土における石室墳の埋葬方式と符合する。一方、この古墳で出土した鋲片からみて、木棺が使用されたと考えられる。

積石部の平面形態は楕円形または半円形であり、積石を階段式ではなく、ひとまとめに積んだものであるので、高くはなく上部が扁平な例もある。

このような特徴をもった鬱陵島式積石石室墳の系譜については、洛東江東岸の三国時代の石槨墓に求める金元龍の説（金元龍 1963、p.58）、新羅北部地域の横穴式石室に求めるソウル大学校博物館の説（崔夢龍ほか 1998、pp.114 - 119）、慶尚北道北部の石室墳と高句麗の基壇式積石塚が混ざったものとみる金夏奈の説（金夏奈 2006、p.79）などがあるが、鬱陵島の積石石室墳の出現背景を総体的に反映しているとはいえない。

出土遺物を除いて、その起源を推論してみると、まず異斯夫による鬱陵島の服属以前に該当する有力者の墳墓は存在しない。これは新羅への服属以後、少なくとも新羅の地方官である何瑟羅州軍主異斯夫と同格または下位階級の墓制が鬱陵島に流入していたことを意味しており、その出自を推論することができる。積石という要素は、地形または地質的な背景に基づいているとみるのが妥当である。これは基本的に文化の伝播・受容または変容過程が影響しているものとみられる。

4　出土遺物

鬱陵島古墳の出土遺物は数量が少なく、盗掘や後世の撹乱によって年代推定における信頼性が落ちるが、全体を総合してみると、意味のある結果を引き出すことができる。出土した遺物は土器、金銅・青銅製品、鉄器、ガラス玉などである。

(1) 土　器

発掘調査で出土した土器は、色調および焼成度によって赤褐色、灰白色、灰青色に分類される（表２）。

表２　鬱陵島古墳出土土器

古墳番号	赤褐色土器	灰白色壺土器		灰青色土器										
		壺	深鉢	高杯	印花文土器			壺	瓶	（台付）椀	四角瓶	扁瓶	樽形瓶	線文瓶
					壺	瓶	椀							
玄圃里９号墳	●	●							●					
玄圃里 16 号墳	●					●	●	●		●				
天府里１号墳	●								●	●	●	●		
天府里２号墳						●				●	●	●	●	●
天府里３号墳						●		●		●	●			
南西里 11 号墳	●		◎											
南西里 15 号墳	●													

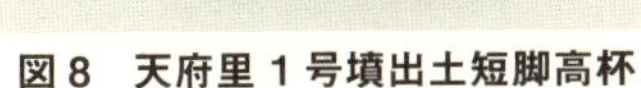
図8　天府里1号墳出土短脚高杯

図9　台付椀（独島博物館所蔵）

図10　長頸壺（独島博物館所蔵）

赤褐色土器はいずれも破片であるが、口縁部が短く外反する深鉢形土器である。新羅古墳から出土する赤褐色土器の延長線上にあるとみられ、統一新羅時代の生活遺跡でも赤褐色土器が灰白色土器や灰青色土器と共伴している。操業年代が8〜9世紀と報告されている金海三渓洞土器窯跡の出土品も同じ構成であり、焼成温度は土器の用途による意図的なものであるとされる（徐妗男ほか2006、pp.57-60）。したがって、鬱陵島古墳の出土土器は、本土の新羅土器の編年と同様に、①短脚高杯などが流行する新羅後期段階、②印花文が流行した7世紀後半〜8世紀、③扁瓶、線文が流行する9〜10世紀に分けられ、それぞれの古墳では段階が異なる遺物が混入している例が多い。しかし、①段階の代表的な土器としては、天府里1号墳の短脚高杯（図8）があげられ、②段階の代表的な古墳としては玄圃里16号墳が、③段階の代表的な古墳としては天府里2号墳があげられる。

一方、『三国史記』の記録と対比して、鬱陵島出土品のうち、発掘品ではないが、独島博物館所蔵の台付椀と長頸壺は反証資料になる（図9・10）。

(2) その他の遺物

土器以外の遺物としては、金属製品、ガラス玉、瓦、石製品などがあり、石製品は天府里2号墳の石製紡錘車、瓦は玄圃里包含層の2点だけである。国立博物館の調査で出土した金属製品は、表3の通りである。

表3　鬱陵島出土金属製品（1957・1963年度調査）

遺跡名		金銅製品					青銅製品			鉄器				
		鈴	玉	装飾板	仏像	用途不明	鈴	釧	用途不明	鉄斧	鉄鎌	鉄刀子	鎹	用途不明
玄圃里	9号墳					●				●				●
	遺物包含層BⅡ								●					
	遺物包含層BⅢ													●
	地表採集										●			●
天府里	1号墳	●	●	●			●							
	2号墳							●					●	●
	3号墳										●	●	●	●
不明					●									

図11　天府里1号墳出土金銅・青銅製品

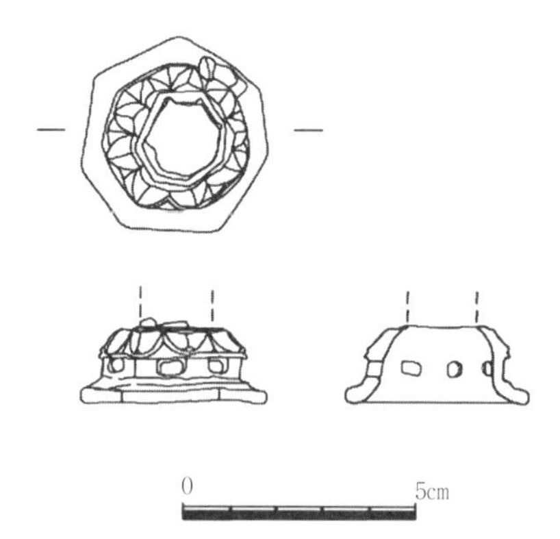

図12　鬱陵島地表採集金銅仏像台座

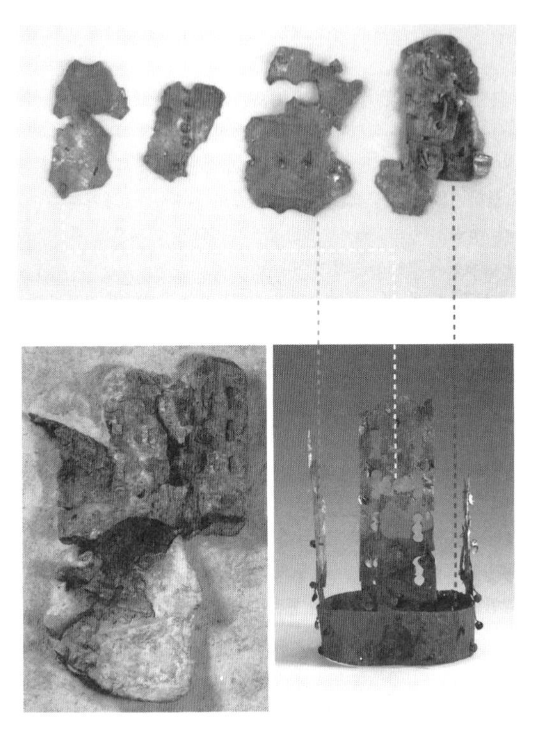

図13　鬱陵島出土銅冠片（上）**と**
東海市湫岩洞古墳出土銅冠（左下）・
丹陽郡下里出土銅冠（右下）

金銅・青銅製品の大部分が天府里1・2号墳で出土しており、金銅製品の場合は剥落がひどく、これまで青銅製と報告されている遺物も本来は金銅製であった可能性が高い。鈴はいずれも天府里1号墳の出土品であり、金銅製3点、青銅製3点で、半球体を上下に合わせて作られている。上部に鈕があり、下部中央に細長い穴があけられている（図11）。玄圃里9号墳の耳掻形金銅製品は鍍金ではなく、金箔をかぶせたものであり、雲珠などの付属具と推定される。一方、出土位置はわからないが、金銅仏像台座1点が採集されており、おおよそ8世紀の作品であると推定される（図12）。

独島博物館に所蔵されている銅冠片は新羅冠が退化した形態であり、6世紀中葉以後の忠清北道丹陽郡下里出土の銅冠、および江原道東海市湫岩洞Bb地区ka-21号墓出土の女性用銅冠と比較できる。これは鬱陵島においてこの冠を着装した人物が、本土と政治的な関係をもっていたことを示す威信財であるとみられる（図13）。

これに加えて天府里1号墳ではガラス玉の完形品74点、破片71点が出土している。このうち、破片9点を分析した結果、いずれも鉛ガラス（PbO：70-79、SiO_2：20-28）と同定されており、統一新羅時代の緑釉の成分分析結果とも一致した。7世紀の弥勒寺跡で出土した鉛ガラスの技術は、統一新羅時代にも引き続いて共有されており、鉛同位元素分析をおこなった結果、9点のうち5点（1・2・4・6・8）は韓国南部、おおよそ慶尚北道第1蓮花鉱山に該当し、製作地域を明らかにできる資料として意味がある（図14）。

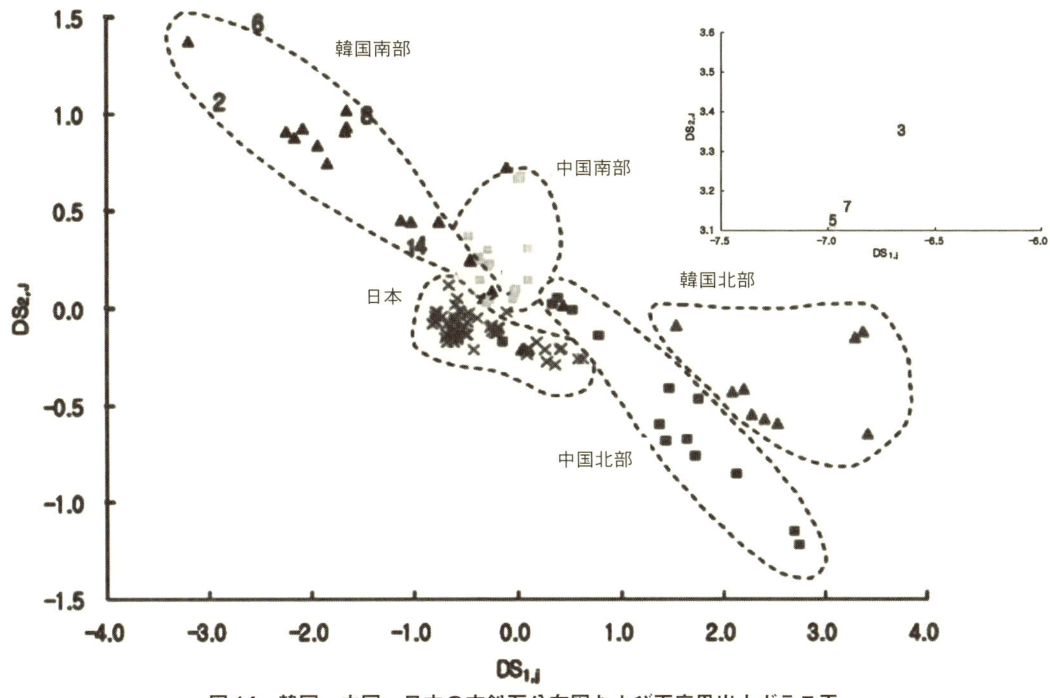

図 14　韓国・中国・日本の方鉛石分布図および天府里出土ガラス玉（No.1 ～ 9）の位置（線形判別分析 :SLDA）

5　結　論

発掘調査を通じて整理された資料をもとにすれば、鬱陵島古墳の築造時期は統一新羅時代に該当するものが大部分である。遺物包含層や地表採集遺物もやはり統一新羅時代に該当するものが主流をなす。しかし、天府里 1 号墳出土の短脚高杯と独島博物館所蔵品のうちの一部は、『三国史記』の記録に近い 6 世紀中葉までさかのぼる可能性も充分にある。

一方、文献上に鬱陵島が最初に登場するのは、『三国史記』智証王 13 年（512 年）であり、その後再び登場するのが『高麗史』太祖 13 年（930 年）である。すなわち、これまで鬱陵島で発見されている遺跡の大部分が統一新羅時代のものであり、最も文化的に隆盛であったにもかかわらず、この時代に該当する文献記録は全く残っていない。したがって、統一新羅時代の鬱陵島はもっぱら考古学的な資料を通じてのみ論議が可能である。

7 世紀後半に三国を統一した新羅は、領土を効率的に管理するために地方行政組織を再編して中央貴族を派遣した。この過程で慶州系新羅土器、横穴式石室墳など、慶州を中心とする新羅文化が地方へ拡散した。これらの新羅文化は、それぞれの地方にもともと存在した在地文化と結合して独特な地方色を帯びるようになる。

鬱陵島もこのような時代的な背景と無関係ではなく、土器は慶尚北道の東海岸、すなわち慶州以外の地域から持ち込まれた可能性が高い。古墳は慶州地域で発見される横穴式石室墳とは異なり、築台を構築して土のかわりに石で墳丘を造る点に地域的な特性が現れている。

他に本土との関係を示す遺物としては、古墳から出土したと伝えられる銅冠がある。一部の破片のみ残っているが、その形態が退化した新羅冠と類似しており、丹陽郡下里、東海市湫岩洞出土の銅冠などと比較が可能である。鬱陵島の場合、島という地理的な特殊性を勘案すると、本土で入手した銅冠が政治的権力者の威信財の役割を果たした可能性がある。

鬱陵島に存在する統一新羅時代の多くの古墳と出土遺物を通じてみると、鬱陵島は新羅の影響下にありながらも、一定の独自性をもっていたとみられる。

本稿は、国立博物館による鬱陵島の報告書（2008年）を要約・修正した後、加筆したものである。

参考文献

金元龍　1963『鬱陵島』国立博物館古跡調査報告第4冊、国立中央博物館
金夏奈　2006『鬱陵島横口式石室墳の源流に対する研究』東亜大学校大学院考古美術史学科碩士学位論文
徐姈男ほか　2006『金海三渓洞遺跡』研究叢書第30集、釜山大学校博物館
崔夢龍ほか　1997『鬱陵島地表調査報告書Ⅰ』学術叢書6、ソウル大学校博物館
崔夢龍ほか　1998『鬱陵島―考古学的調査研究』ソウル大学校博物館
嶺南大学校博物館　2002『鬱陵島玄圃里遺跡試掘調査』
鬱陵郡・慶尚北道文化財研究院　2002『文化遺跡分布地図―鬱陵郡―』
鄭永和・李清圭　1998「鬱陵島の考古学的研究」『鬱陵島独島の綜合的研究』嶺南大学校民族文化研究所

（翻訳：高久健二）

第４章　積石塚のない地域

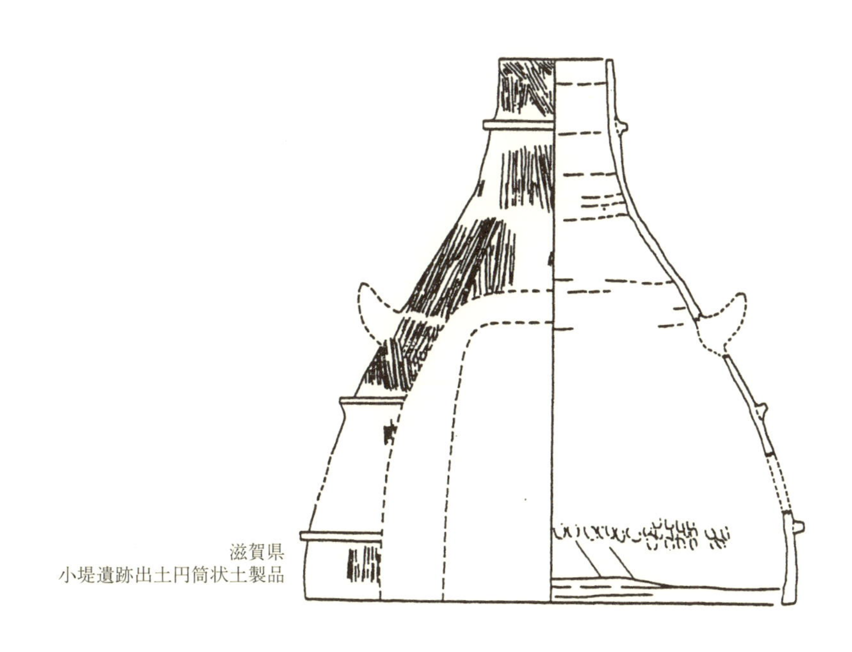

滋賀県
小堤遺跡出土円筒状土製品

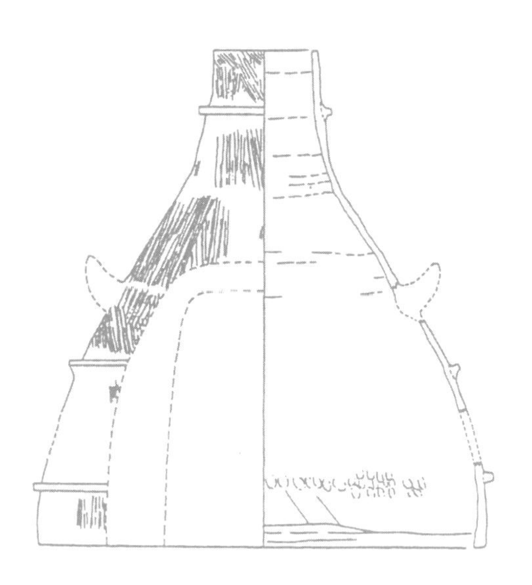

1 吉 備

亀田修一

1 はじめに

吉備地域は古くから朝鮮半島と関わり、縄文時代の遺跡から朝鮮半島系考古資料が出土し、古墳時代の備中造山古墳・作山古墳の周辺には多くの朝鮮半島系考古資料出土遺跡が見られる（亀田 1997 など）。

一方、長野県などで渡来人との関わりが推測されている積石塚古墳は、吉備地域ではほとんど知られていない。古く小野忠凞が『考古学ジャーナル』の積石塚の特集号において岡山県内の積石塚遺跡を 7 ヵ所、挙げている（小野 1980）。しかし、この中でほぼ間違いないであろうと推測されている積石塚は狸岩山積石塚群（狸岩山古墳群）のみである。

つまり吉備において、「積石塚と渡来人の関係」はよくわからないのである。しかし、この狸岩山古墳群（図 1 - 34）の場所は、作山古墳（図 1 - 30）の近くであり、周辺に朝鮮半島系考古資料出土遺跡も比較的見られる。

よって、小稿では「積石塚と渡来人の関係」を前提とせず、事実関係として両者がどのように関わるのかを見ることを目的として、記述していきたい。

2 吉備の積石塚古墳—狸岩山古墳群—

狸岩山古墳群は、岡山県総社市（旧都窪郡山手村）宿字大野平・立石西谷、岡谷字水別と倉敷市生坂字経坑（京坑）にまたがって所在する。総社市と倉敷市の間に東西に横たわる標高 200～300m の山塊を南北に切って通行する国道 429 号の峠部分、通称「水別峠（水別越え）」の東側の狸岩山（標高 192m）の山頂付近に位置する。

古墳群の詳細は不明であるが、岡山県古代吉備文化財センター 2003『改訂岡山県遺跡地図—第 5 分冊倉敷地区—』によれば、20 基の古墳（1～6 号墳：倉敷市域、7～20 号墳：総社市域）で構成されており、そのうちの 7 基が積石塚（1～6、17 号墳）、12 基が封土墳（7～16・18・19 号墳）、1 基詳細不明となっている。積石塚は狸岩山の頂部からやや西に南下する尾根筋の標高約 170～190m に位置している。

物部茂樹（1999）は 1995～1998 年（平成 7～10）にこの古墳群を調査し、頂部付近の封土墳 1 基と積石塚 3 基について報告している。狸岩山の頂部に位置する 1 基（A 盛土古墳：物部の番号。岡山県 2003 では 18 号墳、以下同様。）が封土墳で、この A 盛土古墳から北約 120m に位置するものが箱式石棺（県 19 号墳）、頂部からやや東に南下する尾根筋の標高約 150～170m に位置する 8 基が

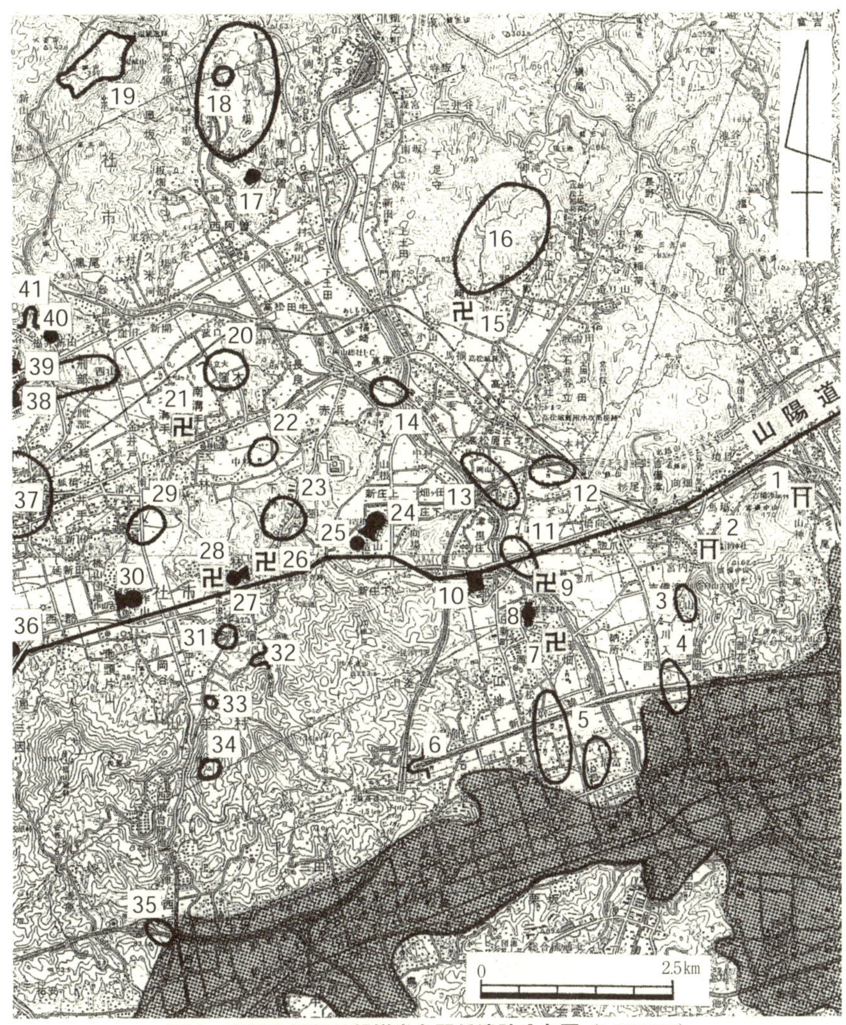

図１ 吉備中枢部の朝鮮半島関係遺跡分布図（1/100,000）

1：吉備津彦神社　2：吉備津神社　3：東山遺跡　4：川入遺跡　5：上東遺跡　6：二子御堂奥窯跡群　7：日畑廃寺
8：楯築弥生墳丘墓　9：惣爪廃寺　10：矢部遺跡　11：足守川加茂遺跡　12：加茂政所遺跡　13：津寺遺跡　14：高塚遺跡
15：大崎廃寺　16：大崎古墳群　17：随庵古墳　18：千引カナクグ谷遺跡を含む奥坂遺跡群　19：鬼ノ城　20：窪木遺跡
21：栢寺廃寺　22：窪木薬師遺跡　23：法蓮古墳群　24：造山古墳　25：榊山古墳　26：備中国分尼寺跡
27：こうもり塚古墳　28：備中国分寺跡　29：三須河原遺跡　30：作山古墳　31：宿寺山遺跡　32：末ノ奥窯跡群
33：前山遺跡　**34：狸岩山古墳群**　35：菅生小学校裏山遺跡　36：三輪山６号墳　37：備中国府推定地　38：西山古墳群
39：小寺２号墳　40：中山古墳群　41：奥ヶ谷窯跡

横穴式石室墳（県９号墳～16号墳）である。

狸岩山古墳群は発掘調査されておらず、上記の物部の測量・地表調査と山手村教育委員会の村史作成に伴う測量調査（日野浦 2003）が最も詳しい資料であり、以下、これらの成果と岡山県古代吉備文化財センター 2003 によりながら積石塚古墳の概要を説明する（図２）。

A 盛土古墳（県 18 号墳）　狸岩山の頂部に位置し、この墳頂部に 192.0m の三角点が設置されている。一辺 16～18m の方墳と推測され、高さは 1.4～1.8m 残存している。墳頂部は盗掘されており、人頭大の石が散布し、内部主体の石材の一部である可能性が推測されている。

B 積石塚古墳（県 17 号墳）　A 盛土古墳から尾根筋に沿って南南西約 10m 離れたところに積石塚

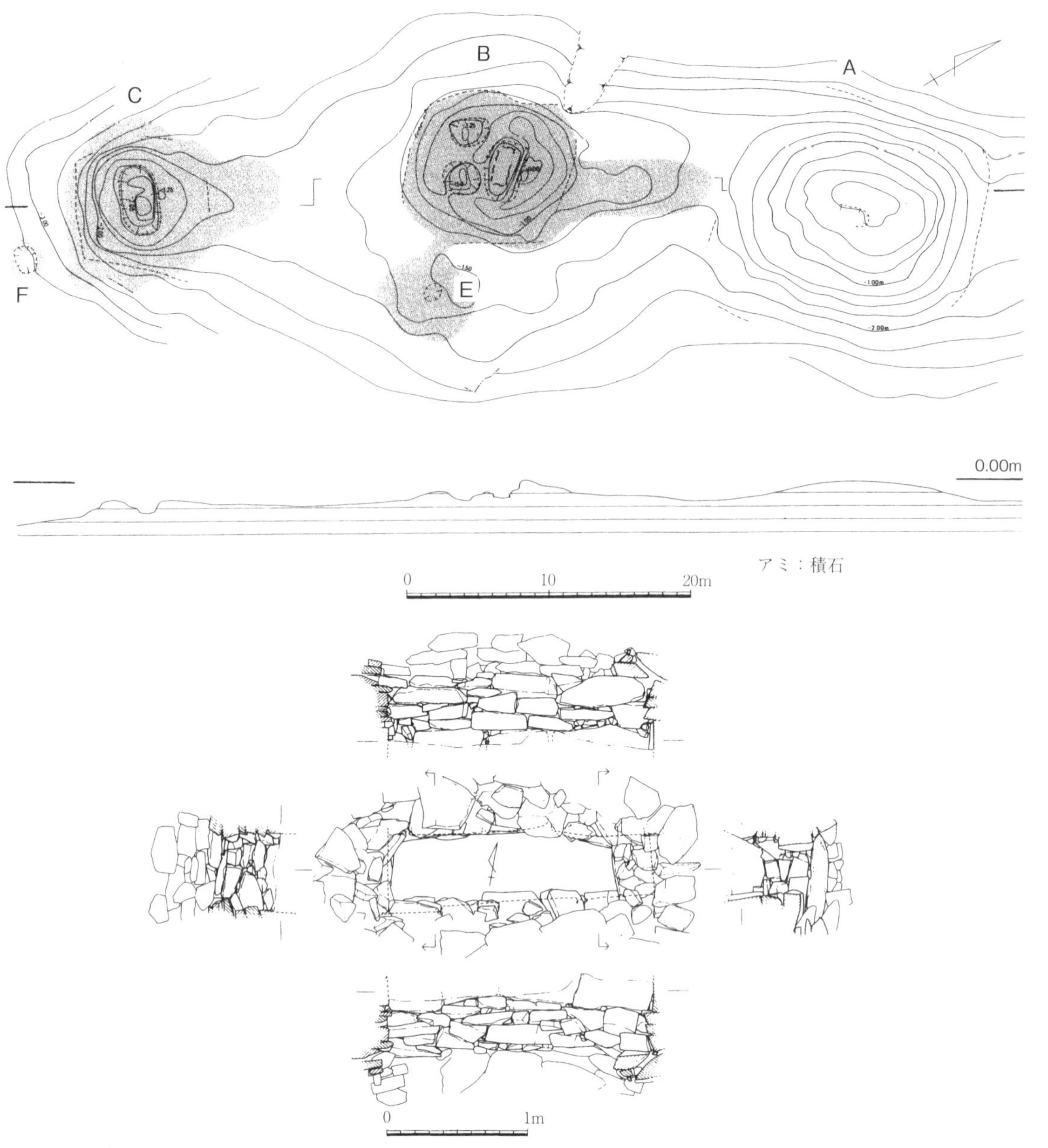

図 2　狸岩山古墳群 A ～ C 古墳墳丘測量図（上：1/500）**と D 古墳石室実測図**（下：1/50）
（物部 1999、一部改変引用）

古墳の一つである B 積石塚が位置している。石のみで築かれた積石塚古墳で、一部直線的な墳端線が確認できることから、一辺約 11 m の方墳と推測されている。高さは 0.7～1.5 m 残っている。石材はこの山の花崗岩系の山石が使用されている。盗掘されており、内部主体も含め比較的大きな穴が 3 ヵ所確認できる。内部主体は墳丘の辺と平行して、やや北側に北西－南東を主軸とする竪穴式石室が露出している。長さ約 2.85 m、幅 1.1 m で、深さは 0.65 m 確認できる。石材は墳丘と同じ花崗岩系の板状の割石を使用している。大きなもので 70 × 20㎝ある。壁体は直立またはやや内傾しているようである。天井石と推測できるものは確認できていないようである。

遺物は、この積石塚古墳を含めわかっていないが、物部の報文には地元の方から「狸岩山古墳群で金環が出土している」という情報をいただいたと記されている。

C 積石塚古墳(県6号墳?) B積石塚古墳から尾根筋に沿って南南西約14m離れて位置している。前者と同様に石のみで築かれた積石塚古墳で、一部直線的な墳端線が確認でき、7.5〜11×9mの台形状の方墳と推測されている。高さは高いところで1.8m残っている。石材は前者同様、この山の花崗岩系の山石が使用されている。これも盗掘され、墳丘中央部に大きな穴が開けられているが、内部主体に関してはわからない[1)]。

遺物もわかっていない。

またこのB積石塚古墳、C積石塚古墳の周辺に石材が集められたところがあるが、よくわからないようである。

D 積石塚古墳(県3号墳) C積石塚古墳から南南西約55m離れた標高約170m付近の尾根筋に位置している。墳丘の形はわからないが、これまで同様花崗岩系の山石で土をまじえず築かれている。長さ1.85m、幅0.47〜0.6m、深さ約0.6mの小型の竪穴式石室が軸をほぼ東西にして露出している。石室石材も花崗岩系の割石で、最下段のものはやや大きめ(40〜60㎝)の板状のものを立てているようである。壁体は直立またはやや内傾しているようである。東小口側に天井石が1枚残っている。

遺物はわかっていない。

*

以上の物部が報告したもの以外に、岡山県2003に記された積石塚古墳に関する情報は以下の通りである。最も低い位置にある1号墳は規模のわからない積石塚古墳で、幅0.6mの竪穴式石室があるとのことである。2号墳は直径10mの積石塚古墳とある。3号墳は前述の物部のD積石塚古墳と推測される。4号墳は直径10mの積石塚古墳で、長さ3m、幅1.7mの竪穴式石室があると記されている。5号墳は積石塚古墳とのみある。6号墳は物部のC積石塚古墳と推測される。物部は墳丘についてはわからないとしているが、直径10mの積石塚古墳で、長さ3m、幅1.7mの竪穴式石室があると記されている。そして17号墳が物部のB積石塚である。

このように、狸岩山古墳群では山頂部に一辺16〜18mの封土墳(方墳)と一辺11mほどの積石塚が築かれており、ここから南南西方向に下がったところに方形または円形の一辺(直径)10mほどの積石塚古墳が6基あることになる。

内部主体は、B(17号墳)・D(3号墳)・1・4・6号墳が竪穴式石室である。

遺物は全くわかっておらず、かつてこの古墳群から金環が出土したという情報がある程度である。

以上の情報で、時期決定は当然難しい。海を挟んで有名な香川県石清尾山古墳群や大阪府松岳山古墳群の積石塚古墳との関連で前半期(4世紀頃?)と考える説(間壁1994)、この狸岩山古墳群の南側に位置する菅生小学校裏山遺跡などの朝鮮半島系資料との関わりを考える説(中野1993:この場合5世紀?)などがある。どちらの可能性もあるが、やはり現時点ではわからない。金環の出土情報が間違いなければ、5世紀以降の可能性が高まる。

3 狸岩山古墳群周辺の朝鮮半島系資料

前述のように、狸岩山古墳群が位置する水別峠の南側、北側には朝鮮半島と関わる資料を出土した遺跡群がある。以下、代表的な遺跡を挙げる(図3)。

菅生小学校裏山遺跡(図1-35、岡山県古代吉備文化財センター編1993)　狸岩山古墳群が位置する総社市と倉敷市の間の東西に連なる山塊の南側は、古墳時代には海が近くに迫っていたと推測されており、狸岩山古墳群の南南西約2kmに位置する菅生小学校裏山遺跡は港湾施設の機能を持っていたと考えられている。この遺跡は、縄文時代晩期から中世の遺構が検出されており、5世紀、7世紀後半～8世紀、10世紀にそれぞれピークがあるようである。特に5世紀前半を中心とする時期の土師器が出土する溝や谷部で朝鮮半島系の軟質系土器、陶質系土器、初期須恵器がかなりまとまって出土しており、その立地などから、港湾施設があり、そこに朝鮮半島からの渡来人た

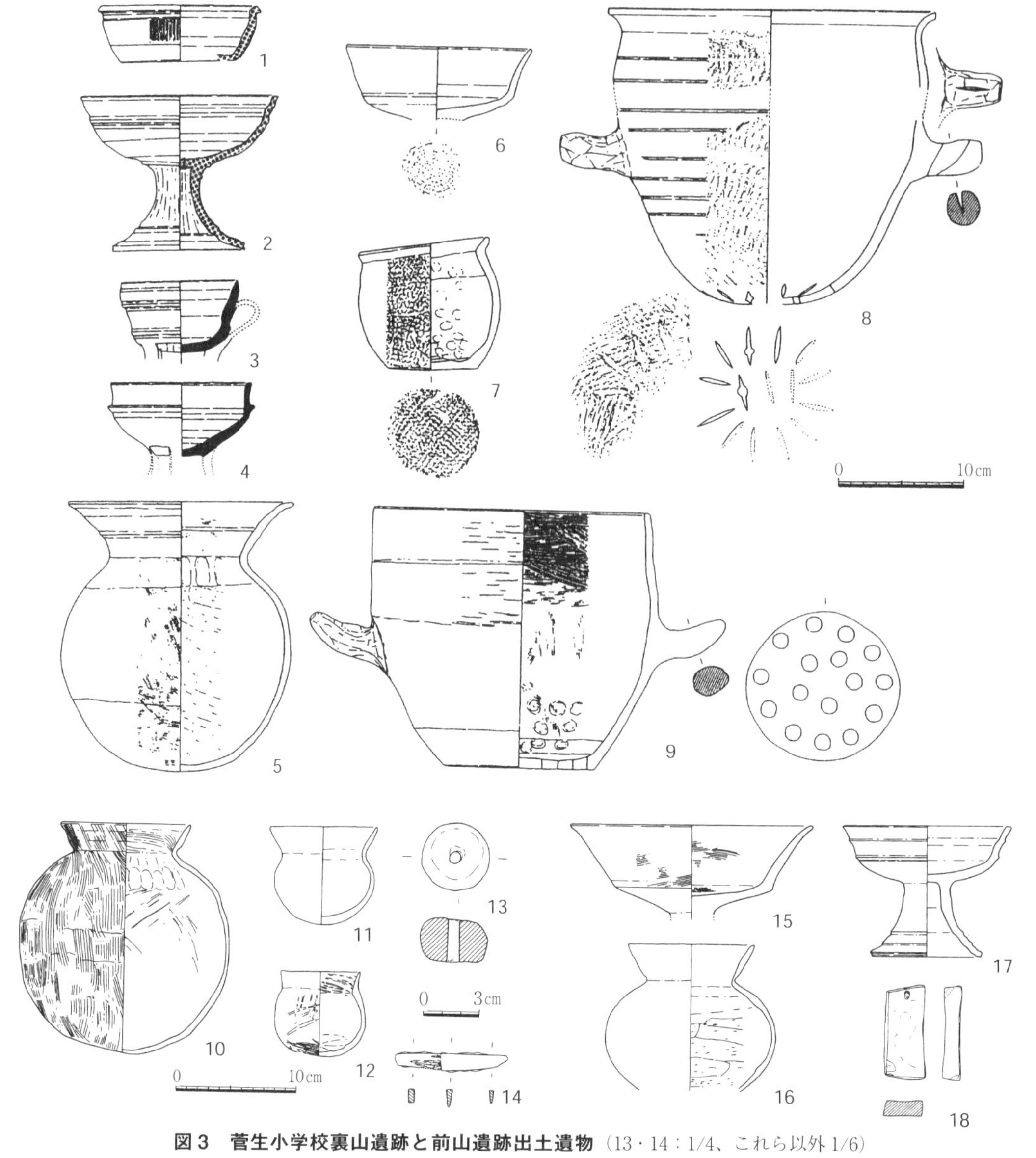

図3　菅生小学校裏山遺跡と前山遺跡出土遺物(13・14：1/4、これら以外1/6)
1～9：菅生小学校裏山遺跡　10～14：前山遺跡土坑墓A　15～18：同1号墳
(1～9:岡山県古代吉備文化財センター編1993、一部改変引用　10～18:岡山県古代吉備文化財センター編1997、一部改変引用)

ちが来ていたのではないかと考えられている。土器は百済中枢地域、全羅道、伽耶、新羅など多様な地域とつながる特徴を持っており、それらの地域からの渡来人たちが立ち寄り、一部定住した可能性が推測されている（亀田2004）。つまり狸岩山古墳群の積石塚古墳群がもし5世紀代のものであるならば、朝鮮半島からの渡来人たちとの関わりが推測されることになるのである。

またこの周辺地域は『和名類聚抄』に記された「阿知潟」と考えられており、菅生小学校裏山遺跡は阿知潟に面した港であり、狸岩山古墳群の位置する水別峠を越えて総社平野につながる重要な場所であったと推測されている。港の機能は平安時代まで続いたようであり、墨書土器、陶硯など「官」に関わると推測される遺物が出土しており、古墳時代には造山古墳・作山古墳などの地域首長たち、奈良時代・平安時代には備中国、備中窪屋郡などの「官」または郡司クラスの人々が関与したものと推測される。

前山遺跡（図1-33、岡山県古代吉備文化財センター編1997）　狸岩山古墳群が位置する山塊の水別峠の北側、道路の東側に位置する遺跡である。弥生時代後期の集団墓が多く検出され、一部古墳時代中期の古墳が検出されている。そしてこの5世紀前半の土坑墓Aから形はやや崩れているが、算盤玉形紡錘車（図3-13）が出土している。算盤玉形紡錘車の副葬は一般的に渡来人に関わるものと考えられており、この墓の被葬者も渡来人、またはその関係者と推測される。

*

以上の2ヵ所が、狸岩山古墳群と比較的近い距離の朝鮮半島系考古資料出土遺跡である。狸岩山古墳群の北側に広がる総社平野では、まとまって朝鮮半島系考古資料が出土する遺跡がある。西側の作山古墳周辺では、吉備最古の須恵器窯である奥ヶ谷窯跡（図1-41）が代表的であり、東側の造山古墳（図1-24）周辺では、鍛冶工房・集落と推測される窪木薬師遺跡（図1-22）、それに関わる可能性があり、渡来人が多く居住した高塚遺跡（図1-14）、彼らの墳墓域である可能性がある法蓮古墳群（図1-23）などがまとまっている（亀田1997・2004）。

基本的に5世紀前半を中心とする時期のもので、造山古墳や作山古墳の被葬者たちとの関わりが推測される渡来人関連遺跡群である。朝鮮半島南東部、洛東江下流域の伽耶地域と関わるものが多いようである。

このように朝鮮半島系考古資料がまとまり、渡来人の存在も十分推測されるが、その周辺で積石塚古墳は未確認である。もしかすると、この地域の朝鮮半島系考古資料のほとんどが洛東江下流域系のもので、積石塚古墳で有名な高句麗や新羅系の資料がほとんどないことと関連するのかもしれない[2)]。つまり、朝鮮半島における積石塚古墳が築かれない地域の人々が来ていると言うことであろうか。

4　おわりに

吉備地域は比較的多くの朝鮮半島系考古資料が確認できる地域として有名であるが、渡来人との関わりが言及される積石塚古墳として確実なものは狸岩山古墳群のみである。

5世紀頃の港湾施設が推測される菅生小学校裏山遺跡では百済・伽耶・新羅など多様な地域と関わる土器が出土しているが、多くの朝鮮半島系考古資料を出土する総社平野側の遺跡の遺物はほとんどが洛東江下流域の伽耶地域との関わりを示している。両地域の渡来人の系譜が異なるのかもしれない。

菅生小学校裏山遺跡に近い狸岩山古墳群のみに積石塚古墳が確認できる理由を以上のように考えれば、多少なりとも説明できるかもしれない。しかし、発掘調査がなされていない現時点では、時期もわからず、その可能性を推測するだけである。

単にその古墳が築かれた場所に石が多く、積石塚古墳を築いた可能性も当然ある。今後の調査研究に期待したい。

小稿をなすにあたり、下記の方々にお世話になった。末筆ながら記して謝意を表します。
中野雅美、土生田純之、日野浦弘幸、物部茂樹、間壁忠彦、正岡睦夫（敬称は省略させていただいた。）

註

1）物部報文（1999）のC積石塚古墳とD積石塚古墳に関しては、岡山県2003のどの号墳と合致するのか、よくわからないが、石室長が1.85mとあるD積石塚古墳は岡山県2003の3号墳と合致するようである。岡山県2003の古墳番号は標高の低いところからつけられているようであり、おそらくこれで良いと思われる。D積石塚古墳（3号墳）に関しては、物部報文では墳形不明となっているが、岡山県2003では直径6mとなっている。またこの番号付けに従えば、C積石塚古墳が6号墳になる。本文のように物部は7.5～11×9mの台形状の方墳と推測しているが、岡山県2003では直径10mの円墳と考え、長さ3m、幅1.7mの竪穴式石室の存在が記されている。

2）伽耶地域にも積石塚は確認されている（土生田2006）。ただ、洛東江下流域ではなく、中流域であり、やはり故地との関係もあるのかもしれない。

引用・参考文献

岡山県古代吉備文化財センター 編　1993『山陽自動車道建設に伴う発掘調査5』岡山県埋蔵文化財発掘調査報告81、岡山県教育委員会

岡山県古代吉備文化財センター 編　1997『前山遺跡・窯戸原遺跡』岡山県埋蔵文化財発掘調査報告115、岡山県教育委員会

岡山県古代吉備文化財センター　2003『改訂岡山県遺跡地図―第5分冊　倉敷地区―』岡山県教育委員会

小野忠凞　1980「積石塚の地域相―中国地方」『考古学ジャーナル』180、ニュー・サイエンス社、pp.19-22

亀田修一　1997「考古学から見た吉備の渡来人」武田幸男編『朝鮮社会の史的展開と東アジア』山川出版社、pp.131-178

亀田修一　2004「5世紀の吉備と朝鮮半島―造山古墳・作山古墳の周辺を中心に―」『吉備地方文化研究』14、就実大学吉備地方文化研究所、pp.1-19

中野雅美　1993「第1章　地理的、歴史的環境」『山陽自動車道建設に伴う発掘調査5』岡山県埋蔵文化財発掘調査報告81、岡山県教育委員会、pp.67-69

土生田純之　2006「第3章　積石塚古墳と合掌形石室の再検討―長野・大室古墳群を中心として―」『古墳時代の政治と社会』吉川弘文館、pp.295-324

日野浦弘幸　2003「14　狸岩山積石塚古墳」山手村史刊行委員会 編『山手村史　史料編』山手村、pp.82-85

物部茂樹 1999　「岡山県狸岩山古墳群中の積石塚」『田中義昭先生退官記念文集　地域に根ざして』田中義昭先生退官記念事業会、pp.71-80

間壁忠彦　1994「生坂狸岩山の積石塚」『倉敷の歴史』倉敷市史研究会、pp.88-89

間壁忠彦・間壁葭子　1996「第5章　大形墳墓の出現と前・中期古墳　第2節　前・中期の古墳　生坂の積石塚」倉敷市史研究会 編『新修倉敷市史第1巻　考古』倉敷市、pp.272-276

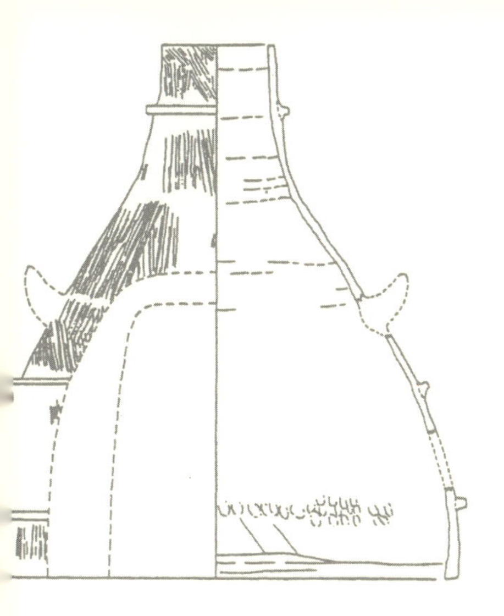

2 近 江

近藤 広

1 はじめに

近江には、現段階において積石塚は発見されていない。しかしながら、積石塚の源流とされる朝鮮半島や中国などの大陸文化の影響が顕著にみられる地域として知られている。積石塚の文化をもっている地域と近江に渡来した大陸文化との関連性については、具体的には検証されていない。積石塚の存在する地域と関連はあったが建物や文物だけが伝わり、墓制が普及しなかったというケースも想定できる。

今回は、近江に渡来した文化がどのような地域の影響を受けているのか、可能な限り把握することによって、大陸における積石塚が存在した地域および伝播した地域との共通点や相違点などを、今後比較検討するうえでの資料として先学の研究成果をふまえながら提示していきたい。

近江は、琵琶湖を中心に北部は湖北（旧伊香郡、浅井郡、坂田郡）、湖西（旧高島郡）、南部は湖東（旧犬上郡、愛知郡、神崎郡、蒲生郡）、湖南（旧栗太郡、野洲郡、甲賀郡、滋賀郡）というように4つの地域に分けられるが、地域ごとにこれらの渡来文化を詳細にみていくことにする。なお湖南は、便宜上さらに東部と西部に分けて記述していく。

2 各地の渡来系文化

近江の古墳で渡来系とされているものとして、大津の北郊に代表される玄室が正方形・横長プランでもち送りの天井をもつ古墳、湖東地域に代表される玄室と羨道の境に段差をもついわゆる階段式（有段式）石室のふたつの古墳が主にあげられる（図1）。水野正好（水野1969・1992）によって、前者は渡来系氏族である漢氏系の古墳（中国・高句麗・百済に通じる石室）、後者を秦氏系の古墳（朝鮮半島南部伽耶・任那に通じる石室）につながるものとされた。

いっぽう古墳以外では、集落において大壁建物、礎石建物、オンドル遺構、L字形カマドをもつ竪穴建物が多くみられる（図2）。遺物においては、韓式系土器、ミニチュア炊飯具、百済系平底壺などが渡来系の古墳や集落から確認されている（図3）。

(1) 湖南西部地域（旧滋賀郡）

旧滋賀郡の大津市北郊（比叡山東南麓）に存在する福王子古墳群、太鼓塚古墳群、百穴古墳群、大通寺古墳群、穴太野添古墳群、飼込古墳群では、前述したように漢人系渡来人の墓とされる玄室が正方形・横長プラン、もち送り天井をもつ古墳が多く存在することで知られている。これらの古墳から出土する遺物のなかに、水野正好（水野 1969）や関川尚功（関川 1988）が渡来系遺物と指摘されたミニチュア炊飯具、金・銀製の釵子などがある。大津市北郊の古墳は現在 150 基以上の調査がなされているが、ミニチュア炊飯具が副葬されている古墳は約3分の1とされ、副葬時期についてはカマドの形態的特徴から、6世紀前半に河内方面から近江に伝播したとされている。まとまって出土した例として飼込6号墳、太鼓塚3号墳、12 号墳などが知られている。また小型甕が副葬されていることが多く、ミニチュア炊飯具と同様な性格をもっていたとされる。金・銀製の釵子は大谷3号墳、大通寺 37 号墳、太鼓塚 D11 号墳などから出土し、渡来系とされている釧も、大谷4号墳、太鼓塚 33 号墳から出土している。また、ミニチュアではないカマドのセットを出土する大通寺 C-1 号墳では、渡来系の古墳で出土することの多いトンボ玉3個と金製の耳環が2セット出土している。金・銀製の耳環は、太鼓塚 24 号墳や大通寺 39 号墳などで出土している。このほか、土器では百済の忠清南道錦江流域を中心に漢江流域の京畿道から忠清北道北部、新羅やその影響を受けた伽耶の地域（昌原、昌寧など）などにもみられる百済系平底壺（いわゆる徳利型平底壺）が、太鼓塚 29 号墳や、渡来系古墳が集中する地区から少し離れた北部にあたる堅田地区の春日山古墳群 G-5 号墳から出土している。春日山古墳群は、畿内型石室を主体とする古墳群で G-5 号墳も畿内型石室の形態をとるが、B-17 号墳や C-37 号墳のように天井もち送り式の石室である渡来系要素をもった古墳も存在する。

また、太鼓塚古墳群周辺の集落（太鼓塚遺跡）の大溝からは、田中清美（田中 1994）によって百済に関連があるものとされた鳥足文を施した軟質の韓式系土器片4点が出土している。この土器は、三国時代では百済の勢力が及ぶ地域に分布するものとされている。鳥足文を施した韓式系土器は、このほか大津市中畑田遺跡でも出土している。中畑田遺跡のある堅田周辺は天井もち送り式の石室をもつ古墳が集中する地域ではないが、近くに存在する4基からなる石神古墳群中の4号墳はもち送りの天井をもつ古墳であり、大津北郊の古墳群との関連が推定できる。春日山古墳群同様堅田地域周辺に、渡来人が拡散していたことが窺える。大津北郊の南部に存在する園山古墳の玄室平面も、正方形に近く堅田地区と同様な現象が推測される。

いっぽう渡来系の建物については、大壁建物、礎石建物、オンドル遺構が知られ、6世紀後半から7世紀にかけて南滋賀遺跡、滋賀里遺跡、穴太遺跡などで 40 棟以上確認されている。朝鮮半島における大壁建物（權・李 2006）は、伽耶の高霊でわずかに認められる以外は、公州、扶余、益山など主に百済の錦江流域で確認されていることから、近江もこれらの地域との関連が強かったことが推測される。林博通は、大壁建物について韓国忠清南道公州の公山城遺跡の建物に共通することを述べられ（林 1997）、吉水真彦は、大壁建物が正方形を意識して構築されている点と、出現した時期が先の漢人系の古墳とされる横穴式石室の正方形プランとが共通することの関連性をみいだす興味深い説を述べている（吉水 2005）。また、穴太遺跡で確認されている石組みで構成されたオンドル遺構 SX22 とされるものは7世紀前半の所産とされ、青山均によって韓国忠清南道扶餘の扶蘇山城例に類似することが指摘されている（青山 1989）。また百済との関連性が強いとされる、大壁建物や礎石建物などのカマドや窖釜などの排煙管として利用したとされる煙突状土製品が、穴太遺跡や南滋賀遺跡で出土している（坂 2007）。

(2)湖南東部地域(栗太郡・野洲郡・甲賀郡)

旧栗太郡の安養寺山周辺では、渡来系要素をもつ古墳がいくつか存在する。栗東市和田古墳群は6世紀中頃から7世紀前半の古墳群で、9基中8基がいわゆる階段式(有段式)の石室をもつ古墳であることから、渡来系の古墳とされている(佐伯ほか 2000)。後述する湖東を中心に分布する階段式石室とは、少し形態を異にする。1号墳と11号墳の石室床面には白雲母結晶片がちりばめられ、この風習は日本においては通例ではなく、朝鮮半島新羅の古墳(皇吾里33号墳など)と共通するものである。また1号墳の周溝内には、新羅、伽耶地域の墳墓に類似した合わせ口石棺墓がみつかっている。さらに周溝からは馬の骨が確認されており、馬葬の風習がみられる大陸との関連が強いものとみてよいであろう。石室内の遺物では、11号墳出土のイモガイ製雲珠がある。日本では北部九州に分布の中心があり、近畿地方ではめずらしいものである。朝鮮半島では、新羅の古墳(慶州天馬塚、皇南里33号墳、151号墳など)を中心にその影響を受けた伽耶(昌寧校洞など)で確認されており、その関連が窺える。また装飾品では、大津の渡来系古墳から出土する金・銀製の耳環や、玉類ではガラス製管玉(14個)や碧玉製平玉(7個)の多数出土も、渡来人との関連を窺わせる遺物としてあげることができる。ガラス製管玉は、通常装飾品のアクセントとして1個使用することが多く、日本において多数の出土は朝鮮半島的で特殊といえる。また、平玉が多数出土する例には、奈良県新沢272号墳(7個)、寺口忍海H-35号墳(20個)など渡来系の古墳群でしばしば確認されており、両者の関連性が注目できる(近藤 2004)。

和田古墳群から北へ約100m離れた地点に新開古墳群があり、1号墳から出土した木芯鉄張鐙など初期の馬具は、中国遼寧省北票県西官営子の王墓出土例や伽耶の福泉洞10号墳出土例に類似し、伽耶地域からの舶来品とする考え方もある。2号墳からは、鉄生産の存在を想定させる多量の鉄鋌や、伽耶の晋洲水精2・3号墳、陜川郡玉田28号墓出土例や、高句麗集安の三室塚の壁画にみられる蛇行状鉄器が出土している。また新開古墳群の西側には、7世紀中頃に造墓された終末期の新開西古墳群が存在する。3号墳は有蓋長胴棺が採用されており、合わせ口棺が集中する百済の全羅南道栄山江流域や忠清南道錦江流域との関連性が想定される。有蓋長胴棺の出土例は新開西古墳と同一丘陵にある安養寺笹谷のほか、守山市立入町でも出土しており、近江では旧栗太郡のみに集中している。また、注目すべき遺物に新開西3号墳付近の古墳から出土した可能性をもつ二彩の陶製露玉が存在する。今のところ日本では類例がなく、渡来系遺物の可能性が高い。このほか、和田古墳群から約500m南に小槻大社古墳群があり、10号墳の周溝から新羅・伽耶に系譜をもつ6世紀前半の所産とされる須恵器の角杯が出土している。

さらに集落からは、草津市襖遺跡で7世紀の所産とされる須恵器の三足壺が出土している。三足壺は中国の青銅器にみられる鼎とのかかわり(柴崎 1987)が指摘されている土器で、百済地域に存在する三足杯との関連も指摘されているが、三足杯の分布が錦江地域を中心としていることから百済のなかでもその系譜が限定できる可能性がある。出土例は少ないが、三足壺も公州汾江・楮石里古墳群や論山郡表井里などから出土しており、三足杯と同様の分布を示す。系譜については、錦江流域との関連が有力である。このほか近江では、木内石亭が描いたとされる絵図『曲玉問答』のなかに江州栗田郡金勝(栗東市)の岩窟から出土したとされる三足壺が存在する(畑中 1998)。三足壺の分布は、福岡を中心に美濃・尾張のほか製鉄関連の遺跡が存在する広島や岡山の事例がみられ、嶋田光一(嶋田 1993)は砂鉄製錬集団との関連を指摘している。草津の事例は近くに砂鉄ではないが鉄鉱石を原料とした製鉄遺跡が多く存在し、金勝周辺には鉄の資源となる鉄鉱石が採掘できる石部ほか、その可能性がある接触帯が金勝から田上・南郷にかけて多く存在することが知られている（大道 1996）。このことから、鉄生産にかかわった百済系渡来人の存在が想起させられる。県外の事例であるが、三足壺と百済系平底壺が共伴している岡山県久米町糠山・コウデン山2号墳の被葬者は、製鉄にかかわった人物とされており、三足壺と百済系平底壺が共伴している本事例は土器の系譜を考えるうえで興味深い資料である（亀田 2005）。また襖遺跡と隣接する草津市谷遺跡では、5世紀後半とされる方墳 SX1 の周溝から百済系とされる盌形土器が出土している（辻川 2013）。内面にみられる火襷状痕跡が「羅洲系土器」杯蓋に認められることから、全羅南道栄山江流域との関連が推定できる（酒井 2008）。5世紀後半と7世紀の事例であり時期の間隔はあくが、同地域に百済系要素をもつ土器がみられることは注目される。

旧野洲郡の野洲市大岩山古墳群周辺では、渡来系要素をもった遺物を出土している古墳が存在する。甲山古墳は6世紀中頃に築造された円墳で、馬甲や金糸が出土している。石室床面には和田古墳群同様、白雲母結晶片が多数確認されている。馬甲は和歌山県大谷古墳出土のものが著名であるが、日本においては主となる馬具ではなく、朝鮮半島の陜川玉田 28 号墳、東莱福泉洞 10 号墓など、伽耶の洛東江下流域および黄江流域の古墳で類似したものがみられ、渡来系の遺物とされる。また大岩山から出土したとされる獣帯鏡は、百済公州宋山古墳群中の武寧王陵から出土しているものと同范で、百済との関連が窺える。この鏡と同范の鏡を出土している群馬県高崎市観音山古墳では、金銅製歩揺飾付雲珠や金銅製鈴付大帯、銅製水瓶など、まとまった渡来系遺物が出土している。このほか大岩山古墳群では、渡来人とのかかわりが強いとされるトンボ玉が桜生古墳や大塚山古墳から、重層ガラス玉（銀箔ガラス連珠玉）が宮山1号墳から出土している。桜生古墳群の 13 号墳ではT字形の石室プランをもつ特殊な古墳が確認されているが、同様な石室が大津の大通寺3号墳、春日山 D-13 号墳で確認されている。大通寺3号墳ではミニチュアカマドの出土、春日山古墳群では前述したように畿内型石室を主体とするが、百済系平底壺の出土や天井もち送り式の石室をもつ古墳が存在し、百済系渡来人との関連がみられる。大岩山古墳群の被葬者は、新羅・伽耶的要素を含んでいるが、先の獣帯鏡や桜生 13 号墳の事例を評価すれば、百済との関連性が強い古墳群として評価できる。ちなみに少し離れた野洲市三上神社1号墳および田中山3号墳の石室は小型であるが、正方形プラン、天井もち送り式石室の古墳であり大津北郊の渡来系古墳群との関連が注目される（花田 1999）。

いっぽう集落では、野洲川流域に存在する古墳時代の拠点集落である栗東市岩畑遺跡、辻遺跡で、L字形カマドを設置した竪穴建物を含む集落が存在する。L字形カマドはオンドル遺構も含め、その系譜が中国北部や高句麗にみられるカン（暖房施設）との関連が指摘されている（上垣・松室 1996）。しかしカマド伝播時期と整合せず直接はつながらないが、中国、高句麗、百済をへて伽耶南部に伝播し、日本に伝わったという可能性も考えられる。

辻遺跡のL字形カマドをもつ竪穴建物は、北と南のグループからそれぞれ1棟ずつ確認されている。南側グループに存在する竪穴建物内から5世紀前半と考えられる軟質韓式系土器の甑、鍋、鉢、甕のセットが出土しており、遺構と遺物の両方から渡来系要素を確認できる貴重な資料である。また付近から、釜山福泉洞 31 号墳の器台や金海大成洞1号墳の有蓋長頸壺にみられる集線文をもった脚付壺（硬質の韓式系土器）が出土していることから、伽耶南部との関連性が想定できる。辻遺跡から南東約800m離れた場所に存在する岩畑遺跡の1985年度に調査された地区では、5世紀中ごろから6世紀前半にかけてのL字形カマドが13棟集中して確認されている。建物の単位が3つ存在し、そのひとつではL字形カマドの占有率が19棟中9棟（47.3%）というようにかなりの高い率で存在する。またこの遺跡では、武器や農具などの鉄製品の保有率が高いことで知られ、その入手にあたっては同時期に存在した新開古墳との関連が想定できる（近藤2009）。

甲賀市の植遺跡でも、5棟の竪穴建物からL字形カマドが4時期にわたって確認されている。この遺跡では赤色顔料遺物や鍛冶関連の遺物のほかに、前述した百済との関連が強い土器とされる煙突状土製品が確認されている。このほか湖南東部では、守山市下長遺跡や野洲市中主町光相寺遺跡からも出土している。時期はおおむね下長遺跡例が5世紀前半、光相寺遺跡例が7世紀とされる。とくに光相寺遺跡では大壁建物も確認されているように、湖南東部は渡来人とのかかわりが強い地域である（徳網2001）。

守山市阿比留遺跡では、5世紀前半頃の竪穴建物からまとまった軟質韓式系土器（鍋、甑、長胴甕など）が出土している。また周辺には、6世紀代とされる須恵器の大型杯身と土師器の長胴甕を合わせ口にした棺が出土している。類似したものが百済地域（扶餘塩倉里壺棺墓など）にみられる。周囲の包含層から羽釜や移動式竈、ベンガラを塗った高坏、鉄滓を出土する土坑など渡来系要素がいくつかみられる。さらに、隣接する守山市播磨田東遺跡ではガラス玉と共に金製玉を出土した6世紀の土壙墓が確認されており渡来人の墓とされている。この遺跡では、5世紀前半の軟質韓式系土器（長胴甕、平底鉢）を出土した竪穴建物も確認されている。

このほか5世紀と推定される遺物では、守山市欲賀西遺跡から伽耶地域（金海府院洞遺跡、陜川鳳渓谷里76号墳など）に類似例がある算盤形の紡錘車が出土している。

(3) 湖東地域（旧犬上郡、愛知郡、神埼郡、蒲生郡）

湖東を中心に分布する階段式石室（有段式石室）については、竜石山古墳群を検討した水野（水野1969）によって新羅の慶尚北道大邱達西古墳群、慶尚南道梁山夫婦塚古墳群に故地があるとし、三ツ山古墳群を検討した中谷正治も北九州に源流があり、水野同様に慶尚北道達西古墳群に故地があるとした（中谷1973）。また、上蚊野古墳群を検討された藤川清文は、京畿道驪洲郡梅龍里8号墳に源流があるとされた（藤川1978）。埋葬されている人々は、朝鮮半島にゆかりがある依知秦氏とのかかわりが指摘されている。

現在湖東で階段式石室が確認されている古墳は、犬上郡甲良町塚原古墳群、北落古墳群、愛知郡愛荘町上蚊野古墳群、東近江市湖東町祇園古墳群に西塚古墳、近江八幡市安土町竜石山古墳群、常楽寺山古墳群、東近江市蒲生町天狗前古墳群、蒲生郡竜王町三ツ山古墳群がある。階段式石室を分類された堀真人（堀1997）によれば、平面と階段部の特徴（玄室幅が1.6mより狭いものⅠ類、広いもの2類）から、愛知川を境に北部地域（旧犬上・愛知郡）と南部地域（旧蒲生郡）に二分できるとされた。ちなみに前者が1類、後者が2類を主体としている。

階段式石室をもつ古墳において注目される遺物として、塚原古墳群では1号墳と2号墳から百済系平底壺が出土しているほか、10号墳から鳥を装飾した須恵器の脚付𤭯が出土している。百済系平底壺は、前述したように百済を中心に分布することを述べたが、装飾付須恵器の系譜も朝鮮半島にあり、百済にもわずかにみられるが新羅を中心に伽耶地域にもしばしば認められるものである。首長墓級の古墳から出土することが多いが、渡来人とゆかりのある古墳からも出土している（近藤1987）。装飾付須恵器は階段式石室の可能性をもつ近江八幡市岡山2号墳からも出土しており、百済系平底壺（忠清南道論山表井里1号墳例に類似）と共伴している。百済系平底壺は、甲良町小川原遺跡T-1SK2土壙墓や小川原遺跡1号墳からも出土している。T-1SK2土壙墓は馬具が出土していることでも注目されており、土壙墓が古墳との階層の差ではなく朝鮮半島の墓制の系譜をひくものであることが明らかにされている（畑中1997、山中1997）。

また、百済系平底壺は、日野川流域の蒲生郡日野町小御門古墳群の溝から2点出土している。この古墳群は10基の円墳で構成され、調査された2基の古墳のうちのひとつは、カマド塚もしくは窯葬墓といわれている、火葬を目的とした横穴式木芯粘土室をもつ。大壁建物の構造と共通点がみられ、これらの点から在来の古墳ではなく渡来系の被葬者である可能性が考えられている。愛知郡愛荘町塚原古墳も同様な構造をもち、石室内部にはベンガラが多用されている。平井美典は、犬上川周辺の古墳群にベンガラが多用されていることに注目し、殖産氏族として簀秦画師との関連を述べられている（平井1994）。百済系平底壺は東近江市蛭子田遺跡からも出土しているが、近くには階段式石室をもつ天狗前古墳が存在し両者の関係が注目される。古墳の時期は、おおむね6世紀後半から7世紀とされている。また、鉄生産に渡来人がかかわっていた可能性が高いことを三足壺との関連で述べたが、犬上郡甲良町尼子5号墳における周溝内埋葬に伴う鉄滓（製錬滓）は、まさに7世紀の鉄生産を想起させるものである。

このほか百済系の土器以外では、彦根市荒神山古墳群出土とされる新羅系土器の有蓋短脚高坏（6世紀末～7世紀）が存在する（辻川2012）。荒神山には約2㎞の範囲に4つの古墳群が確認されており、山王谷支群の1号墳は、大津北郊に集中的に分布するもち送りの天井をもつ横穴式石室の特徴をもつ。階段式古墳が集中する湖東においては特殊な例といえるが、新羅土器は、時期によって伽耶や百済の地域に影響を与えているのでその系譜は複雑である。このほか新羅土器では、近江八幡市スデラ遺跡、中小路遺跡、彦根市山之脇遺跡から出土している（岩崎1987、定森1994）。今のところ階段式石室が集中する湖東内陸部での出土がなく、湖岸寄りの遺跡から出土している傾向があり、入手ルートの点で注意される。

いっぽう建物では、初期のL字形カマドの事例として4世紀後半から5世紀前半の東近江市能登川町西ノ辻遺跡が存在する。付近から韓式系土器の甑が出土し、別地点でも軟質韓式系土器（平底鉢）が数点出土している。東近江市安土町小中遺跡でも、5世紀前半頃のL字形カマドの可能性をもつ竪穴建物が確認されている。出土遺物に、軟質韓式系土器に相当する多孔式の甑が出土している。付近の溝からは、前述の金海大成洞1号墳出土の有蓋長頸壺にみられる円形スタンプ文と類似した文様をもつ硬質の器台が出土しており、伽耶南部地域との関連が推定できる。また、階段式石室を含む常楽寺山古墳群の1号墳からも、円形スタンプ文をもつ硬質韓式系土器の高坏が出土している。

7世紀以降においては、蒲生郡日野町野田道遺跡でオンドルをもつ竪穴建物とL字形カマドをもつ竪穴建物が2時期にわたって形成されている。オンドルもしくはL字形カマドの占有率は、6棟中4棟で66.6%と高い占有率を示している。また出土遺物に、渡来系生産集団の存在を窺わせる鞴の羽口や鉄滓などの鍛冶関連遺物が出土している。このほか渡来系の建物として、6世紀末～7世紀初頭とされる大壁建物が犬上郡多賀町木曽遺跡で2棟、愛知郡愛荘町なまず遺跡で1棟確認されている。

(4)湖北地域（伊香郡・浅井郡・坂田郡）

米原市磯崎2号墳は正方形プランの玄室をもち、渡来系とされる大津北郊の古墳と共通する特徴をもっている。また、6世紀前半とされる長浜市柿田1号墳の周溝から鳥足文を施した硬質の韓式系土器の甕が出土している。このことから、百済系渡来人とゆかりのある古墳である可能性が高い。さらに米原市新庄に存在する全長40.4mの前方後円墳である塚の越古墳の周溝から、2段スカシをもつ高坏の新羅土器が出土している。土器は、5世紀後半から6世紀初頭の所産である（辻川2012）。

建物では、長浜市余呉町桜内遺跡で7世紀の竪穴建物に伴うL字形カマドが2つのグループで計3棟確認されている。2棟確認されているグループには壁支柱建物も確認されており、L字形カマドの竪穴建物が存在するグループには、合わせ口棺がそれぞれ1基ずつ確認されている点も注目される。オンドル遺構では、鳥足文土器が出土していた古墳が存在する長浜市柿田遺跡で、野田道遺跡例に類似した7世紀後半とされるものが確認されている。時期は下るが、付近から8世紀初頭とされる新羅系の獣面文軒丸瓦が出土しており百済のみの影響ではないことが窺える。また長浜市大塚遺跡では、5世紀とされる竪穴建物から移動式竈が出土している。さらに注目すべきものとして、長浜市高月町高月南遺跡では、奈良県南郷柳原遺跡と並んで初期の大壁建物とされる遺構が確認されている。初期の大壁建物が出現する5世紀前半には、辻遺跡同様集線文をもった硬質の韓式系土器（把手付脚付壺）が出土しているが、前述したように朝鮮半島南部の金海、釜山周辺の土器に共通する文様であることから伽耶南部の影響が推定される。この遺跡では、6世紀末～7世紀前半の大壁建物も確認されている。

このほか硬質韓式系土器の出土で注目すべきものとして、6世紀の所産とされる伽耶・高麗系土器の壺、泗川・固城系土器の高坏が米原市入江内湖遺跡から出土している。

(5)湖西地域（高島郡）

湖北地域同様、典型的な渡来系要素をもつ古墳は知られていないが、高島市今津町高田館2号墳から百済系平底壺が出土している。百済系平底壺は、高島市下五反田遺跡、上御殿遺跡からも出土している。このほか、渡来系要素をもつ土器に高島市勝野から出土した須恵器の特殊扁壺がある。山田邦和は、慶州の金鈴塚古墳や飾履塚古墳から出土している金属製の柄杓との関連を指摘されている（山田1992）。勝野例は竹を模したとされる棒状のものを胴部の中心に付属したもので、胴部外面の文様は新羅的である。朝鮮半島の類例では、国立晋洲博物館所蔵の土製鈴に類似している。近江では漢人系墳墓である大津市穴太飼込古墳群からも特殊扁壺が出土しており、特殊扁壺が新羅的とするならばその系譜は複雑である。

土器以外の遺物では、高島市鴨稲荷山古墳から出土している金属製品の系譜については、耳飾りは百済説、大刀は高句麗系の伽耶説、冠は伽耶および百済・全羅南道もしくは伽耶の西南地域というように、さまざまな見解がだされている。

いっぽう建物では、前述の百済系平底壺が出土している下五反田遺跡で、5世紀中頃のL字形

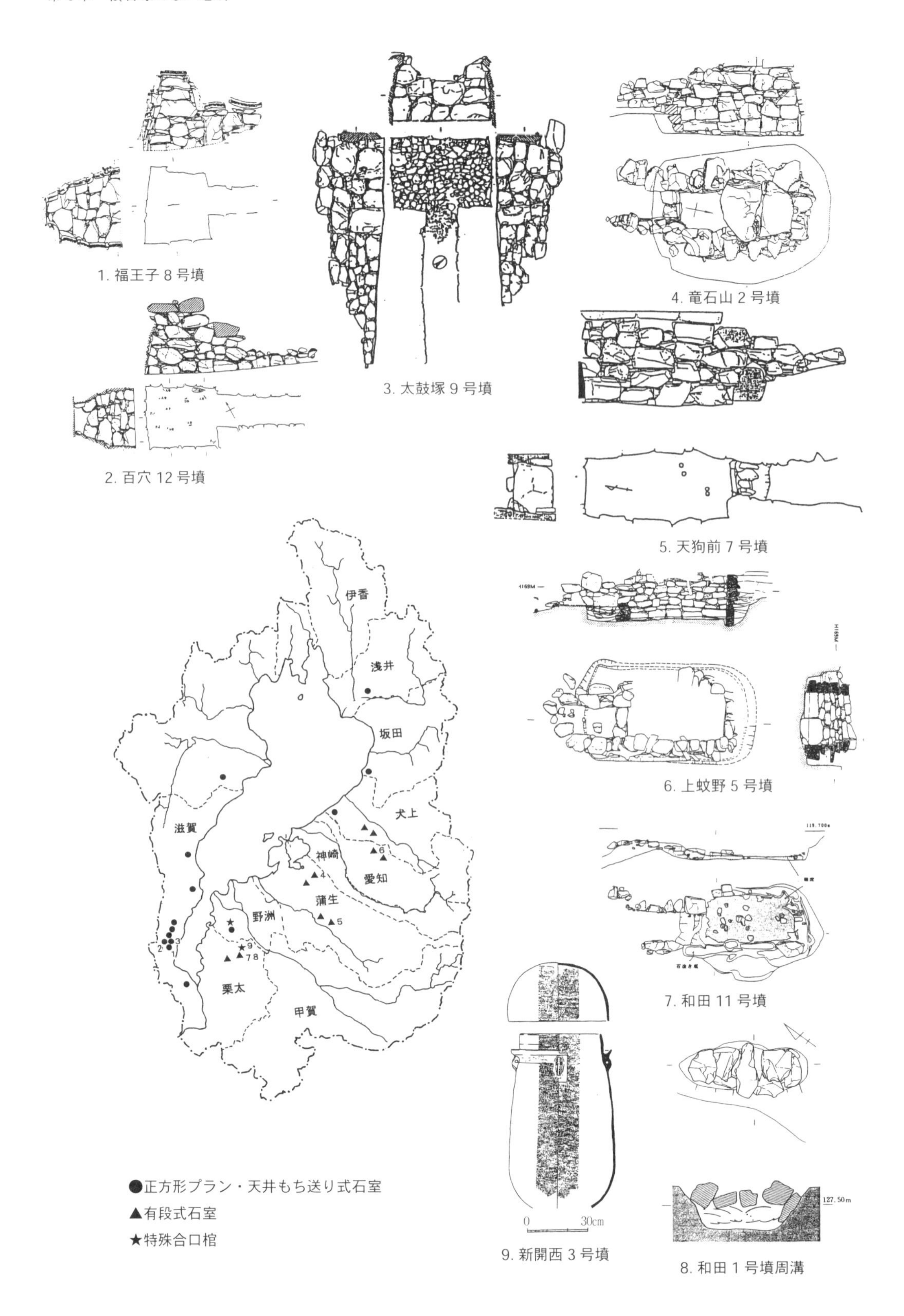

図1　石室形態の分布状況

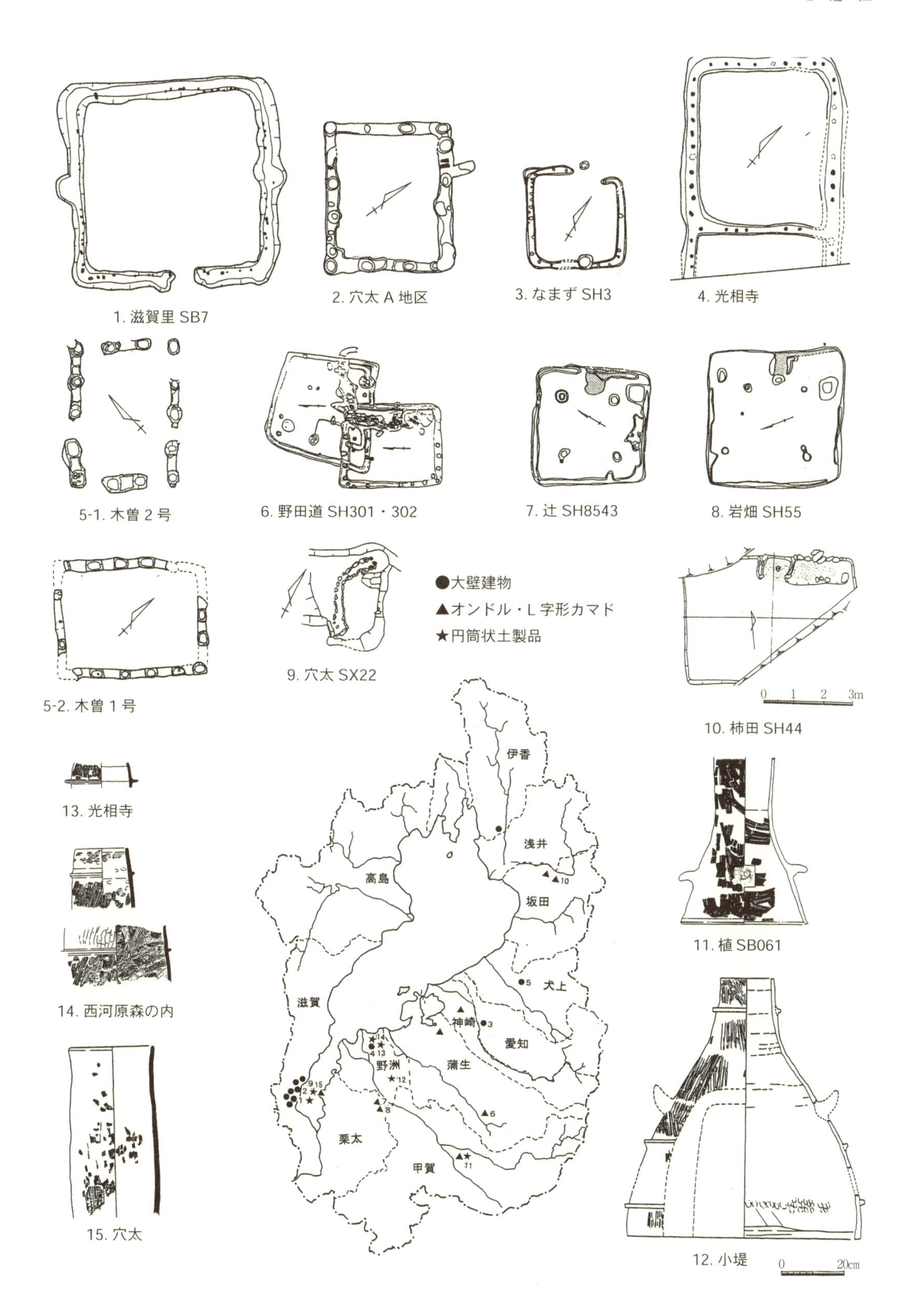

図 2 大壁建物・オンドル（L 字形カマド）、円筒状土製品の分布

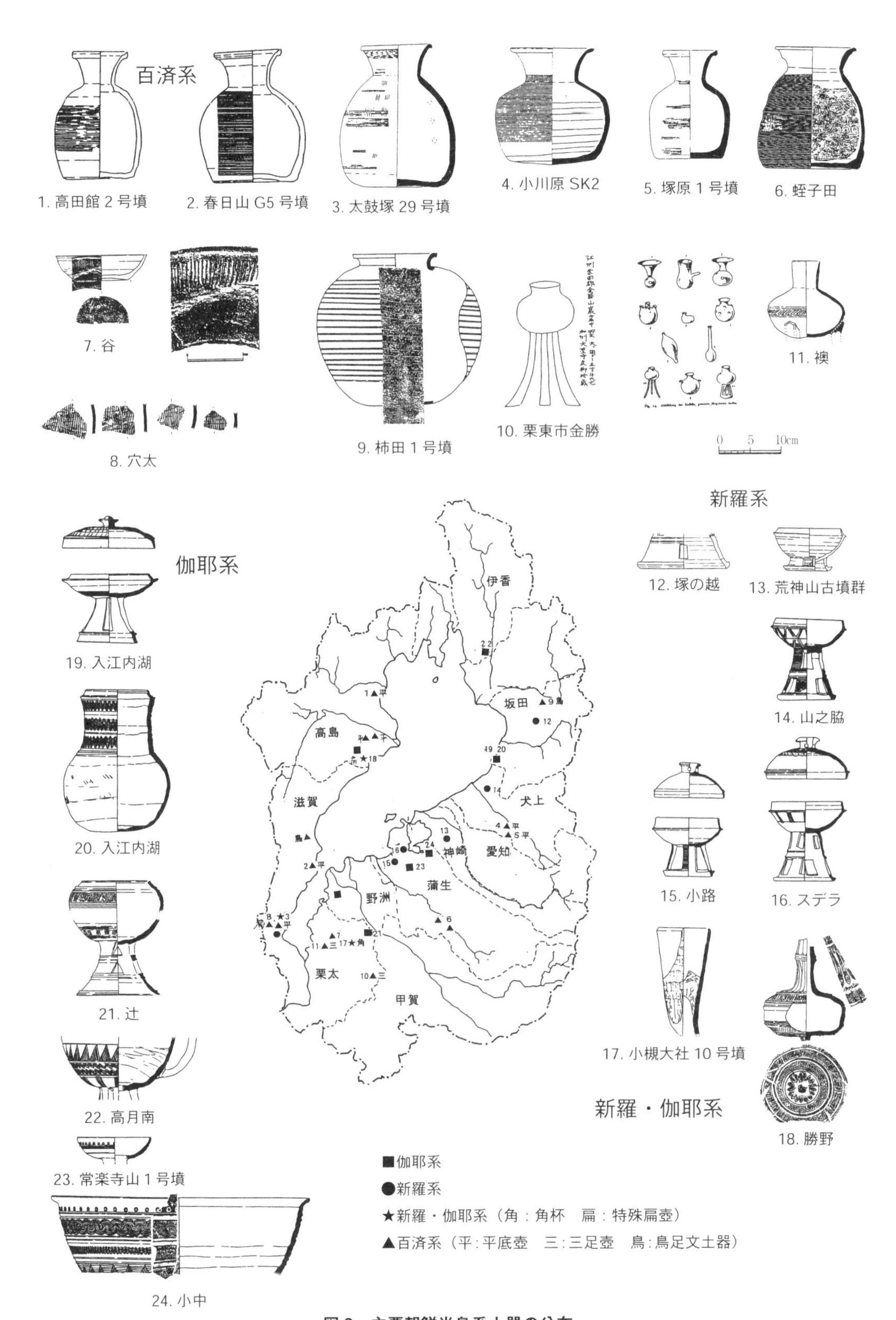

図3　主要朝鮮半島系土器の分布

カマドをもつ竪穴建物が3棟確認されている。この集落は北と南に大きく2グループに分けられ、南のグループは8棟中2棟がL字形カマドで約25%の占有率を示している。北側グループでは5棟の竪穴建物中1棟のみがL字形カマドをもっている（占有率20%）。この遺跡では、L字形カマドではない通常のカマドをもつ竪穴建物から長胴甕などの軟質韓式系土器が出土しているが、近くに存在する高島市南市東遺跡においても同じく通常のカマドをもつ竪穴建物から軟質の韓式系土器（長胴甕）が出土しており、L字形カマドだから韓式系土器を所有しているという状況ではない。また、北側グループから約500m離れた地点から7世紀とされる壁支柱建物が確認されている。

拠点集落では、これまでの分析から各地域を通じて下五反田遺跡のように時期を隔てて別系統の渡来人が同じ集落（地域）に居住しているケースが窺える。

3 まとめ

渡来系要素は時期的にみていくと、5世紀前半から後半を中心とした時期と、6世紀後半から7世紀の大きく2時期に分けられる。5世紀段階は、土器の分析から朝鮮半島南部伽耶地域（金海、釜山など）との関連がみられ、拠点集落を中心に初期カマドの普及に伴いL字形カマドも一部の集落で普及し、大壁建物も高月南遺跡で出現している。6世紀以降は、一部新羅や伽耶とのかかわりが想定されるが圧倒的に百済地域との関連が強くみられる。

近江の渡来系古墳の出自については、百済系平底壺が鍵を握っているように思える。大津北郊と湖東の古墳は同じ渡来系の古墳でも石室の形態がまったく異なることから、倭漢氏と秦氏という渡来系氏族の違いが指摘されている。このことは、文献の分析からも証明されている（大橋2004）。両地域の古墳とも百済系平底壺が出土していることから百済に系譜をもつ渡来人の墓という可能性が強いが、百済系平底壺は、A（釣り鐘形を呈し、胴部最大径に対して縦に長い胴部をもつもの）、B（肩部が張り、胴部最大径と高さにひらきがないもの）タイプに大きく分類（田中1993、近藤1998）できることから、少なくとも2系統以上存在する可能性がある。B類は論山・清洲地域に多くみられ、A類は京畿道（夢村土城遺跡出土例）地域との関連も考えられるように、漢江流域、錦江流域など百済内での地域差ということも想定できる。階段式石室に小地域差が指摘されているように、今後はその小地域差をどこまで追究できるのかということが課題となるであろう。土器の分析から判断すれば、階段式石室の故地が藤井のいうように漢江流域なら一部つじつまが合うが、水野、中谷のように伽耶地域に故地があるとすれば百済系平底壺の系譜に問題が生じる。しかし、新羅の影響を受けた百済や伽耶の地域にも百済系平底壺がみられることから、それらの地域との関連も考えていく必要がある。例えば、伽耶南部地域の昌原にある加音丁洞の墳墓では、新羅土器の影響が強くみられ百済系平底壺もみられる。3号墳の石室は竪穴系横口式石室で、愛知川南部地域の階段式段石室に類似している。このように土器については、6世紀から7世紀において戦乱などの影響によって各地の要素が入り混じっていることから、石室と土器の系譜がかならずしも一致するとは限らないので慎重な検討が必要になってくる。しかしながら6世紀後半から7世紀においては、大壁建物や百済系平底壺の分析から百済の錦江流域の影響が強かったことについては大きく変化はないと思われる。

最後に、積石塚との関連についてふれておこう。積石塚の分布は高句麗の渾江流域から集安などの鴨緑江流域、北朝鮮の大同江流域にかけての広範囲の高句麗を中心地域に分布し、百済においては京畿道石村洞一帯が著名で、漢江中流域から南漢江流域にも分布している。そのほか、伽耶北部の大邱から漆谷、さらには安東方面に至る地域に石材を積み上げる古墳が点在している（土生田2016）。これまで述べてきたように、近江にみられた渡来文化は主に伽耶南部地域と忠清南道錦江流域の影響が最も強く、積石塚が分布する地域の文化は、一部百済系平底壺が漢江流域に類似品が存在し、階段式石室の系譜が推定されている以外はほとんどその影響が見られない状況であった。また、オンドルやL字形カマドの系譜につながるものが中国や高句麗地域に存在するが、伝播時期の問題から直接関連があるのではなく、百済から新羅、伽耶地域をへて伝播したことが推定できるにすぎない。このことから、近江に入ってきた渡来文化は積石塚の存在する地域とは別系統であったことが想定される。

引用・参考文献

青山　均　1989『穴太遺跡（弥生町地区）発掘調査報告書』大津市教育委員会
岩崎直也　1986「地方窯の上限と系譜を求めて（Ⅱ）」『滋賀考古学論叢』第3集、滋賀考古学論叢刊行会
上垣幸徳・松室孝樹　1996「石組みの煙道を持つカマド―古代の暖房施設試論―」『紀要』第9号、滋賀県文化財保護協会
内田保之　1995『ほ場整備関係遺跡発掘調査報告書』ＸⅡ―Ⅳ　滋賀県教育委員会・㈶滋賀県文化財保護協会
大橋信弥　2004『古代豪族と渡来人』吉川弘文館
大道和人　1996「鉄鉱石の採掘地と製鉄遺跡の関係についての試論」『紀要』第9号、滋賀県文化財保護協会
亀田修一　2005「吉備の渡来人と鉄生産」『ヤマト王権と渡来人』」日本考古学協会2003年度滋賀県大会シンポジウム2、サンライズ出版
近藤　広　1987「装飾付須恵器の伝播について」『花園史学』第8号考古学特輯号、花園大学史学会
近藤　広　1998「高島郡における渡来文化」『滋賀考古』第20号、滋賀考古学研究会
近藤　広　2004「渡来系の古墳にみる玉」『古代の装飾品からみた大陸文化』歴史フォーラム記録集、栗東市教育委員会・㈶栗東市文化体育振興事業団
近藤　広　2008「近江における韓式系土器の様相―軟質土器の分析を中心に―」『古代学研究』180、古代学研究会
近藤　広　2009「近江における渡来系集落の様相」『花園大学考古学研究論叢Ⅱ』花園大学考古学研究室30周年記念論集刊行会
權五榮・李亨源　2006「壁柱（大壁）建物研究のために」『日韓集落研究の現況と課題（Ⅱ）日韓集落研究会2006』韓日集落研究会
才本佳孝　2012「近江八幡市内出土の韓式系土器について」『淡海文化財論叢』第四輯、淡海文化財論叢刊行会
佐伯英樹ほか　2000『和田古墳群』栗東市教育委員会
酒井清治　2008「陶質土器と須恵器」『百済と倭国』高志書院
㈶滋賀県文化財保護協会編　1996『いにしえの渡りびと―近江・河内・大和の渡来人―』第7回埋蔵文化財調査研究シンポジウム資料
㈶滋賀県文化財保護協会編　2012『古代近江の渡来文化』シリーズ近江の文化財005

定森秀夫　1994「陶質土器からみた近畿と朝鮮」『ヤマト王権と交流の諸相』名著出版
柴崎勇夫　1987「特殊須恵器の器種と分布」『愛知県陶磁資料館研究紀要』6
嶋田光一　1993「須恵器有蓋三足壺考」『古文化談叢』第30集中、九州古文化研究会
関川尚功　1988「古墳時代の渡来人」『橿原考古学研究所論集』九、橿原考古学研究所
田中秀和　1993「三重県出土の百済系土器の検討―いわゆる徳利形土器について―」『Mie history』Vol.5、三重歴史文化研究会
田中清美　1994「鳥足文タタキと百済系土器」『韓式系土器研究』V、韓式系土器研究会
辻川哲郎　2012「近江の新羅系土器二例」『淡海文化財論叢』第四輯、淡海文化財論叢刊行会
辻川哲郎　2013「近江地域における百済系土器の一様相―草津市谷遺跡出土盌形土器について―」『紀要』26、公益財団法人滋賀県文化財保護協会
徳網克己　2001「カマドに伴う煙突について」『平成11年度中主町内遺跡発掘調査年報　光相寺遺跡第26次発掘調査報告』中主町教育委員会
中谷雅治　1973「階段状石積みのある横穴式石室について―滋賀県三ツ山古墳群を
中心として―」『水と土の考古学』小江先生還暦記念論集刊行会
畑中英二　1997「犬上川扇状地左岸における習俗の研究」『紀要』第10号、財団法人滋賀県文化財保護協会
畑中英二　1998「木内石亭の研究（一）―『曲玉問答』所載の須恵器有蓋三足壺について―」『滋賀考古』第20号、滋賀考古学研究会
花田勝広　1999「古代野洲の古墳群(1)」『野洲町立歴史民俗資料館紀要』第6号、野洲町立歴史民俗博物館
花田勝広　2002『古代の鉄生産と渡来人―倭政権の形成と生産組織―』雄山閣
花田勝広　2005「古墳時代の畿内渡来人」『ヤマト王権と渡来人』日本考古学協会2003年度滋賀県大会シンポジウム2、サンライズ出版
土生田純之　2006『古墳時代の政治と社会』吉川弘文館
土生田純之　2016「東日本の渡来人」『季刊考古学』第137号、雄山閣
林　博通　1997「『大壁造りの建物』の発見・経緯・問題点」・「大壁造り建物と穴太遺跡集落」『穴太遺跡発掘調査報告書』II、滋賀県教育委員会・㈶滋賀県文化財保護協会
林　博通　1998『古代近江の遺跡』サンライズ出版
坂　靖　2007「筒形土製品からみた百済地域と日本列島」『考古学論究―小笠原好彦先生退任記念論集―』小笠原好彦先生退任記念論集刊行会
平井美典　1994「滋賀県犬上郡左岸群集墳と簀秦画師」『文化財学論集』文化財学論集刊行会
藤川清文　1978「近江の竪穴系横口式石室」『ほ場整備関係遺跡発掘調査報告書』
堀　真人　1997「近江における階段式石室の検討」『紀要』第10号、財団法人滋賀県文化財保護協会
水野正好　1969「滋賀郡所在の漢人系帰化氏族とその墓制」『滋賀県文化財調査報告』第四冊　滋賀県教育委員会
水野正好　1992「後期群集墳と渡来系氏族」『古代を考える　近江』吉川弘文館
吉水真彦　2005「六・七世紀における近江の渡来文化―大津北郊の横穴式石室・副葬品・建物を中心として―『ヤマト王権と渡来人』」日本考古学協会2003年度滋賀県大会シンポジウム2　サンライズ出版
山田邦和　1992「須恵器特殊扁壺に関する覚書」『考古学と生活文化』同志社大学考古学シリーズ5
山中由紀子　1997「犬上川扇状地左岸における馬具副葬土壙墓について」『紀要』第10号、財団法人滋賀県文化財保護協会

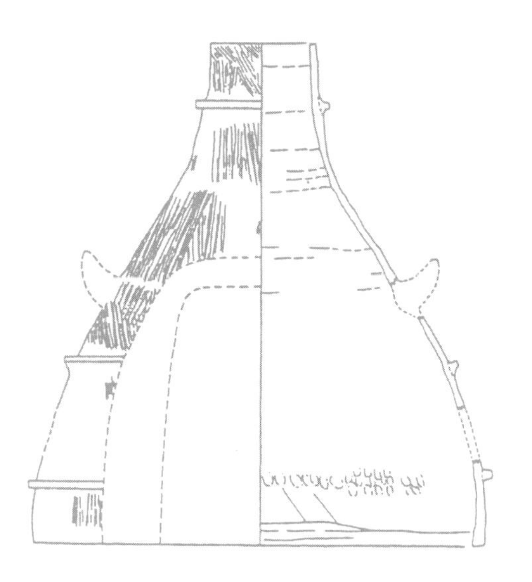

3 南信

渋谷恵美子

1 はじめに

長野県南部は、諏訪湖を源とする天竜川流域にあたる。天竜川流域は両側を山脈に挟まれ、南北に細長い盆地地形を呈することから伊那谷と呼ばれる。

伊那谷の南部、特に天竜川中流域に位置する飯田市には22基の前方後円墳、5基の帆立貝形古墳を含む500基を超す古墳が知られる。この22基という数は、県内の前方後円墳総数の約半数を占める。長野県の古墳時代研究において、前期の森将軍塚古墳にはじまり、中期に大型前方後円墳築造が終焉する県北部(北信)の善光寺平と、中期後半に前方後円墳築造が開始され、後期まで連続する県南部(南信)の伊那谷とは常に対比される地域である。風間栄一は、県北部から南部へと前方後円墳の築造域の移行期が中期にあり、「北部での大型前方後円墳群の終焉と南部での前方後円墳の出現は連続した時期に相次いで現れている」ことを指摘している(風間 2013)。さ

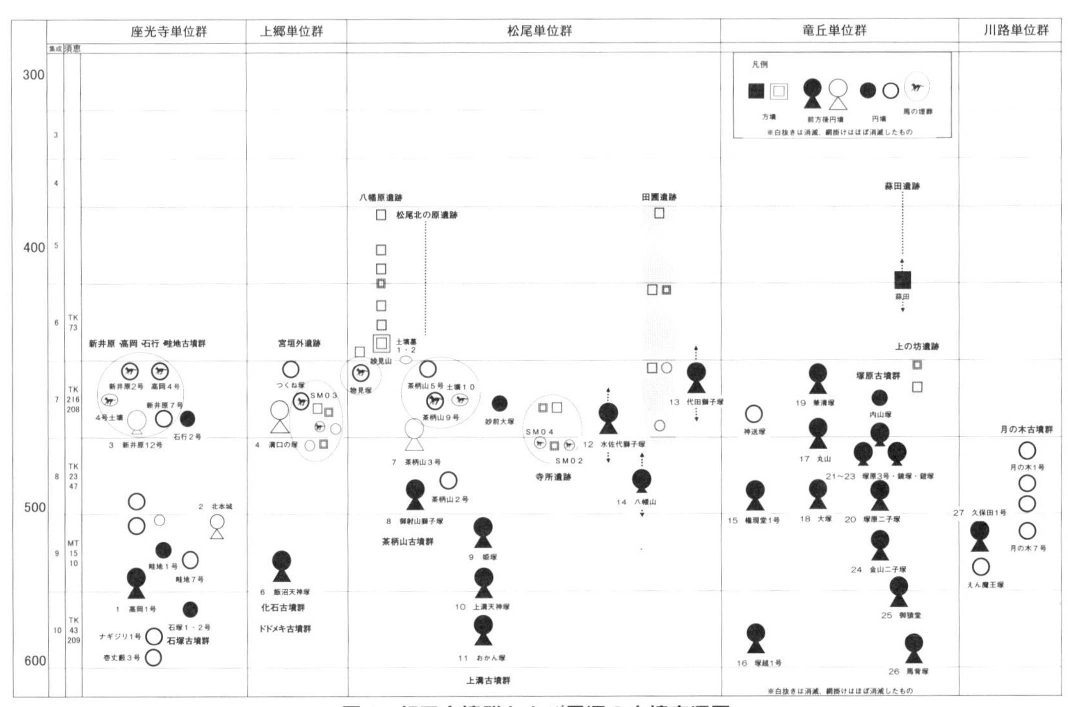

図1 飯田古墳群および周辺の古墳変遷図

らに、北と南との顕著な違いとされてきたのが、積石塚の有無という点である。

前方後円墳が集中する飯田市域では、現時点では大室古墳群のような石を用いて墳丘を造る積石塚は確認されていない。そのため、5世紀に馬匹文化がもたらされ、渡来系集団の存在が想定されながら、積石塚も含めた渡来系集団の墓制を把握できない地域とされてきた。本稿では、積石塚が卓越する北信との対比として、南信でも特に飯田市域の様相を大室古墳群が盛行する中期後半を中心に概観する(飯田市教育委員会 2007・2012、図1)。

2　前方後円墳の築造からみた様相

飯田市内にある22基の前方後円墳と5基の帆立貝形古墳は、5世紀後半から6世紀末まで連続して築造される首長墓群と捉えられることから、総称して飯田古墳群と呼んでいる。

27基の前方後円墳と帆立貝形古墳は、各古墳の立地や特徴等から、座光寺・上郷・松尾・竜丘・川路の5つの単位群に分けられる。これらのうち、松尾と竜丘単位群の前方後円墳が先行して築造される。後述する馬の埋葬土壙は、座光寺・上郷・松尾の3つの単位群の前方後円墳や帆立貝形古墳を取り巻く古墳との関係が深い。また、竜丘単位群でも前方後円墳である塚原二子塚古墳の周辺から5世紀後半のf字形鏡板付轡などの馬具(図3)の出土が知られており、今後、馬関連遺構が確認される可能性は高い。5世紀後半に、前方後円墳築造が卓越する背景には、馬匹文化の受容を通したヤマト王権との密接な繋がりがある。

3　渡来系集団の痕跡

飯田市域における渡来系集団の存在を想定させるものは、在来種ではない馬を埋葬する行為として確認される。馬の埋葬事例は、長野県では飯田市内に集中しており、これまでの発掘調査で、5世紀中頃から後半にかけての事例は28例ある(表1)。これにより、当地域は5世紀段階に馬匹生産が行われ、そこには渡来系集団が強く関わったとされている。

(1)馬の埋葬

飯田市域で確認されている29の馬の埋葬事例は、古墳の周溝内(周溝内の土壙)、または単独土壙内からのものである(図2)。周溝内、単独土壙内にかかわらず基本的に1頭単体で埋葬され、複数頭をまとめて埋葬した事例はない。29例のうち、金属製馬具を装着あるいは共伴する例は5例ある(表1)。また、同じ古墳の周溝内ではあるが、馬とはやや離れて馬具が出土する事例が2例ある。このことから、円墳等の周溝内から馬具のみが出土する事例も本来は馬の埋葬に伴う可能性が高い。

馬と共伴する馬具等から、馬の埋葬事例はおおむね4つの段階に分けられる(図3)。

第1段階は5世紀中頃である。この段階の馬具は轡のみなど単体での出土である。円墳の新井原2号古墳と高岡4号古墳がある。前者は周溝内の3基の土壙から馬歯が出土し、馬歯とは離れた周溝内の他所から木芯鉄板張輪鐙1点と鞍金具(覆輪)が出土している。後者は周溝内の土壙から馬歯が出土し、馬歯とは離れた周溝内から鑣轡1点が出土している。また、円墳の物見塚古墳の周溝内からは鑣轡を装着していたとみられる馬が確認されている。

第2段階は5世紀後半である。轡と杏葉等の馬具がセットで確認される。新井原・高岡古墳群

表1　飯田市及び周辺の馬の埋葬事例一覧

所在地	周溝内（周溝内土壙）				単独土壙			
	遺跡・古墳名	土壙番号	馬の残存部位	伴出遺物等	遺跡・古墳名	土壙番号	馬の残存部位	伴出遺物等
飯田市座光寺	新井原・高岡古墳群				新井原・高岡古墳群	4号土壙	歯・骨	馬具（轡・杏葉等）共伴
	高岡4号古墳（円墳）		歯か	周溝内から轡出土		馬の墓1	歯	－
	新井原2号古墳（円墳）	70号土壙	歯	3基の土壙並列 周溝内から鐙・鞍覆輪出土		S K47	歯	－
		71号土壙	歯					
		72号土壙	－					
飯田市上郷	宮垣外遺跡				宮垣外遺跡	S K10	歯・骨	－
	S M03（円墳）	S K64	歯・骨	馬具(轡・杏葉等)共伴		S K11	歯	－
	S M15（円墳）		歯	－		S K42	歯	－
						S K68	歯	－
飯田市松尾	物見塚古墳（円墳）		歯	馬具（轡）共伴	茶柄山古墳群	土壙7	歯	－
	茶柄山古墳群					土壙9	歯	－
	茶柄山9号古墳（円墳）	土壙1	歯	土師器（甕）		土壙10	歯	馬具（三環鈴）共伴
		土壙2	歯	－	寺所遺跡	S K03	歯	－
		土壙3	歯	－				
		土壙4	歯	－				
		土壙5	歯					
		土壙6	歯	土師器（甕）				
		土壙8	歯	－				
	寺所遺跡							
	S M02（円墳）		歯	－				
	S M03（方墳）		歯	－				
	S M04（円墳）		歯	－				
飯田市上久堅	鬼釜古墳（円墳）	S K174	骨	馬具（雲珠・鞍金具）・土師器共伴				
高森町	北林5号古墳（円墳）		歯	周溝内				
			歯	周溝内土壙				

内の4号土壙からは馬に装着された鉄地金銅張f字形鏡板付轡と剣菱形杏葉、辻金具、鐙のセットが出土している。宮垣外遺跡の円墳（SM03）では周溝内の土壙（SK64）に鉄製f字形鏡板付轡と鉄製剣菱形杏葉、木芯鉄板張輪鐙一対、鞍金具等馬具一式が馬とともに埋納されていた。また、茶柄山古墳群では同一古墳群内での出土数としては最多となる10頭分の馬歯が確認されている。うち、9号古墳の周溝内土壙と墳裾から7頭分の馬歯、単独土壙（土壙10）内からは三環鈴を装着した馬が確認されている。馬具としての三環鈴の実例を示すものとしても注意される。

第3段階は5世紀後半から末である。寺所遺跡では、円墳2基（SM02・04）と方墳1基（SM03）の周溝からそれぞれ馬歯が出土している。また、SM04とSM03の間にある土壙（SK03）からも馬歯が出土している。いずれも馬具は出土していないが、周溝内の出土遺物等からこの段階の事例とみられる。また、円墳の月の木1号古墳の周溝からは鉄製楕円形鏡板付轡が出土している。馬歯骨は確認されていないが、出土状況から馬の埋葬に伴う馬具の可能性が高い。

第4段階は6世紀以降であるが、馬の埋葬事例は少ない。近年の調査では、天竜川左岸の飯田市上久堅にある鬼釜古墳（円墳）で、周溝内に掘りこまれた土壙から6世紀前半の馬具が出土している。土壙内から骨片が出土しており、5世紀の馬の埋葬事例との共通性が認められ、馬が埋葬されたとみられる。また、飯田市の北側に隣接する高森町では7世紀に築造されたとみられる北林5号古墳（円墳）の周溝内から馬歯が出土している。以上の2古墳は、いずれも5世紀後半代の事例が集中していた前方後円墳地帯とは離れていることから、6世紀以降の馬匹生産集団の広がりを示すものとして注意される。

これに対して、6世紀に前方後円墳の埋葬施設として横穴式石室が採用されるようになると、馬具は副葬品として石室内に納められるようになる。石室内に馬具が副葬される初期の事例として、6世紀初頭に築造された前方後円墳の北本城古墳が考えられる。発掘調査で鉄地金銅張鏡板付轡が石室入口付近から、鉄製環状鏡板付轡が石室内から出土している。ちなみに、本古墳の横穴式石室は、朝鮮半島との繋がりも想定される竪穴系横口式石室の系譜を引くものである。

(2) 馬の埋葬と馬に関わる集団の墓

5世紀代の馬はいずれも前方後円墳に伴うものではなく、円墳や方墳の周溝内か単独の土壙内に埋葬されることから、馬の埋葬は特定首長に対して行われる儀礼というよりも、馬匹生産に直接関わる集団にとって必要な儀礼であったと考えられる。そのため、5世紀の馬具は、首長の威信材ではなく、馬に必要な装具(実用品)としての意味合いが強いものといえる。

馬の埋葬事例の分布から、5世紀段階には馬匹文化を担うグループが複数(5～6程度)存在したことが想定される。このうち、第1段階の新井原・高岡古墳群には新井原12号古墳(帆立貝形古墳)、第2段階の宮垣外遺跡には溝口の塚古墳(前方後円墳)、茶柄山古墳群には茶柄山3号古墳(前方後円墳)が近接して築造されている。それ以外のグループについても、前方後円墳を築造した集団のエリア内にあり、両者の関係性は強く、馬匹文化の受容が前方後円墳等の築造に大きく関わることが考えられる。

しかし、前述したように馬の埋葬を行った集団の墓は前方後円墳ではなく、円墳や方墳である。当地域における5世紀代の墓は多様で、円墳と方墳が共存することが明らかとなっている。さらに円墳についても規模、埋葬施設や構築方法等での差異が認められる。例えば、新井原2号古墳と高岡4号古墳は同じ群に属する古墳であるが、前者は外径40m、後者は外径24mの円墳である。両者とも削平され埋葬施設は不明であるが、地域色豊かな埴輪をもつ。物見塚古墳は外径36mの円墳である。埋葬施設は地山に掘りこまれた粘土槨内に納められた割竹形木棺で鉄剣・竪櫛・漆製品が出土、埴輪はなく、周溝内からは初期須恵器と土師器が出土している。寺所遺跡の円墳(SM04)は外径約18m、埋葬施設は割竹形木棺で鉄刀・刀子が出土、埴輪はなく、周溝内から土師器・須恵器・鉄斧・鉄鏃・勾玉が出土している。高塚の円墳に対して、寺所遺跡の円墳は埋葬施設の構造等から低い墳丘を有する一群として分類される。さらに、円墳や方墳だけでなく、墳丘をもたない土壙墓の中にも鉄製の武器・農具・工具等を副葬するものがある。これらが複合して一つの群(墓域)を構成するのが5世紀代の特徴である。馬の埋葬を行う集団の墓については、中小規模の円墳や方墳のみならず、土壙墓も含めた重層性の中で捉えなおす必要がある。

4 集落における渡来系集団の痕跡

集落における渡来系要素として指摘されているのがカマドである。南信におけるカマドの導入は5世紀後半(第3四半期)で、飯田市内では各所の集落で導入が確認されている。この中でも、切石遺跡群はカマドを早い段階に導入した集落で、集落形成が始まる5世紀後半の段階で集落全体に導入が認められる。長野県において集落全体にカマドが波及するのは北信、南信を除いては6世紀以降とされ、北信と南信の先進性が窺われる。

集落内からの出土遺物では、須恵器の使用はおおむねカマドの導入と相前後する時期である

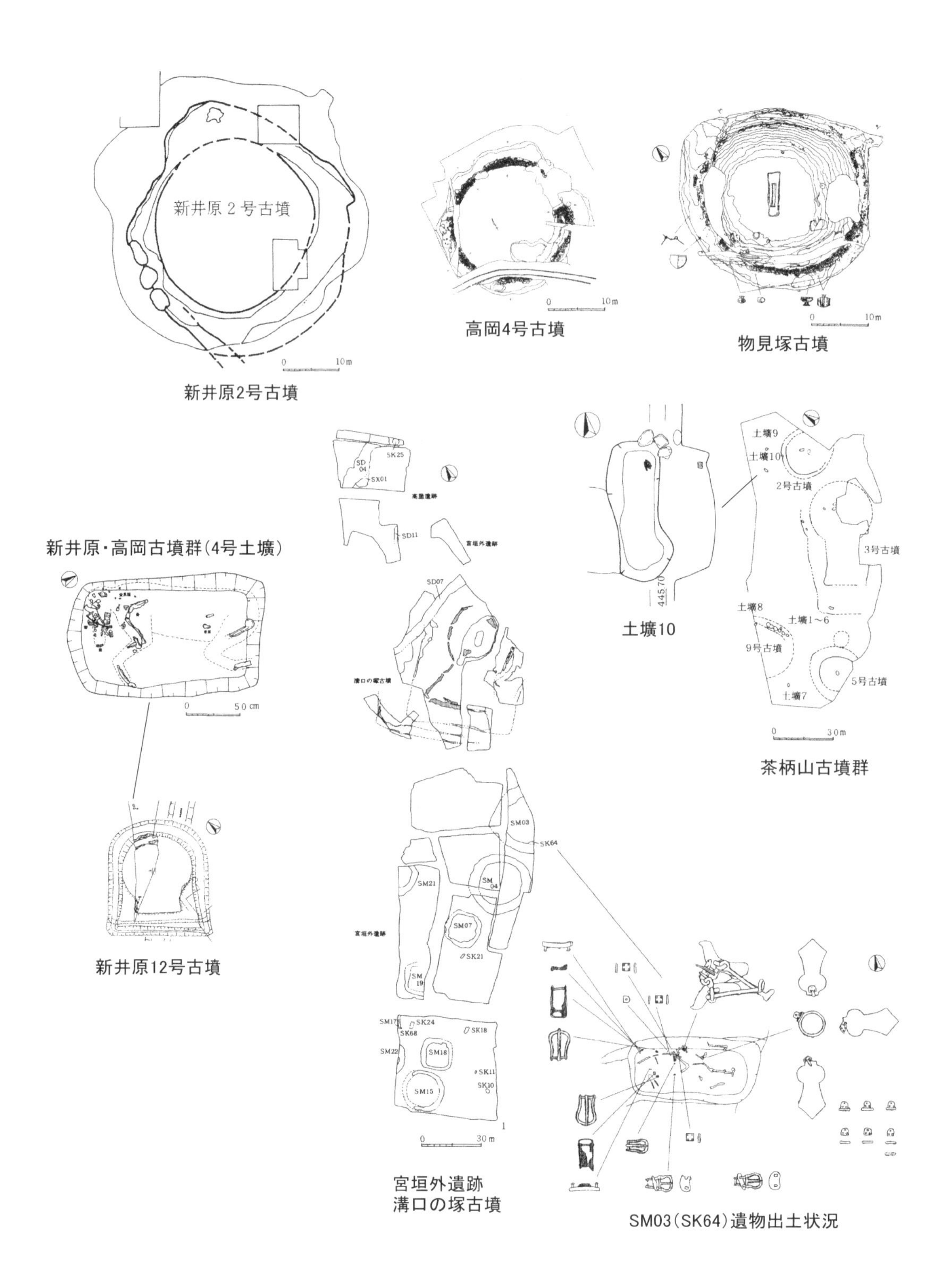
新井原２号古墳
新井原2号古墳
高岡4号古墳
物見塚古墳
新井原・高岡古墳群(4号土壙)
新井原12号古墳
土壙10
土壙9
土壙10
2号古墳
3号古墳
土壙8
土壙1～6
9号古墳
5号古墳
土壙7
茶柄山古墳群
宮垣外遺跡
溝口の塚古墳
SM03(SK64)遺物出土状況

図２　馬の埋葬

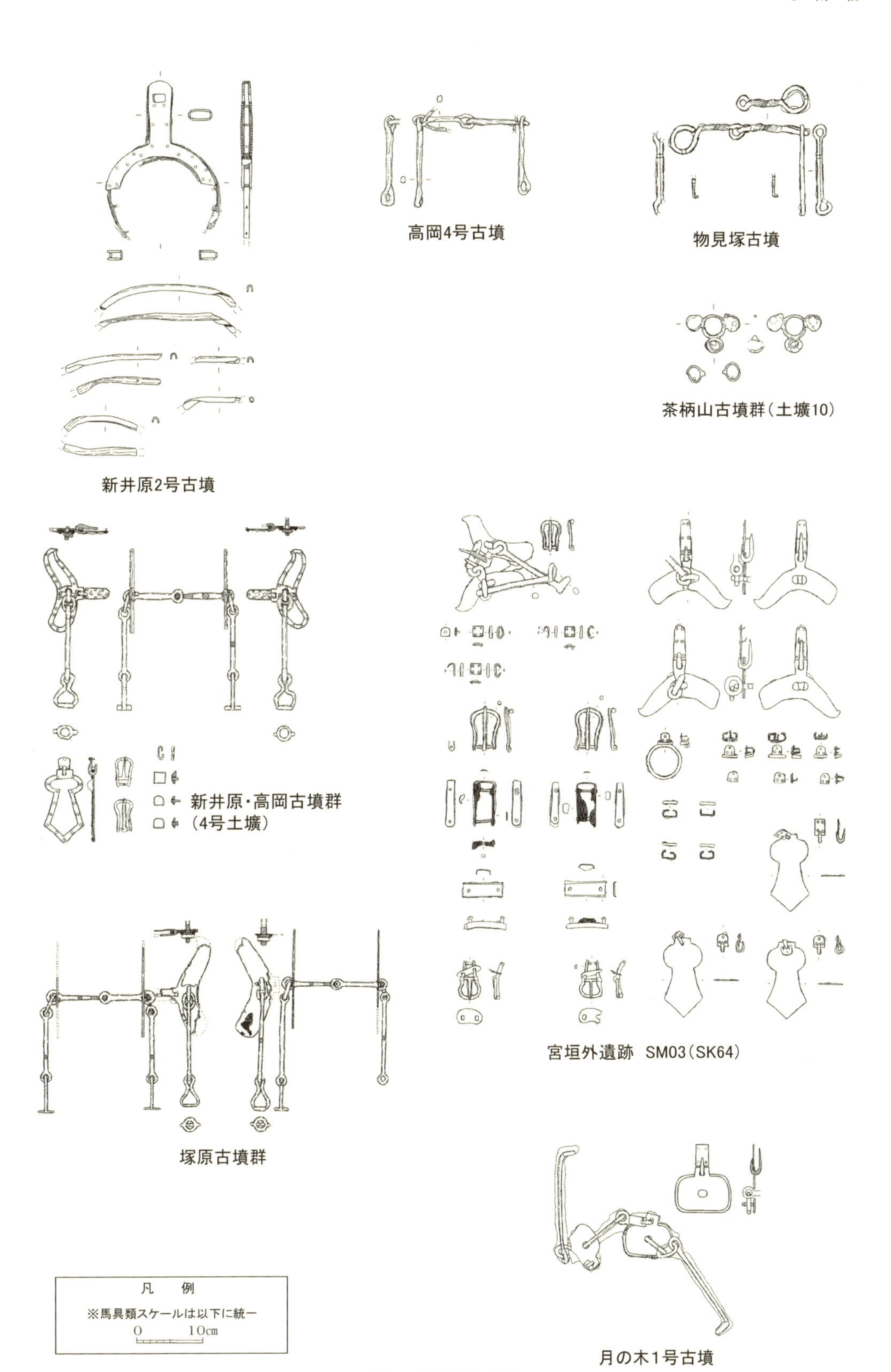

高岡4号古墳
物見塚古墳
茶柄山古墳群（土壙10）
新井原2号古墳
新井原・高岡古墳群
（4号土壙）
宮垣外遺跡 SM03（SK64）
塚原古墳群
凡 例
※馬具類スケールは以下に統一
0 10cm
月の木1号古墳

図3 5世紀の馬具

が、必ずしもカマドのある住居から出土するわけではなく拠点的集落で認められる。これまでのところ韓式系土器、特に軟質土器の出土は確認されていない。この他、断片的資料ではあるが、5世紀中頃から後半のものとして、恒川遺跡群からは百済系の両耳付壺の蓋、細新遺跡からは須恵器の2孔の大型甑、土師器の模倣品で双口土器が出土している。時期的には下るが恒川遺跡群や辻前遺跡からは片把手付深鉢形土器が出土している。なお、辻前遺跡は5世紀後半に位置付く木製品が多数出土しているが、時期の特定はできないが馬鍬の引棒とみられる木製品も出土している。

このようなカマドの導入や渡来系文物の受容は、恒川遺跡群のように前方後円墳が集中する天竜川右岸の低位段丘上に立地する集落だけではなく、むしろ切石遺跡群や細新遺跡などのように周囲に前方後円墳がなく、古墳自体も少ない中位段丘上や天竜川左岸の地域にも広がりをみせる点が注意される。渡来系集団の痕跡を探るためには、馬の埋葬だけでなく、より広範囲の遺跡に目を向け、既出資料を再検討する必要がある。

5　おわりに

飯田古墳群の上郷単位群に属する溝口の塚古墳の被葬者は、人骨の分析から身長約164cm、40歳前後の成人男性で、上顎中切歯のシャベル型の形状や大きさから渡来系の特徴を示す人物とされる。本被葬者の副葬品には馬具はなく、鋲留甲冑、鹿角装具を付けた鉄刀・鉄剣、鉄鏃などの武器類が中心で、武器の中に渡来系文物とされる多角形袋状鉄矛がある。なお、本古墳の南側には、馬の埋葬が確認されている宮垣外遺跡がある。

2012年（平成24）、群馬県渋川市にある金井東裏遺跡の調査で、6世紀初頭とみられる榛名山の大噴火による火砕流の直撃を受けて倒れた男性が発見された。小札甲を身に着けた身長164cm、40歳代の成人男性で、頭骨の形質から渡来系の特徴をもち、歯のストロンチウム分析から群馬県以外の地域、長野県以西の地域で生まれ育ったとされる。

さて、積石塚については、南信全体をみると茅野市の大塚古墳など諏訪湖周辺から上伊那地域にかけてその可能性が想定される古墳も存在するが、実態は不明である。

本稿で述べたように、飯田市域に外から馬匹文化をもたらし、馬の埋葬儀礼を行った集団の墓は積石塚ではないとみられる。しかし、馬に関わる集団との関係は明確でないが、5世紀後半以降の渡来系文物やカマド導入が、前方後円墳が集中する天竜川右岸の低位段丘以外に所在する集落で認められることから、今後、そうした集落の周辺で積石塚が確認できる可能性はある。

北信と南信との対比は、5世紀中頃を境とした前方後円墳の消長と積石塚の有無という点にほぼ集約されてきた。渡来系集団の墓とされる大室古墳群の積石塚であるが、渡来系遺物の出土は乏しいという。むしろ、積石塚については中期における墓制の多様性の一つと考え、在地集団も含めた中小規模古墳全体の動向から捉え直すことが必要であると考える。

引用・参考文献

飯田古墳群および飯田市内の古墳については、以下の報告書を参考にされたい

飯田市教育委員会　2007『飯田における古墳の出現と展開』

飯田市教育委員会　2012『飯田古墳群』

桃﨑祐輔　1993「古墳に伴う牛馬供犠の検討―日本列島・朝鮮半島・中国東北地方の事例と比較して―」『古文化談叢』第31集
長岡朋人・茂原信生　2001「溝口の塚古墳（長野県飯田市）から出土した人骨」『溝口の塚古墳』飯田市教育委員会
酒井清治　2002「長野県飯田市新屋敷遺跡出土の百済系土器」『駒澤大学考古学研究室』第28号
山下誠一　2003「飯田盆地における古墳時代前・中期集落の動向」『飯田市美術博物館研究紀要』第13号
土生田純之　2009「東日本からみた伊那谷の古墳」『飯田市歴史研究所年報』7
河西克造　2012「飯田市鬼釜遺跡・鬼釜古墳の発掘調査概報」『伊那』4月号
西山克己　2013「シナノにおける古墳時代中期の渡来人のムラと墓」『長野県立歴史館研究紀要』第19号
風間栄一　2013「長野県北部の様相」『文化の十字路　信州―2013年度長野大会研究発表資料集―』日本考古学協会2013年度長野県大会実行委員会
宮代栄一　2013「長野県出土の5～6世紀の馬具」『文化の十字路　信州―2013年度長野大会研究発表資料集―』日本考古学協会2013年度長野県大会実行委員会
(一財)長野県文化振興事業団長野県埋蔵文化財センター　2016『一般国道474号飯喬道路埋蔵文化財発掘調査報告書6―飯田市内その6―　鬼釜遺跡・風張遺跡・神之峯城跡』長野県埋蔵文化財センター発掘調査報告書102

【追記】 本稿脱稿後、平成26年度に発掘調査を実施した北方西の原遺跡において、3基の積石塚の存在が明らかとなった。調査当初、積石塚との認識がなかったが、平成28年度に報告書刊行に伴う整理作業の段階で外部研究者から積石塚との指摘を受けた。飯田市域で発掘調査で確認されたはじめての積石塚である。詳細は報告書に譲るが、地表下に箱形石棺状の埋葬施設を有し、石のみで覆われている。3基のうち、2基から刀子・鉄鏃が出土している。

積石塚の位置付けについては今後の検討課題であるが、今後同様の事例が発見されることは十分に予想され、これまでの調査についても再度見直しが必要になってくる。

飯田市教育委員会　2017『北方西の原遺跡』

新たに北方西の原遺跡で確認された積石塚
（飯田市教育委員会提供）

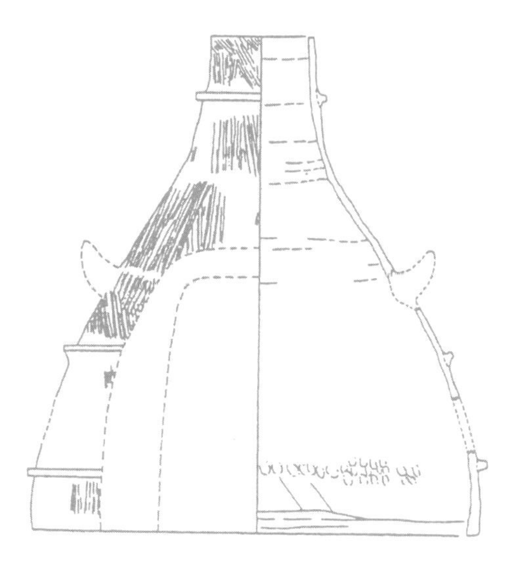

4　北　陸

小黒智久

1　はじめに

いわゆる渡来系遺物[1]が副葬品に多く認められることは、北陸[2]の古墳の特色の一つである。しかし、北陸では積石塚が確認されていない。伽耶系竪穴式石室の可能性が想定された（川西1988）福井県敦賀市向出山1号墳1号石室（5世紀後葉）は、大阪府羽曳野市峯ヶ塚古墳石室に最も近似する（中司2014）とされるものの、その詳細な構造は明らかにされていない。『日本書紀』の高句麗使漂着／来着記事で来着地等が記された全6回のうち4回を越が占め、敏達2年（573）・3年条は越を高句麗使の往来の経由地と伝えている。史料が伝える8〜10世紀の渤海使の航路（浅香1978a、酒寄2006）も踏まえ、文献史学を中心に7世紀以前のコシ（特に越前・加賀・能登）と朝鮮半島の諸勢力間での直接的関係／交流[3]が想定されてきた。本稿では先行研究に学びつつ、渡来系要素とされる各種資料から主に朝鮮半島系渡来人／集団と地域社会との関係について述べる。

2　遺構からみた渡来系要素

①陵山里系横穴式石室　7世紀中葉の石川県小松市河田山12・33号墳石室（南加賀南部江沼地域、樫田2013）は小型切石を重箱積み主体で積み上げ、1段ごとに石室掘り方内で埋土を版築し、側壁上部石材の内側を内傾させた平斜天井をもつと考えられる。その切石切組技術は、凝灰岩が広域で産出し、横穴式石室導入期（6世紀前葉）からほぼ継続的に切石技術を確認できる南加賀に定着したものとも見なせるが、両石室の被葬者が釘付木棺に納められたことに埋葬観念の変化が表れている。すなわち、両石室以前の切石積横穴式石室とは技術面・思想面で開きがある。

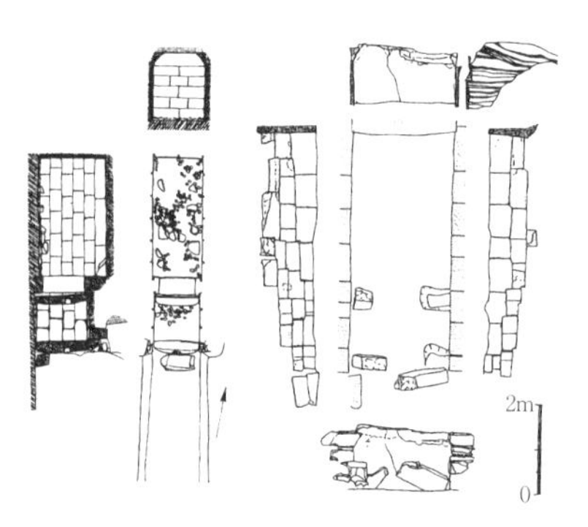

図1　陵山里東1号墳石室（左）と河田山12号墳石室（右）
（姜1984、樫田2013を改変）

平斜天井は、日本列島の横穴式石室の展開のなかでは創出が難しく[4]、その源流は百済（泗沘期）の陵山里型石室に辿ることができる。なお、陵山里型石室は腰石（大型板石）の上に内傾石材を1段平積みすることが基本である。両石室のように小型石材を垂直に多段積みしたうえで平斜天井を設けた扶餘の陵山里東1号墳石室（7世紀前葉）と33号墳石室に先行する12号墳石室を比較すると（図1）、両石室には類似点が多いものの、石室の幅や前庭（側壁）の有無などの相違点もある（表1）。ゆえに、被葬者を渡来集団と想定

表1 陵山里東1号墳石室と河田山12号墳石室の属性比較

横穴式石室の属性	陵山里東1号墳（円墳）	河田山12号墳（方墳）	備考
玄室天井構造	平斜天井	平斜天井（小黒推定）	
側壁上部内傾石材段数	1	2（小黒推定）	陵山里型石室にも多段積みあり
玄室長・玄室幅・玄室比	2.7m・1.1m・2.5	3.5m・2.2m・1.6	
羨道長・羨道幅・羨道比	1.5m・1m・1.5	1.5m・2.2m・0.7	
玄室長：羨道長	1.8：1	2.3：1	樫田2013の前室ほかを羨道と認定
玄室高	1.6m（地下式石室）	1.6m程度（小黒推定）	河田山12号墳もほぼ地下式石室
石積みの特徴	煉瓦積み、奥壁・側壁とも多段積み、玄室・羨道の一体的構築後に壁体から独立した玄門を設置、切組技法なし	重箱積み主体、側壁のみ多段積み、玄室・羨道の一体的構築後に壁体から独立した玄門・羨門を設置、切組技法あり	縦目地のあり方、奥壁の構成、切組技法の有無が異なるものの、長側壁と門の設置方法（両袖式）は類似
埋葬回数（床面施設等）	単葬、釘付木棺（棺台石10）	複葬か（鉄釘約200出土）	釘付木棺(加賀初例、北陸全9例)

することや江沼勢力と百済中央勢力との直接的関係を想定することは難しい。しかし、百済系渡来集団が新たな埋葬観念を含めて情報伝達し、江沼勢力がそれを踏まえて7世紀中葉に陵山里系横穴式石室を構築したと解釈することは可能だろう。『続日本後紀』承和6年（839）条は、百済公一族が、天智9年（670）には河内国大鳥郡を本貫とされたものの、乙未年（弘仁6年〈815〉か）には加賀国江沼郡を本貫とされたと伝えている。後述するオンドル状施設（L字形竈、以下、オンドルと略記）などの様相を踏まえると、江沼勢力は7世紀前半に中央政権が移配した百済系渡来集団から葬制に関する新たな情報も入手した蓋然性が高い。7世紀前半に始まった江沼勢力との関係が、後に「百済遺民」が本貫地を移される礎となったのだろう。

②石川県七尾市須曽蝦夷穴古墳（雄穴石室・雌穴石室） 雄穴玄室隅角の「三角状持ち送り式に似た」技法を根拠に「高句麗遺民」の古墳（7世紀後半）とされた（駒井ほか1955）。今日の年代観（7世紀中葉）は『日本書紀』天智7年（668）条の高句麗使の越への来着記事と整合的だが、本古墳の再発掘調査後は根拠とされた石室構築技法を北陸でも普遍化した力石と認定することが多い。力石・腰石・割石積み石室・T字形石室・双室墳・方墳・外護列石といった特徴的とされるすべての要素の系譜を前代までの能登で確認できる以上、本石室に高句麗系要素を認めることについて、筆者は慎重な立場を採る。

③半瓦当葺き建物 出越茂和の見解（出越2003）を踏まえ、小嶋芳孝は半瓦当が出土した石川県金沢市高岡町遺跡、福岡県福岡市那珂遺跡（「筑紫大宰」比定地）・千葉県我孫子市日秀西遺跡・石川県七尾市能登国分寺跡のうち、後3者が公的施設または寺院関連遺跡で、福岡市博多遺跡群から高句麗系壺（7世紀後半）が出土し、那津が高句麗使の来着地と捉えられることを重視し、高岡町遺跡の半瓦当（図2）葺き建物が、7世紀後半（〈666・〉668年）に越へ来着した高句麗使の安置施設に関わる可能性を想定した。同様に、渤海使の一般的な帰路を踏まえ、能登国分寺跡の半瓦当葺き建物も帰途についた高句麗使の安置施設に関係する可能性を想定した。また、新羅・百済と高句麗の関係が良好な時は筑紫ルート、悪化した時は日本海を渡って越に至るルートが選ばれたとした（小嶋2005）。

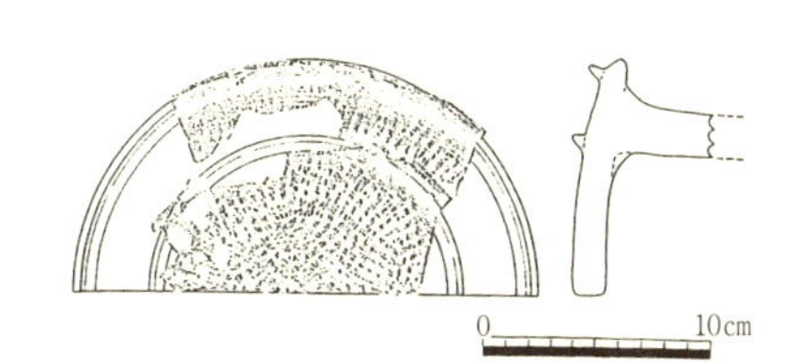

図2 高岡町遺跡出土半瓦当
（金沢市埋蔵文化財センター2003）

④造り付け竈をもつ竪穴建物と鍛冶 北陸では6世紀後半～7世紀初葉に造り付け竈が出現し、7世紀中葉以降に普及するのが一般的であったなか、富山県小矢部市五社遺

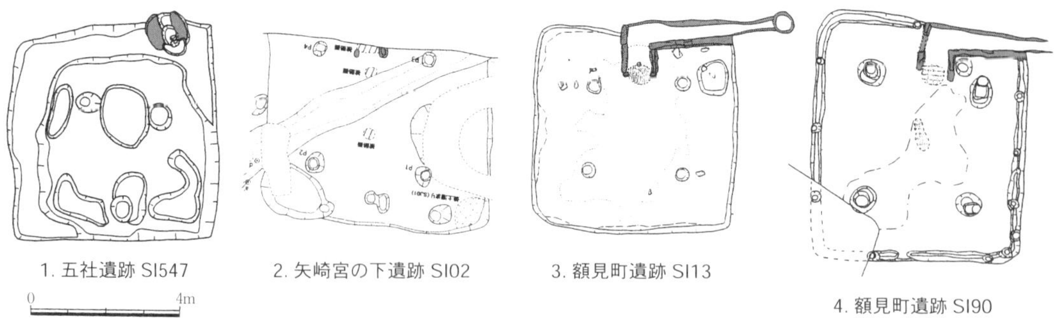

図3　北陸における造り付け竈をもつ主な竪穴建物（各遺跡の発掘調査報告書を改変）

跡（5世紀初葉）・新潟県新潟市舟戸遺跡（5世紀前葉）、福井県小浜市堅海遺跡・石川県小松市矢崎宮の下遺跡（6世紀前半）における造り付け竈の出現が例外的に早い。五社遺跡SI546（㈶富山県文化振興財団埋蔵文化財調査事務所1998）には造り付け竈のほか、鍛冶炉があり（林2013）、鞴羽口（高坏脚部転用）や鏨が出土したことから、渡来後しばらく他地域で生活し、5世紀初葉に本地域へと再移住した渡来系鍛冶集団の存在を想定できる（小黒2005）。林大智は、初期須恵器や造り付け竈などの各種先進的物資や住居様式だけでなく、五社遺跡など5世紀の住居兼用鍛冶工房の技術や造墓技術者組織が、倭王権の間接的関与の下で近隣地域から移殖された可能性を想定した（林2013）。SI546は、倭王権から配布された武具が副葬された同市谷内21号墳の出現と連動したものだろう。後続する同市関野2号墳（5世紀前葉）に副葬された2段腸抉鉄鏃は地域生産品で（伊藤2008）、前代に移殖された鍛冶技術が定着したことを示す。

矢崎宮の下遺跡SI02はオンドルをもつ可能性が高く（図3-2、小松市教育委員会2011）、椀形鍛冶滓等も出土した。林は、6世紀に専業度を増した新たな鍛冶技術が須恵器など各種手工業生産と複合化して倭王権の直接的関与の下で移殖され、渡来系技術者（移民）もいたと推定した（林2013）。SI02のオンドルは同地域の7世紀のオンドルと同様に焚口が石造り（凝灰岩）構造である。百済では板石を用いたオンドルが多く、新羅では粘土で構築したオンドルが多いらしい（合田2013）。

小松市額見町遺跡・額見町西遺跡・矢田野遺跡・薬師遺跡の竪穴建物では、7世紀のオンドルが多数検出された。焚口（天井石・支脚を含む）に凝灰岩切石を用いた例が多く、その他は粘土を版築状に突き固めて構築された（図3-3・4）。望月精司の研究（望月2007）などによると、額見町遺跡では集落形成当初からオンドルが導入され、陶硯・転用硯などが出土した。地上式鍛冶工房と住居兼用鍛冶工房が併存し、精錬鍛冶も行われた。7世紀後半には壁支柱竪穴建物（壁立竪穴建物）が出現し、その故地は近江北部から丹波地域と想定された。また、在来の土師器が陶質土器や軟質土器の影響を受けて変化した（亀田2012）在地産軟質土器は3割程度を占め、6～7割を占める在来系煮炊具の胎土と同様の特徴をもち、近江（近畿北部域）系・丹波系煮炊具は1割未満である。望月は、先進的技術・知識をもつ集団（工人集落兼手工業生産型移民集落）が開発後進地で2次にわたって計画的に配置されたことから、評制施行に先立つ中央政権主導の地域支配のため、在地首長層の経済基盤に立脚しつつ、その搾取と支配理念の浸透の両立を目指す政策が講じられ、結果的に在地首長層の基盤安定にも寄与したと捉えた。

合田幸美はオンドルの類例が日本列島・朝鮮半島になく、石組みの大和から粘土を用いた越への直接的移住は考えにくいとし、製鉄技術と共に近江経由で移殖された可能性を想定した（合田

2013)。ただ、オンドル出現期の煮炊具は在来系に限られ、南加賀では6世紀前葉から粘土を多用する伝統(埴輪併焼須恵器窯・横穴式木室)があったので、江沼勢力が中央政権から移配された百済系渡来集団(工人等)と慣れた資材で独自改良して障壁を付設したと解釈すべきだろう。

3 遺物からみた渡来系要素

①移動式竈(表2) 5世紀の造り付け竈とは排他的な分布を示す。出土遺跡の多く(特に軟質土器や甑、鉄滓を伴出する遺構が検出された遺跡)は非出土遺跡と様相が異なることから、移動式竈は渡来系の人々の存在を示す可能性がある。

表2 5世紀頃の主な移動式竈出土遺跡

地域	出土遺跡/出土位置	年代観	伴出遺物
加賀	寺家遺跡/竪穴建物	5世紀末葉	
加賀	畝田・寺中遺跡/溝	5世紀後半~6世紀初葉	土師器(甑)・鉄滓
加賀	千崎遺跡/竪穴建物	5世紀後半~6世紀初葉	朝鮮半島系軟質土器(甑)
加賀	島遺跡/竪穴建物	5世紀後半~6世紀	須恵器(甑)・鉄滓
加賀	指江B遺跡/旧河道	5世紀末葉~6世紀中葉	土師器(甑)・在地産朝鮮半島系土器(有溝把手)
能登	高田遺跡/祭祀遺構	5世紀前葉~末葉	土製支脚・土師器(甑)
能登	矢田遺跡/旧河道	5世紀末葉~6世紀前半	
越中	中谷内遺跡/竪穴建物・旧河道	5世紀末葉~6世紀前半	土玉・鳥形土製品・土製支脚
越中	越中国府関連遺跡/竪穴建物	6世紀前半	石製模造品(有孔円板・剣形)

※新村・松尾2006、池野2010、合田2013などを参照して作成(未報告資料や遺物包含層出土資料は除外)した。

②渡来系土器(表3) 入江文敏によれば、石川県かほく市指江B遺跡では有溝把手のほか、鳥足文タタキとも考えられる土器片や造り付け竈の煙道に使用された可能性もある土管状土製品が出土し、集落内に百済を故地とする渡来人が存在した可能性は極めて高いという。タタキ痕跡から、北陸の軟質土器の系譜は朝鮮半島南西部とのかかわりを想定できる(入江2011b)。

③刻書須恵器 石川県能美市和田山23号墳(円墳)出土須恵器有蓋高坏蓋・直口壺(5世紀末葉)には、「二年」・「未」と刻書されていた(石川県能美市教育委員会2013)。渡来系工人による名前や年紀の記載と推測され、工房での生産・工人把握は文書主義的・官僚組織的だった(佐藤2013)。有蓋高坏蓋は肉眼観察で南加賀窯産と推定されており、日本海側の拠点窯となる南加賀窯の端緒に渡来系工人が関わったことを示唆する。

④古墳副葬品 5世紀中葉~6世紀前葉に集中し、若狭に多い(表4)。地域首長墳のほか、下位の古墳にも副葬された。金・銀・金銅製品が若狭・越前・加賀・能登・越中で認められる一方、越後(飯綱山10

表3 4~5世紀頃の主な渡来(朝鮮半島)系土器

地域	出土遺跡	朝鮮半島系土器	出土位置	年代観	備 考
若狭	三生野遺跡	陶質土器(台付長頸壺)	水田耕作土直下(床土上面)	5世紀前葉	洛東江東岸地域産
越前	中角遺跡	軟質土器(甕)	遺物包含層	4世紀後半	格子タタキ、口縁部形態は布留式系甕に類似(折衷土器)
越前	和田防町遺跡	軟質土器(甕)	土坑(土師器を伴出)	5世紀前葉	格子タタキ、大伽耶系
越前	饅頭山1号墳	陶質土器(器台)	盗掘孔(武器・武具等を伴出)	5世紀初葉	伽耶産
加賀	弓波遺跡	軟質土器	谷部	4世紀	格子タタキ、把手付鍋または長胴甕
加賀	千崎遺跡	軟質土器(甑)	竪穴建物	5世紀後半~6世紀初葉	
加賀	指江B遺跡	軟質土器(有溝把手・甕)	旧河道	5世紀末葉~6世紀中葉	格子タタキ・鳥足文?タタキ、在地産
能登	矢田遺跡	瓦質土器(蓋・甕)		5世紀か	大伽耶系、格子目打捺文土器

※入江2011b、川本2003、新村・松尾2006、朴天秀2007・2013、各遺跡の発掘調査報告書などを参考に作成した。なお、遺跡の様相や出土状態、来歴が不確実で、詳細不明な伝承資料(陶質土器)は除外した。

号墳）の実用馬具も目立つ。近畿や九州と並び、北陸は日本列島における大伽耶系遺物の集中地域の一つである（朴天秀 2007・2013）。ただ、系譜については異なる見解もあり、源流としては有力な一候補だが、製作地を含めた特定は容易でない。表4に示した渡来系遺物のなかにも日本列島製が含まれる可能性はある。似た要素をもつ朝鮮半島出土例との間における材質や形態、彫金など技術水準等の差から、福井県永平寺町二本松山古墳出土金銅製・鍍銀製額飾式帯冠や富山県高岡市桜谷古墳群出土金銅製帽冠飾はその蓋然性が高い（小黒 2004・2010・2013）。

中司照世は、福井県若狭町西塚古墳に認められる諸要素が『日本書紀』雄略8年条の伝える内容と整合的なことを指摘した。北陸の渡来系遺物出土諸古墳の被葬者は朝鮮半島における倭の

表4　北陸の古墳副葬品にみる主な渡来（朝鮮半島）系遺物

地域	古墳（時期）	墳形（規模）	朝鮮半島系遺物 ※	系譜 ※	備　考
若狭	向山1号墳（5世紀中葉）	前方後円墳（49 m）	金製垂飾付耳飾	大伽耶	宝珠式
	西塚古墳（5世紀後葉）	前方後円墳（74 m）	金製垂飾付耳飾	大伽耶	宝珠式
			金銅製鈴付龍文帯金具		
			鉄地金銅張剣菱形杏葉		
			木芯鉄板張輪鐙	新羅	
			胡籙		
			銀鈴		
			銅鈴	大伽耶産／百済産	
			佩砥	大伽耶	
	十善ノ森古墳後円部石室（5世紀末葉）	前方後円墳（67 m）	鉄地金銅張鈴付双龍文鏡板	大伽耶	三星美術館収蔵品に類例あり
			鉄地金銅張鈴付剣菱形杏葉		池山洞44号墳に類例あり
			鉄地金銅張双葉剣菱形杏葉		
			金銅製獣面打出金具		出土状態から馬具と判明
			胡籙		
			トンボ玉	新羅産	斑点文
越前	三尾野7号墳（4世紀中葉）	方墳（19 m）	三叉鍬		棺外副葬品
	天神山7号墳（5世紀前葉）	円墳（52 m）	金製垂飾付耳飾	大伽耶	三翼式　第1埋葬施設
			胡籙		第1埋葬施設
	鳥越山古墳（5世紀中葉）	前方後円墳（53 m）	鉄製f字形鏡板付轡	大伽耶	第1埋葬施設の葬送儀礼での供献品と推定
	二本松山古墳（5世紀中葉）	前方後円墳（89 m）	金銅製額飾式帯冠		2号石棺（初葬棺）。墳丘採集須恵器（TK23型式期）は追葬棺の葬送儀礼に伴う
			鍍銀製額飾式帯冠		
加賀	和田山5号墳（5世紀中葉）	前方後円墳（55 m）	広鋒鉄鉾	新羅	A 槨　棺外副葬品
			銅鈴	大伽耶産／百済産	A 槨　棺内副葬品
	吸坂丸山5号墳（5世紀中葉）	円墳（15 m）	金製細環	大伽耶	
			多角形袋式鉄鉾		袋部断面八角形
	二子塚狐山古墳（5世紀後葉）	前方後円墳（54 m以上）	銀製帯金具	新羅	
			銅鈴	大伽耶産／百済産	
	和田山2号墳（6世紀前葉）	円墳（21 m）	多角形袋式鉄鉾	大伽耶	袋部断面六角形 各種副葬品の型式は出土須恵器より古相
能登	永禅寺1号墳（5世紀中葉）	円墳（20 m）	胡籙		
越中	加納南9号墳（5世紀末葉）	円墳（19 m）	多角形袋式鉄鉾	大伽耶	袋部断面六角形
	朝日長山古墳（6世紀前葉）	前方後円墳（43 m）	金銅製帽冠		尖縁円頂式
			胡籙	大伽耶・百済	吊手金具の規格の差から4個体ありと推定
	桜谷古墳群（6世紀前葉）	−	金銅製方形板（有機質製帽冠飾）	百済	7号墳（直径約18 m前後の円墳）から採集された蓋然性が高い
越後	飯綱山10号墳（5世紀中葉）	円墳（36 m）	環板鏡板付轡		石室外　西石室に伴うと推定
			木芯鉄板張輪鐙	大伽耶	石室外？　東石室に伴うと推定
			鑣轡		石室外　東石室に伴うと推定
			小型馬鐸		石室外　東石室に伴うと推定
			三環鈴		東石室　5世紀末葉
			銅鈴		東石室
			多角形袋式鉄鉾	大伽耶	袋部断面八角形・六角形、東石室

※入江 2011a、小黒 2004・2015b、千賀 1991、中司 1986・1993、新潟大学考古学研究室 1998、朴天秀 2013、毛利光 1995 などを参考に作成した。なお、系譜は主に入江 2011a、小黒 2004、千賀 1991、土屋 2012、朴天秀 2013 による。

軍事行動に何らかの形で関与した蓋然性が高く、越の豪族が膳臣の麾下で従軍した可能性（中司1993）、西塚古墳の被葬者こそ膳臣斑鳩で、訃報に接した吉備臣が埴輪工人を膳臣のもとに遣わした可能性[5]（中司1986）を想定した。福井県福井市天神山7号墳の被葬者も従軍した可能性を想定し、同市和田防町遺跡出土軟質土器はそれを機に渡来人がもたらしたもの、あるいは軍団の一員として渡海した人物が模倣製作したものとした（中司1997）。

朴天秀は雄略8年条が伝える任那王を大伽耶王とし、大伽耶王が高句麗と新羅の軍事的進出に対抗するため、倭王権に加えて北陸勢力などの軍事力も活用し[6]、大伽耶系遺物はその見返り品と解釈した。北部九州系横穴式石室（向山1号墳・西塚古墳・十善ノ森古墳・鳥越山古墳）の存在から、北陸勢力は大伽耶系遺物を北部九州の豪族との交渉で入手し、東日本（信濃・上野・下野）に送る仲介の役割を担うことで勢力を伸ばしたと捉えた。5世紀中葉は越前を中心に分布するため、越前の地域首長層（松岡古墳群などの被葬者）は遺物の輸入だけでなく、渡来人も招き入れて金銅製品を生産し、その流通を掌握していた可能性を想定した（朴天秀2007・2013）。

高田貫太は、副葬時期や型式が異なるものの、若狭・越前出土金製垂飾付耳飾は大枠として大伽耶系と認められることから、若狭・越前の首長層はある程度恒常的に大伽耶地域と交渉していたと解釈した。さらに、大伽耶系垂飾付耳飾等が出土した若狭・越前・信濃・上野・上総を結び、朝鮮半島へとつながるネットワークの存在も想定した（高田2012）。

中司は水系（渡良瀬川・旧江戸川）や式内社（安房神社・胸形神社）、同一工房製の銅鈴の分布から、栃木県小山市桑57号墳が位置する古代下野国寒川郡域が東京湾岸（安房）と直結することに着目し、海人との濃厚な関連を示唆するとした。信濃における渡来系遺物の広がり方にも逆の見方を示し、朴らの説に反論した（中司2014）。

4　北陸の地域社会と渡来人／集団

①7世紀　陵山里系横穴式石室やオンドル、半瓦当葺き建物の存在などに示されるように、渡来（朝鮮半島）系要素は加賀に顕著である。特に百済系要素が強く、有溝把手も集中する（伊藤2014）ことから、7世紀の加賀は北陸で最も渡来集団、もしくはその子孫の存在が数的にも確実視される。ただ、加賀の諸勢力が朝鮮半島諸国と独自に関係を築いた結果ではなく、中央政権による移配など中継地を介して百済系渡来集団が加賀に至ったことを重視しなければならない。

660年代後半の加賀・能登勢力と高句麗使との接触は、白村江の敗戦後に瀬戸内－ツクシ・ルートが防衛前線としての意味を強めるなか、コシ－アフミ・ルートが対外交渉の唯一の玄関口として王権に重視された（浅香1978b）ことによる。浅香年木によれば、皇極期～天智期にコシ・アフミに関する伝承（『日本書紀』）が増加するだけでなく、天智4・8年条が伝える官僚（佐平）を含む「百済遺民」の近江国内への集団移住は近江遷都前後に相当し、王権がコシ・アフミの有力首長層やその技術・経済・軍事力を評価して掌握・重用しはじめたことが要因（浅香1978b）とされ、それは加賀の壁支柱竪穴建物の故地（望月2007）とも整合的である。天智7年条は「宮人生男女者四人」の一人として「又有越道君伊羅都売、生施基皇子」と伝え、皇子は660年代の出生と限定できる（浅香1978b）。ミチ氏の本拠に限定できる北加賀地域でも当該期に農地開発型移民集落が展開し（望月2007）、近江政権と加賀諸勢力との深いつながりを見出すことができる。

②6世紀　加賀と百済系渡来集団との関係の成立は、遅くとも6世紀前半に遡る。継体大王の

母は越前出身の布利比弥命、祖母は余奴臣祖の阿那尓比弥とされる（『上宮記』逸文）。小松市金毘羅山窯跡群出土「与野評」刻書須恵器（7世紀中葉）や『日本書紀』欽明31年条（「越人江淳臣裙代」）、越前立国時の郡名（江沼郡）から、江沼勢力は継体大王の姻戚だったことがわかる。このような背景の下で、6世紀前半に百済系渡来集団が倭王権から江沼勢力に移配され、オンドルや専業度を増した新たな鍛冶技術が移殖されたことを矢崎宮の下遺跡の発掘調査成果は示している。

③5世紀　5世紀の渡来（朝鮮半島）系遺物の来歴に関する解釈は、ⓐ直接／間接を問わず朝鮮半島での倭の軍事行動に関連する首長間関係のなかで入手した、ⓑ大伽耶への軍事力の提供に対する北部九州経由の見返り品、ⓒ直接／間接を問わず交渉（交易等）で入手したとする3つに大別できる。ⓐ／ⓒの単独で理解する立場、ⓑ・ⓒの両方があったと理解する立場がある。後者に関連して、北陸から信濃・上野・下野・上総へと続くネットワークを想定する見方もある。筆者はこのネットワーク論に懐疑的な立場を示した（小黒2013）が、先述した中司の研究も踏まえると、信濃・上野・下野・上総の渡来系遺物の来歴を一つの解釈に絞り込むべきではなく、各地域社会が有したさまざまな地域間関係を踏まえ、資料ごとに検証する必要がある。新羅からの高句麗軍撃退を目的とした倭の新羅侵攻は444・459・462・463年にあり（三品2002）、北陸の5世紀中葉の渡来系遺物もこれらの記事などと関連づけて解釈することはできる。ただ、ⓒなど他にも多様に解釈でき、5世紀をとおして一つの解釈に絞り込むことは難しい。

多様な首長間関係を探る際の有効な手段の一つが、埋葬施設の構造比較である。不可視部分である埋葬施設には被葬者／勢力の意志や独自性を比較的反映させることができ、それらが埋葬施設の多様性につながった。南海産貝輪の流通に端を発する越前と筑後など九州との関係は4世紀末葉（福井市龍ヶ岡古墳）から始まった。これが、地域首長麾下の工人集団の派遣に基づいた、5世紀初葉～末葉の舟形石棺・北部九州系横穴式石室の形態／構築技法の類似性として具現化する、越前・若狭－北・中部九州との密接な関係につながった（小黒2013）。なお、高田は5世紀中葉～6世紀初頭に大伽耶と密接な関係を築いた有明海・八代海沿岸でも大伽耶系遺物が希薄なことを根拠に、若狭・越前は中・北部九州を介さずに直接的交渉を行ったと想定した（高田2014）。しかし、上述のとおり、遠隔地でありながらも4世紀末葉～5世紀末葉まで継続した北陸と九州の関係が首長それぞれの思惑の下に築かれたものであることを踏まえるならば、越前・若狭との関係構築を意図した中・北部九州の勢力が、希少な大伽耶系遺物だからこそ北陸諸地域の勢力に贈与した可能性も想定できよう。加えて、5世紀後葉～6世紀前葉は九州勢力の積極的な拡張政策があった（和田2004）とされ、石川県加賀市二子塚狐山古墳の貝輪（三浦2006）もその表れだろう。ゆえに、北陸の渡来系遺物の来歴はその多くが北・中部九州との関係（入江2011a）によると考えられる（小黒2013）。なお、渤海使の航路は風や潮流に左右され、大宰府への寄港がままならず、大別すると前半期は出羽から越前、後半期は出雲・伯耆などの沿岸に着岸した（酒寄2006）。8～10世紀ですらこのような状況であり、570年に高句麗使が越へと漂着した際も「風浪に辛苦」した（『日本書紀』欽明31年条）。これらは、如何に日本海の渡海が困難だったかを暗示する。

福井県若狭町水月湖年縞堆積物の分析（福澤2000）から、過去2000年間で40～120・220～340・770～870・1460～1580・1860～1890年頃が日本海の高海水準期、210～270・340～550・810～890・950～1100・1140～1260年頃が若狭の湿潤期と判明した[7]。神通川河口部の富山県富山市打出遺跡の発掘調査成果（富山市教育委員会2004・2006）や北陸の人口動態の研究（髙橋2005、小黒

2017) からは、①旧神通川支流では1世紀に数年周期で洪水が頻発し、2世紀前半・2世紀末葉～3世紀初葉・3世紀中葉～後葉・4世紀前半は数十年周期で洪水が発生したこと、すなわち越中では大雨災害が多発したこと、②越中では高海水準期に湿潤期が重なった3世紀初葉～中葉に建物跡検出数が激減し、諸環境の悪化が北陸北東部（おおむね能登・越中・越後・佐渡）系土器の広域分布として具現化する集団移住を誘発したこと、③旧神通川本流の流路を変える大洪水が330年代に発生して地域社会の衰退を決定的にし、越中の婦負地域では古墳時代をとおして社会の復興が遅れたことが判明した（小黒 2015a・2017）。1～6世紀中葉の北陸は基本的に寒冷多雨で、海は荒れたことだろう。北陸から朝鮮半島への航路は、日本海沿岸の潟湖を経て玄界灘に到達し、遠望できる距離にある壱岐・対馬を経由するしかなかったと判断すべきである。潟湖を介した日本海沿岸の交通網の存在は、北陸と北・中部九州の諸勢力間で政治／経済的関係が築かれる前提となった。筆者は、北陸と朝鮮半島の諸勢力間である程度恒常的に直接交渉／交易が行われたとする見方には懐疑的である。それは、6世紀以前の北陸には渡来人／集団の居住痕跡が乏しく、北陸の諸勢力が波濤の日本海を直接渡海する危険を冒してまで直接交渉／交易した理由を見出しにくいからである。もちろん、北・中部九州などの勢力を介して渡来系遺物がもたらされる際など、渡来人／集団が間接的に往来した可能性は否定しない。

④4世紀　福井市中角遺跡・加賀市弓波遺跡出土軟質土器の存在から、渡来人／集団が往来したことは明らかで、これらは北陸最古の渡来（朝鮮半島）系土器である。中角遺跡出土軟質土器に加え、日本列島で類例が極めて稀な三叉鍬が丘陵尾根頂部で単独立地する方墳に棺外副葬された福井市三尾野7号墳（福井市教育委員会 1993）の被葬者は、渡来人の可能性も考慮すべきだろう。

⑤北陸と信濃（北信）　加賀以西と比べ、北陸北東部は弥生時代を含めて渡来（朝鮮半島）系要素が希薄である。北陸北東部と接する北信では長野県木島平村根塚遺跡出土渦巻文装飾付鉄剣（木島平村教育委員会 2002）、長野県長野市浅川端遺跡出土馬形帯鉤（風間 2006）など、3世紀初葉頃の朝鮮半島東南部・中西部系遺物をはじめ、弥生時代から渡来系要素が顕著であったことと対照的である。このような渡来系要素のあり方を理解するための状況証拠は、少しずつではあるが、北陸北東部系土器の広域分布に帰結した北加賀・能登・越中など北陸の地域社会の状況が示唆しつつある。なお、土生田純之は朝鮮半島から日本海を渡って直接北陸に入るルートの源流を、渦巻文装飾付鉄剣などが北信にもたらされた弥生時代後期～終末期に求めた（土生田 2006）。

ここで、2世紀の北陸で特徴的な遺構・遺物に着目することから検討をはじめたい。

石川県津幡町北中条遺跡SX01（木槨墓）では底板や枕木などの痕跡が確認され、越前の墳丘墓の木槨墓とは様相が異なるため直接的関連はない（御嶽 2010）とされている。津幡川支流を遡上した先には、舶載素環頭刀子が副葬された七野1号墓が立地する。筆者は、舶載素環頭刀子のほか、墳丘墓の埋葬施設ではない、底板等をもつ木槨墓という日本列島では極めて稀な資料が河北潟近傍に存在したことを重視し、当該資料を渡来系要素と捉える。両遺跡が形成された2世紀中葉～後葉の北加賀では、前時期（2世紀初葉～前葉）と比べて建物跡検出数が約69%に減っていた、すなわち地域社会の人口が減少していた（小黒 2017）ことで、漂着した渡来集団が定着できたと解釈する。渡来集団にとって、到達地の社会状況が定着可否の鍵となったのである。

3世紀中葉の越中では、建物跡検出数が前時期（2世紀後葉～3世紀前葉）の約42%に激減したものの、3世紀中葉の能登では前時期の約182%にまで増加し（小黒 2017）、地域社会の人口が大きく回復した。この差は砂丘の有無やその規模に起因した。高海水準期にあって日本列島有数の深海湾（富山湾）ゆえに小規模砂丘しか形成されず、砂丘自体が存在しない地域もあった越中（小黒2015b）では、寒冷・湿潤・高海水準化に伴う居住環境の悪化やそれに起因する諸活動の生産性低下などのなか高潮・高波災害が他の日本海沿岸地域よりも多く発生し、その危険性の高まりも加わって3世紀初葉から建物、すなわち人口が激減したと考えられる。厳しい気候変動のなか試練に直面した越中など北陸北東部の地域社会から、大規模砂丘が存在することで高潮・高波災害の危険性が越中よりは少ない越後、さらには当該災害のない会津盆地などへと集団移住（環境難民）が多く発生したのである。北陸北東部系土器は1世紀後半～4世紀前葉に東北・関東などへとおよび、面的分布は会津盆地・庄内平野・北信・飛騨で認められ、2世紀後葉～3世紀末葉の移住量が多かった（小黒2015a）。これは1世紀後半以来の交易や婚姻といった往来や接触の歴史が端緒となった出来事で、北陸北東部系土器が北信にも面的分布したことは重要である。

根塚遺跡出土渦巻文装飾付鉄剣には舶載品説や国産品説のほか、特別注文品説（豊島2010）もあり、評価が難しいものの、舶載品説をとる場合は次の解釈が可能だろう。3世紀初葉頃、渦巻文装飾付鉄剣などを所有する朝鮮半島の諸集団が対馬海峡を渡海中、高海水準期で流入量が多くなった対馬暖流や風に流されて北陸北東部に漂着した。しかし、平野が狭い能登は地域社会が維持されており、平野が広い越中は地域社会が衰退しつつあったため、諸渡来集団は定着できず、越中などの諸集団がもつネットワークに導かれて北信へと到達した。馬形帯鉤を含め、日本列島では極めて稀な遺物であることから、本解釈が成り立つ蓋然性は高いと考える。朝鮮半島出土例と比べて渦巻文が特殊な点が難点として残るものの、新天地で定着するために特別な品を携えて朝鮮半島を離れたことによるのではないだろうか。

弥生時代の中部高地や関東の副葬鉄器の多くは、北陸を介した日本海沿岸域からもたらされた可能性が高く（林2005ほか）、越後の上越地域から関川沿いを遡上して峠を越え、北信へと続く弥生時代中期中葉～後半（栗林式土器圏の成立）以来の交通路が重要な役割を果たした。渦巻文装飾付鉄剣が円形墳丘墓でなく丘陵裾の木棺墓に伴ったこと、先述したように2世紀中葉～後葉の北加賀に渡来集団が定着していたと考えられることから、やはり渡来集団が北信に到達した蓋然性は高い。なお、当該交通路は越前・加賀の勢力が入手した南海産貝輪を首長間関係に基づいて北信へと贈与する際など、古墳時代にも機能した（小黒2013）。

弥生～古墳時代の北陸には首長間関係に基づいて渡来系遺物が多数流通し、渡来人／集団の直接／間接的往来もあったが、多くは受動的だったことにその特質がある。

註

1）　同型鏡や装飾付大刀など、倭王権からの配布／贈与品と解釈すべき分布を示す渡来系遺物は検討対象から除外する。

2）　律令制下の若狭・越前・加賀・能登・越中・越後・佐渡の七国とし、本文でも旧国名を用いる。

3）「交流」や「交渉」は含意が広く便利な用語だが、定義を避けた曖昧な論が多い。定義がなければ論者が想定する具体像を読み解くことはできず、示された仮説の検証も難しい。筆者は「異なる地域社会や集団間で互いに入り混じった双方向の関係にある状態」を交流と定義する。一方通行の関係は、地域社会や集団間の交流とは言えない。

4）　奈良県明日香村岩屋山古墳の横穴式石室や同県高取町東明神古墳の横口式石槨など、近畿の大型古墳の埋葬施設にも陵山里型石室の平斜天井の影響が及んでいると考えられるが、河田山12・33号墳例ほどの類似性は認められない。

5） 中司が依拠した川西（1978）の見解（第一突帯押圧技法を吉備の特色とすること）について、近年は再検討の必要性が迫られている（考古学研究会2000、藤井2003）。

6） 三品は雄略8年条を信憑度の高い記事と評価し、新羅が高句麗軍の排撃に日本・任那の兵力を利用したと解釈した。同条の記事は、2年の誤差があるものの、『三国史記』新羅本紀慈悲麻立干5年（462）条と比較できるとした（三品2002）。

7） 福澤論文（福澤2000）の図2.12を2.86倍（100年間の時間軸を3.5mmから10mm）に拡大し、読解した。

引用・参考文献

浅香年木　1978a「古代のコシと対岸交流」『古代地域史の研究』法政大学出版局

浅香年木　1978b「コシと近江政権」『古代地域史の研究』法政大学出版局

池野正男　2010「須恵器生産開始期の工人の出自について」『富山考古学研究』第13号、㈶富山県文化振興財団埋蔵文化財調査事務所

石川県能美市教育委員会　2013『能美古墳群』

伊藤雅文　2008「鉾状鉄製品と鉄器生産」『古墳時代の王権と地域社会』学生社

伊藤雅文　2014「金毘羅山窯跡群出土の有溝把手」『石川県埋蔵文化財情報』第32号、（公財）石川県埋蔵文化財センター

入江文敏　2011a「若狭・越における古墳時代中期の様相」『若狭・越古墳時代の研究』学生社

入江文敏　2011b「北陸地方出土の朝鮮半島系土器」『若狭・越古墳時代の研究』学生社

小黒智久　2004「富山県高岡市桜谷古墳群出土金銅製方形板の再検討」『富山市考古資料館紀要』第23号、富山市考古資料館

小黒智久　2005「古墳時代後期の越中における地域勢力の動向」『大境』第25号、富山考古学会

小黒智久　2010「倭における有機質製帽冠の系譜とその展開」『考古学研究』第57巻第1号、考古学研究会

小黒智久　2013「分科会Ⅳ　5世紀の古墳から文化交流を考える　北陸地方の様相」『文化の十字路信州』日本考古学協会2013年度長野大会実行委員会

小黒智久　2015a「弥生時代後期～古墳時代前期の河川環境と遺跡動態」『富山市考古資料館紀要』第35号、富山市考古資料館

小黒智久　2015b「越中 十二町潟の古墳とその周辺」『日本海の潟湖と古墳の動態』研究集会「海の古墳を考えるⅤ」実行委員会

小黒智久　2017（予定）「北陸北東部の古墳出現期社会と地域間関係、気候変動」『古代文化』第69巻、（公財）古代学協会

風間栄一　2006「馬形帯鉤の分類と系列把握」『東アジア地域における青銅器文化の移入と変容および流通に関する多角的比較研究』国立歴史民俗博物館

樫田　誠　2013「南加賀の横穴式石室」『若狭と越の古墳時代』雄山閣

金沢市埋蔵文化財センター　2003『高岡町遺跡Ⅱ』

亀田修一　2012「渡来人のムラを考える」『日韓集落の研究（最終報告書）』日韓集落研究会

川西宏幸　1978「円筒埴輪総論」『考古学雑誌』第64巻第2号、日本考古学会

川西宏幸　1988「中期畿内政権論」『古墳時代政治史序説』塙書房

川本紀子　2003「越前・若狭における韓半島系土器の一様相」『北陸の古代と土器』北陸古代土器研究会

姜仁求（岡内三眞 訳）　1984「百済古墳総論」『百済古墳研究』学生社

木島平村教育委員会　2002『根塚遺跡』

考古学研究会　2000「岡山例会第4回シンポジウム　吉備の埴輪」『国家形成過程の諸変革』

合田幸美　2013「竈・温突（オンドル）」『若狭と越の古墳時代』雄山閣
小嶋芳孝　2005「日本海対岸世界との交通」『日本海域歴史大系』第一巻 古代篇Ⅰ、清文堂
駒井和愛・吉田章一郎・中川成夫　1955「古墳文化」『能登』平凡社
小松市教育委員会　2006『額見町遺跡Ⅰ』
小松市教育委員会　2011「矢崎宮の下遺跡発掘調査」『小松市内遺跡発掘調査報告Ⅶ』
㈶富山県文化振興財団埋蔵文化財調査事務所　1998『五社遺跡発掘調査報告』
酒寄雅志　2006「古代日本海の交流」『日本海域歴史大系』第二巻 古代篇Ⅱ、清文堂
佐藤　信　2013「和田山23号墳出土の須恵器刻書銘について」『能美古墳群』石川県能美市教育委員会
高田貫太　2012「金工品からみた5、6世紀の日朝交渉」『東日本の古墳と渡来文化』松戸市立博物館
高田貫太　2014「日本海沿岸地域の対朝鮮半島交渉」『古墳時代の日朝関係』吉川弘文館
髙橋浩二　2005「弥生後期における住居跡数の変化と人口の動態」『待兼山考古学論集』大阪大学考古学友の会
千賀　久　1991「馬具」『古墳時代の研究8 古墳Ⅱ 副葬品』雄山閣
土屋隆史　2012「日朝における胡籙金具の展開」『考古学研究』第59巻第1号、考古学研究会
出越茂和　2003「古式瓦に関する一考察」『高岡町遺跡Ⅱ』金沢市埋蔵文化財センター
富山市教育委員会　2004・2006『富山市打出遺跡発掘調査報告書』
豊島直博　2010「弥生時代における鉄剣の流通と把の地域性」『鉄製武器の流通と初期国家形成』（独）国立文化財機構奈良文化財研究所
中司照世　1986「古墳時代」『図説　発掘が語る日本史』3　東海・北陸編、新人物往来社
中司照世　1993「日本海中部の古墳文化」『新版［古代の日本］⑦中部』角川書店
中司照世　1997「古墳時代の社会」『福井市史　通史編1　古代・社会』福井市
中司照世　2014「古墳時代の同一工房製小型銅鈴」『日本書紀研究』第30冊、日本書紀研究会
新潟大学考古学研究室　1998「飯綱山10号墳発掘調査報告（1996年度）」『新潟大学考古学研究室調査研究報告1』新潟大学人文学部
新村いづみ・松尾　実　2006「北陸地域における渡来系遺物群の集成」『石川県埋蔵文化財情報』第15号、㈶石川県埋蔵文化財センター
福井市教育委員会　1993『福井市三尾野古墳群発掘調査報告書』
朴天秀　2007「加耶と倭」『加耶と倭』講談社
朴天秀　2013「古代北陸における韓半島文物と移入背景」『若狭と越の古墳時代』雄山閣
土生田純之　2006「日本出土馬形帯鉤の史的意義」『東アジア地域における青銅器文化の移入と変容および流通に関する多角的比較研究』国立歴史民俗博物館
林　大智　2005「日本海沿岸域の「鉄」が北陸にもたらした変革」『北陸の玉と鉄』大阪府立弥生文化博物館
林　大智　2013「鉄器」『若狭と越の古墳時代』雄山閣
福澤仁之　2000「堆積作用と環境」『環境と人類』校倉書店
藤井幸司　2003「円筒埴輪製作技術の復原的研究」『埴輪』埋蔵文化財研究会
三浦俊明　2006「二子塚狐山古墳出土の貝釧」『石川考古学研究会々誌』第49号、石川県考古学研究会
三品彰英　2002（1971年8月成稿）『日本書紀朝鮮関係記事考證』下、天山舎
御嶽貞義　2010「北陸地方の弥生墳丘墓における木槨について」『小羽山墳墓群の研究―研究編―』福井市立郷土歴史博物館・小羽山墳墓群研究会
望月精司　2007「北陸西部地域における飛鳥時代の移民集落」『日本考古学』第23号、日本考古学協会
毛利光俊彦　1995「日本古代の冠」『文化財論叢Ⅱ』同朋社出版
和田晴吾　2004「古墳文化論」『東アジアにおける国家の形成』日本史講座1、東京大学出版会

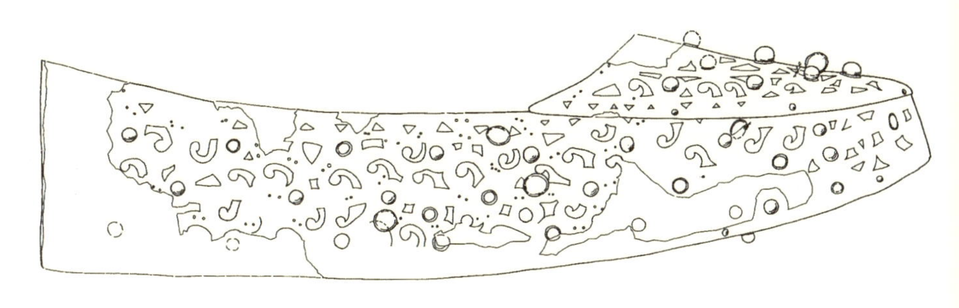

群馬県下芝谷ツ古墳出土飾履

第5章　遺物・儀礼の考察

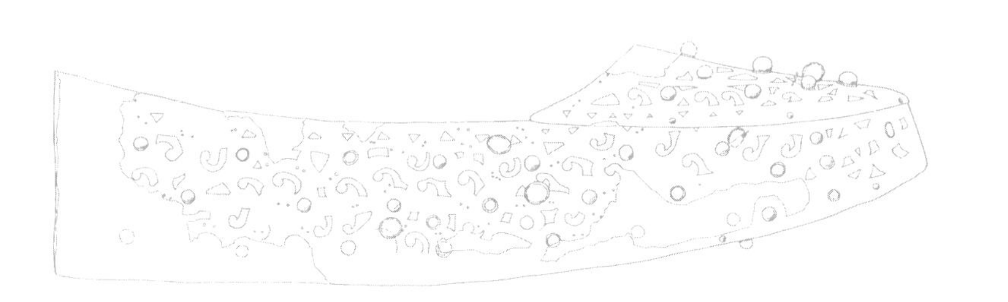

1　陶質土器

酒井清治

1　はじめに

列島において渡来人の存在を探るとき、朝鮮半島由来の渡来系文物を検討することが、考古学的に行われている。その中で、馬具や武器など朝鮮半島系譜と考えられていても、その遺物がその地の渡来人とどのように関わるのかについては不明確である。それに対して、土器の中でも渡来人が生活什器に使用した軟質土器（韓式系土器）は渡来人が使用した可能性が高く、「渡来人探し」には最も良好な資料である。しかし、渡来人と関わるものは多義に亘るため、土器からだけでその存在を探るのは難しい。

九州、畿内において集落等から多くの軟質土器（韓式系土器）が出土し、渡来人が居住していたことは確実である。しかし、その人数、居住の状況、墓の様相などは不明なことが多い。一方、積石塚が渡来人と関わることが指摘されてきたものの、九州から東北まで分布する積石塚すべてが渡来人と関わりがあるとは断言できない。

筆者が与えられた課題は積石塚と陶質土器であるが、その関係を探ることは、また難しい。積石塚は渡来人の墓である、可能性はあるものの断定はできない。陶質土器の出土総数は積石塚からよりも、封土墳から出土する方が多いのである。

積石塚の研究は様々な方面から探究はされているが、土器の研究からも検討される場合はあるものの、渡来人が使用した土器が積石塚から出土する例はごくわずかである。西日本を例にとっても、積石塚以外から出土する陶質土器、軟質土器は相当数にのぼる。やはり近年の研究のように、積石塚の様相、出土遺物総体、あるいは周辺の渡来系文物との関連などから、渡来人との関係を追究していくべきであろう。

積石塚と陶質土器の関係だけでは出土資料はわずかであることから、積石塚と渡来人の関わりを論議することは難しいが、ここでは与えられた課題の中で、積石塚と渡来人の関係について、周辺の渡来人居住域と積石塚の関係、渡来人の軟質土器生産によって土器をどのように手に入れ、使用したのかを含めて考えてみたい。

なお朝鮮半島においては、陶質土器に対して瓦質土器、軟質土器がある。列島で製作された陶質土器は須恵器と呼び、5・6世紀頃に搬入されたり、製作されたりした軟質土器は韓式系土器と呼ぶ場合が多い。筆者は高句麗の土器も含め朝鮮半島系譜の軟質土器を朝鮮半島系土器と呼ぶが、陶質土器由来の須恵器は含めない。軟質土器は舶載したものと列島で製作したものの区別が困難な場合が多いため、本稿では軟質土器としておく。

2　積石塚と出土土器

まず、積石塚からどのような土器が出土しているのかを概観し、渡来人との関わりがあるのか探る手立てとしよう。

積石塚から陶質土器が出土する例として、福岡県新宮町相島積石塚群110号墳がある。高坏の蓋であるが、つまみ中央が突出し、天井部はやや直線的に開き、刺突文が一列巡る。稜部が突出し口縁部が垂直で、口唇部は平坦である。相島積石塚群には大陸系の副葬品が出土していないといわれているが（大西2003）、この蓋は、つまみが大伽耶の陶質土器に類似し、朝鮮半島から搬入された陶質土器であろう。また、142号墳から出土する坏身は、蓋受け部が外傾しており、底部が深く新羅の坏身に類似し、実見していないが陶質土器の可能性を考えたい。積石塚251基からすればわずかな出土量であるが、玄界灘に位置する場所から出土したことは渡来人との関わりを考えるのに意義がある。

長野県の長原古墳群は積石塚で著名な大室古墳群の北側に位置し、12基の積石塚で構成されている。長野市長原7号墳から須恵器細頸瓶（以下短頸瓶）が、閉塞石の中から出土し、ほかに金環・玉類・馬具の鉸具・鉄鏃も見つかっている。短頸瓶の底部は中心が上げ底になる平底で、胴部は縦長で最大径が肩部にある。短く細い口縁部は強く外反する。胴部下半にはヘラによる斜行線文が巡る。報告書では短頸瓶は7世紀終末か8世紀初頭頃の須恵器に比定されているが、人骨が3体以上出土していることから、何度かの追葬が考えられる。

この短頸瓶は、形態から百済の陶質土器と考えられる。類例は、列島では足立区伊興遺跡出土例があるが、本古墳例は胴径に比して器高が高い。伊興遺跡例は5世紀後半と考えられるが、長原7号墳例は時期が下るであろう。百済ではこのような短頸瓶は漢城期から泗沘期まで見られるが、最大径は肩部にあり、底部の小さい形態は泗沘様式形成期と考えられ、6世紀後半以降であろう（土田2014）。

長原古墳群は積石塚であり、群内のニカゴ古墳は合掌形石室であることから、出土遺物に渡来系の文物を含んでいないため、渡来人の墓であるか不明確である（大塚・小林・下平1968）。

群馬県高崎市剣崎長瀞西遺跡は、北東斜面に沿った台地縁辺に広がるが、小支谷を挟み北に調査Ⅰ区と南のⅡ区に分かれる。谷に沿って古墳時代中期の住居跡が52軒分布し、14軒から軟質土器が出土したが、その多くはⅡ区に広がる。Ⅰ区には同時期の墳墓群が見られ、径30mの剣崎長瀞西古墳をはじめ円墳とともに、積石塚と考えられる方墳が谷の斜面下方側に分布する。積石塚は周溝を持つ5・9・10号墳が一辺5～8mで中心を積石塚とするが、周溝を持たない11・14・15・100号墳は2～3mである。10号墳から長鎖式耳飾とともに軟質土器の格子文叩きの甑が出土することから、方墳である積石塚は渡来人の墳墓と考えられている。集落の軟質土器は、格子文叩き土器のほか、平行文叩きで長卵形土器の系譜を引く長胴甕が出土している。また、1号墳の被葬者にささげられたと考えられている馬具を伴う馬の犠牲土坑が見つかり、装着した轡が伽耶系であることも渡来人との関わりが想定されている（土生田2013、若狭2013）。

この遺跡の特筆すべきことは、積石塚の10号墳から軟質土器が出土したが、軟質土器を出土する住居跡と重なるように検出されたことで、渡来人の居住区、墳墓地域が重複することは列島でも唯一といってよい。

しかし、10号墳から甑が出土するものの未報告であるため、副葬品なのか、墳丘出土なのか、どのように使用されたのか不明確な点も多い。10号墳出土資料は、住居跡で出土する軟質土器と共通することから、集落の住民が墓に入れたものであろう。とするならば、積石塚と方墳は大小合わせて7基あることから、この住居に渡来人が居住しており、積石塚に埋葬する際、軟質土器が1基だけから出土することはなぜであろうか。一つの考え方は、葬送儀礼に軟質土器が常用されたわけではなく、剣崎長瀞遺跡の渡来人すべてが行った共通する葬送儀礼ではなかったことが想定できる。もう一つの考え方は、軟質土器を出土する住居跡と積石塚が近接することから、偶然10号墳に入った可能性もある。剣崎長瀞西遺跡の積石塚と軟質土器を出土する住居跡の立地から、前者と考えたい。

空沢古墳群は渋川市にある50基ほどの古墳群であるが、積石塚を含むことでも注目されてきた。積石塚ではないが、35号墳からロクロで製作した土師器平底鉢、41号墳の平行文叩きを持つ土師器壺が榛名山二ツ岳の火山灰FA下の古墳から出土し、軟質土器との関わりが想定されている（土生田2013）。渋川市では行幸田遺跡A区2号古墳から、縄蓆文叩き甕が、吹屋糀屋遺跡から縄蓆文叩きの甕2点、格子文叩きの甕1点、叩きが確認できないが把手付きの堝が1点出土する。

剣崎長瀞西遺跡周辺の軟質土器は、七五三遺跡SI1号・7号の格子文叩き土器、八幡中原遺跡の格子文叩き土器、八幡遺跡で甑、および蔵屋敷遺跡がある。市域北方には海行A遺跡SB41号住居の平底深鉢、下芝五反田遺跡の格子文叩き甕があり、市域東方には、堀米前遺跡の格子文叩き土器、不動山東遺跡の格子文叩き甕、西島相ノ沢遺跡の格子文叩き土器、情報団地Ⅱ遺跡10区125号住居跡から格子文叩き甕、16区27号住居跡から格子文叩き甑、16区151号住居跡から須恵質平底浅鉢が出土する。県南の藤岡市には、温井遺跡35号住居の平行文叩き平底深鉢がある（黒田1999、亀田2012）。いずれの資料も5世紀後半代であろう。

これらの遺跡は、地域別に高崎市八幡台地一帯、井野川上流、井野川中流域、井野川下流域、榛名山東麓地域一帯、藤岡・甘楽地域に分けられており、利根川流域に分布する。このように軟質土器が近接して分布する地域は関東でもこの地域だけであり、馬匹生産と関わった渡来人の居住地と想定されている（若狭2011）。剣崎長瀞西遺跡の積石塚が、軟質土器が分布する地域につくられ、同遺跡にも住居が存在することは、積石塚に渡来人が埋葬された可能性がきわめて高い地域であるといえよう。

3　渡来人と土器

積石塚と渡来人との関係を考える前に、列島へ渡ってきた渡来人が生活什器である土器をどのように手に入れたのか、軟質土器の生産も含めて渡来人と土器の関係を考えてみたい。

渡来人を考古学からどのように考えるか、その方法について検討した亀田修一は、渡来ルート、定着の方法、渡来人の生活、渡来人の仕事・役割、考古学資料で渡来人をどのように把握できるかを考え、最後に渡来人の存在・関与の程度を5ランクに分けた。そして、渡来人研究の検討方法として、関連資料を渡来人の生活した「場」に区分し、朝鮮半島の資料との対比、時間的、空間的にも検討を加え、考古学以外の関連分野の成果を含め総合的に判断し、それをフィードバックし再びここの資料を見て検討をすべきとした（亀田1993）。

その中で亀田は、軟質土器の平底深鉢形土器は渡来人が存在する可能性があり、他器種が伴えばさらに高いとした。今津啓子は一つの遺構で複数出土すること、一遺跡から出土量が多い場合に渡来人が居住していた確率は高いとする。また出土量のほか、甕・壺・堝・甑・平底深鉢の5器種がそろえば渡来人居住の可能性が最も高く、器種が少なくなればその可能性が低くなるとする（今津 1994）。亀田は、軟質土器に対して初期の陶質土器は、貴重品として珍重されたことが想定できることから、すぐに渡来人の存在を語ることに注意を払うべきとした。その理由は、軟質土器は日常生活用であることから渡来人と関わる可能性が高いのに対して、陶質土器は貴重品として扱われたことから日本人が関わった可能性が高いとした。

朝鮮半島において陶質土器は、百済・新羅・伽耶においては、百済土器・新羅土器・伽耶土器などと呼称される（図1）。また、伽耶のような国としてまとまらない勢力圏でも、金官伽耶・大伽耶・阿羅伽耶・小伽耶土器と呼ばれる。国や勢力範囲と土器生産が結びついており、陶質土器の生産管理体制に権力（勢力）が関わっていたことが考えられる。この陶質土器は、基本的に一般集落で使用する土器ではなく、墳墓を築造し副葬品を埋納することのできる階層のために作られ、列島へ舶載されても貴重品と考えられる。渡来人だからといって一般に持ち得た土器ではなく、渡来人が列島へ移住する場合、陶質土器を持ち運べる階層は限られよう。

軟質土器は、全羅南道では麗水美坪洞陽地遺跡土器窯、海南郡谷里窯跡、光州杏岩洞16号土器窯のように構造窯である登窯で焼成されている。その場合、赤褐色だけでなく灰色に焼けるものも多い。また羅州五良洞窯跡群では、登窯で瓦質土器が焼成されている場合もある。しかし、軟質土器がすべて登窯で焼成されたとは思えない。それは黒斑を持つ資料も多く、野焼き焼成で

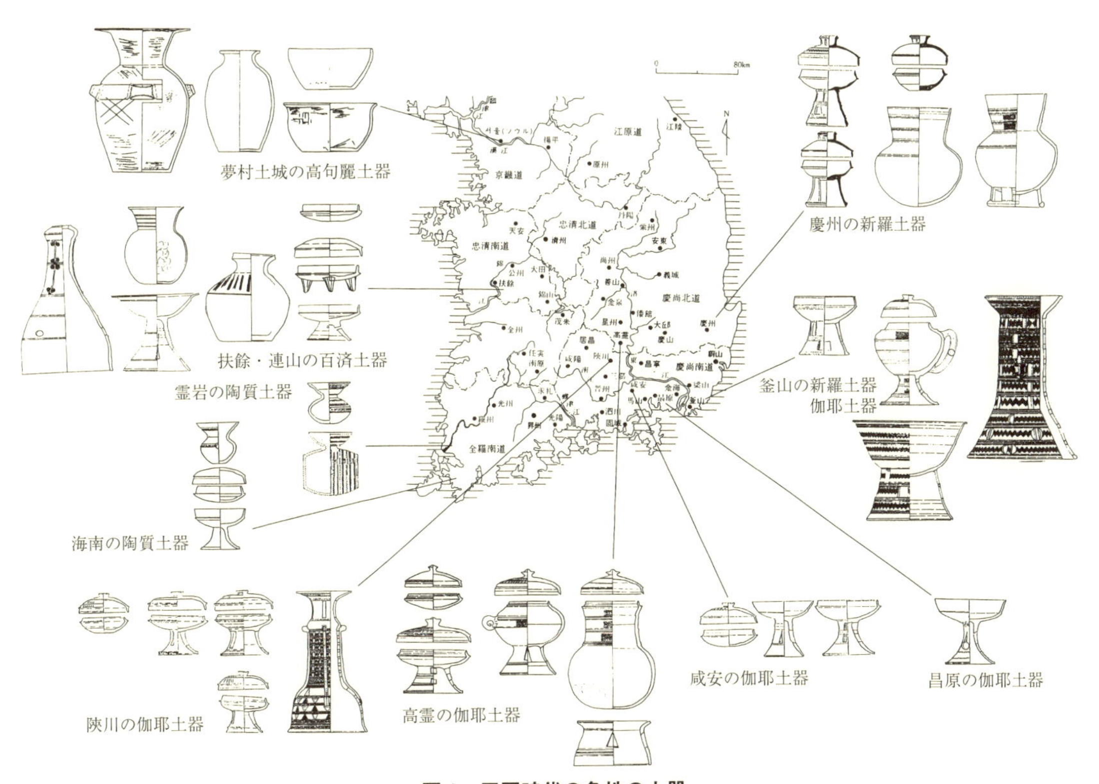

図1　三国時代の各地の土器

も製作された可能性が高い。長友朋子は、原三国時代の土器焼成について軟質と硬質の2者があるのは、窯焼成と野焼き焼成のうち適した方法を選択したと論じた（長友2013）。土田純子も三国時代でも登窯以外に野焼き焼成を行っており、列島でも同様だと考えている。このようなあり方は、百済地域だけでなく伽耶においても確認でき、昌寧余草里窯跡では陶質土器とともに、軟質土器の器形である甑・長卵形土器（長胴甕）、深鉢などが焼成されている。また咸安于巨里土器窯でも甑、堝、長卵形土器（長胴甕）、両耳付壺、深鉢などがあり、伽耶では陶質土器の窯で軟質土器の器形が硬質に焼成されている例が多い。

列島においては、初現期の大阪府陶邑窯跡群TG231号窯、TG232号窯、ON231号窯、濁り池窯跡、TK73号窯、TK85号窯、TK305号窯など登窯の中で陶質土器の系譜である須恵器とともに軟質土器を焼成している。この軟質土器は、須恵器生産者に携わった渡来人のみで消費したものか、周辺の渡来人にも広く供給していたのか不明確であるが、須恵器の流通を考えたとき後者であろう。しかし、河内・和泉だけでなく、畿内には軟質土器を出土する遺跡も多く、出土量も多量にあること、黒斑を持つ土器も多いこと、生駒付近で生産したと考えられる角閃石を混入する軟質土器もあることから、野焼き焼成で生産した例も多いのであろう。

このような例は、群馬県でも確認できる。渋川市（旧子持村）吹屋糀屋遺跡では、4点の甕と1点の堝が出土する。堝は刷毛目で叩きは不明であるが、甕は縄蓆文叩き2点、格子文叩き1点で、叩き目は刷毛目で消されるが部分的に残る。胎土は最長1㎝の小礫が混じり、片岩を含むことが特徴である。

群馬県の軟質土器は、甑と甕が主体である。土器作りの技術を忘却していない渡来第1・第2世代から始まり、土器作りを行うグループを含むほど渡来人の集団構成が厚みを持っていたことが示唆されるとする（若狭2013）。吹屋糀屋遺跡の軟質土器は、いずれも片岩を含むことから、群馬県内ならば藤岡市の三波川変成岩帯の鏑川流域の胎土の可能性が高く、その距離はおよそ50㎞である。現段階では、片岩を含む軟質土器の広がりは不明確であるが、特定の生産地から50㎞離れた一つの遺跡まで4個体運ばれていることは、群馬県内における渡来人の土器流通システムは、村落内で自給していたのではなく渡来人集団間での広域流通であったようである。

4　土器から見た渡来人と積石塚

もし積石塚が渡来人の墓としたならば、どのようなことがいえるのか。また、軟質土器が出土したならば、どのようなことがいえるのか。出土土器から、積石塚と渡来人が関わっているのかどうかについて考えてみたい。

畿内・九州では、出土土器や集落などから多くの渡来人が居住していたことが想定されている。しかし、その地域の墓から出土する軟質土器は、集落から出土する土器と比較してもわずかである。明らかに墓から出土する陶質土器・軟質土器は少ない。また、渡来人が積石塚を作ったとする前提を設けるならば、特に積石塚のない畿内ではその前提は成り立たない。このことからみて、東日本の墓、特に積石塚から軟質土器が少ないことから、渡来人は少なかった、あるいは渡来人の墳墓ではないと断定することは問題がある。墓から出土しないから渡来人はいなかったとはいえないのである。やはりもっと出土遺物、墳墓を慎重かつ積極的に検討していかないと渡来人の実態は見えてこないのであろう。

現段階で積石塚から出土する軟質土器、瓦質土器、あるいは陶質土器は、ほとんどない。陶質土器は、相原積石塚群、長野市長原古墳群、軟質土器は剣崎長瀞西遺跡方墳からわずかに出土するのみである。一般的な封土墳から軟質土器が出土することは稀であるという状況を考えるならば、積石塚から陶質土器、あるいは軟質土器が出土することは、渡来人の墳墓と積極的に考えることも可能であろう。しかし、その出土例はごくわずかであり、大多数の積石塚からは軟質土器は出土しないし、渡来系遺物も同様である。

たとえば大庭寺窯に隣接する住居群は、須恵器生産に関わった渡来人の居住域と考えられ、土師器よりも軟質土器の割合が高い。渡来人が居住した大阪府四條畷市蔀屋北遺跡、大阪市長原遺跡では、軟質土器も出土するが須恵器と土師器が多い。このことは、渡来人が自らの出自にこだわらず、列島にある土師器・須恵器を使用したため、時期がくだるほど軟質土器が少なくなり、土師器・須恵器の割合が増加することを示すのであろう。渡来人集団(社会)では、埋葬に使用する土器についても、出自にこだわり軟質土器を生産あるいは入手して埋納することに重きをおいていなかったのであろう。特に二、三世ともなれば伽耶あるいは百済などの故地の土器を判別したり、叩き技法で製作する技術は継承できなくなっていたことが考えられる。そのため、畿内・九州などでも渡来人が多く居住した地域の墓からも出土することは少ないのであろう。このようなことから渡来人が列島へ渡来後、継続して軟質土器を製作することは減少し、土師器・須恵器の使用が増えていったのであろう。この場合居住地域で、渡来人であるが故に軟質土器を製作し、窯で焼成することに対して何らかの制約があり、技術伝承ができなかった可能性がある(酒井 2017)。

大室古墳群の積石塚 168 号墳、196 号墳、241 号墳は、いずれも合掌形石室でありながら土器は土師器・須恵器だけで、軟質土器は出土しない(風間 2013)。ただし 168 号墳からは馬形土製品が出土しており、TK23 型式期と考えられていることから、馬形土製品としては初期の例であり、土器ではないが唯一朝鮮半島との関連を探ることができる資料である。渡来系遺物に乏しいことから、積石墳丘・合掌形石室という側面だけでは渡来系集団との関係は理解できないとする見解もあるが、このような資料も加えて考えてみる必要があろう。馬形土製品は高崎市高崎情報団地遺跡 13 号墳、16 号墳、福島県白河市(旧表郷村)三森遺跡・本宮市(旧本宮町)天王壇古墳で 2 点出土する(菊地 1999)。いずれも 5 世紀代で、高崎情報団地遺跡と三森遺跡からは軟質土器が出土しており、渡来人との関わりが想定されていることから、大室古墳群の馬形土製品も可能性は高い。

一方、長野県南信の伊那谷では、飯田市古墳群を中心に馬の埋葬事例が 28 例あるという。馬の飼育技術と馬に関わる儀礼を伴うことから、渡来人の関与を想定している(渋谷 2013)。当地には大阪府陶邑窯・名古屋市東山窯の初期須恵器が多く出土し、カマドの導入も見られる。さらに新屋敷遺跡から、韓国錦江流域あるいは栄山江流域に分布する両耳付壺の蓋が出土する。形態的特徴から栄山江流域から舶載されたと考えられ、馬匹生産に関わった渡来人がもたらしたのであろう。朴天秀は、九州、近畿、あるいは関東まで広がる栄山江流域の土器は、馬飼集団と関連していると考えており(朴 2006)、飯田の土器も同様だと考えられる。

このように長野県においては、馬匹生産に関連して、渡来人が居住したと想定される善光寺平と伊那谷では、前者には 500 基におよぶ積石塚は築かれたが、馬骨や須恵器が出土するものの、馬匹生産に関わった渡来人の姿が見えにくい。後者には積石塚はないものの、28例の殉葬された馬土坑があり、馬匹生産と渡来人の関わりが考えられる。また、新屋敷遺跡の両耳付壺は、列島でも九州以外出土例のほとんどない、朝鮮半島栄山江流域からもたらされた軟質土器であり、この地域から渡来してきた人々が居住した可能性が高いといえよう。また、初期須恵器が多く出土していることから、陶邑窯あるいは東山窯から運ばれたようである。軟質土器と初期須恵器の出土は関連しているのではなかろうか。

善光寺平と伊那谷の両地域で渡来人の存在が想定されるものの、伊那谷には積石塚がないことは、長野県において渡来人が居住していても、積石塚を作る集団と作らない集団がいたのであろう。やはり積石塚からは、軟質土器よりも須恵器が一般的に出土するのである。周辺に軟質土器を多く出土する群馬県剣崎長瀞西遺跡でさえ、積石塚で出土する例は1例だけであり、全国的に見てもほとんどない。時間経過の中で、陶質土器は蔀屋北遺跡のように定着した生活遺跡で消費してしまったのであろう。軟質土器については、集落での生活什器として使用しており、墓に入れることは少なかったのであろう。大阪市長原遺跡も多くの渡来人が居住した遺跡であるが、積石塚ではないが小型方墳では、多くの初期須恵器とともに軟質土器を出土する例もある。ここでも初現期須恵器、初期須恵器が数多く出土するのである。

東国へは、畿内から一世だけでなく二世以降の渡来人も移住することも多かったと思われるが、その場合は朝鮮半島から保持した土器は最初の定着地で消費し、すでに手元になかったようである。このような移住ルートは東国の場合、東山道・東海道ルートに沿った「須恵器の道」をたどったのであろう。陶邑窯の初期須恵器は東山道・東海道沿いに運ばれたが、群馬・千葉に集中する。これは大和政権と在地首長層との関係で、もたらされた須恵器であり、渡来人も彼らの持つ技術・技能移植のため、須恵器など西方の文物を運ぶルートで各地の首長層のもとに移住させたのであろう。千葉市大森第2遺跡、足立区花畑遺跡のような朝鮮半島で作られた複数の軟質土器を保持した渡来人は、短期間で移住してきた一世であろう。この両地域でも多くの陶邑窯の初期須恵器が出土することからもルートが想定できる。鈴木も二本ヶ谷積石塚から5㎞ほど離れた恒武遺跡群では初現期須恵器が20点近く出土するという（鈴木2013）。剣崎長瀞西遺跡でも須恵器は多く、大室古墳群でも一定量出土する。

東国の渡来人は初期須恵器が出土する地域に多い。渡来人は畿内などの地域で一定期間過ごした後、須恵器など西方の文物が東国へ入るルートにのって、配置された可能性がある（鈴木2013）。日本海ルートも否定するものではなく、検討していくべきルートである（若狭2013）。畿内経由のルートであるならば、一定期間最初の定着地で過ごしたことから、朝鮮半島から所持した土器などはその地で消費した可能性がある。それに対して日本海側ルートで東日本へ直接来た場合、一世の可能性があり、朝鮮半島から保持したものは定着地に残されている可能性がある。

660年の百済滅亡、668年の高句麗滅亡に伴い、列島への移民が東国各地へ移配されているものの、東国においては彼らの故地の土器は見えない。それは難民であったため、土器を保持する余裕がなかったことが考えられるが、渡来人が一旦定着地を経て来たことも考えられる。

滅亡後の高句麗遺民は、各地に配置されたと考えられる。716年に東国7か国、駿河、甲斐、相模、上総、下総、常陸、下野国の高句麗人1799人を集めて武蔵国高麗郡を建郡した。高句麗が滅亡してから48年後であるためか、旧高麗郡推定地である飯能市、日高市には高句麗土器は見つかっていない。また、渡来後一旦居住していた7か国にも出土していないため保持していないか、定着地で故地の土器を作ることはなかったのであろう。それに対して、7世紀後半、持統朝に下野国へ3度の移配記事がある新羅人は、新羅土器を携えてきた。その土器は、栃木県上三川町西下谷田遺跡をはじめ6遺跡20点が出土する（小森2015）。

奈良時代における関東の建郡記事は、蝦夷政策をにらんだ関東の開発を目指したものと考えられる。その中で移配された新羅人は、西下谷田遺跡に見るように新羅土器が工房跡と考えられる遺構から出土することから、技術者であった可能性がある。また、8世紀には、下総国府・国分寺の新羅土器、武蔵国京所廃寺と下総国分寺の新羅系瓦などがある。このような東国に見られる新羅文化の痕跡は、日本が7世紀後半代、唐との国交を絶ったことによる大陸文化の受容窓口として、新羅から技術、文化・文物を導入していたことによろう。このあり方は5世紀の渡来人の様相と類似し、技術・文化の導入が求められて移住した渡来人が多かったのであろう。

5　おわりに

5世紀の渡来人も各種の技術・知識を保持していたことは触れられてきたことであるが、東国において馬匹生産も含め、技術があるゆえに墓も作り、朝鮮半島から保持してきた土器も使用し、当初は故地の土器も生産できたのであろう。また、土器を埋納できる人たちもいたのであろうが、前述したように、制約や抑制によって軟質土器が作られなくなったことや、積石塚を作った人々の多くは陶質土器を携行出来ない階層であったために、積石塚には陶質土器、軟質土器にこだわらず、須恵器が多かったのであろう。

このように積石塚から朝鮮半島由来の土器が出土しなくても、渡来人の墓である可能性はあり、周辺の須恵器出土資料も含め総合的に検討すべきであろう。

引用・参考文献

今津啓子　1994「渡来人の土器」『ヤマト王権と交流の様相　古代王権と交流5』名著出版
大塚初重・小林三郎・下平秀夫　1968『長野・長原古墳群―積石塚の調査―』長野市教育委員会
大西智和　2003「西日本の積石塚―島の積石塚を中心に―」『前方後円墳築造周縁における古墳時代社会の多様性』九州前方後円墳研究会
風間栄一　2013「長野北部の様相」『日本考古学協会2013年度長野大会 研究発表資料集　文化の十字路 信州』日本考古学協会2013年度長野大会実行委員会
亀田修一　1993「考古学から見た渡来人」『古文化談叢』30、九州古文化研究会
亀田修一　2012「渡来人の東国移住と多胡建郡の背景」『多胡碑が語る古代日本と渡来人』吉川弘文館
菊地芳朗　1999「東北地方における古墳時代中～後期の渡来系文化」『渡来文化の受容と展開―5世紀における政治的・社会的変化の具体相(2)―』第46回埋蔵文化財研究集会
黒田　晃　1999「群馬県高崎市剣崎長瀞西遺跡とその周辺」『渡来文化の受容と展開―5世紀における政治的・社会的変化の具体相(2)―』第46回埋蔵文化財研究集会
小森哲也　2015『東国における古墳の動向からみた律令国家成立過程の研究』六一書房
酒井清治　2017「関東出土の軟質土器」『考古学・博物館学の風景』芙蓉書房出版
渋谷恵美子　2013「長野県南部の様相―飯田市飯田古墳群を中心に―」『日本考古学協会2013年度長野大会 研究発表資料集　文化の十字路 信州』日本考古学協会2013年度長野大会実行委員会
鈴木一有　2013「東海地方の様相―二本ヶ谷積石塚群の実相と被葬者像―」『日本考古学協会2013年

度長野大会 研究発表資料集　文化の十字路 信州』日本考古学協会2013年度長野大会実行委員会
土田純子　2014『百済土器東アジア交叉編年研究』ソギョン文化社
長友朋子　2013『弥生時代土器生産の展開』六一書房
土生田純之　2012「東国における渡来人の位相と多胡郡建郡」『多胡碑が語る古代日本と渡来人』吉川弘文館
土生田純之　2013「半島の積石塚と列島の古墳」『日本考古学協会2013年度長野大会 研究発表資料集　文化の十字路 信州』日本考古学協会2013年度長野大会実行委員会
朴天秀　2006「栄山江流域における前方後円墳からみた古代のと日本列島」『海を渡った日本文化』鉱脈社
若狭　徹　2011「上毛野における五世紀の渡来人」『古墳時代毛野の実像』季刊考古学別冊17、雄山閣
若狭　徹　2013「群馬の様相—上毛野における4・5世紀の交流と渡来文化（予察）—」『日本考古学協会2013年度長野大会 研究発表資料集　文化の十字路 信州』日本考古学協会2013年度長野　大会実行委員会

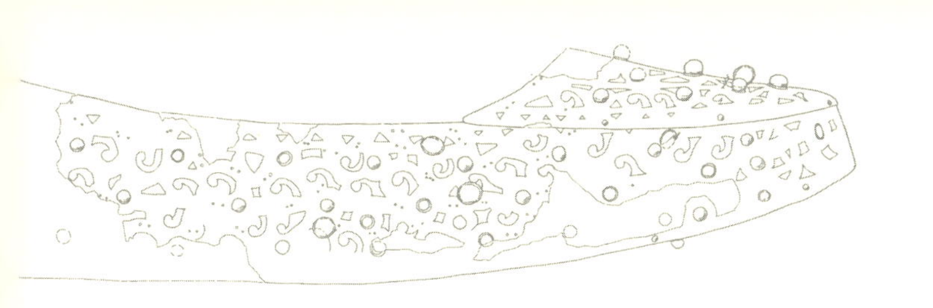

2　装身具

高田貫太

1　はじめに

古墳時代の日本列島各地に築かれた積石塚の中には、朝鮮半島諸勢力とのつながり、また日本列島への定着をはかる朝鮮半島系の渡来人とのかかわりを示すものが含まれている。これについては古くからの指摘がある。その主な根拠は墳丘構造にあり、盛土ではなく積石によって墓を築くという、日本列島ではそれほど定型化しなかった墳墓である点や、まず埋葬施設を（地山内に）構築した後に墳丘を築くという「墳丘後行型」（吉井 2002）のものが認められる点などが指摘されている[1)]。

それとともに、内部の埋葬施設から出土した副葬品に、少なからず朝鮮半島系の器物が含まれる場合がある点も重要な根拠の１つである。その特徴を整理し、朝鮮半島との系譜関係を追究していくことは、積石塚の被葬者や造営集団の性格を明らかにしていく一助となろう。

このような視点から、本論では積石塚から出土した遺物の中で、特に朝鮮半島諸勢力とのつながりを細かく検討できる装身具を取り上げる。まず、積石塚出土装身具の事例を取り上げ、その概要と装身具の系譜について検討する。次に、装身具を出土した積石塚の性格について、朝鮮半島系装身具が出土した盛土墳との比較などを通して浮き彫りにしてみたい。

さて、取り上げる積石塚であるが、墳丘を石のみで築いた典型的な積石塚とともに、一部に盛土を混用しつつ積石塚の外観を意識したと予見される墳墓、特に墳丘外面を石によって全面被覆した古墳についても検討対象とする。

2　朝鮮半島系装身具が出土した積石塚

(1) 群馬県剣崎長瀞西遺跡 10 号墳

まずは、群馬県高崎市剣崎長瀞西遺跡の 10 号墳から出土した垂飾付耳飾を取り上げる。この遺跡では円形の封土墳群とともに、その北東側に空白地をはさんで方形の積石塚群が確認された。積石塚や隣接する住居群から朝鮮半島系の軟質土器が出土した点、墓域内で轡（環板轡）を装着した馬を埋葬した土壙（13 号土坑）が確認された点など、朝鮮半島からの渡来人の存在を多角的に示す遺構や遺物が確認された。おそらくは、その地に住んでいた在地系の人びとの墓域（中小円墳群）と朝鮮半島からの渡来人の墓域（積石塚群）が、ある程度区別されていたことがうかがえる。若狭徹が指摘するように、上毛野地域の首長層が地域経営を進めていく中で、先進の技術や情報もたらす存在として招致され、次第に地域社会の中へ編成されていった渡来人集団の存在を想定できる(若狭 2015)。

方形積石塚は調査範囲の中で8基が確認され、その中でも規模が大きい10号墳（9×8.2m)から垂飾付耳飾が出土した(図1-1)。この耳飾は金製で、遊環＋兵庫鎖と空玉の中間飾を組み合わせた中間部＋宝珠形の垂下飾という構成である。このような構成をとる垂飾付耳飾は、朝鮮半島では、洛東江以西の高霊池山洞古墳群や陜川玉田古墳群などを中心とした大伽耶圏に分布しており（図1-2・3)、そこからの移入品と考えられる。日本列島へ移入された初期の資料であり、その他の類例としては、福井県若狭町向山1号墳や兵庫県姫路市宮山古墳第2・3主体部、または宮崎市下北方5号地下式横穴などがある（高田2014a)。

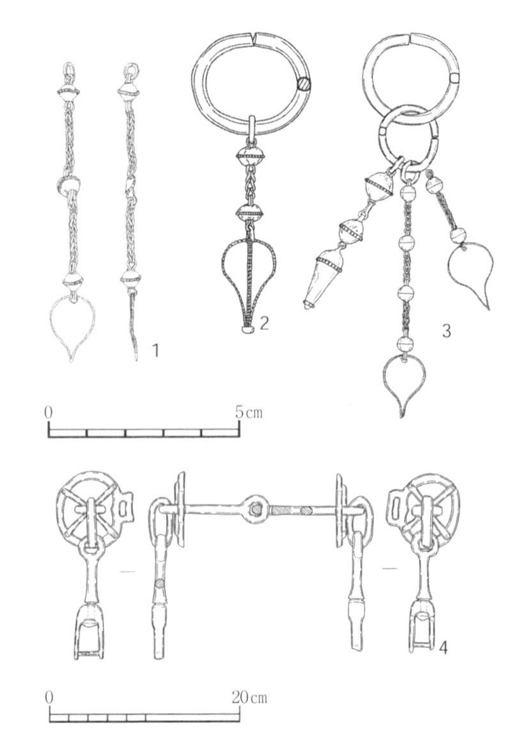

図1　剣崎長瀞西遺跡出土の装身具・馬具とその類例
1：10号墳出土垂飾付耳飾
2：陜川玉田91号墳出土垂飾付耳飾
3：陜川玉田28号墳出土垂飾付耳飾　4：13号土坑出土轡

また、13号土坑に埋葬された馬に装着された轡（図1-4）は、朝鮮半島東南部に系譜を求めることができる（諫早2012)。遺跡から出土した朝鮮半島系軟質土器の器形も、実見すると相対的には洛東江以西地域の影響が色濃い。このような状況から判断すれば、剣崎長瀞西遺跡の渡来人集団の中には、おそらく大伽耶と倭の交渉の中で上毛野地域へ渡来、定着した人びとが含まれていたと考えられる。したがって、10号墳の被葬者は、このような渡来人集団の有力層であったと判断でき、垂飾付耳飾を実際に身に着けていた可能性は高い。

(2)群馬県下芝谷ツ古墳

次に、群馬県高崎市下芝谷ツ古墳から出土した飾履を取り上げる。この古墳は一辺22m程をはかる二段築成の方墳である。下段は盛土で墳丘を築き、墳丘全面を葺石で覆う。上段には高さ1m程の方形積石塚が築かれた。その周囲には円筒埴輪がめぐる。埋葬施設は竪穴式石室で、その内部から、金銅製飾履、装飾馬具(f字形鏡板付轡、剣菱形杏葉、木心鉄板張輪鐙など)、武具類(小札甲、眉庇付冑)など多様な副葬品が出土している。

飾履（図2左）については、すでに詳細な検討が行われており（田口1998、高橋2007、土屋2013、若狭2015など)、その成果に導かれながら、系譜について考えてみたい。まず注目できるのは、この飾履は底板1枚、側板2枚に加えて足の甲をカバーする甲板を備えている点である。このような構成をとる確実な事例は、朝鮮半島ではいまだ確認されていない。ただし、側板2枚をかかと側とつま先側で(おそらく鋲で)結合する造作自体は、百済圏とのかかわりをみいだせる。次に、表面に110個ものガラス玉を装着している点である。冠などにガラス玉を装着する例は百済圏を

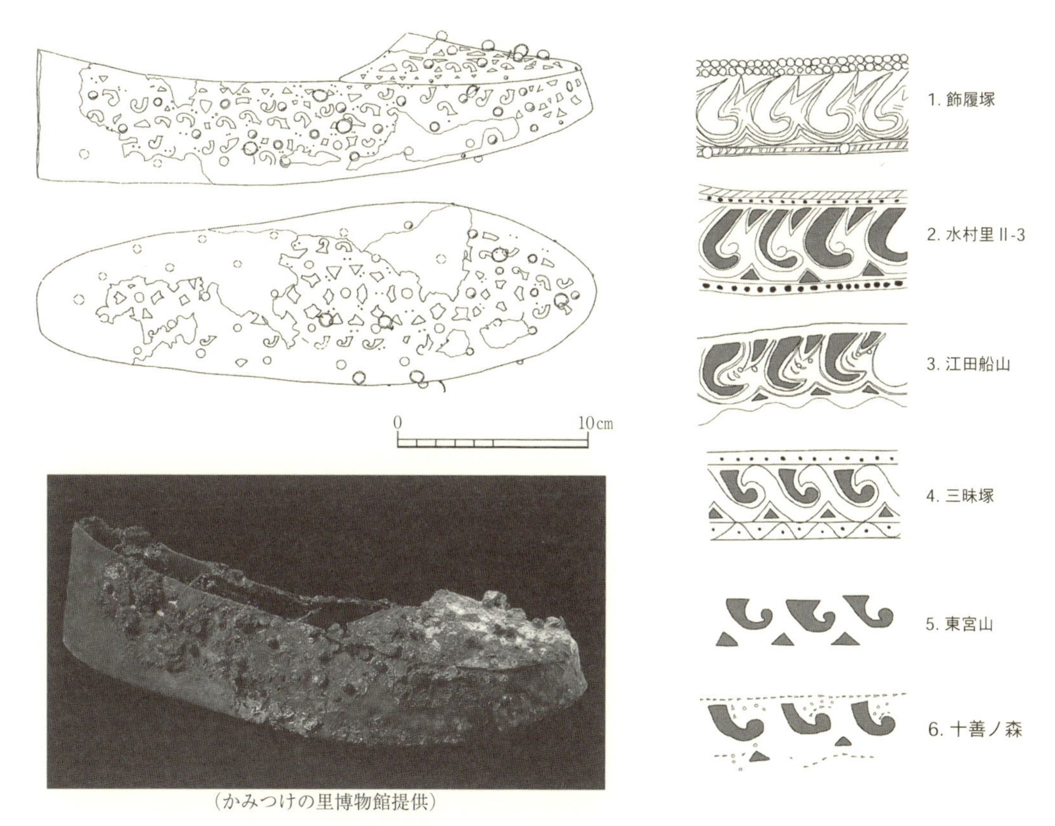

（かみつけの里博物館提供）

図２　下芝谷ツ古墳出土飾履（左）**と吉井秀夫が提示した波頭状文の比較**（右）

中心に確認できるが、飾履を装飾する主な方法としてガラス玉を用いる事例は、やはり朝鮮半島ではいまだ確認されていない。

さらに、透彫文様、特に底板や甲板の周縁にめぐらされた連続波頭状文に注目できる。吉井秀夫は、波頭状文について、実際に表現（模倣）しようとした文様は、百済圏の冠帽や飾履に施された「先端が二股にわかれる火焔文」であると把握した。そして、火焔文を十分に理解できない製作者が、連続波頭状文として再構成したものと推定している（吉井 2011、図２右）。この吉井の指摘は傾聴に値する。さらに、土屋隆史は、この吉井の指摘を受けつつ、下芝谷ツ古墳出土の飾履を含めた連続波頭状文をもつ金工品が「倭の近しい工房内で製作されていた」（土屋 2013、31 頁）状況を想定している。

ただし、百済圏内の飾履には、透かし彫りによる連続波頭状文に近い文様が確認できる事例もある。例えば、公州水村里Ⅱ-３号石槨出土品である。この側板下縁に施された文様は、「先端が二股にわかれる火焔文」ではない。透かし彫りによる切り落とされた部分に注目すれば、むしろ波頭状文に近い。よって、吉井の指摘した「先端が二股にわかれる火焔文」から波頭状文への変化が、百済圏においてすでに起こりつつあった可能性は考慮してもよい。今後の事例の増加が望まれる。

その意味で、朝鮮半島系工人による倭における製作を考慮するとしても、その工人の故地は現状では百済圏である可能性は高い。下芝谷ツ古墳の被葬者の対外的な活動の一端を反映する副葬品として評価できる。

若狭徹が指摘するように、下芝谷ツ古墳の被葬者については、地域に多く居住した渡来人集団を統括するような長であると同時に、地域首長に従うような地位にあったと考えられる（若狭2015）。したがって、その被葬者は、定着した地域社会の意向に沿うような形で対外的な活動に従事し、その過程の中で飾履を入手（製作？）したのではなかろうか。

(3) 長野県八丁鎧塚２号墳

長野県須坂市八丁鎧塚２号墳では、獣面を表現した帯金具の銙板が出土している。鎧塚２号墳は長野県須坂市を流れる鮎川上流に位置する八丁鎧塚古墳群に属する。径25.5m、高さ3mほどの平面円形の積石塚である。埋葬施設としては箱式石棺の存在が想定されている。墳頂中央から深さ1m程の位置で遺物が集中して出土した。その中には、帯金具、鈴杏葉、鉄鏃など金属製品も含まれており、おそらく副葬品と考えてよい。

さて、鎧塚２号墳で出土した獣面文帯金具（図３-１）の製作技術については、山本孝文の詳細な研究成果がある（山本2014）。山本は、倭の出土資料について、特に百済圏の公州水村里古墳群（図３-３：Ⅱ-１号、図３-４：Ⅱ-４号）出土資料との密接な関連を指摘した。朝鮮半島では、胡籙や馬具の革帯装飾の可能性があるものも含めると、百済圏の公州・清州地域、大伽耶圏の高霊・陜川地域、そして阿羅伽耶圏の咸安地域などで出土している。したがって、大きくは百済、伽耶系と把握できる。また、日本列島では、岡山県牛文茶臼山古墳出土資料をはじめとして、いくつかの類例が確認されている。このような資料と比較すると、鎧塚２号出土資料は以下のような特徴を指摘できる。

１つは、銙板周縁の文様である。鎧塚２号資料では波状列点文が施文されているが、朝鮮半島資料では基本的には周縁に文様を持たないものが主流である。ただし宋山里１・３号墳資料（図３-５・６）は、周縁に波状列点文が施されている。２つめに基本的な製作技法である。日朝両地域の資料において、文様を銙板（装飾金具）裏面から打ち出すものと、基本的な文様あるいは形態を鋳造によって製作するもの二者が確認できる。鎧塚２号や公州水村里が後者にあてはまることは、山本の詳細な分析によってほぼ確定的である。このように、鎧塚２号の資料は、百済圏との密接な製作技術における共通性が認められ、そこからの移入品と判断できる。

(4) 香川県女木島丸山古墳

最後に取り上げるのが、香川県女木島丸山古墳で出土した垂飾付耳飾（図４-１）である。女木島は、備讃瀬戸の島嶼部に位置する小島であり、その丘陵尾根筋に古墳は単独で築かれている。

まず、注目すべきはその墳丘構造にある。丸山古墳は、短径14.5m、長径16m程の円墳で、埋葬施設は箱式石棺である。調査報告書では、まず岩盤を浅く掘り込んで石棺を設置し、その後に墳丘を盛土し、墳丘全面を葺石で被覆したと推定されている。その状況については、「掌大前後の角礫を厚さ約20センチに盛土の裾から、墳頂までぎっしり全面を被覆していたと考えられる」（森井1966、36頁）と記録されている。いわゆる「墳丘後行型」の古墳であり、その外観も積石塚に近かったであろう。典型的な積石塚ではないが、墳丘や埋葬施設の構造に積石塚との類似性が認められ、かつ垂飾付耳飾が出土しているので、ここで取り上げたい。

副葬品としては曲刃鎌、大刀が確認され、金製の垂飾付耳飾は被葬者に着装された状態で出土

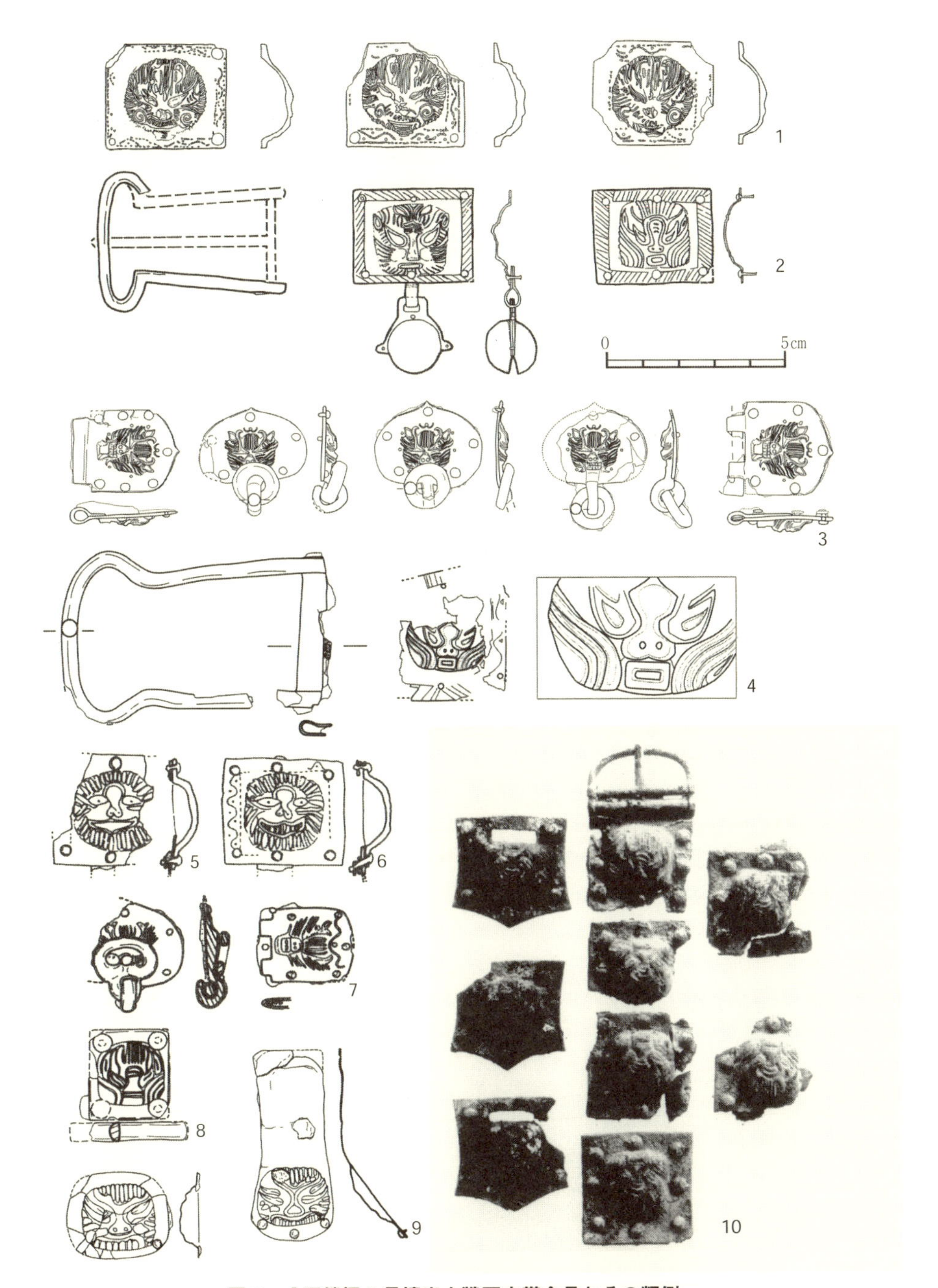

図３　八丁鎧塚２号墳出土獣面文帯金具とその類例

1：八丁鎧塚２号墳　2：牛文茶臼山古墳　3：公州水村里Ⅱ-1号土壙墓　4：公州水村里Ⅱ-4号石室墳
5：公州宋山里１号墳　6：公州宋山里３号墳　7：陝川玉田 M1 号墳　8：陝川玉田 M3 号墳　9：咸安道項里<文>54 号墳
10：高霊池山洞 47（主山 39）号墳

した。この耳飾には以下のような３つの特徴がある。

①主環＋遊環＋金製玉(中実)の中間飾＋小型の宝珠形垂下飾という構成である。

②宝珠形垂下飾の先端を細長く強調する。

③中間飾に中実の金製玉を用いている。

①や②のような特徴を有する垂飾付耳飾は、朝鮮半島でも時期と分布が限られており、基本的には現在の忠清南北道や、江原道西部を中心に、漢城百済圏の各地から出土している。また、③については、漢城百済圏において必ずしも主流ではなく、多くは中空の空玉を用いている。それでも天安龍院里129号墳（図4-3）などで出土している。したがって、丸山古墳の資料は、典型的な漢城百済系の垂飾付耳飾として判断できる。日本列島において同型式の耳飾は、福岡県堤蓮町1号墳で確認されている。

韓国考古学界では、漢城百済の圏域各地で出土する中国製陶磁器や冠、耳飾、飾履などの装身具については、百済中央から各地域勢力へと配布されたものと把握し、各地方に対する間接支配の結果とする見解が提示されている（成2001など）。そのような性格を有する耳飾を身に着けた丸山古墳の被葬者を、百済から倭へ渡ってきた渡来人、もしくは百済と密接な関係を有する有力層と把握することは許されよう。

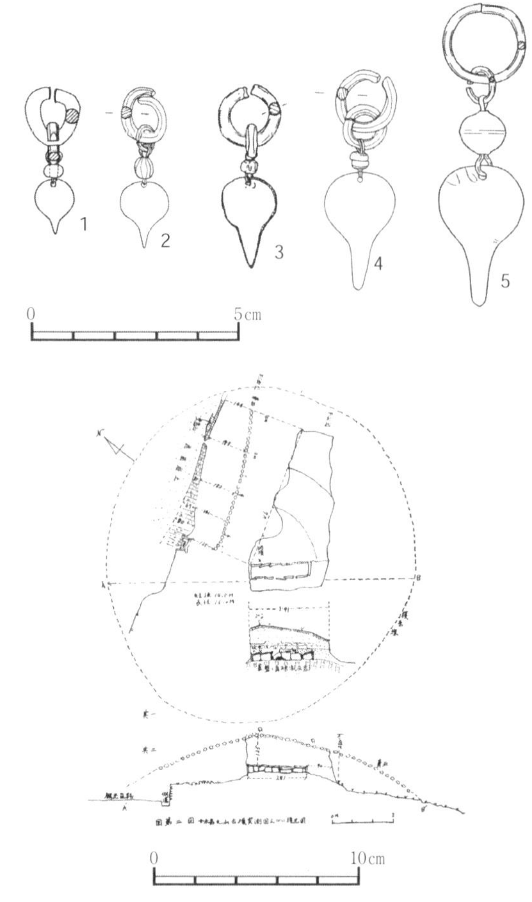

図4　女木島丸山古墳の墳丘構造と出土耳飾の類例
1：女木島丸山古墳　2：清原主城里1号石室3次棺台　3：天安龍院里129号墳　4：清原主城里2号石槨　5：陜川玉田20号墳

3　装身具からみた積石塚の性格

これまで、朝鮮半島系装身具を出土した積石塚の事例を取り上げてきた。次に、その検討結果に基づいて、装身具の系譜、盛土墳との比較、そして被葬者の性格についてまとめていきたい。

(1) 朝鮮半島系装身具の系譜について

まず、積石塚に副葬された朝鮮半島系装身具の系譜について整理する。上述の4例は、大伽耶圏から移入した可能性が高いもの（剣崎長瀞西10号墳）、百済圏（大伽耶圏も考慮する必要がある）から移入した可能性が高いもの（八丁鎧塚2号墳、女木島丸山古墳）、そして倭で製作された可能性があり、その工人の系譜は百済に求めることができるもの（下芝谷ツ古墳）と整理できる。

このように、朝鮮半島系装身具からみると、積石塚と百済・大伽耶圏とのつながりは明瞭に読み取ることができる。その一方で、これまでのところ新羅系（高句麗－新羅系）の装身具が確認されていないことには注意しておきたい。5、6世紀には少なからず、日本列島各地から新羅系の装身具は出土していることから、それが積石塚で確認しにくい状況に何らかの意味を見出し得る可能性はあろう。これについては、もう少し資料の増加を待ちたい。

ともあれ、積石塚出土の装身具は、その系譜や推定できる製作地は多様で、かつ装身具の種類も耳飾、帯金具、飾履と様々である。このことは、これらの装身具（や製作工人）が、特定の勢力圏から一度にもたらされたわけではないことを示している。とすれば、積石塚の被葬者や造営集団は、それぞれが百済や大伽耶とつながりを有しており、多様な契機によって装身具を入手していたと想定することができよう。

(2)朝鮮半島系装身具を副葬した盛土墳との比較

次に、5〜6世紀前半頃に朝鮮半島系の装身具が出土した盛土墳と比較してみたい。盛土墳の場合、大きくは、倭王権や地域社会の首長層の墳墓と想定される前方後円墳から出土する場合と、その膝下で実際に対外交渉を担ったような被葬者（渡来人も含めて）を想定できる中小規模の古墳から出土する場合とに大別できる（高田2014a）。ここでは、同型式の装身具が出土した古墳の中で比較してみたい。

まず、剣崎長瀞西10号墳で出土した、兵庫鎖と空玉の中間飾を組み合わせた中間部＋宝珠形の垂下飾という構成をとる大伽耶系耳飾である。同型式の耳飾は、福井県向山1号墳や兵庫県宮山古墳第2・3主体部、または宮崎県下北方5号地下式横穴など、日本列島各地の有力古墳で出土している（高田2014a）。それらと比較すると、剣崎長瀞西10号墳は、明らかに小規模で副葬品にも乏しい。

また、獣面文帯金具が出土した八丁鎧塚2号墳（積石塚）と岡山県牛文茶臼山古墳（盛土墳）を比較しても、前者が径25.5mの円形積石塚であるのに対して、後者は墳長48m程の帆立貝形前方後円墳である。そして、飾履を出土した古墳をみても、基本的には日本列島諸地域の有力首長層の古墳に副葬されるのに対し、下芝谷ツ古墳は一辺22m程の方形積石塚である。ただ、副葬品は他と比肩する豊富な内容を有する。

一方で、類似する事例があることも挙げておきたい。それは、漢城百済系の垂飾付耳飾が出土した女木島丸山古墳と堤蓮町1号墳である。女木島丸山古墳は14.5〜16m程の円墳、堤蓮町1号墳は直径18〜20m程の円墳である。

資料数が限られ、かつ地域をまたいだ比較であることには留意する必要がある。それでも、朝鮮半島系の装身具が出土した盛土墳と積石塚を比較すると、相対的に積石塚が小規模であることは指摘できそうである。

このことは、積石塚の被葬者や造営集団の性格、すなわち朝鮮半島系装身具を入手するための活動の仕方が、盛土墳のそれとはやや異なっていた可能性を示している。次に、その点について整理してみたい。

(3)被葬者や造営集団の性格について

まず、群馬県西部地域に位置する剣崎長瀞西10号墳と下芝谷ツ古墳について考えてみたい。これについては、若狭徹の見解が参考となる。若狭は群馬県西部の積石塚について、以下の3類型に大別した（若狭2013）。

A類：最大で一辺20mの大型で、方形の盛土墳に積石塚を載せたもの（下芝谷ツ古墳）

B類：削り出し基壇の上に低い積石塚を載せたもの（剣崎長瀞西10号墳）

Ｃ類：低い積石塚のみのもの。遺物はほとんどない。

そして、Ｂ類を渡来人集団の有力層、Ａ類を群馬県西部地域に多く居住した渡来人集団を統括するような長としての性格を考えている。この指摘は、朝鮮半島系装身具を副葬した積石塚を考えるうえでも極めて重要である。特に、Ｂ類に該当する長瀞西10号墳、すなわち渡来人集団の有力層に大伽耶系の垂飾付耳飾が副葬されている状況は、実は大伽耶圏において、地域集団の有力層に垂飾付耳飾が副葬されている状況とよく類似する。

例えば、６世紀前半には大伽耶圏に入ったと考えられる昌原地域の茶戸里Ｂ地区古墳群では、この地を根拠地とした地域集団の墓域が確認されている。いずれも低墳丘の竪穴式石槨墓で、周溝が確認されている事例から判断すると、墳丘の規模は10ｍに満たない。その中で、比較的規模が大きいB15号墓でのみ垂飾付耳飾が確認された。このように、大伽耶圏においても、垂飾付耳飾は高塚墳丘を有する各地の首長墳以外にも、それに属した（と推定される）地域集団の有力層の墓にも副葬されている。

したがって、剣崎長瀞西遺跡の積石塚群における10号墳の位置づけは、大伽耶圏の地域における地域集団の有力層と対応していると考えてみることができる。このような点からも、10号墳を地域への定着をはかる渡来集団の有力層と想定し、そこから出土した耳飾をその被葬者が実際に着装していたとみなすことは妥当と考えられる。

そして、Ａ類の下芝谷ツ古墳のような性格は、おそらくは積石塚としては規模が大きい八丁鎧塚２号墳（径25.5ｍの円形）にも当てはめて考えてみることができる。八丁鎧塚２号墳の被葬者を考えるうえで重要なのは、それに先行して、４世紀後半頃に築かれたと考えられている八丁鎧塚１号墳の存在である。２号墳とほぼ同規模の円形積石塚であり、碧玉製釧、スイジガイ製釧、ゴホウラ製釧など、倭王権や九州などとのつながりをうかがわせる装身具が出土している。

また、八丁鎧塚２号墳が位置する善光寺平地域を見渡せば、様々な朝鮮半島系文物が出土していることはすでに指摘されており（河野2015）、長野市浅川端遺跡から出土した馬形帯鉤なども、基本的には朝鮮半島中西部に系譜を求めることができるものである。したがって、善光寺平地域から北陸、そして日本海へと至る交通路などを介して、様々な地域と関係を結んでいた姿を、八丁鎧塚古墳群を造営した集団にみいだすことができる。

八丁鎧塚古墳群には、より小規模な３～６号墳が造営されている。おそらく、その造営集団の中には、朝鮮半島とのパイプを有し積石塚の構築にかかわっていたような渡来人も含まれていたと考えられ、それらを統括した首長層の存在を八丁鎧塚２号墳にみいだすことには、それほど無理がなかろう。その被葬者が獣面文帯金具を着装していたとすれば、その出自が朝鮮半島にあった可能性もまた考慮しておく必要はある。

これまで検討してきた３つの古墳と、やや性格が異なるのが女木島丸山古墳である。上述のように、この古墳は、「墳丘後行型」の構造であること、外観が積石塚に類似すること、そして漢城百済系の垂飾付耳飾を副葬していることなどから、朝鮮半島（百済）とのつながりが色濃い古墳として評価できる。ただし、この古墳は他とは異なり、単独で築かれており、古墳群が形成されることはない。

実は、このような状況は、朝鮮半島西南海岸の島嶼部に造営された「倭系古墳」と共通性が高い（高田2014b）。例えば、南海岸に突き出た高興半島の沿岸部に築かれた高興野幕古墳は、葺石を葺いた径24m程の円墳で、埋葬施設は北部九州系の竪穴式石室を採用している。副葬品も武器・武具や鏡の副葬など、倭の要素が色濃い。やはり単独で立地しており、周辺に古墳は確認されていない。筆者は、その造営集団について、在地の集団と「雑居」しつつ、倭と百済・栄山江流域の交渉を実質的に担った倭系渡来人集団と評価したことがある。

このような朝鮮半島西南海岸に散在する「倭系古墳」の状況から類推すれば、一つの可能性として、女木島丸山古墳もまた、倭と百済(栄山江流域も含めて)との交渉にたずさわった集団によって造営された、と考えてみることもできそうである。

実際に女木島からは瀬戸内海は無論のこと、当時の有力な地域社会であった讃岐地域や吉備地域の沿岸部を広く眺望できる。また、女木島付近の海域は多島海であり、狭い海峡が連続し、強い潮流が発生する。よって、丸山古墳の造営の背景には、海上交通を基盤とした海民集団が関与していた可能性をうかがわせる。想像をふくらませば、瀬戸内航路の「寄港地」として女木島が利用されており、それを介して渡来人集団と在地集団が交流を重ねる中で、丸山古墳が築かれたのではなかろうか(高田2014b)。

4 おわりに

以上、朝鮮半島系装身具を副葬した積石塚の特徴について検討してきた。実際に、朝鮮半島とのつながりを如実に示す装身具を副葬する事例は、日本列島において造営された積石塚全体からみれば、ごくわずかではある。しかし、それが朝鮮半島系の渡来人集団と積石塚造営のかかわりを想定する根拠の一つとなってきたことも、また確かである。

そのような観点から装身具の系譜を検討すると、百済圏や大伽耶圏を中心に想定できた。また、下芝谷ツ古墳出土の飾履のように倭における製作を考慮すべきものがあることも確かである。そして、朝鮮半島系の装身具を副葬した盛土墳と比較すると、古墳の規模が相対的に小規模であることも確認しておきたい。一方で、積石塚の中では比較的規模は大きく、渡来人集団の有力層、ひいては複数の集団を統括するような長としての性格を想定できる。

朝鮮半島とのかかわりの中で積石塚が造営される過程や背景については、先学の指摘のように、様々な状況が想定できる（土生田2006、319・320頁)。本稿では、あくまでも朝鮮半島系装身具を副葬した積石塚の分析に限られるが、在地への定着をはかる渡来人集団によって造営される状況のほかに、女木島丸山古墳を事例として当時の日朝交渉に実質的にたずさわった渡来人集団によって造営される状況を具体化してみた。その場合でも、在地の集団とのかかわりのなかで営まれた可能性が高い。

以上、雑駁な論になってしまったが、倭の各地において積石塚を造営した集団の性格を追究していく上での一助になれば、望外の喜びである。

註

1) 近年の研究成果は日本考古学協会2013年度長野大会実行委員会編2013の「分科会Ⅳ　5世紀の古墳から文化交流を考える」にまとめられている。その中で、鈴木一有は、二本ヶ谷積石塚群の埋葬施設にみられる特徴として、「墳丘後行型」の墳墓との関連性や、埋葬施設に木槨を採用した可能性に言及している(鈴木2013)。傾聴すべき見解である。

引用・参考文献（発掘調査報告書の多くは割愛した。ご容赦願いたい。）

諫早直人　2012『東北アジアにおける騎馬文化の考古学的研究』雄山閣
河野正訓　2015「大室古墳群の群構造とその変遷」『信濃大室積石塚古墳群の研究Ⅳ―大室谷支群ムジナゴーロ単位支群の調査―　考察篇』明治大学文学部考古学研究室
鈴木一有　2013「東北地方の様相―二本ヶ谷積石塚群の実相と被葬者像―」『文化の十字路　信州』日本考古学協会2013年度長野大会実行委員会
成正鏞　2001「4～5世紀百済の地方支配」『韓国古代史研究』24、韓国古代史学会
かみつけの里博物館 編　1999『よみがえる五世紀の世界』
高田貫太　2014a『古墳時代の日朝関係―新羅・百済・大加耶と倭の交渉史―』吉川弘文館
高田貫太　2014b「5、6世紀における百済、栄山江流域と倭の交渉―「倭系古墳」・前方後円墳の造営背景を中心に―」『全南西南海地域の海上交流と古代文化』全羅南道・全南文化学術財団・全南文化財研究所
高橋克壽　2007「日本出土金銅製透彫冠・履の系譜」『鹿園論集』9、奈良国立博物館
田口一郎　1998「下芝・谷ツ古墳の飾履が提起する問題」『日本考古学協会第64回総会研究発表要旨』
土屋隆史　2013「金銅製飾履の製作技法と展開」『古代文化』64―4、古代学協会
土生田純之　2006『古墳時代の政治と社会』吉川弘文館
土生田純之　2013「半島の積石塚と列島の古墳」『文化の十字路　信州』日本考古学協会2013年度長野大会実行委員会
森井　正　1966「高松市女木島丸山古墳」『香川県文化財調査報告』8、香川県教育委員会
山本孝文　2014「初源期獅噛文帯金具にみる製作技術と文様の系統―長野県須坂市八丁鎧塚2号墳の帯金具から―」『日本考古学』38、日本考古学協会
吉井秀夫　2002「朝鮮三国時代における墓制の地域性と被葬者集団」『考古学研究』49―3、考古学研究会
吉井秀夫　2011「日本の冠と百済の冠」『百済の冠　論考』国立公州博物館
若狭　徹　2013「群馬県の様相　上毛野における4・5世紀の交流と渡来文化（予察）」『文化の十字路　信州』日本考古学協会2013年度長野大会実行委員会
若狭　徹　2015『東国から読み解く古墳時代』吉川弘文館

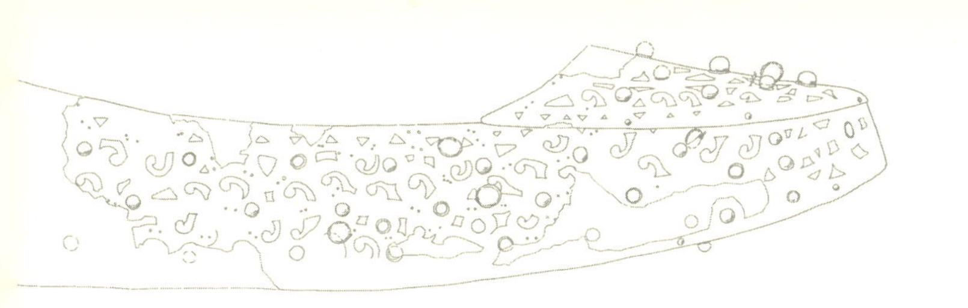

3　殺馬儀礼

桃﨑祐輔

1　はじめに

中部高地を中心に分布する積石塚は5世紀に形成の契機があり、渡来系文化受容の一端をなす。渡来系集団の多くが、新たな生活文化や生産技術の担い手であったことを考えれば、積石塚古墳群の被葬者もまた、そうした先進文化の担い手であったがゆえに、特異な造墓を許され、またその築造と葬送儀礼を通じて自身のアイデンティティを高揚したことが考えられる。

積石塚の学史の中で、早くから馬匹飼育との関わりが提起されてきた。藤森栄一や桐原健、岡安光彦らの研究によって、中部高地の群集墳で馬具出土が集中することと、古代牧の分布との関係が考えられてきた。但し馬具の集中は、必ずしも馬匹生産とは直結しないという限界もある。5世紀の馬埴輪に表現された無口頭絡は金属部品が少ない馬装具の存在を物語り、牧民であれば略装の馬も乗りこなすであろうから、馬具の有無は牧の存否とは次元が異なる問題である。

よって積石塚と馬匹生産の関連を物語る、より明確な資料として、殉葬馬が注目される。日本列島では東北から南九州に及ぶ範囲の200基余の古墳に伴って馬歯・馬骨が出土し、これらの多くは『延喜式』記載牧や牧遺称地と隣接し、殉葬や供献を含む馬の供犠と、馬匹生産との密接な関わりが想定される。よって積石塚古墳群に伴う馬歯骨が示す馬の供犠痕跡に注目しながら、以下検討したい。

2　調査・研究史

萩原三雄は、山梨県甲府市の横根積石塚39号墳で横穴式石室より馬歯を出土したことに触れており（萩原1985）、『甲府市史』にも若干の記載がある（甲府市1989）。

また剣崎長瀞西遺跡では、5世紀代の積石塚群から殉葬馬が、集落跡から初期カマドや韓式系土器、幼齢馬の供犠が見つかり、馬匹飼育と関わる集団であることが指摘された（黒田2000、専修大学文学部考古学研究室2003）。

大室古墳群は明治大学によって継続調査され、ムジナゴーロ支群168号墳ではTK23型式の須恵器や土師器を伴って馬形土製品が出土し、馬の供犠にかかわる同種の土製品との比較検討がなされた（明治大学考古学研究室2008）ほか、同支群186号墳の墳裾より6世紀末〜7世紀初頭の須恵器や土師器甑などとともに馬歯が出土し、馬の供犠や馬匹生産との関わりが論じられた（明治大学考古学研究室2015）。

孤立した末期古墳にして積石塚である山口県見島ジーコンボ古墳群では、9世紀後半の56号墳の上層と、これに隣接し、緑釉陶器を伴う番外15号墳の下層から馬歯が出土し、末期古墳の事例として注目される。初期の研究では防人との関係が想定されていたが、その後、東北地方の末期古墳との類似が指摘され、見島に配流された蝦夷俘囚長の墓とする説が有力である（横山2012）。

3　研究の方法

①積石塚古墳出土の馬歯・馬骨例を集成し、馬の年齢・性別・体高にも留意する。
②積石塚に対する馬の供犠の源流にあたる内陸ユーラシアや高句麗との関係を検討する。
③積石塚周辺の牧や渡来系文物・集落との関係に注目し、馬匹生産との関わりを検討する。
④積石塚に伴う馬の供犠がどのようなルートで拡散し、その歴史的意義が何かを検討する。

4　積石塚と供犠

剣崎長瀞西遺跡（群馬県高崎市長瀞西）　群馬県高崎市剣崎長瀞西遺跡は、中央の谷を挟んで東西に二分され、西側調査区に3〜5世紀代の集落と5世紀後半代の群集墳、東側調査区からも集落と7世紀代の群集墳が分布する（図1）。古墳35基（円墳8基、方形墳3基、長方形の積石塚5基、竪穴式小石槨2基、横穴式石室の群集墳17）・5世紀代（和泉期）の住居跡52軒が検出された。住居33軒がカマドを伴い、うち数軒から韓式系土器甕・甑が出土したが、胎土は土師器と共通し、在地産と考えられる。114号住居はカマドを伴い、格子叩目の韓式系土器片や牛角状把手、TK216型式の須恵器䠊などが出土した渡来色の濃い住居で、直径約85cm、深さ約95cmの円形住居内土壙の坑底よりカマドの焚口天井石らしい被熱痕跡石を載せた状態で馬骨が出土した。下顎・歯・大腿骨も含まれ、馬一体を解体して入れたと推定される。乳歯が生え揃っていない一歳未満の幼年馬で、当地で馬の繁殖が行われていたことを示す。

長方形の10号積石塚では韓式土器や金製耳飾が出土したほか、13号土坑から、円環状X字銜留付鏡板轡を装着した殉葬馬の骨が見つかった（図2、黒田2000）。5世紀後葉の築造と推定される2号墳もしくは1号墳に伴う殉葬馬壙と考えられる。

小前田古墳群（埼玉県寄居町桜沢・小前田）　寄居町桜沢から旧花園町小前田にかけての荒川右岸段丘上に分布する、100基以上からなる群集墳。圃場整備で調査後破壊され現存墳は僅少。6世紀後半〜7世紀前半にかけて形成され、全長28mの帆立貝式前方後円墳である稲荷塚（3号墳）を中核とする。1958年（昭和33）の調査で70号墳から幼齢イノシシ骨が出土したほか、87・88号墳の石室内より幼齢馬の馬骨・馬歯が出土した。87号墳出土馬骨には関節炎が認められる（中川・直良ほか1958）。

横根・桜井39号墳（山梨県甲府市横根・桜井）　横根・桜井積石塚古墳群は甲府市北部の八人山（標高572m）東斜面と大蔵経寺山（715m）南西斜面及び扇状地の290m〜460m付近に分布し、付近で産出する安山岩「山崎石」で構築されている。現存数は145基だが、本来は1000〜1400基と推定される。大部分は果樹園造成で消滅し、破壊と盗掘で出土品は珠文鏡、勾玉、ガラス玉、金環、土師器片、須恵器等僅かである。4支群よりなる。

横根支群（横根西支群）は総数107基。大山沢川両岸に密集する。墳丘径4.6〜12m、5〜7m前後のものが大部分で、主体部が判明する68基のうち、横穴式石室50基、竪穴式石室15基、箱

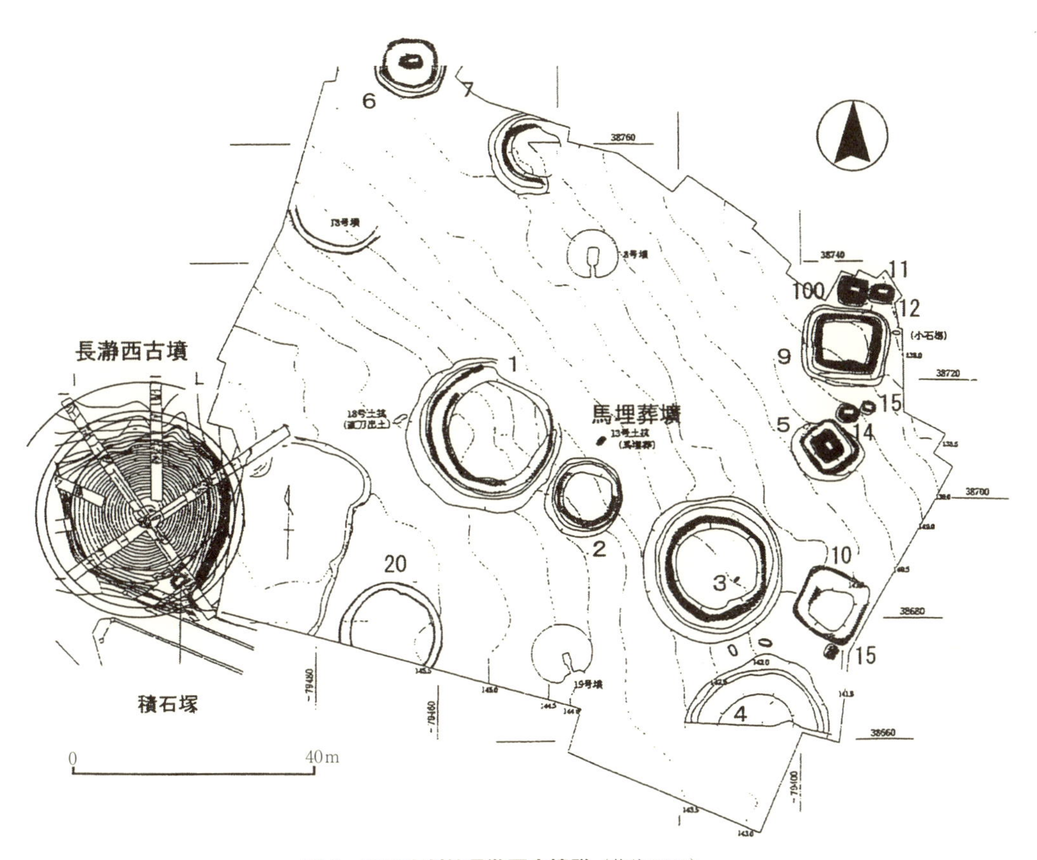

図１　高崎市剣崎長瀞西古墳群（若狭 2011）

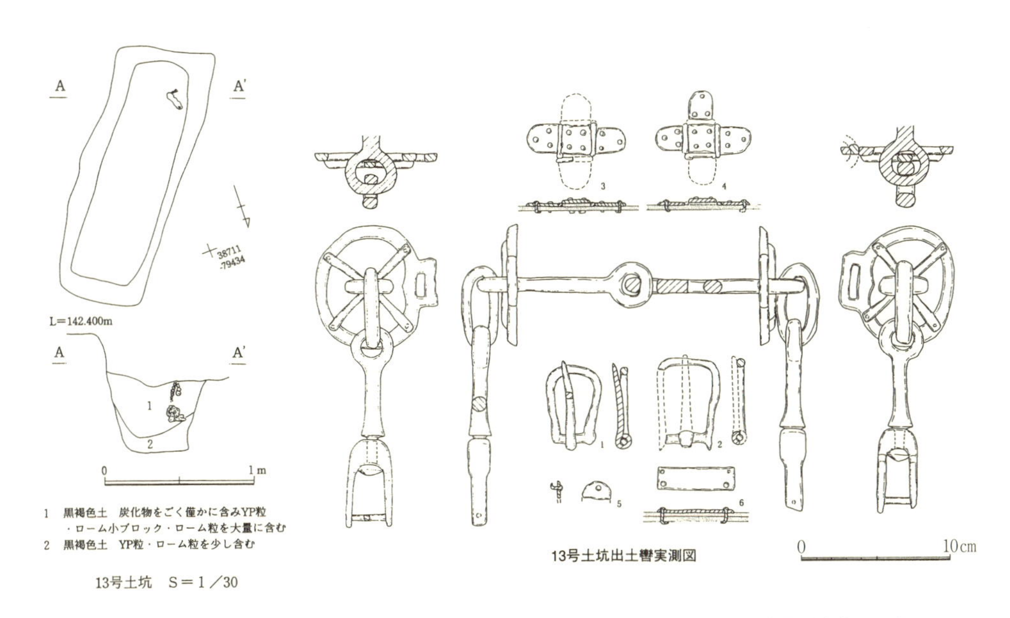

図２　群馬県高崎市剣崎長瀞西古墳群の殉葬馬壙と馬具（専修大学文学部考古学研究室 2003）

式石棺3基。1985年、甲府市教育委員会が山梨県考古学協会に委託し横根39号墳を学術調査し、横穴式石室より土師器杯・若齢馬の馬歯が出土した。土師器は6世紀中葉とされる。

桜井内山支群(横根東支群)は総数11基の円墳。墳丘径5.5～9.5m、主体部が明確なもの7基で、横穴式石室5基、竪穴式石室2基。9号墳が調査され、土師器、須恵器、金環、人骨が出土した。

桜井支群（桜井逍遥院群）は24基の円墳。墳丘径5～13.2m、主体部が判明する9基のうち、横穴式石室6基、竪穴式石室3基よりなる。

桜井東支群は大蔵経寺山南斜面に円墳3基。墳丘径10m前後。埋葬主体部が明確なもの2基で、横穴式石室1基、竪穴式石室1基よりなる。

このうち笛吹市大蔵経寺山七ツ石支群中の無名墳からは、鉄製楕円鏡板付轡、兵庫鎖立聞素環鏡板付轡、直刀、鉄鏃などが採集され、6世紀前半～中葉に遡る。また消滅した桜井B号墳からは珠文鏡・勾玉が出土し、5世紀に遡る可能性がある(甲府市教育委員会1991)。

湯谷東1号墳（長野県長野市）　1974年に調査され、速報によれば1号墳封土内の礫積みに伴って馬骨が検出されたという。石室羨道左手からは「墓前祭の主壇」とおぼしき集石が検出され、TK209～TK217型式の須恵器高杯・甕・土師器を伴い、高杯以外は破砕されていた。(長野市教育委員会1981)。

長峯1・8号墳（長野県佐久市）　長峯1号墳は7世紀後半の築造と推定され、幼齢馬と牛？臼歯が出土している。8号墳では石室内より馬歯が出土した。獣骨は宮崎重雄によって鑑定が行われた(佐久市教育委員会1988)。

大室ムジナゴーロ186号墳（長野県長野市）　大室古墳群は積石塚古墳を主体とする505基の古墳群で、約30基が合掌型石室を埋葬施設とする初期の築造墳である。1970年に刊行された長野県大室古墳群北谷支群の緊急調査報告では大室425号・436号墳で鹿歯・骨が出土したことに触れており、広く動物供犠が行われていた可能性がある。

ムジナゴーロ支群168号墳は、長軸15m、短軸11.2mの楕円形で、墳丘構築に土砂を用いない純粋な積石塚古墳で、埋葬施設は全長1.82mの箱式石棺に合掌式天井を構架する。鉄剣もしくは鉄鉾片、刀子片が遺存していたほか、墳丘には円筒埴輪、朝顔形埴輪を廻らし、須恵器蓋杯・杯身、有蓋高杯、𤭯、広口壺、甕、土師器高杯、蓋、鉢、椀、𤭯、坩、壺、甕などが供献され、須恵器の大部分はTK23期に位置づけられる。全長19.1㎝、高さ10.3㎝の馬形土製品（図3）が破砕した状態で出土した。

ムジナゴーロ支群186号墳は土石混淆積石塚である。南北13.5m、東西12.5mの円墳で、胴張りの横穴式石室の内部より須恵器、土師器、耳環、鉄鏃、鉄刀、小札甲、馬具、玉、人骨が出土した。石室前庭部東側の墳丘裾付近から馬歯（図5）と甑が出土し、調査直後の遺跡発表会資料では「頭ごと甑の中に収めて周辺に石を配した」とされたが、本報告では、甑の口径は約25㎝で、顎骨に歯が植立した状態の頭蓋骨と下顎骨は収まりがたいとする。須恵器は概ねTK217型式期、鉄鏃は7世紀第1～第2四半期・7世紀第4四半期～8世紀第1四半期の二群からなる。小札甲・馬具ともTK43～TK209型式期のもので、本古墳は6世紀末～7世紀初頭に築造され、7世紀にかけて追葬されたといえる。

竹原笹塚古墳(長野県長野市松代東条竹原)　径26m、高さ3.6mの円墳で(類？)積石塚である。主体部は羨道をもつ合掌式無袖横穴式石室で、同種石室では最大である。玄室には赤彩の痕跡をと

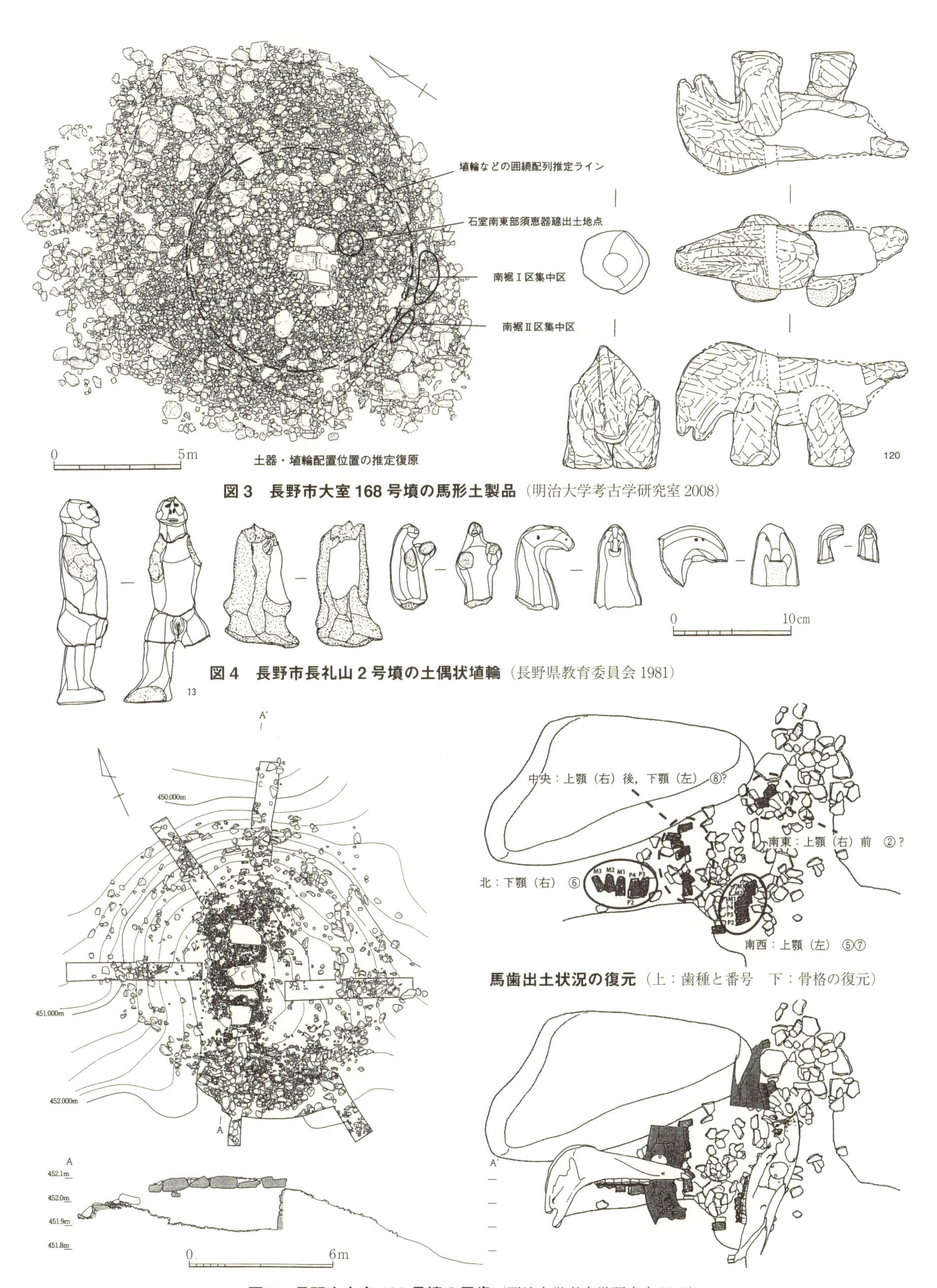

図3　長野市大室168号墳の馬形土製品（明治大学考古学研究室2008）

図4　長野市長礼山2号墳の土偶状埴輪（長野県教育委員会1981）

馬歯出土状況の復元（上：歯種と番号　下：骨格の復元）

図5　長野市大室186号墳の馬歯（明治大学考古学研究室2015）

どめる。石室より出土したと伝える馬具3組分が現存し、その年代観から6世紀前半に築造され、中葉にかけて追葬されたと考えられる（松尾1987）。

A組：鉄地銀張十字文楕円鏡板付轡1＋鉄地銀張楕円形杏葉

B組：鉄地金銅張楕円形鏡板付轡＋鉄地金銅張楕円形杏葉＋円座飾金具＋雲珠

C組：鉄製轡引手（環状鏡板付轡？）

これらに伴う鉸具3のほか、鉄鏃、直刀の破片も含まれる。以上の馬具類とともに馬骨が出土したと伝え、馬具装着殉葬馬の可能性も残る。

見島ジーコンボ56号墳・番外15号墳（山口県萩市大字見島字片尻）　萩港沖約45kmの日本海に浮かぶ見島の東南部海岸の礫浜上にジーコンボ古墳群があり、長さ300m、幅50～100mの範囲に約200基が存在し、うち160基に石室・石槨が残る。いずれも礫浜の玄武岩礫で構築された積石塚である。全体の10%が発掘され、築造時期は7世紀後半～10世紀初頭に及ぶ。

56号墳は土石混合積石塚で、石室長330cm、幅60～83cm、高さ90～128cmで入口を小石塊で閉塞する。石室床面は円礫敷で、これを覆う下層は厚さ10cmの微細な木炭屑を多量に含む黒色砂礫層で、蕨手刀、刀子の断片5、金銅製釵子、帯金具、石帯具7（巡方2・丸鞆5）、硬玉勾玉2、銭貨（神功開宝2（765年初鋳）・隆平永宝1（796年初鋳）・承和昌宝1（835年初鋳）・貞観永宝1（870年初鋳））、佐波里匙、銅鈴1、有孔貝製品、人骨片・臼歯が出土した。遺物が僅少な中層の砂礫層を挟み、上層は厚さ2～3cmの薄い黒色砂礫層で土師器、須恵器、陶器や鉄鏃、人骨片と馬臼歯が出土した。

隣接する番外15号墳の石室は、側面の構築具合から一連の石室のようにみえるが、床面は番外15号の方が高い。番外15号の石室の幅は60cm、高さ約90cmである。礫床面より土師器・須恵器・山城国石作窯産の緑釉陶器が出土したが鉄製品は全く出土しなかった。下層からは馬の歯牙が多く出土した。以上、馬臼歯は56号墳の上層と、番外15号墳の下層から出土し、両者の先後関係を示唆する（山口県教育委員会・萩市教育委員会1965）。

5　分　析

(1)積石塚に伴う殉葬馬の系譜

墳墓に対する馬の供犠・積石塚とも、ユーラシア内陸部の遊牧騎馬民族に淵源がある。古スキタイ、トゥーバのアルジャン・クルガンでは、径120m、高さ4mの積石塚の墳丘内部に放射状に区画された70余の木室が設けられ、中心木槨東側の6頭の馬具装着馬、2号墓室の30頭の馬など、160頭もの馬が殉葬され、更に墳丘の東半を取り巻く径2～3mの石の堆積が2～3列設けられ、馬頭骨・足先の骨ばかりがみつかり、頭と四肢と毛皮のかたちで捧げられた馬は300頭に達したと推定される。年代は前9～7世紀と諸説あるが、馬殉葬・供犠とも完成の域に達している。

アルタイのパジリク古墳でも、地下の方形墓壙内に設けた木槨に木棺を納め、1号墳では墓坑と木槨の隙間に落とし込むような状態で有機質装飾の飾馬10頭が、5号墳では馬5頭および4頭の馬が付く馬車が、6号墳では戦国時代の山字文鏡がみつかり、BC3世紀頃の年代が推定される。

高句麗では、初期王都のあった桓仁・集安周辺の積石塚に動物供犠がみられる。慈江道楚山郡蓮舞里二号墳は、四隅突出形の無基壇積石塚で、墓槨からは子牛・鹿の大腿骨、豚足骨が出土した（李定男1989）。

七星山96号墳は方形の積石塚で、2号石室墓道付近に金銅装馬具（鉄地金銅張楕円形鏡板付轡・木心金銅板張輪鐙）、青銅製容器類など豊富な遺物が遺り、また古墳の裾から馬歯1頭分が出土した。報告者は高句麗の葬俗に故人の車馬や遺品を墓の側らに並べ、葬儀の参列者が争ってこれを持ち帰る風習との関係を指摘する（集安県文物保管所1979）。馬具類は5世紀前半に位置づけられる。

太王陵は廣開士王碑の南西200mに位置する。墳丘は1片66mの歪つな正方形で、現高約14.8mを測る。巨石を七層に構築して、墳頂部を礫で覆う。墳丘上には「願太王陵安如山固如岳」銘磚、瓦が散布する。墳頂の横穴式石室内部には切石製の家形石槨を内蔵し、棺床が二つ並んで確認された。

2003年には墳丘南側裾のSG01トレンチ、墳裾より2.9mの地点で「辛卯年　好大王　□造鈴九十六」刻書銅製鐸鈴、馬具、金銅製品類が一括出土した。調査者は盗掘者が埋匿したとみる。辛卯年（391）に即位し、412年に没した好太王関連の遺物と考えられる（桃﨑2005）。

また、SG01トレンチ内の墳裾より約3mの地点で、支石墓を思わせる陪葬遺構が検出された。板石上や石の隙間からはドール（アカオオカミ）、タヌキ、ノロ、梅花鹿、猪、黄牛肩甲骨、馬臼歯、亀甲、鳥類などの骨、焼けて破砕した人骨などが出土した。鑑定した陳全家は、殉葬の可能性は低く、特殊な葬俗の可能性を指摘する。獣骨類は肉食獣の咥え込みの可能性も排除できないが、黄牛や馬の供犠があった可能性が高いと判断する。報告書の記述では馬具類と獣骨類の共伴関係がよくわからないが、祭祀や供犠の痕跡である可能性がある。太王陵の南側からは瓦や磚、礎石が発見され、陵墻を伴う陵門の址と推定される（吉林省文物考古研究所2004）。

なお、SG01トレンチ周辺からは馬の蹄鉄2点・牛の蹄鉄3点、蹄釘も出土した。諫早直人の検討によれば、集安臨江塚・萬山540号墓・太王陵・将軍塚・山城子山城（丸都山城）・石台子山城で蹄鉄が出土しており、近現代の西洋式蹄鉄とみられる将軍塚例を除けば高句麗時代の可能性が高いという。またその註で、明確な馬具副葬事例に蹄鉄が全く見られないことから、副葬品とは考えにくく、蹄鉄の銹着例から実用品とみられ、落鉄のほか墳墓や周辺の例は、「犠牲など祭祀に供せられた可能性も想定しておく必要がある。」と述べている（諫早2004）。

上記のうち、臨江塚は南北76m、東西71m、高さ10mの方壇階梯石槨積石塚で、墳丘東辺に平行する長さ50m、幅5～9m、高さ0.3～0.5mの祭台から、金細環、金銅製飾金具、青銅製人形車轄、鉄刀片、鑣轡、鉄製鉸具、鉄環、瑪瑙玉、土器とともに蹄鉄1点が出土した。3世紀に遡る馬の供犠痕跡の可能性がある。以上、高句麗積石塚には、牛馬供犠や殉葬が伴っていた可能性が高い。

(2)北信の積石塚と馬供犠・初期馬具との関係

北信濃地域では、城ノ内遺跡の伽耶陶質土器台付把手付壺、伝土口将軍塚古墳の新羅陶質土器高杯、杉山G1号墳の百済・馬韓系土器などの渡来系文物が知られるが、馬の供犠の系譜を考える上で注目されるのは長野市保科の大星山2号墳である。1辺14mの方墳で、合掌式石室の床面から直刀1、鉄ヤリガンナ1、鑿1、鉄鏃14、臼玉11とともに金銅製菊形飾金具が3点出土したほか、墳丘に供えられた土師器壺はTK73～TK216併行期に位置づけられる。菊形飾金具3点は、慕容鮮卑・高句麗系の菊形座金具付雲珠の部品である可能性がある（桃﨑2005）。共伴した長頸鏃は、舶載品とみられ、高句麗太王陵出土品との類似が指摘されており（風間2012）、高句麗

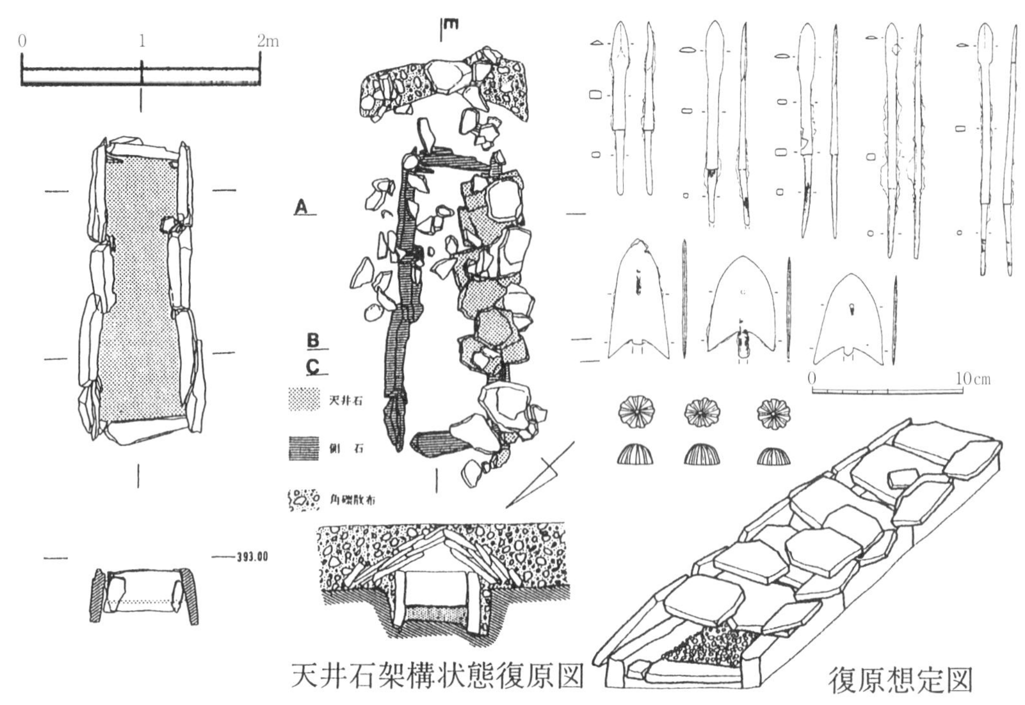

図６　長野市大星山２号墳の合掌式石室と高句麗系遺物（明治大学考古学研究室 2008）

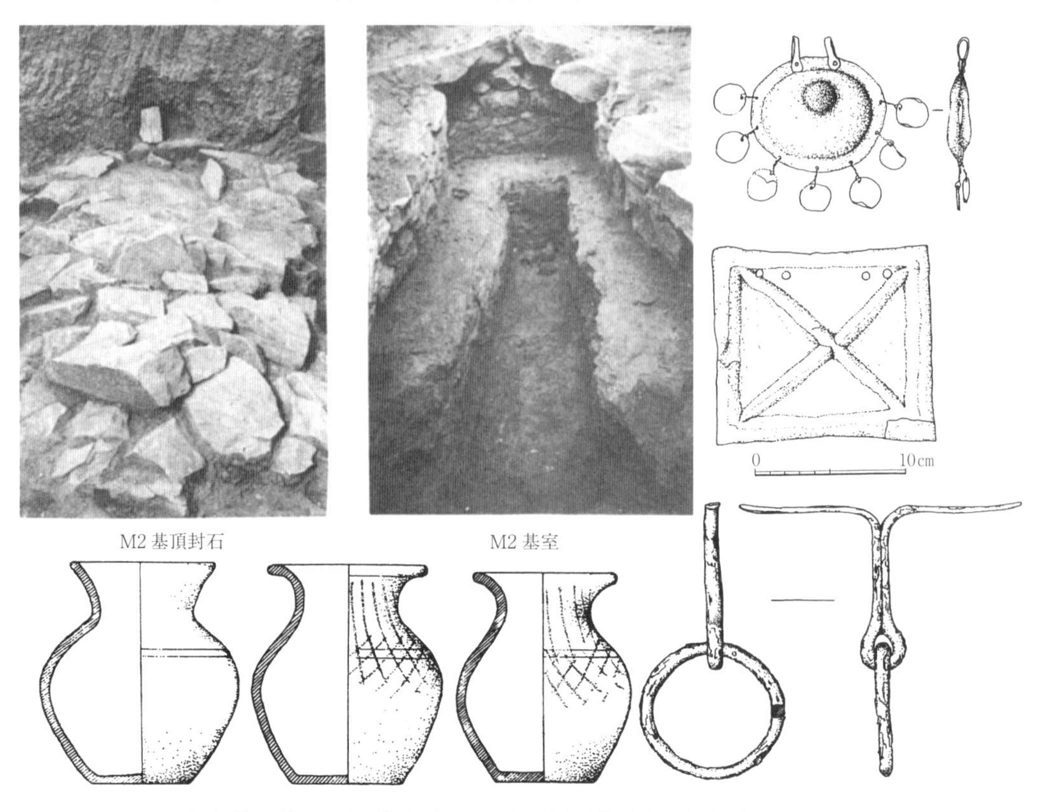

図７　遼寧省朝陽田草溝２号墓の石室（遼寧文物考古研究所ほか 1997）

製馬具・武器、工具を持つ渡来系小首長墓と考えられる。草野潤平は２号墳の石室構造の特徴として、以下３点を挙げる。①小形の板石を何枚も持ち送り状に重ねて切妻屋根形に組む独特な天井構造は、合掌形石室の祖型とみられ、大形板石２枚を組み合わせ簡略化した天井より古い、②北西側の小口壁が横口構造をなす、③側壁を構成する石材間の合わせ目や小口壁との隅角に小型の板石を当てて隙間を塞ぐ。これらの属性は、大星山２号の石室が、簡略化以前の丁寧な造りであったことを示す（図６、明治大学考古学研究室〈草野〉2008）。

なお慕容鮮卑前燕の遼寧省朝陽田草溝 M2 号墓（4 世紀前半）の石室天井検出時の写真を見ると、板石を鱗状に葺き、部分的に合掌構造が認められ（図７、遼寧省文物考古研究所ほか 1997）、大星山２号墳に通じる。また高句麗の太王陵（4 世紀末～5 世紀初）では横穴式石室内に屋形型の石槨を内蔵する。これらは合掌式石室の祖型が鮮卑・高句麗領域にある可能性を示し、牛馬供犠・殉葬馬の原郷と重なる。

列島の積石塚の起源は諸説あるが、高句麗積石塚に淵源を求める見解がある。なお『新撰姓氏録　山城国諸蕃』に「高井造　高麗国主（王）鄒牟王廿世の孫、汝安祁王より出ず」とある高井造について、大室古墳群など合掌式石室や積石塚が集中する高井郡に出自をもつ高句麗系渡来人で、高句麗の始祖、鄒牟王の子孫を称することから代々王を出す涓奴部の末裔とする見解があり（桐原 1989）、高句麗での政治構造を縮小した形での集団の居住が推定される（森 1994）。

長野県下では５世紀の馬供犠を伴う積石塚の確例は知られていないが、千曲市森２号墳は岩盤を削り出して角礫混じりの盛土整形を施した径 20ｍの円墳で箱式石棺を埋葬施設とし、墳裾には TK216 型式・TK23 型式の須恵器や石製紡錘車が供献され、焼土壙が検出されたほか、丘尾切断部の周溝底から形状が異なる鉸具２点が出土し、無口頭絡を伴う馬の供犠が推測される。

また大室 168 号墳から出土した５世紀後半の馬形土製品は、裸馬を思わせるが、鞍の剥離痕跡が認められる。従来、長野県飯田市神送塚の５世紀後半の陶馬、福島県本宮町天王壇古墳の５世紀中葉の土製馬２個体など、鑣轡・垂直鞍・木心鉄板張輪鐙のような古式馬装の土製馬、あるいは大阪府四条畷市奈良井遺跡で馬の供犠に伴っていた略式の馬形５点・人形 12 点等と対比され（明治大学考古学研究室〈佐々木〉2008）、馬の供犠や殉葬の代用品の可能性がある。筆者が比較したいのは長野市松代町長礼山２号墳で、径 16.6ｍの円墳で墳丘には若干盛土を伴うが、上面は最大厚 90㎝にも達する分厚い葺石で覆われ、積石塚を意識した構造である。組合式石棺より金製釧（径 4㎝）２点、鉄鏃 1、墳丘からは川西Ⅳ期新相＝５世紀後半の円筒・朝顔・家形埴輪とともに、土偶状の中実埴輪（動物頭部 2、鳥形頭部 1、性器露出の女性を含む人物像 3）が出土した（図 4）。舶載品の金製釧？ は被葬者の渡来系出自を示し、動物頭部２点も馬形の可能性がある。よって大室 168 号墳の馬形土製品も、半島系の可能性が考えられる。

長野市地附山上池ノ平５号墳では小規模な合掌式石室から簡素な鑣轡を出土したが、同一支群内の２号墳では TK208～TK23 型式の須恵器が出土している。

長野市飯綱社古墳は、一辺 16ｍの方墳で、鉄製輪鐙・木心鉄板張輪鐙・鞍金具・鉸具類・蛇行状鉄器・鉄鏃・玉類が出土した。鉄鏃は TK73～TK208 期のもので、５世紀中葉の築造と推定される。鉄製輪鐙は朝鮮半島からの舶載品と推定される。

中野市金鎧山古墳は、径 17ｍの円墳で、土石混合積石塚である。合掌式石室より珠文鏡・五鈴鏡、玉類、貝輪、武器類、刀子・斧 1・鋸身、馬具（環鈴・鉸具・帯金具・留金具・轡）、土師器、須恵器などが出土した。出土須恵器はTK73〜TK216型式と、TK208型式の二群に分離され、五鈴鏡や環鈴、馬具はTK208型式期のものとなる。

須坂市八丁鎧塚古墳1号墳は東西径23m、高さ2.5mの積石塚で、方格規矩鏡片2、玉類、碧玉製石釧残欠4、スイジガイ製貝釧2、武器類、刀子片、鉄鍬26、家形埴輪片、土師器片が出土し、TK73期併行とされる。2号墳は南北径25m、高さ3.6mの積石塚で、鍍金銅製の獣面文帯金具3点や、鈴付杏葉、轡残欠も出土し、TK23〜TK47期の築造となろう。

土石混合積石塚とされる竹原笹塚古墳の合掌式石室でも、6世紀前半〜中葉の金銅装馬具とともに馬歯が出土したとされる。大室186号墳では6世紀末〜7世紀初頭の馬具や、馬頭供献が見つかり大室古墳群の被葬者が馬匹生産に関わっていた可能性が指摘され、『延喜式』記載の信濃十六牧の一つ「大室牧」との関係が想定されている。

(3)関東北部の積石塚と馬殉葬

近年、群馬県渋川市金井東裏遺跡で、榛名山FA火山灰降下時の火砕流堆積に呑まれた6世紀初頭の横矧板鋲留衝角付冑・挂甲を着用した男性人骨がみつかり、付近からは剣菱形杏葉や馬歯、400m離れた金井下新田遺跡からは馬と馬引の歩行痕跡や、大型住居に伴う鍛冶炉、炭窯6基などが検出され、馬匹生産のみならず馬具生産が可能な鍛冶技術をも保持していた可能性が考えられる。

甲冑装着人骨の歯牙のストロンチウム分析値は、白亜紀花崗岩地帯の出自を示し、幼少時は信濃伊那谷領家帯あたりで過ごし当地に入植した可能性が指摘されている(田中2015)。但し渋川市空沢遺跡の積石塚群を念頭に置けば、付近の集団には吾妻川上流域に接する須坂市・中野市など北信東部の積石塚築造地域を経由した可能性が考えられ、馬匹生産との関係が推定される大室古墳群、陶質土器を伴う杉山古墳群、舶載遺物を伴う大星山古墳群に近い北信の出自集団も含むと考えた方が理解しやすい。因みに、北信は新第三期の閃緑岩・火山岩・泥岩で構成される。

渋川市空沢遺跡は50基以上からなる初期群集墳で、僅かながら古式須恵器や叩き成形の土師器なども出土し、榛名山噴火に伴うFA火山灰で埋没しており大半は5世紀後半〜6世紀初頭の短期間の築造である。前方後円墳はなく、円墳が主体で最大の16号墳でも径32mで、小型の長方形積石塚もある。南東500mの中筋遺跡2次調査では、イノシシの供犠痕跡が2ヵ所検出された。1号祭祀跡では、小道に挟まれた空間中心の配石遺構からFA火山灰に被覆された土師器甕3点、壺、小壺、高杯、杯、滑石小玉が出土し、周囲に火の痕跡が点在し、南東側で埋設土器群が検出され、河原石集石に接してイノシシの歯が出土し、生贄を捧げた痕跡とみられる。また2号祭祀跡では3号竪穴式住居周堤帯西側の東西2.5m、南北1.8mの範囲の礫群で、南は垣根に接する。中央に縦50cmの大石が置かれ、火熱痕跡があり、土師器杯が供える。付近から滑石製臼玉やイノシシ歯牙が出土し、河原石は生贄を捧げた置き台とみられる(渋川市教育委員会1988)。よって、空沢古墳群の積石塚築造集団は動物供犠を行っていた可能性が高い。

なお上野国九御牧のうち、利刈牧は群馬郡旧子持村白井・北牧〜渋川市南牧一帯に比定され、白井遺跡ではFP下から古墳時代の馬の放牧地が検出された。また有馬牧は渋川市有馬〜前橋市荒牧町一帯に比定され、渋川市半田中原南原遺跡が有馬牧関連遺跡とみられている(高島2008)。

高崎市剣崎長瀞西古墳群内では、13号土坑から朝鮮半島製の環板轡を装着した馬歯骨が見つかり、5世紀後半の2号墳か1号墳に伴う殉葬馬壙と考えられる。隣接集落の114号住居は初期カマドや韓式系土器を伴い、住居内の土壙より解体された状態で一歳未満の幼年馬の歯や骨が出土している。

以上より、剣崎長瀞西遺跡の積石塚群は、信濃北部の高句麗系や百済・馬韓系を含む雑多な渡来系集団に出自を持ち、北信東部の中野・須坂地域を経由し、上野北部、吾妻川流域の渋川市域を経由して高崎市域に入植した集団の墓で、当初は強い渡来色を帯び、積石塚の築造風習や騎馬風習、韓式土器や金製装身具、馬殉葬を含む動物供犠も持ち込んだが、FA降下によって大打撃を被り、在来集団に吸収され渡来色を喪失していったと考えると理解しやすい。剣崎長瀞西に近い、下芝谷ツ古墳は一辺20mの二段築盛の方墳で円筒埴輪を廻らし、竪穴式石室に木棺を納める。金銅装鏡板付轡、環鈴、甲冑、装身具、金銅装ガラス象嵌飾履など渡来的・倭的な副葬品を併せ持ち、剣崎長瀞西のような渡来系集団を統括する渡来系首長墓と考えられるが、この古墳もFA降下で埋没している。

ただ積石塚築造は断絶せず、昭和村川額軍原I遺跡のように、7世紀まで断続的に営まれ、馬匹飼育との関係も続く。埼玉県大里郡花園町の小前田古墳群は荒川河岸の洪積台地上に位置し、積石塚に類する構造のものを含んでおり、後院牧の秩父牧・阿久原牧に近い。

よって5世紀中葉の群馬県剣崎長瀞西古墳、6世紀の大室古墳群・竹原笹塚、横根桜井39号墳などの馬の供犠を伴う積石塚は、おそらく大室古墳群周辺に存在が予測される5世紀代の馬供犠を伴う未知の積石塚に由来するものであろう。合掌形石室が、山梨県王塚古墳、福島県長井前ノ山古墳、山形県松沢1・2号墳などに点在する状況も、渡来系馬飼集団の拡散に伴う可能性が考えられ、中でも山梨県豊富大塚古墳は、全長約60mの前方後円墳で、埴輪を配列し、合掌式石室内から横矧板鋲留短甲2領、頸甲、挂甲、武器や工具が出土したほか、東京国立博物館所蔵の眉庇付冑、衝角付冑、f字形鏡板付轡、鉄鉾などTK23～TK47期の遺物群も本古墳出土と考えられる。

しかしこれらがそれ以後展開せずに終わるのは、FA降下による大打撃や、6世紀前半に想定される寒冷化などの気候変動によって、5世紀末までに構築されたネットワークが破壊され、技術・文化の定着や充実を見る前に衰退・途絶したという構図が描けよう。

(4) 大化薄葬令後の積石塚の馬供犠

孝徳紀大化2年（646）薄葬の詔（三月甲申の詔）は、通称「大化薄葬令」と呼ばれ、厚葬の弊害を説き、葬儀を簡略にし墓を縮小せよとの内容で、その末尾に、「凡そ人死亡ぬる時、若しくは自ら経きて殉ひ、或いは人を絞りて殉はしめ、強に亡人の馬を殉はしめ、或いは亡人の為に寶を墓に藏め、或は亡人の為に、髪を断り股を刺して誄す。此くの如き舊俗、一に皆悉に断めよ。縦し詔に違うこと有らば、禁を犯す所の者、必ず其族を罪す。」とあり、馬の殉死が禁断されていることが注意される。

長野県下では、下伊那郡高森町の北林5号墳や北佐久郡御代田町の塚田4号墳など、7世紀中葉から後半にかかる古墳に対する馬の供犠が知られており、『令義解』（833年成立）（職員令、弾正台）にも、信濃国の風習には夫が死んだ時その婦をもって殉死させることがあると記す点からみて、信濃では大化薄葬式令以後も、馬や人の殉死が続いていた可能性が高い。

山口県見島のジーコンボ56号墳では、貞観永宝（870年初鋳）、7～8位の官人が着装する石帯等が、番外15号墳では山城国石作窯系の緑釉陶器（9～10世紀）が出土した。よって56号墳と15号墳の間で出土した馬歯は、9世紀末～10世紀初頭の所産となる。当初、ジーコンボ古墳群の被葬者の候補に、防人が挙げられた。防人は当初、東国農村から徴発されたが、757年以降は九州から徴用された。桓武朝の延暦11年（792）、奥羽、太宰符管内諸国を除き軍団兵士制が廃止され、健児制に移行するが、防人廃止は先送られ、最終的な廃止は10世紀にずれ込む。こうした防人制度の存続とジーコンボ古墳群の存続は概ね一致する。しかし現在はむしろ、岩手県胆沢地方の積石塚と同様な構造や蕨手刀の副葬など、東北地方の末期古墳との類似から、見島に移配された「夷俘長」らの墓地であるとの見方が強まっている。横山成己は、坂上田村麻呂を副将軍とする延暦12年の蝦夷征討後、懐柔策で各地に移配された俘囚達は、国衙の俘囚料で給養され、「夷俘長」を頂く自治管理と、租税免除による優遇生活の中で蝦夷風俗の古墳を営んだとする。そして宇多天皇の寛平9年（897）、全国の俘囚を陸奥に還住させ、「俘囚郷」が姿を消した際、見島の俘囚も奥州へ帰還し、ジーコンボ古墳群も9世紀末～10世紀初頭に忽然と消滅したとする（横山2012）。

これを以て積石塚と殉葬馬の関係も終焉を迎える。

引用・参考文献

植月　学　2015「大室186号墳から出土した馬歯」『信濃大室積石塚古墳群の研究Ⅳ』pp.179－188

大塚昌彦　2003「群馬の積石塚（2）渋川地域5世紀末の積石塚―楕円形積石塚：空沢古墳群31号墳―」『群馬考古学手帳』13、群馬土器観会、pp.1－18

風間栄一　2012「各地の古墳Ⅷ　中部高地」土生田純之・亀田修一 編『古墳時代研究の現状と課題 上　古墳研究と地域史研究』同成社、pp.159－181

桐原　健　1989『積石塚と渡来人』東京大学出版会

黒田　晃　2000「剣崎長瀞西遺跡と渡来人」『高崎市史研究』12、高崎市市史編さん専門委員会、pp.1－22

甲府市役所　1989「20　横根・桜井積石塚古墳群」『甲府市史　資料編　第1巻　原始・古代・中世』pp.117－131

甲府市教育委員会　1991『横根・桜井積石塚古墳群調査報告書―分布調査報告、横根支群39号墳・桜井内山支群9号墳発掘調査報告―』甲府市教育委員会、横根・桜井積石塚古墳群整備活用計画策定委員会

㈶長野県埋蔵文化財センター　1996『上信越自動車道埋蔵文化財調査報告書7―長野市内その5―大星山古墳群・北平1号墳』

佐久市教育委員会　1988『長峰古墳群』佐久市埋蔵文化財調査センター調査報告書第11集

渋川市教育委員会　1988『中筋遺跡　第2次発掘調査概要報告書』渋川市発掘調査報告書第18集

集安県文物保管所　1979「集安県两座高句麗積石塚的清理」『考古』1979年1期、pp.27－32

専修大学文学部考古学研究室　2003『剣崎長瀞西5・27・35号墳　剣崎長瀞西遺跡2』研究報告第1冊

高島英之　2008「上野国の牧」入間田宣夫・谷口一夫 編『牧の考古学』高志書院、pp.161－176

田中良之　2015「古人骨からよみがえる甲を着た古墳人の姿」『国際シンポジウム　よみがえれ古墳人』記録集・資料集、東国文化発信事業、pp.214－217

千曲市教育委員会　2007『千曲市内古墳範囲確認調査報告書―五量眼塚古墳・堂平大塚古墳・杉山古墳群―』

中川成夫・直良信夫ほか　1958「埼玉県大里郡花園村の考古学的調査」『史苑』18—2、立正大学史学会、pp.74 - 102
長野市教育委員会　1981『湯谷古墳群・長礼山古墳群・駒沢新町古墳群』
萩原三雄　1985「横根・桜井積石塚の謎」『古代甲斐国の謎』甲斐丘陵考古学研究会、新人物往来社、pp.127 - 143
松尾昌彦　1987「善光寺平南部の飾り馬具—長野市竹原笹塚古墳例を中心として—」増田精一編『比較考古学試論』雄山閣、pp.275 - 291
明治大学考古学研究室　2008『信濃大室積石塚古墳群の研究Ⅲ—大室谷支群・ムジナゴーロ単位支群第168号墳の調査—』小林三郎・大塚初重・石川日出志・佐々木憲一・草野潤平 編、六一書房
明治大学考古学研究室　2015『信濃大室積石塚古墳群の研究Ⅳ—大室谷支群・ムジナゴーロ単位支群の調査—』大塚初重・小林三郎 監修、佐々木憲一・河野正訓・高橋　透・新井　悟 編
桃﨑祐輔　1993「古墳に伴う牛馬供犠の検討—日本列島・朝鮮半島・中国東北地方の事例を比較して—」『古文化談叢』第31集、九州古文化研究会、pp.1 - 141
桃﨑祐輔　2005「高句麗太王陵出土瓦・馬具からみた好太王陵説の評価」『海と考古学』六一書房、pp.99 - 124
森　浩一　1994『騎馬民族の道はるか』NHK出版
山口県教育委員会・萩市教育委員会　1965『山口県萩市見島文化財総合調査報告』
横山成己　2012「「見島ジーコンボ古墳群「俘囚墓説」小考」『やまぐち学の構築』第8号、pp.1 - 20
李定男　1989「慈江道楚山郡蓮舞里二号墳発掘中間報告」『朝鮮考古学研究』73号、朝鮮社会科学院考古学研究所（全浩天　1991『前方後円墳の源流　高句麗の前方後円形積石塚』未来社、pp.171 - 179に収録）
遼寧文物考古研究所・朝陽市博物館・朝陽県文物管理所　1997「遼寧朝陽田草溝晋墓」『文物』1997年11期、p.40
吉林省文物考古研究所・集安市博物館 編著　2004『集安高句麗王陵—1990～2003年集安高句麗王陵調査報告書』

終章　日本列島における積石塚の諸相

土生田純之

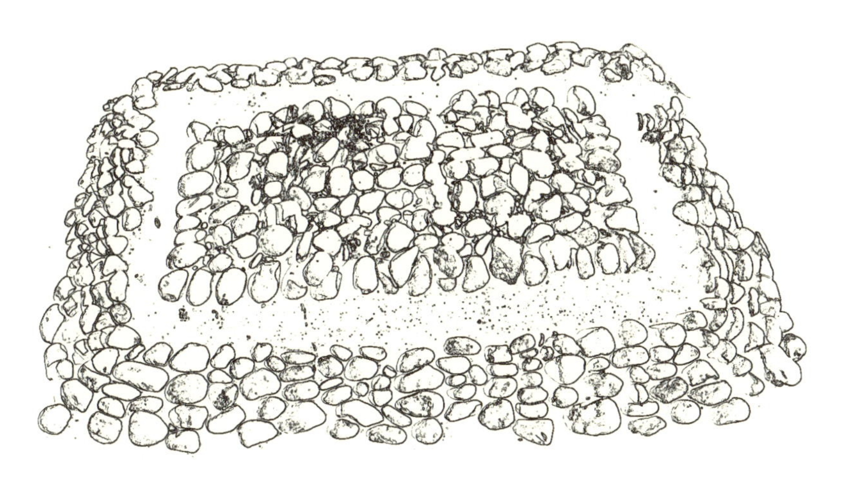

群馬県
剣崎長瀞西遺跡5号墳

1　はじめに

一般的に古墳は盛土によって墳丘を形成するが、積石塚は盛土のかわりに石材を用いる。しかし、実際にはそのように単純に理解することは難しい。外観は完全に石材のみによって形成されたように見えても、内部には土砂を用いた例も認められるからである。積石塚という用語を、内部を含めてすべてを石材のみによって形成した古墳に限定すれば一見混乱は生じないように思えるかもしれない。しかし、後述するように積石塚の中には特定の理由に基づいて土砂ではなく石材を意図的に積み上げた古墳が存在する。この場合、時代の推移とともに構築しやすい、すなわち入手しやすい土砂を用いるように変化することがある。韓国ソウル市に所在する百済前期の王陵群と考えられている石村洞古墳群の場合、当初石材のみによって形成していたのに対し、5世紀が近づくにつれて内部には土砂を充填するように変化していくことが知られている（本書林永珍論考参照）。しかし、この場合は明らかに古墳築造者の意図が「積石塚」の構築にある。したがって、構築者としては外観上「積石塚」であれば問題がないと考えていたものと思われる。

さて、考古学は物質資料（モノ資料）の整理・分類を基礎とする学問である。このため分類至上主義に陥りかねない部分がある。例えば、古墳の総体積のうち石材が何割を占めているかについて計算し、一定の割合を超えるものをもって積石塚と認定する考察が発表されたと考えてみよう。一見きわめて科学的に見えるこうした論考は、しかしより一層重要な視点を欠いている。それは、築造者の意図を忖度する配慮やその重要性に対する理解であり、そのことは物質資料が有する歴史性—つまり系譜論に対する無理解を生むことになると言わざるを得ない[1)]。そのような思考法による論考は、「歴史学の方法論としての考古学」としては成立しない。もちろん、「築造者の意図を忖度する」ことは、簡単ではない。それどころか「築造者の意図」ではなく、「論文執筆者の意図」になりかねない。そうした危険性をはらみつつもなお「築造者の意図」にこだわるのは、当該期における人々の意識面を全く配慮しない論考は歴史学として成立しないという筆者の強い信念に基づいている。本論考においては、以下上記した危険性に配慮しつつも、積石塚構築者の意図を忖度する方法に基づいて行論することにしたい。

なお、以下は各地域の積石塚についてその特徴を本書掲載の論考と極力重複しない形で概観するものであり、積石塚が存在しない地域や遺物に関する見解は、筆者の能力不足もあって述べることができなかったことを予め断わっておきたい。

2　積石塚の諸相

積石塚を構築する場合、1では「意図的に石材を積み上げて形成する」構築者の意図を忖度するべきであると述べた。しかし、積石塚の中には意図せざる積石塚も存在する。以下では、まずこのような積石塚を紹介することから始めよう。

意図せざる積石塚とは、地勢的理由により石材を用いる以外古墳構築が難しい場合を指している。この場合、主に次の三類が想定される。それらは、北方の凍土地帯と海岸に構築された古墳であり、さらには砂漠地帯をはじめとする荒地における積石塚も確認されている。凍土地帯の場合、封土となるべき土を掘りだすこともできない状況である。したがって石材を積み上げる以外に方法が認められない。次に海岸地帯では、岩場の他、砂浜であってもたちまち崩れ落ちて積み

図1　石村洞3号墳（1979年・筆者撮影）

図2　石村洞4号墳（1979年・筆者撮影）

上げることが困難なうえ、ひとたび海が荒れた場合は直ちに波にさらわれてしまうだろう。一方一般的な荒地状の砂漠の場合、周辺に散在している石材を集めて積み上げることが最もたやすいようである（常木2006）。

しかし、このような意図せざる積石塚であっても、何代にもわたって積石塚を構築し続けた場合、意図的に積石塚を構築するような意識が形成される。その結果、それらの積石塚構築者集団が移住して積石塚ではなく封土墳の構築が可能になっても、積石塚を意図的に選択することがある。次にそうした事例を簡単に概観しておこう。

さて、本来意図せざる—つまり地勢的理由によって積石塚を構築していたものが、代々積石塚を構築することによっていつしか積石塚が構築者にとって「我々民族・部族・氏族の伝統」と意識されるようになり、意図的な積石塚に転化した例としては、例えば現在の韓国ソウル市江南区に所在する石村洞古墳群をあげることができる（図1・2）。もちろん、当該地は無理に石材を使用しなくとも土砂を用いて古墳（封土墳）を構築することが十分に可能な地域である。さて、百済は高句麗王族と同族の一部が南下して建国したいわば外来王が統治する国である。周知のとおり、高句麗は長く積石塚を王陵に採用していた。おそらく高句麗は、より北方の永久凍土地帯等からの影響によって積石塚を採用したものと思われる[2)]。これが高句麗王族の墳墓として採用されると、同族の百済王族もこれを採用した。しかし南下して、もはや積石塚の採用が必然的条件とはならない地域に移動しても前代からの風習が定着した結果、積石塚の構築を続けたものと思われる。また、外来王である百済王族は一族の表象としても積石塚の構築を継続する必要があったものと思われる。しかし長く積石塚の構築が継続することによって、当然変化が生じる。もちろん既述のように積石塚が自己の表象であるため、外観上は積石塚でなければならないが、内部は石材よりも入手が容易な土砂に切り替わっていくのである。このように実質的な変化が生じると、さらなる変化を誘発することになる。特に高句麗との軋轢が度重なり、一方で中国南朝との密接な関係が生じると5世紀中葉ころまでには封土墳に変化するのである。このような変化の過程に留意すれば、冒頭で述べたように積石塚を単純に石材のみで構成された古墳と限定することにはやや問題があることに気づかされるのである。

3　西日本の積石塚 1―曲崎古墳群―（下川ほか 1977、宮下 2002、野澤 2013）

次に海岸地帯の古墳を考えたい。本書では、福岡県相島積石塚群をはじめ九州南西部や対馬の例を取り上げている（図3）。詳細はそれらの論考にゆずり、以下では長崎市牧島の曲崎古墳群について概観する。

曲崎古墳群は 1940 年（昭和 15）に初めて報告されたが、長らく等閑視されてきた。1977 年になってようやく範囲確認調査及び発掘調査が実施された（第 1 次調査）。この成果に基づき、1978 年に国史跡となりその後全域が公有化された。これを受けて整備・活用の目的から、新たに発掘調査が 2000・2001 年（平成 12・13）に実施されている（第 2 次調査）。

さて、本古墳群は長崎県長崎市牧島の東端部にある、曲崎と呼ばれるやや西方に曲がりながら北方に 400m 伸びる礫丘（幅 100m 弱）上に所在する（図 4）。礫丘の西側は狭い入り江状となっており東側は天草灘に面している。古墳群は礫丘上に密集しており、総数約 100 基のほか人為的な落ち込み 498 基が数えられている。落ち込みには積石を設置しない主体部の可能性のあるものもあるが、落ち込み内の土層から縄文土器の出土例があることの他、倒木痕の可能性もあり、古墳時代における遺構としての実際の数値は不明である。同様に積石塚の総数も流動的（第 2 次調査で新たに 2 基が発見された）であり、おおむね 100 基と記した所以である。

内部主体としては小型石室（石棺状）、竪穴式石室、横穴式石室が確認されているが、その構造は後述するように類似している。いずれも小型で、特に後者の場合明確な羨道を欠き、一方の小口が上方から内部に降りる竪穴系横口式石室の構造である。中には開口部両側に立柱石を配置するものもある。いずれも最下段に横長の石材を据え、上部に小型の石材を 3 ～ 6 段横積みしているが、基石が他に抜き出て大型の石材を用いるいわゆる腰石の使用はない。なお、本古墳群中最大規模（直径約 15m、高さ 1.5m）を誇る 23 号墳の石室（図 5、竪穴系横口式石室？）は、最下段から

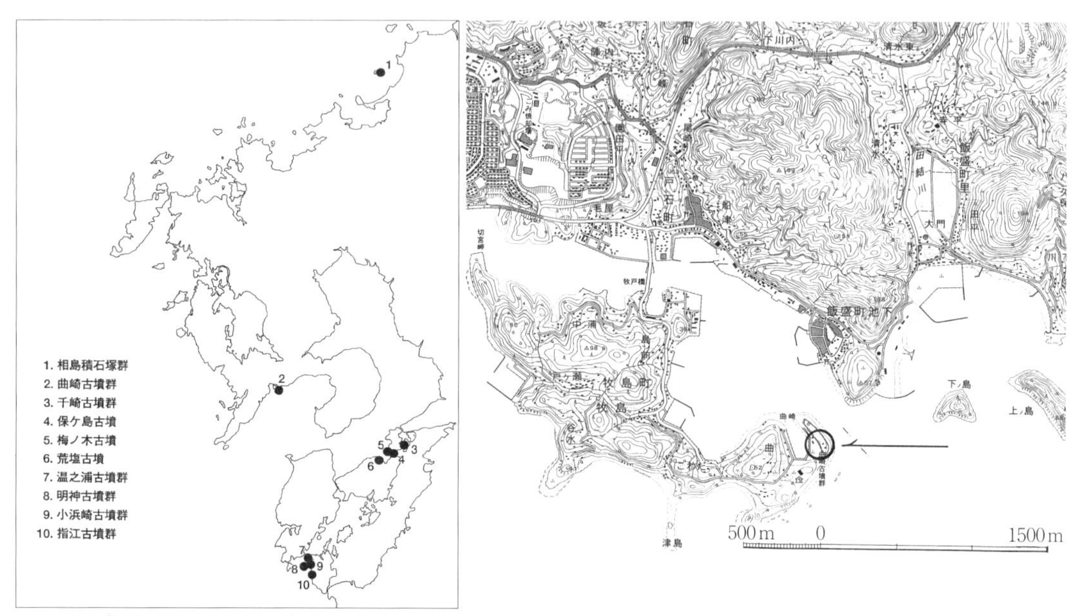

図 3　九州西岸の積石塚分布図（宮下 2002）

図 4　曲崎古墳群の位置

小型石材を積み上げており、他とは異なっていることに留意したい。

墳丘の規模は上述のとおり23号墳が最大であるが、他は直径7m前後を測る。23号墳を除き円墳が主であると報じられている。筆者も実見したが、礫丘上に位置するという立地や崩壊が進んでいる現状から正確な墳形の決定は容易ではない。礫丘は高さが3m程度しかなく、ひとたび嵐となれば確実に波がこれらの墳丘上に押し寄せる。また護石のような特別な施設はないので、墳裾の確定も容易ではない。そのうえ、石材が崩れて落下した場合、礫丘上に築造されたという地勢的性格から、崩れ落ちた礫と本来礫丘を形成している礫との区別も難しい。本古墳群の墳形の決定は上述のように容易ではないが、筆者の現地における観察によれば、残存墳丘の形態から既報のように大半が円墳とみてよいであろう。なお23号墳について、その西北に接するように存在する21号墳を前方部とみてこれを本古墳群で唯一の前方後円墳とみる見解も披歴されているが、既述のとおり当否を含めて正確な確認は難しい。

以上の構築年代についても、出土遺物がわずかで詳細な年代比定は難しいものの、23号墳から出土した須恵器片は6世紀前半の特徴を示している。また、10号墳の主体部（図6、小型竪穴系横口式石室）内からもほぼ同様の年代を示す須恵器が出土した。一方4号墳の主体部（すでに崩壊していたため詳細な形態は不明）や墳裾からは、6世紀後半に下る須恵器多数が検出されている（図

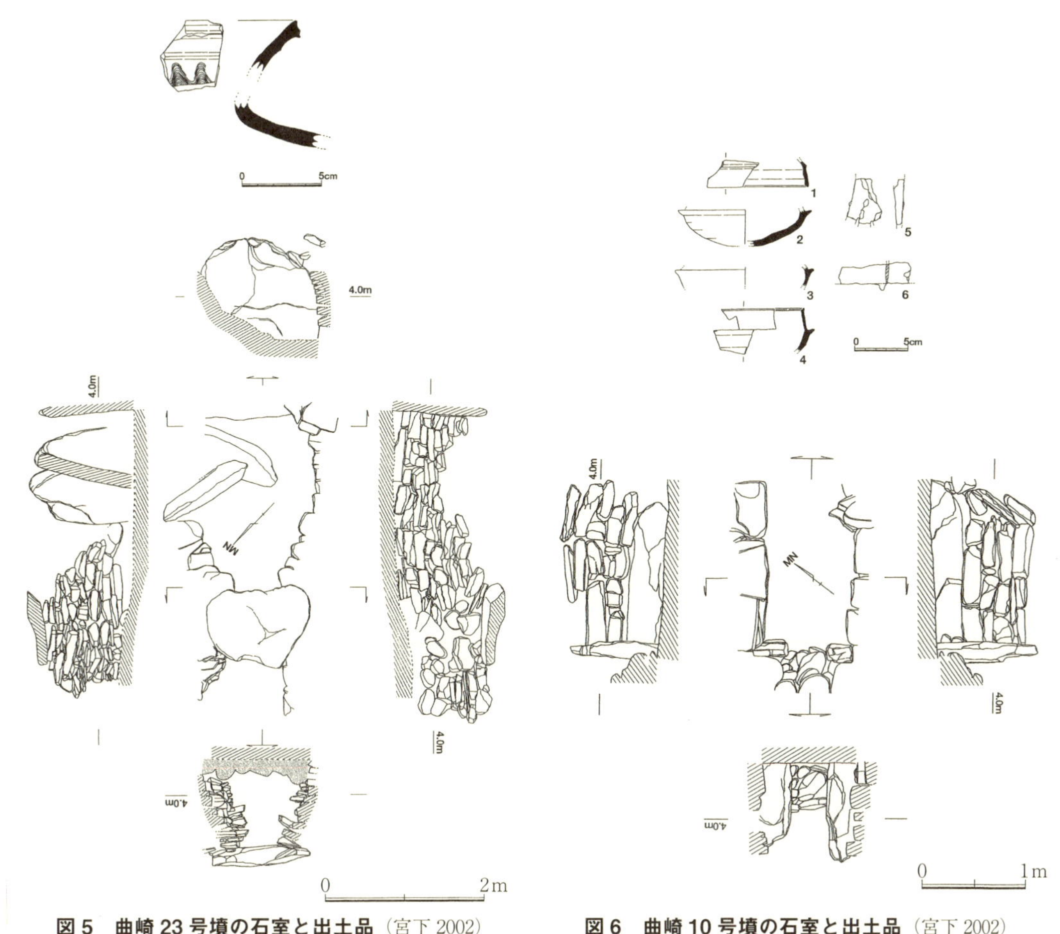

図5　曲崎23号墳の石室と出土品（宮下2002）　**図6　曲崎10号墳の石室と出土品**（宮下2002）

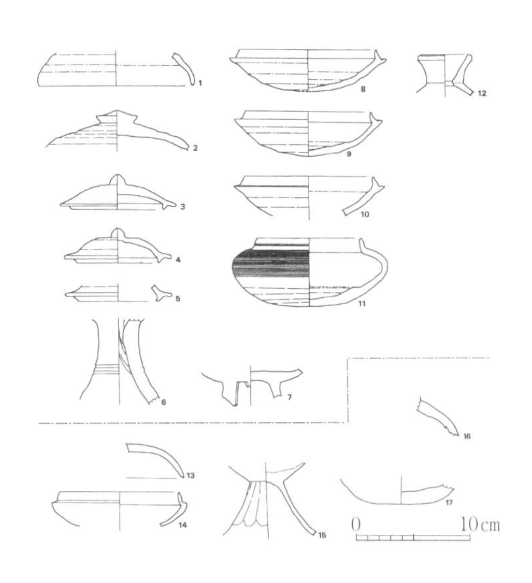

図7　曲崎4号墳の出土品（下川ほか1977）
上段：須恵器　下段：土師器

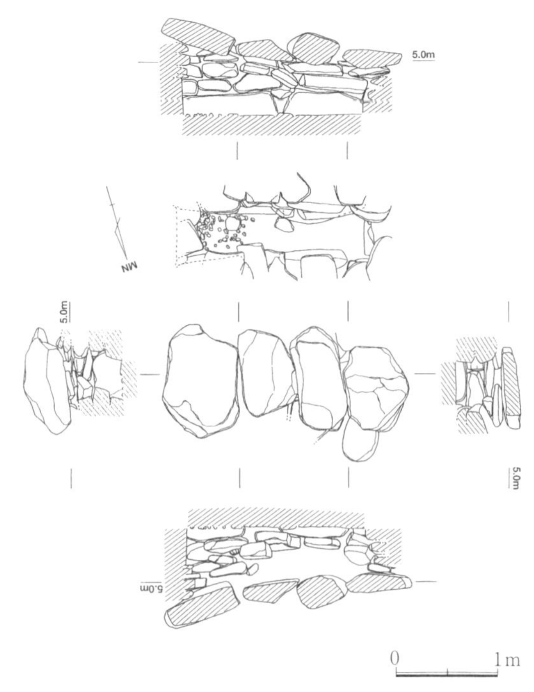

図8　曲崎101号墳の石室（宮下2002）

7、小田富士雄編年のⅣ期に相当、小田1964・1969)。これらによって、本古墳群は6世紀代に構築されたものであることが判明するが、34号墳の「小石室」や101号墳の「竪穴式石室」は、側壁基石が小さく未発達である。特に竪穴式石室と報告された101号墳の石室は、東側の小口が基部に他に比してやや大きな石材を配している一方、西側にはこうした石材が認められない(図8)。これらのことから101号墳の主体部は本古墳群における竪穴系横口式石室の嚆矢と思われる。この点については、小石室とのみ報告されている34号墳も同様の状況が指摘できる。上述した特徴から、これら石室の構築年代は5世紀後半に遡上する可能性が高い。おそらく本古墳群は、5世紀後半に形成を開始し7世紀を迎えるころまで構築されたものと考えてよいであろう。

九州における海岸地帯の積石塚は本古墳群をはじめ、福岡県相島、熊本県天草諸島、鹿児島県長島、同甑島など島嶼部に多い。こうしたことから、構築者たちを海部集団と想定する見解が披歴されている。おそらく、彼ら相互には何らかの連絡＝文化関係があったものと思われる。したがって、最初の古墳築造に際しては地勢的条件から積石塚以外に選択の余地はなかったものと思われるが[3)]、積石塚の構築を続けていくうちに、百済石村洞古墳群同様の経緯を経て海部集団専用の墳墓形態とする意識が次第に形成されていった可能性が高い。このように考えるなら、既述したようにこれらの積石塚を海部集団墓とみることについて

図9　曲崎古墳群（筆者撮影）

図 10　曲崎古墳群の立地・天草灘側（筆者撮影）

図 11　曲崎古墳群の立地・入江側（筆者撮影）

は全く異論ない。ただし、九州における積石塚のすべてが海部集団墓とは限らない。またこれとは逆に、海部集団の墓地がすべて積石塚というわけでもない。念のために一言しておく[4)]。

4　西日本の積石塚 2―マルトバ古墳群―（武藤・石野・陳・吉本 1962）

マルトバ古墳群は、兵庫県家島諸島にある西島の南海岸の汀線よりわずかに高い礫上に所在する。破壊のため原形を残すものはなかったが、数個の側石と蓋石を組み合わせた箱式石棺を積石で覆う形態で、約 20 基が確認されている（図 12）。ほとんどが直径 5 ～ 7m の小円墳であった。築造年代については、いまだに確定的な年代比定は難しいが、わずかに採取された須恵器と滑石製の玉類から 6 世紀を中心とした年代が推定される。以下本書掲載亀田論文との重複を恐れず筆者の見解の大要を述べる。

さて、本古墳群に関して『播磨国風土記』に興味深い記事があり、それとの関連が注目される。すなわち、家島諸島の東方にある神嶋（上島）にあった石神（秋本校注 1958 では大陸伝来の異形像とする）の顔面にはめ込んであった宝石を、応神朝に新羅から渡来した客人が彫りだしたとある。また、家島北方の小島には石神のたたりにあった前述の新羅人の船が難破して荷が漂着したため、「韓荷嶋」という地名が付けられたとする地名起源伝承が記されているのである。しかし、そもそも『播磨国風土記』には漢人を含む渡来人関係の記述が多く、家島諸島のみにこうした渡来人関連の記述があるのではない。特に旧揖保郡及び餝間郡（家島諸島に対峙する位置にある現姫路・相生市周辺）には、渡来人やそれに関連した地名に関する記事が多い。実際竪穴式石室や横穴式石室のうち、朝鮮半島に系譜の起源が指摘される内部構造の存在をはじめ、陶質土器、垂飾付耳飾や帯金具・胡籙金具等の金銅製品、さらにはミニチュア炊飯具など渡来系出土遺物を出土した古墳が目立っている（岸本 1994）。特にこれらの地域には積石塚が多く築造されており、注目される。しかし、その築造年代は弥生時代後期～古墳時代前期に遡上すると考えられているものもあり（たつの市岩見北山墓群）、系譜関係は単

図 12　マルトバ古墳群（武藤ほか 1962 から複写）

純ではない（たつの市は、当該期に石清尾山古墳群等の積石塚が築造された讃岐地方とも瀬戸内海を挟んで対峙する位置にある）。また、マルトバ古墳群の築造時期は、応神朝の頃とする『風土記』の年代観とも符合しない。しかし、大規模な耕地や権力体が想定できないこのような小島と結びつけた形での解釈が可能な範囲において、渡来人関係の記事が掲載されたことには十分な留意が必要であろう。

以上から家島諸島の積石塚（マルトバ古墳群）は、これまでに触れた諸例同様海岸にあることから地勢的要因に基づく積石塚と考えられる一方で、所在地には新羅を故地とする渡来人に関する伝承があるため、彼らをはじめとする渡来人墓と結びつけて解釈する余地もある。家島諸島の東南には、小豆島を介して既述した石清尾山古墳群をはじめとする阿讃積石塚圏（森 1971）があり、これとの関連性を疑う人がいるかもしれないが、阿讃積石塚圏の積石塚は既述の岩見北山墓群同様弥生終末〜古墳時代前期にかけてものである（むしろ岩見北山墓群をはじめとする播磨西部の積石塚と阿讃積石塚文化圏との関係は、今後積極的に追究すべき課題であろう）。これに対してマルトバ古墳群はおそらく6世紀以降に属しており、築造年代の著しい懸隔から既述のとおり直接的な関連性はない。しかし、既述した九州の海岸地帯に散在する積石塚とは、距離的懸隔からこちらについても直接的関連性は直ちに肯定しがたい。こうしたことから、日本列島内においてマルトバ古墳群と直接的な系譜関係を論じることが可能な古墳を見出すことはできていないのが現状であると言わざるを得ない。したがって、新来の新羅系渡来人墓である可能性は十分に考えられよう（例えばおそらく6世紀には完全に新羅領となっていた鬱陵島では積石塚が築造されており、当該期において新羅領内において積石塚が全く築造されていなかったわけではない。もちろん、鬱陵島内の積石塚とマルトバ古墳群が同一の系譜に連なる存在であると主張するつもりは全くない―ただし現在までの所見によれば、鬱陵島の積石塚は7世紀以降に属するものである―）。マルトバ古墳群が所在する西島南岸一帯は岩場が多く、古墳時代の集落遺跡も未発見である。他所在住の人々により、当地が墓所として選択されたものと考えられる。おそらく曲崎古墳群や相島積石塚群などと同様に、海人集団の墓地であったものと思われる。当該期においてマルトバ古墳群の周辺地域における積石塚の有無、そして所在すればそれとの比較検討、また新羅系出土遺物の有無をはじめとする再検討など、今後単なる伝承としてではなく（もちろん伝承の盲目的肯定でもなく）可能性を認めたうえで検証作業を行うべき必要があろう。

なお、現在当該地に行く定期的交通便はない。2015年に現地を訪問した姫路市の文化財担当者によれば、今日まで継続的に行われてきた山地の採石に起因する石材の滑落や波浪等による石材堆積によって、古墳群は埋まっており全く確認できないとのことである。また古墳群に通じる道もなく、海上から接近するほかに方法がないようである。ぜひ再発掘を実施したうえでの遺跡整備を望みたい。

5　西日本の積石塚3―茶臼塚古墳―

茶臼塚古墳は、大阪府柏原市国分市場に所在する22×16mの長方形古墳である。詳細は本書掲載の安村俊史論考に譲るが、墳丘は二段築造で上下段とも近隣の芝山産カンラン石玄武岩を垂直に積み上げている。外表家面の石材は板石を使用するが、裏込めにも大量の玄武岩が使用されていた。しかし、墳丘中心部は盛土を施す。つまり墳丘の中心から盛土→玄武岩の裏込め→玄武岩板石の垂直積み、という三層構造になっている。もちろん、外部からみれば完全な積石塚状を呈していることになる。

図13 松岳山古墳後円部墳頂の状況（筆者撮影）

安村はこうした構造の系譜として、①石清尾山古墳群をはじめとする讃岐地方からの影響、②石村洞古墳群など百済前期の積石塚の影響という二つの可能性をあげている。そして慎重な表現ではあるが、後者の可能性をより強く推測している。その根拠として、茶臼塚古墳が板石を垂直に積み上げていることとともに二段築造の方系古墳であること、また、東に接して所在する松岳山古墳（図13、全長130mの前方後円墳）から出土した土師器細頸壺が、百済に類例の多い平底であることを重視している。こうした見解の背景として、松岳山古墳も各段の基底部には玄武岩の板石を垂直に積み上げており、茶臼塚古墳同様の仕様が認められることは否めない（茶臼塚古墳に比して板石積みの高さは低いが）。

さて、既述のとおり石村洞古墳群の場合、当初は墳丘の中核部まで石材を充填していたのに対し、後には外表部のみ石材を積んで内部は土砂を充填するようになっていく。この点を参照すれば、仮に茶臼塚古墳が石村洞古墳群等百済前期における積石塚の影響によって構築されたとする場合、石村洞古墳群構築期の後半に属することになる。今日までのところ、石村洞古墳群の年代についての定見はいまだ得られていないが、およそ3世紀末ないし4世紀初頭から構築が始まり、5世紀が近づくに従い内部に土砂を充填するようになり、5世紀に入るとやがて封土墳に変化するものと考えられている。したがって茶臼塚古墳の築造が百済積石塚の系譜に連なるものとみた場合は、4世紀中葉～後半以降に降下することになろう。幸い茶臼塚古墳及び松岳山古墳からは豊富な副葬品が出土している。これらの示す年代は、まさに4世紀中葉を含む後半のうちにある（近年の埴輪研究の成果によれば、4世紀前半に遡上する可能性が指摘されている〈廣瀬2015〉）。ただし、出土品の大半は倭系の威信財であり、既述の土師器細頸壺以外、百済をはじめとする朝鮮半島系遺物は出土していない。

そこで以下では、時代背景を概観しておきたい。

さて、百済と倭の交流を考古学の観点からみれば、石上神宮から出土した鉄盾や七枝刀がその初期に相当する。特に七枝刀は『日本書紀』にも以下のような記述があり、百済・倭の正式外交の嚆矢を証する資料と考えられる。すなわち、当時百済は北方の高句麗と存亡をかけた激しい抗争中であったため、南方に位置する倭国と好を通じることによって自国に有利な状況を作ろうとしていた。このため、七枝刀等を倭王に贈呈した。これに基づき朝鮮半島に有利な足がかりを得た倭国は、4世紀末から5世紀初頭にかけて半島に攻め入り高句麗と直接対決を行うに至る。しかし、彼我の戦力の相違等によって完敗した倭国は、以後武器・武具の刷新（甲冑の大量生産や長弓から短弓への変化など）と兵馬の本格的導入（従来騎馬の面のみが強調されてきたきらいがあるが、増田精一が指摘したように実際は駄馬にも目を向けるべきである。増田1960）に踏み切るのである。これらの点は高句麗好太王碑文に認められることであり、碑文の内容と考古資料から推測される史的背景はおおむね整合的である。こうした事実から小林行雄は4世紀末に古墳文化の変革期を認め、神功・応神紀の時代に相当するものと考えた（小林1965）。今日においても、当該期を前期から中期への変革期とみる点において大きな変化は認められていない。具体的に小林があげた変化は、①当該期には大型古墳等の築造地が丘陵上から平地に移動するが、このため必要な測量術や築堤法などの新しい技術が展開すること、②刳抜式の割竹・舟形石棺や、特に花崗岩等の硬質石材加工技術が当該期から始まること、③短甲の型式が統一され、大量生産が始まる、④鋳造鉄斧が導入される、⑤玉類の片面穿孔が始まる、などである。

今日からみれば、前期古墳から測量術や築堤法がなければ構築できない古墳が存在することや、武器・武具・馬具の刷新や普及に対する言及を欠くこと（この点については、別の論考において評価しているが）など修正を要する点もある。特に②については松岳山古墳の石棺（側石は凝灰岩を用いているが、蓋石及び底石は花崗岩を使用）を事例にあげている。しかし既述のように、今日において松岳山古墳の築造年代はおよそ4世紀中葉から後半と考えられており、小林のいう「神功・応神紀の時代—4世紀末～5世紀初頭」とは微妙に異なっている。しかし、筆者はこのことこそが重要な意味を持つものであると考えている。すなわち、既述のように百済は高句麗との対抗上倭国に接近した結果、倭国と高句麗との衝突が生じこれによって上述の諸変革が惹起したと考えるならば、むしろ茶臼塚古墳や松岳山古墳にみられる積石塚的要素は、百済との関係において導入されたものとして積極的に評価するべきであろうと考えるのである。

*

このほか西日本の積石塚のうち、忘れてはならないものとして、讃岐や阿波に分布する既述の阿讃積石塚分布圏の問題がある。大要は本書渡部論文を参照されたいが、徳島県の萩原墳墓群のように一部は弥生時代終末に遡上する可能性もあるが、特に香川県高松市の石清尾山古墳群が注目される（図14）。近年の調査結果は、近い将来当該地において弥生時代に遡上する例の確認が大いに期待されるものである[5)]。詳細は渡部の論考に譲るが、次に紹介する梅原末治の提言（梅原1933）は、相島や曲埼古墳群などの海岸地帯の積石塚をはじめ他の事例についても参照すべき内容を含んでおり、今後考慮する必要があろう。

さて、同古墳群を最初に報告した梅原は、石清尾山古墳群が岩盤の多い地形に立地し、積石塚を採用した背景として地勢に基づく面が多いと指摘する一方で、石清尾山古墳群（積石塚）が「外来の影響と全然無関係な存在とするものでない」（梅原1933、107p）と指摘する。そして「石を以て塚を築くの思想が、獨り半島から全然我が國に傳はらなかつたとは何人にも斷じ得ないであらう」（梅原1933、108p）とも述べている。つまり石清尾山古墳群に展開する積石塚は主として地勢的要因に基づくが、石材を積み上げることによって古墳を築造するという情報が朝鮮半島から伝わって積石塚構築に向かわせた要因の一部となった、すなわち刺激伝播の可能性を論じているのである。

図14　石清尾山古墳群・姫塚古墳（筆者撮影）

＊

以下6～8では、5世紀中葉～後半にかけて東日本各地(西毛・西遠江・北信)において時を同じくするように出現した積石塚をあげる。これらを通した全体の史的性格については筆者の見解がある。各地の積石塚はその基礎となる事例であるため、若狭、鈴木、風間諸氏の記述と重複する箇所もあるが、あえて記述することを了とされたい。もちろん、記述に際してはなるべく上記各氏の記載内容と重複しないように留意するものである。

6　東日本の積石塚―東国各地にみられる5世紀後半の事例1―西毛(剣崎長瀞西古墳群)

東日本における5世紀後半の積石塚については、各氏が各々の地域における概括的な報告を行っている。そこで、屋上屋を重ねるのではなく総合的な評価を行うために、6～8において各地における代表的事例をやや詳細に扱い、それらを踏まえた総合的評価を9で述べることにしたい。

＊

剣崎長瀞西古墳群(黒田ほか2002、専修大学文学部考古学研究室2003)は、群馬県高崎市に所在する(高崎市を中心とする地域を西毛―西上毛野―と呼び、桐生・太田市周辺の東毛、沼田市周辺の北毛と対比的に使用されている)。本遺跡は弥生時代後期の住居から7世紀の古墳に至る複合遺跡であるが、東西に延びた丘陵上に位置している(図15)。遺跡の中央に南北に走る小谷があり、これによって西側のⅠ区と東側のⅡ区に分けられる。以下では、このうちⅠ区の積石塚を中心に5世紀後半に築造された古墳の状況について検討する。

Ⅰ区の古墳は、鏡、短甲、鉄製鉾、滑石製模造品等豊富な副葬品が出土した剣崎長瀞西古墳をはじめ5世紀後半の古墳約20基が分布しており、18基が発掘調査された(表1)。墳形には円と方の二種があるが、前者の方が後者に比して墳丘規模において勝っている。両者には、様々な面で異なる要素とともに共通する要素も見られる。こうした点に留意しつつ以下の記述を進める。

まず墳丘築造法は、基本的に両者共通である。最初に古墳築造予定地の周囲を浅く削り出して基段を造る。基段は削り出しを基本としており、土砂を積むことはほとんどない。次に比較的大きい古墳の場合、テラス状の平坦面を置き、その上の墳丘中央に埋葬施設を内蔵する2段目を構築したものと思われる。小型古墳は1段築造であるが、残存状況が良好であった5号墳の場合では、墳丘中央に石敷きを行った上でその内側に竪穴式小石槨が設置されていた(図16)。2段築造の古墳はほとんどが上段を失っていたが、残存部に主体部の痕跡がなく、主体部は2段目の上かその中に置かれたものと思われ、おおむね6号墳と同様の構造であったものと考えてよい。また円墳と方墳ともに葺石があり(方墳は基段側面に葺石を施す。上段は後述の通り積石塚状を呈する)、築造当初の外観は墳形の相違と上段の様相を別にすればよく似ていたものと思われる。なお、方墳の場合、基段上には小型の積石塚が構築されている。また方形を呈する埋葬施設のうち、上記した基段をもたないものがあり、各辺が2～3m前後の小型積石塚となっている。したがって、平面形が方形を呈する埋葬施設の場合は、竪穴式小石槨を積石塚の中に埋置する点で共通するのである。報告書では基段の有無によって前者を方墳、後者を積石塚と呼び分けているが、本質は同じとみてよい。

次に円墳と方墳で異なる要素をあげる。①第1にはもちろん墳形の相違があげられる。古墳の分布をみると円墳と方墳が裾を接するような位置に築かれている箇所もあり、その間に溝などの

表1　Ⅰ区古墳一覧（専修大学文学部考古学研究室 2003）

古墳番号	墳形・規模	出土遺物	備考
1	円・径22m	埴輪	2段築造・2m幅の周堀を有す
2	円・径10m	埴輪・土師器坏	
3	円・径17m	埴輪	2段築造・2m幅の周堀を有す
4	円・径16m	埴輪	2段築造
5	方・6.6×5.7m	鉄刀	主体部・竪穴式小石槨（2.5×0.5m）
6	円・径10m	埴輪・土師器坏	主体部・竪穴式小石槨（1.8×0.4m）
7	円・径10m	埴輪	
9	方・10×9m		2段築造？
10	方・9×8.2m	金製垂飾付耳飾・韓式系土器	
11	積石塚2.6×2.3m		主体部・竪穴式小石槨（1.1×0.4m）
14	積石塚2.9×2.3m		主体部・竪穴式小石槨（0.9×0.4m）
15	積石塚1.6×1.1m		主体部・竪穴式小石槨（0.9？×0.3m）
16	積石塚2.2？×0.9m		主体部・竪穴式小石槨（0.9？×0.3m）
18	円・径14m？	埴輪	周堀の一部のみ発掘
20	円・径14m？	埴輪	周堀の一部のみ発掘
100	積石塚4.2×3.7m	埴輪・土師器坏	主体部・竪穴式小石槨（1.5？×0.4m）

＊数値は概数である。
＊後期古墳の8・19号墳は省略している。
＊積石塚以外の古墳は基本的に浅く狭い周堀を有するが、表には比較的顕著な1・3号墳のみ記した。
＊表に記したものの他に小石槨墓（12号墳）や馬殉葬墓（13号土坑）等がある。

図15　剣崎長瀞西遺跡全景

図16　剣崎長瀞西遺跡5号墳

明瞭な境界はない。しかし円墳が西から南にかけて占地するのに対し方墳は東側の狭い範囲に築造されており、両者の築造地は厳密には区別されていたとみてよいであろう。両者の規模の相違を念頭に置いても、比較的余裕のある円墳築造箇所と密集度の高い方墳側とに区別できるのである。②次に墳丘に据えられた埴輪がある。埴輪樹立は円墳に限られており、方墳からは出土していない。③また円墳が封土墳であるのに対し、方墳は主体部が内蔵される上段は積石による（当然、小型積石塚も同じである）。

ところで、両者の中間地で馬犠牲坑が発見されている（犠牲馬に着装されていた馬具は、洛東江流域に分布の中心を持つ将来品である）。また方墳からは、金製垂飾付耳飾や韓式系土器が出土している。さらに埴輪が円墳にのみ樹立されていたことから円墳を在来倭人、積石塚を含む方形墳を渡来人の墳墓に措定できるのである。

また、小谷によってⅠ区と分けられたⅡ区では、Ⅰ区で古墳が築造されている5世紀後半に竪穴住居が多数構築されていた。つまりⅠ区とⅡ区は墳墓地並びに居住地として区分されていたのである。このⅡ区の竪穴住居では、約80%ときわめて高い比率で竈付き住居が検出されており、韓式土器も出土している。東国において、一般的に造り付竈を持つ住居が普及するのは6世紀に入ってのことである。こうしたことからも、当該期において当地に渡来人が居住していた事実を疑う余地はない。

7　東日本の積石塚―東国各地にみられる5世紀後半の事例2―西遠江(内野古墳群)

静岡県浜松市所在の内野古墳群は、小尾根や谷によっていくつかの支群に分かれ、築造時期は5世紀中葉から8世紀初頭に至る（下津谷ほか1975、久野ほか2000）。以下では、5世紀中葉から6世紀前半に絞って概観する。小稿の主題である5世紀後半を中心とした積石塚として知られているのは、東谷、西谷に区分される二本ヶ谷古墳群(総数30基以上)である(図17)。両者の中間には幅100m強、比高差東から約20m、西から5m程度の尾根がある。この尾根上にも古墳はあるが、これは7～8世紀の築造にかかる。一方、東谷の東側には比高差10m程度の尾根が所在するが、この上には5～6世紀の封土墳が分布している(辺田平（へたびら）古墳群・約20基)。

二本ヶ谷古墳群の積石塚は、原型を完全にとどめるものはないが、おおむね一辺4～5mから10m強までの方形ないし長方形を呈するようである。このほか一辺2m前後の小型積石塚（うち1基は円形）も6基が群中の一画に集中している。これらの主体部は、いずれも礫床上の木棺直葬（鈴木一有は木槨の可能性を認めている）であったようだが、木棺埋置にあたって地山を若干掘り込んでいることが特徴である。つまり、朝鮮半島の古墳で一般的に認められる「墳丘後行型の墳墓」（吉井2002）に分類できる構造である。副葬品は土器類が大半を占め、他に少量の鉄製品(鏃・刀子など）が一部の古墳から出土した。築造時期の判明するものは5世紀第4四半期が大半で、一部は第3四半期に遡上するものと考えられる。

これに対して辺田平古墳群は、6世紀初頭の積石塚である14号墳(5.9×5.5m）を除き、円墳が主体で小型前方後円墳1基（1号墳・全長20m）を含む。5世紀第4四半期の1号墳を嚆矢として、6世紀中葉頃まで継続的に築造された。注目されるのは、辺田平古墳群中で1号墳を含む東側に築造された古墳は相互に一定の距離があり十分な墓域を獲得しているように見えるのに対し、西南の一画は互いに裾を接するように築造されていることである。前者は前方後円墳（1号墳）や直径16m前後の円墳としては群中最大の2号墳など、他に比してやや規模が大きい古墳を含むのに対し、後者は最大でも17号墳の直径10mといずれも小規模である。内部主体は、判明しているものとしては木棺直葬の他に竪穴系の施設(石槨？)がある。主体部設置の位置について、東側の古墳は地山を掘り込まないものが大半であるのに対し、他は二本ヶ谷古墳群同様地山掘り込みによっており、両者で様相を異にすることが注目される。西南側の一群は6世紀初頭の積石塚・14号墳(方墳)を造墓活動の契機とし

図17　二本ヶ谷古墳群東谷群（筆者撮影）

ているので、二本ヶ谷古墳群の系統に連なるものと考えられる。副葬品は両者とも土器類が大半で顕著なものはないが、1号墳には埴輪が樹立されていた。

以上の二本ヶ谷・辺田平両古墳群は、以下の諸点が注目される。①尾根上の辺田平古墳群及び谷に立地する二本ヶ谷古墳群は前者が5世紀後半、後者は5世紀中葉と造墓活動の開始時期が近いこと。②辺田平古墳群（封土墳）の墳形は円形を基本とするのに対し、二本ヶ谷古墳群（積石塚）は方形を基本とする。③二本ヶ谷古墳群は内部主体が地山下に営まれているのに対し、辺田平古墳群のうち当初から築造された東側のものは地山を掘り込まず墳丘中に設置している。しかし、6世紀になって築造を開始した西南の一画に所在する古墳は、二本ヶ谷古墳群同様地山下に設置していること。

以上のように、両者の対照的な性格が明瞭に浮かび上がるのである。辺田平古墳群西南部の古墳は、既述の通り積石塚（14号墳）を築造の契機としており、内部主体の位置とも合わせ考えるなら二本ヶ谷古墳群被葬者後裔達の墳墓と考えてよいであろう。こうしたことから、在来倭人の墳墓である辺田平古墳群のうち東側に展開する一群に対し、二本ヶ谷古墳群の被葬者を渡来人の墳墓と認定してもよいであろう。5世紀中葉に造墓活動を開始した渡来人は、6世紀初頭になっておそらく地位が上昇し、また在来倭人との同化が進み台地上に造墓することを許されるようになったのであろう。しかし、在来倭人墓に比較すると、辺田平古墳群中において西南の狭い一画が与えられたものであることに留意しておきたい。

8　東日本の積石塚―東国各地にみられる5世紀後半の事例3―北信（大室古墳群）

長野県長野市の大室古墳群（図18）は、日本屈指の積石塚集中地として知られている（長野県教育委員会1991、大塚2000、大塚・小林編2006、明治大学考古学研究室編2008・2015）。土石混合墳の位置付けなど論者によって若干の相違があるものの、総数約500基のうち積石塚は400基前後を占めるものとみられている。墳形はすべてが円墳である。ただし、前方後円墳が1基存在する（北山18号墳）が、詳細不明ながらおそらく古墳群の造墓活動期よりも相当遡上する時期のもので、大室古墳群とは直接の関係はないものと考えてよい。積石塚と封土墳との関係についても、調査された古墳のみでは断言できないが、おおむね6世紀後半には封土墳へと移行していくようである。そのことについては本書掲載の風間論文にも、古墳時代後期後半に位置付けた5・6期のうち、6期には「墳丘構造では墳丘内部に版築用の盛土を用い、墳丘表面にのみ礫を用いる新たな積石墳丘が出現する」とあることが注目される。時期こそ異なるものの、前期百済の王陵群と目される石村洞古墳群の展開過程とも一面で符合する変化である（石村洞古墳群の場合、墳丘内部まで礫を用いていた段階から、砂利や土砂を充填するように変化していくことが確認されている）。大室古墳群の場合は、積石塚の他に合掌形石室も存在しており（積石塚中で比較的早い段階の主体部に採用されている）、早くから注意されてきた。合掌

図18　大室古墳群・整備前の大室谷支群（筆者撮影）

形石室については斎藤忠によって百済の石室に源流が求められている（斎藤 1944）が、積石塚についても栗岩英治による高句麗からの渡来人墳墓説（栗岩 1938）以来渡来人墳墓説が多く提示されており、合掌形石室、積石塚の両者によって大室古墳群被葬者のうちに渡来人を相当数含むことは自明のこととされてきた。

ところで、積石塚と合掌形石室の両者については、以下のことが注目される。既述の通り、大室古墳群の各支群にあって、おおむね５世紀後半に始まる（一部は５世紀中葉に遡上する可能性が高い）造墓活動初期のものは、積石塚で内部主体が合掌形石室という組み合わせが認められることである（本書掲載風間論文によれば、この組み合わせを伴う古墳の大半は、古墳時代中期後葉に比定される大室３期に属するという）。しかし、こうした組み合わせは朝鮮半島にはない。このためその系譜をめぐって様々な見解が提示されており、学界における定見は未だ得られていない。大室古墳群は、５世紀中葉以後終末期に至るまで長く造墓活動が継続した。また被葬者には、在来倭人と渡来人の両者が混在しているように思われる。初期に属する大室谷支群・ムジナゴーロ単位支群第 168 号墳（風間編年の大室３期）では、伝統的要素と新来の要素が混在している。また、確実な積石塚は大室３期に築造されているほか、３期から造墓活動が活発となり、築造数が飛躍的に増加する。風間が指摘するように、少なくとも大室古墳群において造墓活動が開始された当初は、積石塚ではない一般的な封土墳が築造されたものと考えられる。しかし、造墓活動が活発化する３期以降、長野盆地最大規模の大室古墳群中に、在来倭人と渡来人両者の墳墓が共存する可能性はきわめて高いものとみて間違いないであろう[6)]。

9　東国における５世紀後半の積石塚に見る諸相

以上、５世紀後半における東国積石塚の代表的事例について概観した。しかし、渡来人が確実に居住していたにもかかわらず積石塚が認められていない地域がある。伊那谷は、他地域よりも一早い竈付き住居や須恵器の普及、馬犠牲坑の存在や半島系横穴式石室の存在などから、５世紀後半以降における朝鮮半島系渡来人の居住が確実視される（土生田 2009）。ところが、これまでのところ明確な積石塚古墳は確認されていない。ただし、そもそも当該地においては多くの前方後円墳が築造されたにもかかわらず、古墳総数はさほど多くない。特に大型群集墳を欠いていることが特徴的である。おそらく弥生時代以来の共同体的規制が強く残存する中、地勢的要因に基づいて畿内からの強い働きかけにより（白石 1988）共同体代表者（首長）のみが突出する政体ができたものと思われる。この伊那谷の例をも加えるなら、①出自に由来すると考えられる方墳の積石塚と円墳の封土墳が、明確に区別して築造されたケース、②出自の差に関係なく円墳の積石塚が等しく築造されたケース、③上述した伊那谷のように首長墳の築造が集中しており、積石塚を含む群集墳の築造がほとんどないケース、の３パターンに収斂される。これらの差異は在地における政体、すなわち階層分化のあり様と密接に関連するものと思われる。

まず①の地域についてみると、いずれも当該期の古墳は、いくつかの階層に分化造営されていることが特徴的である。剣崎長瀞西古墳群の場合、渡来人墓としての積石塚（方墳）と在来倭人墓の封土墳（円墳）という両者の差異は明らかであるが、これら古墳群の西端部には５世紀後半と同時期に築造され豊富な副葬品が埋納された剣崎長瀞西古墳（帆立貝形古墳？　円形部直径 35m）が所在する。さらに剣崎長瀞西古墳群の南方約1kmには、やはり同時期の築造にかかる全長105mの平塚古墳（徳江1999）が所在する。本墳は、5世紀後半から6世紀前半における西毛首長連合の象徴たる舟形石棺を埋葬施設に採用していた（徳江1994）。これらを総合すれば、当該地には5世紀後半において西毛首長連合の構成員たる平塚古墳の被葬者を頂点とした地方王権が所在したこと、また王権の内部構造としては、剣崎長瀞西古墳の被葬者を中間支配者として在来倭人と渡来人を傘下に治めていたこと等が、墳墓の重層的構造の分析によって窺えるのである（土生田2009）。

以上、墳墓から見える様相については、西遠江においても同様の構造が窺える。すなわち円形部直径50mの造出付大型円墳、千人塚古墳（次代である6世紀前半には全長40mの前方後円墳、瓢箪塚古墳が築造されている）を頂点に辺田平古墳群中の小型前方後円墳（1号墳）を中間として、在来倭人墓としての封土墳（円墳・辺田平古墳群）と渡来人墓としての積石塚古墳（方墳・二本ヶ谷古墳群）という重層的構造が認められるのである（土生田2009）。剣崎長瀞西古墳群の場合、封土墳の築造地は比較的広い面積をもつのに対し積石塚は狭い範囲に集中している。同様に台地上にある辺田平古墳群に対し、二本ヶ谷古墳群は現在でも滞水状況になりがちな谷間に立地しているのである。つまり、立地上も積石塚は不利な状況下にあるのである。これらの事実は、首長層をはじめとする上層階層のみならず、下位層にまで出自・身分に応じた墳墓造営を強制する強い力＝強権の存在が想起されるのである。

以上、両地域では身分上の序列に応じた墳墓構造が明確に規定され、これに応じた造墓が強制されたものと思われる。大型古墳の存在がこうした強権の存在を何よりも雄弁に語ってくれているのである。

次に北信（大室古墳群）で認められた、②のケースについて一瞥しておこう。

大室古墳群の場合は、上記した剣崎長瀞西古墳群および二本ヶ谷古墳群（辺田平古墳群）の積石塚が共通して在来倭人墓と対照的な様相を示していた事例とは際立って異なる。ここでは、おおむね5世紀中葉と考えられる古墳群形成の当初から円墳の積石塚が築造されていた。上記古墳群のように、円墳に対する方墳、封土墳に対する積石塚というような対比的状況は認められないのである。もちろん大室古墳群にも封土墳は存在するが、これは6世紀後半以後、積石塚から変化した結果であり、上記のような出自に基づく対比的状況は窺えない。その理由としてまず想起されることが、当該期において近隣地域に上位首長墳を欠く事実である。北信は4世紀初頭の森将軍塚古墳（前方後円墳約100m）を嚆矢として、以後川柳将軍塚古墳（4世紀中葉・93m）→倉科将軍塚古墳（4世紀末・73m）→土口将軍塚古墳（5世紀初頭・67m）と5世紀初頭まで大型古墳（首長墳・いずれも前方後円墳）の築造が相次ぐ。しかし、土口将軍塚古墳以降顕著な大型古墳は認められていない。5世紀中葉以降、台頭著しい伊那谷（南信）とは対照的である。大型古墳消滅の要因には諸説あっていまだ定説を見ないが、剣崎長瀞西古墳群や二本ヶ谷古墳群で認められた強権は少なくとも近在には存在しなかった。このため、西毛や遠江のような古墳に表現された身分序列の表現には強い規制力がはたらかなかったものと考えられるのである（土生田2009）。また、北信の場合大室古墳群で典型的に認められるように5世紀後半以降急増するとはいえ、4世紀末に構築を開始する須坂市八丁鎧塚古墳以来、同じく5世紀中葉に築造を開始する千曲市杉山古墳群など休止期間なく積石塚古墳が築造されている。こうしたことから、大室古墳群における積石塚古墳は渡来人専用の墳墓ではなく、在来倭人もこれを採用した可能性が高いものと考えられるのである。これに対して③の伊那谷では在地の階層構造が十分に発展しない段階にとどまっていたにもかかわらず、大和王権の事情によって各小地域の首長が王権側の有力豪族と各々結びついた結果、首長墳のみが突出する現象を生み出したものと考えられる。

以上５世紀後半において、東日本各地で積石塚が一斉に出現、あるいは築造数が飛躍的に増大する現象は、大和王権側の事情と各地社会との関係性において出来したものと評価できるのである。その際、各地方によって積石塚をめぐる位相が異なる現象（既述の①～③）は、各地の社会的状況と密接に関連するものと考えられるのである。

10　東北（陸奥）の積石塚古墳

東北地方の陸奥側、中でも岩手県や青森県など東北北部では一般的に日本列島において古墳築造が終焉した８世紀に至ってもなお古墳の築造が続けられていた。これらの古墳は小規模な円墳群で、７世紀から10世紀にかけて築造されている。本書藤沢論考にあるようにいわゆる末期古墳と称され、蝦夷墓とみなされている。この中に積石塚の様相を示す古墳群が認められる。すなわち、岩手県北上市の江釣子古墳群（岩田2016ほか）と宮城県石巻市の和泉沢古墳群（佐々木1972）である。

江釣子古墳群は、猫谷地・五条丸・長沼・八幡古墳群の総称で総数200基に近い（図19～21）、近年過去の発掘調査を含めて江釣子古墳群の総合的評価を下した岩田貴之は、主体部が土坑のも

図19　江釣子古墳群の位置（岩田2016）

の（1類）の他、石室構造を分類して立石を持つタイプ（2A類）と持たないもの（2B類）に分けた。このほか、想定位置に検出されないものを3類として、木棺直葬を想定したものと思われる。その上で1類と他は系統差と認定し、後者についてはおおむね2A類→2B類→3類の順に変遷すると考えた。本書掲載論考で藤沢が指摘するように、もっとも初期のものは玄門の外側に「ハ」字状に石列が開き前庭部を構成するものがあるが、これには立石が伴うものが多く、主体部構造の変遷に関する岩田の想定（岩田2016）はおおむね肯定できる。

和泉沢古墳群は約50基が確認されているが、本来はさらに多くの古墳が存在していたようである。1972年（昭和47）にうち3基（6・10・15号墳）が発掘された（図22・23）。いずれも退化した横穴式石室であり、江釣子古墳群と同じ様相を示している。すなわち、高さが1m以下と低く、藤沢が想定するように遺骸の搬入は横口ではなく上部から石室内におろしたうえで天井石を載せたものと思われる。以上の両古墳群は、おおむね7世紀後半から9世紀にかけて築造されたものと考えられる。

ところで、藤沢は江釣子古墳群及び和泉沢古墳群を直ちに積石塚と評価することについては慎重である。筆者も江釣子古墳群を実見した結果、大半の古墳が1m以下と積石のなす墳高がきわめて低いことに驚いた。石室が地山を掘り込んで地下式の様相を呈するものの、古墳としての標識ともいえる墳高が、石室天井面とさほど異ならない点に留意したい。このため、本来は積石部のさらに上部に封土が積まれたのではないかとの疑念が生じるのである。

この点、上毛野、中でも高崎・渋川等の西毛における「裏込め被覆」が参考になる。そこでまず「裏込め被覆」を整理・評価した右島和夫の見解を見ることから始めたい（右島2009）。右島は西毛地域における横穴式石室を内蔵する円墳の場合、「裏込め」（多くが砂礫による）の外側を葺石状に覆う「裏込め被覆」の構造が、横穴式石室出現の段階（6世紀前半）から完成されたかたちで成立しているが、その後墳丘盛土を省略し、裏込め被覆と葺石の機能を兼ねた積石塚状円墳が成立したと考えた。一方、東国における積石塚の多くは既述のように5世紀後半から築造数を大幅に増加させるが、やがて6世紀後半になると一部を除いて見られなくなる。しかし、群馬県昭和村川額軍原（かわはけいくさばら）遺跡では築造年代が6世紀末以降に降下する一辺2～7mの方形積石塚が確認されており、一部地域では積石塚の築造が7世紀に至るまで存続していたことが明らかである。こうしたことから、東北の積石塚は「裏込め被覆」の直接的影響の他、一部に残存していた積石塚の情報が複合的に絡み合って採用された可能性が考えられる。したがって東北における積石塚の当初

図20　江釣子古墳群（五条丸古墳群①　筆者撮影）

図21　江釣子古墳群（五条丸古墳群②　筆者撮影）

図 22　和泉沢 15 号墳（報告書から複写）

の段階は、外部は盛土で覆われた外見上一般的な盛土墳であった可能性も考えられる。

ところで、互いに隣接せず距離的にも離れた上毛野と東北北部の古墳間に系譜関係を想定する上記論究には無理があると感じる研究者も多いことと思われる。しかし、以下に述べる『日本書紀』の記事をふまえた場合、こうした想定を必ずしも荒唐無稽な説として葬り去ることはできないであろう。すなわち『日本書紀』舒明 9 年（637）、蝦夷が朝貢しなかったために上毛野君形名に命じて蝦夷征討を行わせたとある。舒明 9 年はまさに東北末期古墳の初現期に相当しており、今後はこうした面にも留意して分析が進められることを期待したい。

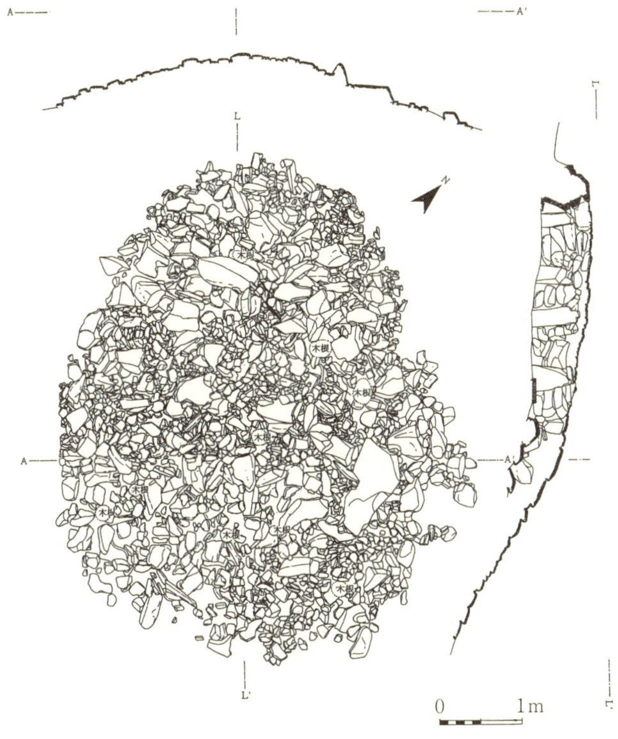

図 23　和泉沢 15 号墳の墳丘（佐々木 1972）

次に、山口県萩市見島に所在するジーコンボ古墳群についても触れておきたい。見島は本州から 43㎞離れた日本海中にある孤島である。詳細は本書掲載横山論考を参照されたいが、本来 200 基程度あったようである。見島南東部の本来半島状をなす礫浜に構築されている。調査は一部の古墳にとどまり詳細は不明であるが、築造年代は出土遺物から 7 世紀後半から 10 世紀初頭頃と考えられている。注目されるのは武器類が多いことと、石銙・銅銙の律令官人が所有する銙帯が出土したことである。蕨手刀の出土をはじめ、築造年代や主体部の構造等から蝦夷墓との関連性が指摘されてきた。このうち主体部は横穴式石室の退化した石棺状（竪穴式小石槨）を示し、江釣子古墳群や和泉沢古墳群同様主体部の位置は地下式であるが、立石は存在しない。したがって厳密には両者は形態を異にしている。

ところで、近年下向井龍彦によってジーコンボ古墳群の被葬者を新羅や海賊に対する最前線に配置された蝦夷の長門国俘囚集団墓とみる説が提示された（下向井 2008）。そうであれば本拠地である東北（本貫地）の墓制を、自らの出自を表明する形で長く存続させたものと評価することができる。しかし、上述のように両者には構造的差異があり、横山による反論も提示されている（横山 2012）。今後、両者の関係について直ちに否定するのではなくさらに詳細な比較研究が希求されるのである。

註

1)　例えば横穴式石室の場合、①石材の大型化、②それと深く関連するが、壁面構成の段数が減少していくこと、③石材が整備化して自然石から切石となっていくこと、などが一般的に論じられている。しかし、例えば奈良県桜井市の艸墓古墳の場合、玄室内に納められた家形石棺に対し壁面には凹凸が多く年代上矛盾するかのように思われる。ところが、艸墓は石材に漆喰を施しており、見事な切石として過度に整備な壁面に仕上げても外観上意味がない。むしろ漆喰がはがれやすくなろう。
　このように、一見科学的な見解も構築者の意図や遺構を構成する諸要素の関係に基づいた考察を欠いた論考は、考古資料の正しい理解から遠のく結果を生むのみであり、有害であるとさえ言えるのである。

2)　中国遼東半島の四平山には竜山文化期の積石塚群がある。1941年に日本学術振興会による調査が実施されたが、正式報告が出版されず実体は長らく不明であった。近年、宮本一夫らの努力によって研究書が出版された。竜山文化期は新石器時代後期に属し、高句麗の建国年代を相当に遡上する。しかし、朝鮮半島に西隣する地理的位置とともに竜山文化そのものが一部朝鮮半島に強い影響を与えており注目せざるを得ない。今後四平山積石塚群以後における文化の流れに対する解明が待たれる（澄田・小野山・宮本編2008）。

3)　ただし、古墳構築のためには石材を用いるしか他に方法のない海岸地帯を選択したという強い意志が背景に存在することには留意が必要である。

4)　和歌山県磯間岩陰遺跡や古米良岩陰遺跡など南紀の岩陰墓（海蝕洞窟墓）をはじめ、神奈川県三浦半島では雨崎洞窟遺跡などが、また千葉県房総半島では館山市大寺山洞窟遺跡、鉈切洞窟遺跡（図24）などが知られている。このほか伊豆半島や宮城県下をはじめ、日本海沿岸にも類例が知られている（岡本2000）。これらの海蝕洞窟墓も、立地などにより海人族の墳墓と考えられているが、もちろん上記地域（海岸部）においては封土墳も存在しており、積石塚同様海人族は等しくこれらの特異な墳墓形態を採用したと主張するものではない。

5)　阿讃積石塚分布圏では、既述のように阿波（徳島）側の萩原墳墓が現状では最古の例であるが、石清尾山古墳群中の鶴尾神社4号墳（全長40m、前方後円墳、野田院古墳、稲荷山姫塚古墳も同）や善通寺市の野田院古墳（全長45m）は前方部が一旦すぼまり先端が三味線のバチ状に広がる、定形化した最古の前方後円墳と評される奈良県箸墓古墳に類似した形状を示している（図25・26)。両古墳はいずれも壺形埴輪を配置しているが、近年発掘調査された石清尾山古墳群の稲荷山姫塚古墳（全長47m）からも口縁部に線刻のある壺形埴輪が出土している。さらにこれらの古墳のうち特に野田院古墳は、後円部1段目上のテラスと墳頂部の主体部上（2基の竪穴式石室が併行して

図24　鉈切洞窟遺跡（筆者撮影）

図25　野田院古墳①（筆者撮影）

図26　野田院古墳②（筆者撮影）

築造されている）に壺形埴輪をめぐらせている。以上から、讃岐側においても、阿波にさほど遅れることなく積石塚の築造が始まったものとみられる。また、野田院古墳の場合、竪穴式石室が構築された主要部である後円部は積石によって築盛されているが、後円部に付加する形で構築した前方部（後円部墳頂部に至る通路状をなす）は盛土によっている。このことから、古墳構築にあたって少なくとも埋葬主体部を伴う主要部は、石材を積み上げて行うことを強く意識したことが窺われる（高上・渡部 2014、笹川 2003）。

6) 北信地域は早くも4世紀末に須坂市八丁鎧塚1号墳（小林編 2000）が築造されており、他に先駆けて積石塚古墳が構築された。また八丁鎧塚古墳以後においても千曲市杉山古墳群（木下・千曲市森将軍塚古墳館編 2007）が5世紀中葉以降に構築されており、他地域とは明確に様相を異にしている。しかし、築造数が飛躍的に多くなるのは5世紀後半の大室古墳群であり、この点では東日本における他地方と同調する動向とみてよいであろう。

さて、八丁鎧塚は1号墳の他に隣接して2号墳（積石塚）があり、5世紀初頭の年代が付与されているが、1・2号墳ともに最大径 25.5m を測る長野県下最大級の積石塚である。また、両墳の中間には直径 10m 前後を測るやはり積石塚の6号墳が、1・2号墳にやや遅れて構築された。八丁鎧塚1号墳からはスイジガイ製貝釧、碧玉製勾玉、鉄鏃、鉄矛、方格規矩鏡など多くの優品が、2号墳からも獅噛文帯金具3点をはじめ、鈴杏葉、轡、糸巻形鉄器、ガラス製小玉などの遺物が出土している。特に朝鮮半島製と考えられる獅噛文帯金具は、かねて積石塚＝渡来人墓の根拠の一つに考えられてきた。筆者は、朝鮮半島製文物の出土をもって直ちに渡来人墓に比定することには慎重である。しかし、本例は日本出土獅噛文帯金具の中でも初現期に属する資料であることが報告されており（山本 2014）、北信の地が弥生時代以降、朝鮮半島との密接な交流関係にあった（土生田 2006）ことを示す重要な資料であると断言できる。

引用・参考文献

秋本吉郎 校注　1958『風土記』日本古典文学大系 2、岩波書店

岩田貴之　2016『江釣子古墳群（2013 年度）』北上市教育委員会

梅原末治　1933『讃岐高松石清尾山石塚の研究』京都帝国大学文学部考古学研究報告第十二冊

大塚初重　2000「積石塚古墳と合掌形石室」『長野市誌 歴史編 原始・古代・中世』

大塚初重・小林三郎 編　2006『信濃大室積石塚古墳群の研究Ⅱ』東京堂出版

岡本東三　2000「舟葬説再論―「死者の舟」の表象―」『大塚初重先生頌寿記念考古学論集』東京堂出版

小田富士雄　1964「九州の須恵器序説―編年の方法と実例（豊前の場合）―」『九州考古学』22 号

小田富士雄　1969「築後における須恵器の編年―第Ⅲ～Ⅳ期の須恵器―」『八女古窯跡群調査報告』Ⅰ

木下正史・千曲市森将軍塚古墳館 編　2007『千曲市内古墳範囲確認調査報告書―五量眼塚古墳・堂平大塚古墳・杉山古墳群―』

栗岩英治　1938「大化前後の信濃と高句麗遺跡」『信濃』第1次第7巻第5・6号

岸本一宏　1994「『播磨風土記』と渡来文化」『風土記の考古学② 『播磨風土記』の巻』同成社

久野正博ほか　2000『内野古墳群』浜北市教育委員会

黒田　晃ほか　2002『剣崎長瀞西遺跡Ⅰ』高崎市教育委員会

小林宇壱 編　2000『長野県史跡『八丁鎧塚』』

小林行雄　1965「神功・応神紀の時代」『朝鮮学報』第 36 輯

斎藤　忠　1944「屋根型天井を有する石室墳に就いて」『考古学雑誌』第 34 巻第3号

笹川龍一　2003『史跡有岡古墳群（野田院古墳）保存整備事業報告書』善通寺市教育委員会

佐々木茂楨　1972『和泉沢古墳群』河北地区教育委員会

下川達彌ほか　1977『曲崎古墳群調査報告書』長崎市教育委員会

下津谷達男ほか　1975『遠江内野古墳群』浜北市教育委員会
下向井龍彦　2008「変動期の瀬戸内海海域」『山口県史 通史編 原始・古代』
白石太一郎　1988「伊那谷の横穴式石室」(1)(2)『信濃』第40巻第7・8号
澄田正一・小野山節・宮本一夫 編　2008『遼東半島四平山積石塚の研究』柳原出版
専修大学文学部考古学研究室　2003『剣崎長瀞西5・27・35号墳―剣崎長瀞西遺跡2―』
高上　拓・渡部明夫　2014『石清尾山古墳群に新しい発見』高松市歴史民俗協会
常木　晃　2006「考古学フィールドとしてのジャバル・ビシュリ」大沼克彦 編『セム系部族社会の形成』№.3、文部科学省科学研究費補助金「特定研究領域」「セム系部族社会の形成　ユーフラテス河中流域ビシュリ山系ビシュリの総合研究」
徳江秀夫　1994「関東・東北地方の刳抜式石棺」『古代文化』第46巻第4号
徳江秀夫　1999「平塚古墳」『新編高崎市史 資料編1 原始古代1』高崎市
野澤哲朗　2013「古墳時代の長崎」『新 長崎市史』第一巻
長野県教育委員会　1991『大室古墳群』長野県埋蔵文化財センター
土生田純之　2006「日本出土馬形帯鉤の史的意義」『東アジア地域における青銅器文化の移入と受容および流通に関する多角的比較研究』国立歴史民俗博物館
土生田純之　2009「5世紀東国の古墳文化―積石塚を中心に―」『専修考古学』第13号
廣瀬　覚　2015『古代王権の形成と埴輪生産』同成社
増田精一　1960「埴輪馬にみる頭絡の結構」『考古学雑誌』第45巻第4号
右島和夫　2009「原古墳の墳丘構造をめぐって―群馬県におけるいわゆる積石塚の検討を中心にして―」『原古墳』群馬県埋蔵文化財調査事業団
宮下雅史　2002『曲崎古墳群Ⅱ』長崎市教育委員会
武藤　誠・石野博信・陳顕明・吉本堯俊　1962「古墳文化」『家島群島総合学術調査報告書』神戸新聞社
明治大学考古学研究室 編　2008『信濃大室積石塚古墳群の研究Ⅲ』六一書房
明治大学考古学研究室 編　2015『信濃積石塚古墳群の研究Ⅳ』明治大学文学部考古学研究室
森　浩一　1971「総括」『徳島県三好郡加茂町丹田古墳調査報告』同志社大学文学部考古学調査報告第3冊
山本孝文　2014「初源期獅噛文帯金具にみる製作技術と文様の系統―長野県須坂市八丁鎧塚2号墳の帯金具から―」『日本考古学』第38号
吉井秀夫　2002「朝鮮三国時代における墓制の地域性と被葬者集団」『考古学研究』第48巻第4号
横山成己　2012「見島ジーコンボ古墳群「俘囚墓説」小考」『やまぐち学の構築』第8号

【追記】　本書に掲載された渋谷の論考にあるように、最近渡来人墓の可能性が高い積石塚が長野県飯田市で確認された。

従来渡来人の存在が確実でありながら、彼らの墳墓が未発見であった伊那谷において、渡来人墓の可能性が高い積石塚が発見されたことは、単に新資料が検出されたというにとどまらない重要な事実として今後十分に検討しなければならない。ただし首長墓が多いことや、群集墳の展開が十分ではないという事実は本質的に変化がなく、当該地の社会構造を「共同体的規制が強く残存する中、(中略) 共同体代表者 (首長) のみが突出する政体」であったとみた本章9の評価の本質は、依然として変わらない。

執筆者紹介（掲載順）

西山 克己（にしやま・かつみ）
長野県立歴史館
1960年生まれ。明治大学文学部史学地理学科考古学専攻卒業。博士（歴史学）。

風間 栄一（かざま・えいいち）
長野市教育委員会
1966年生まれ。早稲田大学大学院修士課程修了。

飯島 哲也（いいじま・てつなり）
長野市教育委員会
1965年生まれ。関西大学文学部史学地理学科卒業。

田中 淳也（たなか・じゅんや）
対馬市教育委員会
1972年生まれ。別府大学文学部美学美術史学科卒業。

西田 大輔（にしだ・だいすけ）
福岡県新宮町教育委員会
1963年生まれ。奈良大学文学部文化財学科卒業。

大西 智和（おおにし・ともかず）
鹿児島国際大学教授
1965年生まれ。九州大学大学院博士後期課程中退。博士（文学）。

横山 成己（よこやま・しげき）
山口大学助教
1973年生まれ。立命館大学修士課程修了。

亀田 修一（かめだ・しゅういち）
岡山理科大学教授
1953年生まれ。九州大学大学院修士課程修了。博士（文学）。

渡部 明夫（わたべ・あきお）
四国学院大学講師
1948年生まれ。九州大学大学院修士課程修了。博士（文学）。

安村 俊史（やすむら・しゅんじ）
柏原市立歴史資料館館長
1960年生まれ。大阪市立大学卒業。博士（文学）。

岩原 剛（いわはら・ごう）
豊橋市文化財センター
1968年生まれ。立命館大学文学部史学科卒業。

鈴木 一有（すずき・かずなお）
浜松市地域遺産センター
1969年生まれ。大阪大学文学部史学科卒業。

宮澤 公雄（みやざわ・きみお）
帝京大学文化財研究所
1960年生まれ。法政大学文学部史学科卒業。

若狭 徹（わかさ・とおる）
明治大学准教授
1962年生まれ。明治大学文学部史学地理学科卒業。博士（史学）。

北野 博司（きたの・ひろし）
東北芸術工科大学教授
1959年生まれ。富山大学人文学部卒業。

藤沢 敦（ふじさわ・あつし）
東北大学総合学術博物館教授
1961年生まれ。東北大学大学院文学研究科博士課程中途退学。博士（文学）。

林 永 珍（イム・ヨンジン）
全南大学校文化人類考古学科教授
1955年生まれ。ソウル大学校大学院考古美術史学科博士課程修了。博士。

沈 炫 瞮（シム・ヒョンチョル）
ウリ文化財研究院
1983年生まれ。釜山大学校大学院考古学科博士課程修了。

宋 義 政（ソン・ウィジョン）
国立光州博物館館長
1959年生まれ。ソウル大学校大学院考古美術史学科博士課程修了。

近藤 広（こんどう・ひろむ）
公益財団法人栗東市体育協会文化財調査課
1962年生まれ。花園大学文学部史学科卒業。

渋谷 恵美子（しぶや・えみこ）
飯田市教育委員会
1963年生まれ。明治大学文学部史学地理学科卒業。

小黒 智久（おぐろ・ともひさ）
富山市教育委員会埋蔵文化財センター
1973年生まれ。新潟大学大学院人文科学研究科修了。

酒井 清治（さかい・きよじ）
駒澤大学教授
1949年生まれ。駒澤大学大学院修士課程修了。博士（日本史学）。

高田 貫太（たかた・かんた）
国立歴史民俗博物館准教授
1975年生まれ。慶北大学校考古人類学科博士課程修了。博士（文学）。

桃﨑 祐輔（ももざき・ゆうすけ）
福岡大学教授
1967年生まれ。筑波大学大学院歴史・人類学研究科単位取得退学。文学修士。

高久 健二（たかく・けんじ）（翻訳）
専修大学教授
1967年生まれ。韓国・東亜大学校大学院史学科博士課程修了。文学博士。

編者紹介

土生田純之（はぶた・よしゆき）

専修大学教授
1951年　大阪府生まれ。
関西大学大学院修士課程修了。文学博士。

〈主要編著書〉
『古墳』吉川弘文館、2011年。
『古墳時代の政治と社会』吉川弘文館、2006年。
『黄泉国の成立』学生社、1998年。
『日本横穴式石室の系譜』学生社、1991年。（以上著書）
『事典　墓の考古学』吉川弘文館、2013年。
『東日本の無袖横穴式石室』雄山閣、2010年。（以上編著）

2017年5月25日 初版発行　《検印省略》

積石塚大全（つみいしづかたいぜん）

編　者　土生田純之
発行者　宮田哲男
発行所　株式会社 雄山閣
〒102-0071　東京都千代田区富士見2-6-9
TEL　03-3262-3231㈹／FAX 03-3262-6938
URL　http://www.yuzankaku.co.jp
e-mail　info@yuzankaku.co.jp
振替：00130-5-1685
印刷・製本　株式会社ティーケー出版印刷

ISBN978-4-639-02471-2 C3021
N.D.C.210 332p 27cm